क्रान्ति-पथ का पथिक

दास्तान भगतसिंह की

भागोवालाँ से शहीद-ए-आज़म बनने की

प्रदीप गर्ग

लोकभारती पेपरबैक्स

लोकभारती पेपरबैक्स में
पहला संस्करण : 2025

लोकभारती पेपरबैक्स : उत्कृष्ट साहित्य के लोकप्रिय संस्करण

लोकभारती प्रकाशन
पहली मंजिल, दरबारी बिल्डिंग, महात्मा गांधी मार्ग
प्रयागराज-211 001
द्वारा प्रकाशित

शाखाएँ : 1-बी, नेताजी सुभाष मार्ग, दरियागंज, नई दिल्ली-110 002
अशोक राजपथ, साइंस कॉलेज के सामने, पटना-800 006
1, अनमोल सोराबजी सन्तुक लेन, धोबी तलाव, मरीन लाइंस, मुम्बई-400 002

वेबसाइट : www.lokbhartiprakashan.com
ई-मेल : info@lokbhartiprakashan.com

विकास कंप्यूटर एंड प्रिंटर्स
ट्रॉनिका सिटी-201 102
द्वारा मुद्रित

मूल्य : ₹595

KRANTI-PATH KA PATHIK
Dastan Bhagat Singh Ki
by Pradeep Garg

ISBN : 978-93-48229-41-0

आभार

आभार डॉ. विजयबहादुर सिंह जी का जिन्होंने ही लेखन, विशेष रूप से हिन्दी में लेखन के लिए, मुझे प्रेरणा दी और प्रोत्साहन दिया।
आभार सहायक शोध अधिकारी नेहरू मेमोरियल म्यूज़ियम एंड लाइब्रेरी के डॉ. सोदोलकपऊ पनमई का, पहली ही मुलाक़ात में आत्मीय स्वागत जिनसे मुझे हासिल हुआ और अप्रत्याशित सहयोग भी।
आभार रमेश ग्रोवर जी का, अच्छी पुस्तकों के प्रकाशन के लिए 94 वर्ष की आयु में भी जिनके स्वर में उत्साह और अन्दाज़ में जोश क़ायम है, उन्होंने इस पुस्तक को लिखने के दौरान मुझे ऊर्जा दी।

क्रम

यह पुस्तक क्यों

इतिहास में चन्द किरदार ऐसे रहे हैं, जिनकी शख़्सियत को लेकर सवाल मेरे जहन में उठते ही रहे हैं। इन सवालों का जवाब पाने की जद्दोजहद में ही पहले मुग़ल सम्राट अकबर के जीवन पर आधारित आख्यान 'A Forgotten Legacy' का जन्म हुआ और फिर गौतम बुद्ध के जीवन पर खोजपरक उपन्यास 'तथागत फिर नहीं आते' का। इस दूसरी पुस्तक को काग़ज़ों पर उतारने के दौरान ही मैंने तय कर लिया था कि अब महात्मा गाँधी के जीवन-संघर्ष को औपन्यासिक स्वरूप दूँगा। मेरे श्रद्धेय, मेरे मार्गदर्शक व मित्र स्वर्गीय डॉ. सुरेश मिश्र, मध्ययुगीन इतिहास पर दर्जनों शोधपरक पुस्तकें जिन्होंने लिखी हैं, के साथ इस विषय पर चर्चा के दौरान उनका यह आग्रह हुआ कि बजाय उपन्यास की शक़्ल देने के इसे शोधग्रन्थ के रूप में मैं लिखूँ। जब ऐसा आग्रह दो-तीन बार उन्होंने किया तो उनसे मैंने वादा कर लिया कि गाँधी जी के जीवन पर उपन्यास लिखने के पहले एक शोधपरक किताब उनकी सोच, उनके विचारों के विकास तथा उनके साथ जुड़े हुए प्रत्येक विवाद पर मैं अवश्य लिखूँगा।

इस किताब के लिए खोजबीन करते हुए अपनी शोध-दृष्टि गाँधी जी के साथ ही उन पर भी मैंने दौड़ाई जिनकी परोक्ष या अपरोक्ष रूप से उनके जीवन में उल्लेखनीय भूमिका रही। इसी सिलसिले में भगतसिंह को भी मैंने पढ़ा। और जितना उसके बारे में मैं पढ़ता गया, उसका उतना ही मैं मुरीद होता चला गया। कैसा इनसान था वह जो चन्द मिनटों में ही फाँसी पर चढ़ने जा रहा है मगर लेनिन के जीवन पर किताब पढ़ने में तल्लीन है? जिस अदालत में उसके जीवन-मरण का फ़ैसला होनेवाला है, उसमें जज से वह कहता है कि गवाहियों की बजाय रसगुल्ले उसके लिए ज़्यादा ज़रूरी हैं। हथकड़ी पहनने से उसने इनकार कर दिया है, इस 'संगीन' जुर्म के लिए भरी अदालत में उसे हट्टे-कट्टे लम्ब-तड़ंग बलूची पठान सिपाहियों द्वारा उनकी तेल पिलाई हुई लाठियों से उसे बुरी तरह कूटा जाता है तथा भारी बूट पहने हुए उनके पैरों तले उसे कुचला जाता है। बेरहमी से एक बेजान लट्ठे की तरह नंगे फ़र्श पर घसीटकर उसे कटघरे

के भीतर रखी बेंच पर फेंक दिया जाता है। वह घायल है, चोटिल है, मगर वापस जब वह जेल पहुँचता है अपनी छोटी अँधेरी कोठरी में, बमुश्किल जिसमें उसके 5 फीट 10 इंच के शरीर के लिए पैर फैलाने भर की जगह है, तो अप्टन सिंग्क्लेयर की 'क्राई फॉर जस्टिस' और रूसो की 'सोशल कॉन्ट्रैक्ट' पढ़ते हुए उनमें से उद्धरण एक कॉपी में अपनी सुन्दर लिखाई में वह उतारने लगता है। जेल में अपने उचित अधिकार और जेल अधिकारियों से सम्मानजनक व्यवहार हासिल करने के लिए तीन महीने से वह भूख हड़ताल पर है, पेट में उसके अन्न का एक दाना नहीं गया है, और फिर भी उसके हाथ में किताब है—कभी बर्ट्रेंड रसेल की तो कभी बर्नार्ड शॉ की और कभी फ्रेडरिक एंगेल्स की। पढ़ते-पढ़ते वह विचारमग्न हो जाता है और अपने सुन्दर हाथों में क़लम उठा लेता है—जिससे निकलकर इन किताबों के शब्द उसी कॉपी में तैरने लगते हैं। और कैसा था वह शख़्स जिसका जादू ऐसा चढ़ा हिन्दुस्तानियों के सिर पर कि जवाहरलाल नेहरू को कहना पड़ा : 'कुछ ही महीनों में पंजाब का, और कमतर हद तक शेष उत्तर भारत में, प्रत्येक कस्बा और गाँव उसके नाम से गूँज रहा था। उसको लेकर अनगिनत गीत बन गए, और लोकप्रियता जो इस शख़्स ने हासिल की वह ऐसा कुछ था जो विस्मयकारी था।' ('एन ऑटोबायोग्राफी' प्रकाशक पेंगुइन बुक्स, संस्करण वर्ष 2004, पृ. 185)

अपने इस अध्ययन में यह भी मैं देख पा रहा था कि भगतसिंह की दुर्धर्ष क्रान्तिकारी, महान देशभक्त और शहीद-ए-आज़म की छवि को ही पुस्तकों में अधिकांशत: उभारा गया है। उसकी शख़्सियत के बाक़ी पहलुओं को या तो नज़रअन्दाज़ कर दिया गया है या उनको सिर्फ़ छूकर ही लेखक आगे बढ़ गया है—इस भय से शायद कि भारतीय मानस में उसकी जो छवि है, उसे आघात न पहुँचे। लेकिन इस वजह से उसके बहुआयामी व्यक्तित्व के साथ इन्साफ़ भी नहीं हो पाया। काफ़ी किताबें तो ऐसी भी मेरी नज़र से गुजरीं जो कि कोई ख़ास एजेंडा लिए हुए थीं।

इस सब के बावजूद मैं अनिश्चय की स्थिति में था कि भगतसिंह के बहुआयामी व्यक्तित्व को, जैसा कि उसे मैं समझ पा रहा हूँ, लोगों के सामने एक पुस्तक के जरिये क्या मैं लेकर लाऊँ? यह जानकारी भी कि उसके जीवन पर विभिन्न भारतीय भाषाओं में चार-सौ से ज़्यादा किताबें छप चुकी हैं—एक तो अभी पिछले ही साल 2023 में एक पाकिस्तानी इतिहासकार द्वारा उर्दू ज़बान में 'सरफ़रोश सरदार भगतसिंह'—मुझे हतोत्साहित कर रही थी। मेरा अध्ययन लेकिन जारी था और उस दौरान सुखद संयोग से श्री सुधीर विद्यार्थी द्वारा लिखित पुस्तक—जिन्होंने लगभग सभी प्रमुख क्रान्तिकारियों के जीवन पर अद्‌भुत शोध किया है और उनके जीवन-इतिहास से मोती चुनकर उन्हें विभिन्न मंजूषाओं में

सुरक्षित कर क्रान्तिकारी आन्दोलन के इतिहास को सरंक्षित करने में देश की बहुत बड़ी सेवा की है—'क्रान्ति की विरासत' में यह वाक़िया पढ़ने में आया : 'एक बार बनारस रेलवे स्टेशन पर कुलतार सिंह का परिचय एक नौजवान से कराते हुए भगतसिंह के निकट सहयोगी क्रान्तिकारी जयदेव कपूर ने कहा—ये भगतसिंह के सगे छोटे भाई हैं। उस युवक ने पलटकर सवाल कर दिया—भगतसिंह कौन? जयदेव दा कुछ सोचने लगे। उनके माथे पर चिन्ता की लक़ीरें उभर आईं। फिर ठहर कर उस नौजवान से वे बोले—बेटे, ग़लती तुम्हारी नहीं कि तुम भगतसिंह को नहीं जानते। यह हमारा ही दोष है कि हम नई पीढ़ी को बता नहीं पाए कि भगतसिंह कौन थे।' ('क्रान्ति की विरासत' लेखक सुधीर विद्यार्थी; प्रकाशक संवाद प्रकाशन, मेरठ; संस्करण वर्ष 2018, पृ. 205)

और यह तय हो गया कि गाँधी जी के विषय में किताब लिखने के पहले भगतसिंह के बहुआयामी व्यक्तित्व, उसके लघु मगर घटना-समृद्ध जीवन और उसके वैचारिक विकास की निशानदेही करती हुई किताब मैं लिखूँगा—ऐसी किताब जो रोचक हो और जिसे पढ़ते हुए पाठक भगतसिंह के साथ तादात्म्य अनुभव कर सके।

इस दौरान एक सप्ताह से अधिक सुबह से शाम तक नई दिल्ली स्थित 'नेहरू मेमोरियल म्यूज़ियम एंड लाइब्रेरी' में उन सैकड़ों पृष्ठ लम्बे साक्षात्कारों को पढ़ने में भी समय मैंने बिताया जो कि तक़रीबन पचास साल पहले उस समय तक जीवित बचे हुए भगतसिंह के साथियों से इस संस्थान की ओर से लिये गए थे। यह भी एक आँखें खोल देनेवाला अनुभव मेरे लिए साबित हुआ।

इस पुस्तक को लिखते समय पूरा ध्यान मेरा भगतसिंह के व्यक्तित्व के अनदेखे पहलुओं को उजागर करने में तथा उसके जीवन-दर्शन के क्रमिक विकास को पाठकों के सामने प्रस्तुत करना रहा। लिहाज़ा उन घटनाओं और उन मुद्दों को ही मैंने इस पुस्तक में जगह दी है जिनसे भगतसिंह के व्यक्तित्व पर कोई रोशनी पड़ती हो या जिनसे उसकी शख़्सियत के बारे में पाठक अपनी कोई राय बना सके। इसी वजह से इस मुद्दे को पूरी तरह नज़रअन्दाज़ मैंने किया है कि क्या अंग्रेज़ों की अदालत का फ़ैसला तत्कालीन ब्रिटिश क़ानून का उल्लंघन था? या कि क्या ब्रिटिश राज में क़ानून का राज वाक़ई था? जैसा कि हिन्दुस्तानियों को यक़ीन दिलाया गया और अधिकांश ने उन दिनों यक़ीन किया भी, ख़ास तौर पर पढ़े-लिखे लोगों ने तो किया ही।

यही कारण है कि इस बहस को भी ज़्यादा तवज्जो मैंने इस किताब में नहीं दी कि गाँधी जी ने भगतसिंह को फाँसी से क्यों नहीं बचाया और क्या वे उसे बचा सकते थे? बजाय इस बहस में पड़ने कि गाँधी जी भगतसिंह को क्या समझते थे, इस बात की तह में जाने की कोशिश मैंने की है कि भगतसिंह गाँधी जी को किस

तरह देखता था। चौरीचौरा कांड के बाद असहयोग आन्दोलन को जब गाँधी जी ने वापस ले लिया, तब से कहा जाता है कि सभी क्रान्तिकारी उनके सख़्त विरोधी हो गए। लेकिन असहयोग आन्दोलन को वापस लिए जाने के मात्र दो साल बाद वर्ष 1924 में कलकत्ता से प्रकाशित हिन्दी पत्रिका 'मतवाला' में प्रकाशित उसके लेख 'विश्वप्रेम' में भगतसिंह लिखता है :

'विश्वप्रेम की देवी का उपासक था 'गीता रहस्य' का लेखक पूज्य लोकमान्य तिलक। और देखोगे? वह सूखा सुकड़ा-सा 'लँगोटबन्द' जो सज़ा का हुक्म सुनाये जाने पर स्वर्गीय हँसी के साथ कह सकता था—मुझे जो दंड दिया गया वह अत्यन्त हलका है और मेरे साथ जैसा विनम्र व्यवहार किया गया है उससे अधिक की आशा मैं नहीं कर सकता था, जिसके मर्मस्पर्शी कथन का तुम्हारे पत्थर के हृदयों पर कुछ प्रभाव नहीं होना—महात्मा है इस सिद्धान्त का पक्षपाती।' ('भगतसिंह और उनके साथियों के दस्तावेज़' सम्पादक जगमोहन सिंह व चमनलाल, प्रकाशक राजकमल प्रकाशन नई दिल्ली; पेपरबैक संस्करण वर्ष 2022, पृ. 64)

इस विषय में सन्दर्भों सहित और भी अधिक इस पुस्तक में अन्यत्र दिया हुआ है।

हक़ीक़त तो यह है कि भारत के नौजवानों में क्रान्ति के प्रति जागृति और कटिबद्धता उत्पन्न करने के उद्देश्य से शहादत देना ही भगतसिंह के जीवन का लक्ष्य था। उसके आख़िरी दिनों के पत्र और सन्देश साफ़ बताते हैं कि वह तो तुला ही हुआ था शहीद होने पर। उसकी सज़ा अगर कालापानी में तब्दील हो जाती, जिसके लिए जी-तोड़ कोशिश उसके समर्थक कर रहे थे, तो भगतसिंह जन-नायक कभी नहीं बन पाता। और तब उसका हाल भी शायद एसेम्बली में उसके साथ बम विस्फोट करनेवाले उसके अभिन्न मित्र और क्रान्तिकारी सहयोगी बटुकेश्वर दत्त सरीखा ही कुछ होता। 'उन्होंने पहले तो जीवटतापूर्वक 10 वर्ष की अंडमान की नारकीय जेल में कालापानी की सज़ा भोगी और फिर इसके उपरान्त वे सन 1942 में भारत छोड़ो आन्दोलन में भाग लेकर फिर कालकोठरी में क़ैद रहे। वह महान क्रान्तिवीर जिसके भगतसिंह के साथ फ़ोटो एसेम्बली बम कांड के बाद देश के हर घर, पान की दुकानों तक में शीशों से मढ़े होते थे, स्वाधीनता के उपरांत वही पेट पालने के लिए सिगरेट कम्पनी के मामूली एजेंट के रूप में दर-दर की ठोकरें खाने के लिए मजबूर हो गया।' ('बटुकेश्वर दत्त', लेखक अनिल वर्मा; प्रकाशक राष्ट्रीय पुस्तक न्यास, नई दिल्ली; संस्करण वर्ष 2017, पृ. 11)

और हक़ीक़त यह भी है कि एक देशभक्त क्रान्तिकारी, आज़ादी का दीवाना और शहीद-ए-आज़म होने के अलावा भी भगतसिंह बहुत कुछ था। इस हट्टे-कट्टे पंजाबी नौजवान के अरमान भी वही थे जो किसी भी गबरू और ज़िन्दगी

से मोहब्बत करनेवाले नौजवान के हुआ करते हैं। उसकी भी तमन्ना थी कि विलायत जाकर वह ऊँची तालीम हासिल करे और फिर कोई अच्छी नौकरी पाकर वह भी औरों की तरह सुकून और आराम की ज़िन्दगी बिताए, जैसा कि उसने अमेरिका में उच्च शिक्षा प्राप्त कर रहे अपने बचपन के मित्र अमरचन्द को लिखे पत्र में ज़ाहिर किया था। ('सम्पूर्ण दस्तावेज़', चमनलाल, पृ. 72) उसकी भी आरज़ू थी कि कोई उसकी माशूका हो जिसकी गोद में वह खेले और उसके प्रेम में सराबोर हो जाए, जैसा कि उसने अपने मित्र राजाराम शास्त्री को बताया जो लाहौर में द्वारकादास लाइब्रेरी के अध्यक्ष थे। ('क्रान्ति का साक्ष्य' सम्पादक सुधीर विद्यार्थी; प्रकाशक राजकमल, प्रकाशन नई दिल्ली; पेपरबैक संस्करण वर्ष 2017, पृ. 95)

चलचित्र उन दिनों भारत में आए-आए ही थे और आम आदमी के लिए सिनेमा देखने जाना मनोरंजन में आख़िरी शब्द था। लिहाज़ा उसके मित्रों और सहयोगियों को भी यह शौक़ था, लेकिन दीवानगी की उस हद तक शायद नहीं जिस हद तक सिनेमा देखने का जुनून भगतसिंह में था। सिनेमा की उन दिनों एक हीरोइन थी सुलोचना, भारतीय सिनेमा की पहली 'सुपरस्टार' जिस पर उस समय का हर नौजवान आशिक़ था जैसा कि फ़िल्म अभिनेता बलराज साहनी की आत्मकथा से ज़ाहिर होता है। उस पर भगतसिंह भी फ़िदा हुआ, जैसा कि हम आगे देखेंगे।

अच्छे कपड़े और अच्छे जूते पहनने में भी उसकी दिलचस्पी यक़ीनन थी, बचपन के उसके मित्र जयदेव गुप्ता को जेल से लिखे गए पत्र से जैसा कि ज़ाहिर है। (सम्पूर्ण दस्तावेज़, चमनलाल, पृ. 294) उस दौर के फ़ैशनेबल 'शेक्सपीयरिन' कॉलरवाली कमीज़ उसे चाहिए होती थी, जिस लम्बे कॉलर को सत्तर के दशक में फ़िल्म स्टार राजेश खन्ना ने एक बार फिर फ़ैशनेबल बना दिया था। एसेम्बली में बम फेंकते वक़्त ऐसी ही बड़े कॉलरवाली कमीज़ वह पहने हुआ था। जयदेव गुप्ता से जूते भी उसने ब्रांडेड मँगवाए, 'विक्टरी' ब्रांड के। सिर पर हैट लगाने का भी उसे बेहद शौक़, जिसकी गवाही 'कैम्ब्रिज साउथ एशियन स्टडीज़' की वेबसाइट पर उपलब्ध 'ज़बानी इतिहास' में उसके क्रान्तिकारी सहयोगी गजानन सदाशिव पोतदार का साक्षात्कार देता है, जिसमें वे कहते हैं : 'भगतसिंह बहुत ही हिम्मती क़िस्म का व्यक्ति था। उसने पुलिस या किसी और की कभी परवाह नहीं की। हम कोशिश करते थे कि वह बेरोकटोक न घूमे, कि वह छिपकर रहे। [क्योंकि सांडर्स हत्याकांड में पुलिस को उसकी तलाश थी।] अपने हैट से वह प्यार करता था—वही हैट जो सभी फ़ोटोग्राफ्स में प्रमुखता से प्रकाशित हुआ। उसी हैट को पहनकर वह ग्वालियर भर में घूमा करता। हमने उसे रोकना चाहा मगर हैट छोड़ने को वह राजी नहीं हुआ।'

उसके फ़ैशन-प्रेम की गवाही उसके क्रान्तिकारी साथी जयदेव कपूर भी देते हैं। 'सरदार अकसर हाफ़ पैंट और कभी-कभी सूट पहनते थे और जब बाहर जाते थे कानपुर, लखनऊ, वाराणसी, इत्यादि तो वे गुजराती टाइप की धोती और बन्द गले का कोट पहनते थे। कमीज़ के सबसे ऊपर का गले का बटन खुला रखते थे, कुछ ऐसा ही फ़ैशन था।' (नेहरू म्यूज़ियम ज़बानी इतिहास, जयदेव कपूर खाता सं. 431, पृ. 114) 'उन दिनों हम लोगों में मूँछें रखने का फ़ैशन भी था और भगतसिंह को उसका ज़रा शौक़ भी था। उनकी मूँछें छोटी और नुकीली थीं।' (उपर्युक्त, पृ. 117)

संगीत तो पंजाबियों के ख़ून ही में है। भगतसिंह को भी संगीत का बेहद शौक़ था, और शेरो-शायरी का भी। अल्लामा इक़बाल और मिर्ज़ा ग़ालिब के अलावा भी कई शायरों के कलाम उसे मुँहज़बानी याद थे, बातचीत करते हुए गाहे-बगाहे जिनको वह दुहराया करता। आवाज़ उसकी सुरीली थी और उसके क्रान्तिकारी साथी बताते हैं कि हीर-राँझा वह अकसर ही गाया करता था। नाटकों में अभिनय करना न सिर्फ़ उसे पसन्द था बल्कि रोज़मर्रा की ज़िन्दगी में भी उसके स्वर के उतार-चढ़ाव और साधारण अंग-विन्यास से भी उनकी नाटकीयता झलकती थी, जैसा कि उसकी भतीजी वीरेन्द्र सिन्धु बताती हैं। ('युगद्रष्टा भगतसिंह' लेखिका वीरेन्द्र सिन्धु; प्रकाशक राजपाल एंड सन्स दिल्ली; संस्करण वर्ष 2022, पृ. 261) उसके क्रान्तिकारी सहयोगी जयदेव कपूर ने एक साक्षात्कार में बताया : 'उनके चलने-फिरने का ढंग कुछ निराला था, वे सर को कुछ थोड़ा-सा तिरछा करके चलते थे। लेफ्ट की तरफ़।' ('ज़बानी इतिहास', खाता सं. 431, पृ. 314)

सौन्दर्य के प्रति आकर्षण तो इनसान की फ़ितरत में है, और भगतसिंह भी इसका अपवाद नहीं था। वीरेन्द्र सिन्धु के शब्दों में 'वे स्वयं बहुत ख़ूबसूरत थे और ख़ूबसूरती के प्रशंसक भी थे।' ('युगद्रष्टा', पृ. 276) भगतसिंह के क्रान्तिकारी साथी जयदेव कपूर बताते हैं कि 'भगतसिंह की प्रतिभा बहुमुखी थी। उनको साहित्य, संगीत, गाना, सिनेमा इन सब चीज़ों से लगाव था। सृष्टि में जो भी सुन्दर है वे उसके उपासक थे।' (नेहरू म्यूज़ियम, ज़बानी इतिहास, खाता सं. 431, पृ. 311) श्री सुधीर विद्यार्थी द्वारा सम्पादित 'क्रान्ति का साक्ष्य' पुस्तक में पृ. 60 पर शिव वर्मा यह कहते हुए नज़र आते हैं कि, 'भगतसिंह को सौन्दर्य, संगीत तथा कला से भी बेहद प्यार था।' और इसी पुस्तक में पृ. 86 पर क्रान्तिकारिणी दुर्गा भाभी, सांडर्स को मारने के बाद पुलिस और सी.आई.डी. की ऐन नाक के नीचे से निकलकर लाहौर से कलकत्ता भगतसिंह जिनकी मदद से ही जा पाया था, कहती हैं : 'वह सौन्दर्य का उपासक था, कला का प्रेमी था और जीवन के प्रति उसे आसक्ति थी।'

अपने अभिन्नतम मित्र सुखदेव को लिखे पत्र में भगतसिंह ने स्वीकार भी किया कि 'मैं पुरज़ोर कहता हूँ कि मैं आशाओं और आकांक्षाओं से भरपूर जीवन की समस्त रंगीनियों से ओतप्रोत हूँ, लेकिन वक़्त आने पर मैं सब कुछ क़ुर्बान कर दूँगा।' ('सम्पूर्ण दस्तावेज़', चमनलाल, पृ. 317) और यही उसने किया भी। जितने शौक़ से अपनी ज़िन्दगी उसने जी, उतने ही शौक़ से देशहित में वह फाँसी के फन्दे पर झूल गया। अपने देश के लिए आज़ादी हासिल करने का उसका जुनून उसकी बाक़ी सारी चाहतों पर भारी पड़ गया।

फाँसी से एक दिन पहले अपने साथियों को लिखे अपने अन्तिम पत्र में भगतसिंह ने आशंका जताई थी कि 'आज मेरी कमज़ोरियाँ जनता के सामने नहीं हैं। अगर मैं फाँसी से बच गया तो वे ज़ाहिर हो जाएँगी और क्रान्ति का प्रतीक-चिह्न मद्धिम पड़ जाएगा या सम्भवतः मिट ही जाए।' ('सम्पूर्ण दस्तावेज़', चमनलाल, पृ. 299-300) मेरे विचार से हालाँकि कमज़ोरियों का ज़ाहिर होना इनसान की छवि को कमज़ोर नहीं करता बल्कि उस छवि को और अधिक मज़बूत बनाकर उभारता है, बशर्ते वह इनसान उन कमज़ोरियों से ऊपर उठ गया हो। वाल्मीकि सिर्फ़ इसलिए श्रद्धेय नहीं हैं कि उन्होंने रामायण लिखी। अधिक श्रद्धेय इस वजह से हैं कि डाकू से वे महर्षि बने। गाँधी अगर महात्मा हैं और श्रद्धा के पात्र हैं तो इस कारण कि वे एक दब्बू और डरपोक लड़के से अपने ही प्रयासों से ऐसे शख़्स के रूप में उभरे जिसने दुनिया में उस समय के सबसे ताक़तवर ब्रिटिश साम्राज्य को चुनौती दे डाली और तब तक उसके विरुद्ध संघर्ष में लिप्त रहे जब तक कि अपना ध्येय उन्होंने हासिल नहीं कर लिया। यही बात भगतसिंह के विषय में भी उतनी ही सच है। बहुत थोड़े समय में ही अपने व्यक्तित्व में वह ऐसा उभार ले आया और अपने विचारों में ऐसी धार ले आया कि उसके क्रान्तिकारी सहयोगी भी उसके मुरीद हो गए, जिन्होंने मिलकर ब्रिटिश सरकार को एकबारगी तो हिलाकर रख ही दिया था।

किसी ने कहा है कि हर इनसान एक 'वर्क-इन-प्रोग्रेस' है। यह बात भगतसिंह पर तो सबसे ज़्यादा लागू होती है। इस तथ्य के सबसे महत्त्वपूर्ण प्रमाण हैं पंजाबी भाषा की पत्रिका 'किरती' में छपे उसके लेख, हिन्दी में प्रकाशित 'चाँद' पत्रिका के 'फाँसी अंक' के लिए उसके द्वारा लिखे गए शहीदों के जीवन-चरित्र और शायद उससे भी ज़्यादा उसकी 'जेल-नोटबुक'। किस तरह उसके मानस का ऐसा विकास हुआ जो उसे शहादत की तरफ़ ले गया? मैंने कोशिश की है इस पुस्तक में इस सवाल का जवाब ढूँढ़ने की।

इस मोड़ पर मैं यह उल्लेख कर देना समीचीन समझता हूँ कि सरकार और उसके विभिन्न विभागों के साथ पत्र-व्यवहार, पोस्टर्स और अदालत में दिये गए बयानों के अलावा पंजाब स्टूडेंट्स कान्फ्रेन्स को वर्ष 1929 में सन्देश तथा

नौजवान राजनीतिक कार्यकर्ताओं के नाम वर्ष 1931 में लिखे गए पत्र में भी भगतसिंह ने अंग्रेज़ी भाषा का ही इस्तेमाल किया था। यहाँ तक कि अपने बचपन के मित्र जयदेव गुप्ता, क्रान्तिकारी साथी बटुकेश्वर दत्त और उसकी बहन को भी पत्र उसने अंग्रेज़ी में ही लिखे हैं। इसके अलावा उसकी जेल डायरी तो पूरी अंग्रेज़ी में ही है, उर्दू शेरो-शायरी को छोड़कर। उपलब्ध पुस्तकों में इनके हिन्दी अनुवादों में अवांछित और आवश्यकता से अधिक स्वतंत्रता ली गई है। अतः दिल्ली की जवाहरलाल यूनिवर्सिटी में प्रोफ़ेसर रहे श्री चमनलाल, भगतसिंह पर जो ताउम्र काम करते रहे हैं और बेहद ही उम्दा काम करते रहे हैं, द्वारा सम्पादित पुस्तक 'भगतसिंह रीडर' जिसे 'हार्परकॉलिन्स पब्लिशर्स इंडिया' द्वारा प्रकाशित किया गया है, में दिये गए इन दस्तावेज़ों के मूल अंग्रेज़ी पाठ का हिन्दी में अनुवाद इस पुस्तक में मेरे द्वारा स्वयं ही किया हुआ है। कहीं-कहीं पर उपलब्ध हिन्दी अनुवाद में यथास्थान समुचित परिवर्तन करके भी उद्धरण मैंने दिये हैं।

अभिनय-सम्राट दिलीप कुमार साहब की आत्मकथा 'वजूद और परछाईं' की शुरुआत यूँ होती है :

मुझे तो होश नहीं आप मशविरा दीजे,
कहाँ से छेड़ूँ फ़साना कहाँ तमाम करूँ।

यही मुश्किल मैं भी अनुभव कर रहा हूँ। मगर कहीं से तो शुरू करना ही होगा। भगतसिंह जो बना, जैसा बना, इसमें सबसे अहम भूमिका मुझे समझ में आई लाहौर शहर की और लाहौर स्थित नेशनल कॉलेज तथा द्वारकादास लाइब्रेरी की। तो फिर इस किताब की शुरुआत लाहौर शहर से ही क्यों न की जाए?

लाहौर शहर और भगतसिंह

लाहौर—ब्रिटिश इंडिया के पश्चिमी प्रान्त पंजाब की राजधानी। इस 'पंजाब' में आज के हरियाणा और हिमाचल प्रदेशों के अलावा 1947 के बँटवारे में पाकिस्तान के हिस्से में चला गया पश्चिमी पंजाब भी था। इसी लाहौर में अठारहवीं शताब्दी में सूफ़ी मुर्शिद शाह इनायत क़ादरी से बुल्ले शाह ने तालीम पाई जिनकी पंजाबी में कविताएँ, जिन्हें 'क़ाफ़िया' कहा जाता है, पंजाब की हवा में आज भी अपनी ख़ुशबू बिखेरा करती हैं। इनके इस क़ाफ़िये 'तेरे इश्क नचाया थैया थैया' की गूँज तो पंजाब के ज़र्रे-ज़र्रे में आज भी बसी है। इनके बाद आए वारिस शाह। उनके क़ाफ़िये तो पंजाबियों की रूह में ही बसते हैं। बेहद ख़ूबसूरती से पिरोई गई 'हीर-राँझा' के इश्क़ की जज़्बाती दास्तान, हीर-राँझा के इश्क़ में सूफ़ियों की मानिन्द जो ख़ुदा के लिए इनसान के इश्क़ का नज़ारा भी करती है, हर पंजाबी की ज़बान पर आज भी है :

राँझा राँझा कर दी नी मैं आपे राँझा होई,
राँझा मैं विच मैं राँझे विच होर ख़याल न कोई।

इस लाहौर शहर को 17वीं शताब्दी के अंग्रेज़ कवि मिल्टन ने अपने शाहकार 'लॉस्ट पैराडाइज' में उन सात शहरों में शामिल किया था, जन्नत की पहाड़ी पर से जिन्हें आदम ने निहारा था। और आयरश कवि थॉमस मूर ने 1817 में प्रकाशित लम्बी कविता 'लाला रुख़' में लाहौर को सम्मोहन की नगरी बताया था।

वह लाहौर इस समय हिन्दुस्तान की धड़कन बना हुआ है, जहाँ तक राजनीतिक, सांस्कृतिक और सामाजिक गतिविधियों का सवाल है। कलकत्ता हालाँकि इन मामलों में लाहौर से आगे है, मगर मात्र दो-सौ साल पुराने इस शहर के पास वह इतिहास नहीं जो लाहौर के पास है। मुग़ल बादशाह अकबर के विशाल साम्राज्य की राजधानी रहा था लाहौर और फिर महाराजा रणजीत सिंह के राज्य की राजधानी भी। लाहौर को एक दीवार से घेरकर बादशाह अकबर ने उसमें तेरह दरवाज़े बनवाए थे। फिर इन दरवाज़ों के बाहर तक बस गए लाहौर को महाराजा रणजीत सिंह ने एक और ऊँची दीवार से घेरकर उसमें बारह दरवाज़े बनवा दिये।

बादशाह अकबर के बनवाए हुए तेरह दरवाज़ों में से बारह दरवाज़े 1857 के बाद अंग्रेज़ों ने ढहा दिये। इन दरवाज़ों के अन्दर बिछे गलियों के जाल अंग्रेज़ों को भयभीत करते थे क्योंकि उनकी फ़ौज का इनमें अबाध 'मूवमेंट' सम्भव न था। फिर सन 1861 में 'कम्पनी सरकार' की एक चौथाई फ़ौज प्लेग महामारी में निपट गई और इस महामारी की रोकथाम में भी इन सँकरी गलियों ने अड़चन डाली। लेकिन ढहा दिये गए उन दरवाज़ों के नाम अब भी लोगों की ज़बान पर हैं, जिन नामों से ही वे इलाक़े जाने जाते हैं जहाँ ये दरवाज़े हुआ करते थे : भाटी दरवाज़ा, अकबरी दरवाज़ा, लोहारी दरवाज़ा, मोची दरवाज़ा वगैरह। कुछ दरवाज़े बाद में फिर से बनवाए गए, मगर उस भव्यता से नहीं सिवाय दिल्ली, आलमी और लोहारी दरवाज़े के। महाराजा रणजीत सिंह द्वारा निर्मित दीवार तो अंग्रेज़ों ने पूरी तरह ही ध्वस्त कर दी थी।

दीवारों और दरवाज़ों से घिरे पुराने लाहौर को अन्दरुन शहर कहा जाता है। इस अन्दरुन शहर में मोची दरवाज़े के बाहर एक बड़ा-सा बाग़ है लन्दन के हाईड पार्क सरीखा—हर जुलूस या तो एक आमसभा के साथ यहाँ से शुरू होता है; या फिर यहाँ पर आकर ख़त्म होता है, और फिर आमसभा होती है। उस्ताद बड़े ग़ुलाम अली ख़ाँ साहब इसी मोची दरवाज़े पर हवेली मियाँ ख़ान में इन दिनों, यानी बीसवीं सदी के दूसरे-तीसरे दशक में, तशरीफ़ रखते हैं। आगे चलकर 'मलिका-ए-तरन्नुम' कही जाने वाली नूरजहाँ और जनाब मोहम्मद रफ़ी यहीं रहकर उनकी शागिर्दी करनेवाले हैं। मुग़ल सम्राट जहाँगीर की नूरजहाँ का मक़बरा भी यहीं है, रावी नदी पर बने पुल के उस पार। रावी के दोनों तरफ़ इस समय घना जंगल है।

(पुराने लाहौर की आगे भी दी गई अधिकांश जानकारियों के स्रोत हैं : 'कोलोनियल लाहौर' लेखक इआन टैलबोट और ताहिर कामरान, प्रकाशक ऑक्सफ़ोर्ड यूनीवर्सिटी प्रेस; संस्करण वर्ष 2017 तथा 'लाहौर ए सेंटीमेंटल जर्नी' लेखक प्राण नेविल; प्रकाशक पेंगुइन रैंडम हाउस गुड़गाँव, संस्करण वर्ष 2006)

इस समय तक, यानी बीसवीं सदी के दूसरे दशक तक लाहौर शहर और उसके आसपास भाप से चलनेवाले कई कारखानें खुल गए हैं : कृषि उपकरण, पेंट व रासायनिक उत्पाद तथा बिजली का सामान बनानेवाले। और ढलाईखाने भी। प्रथम विश्वयुद्ध के बाद से तो उद्योगों में बहुत इज़ाफ़ा हुआ है। कई नये स्कूल खुले हैं जिनके लिए पाठ्य पुस्तकों की भारी माँग है—उर्दू और गुरुमुखी में तथा अंग्रेज़ी की भी, लिहाज़ा लाहौर छपाई का एक प्रमुख केन्द्र बन चुका है। तीन एकड़ में फैला हुआ मुफ़ीद-ए-आम प्रेस हिन्दुस्तान के सबसे बड़े छापेखानों में से एक है जिसमें भाप से चलनेवाली कई बड़ी-बड़ी मशीनें हैं जिनमें 13 लिथो-प्रेस और 12 लैटर-प्रेस मशीनें हैं। ख़ुद की ज़रूरत के लिए टाइप-ढलाई भी यहीं होती है।

व्यापारिक गतिविधियों के मामले में तो लाहौर हिन्दुस्तान के किसी भी और शहर से मुक़ाबला कर सकता है। हिन्दुस्तान के कई सूबों के तथा विदेशों से आए व्यापारी भी भीड़ में धक्कम-धक्का झेलते हुए यहाँ के बाज़ारों में रोज़ ही नज़र आते हैं। अन्दरुन शहर इन गतिविधियों का केन्द्र है। अकबरी मंडी से मेवे और मसाले हिन्दुस्तान भर में भेजे जाते हैं। सुहा बाज़ार में सैकड़ों दुकानें सोने के सुन्दर जड़ाऊ गहनों से भरी पड़ी हैं। दुल्हनों की पोशाकें ख़रीदने के लिए पूरे पंजाब से और बाहर से भी आए लोग किनारी बाज़ार में भीड़ लगाए रहते हैं। कसेरा बाज़ार में लोहे, पीतल, काँसे के बर्तन—दुकानों में जिनको एक के ऊपर एक सज़ाने के पहले चमका दिया गया है—बड़ा ही दिलकश नज़ारा पेश करते हैं। पैसा अख़बार के नाम से मशहूर गली में किताबों की जिल्दसाज़ी की कई दुकानें हैं। नज़दीक ही उर्दू बाज़ार है जहाँ धातुओं की छोटी-छोटी वस्तुओं की ढलाई होती है।

हिन्दुस्तान का 'पेरिस' बने हुए लाहौर में अनारकली बाज़ार सबसे बड़ा और सबसे पुराना बाज़ार है। एक मील लम्बा यह बाज़ार आज भी उतना ही आलीशान है और उतनी ही गहमागहमी लिये हुए है जितना कि यह बादशाह अकबर के ज़माने में हुआ करता था। अनारकली की मज़ार की वजह से भी मशहूर इस बाज़ार में ख़रीदारी करना शान की बात समझी जाती है। कई लाहौरी, ख़ास तौर पर नई उम्र के लड़के, 'मन-बहलाव' के मक़सद से भी इस बाज़ार की लम्बी सड़क पर चहलक़दमी कर लिया करते हैं। कपड़े, गहने से लेकर बर्तन-भाँडे तक सभी कुछ इस बाज़ार में बिकता है। खाने-पीने की भी एक से बढ़कर एक दुकानें हैं इस बाज़ार में। सबसे ख़ास है यहाँ का मटन पाया जिसका जवाब पूरी दुनिया में नहीं। हलवाइयों की दुकानों के बाहर सुलग रही भट्टी पर चढ़े कड़ाहों में धीमी आँच पर दूध खौल रहा है। मिट्टी के थालनुमा बर्तनों में दही जमाया हुआ है और बड़ी-सी बटलोई में दही को मथकर लस्सी बनाई जा रही है, जिसे बहुत ऊपर से एक लीटरवाले गिलासों में धार लगाकर गिराया जाता है ताकि झाग गिलास के तीन-अंगुल ऊपर तक तो आ ही जाए। दूध से भरे हुए गिलास पर अगर इतनी ही मोटी मलाई हलवाई न बिछाए तो फ़ौरन मलामत की बौछार उस पर हो जाए। और भरपेट नाश्ते और खाने के बाद जिसके हाथ में दूध या लस्सी का एक लीटरवाला गिलास नहीं, तो जान लो कि वह असली लाहौरी नहीं।

यहाँ के आज़म कपड़ा बाज़ार और रंगमहल बाज़ार में देशी कपड़ों के साथ ही 'लुंडा' यानी विदेशी कपड़ों के थान पर थान दुकानों में सजे हुए हैं। कुछ साल पहले जब गाँधी बाबा ने असहयोग आन्दोलन शुरू किया था और विदेशी कपड़ों की होली हिन्दुस्तान भर में जलाई जाने लगी थीं, लुंडा बिकना तब बिलकुल ही बन्द हो गया था। बारह-पन्द्रह साल के छोकरों और नौजवानों ने भी स्कूल-कॉलेज

की पढ़ाई-लिखाई छोड़ इन दुकानों के आगे धरने पर बैठ जाना ही अपना धन्धा बना लिया था ताकि कोई भी ग्राहक लुंडा न खरीद सके। लुंडा की बिक्री लेकिन अब फिर शुरू हो गई है। कश्मीरी बाज़ार में ऊनी स्वेटर और टोपियों के साथ ही एक-से-एक बेहतरीन गर्म शाल बिक रहे हैं।

कपड़ों की सिलाई क़ा सामान जैसे सुई, धागा, बटन और विदेश से आयातित 'सिंगर' सिलाई मशीनें—स्वदेशी के ज़बर्दस्त हामी और मशीनों के इस्तेमाल का सख़्त विरोध करनेवाले महात्मा गाँधी तक जिसे न सिर्फ़ इस्तेमाल करते हैं बल्कि इसकी तरफ़दारी भी खुलेआम किया करते हैं—शाह आलम बाज़ार के अलावा सुतार मंडी में भी बिकती हैं। सुतार मंडी में दाखिल होने के पहले दो गलियाँ पड़ती हैं—नीली गली और रंगवाली गली। नीली गली में बिकनेवाला नील दुनिया भर में मशहूर है और फ़िरंगियों के मुल्कों तक से आए हुए नील के ख़रीदार सौदा पटाते हुए यहाँ दिख सकते हैं। पहले विश्वयुद्ध के बाद से हालाँकि नील का कारोबार कुछ मन्दा हो चला है क्योंकि जर्मनी के वैज्ञानिकों ने कृत्रिम नील बनाने में कामयाबी हासिल कर ली है और बड़े पैमाने पर जर्मनी ने इसे बनाना शुरू भी कर दिया है। कपड़ों पर इसका रंग कुदरती नील से भी अच्छा चढ़ता है और यह सस्ता भी पड़ता है।

विदेश से आयातित साइकिलें, लालटेन, टॉर्च, बिजली के बल्ब तथा बिजली से चलनेवाले पंखों की भी इन दिनों भारी माँग है। 'रेले' कम्पनी की साइकिल बहुत पसन्द की जाती है। 180 रुपये क़ीमत की यह साइकिल हर विद्यार्थी का सपना है। असहयोग आन्दोलन के दौरान और पहले भी स्वदेशी पर ज़ोर दिये जाने के बावजूद, इनका आयात करने और बेचनेवाली एशियाटिक एक्सपोर्ट एजेन्सी ने इसी साल एक नया शोरूम लाहौर में 'माल' पर खोला है। कार रखने का शौक़ भी अब पनप रहा है। शादी के समय दहेज में बजाय सोने के जेवरों और नगद के 'शेवरलेट' कार की माँग की जाने लगी है। मात्र तीन हज़ार रुपये में उपलब्ध शेवरलेट सर्वाधिक लोकप्रिय कार है। पहले तो कार के आगे-आगे दो लोग घंटी बजाते हुए दौड़ा करते थे जिससे कि सड़क पर चलते लोग आजू-बाजू हो जाएँ। लेकिन अब इन कारों में भोंपू लग गए हैं जिनको दबाने से तेज मगर कर्कश आवाज़ होती है। अन्दरुन लाहौर की सँकरी गलियों में कार चलाने में लेकिन फिर भी बड़ी दिक्कत है। लिहाज़ा कार रखने के शौक़ीन अब नई बसी मॉडल टाउन कॉलोनी में अपने घर बना रहे हैं, जिनमें पहली बार फ़्लश टॉयलेट लगाए जा रहे हैं।

कई दुकानदार अख़बारों में नियमित रूप से विज्ञापन दिया करते हैं। महिलाओं की सुन्दरता निखारनेवाली तरह-तरह की क्रीमों के अलावा उनके बालों को लम्बे और काले बनानेवाले तेलों के विज्ञापनों से अख़बार भरे पड़े हैं। गहरे नीले रंग

की शीशी में बिकनेवाली 'अफगान स्नो' क्रीम तो घर-घर पाई जाती है। पहले यह क्रीम 'राष्ट्रवादी' परिवारों में इस्तेमाल नहीं होती थी क्योंकि इसे विदेश से आयातित समझा जाता था। लेकिन इसे बनाने और बेचने वाले ई. एस. पाटनवाला ने, जिसका नाम इस क्रीम के 'ट्रिब्यून' में रोज़ छपनेवाले विज्ञापनों में सबसे ऊपर लिखा ही रहता है, महात्मा गाँधी के आश्रम पहुँचकर उन्हें बताया कि यह क्रीम तो पूर्णत: स्वदेशी है और बम्बई के बायकला में बनती है। तब अपने अख़बार में गाँधी जी ने न सिर्फ़ इस सच्चाई को स्वीकार किया बल्कि इस क्रीम की तारीफ़ भी की। तब से तो इस क्रीम की बिक्री कई गुना बढ़ गई है। कलकत्ता में निर्मित एक स्वदेशी तेल 'कुन्तलिन' के विज्ञापन में लाला लाजपत राय का फ़ोटो छपा करता है। और वर्ष 1930 में 'हिमानी टॉयलेट सोप' के विज्ञापन में जवाहरलाल नेहरू की फ़ोटो भी दिखनेवाली है, क्योंकि वह भी स्वदेशी है।

'अमृतधारा' का विज्ञापन भी अख़बारों में नियमित तौर पर छपता है। बर्फ़ख़ाना चौक के पास पं. ठाकुर दत्त वैद का दवाख़ाना है, जिन्होंने इसे ईजाद किया है। सर्दी, जुकाम, खाँसी, दस्त, कब्ज़, सिरदर्द, पेटदर्द, कटने-जलने सबके लिए यह रामबाण दवा है और हर घर में पाई जाती है। कई कम्पनियों द्वारा दिये गए अमृतधारा के विज्ञापन आज भी नज़र आते हैं। 'डोंगरे बालामृत' के भी बड़े-बड़े विज्ञापन ट्रिब्यून में छपा करते हैं और 'ब्रेनोब्रेन टॉनिक' के विज्ञापन भी जो विद्यार्थियों के लिए तथाकथित रूप से वरदान है। याददाश्त से लेकर अनिद्रा, हाजमा सब इसके नियमित सेवन से दुरुस्त हो जाता है। ढेरों विज्ञापन जीवन बीमा करनेवाली कम्पनियों के भी हैं।

इस वक़्त के हिन्दुस्तान के दूसरे शहरों की मानिन्द लाहौर की बसाहट भी मुहल्लों में बँटी हुई है। ज़्यादातर मुहल्ले मज़हब, पेशा और जाति के हिसाब से हैं। शाह आलमी दरवाज़े पर आर्यसमाज मन्दिर है और हिन्दुओं के कई मुहल्ले यहाँ हैं। इसी दरवाज़े पर हर साल रामलीला हुआ करती है और दशहरे के दिन 90 फीट ऊँचा रावण यहीं जलाया जाता है। हिन्दुओं की बस्ती वच्छोवाली में एक डाक्ट्रान-दा-मोहल्ला है जहाँ कांग्रेस के नामी-गिरामी नेता और लाला लाजपत राय के दाएँ हाथ डॉ. गोपीचन्द भार्गव की रिहाइश और दवाख़ाना दोनों ही हैं। इसी तरह बाज़ार हकीमान में हकीमों के दवाख़ाने हैं। लोहारी दरवाज़ा नाम के इलाक़े में लोहार ही अधिकांश रहा करते थे। मस्ती दरवाज़ा वास्तव में 'मस्जिदी दरवाज़ा' है जहाँ मुग़ल बादशाह अकबर की वालिदा ने मस्जिद तामीर कराई थी, जो इस समय भी मौजूद है। मोची दरवाज़े पर एक ज़माने में चमारों की ही बसाहट हुआ करती थी। आज भी है मगर अब दूसरे पेशे के लोग भी बस गए हैं। लेकिन नये जूते लोग चीनियों से ही ज़्यादातर बनवाते हैं क्योंकि उनके बनाए जूतों की न सिर्फ़ फिटिंग अच्छी होती है बल्कि सिलाई भी बेहतर और मज़बूत हुआ करती है। जूते का नाप

वे घर आकर ले जाते हैं। एक काग़ज़ पर पैर रखवाकर पेन से उसकी आकृति वे सावधानी से उतार ले जाते हैं।

और जैसा कि हर पुराने शहर के साथ है, अन्दरुन लाहौर ज़्यादातर गली-कूचों में बसता है। इन गली-कूचों में जगह-जगह खोखे रखे हैं जहाँ खाने-पीने की नाना प्रकार की चीज़ें सारे दिन ही बना करती हैं—रोटी और बकरखानी के साथ ही नान-चने, नान-हलीम, सीटी-पाये, पठूरे, हलवा-पूरी, पीठीवाले लड्डू और मुर्ग-कढ़ाही के अलावा क़िस्म-क़िस्म की बिरयानी भी। सुबह होते ही इन खोखों पर भीड़ नज़र आने लगती है। खोखे के अगल-बग़ल रखी बेंचों पर बैठ या खड़े-खड़े ही गरमागरम नाश्ता करते हुए ताज़ा ख़बर भी अख़बार में पढ़ी जाती है, और फिर उस पर गरमागरम बहस भी चल पड़ती है।

इन गली-कूचों में जगह-जगह ताश और चौपड़ खेलने के अड्डे भी हैं। इन गलियों में बन्दर व भालू लिये हुए मदारी, बहुरूपिये और जादूगर तमाशा दिखाते हुए घूमा करते हैं तो गा-गाकर तरह-तरह की जड़ी-बूटियाँ बेचते हुए बनजारे भी दिखा करते हैं। नीम-हकीम भी कई हैं अपने पिटारे में जोंकें लिये गलियों में फिरते हुए। ये जोंकें इनसान के शरीर से 'गन्दा' ख़ून चूसकर दुनिया भर की बीमारियों से 'शर्तिया' निजात दिला देती हैं। इनके अलावा मालिश करनेवाले, हजामत बनानेवाले, कान साफ़ करनेवाले, टूटे-फूटे बरतन सुधारनेवाले, पीतल और काँसे के बरतनों में कलई करनेवाले और चूड़ियाँ पहनानेवाले भी इन गलियों में घूम-घूमकर अपना रोज़गार करते नज़र आते हैं।

प्रकाशवती उर्फ़ प्रकाशो का परिवार भी उन दिनों लाहौर में था। क्रान्तिकारी यशपाल के सम्पर्क में आकर उसने भी क्रान्तिकारी गतिविधियों में भाग लेना शुरू कर दिया और आगे चलकर यशपाल की धर्मपत्नी भी वह बनी। लाहौर की उस समय की संस्कृति का अपने संस्मरण में बड़ा ही दिलकश ख़ाका उन्होंने खींचा है।

'लाहौर की अपनी संस्कृति थी। पूरे मुहल्ले में भाईचारा। पुरुष अपने कामों पर चले जाते और बच्चे स्कूल। घरों की स्त्रियाँ घर के काम-काज के बाद अपने-अपने मकानों के चबूतरों पर आ बैठती थीं। कोई चरखे पर पशम कातती तो कोई कढ़ाई कर रही होती। कुछ तरबूज़-खरबूज़े के बीज छीलती नज़र आतीं। हम बच्चे दुपहर बाद गली में इकट्ठे हो जाते। पशम कातनेवाली के पशम के फाहे बनाते, पशम से मोटे बाल निकालते। इन मुहल्लों में जीवन था। आपसी एक पहचान थी। आँखों का लिहाज़ बहुत कुछ कराता था। इनसान को इनसान बनाकर रखता था।'

बहुत बढ़िया और मुलायम ऊन को पशम कहा जाता है जो प्रायः पंजाब, कश्मीर और तिब्बत की बकरियों से उतरता है और जिससे बढ़िया दुशाले और पशमीने बनते हैं।

'आपस में बाँट खाने का अजीबोग़रीब रिवाज़ था। परदा केवल अपने नज़दीक़ के बाज़ार-मुहल्लोंवालों से करने के बाद घूँघट ऊपर उठ जाता था। गलियों में शादी का जश्न एक मास पहले से, मुहल्ले भर को निमंत्रण, आधी रात तक ढोलक पर गाना-बजाना और नाचना। इन बैठकों में मुक्त ढंग से गाना-बजाना मर्दों की नज़र बचाकर होता था। लाहौर की स्त्रियों में ख़ुशी मनाने की दुनिया यह अपने ढंग की थी। मुहल्ले की बेटी सबकी बेटी।'

'पंजाब में औरतें चरखा घर-घर कातती थीं। महात्मा गाँधी ने पंजाब में चरखा कातना नहीं सिखाया। चरखा कातना आदत थी और रिवाज़ भी था। मुहल्ले की औरतें घर के काम से फ़ुरसत पा पूनियों के जोड़ मिलाकर होड़ में सूत कातती थीं। घर के लिए खेस-दरियाँ बुनवाकर रखती थीं। मैंने नई-पुरानी दोनों तरह की रूई काती। कपास को बेलन में बेलकर रूई और बिनौले अलग किये।'

'पंजाब में लड़कियों के स्कूलों में सिलाई का काम बहुत होता था। सलाइयों पर रेशमी मोज़ा बुनना, निवाड़ और नाड़े बुनना। काज बनाना, थेगली लगाना, तुरपन-बखिया। हमारी गली में जब बिजली आई तब मैं ग्यारह-बारह वर्ष की थी [यानी 1926 में]। पहले तो बैठक में हाथ से खींचनेवाला चटाई का पंखा था। घर के बच्चे हवा के लिए बारी-बारी से खींचते थे। हम सब बच्चे हरीकेन की रोशनी में पढ़ते थे। उस समय चिलगोज़े बहुत सस्ते थे। मूँगफली की तरह सस्ते। अंगूर 6 आने किलो। बादाम, पिस्ता, किशमिश बहुत सस्ते।'

मिट्टी के तेल या केरोसिन से जलनेवाली लालटेन जो अब भी इस्तेमाल होती है, उसे ही तब सामान्यत: हरीकेन कहा जाता था।

'मकानों की दीवारें एक साथ मिली होती थीं। एक साथ सात-आठ घर फाँदकर जा सकते थे। खुली छत पर बनी रौंसें भी लाहौर-अमृतसर में ही मिलेंगी। शाम के समय औरतें, बच्चे इन्हीं रौंसों पर जम जाते। ख़ूब गप्पबाजी होती थी और पकी सब्ज़ी-भाजी की अदला-बदली भी।'

रौंस यानी मकान की ऊपरी मंज़िल पर ऐसा छज्जा जिस पर होकर इधर से उधर आया-जाया जा सके।

'मुहल्ले में जिनके पास भैंस होती, सुबह से ही लोटों की लाइन शुरू। रावी स्नान से लौटती स्त्रियाँ दुमंज़िले पर चढ़ आतीं और मट्ठे की माँग करतीं। पहचान की ज़रूरत नहीं, अधिकार से ऊपर चढ़ आतीं। सत्रह-अठारह वर्ष की उम्र में हमजोलियों के साथ देश को आज़ाद करने की धुन ने सताया और घर-परिवार छोड़ नई ज़िन्दगी में जीना आरम्भ किया।' ('लाहौर से लखनऊ तक' लेखिका प्रकाशवती पाल; लोकभारती प्रकाशन प्रयागराज; संस्करण वर्ष 2019, पृ. 9 से 14)

क्रिस मोफात के अनुसार इस सदी के आते-आते लाहौर बौद्धिक ऊर्जा का केन्द्र बन चुका था, कलकत्ता से स्पर्धा करते हुए। ('इंडिया'ज रेवोल्यूशनरी

इनहेरिटेन्स : पॉलिटिक्स एंड प्रॉमिस ऑफ़ भगतसिंह,' कैम्ब्रिज यूनिवर्सिटी प्रेस, नई दिल्ली; प्रकाशन वर्ष 2019, पृ. 27) स्पर्धा कलकत्ता से, दिल्ली से नहीं। अभी वर्ष 1912 तक भारत की राजधानी कलकत्ता ही तो था! जहाँ तक नई दिल्ली की बात है तो इसका एक तरह से अभी बीसवीं शताब्दी के तीसरे दशक में वजूद ही नहीं है। भारत की राजधानी भले ही यहाँ स्थानान्तरित हो चुकी है मगर 'नई दिल्ली' नाम इसे अभी नहीं मिला है। इस निर्माणाधीन राजधानी में ब्रिटिश सरकार के ज़्यादातर कर्मचारी अभी तम्बुओं में ही रह रहे हैं।

तेज़ी से बढ़ रहे लाहौर की वर्ष 1901 में 2 लाख की आबादी वर्ष 1931 में सवा-चार लाख हो गई। 1920 के दशक में यह शहर सफ़ेद-कॉलर पेशेवर लोगों का केन्द्र बन चुका था; प्रशासनिक अमला, पत्रकार, वकील, विश्वविद्यालय कर्मचारी, विभिन्न बैंकिंग और इन्श्योरेन्स कारोबार में रोज़गार-याफ़्ता लोग। (उपर्युक्त, पृ. 29) हर दूसरा आदमी बाहर से आया है। नये बने ईसाइयों की संख्या तेज़ी से बढ़ रही है। लेकिन पूरे लाहौर में अंग्रेज़ उस समय सिर्फ़ 3000 थे, ज़्यादातर तो छावनी में ही। लाहौर से अमृतसर ट्रेन वर्ष 1862 में ही चलने लगी थी। अमृतसर तक सिर्फ़ डेढ़ घंटा लगता है। हर हफ़्ते हज़ारों सिख इस रेलगाड़ी से दरबार साहिब के तालाब में स्नान करने जाया करते हैं। पेशावर, कलकत्ता, कराची और बम्बई को जोड़नेवाला महत्त्वपूर्ण रेलवे जंक्शन भी इस समय लाहौर ही है। यहाँ के क़िलेनुमा रेलवे स्टेशन के ऊपर से बन्दूकों से गोली दागने की व्यवस्था भी है। दीवारों में जगह-जगह बुर्ज और कंगूरे बने हुए हैं।

इसके महाविद्यालयों, अख़बारों और राजनीति के लिए भी लाहौर शहर इन दिनों मशहूर होता जा रहा है। 1920 के दशक की शुरुआत में यहाँ से 72 अख़बार प्रकाशित हो रहे थे। (उपर्युक्त, पृ. 31) यहाँ 'मेयो स्कूल ऑफ़ आर्ट्स' तथा 'किंग एडवर्ड मेडिकल कॉलेज' जैसे प्रतिष्ठित शिक्षा संस्थान हैं। ब्रेडलॉ हाल में प्रान्तीय और जिला कांग्रेस समितियों के दफ़्तर तो हैं ही, सनातन धर्म सम्मलेन से लेकर थियोसोफिकल एजुकेशनल ट्रस्ट और पंजाब मुस्लिम लीग से लेकर अखिल भारतीय ट्रेड यूनियन कांग्रेस के सम्मेलन भी यहाँ हुआ करते हैं। (उपर्युक्त, पृ. 33)

इसी लाहौर में भगतसिंह वर्ष 1918 में रहने आया और दयानन्द एंग्लो-वेदिक विद्यालय में उसके पिता सरदार किशनसिंह ने उसे प्रवेश दिलवा दिया। वर्ष 1923 में उसने लाहौर के ही नेशनल कॉलेज में बी.ए. के पाठ्यक्रम में प्रवेश लिया। यह निर्णय उसकी ज़िन्दगी में अहम मोड़ साबित हुआ। इसकी विस्तार से चर्चा अगले अध्याय में होगी, फिलहाल हम यह जानने की कोशिश करते हैं कि इस कॉलेज में दाख़िला लेते समय या उसके चन्द महीनों बाद भी भगतसिंह क्या था? उसके शौक़ क्या थे?

अपने पहनावे के प्रति इस समय तो भगतसिंह में लापरवाही झलकती है, वर्ष 1923 में तो यक़ीनन ही। उसके क्रान्तिकारी सहयोगी, मित्र व नेशनल कॉलेज के सहपाठी यशपाल बताते हैं कि 'खद्दर के मैले और प्रायः शरीर से बेनाप कपड़े; कमर में अकसर पायजामे की जगह लुंगी पहनकर ही वह कॉलेज आ जाता।' ('क्रान्ति का साक्ष्य', पृ. 111)। उसके क्रान्तिकारी सहयोगी अजय घोष लिखते हैं : 'जहाँ तक मेरा ख़्याल है, सन 23 में मेरी भगतसिंह से पहली भेंट हुई थी। उनकी अवस्था मेरे बराबर ही रही होगी—मेरी अवस्था 15 साल की थी। कानपुर में बटुकेश्वर दत्त ने उनसे मेरा परिचय कराया था। कद लम्बा और बदन इकहरा, पहनावा ढीला-ढाला और कुछ बेतुका। बहुत सीधा स्वभाव—वे गँवारू युवक-से मालूम होते थे, जिसमें चुस्ती और आत्मविश्वास की कमी हो। मैंने सोचा, है कोई देहाती लड़का।' ('क्रान्ति का साक्ष्य', पृ. 225)

लेकिन अच्छा खाने का शौक़ीन भगतसिंह शुरू से आख़िर तक रहा। यशपाल के अनुसार नेशनल कॉलेज के विद्यार्थी 'रामकृष्ण ने ग्रेजुएट होकर मोहनलाल रोड पर एक सुथरा-सा होटल खोल लिया था। हम सब लोग खाने के लिए वहीं पहुँचने लगे थे। अपने लोगों में से कोई किसी भी समय खाना खा रहा हो वह [भगतसिंह] होटल में चला आता। बिना किसी भूमिका के एक कुर्सी उठाकर वह साथ बैठ जाता और चपाती के बड़े टुकड़े का दोना बनाकर दाल के ऊपर तैरता हुआ घी एक ही बार में समेटकर मुँह में रख लेता। राजाराम शास्त्री होटल में दिखाई दे जाए तो भगतसिंह ज़रूरी काम छोड़कर, भूख न होने पर भी उसकी कटोरी में से सब घी ज़रूर पी जाता।' ('क्रान्ति का साक्ष्य', पृ. 119-20) उसके क्रान्तिकारी साथी बटुकेश्वर दत्त के शब्दों में 'उसे सिर्फ़ तीन पाव गर्मागर्म दूध से ही सन्तोष नहीं था, बल्कि गिलास के दूध पर कम-से-कम डेढ़ छटाँक मोटी मलाई का टुकड़ा भी अलग से पड़ना चाहिए। दूध के प्रति एक असीम आसक्ति उसके मन में थी।' ('क्रान्ति का साक्ष्य', पृ. 23)

और न सिर्फ़ दूध पीने का, बल्कि दूध पिलाने का भी उतना ही शौक़ीन था भगतसिंह। उसके पिता सरदार किशनसिंह जी ने जिन दिनों गाँव में भैंसें पाल रखी थीं, उन दिनों की याद करते हुए क्रान्तिकारी दल के सदस्य सुखदेवराज लिखते हैं : 'उन दिनों मैं लाहौर के मोहल्ला चिड़ीमारा में रहता था। मोहल्ले के नुक्कड़ पर हलवाई की एक दुकान थी। भगतसिंह अपने गाँव साँडा से एक टमटम पर दूध का बटलोहा देने वहाँ आया करता था। भगतसिंह से वहाँ मेरी भेंट प्रायः हो जाया करती थी। मुझे उन दिनों अखाड़े में जाकर कुश्ती लड़ने का शौक़ था। कई बार गर्द में लिपटा-लिपटाया ही उस दुकान पर दूध पीने के लिए मैं आ जाता था। भगतसिंह वहाँ मुझे देखते ही कह उठता था—'आओ पहलवान दूध पियो'। उसका कोई पैसा कभी भी वह नहीं लेता था। वह अन्य साथियों को भी प्रायः मुफ्त दूध पिलाया

करता था। कई बार मूड में आकर वह रबड़ी और मलाई की दावत भी हम लोगों की कर डालता था।' ('जब ज्योति जगी' क्रान्तिकारी सुखदेवराज के संस्मरण, सम्पादक सुधीर विद्यार्थी; प्रकाशक राजकमल प्रकाशन नई दिल्ली, संस्करण वर्ष 2009, पृ. 33)

भगतसिंह के खाने के शौक़ को लाहौर की द्वारकादास लाइब्रेरी के पुस्तकालयाध्यक्ष राजाराम शास्त्री इस तरह बयां करते हैं : 'दोपहर या शाम को रामकृष्ण जी के होटल में मुझे वहाँ खाना खाते देखकर मेरे सामने की कुर्सी पर आकर बैठ जाते और बात करते-करते वे धीरे-से हाथ बढ़ाकर मेरी थाली से रोटी का कौर तोड़ने लगते।' और जब राजाराम उसके लिए दूसरी थाली मँगवा देता तो भगतसिंह की फ़रमाइश होती कि "ज़रा घी भी मँगा लो।" राजाराम शास्त्री की तनख़्वाह बमुश्किल गुज़ारे लायक़ ही थी, फिर भी भगतसिंह 'कुछ देर बाद दो कटोरी खीर का भी आर्डर दे देते। भगतसिंह को रसगुल्ला खाने का बहुत शौक़ था। वे रसगुल्लों का धड़ाधड़ आर्डर देते जाते और बेधड़क खाते चले जाते।' ('क्रान्ति का साक्ष्य', पृ. 89-90)

दूसरा शौक़ भगतसिंह का था शेरो-शायरी। उसके लिखे हुए लेखों में उर्दू शेर जहाँ-तहाँ बिखरे पड़े हैं। भगतसिंह जो कुछ भी पढ़ता था उसमें जो भी उद्धरण उसे अच्छे लगते थे, उन्हें किसी काग़ज़ पर उतार लेना उसकी आदत में शुमार था। कई उद्धरण तो वह ज़बानी भी याद कर लेता था। उसकी शहादत के बाद जेल में उसकी कोठरी से निकला सामान उसके छोटे भाई कुलबीर के सुपुर्द किया गया तो उसमें उसकी 'जेल नोटबुक' के अलावा दो फुलस्केप शीट भी थीं, जिन पर उर्दू शेरों को छोटे-छोटे सुन्दर अक्षरों में उर्दू लिपि में ही उसने लिख रखा था। इन कागज़ों में कुल 63 शेर दर्ज थे जिनको भगतसिंह ने अपने अन्तिम दिन तक अपने ही पास रख छोड़ा था। ('भगतसिंह जेल नोटबुक सन्दर्भ और प्रासंगिकता' मलविन्दर सिंह वड़ैच एवं हरीश जैन द्वारा सम्पादित तथा प्रभात पेपरबैक्स नई दिल्ली द्वारा प्रकाशित संस्करण वर्ष 2017, पृ. 58)

आम ज़बान इस समय उत्तर भारत और पंजाब की उर्दू है और ग़ालिब, ज़ौक़, दाग़, मोमिन और मीर तकी मीर के कलाम पूरे हिन्दुस्तान में हरेक की ज़ुबान पर हैं। बात करते हुए, क़िस्सागोई करते हुए अपनी बात को बेहतर ढंग से कहने और अपनी बात का वज़न बढ़ाने के लिए मगर लाहौर के बाशिन्दों के पास उनके अपने शायर भी हैं : मरहूम मुफ़्ती ग़ुलाम सरवर लाहौरी, मरहूम मुहम्मद हुसैन आज़ाद, मरहूम शाह दीन हुमायूँ।

लाहौर को अगर शायरों का शहर कहा जाए तो यह अतिशयोक्ति न होगी। किसी समय शायरों के पसन्दीदा शहर दिल्ली और लखनऊ हुआ करते थे। मगर 1857 के बाद बादशाह और नवाब का राज ख़त्म हो जाने पर शायरों का वहाँ कोई

सरपरस्त न रहा और मजबूरन उन शहरों को उन्हें अलविदा कहना पड़ा। उनमें से कई लाहौर आ बसे। नतीजतन उर्दू शायरी यहाँ परवान चढ़ने लगी। फिर तो आहिस्ता-आहिस्ता लाहौर शहर शायरों का शहर ही हो गया। इस समय यहाँ आगा हश्र कश्मीरी, अब्दुर्रहमान चुग़ताई, ताजवर नजीबाबादी, अहमद हुसैन ख़ान और हाजी लक़लक़ जैसे पचासों शायर हैं। शायद ही कोई दिन जाता हो जब लाहौर में कहीं-न-कहीं बज़्म-ए-मुशायरा न जमता हो, जिसकी ख़बर अख़बारों में पेशतर छापी जाती है—अपना कलाम पढ़नेवाले शायरों के नाम के साथ। इन शायरों को सुनने सैकड़ों नहीं हज़ारों की तादाद में लोग इन महफ़िलों में शिरकत करते हैं। अगले दिन इन शायरों के कलाम की समालोचना भी अख़बारों में प्रमुख स्थान पाती है और उस समालोचना का जवाब भी। हाजी लक़लक़ का यह कलाम तो आज भी ख़ूब तालियाँ और वाहवाही बटोरता है :

है जवानों के लिए सिनेमा जाना ज़िन्दगी,
जेब में पाई न हो टाई लगाना है ज़िन्दगी।

इनके अलावा लाहौर में इस समय कुछ उभरते हुए शायर भी हैं : हफ़ीज़ जलन्धरी, सलाहुद्दीन अहमद, शौक़त थानवी और इम्तियाज़ अली ताज भी। जिन दिनों भगतसिंह अपने गाँव बंगा से लाहौर आया अपने पिता सरदार किशनसिंह के पास नवाँकोट नाम की बस्ती में रहने के लिए, उस समय तक मुहम्मद इक़बाल का कलाम 'शिकवा' उन्हें ज़बर्दस्त लोकप्रियता व प्रसिद्धि दिलवा चुका था, वर्ष 1912 में भाटी दरवाज़े पर जिसे उन्होंने एक महफ़िल-ए-मुशायरा में पढ़ा था। 'शिकवा' में इक़बाल अल्लाह से शिकायत करते हैं :

हम जो जीते थे तो जंगों की मुसीबत के लिए,
और मरते थे तिरे नाम की अज़्मत के लिए;
अब वो अल्ताफ़ नहीं हम पे इनायात नहीं,
बात ये क्या है कि पहली सी मुदारात नहीं।
क्यूँ मुसलमानों में है दौलत-ए-दुनिया नायाब,
तेरी क़ुदरत तो है वो जिसकी न हद है न हिसाब।

(अज़्मत = महिमा, इज़्ज़त; अल्ताफ़ = मेहरबानियाँ; इनायात = एहसान, इनाम; मुदारात = ख़ातिरदारी; नायाब = दुर्लभ।)

भाटी दरवाज़े पर ही उर्दू भाषा में छपनेवाली किताबों और अख़बारों के प्रकाशक भी हैं। यहीं पर एक नाइयों की गली है और नूर मोहल्ला भी, मुहम्मद रफ़ी के वालिद कुछ साल बाद जहाँ नाई की दुकान खोलनेवाले हैं। इस दुकान में कुछ दिन के लिए ख़ुद मुहम्मद रफ़ी साहब भी ग्राहकों की हजामत बनाते नज़र आएँगे। महफ़िल-ए-मुशायरा तो भाटी दरवाज़े पर तक़रीबन रोज़ ही हुआ करता है। मुमकिन है कि ऐसी ही किसी महफ़िल में मशहूर गायक कुन्दनलाल सहगल

भी मौजूद रहे हों, जो उन दिनों रेमिंगटन टाइपराइटर कम्पनी के सेल्समेन थे और अपने काम से लाहौर का दौरा जो अकसर किया करते थे।

ग्यारह साल की उम्र से इस माहौल में पला-बढ़ा भगतसिंह शायरी के शौक़ से कैसे बच सकता था?

खुले पन्नों पर जेल में उसने जो शेर दर्ज किये, उन 63 शेरों में से 26 शेर मिर्ज़ा ग़ालिब के हैं। जैसे :

या रब वो ना समझे हैं ना समझेंगे मेरी बात,
दे और दिल उनको जो न दे मुझको ज़ुबाँ और।

इसके अलावा यह भी,

जाते हुए कहते हो क़यामत को मिलेंगे,
क्या ख़ूब क़यामत का है गोया कोई दिन और!

इन पन्नों में 12 शेर अल्लामा इक़बाल के भी हैं :

न पूछ 'इक़बाल' का ठिकाना अभी वही कैफ़ियत है उसकी,
कहीं सर-ए-रहगुज़ार बैठा सितम-कश-ए-इंतिज़ार होगा।

मुख़्तर हैदराबादी का यह शेर भी इन पन्नों में है, जो भगतसिंह ने अपने सबसे छोटे भाई कुलतारसिंह को लिखे अपने आख़िरी ख़त में उद्धृत किया था :

आबो हवा में रहेगी ख़्याल की बिजली;
ये मुश्ते ख़ाक है फानी रहे न रहे।

इसके अलावा कुछ शेर जेल नोटबुक में भी दर्ज हैं। 'भगतसिंह जेल नोटबुक सन्दर्भ और प्रासंगिकता' के अनुसार जेल नोटबुक के पृष्ठ 27 पर दाग़ देहलवी का यह शेर दर्ज है :

दिल दे तो इस मिज़ाज का परवरदिगार दे
जो रंज की घड़ी भी ख़ुशी से गुजार दे।

(सही शेर है: दिल दे तो इस मिज़ाज का परवरदिगार दे, जो ग़म की घड़ी को भी ख़ुशी से गुलज़ार कर दे।)

इसी पृष्ठ पर एक और शेर है जिसका स्रोत 'भगतसिंह जेल नोटबुक सन्दर्भ और प्रासंगिकता' में अज्ञात लिखा है। वास्तव में यह शेर मुज़्तर ख़ैराबादी का है :

छेड़ ना ऐ फ़रिश्ते! तू ज़िक्रे ग़मे-जानानाँ,
क्यों याद दिलाते हो भूला हुआ अफ़साना।

(जानानाँ का अर्थ है प्रिय या प्रेमिका। 'भगतसिंह जेल नोटबुक सन्दर्भ और प्रासंगिकता' में 'ग़मे-जानानाँ' के स्थान पर 'गमे-जमाना' लिखा हुआ है।)

जेल नोटबुक पृष्ठ 30 पर लिखे इस शेर का स्रोत तो वाक़ई अज्ञात है :

तुझे जिबह करने की ख़ुशी और मुझे मरने का शौक़ ,
मेरी भी मर्जी वही है जो मेरे सय्याद की है।

भगतसिंह ने सम्भवतः ख़ुद इसे कहा होगा। इसके बाद 'जेल नोटबुक' में और कोई शेर नहीं है। 'भगतसिंह जेल नोटबुक सन्दर्भ और प्रासंगिकता' में पृष्ठ 385 पर बताया है कि 12-9-1929 को नोटबुक उन्हें मिलने के पहले भगतसिंह ने खुले पन्नों पर कुछ नोट्स व उद्धरण लिखे थे, जो उपर्युक्त दो फुलस्केप शीट के अलावा हैं। एक लोहे के सन्दूक में निजी सामान, पुस्तकों व जेल नोटबुक के साथ ये पन्ने भी उनके परिवार को सौंपे गए थे। इनमें से एक पन्ने पर यह कलाम दर्ज है।

मैं गरीबों का दिल हूँ वतन की जुबाँ,
मैं गाता चलूँ साथ, मैं बढ़ता चलूँ।

लाहौर के कारदार स्टूडियो में निर्मित फ़िल्म 'आबे हयात' में यह गीत सबसे पहले इस्तेमाल हुआ जो 1933 में प्रदर्शित हुई थी और जिसमें लाहौर-निवासी नूरजहाँ ने पहली बार नायिका की भूमिका अदा की थी। इस गीत के शायर का नाम कहीं नहीं मिला। फिर वर्ष 1955 में इसी नाम से एक और फ़िल्म बनी जिसमें यह गीत हेमन्तकुमार की आवाज़ में फ़िल्माया गया, जिसमें इस गीत को लिखने का श्रेय हसरत जयपुरी को दिया हुआ है। हसरत जयपुरी ने अपना फ़िल्मी कैरियर राजकपूर की फ़िल्म बरसात से शुरू किया था जो वर्ष 1949 में प्रदर्शित हुई।

और फ़िल्में ही भगतसिंह का तीसरा शौक़ है। उसकी भतीजी वीरेन्द्र सिन्धु के अनुसार 'सिनेमा देखने का ख़ूब शौक़ था उन्हें। यदि हाथ में कोई ज़िम्मेदारी का काम न हो और जब सिनेमा न जा सकते हों, तब जहाँ हों, वहीं महफ़िल जम जाती थी और अट्टहासों, संवादों, सूक्तियों, शेरों और ग़ज़लों से भरी बातचीत की फ़िल्म चल पड़ती थी।' ('क्रान्ति का साक्ष्य', पृ. 312-3)

रंगमंचीय गतिविधियों के लिए बम्बई और कलकत्ता इन दिनों ज़्यादा जाने जाते हैं। मगर लाहौर भी इन गतिविधियों में पीछे नहीं हैं। कई थिएटर हैं यहाँ जिनमें नाटक, नृत्य और संगीत-समारोह होते ही रहते हैं। आगा हश्र कश्मीरी, जिन्हें उर्दू भाषा का शेक्सपियर कहा जाता है, उनका बेहद मक़बूल नाटक 'यहूदी की लड़की' तो कई दफ़ा खेला जा चुका है। वर्ष 1958 में बिमल रॉय के निर्देशन में बनी फ़िल्म 'यहूदी' इसी नाटक पर आधारित थी। और इम्तियाज़ अली ताज का नाटक 'अनारकली'—इस किरदार को वास्तव में उसने ही पैदा किया था—वर्ष 1922 में पहली बार खेला गया और वर्षों बाद भी इस नाटक ने लाहौर में धूम मचा रखी है। हर मंचन पर इस नाटक को देखने के लिए लाहौरवासी थिएटरों में उमड़े पड़ते हैं।

लेकिन अब सिनेमा आ गया है और कई थिएटर धीरे-धीरे सिनेमाघरों में तब्दील होते जा रहे हैं। टकसाली दरवाज़े पर स्थित अज़ीज़ थिएटर अब रॉयल टाकीज हो गया है। ज़्यादातर सिनेमाघर भाटी दरवाज़े पर हैं : क्राउन, वेलिंगटन, एल्फिन्स्टन, डायमंड। मैक्लियोड रोड पर रीजेंट, मैजेस्टिक, रिट्ज और प्रभात

सिनेमाघर हैं। इनके अलावा निशात और सागर सिनेमाघर भी हैं। लेकिन सबसे मशहूर है प्लाज़ा टाकीज चेरिंग क्रॉस पर, जहाँ महारानी विक्टोरिया की बड़ी-सी काँसे में ढली हुई मूर्ति लगी हुई है।

सड़कों पर अब नई फ़िल्मों के बड़े-बड़े पोस्टर भी नज़र आने लगे हैं जिन पर ख़ूबसूरत अभिनेत्रियों के लुभावने चित्र मानो दावत दे रहे हैं लाहौरवासियों को—आओ और सपनों के संसार में खो जाओ। लाहौर से निकलनेवाले अख़बार ट्रिब्यून में शहर के सिनेमाघरों में लगी नई फ़िल्म का विज्ञापन ज़रूर होता है। कॉलेज के विद्यार्थी अख़बार में सबसे पहले इसी 'ख़बर' को पढ़ते हैं। अभी तो ज़्यादातर इंग्लैंड और अमेरिका में बनी अंग्रेज़ी फ़िल्में ही दिखाई जाती हैं। हिन्दी में फ़िल्में अभी अधिकांशतः पौराणिक कथाओं पर ही बन रही हैं और लाहौर के नौजवान दर्शक-वर्ग को इनमें अधिक रुचि नहीं है।

सिनेमा हॉल के भीतर सिगरेट और रंगीन मीठी गोलियाँ बेचनेवाले; उबले अंडे, सिकी हुई मूँगफलियाँ और, चिलगोज़े बेचनेवाले—उन दिनों चिलगोज़े मूँगफली के भाव ही बिका करते थे—आवाज़ लगाते हुए तब तक घूमा करते हैं जब तक कि तीन बार घंटी नहीं बज जाती। इसके बाद ये सब फेरीवाले हॉल के बाहर चले जाते हैं और रोशनी बुझा दी जाती है। एक रील चला देने के बाद दूसरी रील लगाने में कुछ समय लगता है। इस दरम्यान हॉल में फिर रोशनी हो जाती है और फेरीवाले भीतर आकर आवाज़ लगाते हुए सीटों के बीच फिर घूमने लगते हैं। सिनेमा हाल के बाहर सुरमा बेचने और लगानेवाले भी बैठे ही रहते हैं। यह माना जाता है कि 'सनीमा' देखने से आँखों पर ज़ोर पड़ता है और सुरमा न केवल आँखों को थकन से बचाता है बल्कि उनकी रोशनी भी बढ़ाता है।

यह मूक सिनेमा का दौर है। लेकिन इसका मतलब यह नहीं कि सिनेमा हॉल में सन्नाटा छाया रहता है। एक कोने में खड़ा आदमी उन संवादों का अनुवाद बुलन्द आवाज़ में सुनाता जाता है जो परदे पर नीचे अंग्रेज़ी में लिखे नज़र आते हैं। लेकिन अकसर यह उसकी अपनी स्वतंत्र कमेंटरी हो जाती है। दूसरे कोने में एक हारमोनियम वाला, एक तबलची और एक सारंगी या वायलिन वादक बैठे हैं जो परदे पर चल रहे दृश्य को संगत देते हुए फ़िल्म को पार्श्व-संगीत देने की कोशिश में लगे हैं। कहानी में जहाँ भी कोई नाटकीय मोड़ आया, वाद्यों का स्वर वे ऊँचा कर देते हैं। फ़िल्म शुरू होने के पहले और मध्यान्तर में दर्शकों को 'ज़िन्दा नाच-गाना' भी दिखाया जाता है, जिसमें हीरा मंडी की नचनियाएँ अपने जलवे बिखेरा करती हैं। सिनेमा के टिकट दो-आने और चार-आने के हैं जो एक ही खिड़की से मिलते हैं, हर शो में जहाँ पर गुत्थम-गुत्था होना आम बात है।

वर्ष 1922 में 'द थ्री मस्केटीयर्स' फ़िल्म सिनेमाघरों में लगी जिसका हीरो डगलस फेयरबैंक वाहवाही लूटनेवाले ग़जब की बहादुरी के कारनामे फ़िल्म में कई

बार दिखाता है। झाड़फानूस पर लटकते हुए तलवारबाज़ी करता है; अविश्वसनीय रूप से लम्बी छलाँग मारकर गहरी और ख़तरनाक खाइयों के पार हो जाता है। उस ज़माने में वीएलएक्स तो क्या कम्प्यूटर भी नहीं था। लिहाज़ा ऐसे कारनामों को देख दर्शक वाक़ई दाँतों-तले उँगली दबा लेते हैं। यह फ़िल्म भगतसिंह को भी बहुत पसन्द आई है। चार्ली चैपलिन की फ़िल्में तो उसे बेहद ही पसन्द हैं। 'द किड' फ़िल्म ने तो टिकटों की बिक्री के सारे रिकॉर्ड तोड़ दिये। इस रिकॉर्ड को वर्ष 1925 में चार्ली चैपलिन की ही फ़िल्म 'गोल्ड रश' ही तोड़ पाई। इस फ़िल्म में चार्ली चैपलिन की हरकतें देख सिनेमाघर में बैठे दर्शक हँस-हँसकर पागल हो गए। भगतसिंह जैसा व्यक्ति यक़ीनन ऐसी ही फ़िल्में देखना पसन्द करेगा जो 'बहुत प्रेमी जीव था। सदा मस्त रहता था। हँसना और हँसाना उसका काम था। मुहर्रमी सूरत से उसको नफ़रत थी।' ('क्रान्ति का साक्ष्य' में क्रान्तिकारी काशीराम, पृ. 186)

फिर 1926 में आई अभिनेत्री सुलोचना अभिनीत फ़िल्म 'अलीबाबा और चालीस चोर', जिसमें उसने मरज़ीना का किरदार निभाया। लेकिन सुलोचना की सबसे बड़ी हिट फ़िल्म रही वर्ष 1927 में प्रदर्शित 'वाइल्डकैट ऑफ़ बॉम्बे' जिसके पोस्टर पर लिखा होता था : उठावगीर अबला उर्फ़ बम्बई नी बिलाड़ी। लाहौर के एक्सेलसियर सिनेमाघर में लगी यह फ़िल्म कई हफ़्तों से हाउसफुल जा रही है। टिकट खिड़की पर रोज़ ही धक्का-मुक्की होती है फिर भी सुलोचना के दीवाने इस फ़िल्म को, बल्कि सुलोचना को देखने ही बार-बार चले आते हैं। उनका जी ही नहीं भरता लम्बे क़द तथा मांसल देहवाली, भरे हुए गालोंवाली और बड़ी-बड़ी भूरी आँखोंवाली इस गोरी हसीना को देखकर।

अदालत खचाखच भरी है। एक बेहद शातिर और चालाक अपराधी के ख़िलाफ़ मुक़दमे का फ़ैसला होनेवाला है, पुलिस की नाक में जिसने लम्बे समय से दम कर रखा है। मेज़ पर हथौड़ी को तीन बार ठोकते हुए जज चिल्लाया 'आर्डर! आर्डर!' तभी एक मुड़ा-तुड़ा पुर्जा आकर उसकी मेज़ पर गिरता है। अचरज व उत्सुकता से जज उस पुर्जे को खोलकर पढ़ता है और उसके चेहरे पर हैरानी और परेशानी के भाव उभर आते हैं। पुर्जे में लिखा है, 'आरोपी को मौत की सज़ा न सुनाई जाए।' वह समझ जाता है कि यह 'जंगली बिल्ली' की ही कारिस्तानी है। इस जंगली बिल्ली पर हत्या का आरोप है और पूरा पुलिस महकमा उसकी तलाश में लगा है। इसके बावजूद वह पुलिस-सार्जेंट का भेष धरकर जुए के अड्डे पर छापा मार देती है और सारा नगद लेकर चम्पत हो जाती है। लाख सिर पटकने पर भी पुलिस उसका पता नहीं लगा पा रही। पुलिस को चकमा देने के लिए कभी वह मालिन बन जाती है तो कभी शातिर जेबकतरा; कभी भिखारन तो कभी ख़ानदानी हैदराबादी; कभी केले बेचनेवाली तो कभी यूरोपियन हसीना और एक बार तो ब्रिटिश जासूस भी! इस तरह से आठ रीलों में आठ तरह के किरदार वह निभाती

है। पुलिस को उल्लू बनाकर बच निकलने के उसके हर कारनामे पर सिनेमा हॉल तालियों की गड़गड़ाहट से गूँज उठता है। दर्शकों में हमारे क्रान्तिकारी नवयुवक भी हैं जिन्हें पुलिस से बचने के लिए तरह-तरह के हथकंडे अपनाने होते हैं। सुलोचना के इन कारनामों को, ख़ास तौर पर उसके भेष बदलने और स्वाँग धरने की कला को देख तो वे ही सबसे ज़्यादा रोमांचित हैं।

कभी नेकर पहने हुए, कभी पतलून तो कभी हिन्दुस्तानी धोती या पाजामा; कभी कोट, कभी अचकन तो कभी बंडी : बला की ख़ूबसूरत सुलोचना को पर्दे पर जो भी देखता है, देखता ही रह जाता है। भारतीय सिनेमा की वह पहली 'सेक्स-सिम्बल' थी। इस फ़िल्म के ब्रोशर में सुलोचना को एक पगड़ीधारी सिख का भेष धरे हुए भी दिखाया है। उसके दाएँ हाथ में पिस्तौल है जो एक अधेड़ उम्र के अंग्रेज़ पर उसने तान रखी है। उसके गोरे गालों पर करीने से बँधी हुई काली दाढ़ी के ऊपर मूँछ है, नाक के दोनों तरफ़ दो-दो इंच लम्बी, ऊपर को तनी हुई तथा नुकीली। सांडर्स की हत्या के बाद जब भगतसिंह ने भेष बदला था तो ठीक ऐसी ही मूँछ उसने रखी थी। और ब्रिटिश जासूस के रूप में सुलोचना अपने सिर पर जिस बाँकपन से हैट लगाती है, थोड़ा तिरछा दाएँ झुका हुआ, सिर पर उसी अन्दाज़ में रखा हैट भगतसिंह की सबसे लोकप्रिय तसवीर में भी दिखाई देता है। हांगकांग विश्वविद्यालय में 'कम्पेरेटिव लिटरेचर' विभाग की सहायक प्रोफ़ेसर जे. डेनियल एलाम ने अपने लेख 'द मार्टिर, द मूवीगोअर: भगतसिंह ऐट द सिनेमा' में लिखा है : 'एसेम्बली भवन में विस्फोट करने के पूर्व भगतसिंह द्वारा खिंचवाया गया स्टूडियो फ़ोटो सुलोचना की ब्रिटिश जासूसवाली छवि से आश्चर्यजनक रूप से मिलता है।'

सुलोचना के लिए भगतसिंह की दीवानगी उसके क्रान्तिकारी साथियों के बयानों से साफ़ ज़ाहिर होती है। सुखदेवराज के अनुसार 'बम्बई की बिल्ली के नाम से एक फ़िल्म उन दिनों आई हुई थी। सुलोचना नाम की अभिनेत्री ने उसमें नायिका की भूमिका अभिनीत की थी। भगतसिंह को उसका अभिनय बहुत पसन्द आया था और वह प्राय: समय मिलने पर सुलोचना के अभिनय की प्रशंसा भी किया करता था।' ('जब ज्योति जगी', पृ. 34) इसके अलावा जयदेव कपूर ने, कानपुर में वर्ष 1926 में मुलाक़ात के बाद जो भगतसिंह के अभिन्न मित्र और क्रान्ति के पथ पर सहयात्री बन गए, वर्ष 1974 में 'नेहरू मेमोरियल म्यूज़ियम एंड लाइब्रेरी' की ओर से श्री मनचन्दा द्वारा लिये गए साक्षात्कार में बताया : 'बनारस में जब वे मुझसे मिलने आए तो मुझको साथ लेकर सिनेमा गए थे। मुझे याद है कि वह एक पुरानी फ़िल्म थी, अनारकली, जिसमें सुलोचना काम करती थी। भगतसिंह दूसरे दिन भी उसी फ़िल्म को देखने गए थे। ...अकेले।' (नेहरू म्यूज़ियम ज़बानी इतिहास, जयदेव कपूर खाता सं. 431, पृ. 311)

1928 का साल फ़िल्मों के लिए सुनहरा साल रहा। उस साल लाहौर के सिनेमाघरों में 'अंकल टॉम का केबिन' लगी तथा चार्ली चैपलिन की 'द सर्कस' भी। लाहौर में बनी पहली फ़िल्म 'आज की बेटियाँ' भी कारदार फ़िल्म्स ने उसी साल जारी की। लेकिन जो हंगामा इम्तियाज़ अली ताज के नाटक पर आधारित फ़िल्म 'अनारकली' ने बरपा कर रखा है उसका तो कोई सानी ही नहीं! इस फ़िल्म की नायिका भी सुलोचना ही है, इस वक़्त की सबसे लोकप्रिय और सबसे महँगी अभिनेत्री जिसका मेहनताना पंजाब के अंग्रेज़ गवर्नर के वेतन से भी ज़्यादा है। बड़े-बड़े अभिनेता को भी इन दिनों एक फ़िल्म में काम करने के लिए सौ ही रुपये मिलते हैं लेकिन सुलोचना प्रति फ़िल्म पाँच हज़ार रुपये लेती है। अपनी सफ़ेद बेंटले कार में जब वह निकलती है तो उसकी एक झलक पाने के लिए सड़क के दोनों तरफ़ हज़ारों की भीड़ जमा हो जाया करती है। उसके दीवानों ने उसे 'क्वीन ऑफ द स्टार्स' और 'स्टार ऑफ द स्टार्स' जैसे ख़िताब दे रखे हैं और हर महीने उसे सैकड़ों प्रेम-पत्र मिलते हैं जिनमें उससे शादी करने की इच्छा भी जताई जाती है। एक खादी प्रदर्शनी का उद्घाटन करते हुए गाँधी जी पर बनी फ़िल्म का जब प्रदर्शन किया गया तो दर्शकों को लुभाने के लिए उसके साथ फ़िल्म माधुरी में सुलोचना द्वारा किया गया एक नृत्य भी दिखाया गया।

सुलोचना का असली नाम रूबी मेयर्स है और वह बग़दादी यहूदी है। सुन्दर चेहरा, बड़ी-बड़ी आँखें, बॉब-कट बाल, अंग्रेज़ों सरीखा गोरा रंग, लम्बा कद, मांसल शरीर और उससे भी बढ़कर उसकी अदाएँ : लाहौर ही क्या पूरे हिन्दुस्तान में इस समय उसके लिए दीवानगी है। मशहूर फ़िल्म अभिनेता बलराज साहनी उस समय पन्द्रह वर्ष के थे और रावलपिंडी के एक स्कूल में पढ़ते थे। अपनी आत्मकथा में वे लिखते हैं: 'सुलोचना की ख़ूबसूरती ने मुझे उसके प्रेम में वस्तुतः पागल कर दिया और जो अनारकली के रूप में महीनों तक मेरे सपनों में छाई रही। आख़िरी दृश्य में जब उसे ज़िन्दा चिनवाया गया तो मेरी आँखों से आँसू आ गए। उस लड़की को मैं दिल दे बैठा था और आख़िरी ईंट ने उसके ख़ूबसूरत चेहरे को जब ढक लिया तो मुझे लगा कि अब इस ज़िन्दगी के कोई मायने नहीं बचे।'

'अंकल टॉम्स केबिन' फ़िल्म का विज्ञापन भी ट्रिब्यून अख़बार में इन दिनों छप रहा है। इस फ़िल्म को देखने के लिए भगतसिंह की बेताबी के बारे में चन्द्रशेखर आज़ाद के विश्वसनीय सहयोगी क्रान्तिकारी भगवानदास माहौर ने अपने संस्मरण में लिखा है :

'[ब्रैडला] हॉल से निकले तो सड़क पर लगे पोस्टरों से मालूम हुआ कि एक सिनेमा में अंग्रेज़ी का चलचित्र 'Uncle Tom's Cabin' आया हुआ है। भगतसिंह ने प्रस्ताव दिया कि अमरीका में हब्शी गुलामों पर होनेवाले अत्याचार और उनकी स्वतंत्रता की लड़ाई के इस क्रान्तिकारी चलचित्र को अवश्य देखना चाहिए।

मगर पैसे कहाँ से आएँ? साथियों को यहाँ खाने के लिए फ़ी ख़ुराक एक चवन्नी मिलती थी जिससे किसी दुकान से दो आने की रोटी-दाल-सब्ज़ी और छह पैसे का घी पी जाते थे और बाक़ी दो पैसे की मूँगफलियाँ और चिलगोज़े जेब में डाले रहते थे। शाम के खाने के लिए और दूसरे दिन सबेरे के खाने के लिए तीन साथियों का डेढ़ रुपया मुझे दे दिया गया था। वह मेरे पास पड़ा था। भगतसिंह ने ये पैसे मुझसे माँगे। मगर ये खाने के पैसे मैं कैसे दे देता क्योंकि आज़ाद ने ताकीदन मुझे ये पैसे दे रखे थे। भगतसिंह फिर बहुत झुँझलाए। कला की उपयोगिता पर एक अच्छा-ख़ासा भाषण उन्होंने दे डाला। मैंने अनुशासन की बात की तो अन्धे अनुशासन से हानि पर भी एक लेक्चर मुझे सुनना पड़ा।' फिर भी माहौर ने पैसे नहीं दिये तो भगतसिंह ने पैसे उससे छीन लिये और उसे ही फिर टिकट लेने भेजा। 'टिकट की खिड़की पर लाहौरी मुस्टंडों की इतनी भीड़ और धींगामस्ती। भगतसिंह दूर खड़े एक उस्ताद की तरह दाँव-पेच बताकर मुझे बार-बार भेजते और मैं बार-बार लौट आता। भगतसिंह ताव खाकर कोट उतारकर, आस्तीन चढ़ाकर भीड़ में घुस गए। चवन्नीवाले टिकट तो वे नहीं पा सके, अठन्नीवाले तीन टिकट वे ले ही आए। सबेरे के खाने के पैसे भी समाप्त। अड्डे पर जाकर चित्र की तारीफ़ करके और क्रान्तिकारियों के लिए उसकी उपयोगिता पर एक लेक्चर-सा झाड़कर भगतसिंह ने आज़ाद को इस प्रकार पटा लिया कि पैसों की बात ही नहीं उठी और हम लोगों को दूसरे दिन सबेरे भी बाक़ायदा खाने को पैसे मिले। भगतसिंह मेरी ओर आँख मारकर मुस्कराए।' ('यश की धरोहर' लेखक भगवानदास माहौर, सदाशिव मलकापुरकर एवं शिव वर्मा; प्रकाशक राहुल फाउंडेशन लखनऊ; संस्करण वर्ष 2006., पृ. 39)

और यह तो तब था जबकि चन्द्रशेखर आज़ाद सिनेमा जाने को न सिर्फ़ पैसों की बर्बादी मानते थे बल्कि क्रान्तिकारियों के लिए नुकसानदेह भी। सांडर्स की हत्या के बाद जब भगतसिंह कलकत्ता पहुँचा तो वहाँ भी यह फ़िल्म लगी हुई थी और इसे देखने से वह वहाँ भी नहीं चूका।

अमेरिकन लेखिका हैरियट बीचर स्टोव ने इसी नाम की पुस्तक में अमेरिका में काले अफ्रीकी ग़ुलामों की दुर्दशा का मार्मिक चित्रण करते हुए यह कहानी बुनी है, जिसमें टॉम को नीलामी में साइमन लेग्री नामक एक कपास बागान के मालिक को बेच दिया जाता है। टॉम अपने साथी ग़ुलाम को कोड़े मारने के लेग्री के आदेश को ठुकरा देता है तो लेग्री बेरहमी से उसे कोड़े से पीटता है और भगवान में उसके विश्वास को कुचल देने का संकल्प लेता है। लेकिन लेग्री की क्रूरता के बावजूद टॉम बाइबल पढ़ना बन्द नहीं करता। उसके धार्मिक विश्वास को तोड़ने में असफल रहने पर लेग्री अन्ततः टॉम को मौत के घाट उतार देने का आदेश दे देता है।

अमेरिका में अब्राहम लिंकन द्वारा ग़ुलाम-प्रथा को समाप्त किये जाने और उसके बाद हुए गृहयुद्ध के लिए इस पुस्तक को भी ज़िम्मेदार माना जाता है।

लेकिन इस पुस्तक में क्रान्ति जैसा कुछ नहीं और न ही कोई क्रान्तिकारी किरदार इसमें है। ईसाई धर्म पर अडिग विश्वास रखनेवाला अंकल टॉम मरने के पहले उसकी मृत्यु के लिए ज़िम्मेदार अपने मालिक लेग्री को क्षमा कर देता है। मगर मूल कहानी में बदलाव करते हुए इस फ़िल्म में यह दिखाया है कि अंकल टॉम के मर जाने के बाद उसका भूत हत्यारे लेग्री को इतना परेशान करता है कि उसका पीछा करते हुए लेग्री दूसरी मंज़िल की खिड़की से नीचे गिरकर मर जाता है। शायद यही बात भगतसिंह को पसन्द आई हो।

उसके क्रान्तिकारी साथी भगवानदास माहौर वर्ष 1929 के शुरुआती महीनों का एक क़िस्सा याद करते हुए कहते हैं : 'आगरे के एक मकान में आज़ाद, भगतसिंह, सुखदेव, राजगुरु, बटुकेश्वर दत्त, शिव वर्मा, विजयकुमार सिन्हा, जयदेव कपूर, डॉ. गयाप्रसाद, वैशम्पायन, सदाशिव आदि दल के सभी सक्रिय सदस्य बैठे हैं। विनोद चल रहा है। विनोद का विषय रहा कि कौन कैसे पकड़ा जाएगा, पकड़े जाने पर कौन क्या करेगा और सरकार से किसे क्या सज़ा मिलेगी।'

"बच्चू (विजयकुमार सिन्हा) और रणजीत (भगतसिंह) किसी सिनेमा हॉल में पकड़े जाएँगे और पकड़े जाने पर पुलिस से कहेंगे : पकड़ लिया तो क्या ग़ज़ब हो गया। खेल तो पूरा देख लेने दो।" ('यश की धरोहर', पृ. 74)

सभी क्रान्तिकारी अपना एक छद्मनाम रखते थे और उसी नाम से वे जाने और पुकारे जाते थे।

उसी वर्ष यानी 1929 में 'बॉम्बे टाकीज' के हिमांशु राय द्वारा निर्मित और निर्देशित फ़िल्म 'प्रपंच पाश' भी प्रदर्शित हुई जिसका अंग्रेज़ी टाइटल था 'A Throw of Dice'। महाभारत में दिये गए जुए के प्रसंग पर बनी इस फ़िल्म की नायिका थी देविका रानी। यह फ़िल्म ठीक-ठाक चली मगर हमारे क्रान्तिकारियों ने इसे देखने में रुचि नहीं ली।

चौथा शौक़ है भगतसिंह का किताबें। जब वह अपने गाँव बंगा में था तब भी उसे पढ़ने का इतना शौक़ तो था ही कि अपने चाचा अजीतसिंह द्वारा छपवाए गए सारे पर्चे और छोटी-छोटी पुस्तिकाएँ उसने पढ़ लीं, जो अंग्रेज़ी राज के ख़िलाफ़ विद्रोह का आह्वान करती थीं और 'हुब्ब-अल-वतनी' या देशभक्ति के जज़्बे को जगाती थीं। मगर यह शौक़ परवान चढ़ा लाहौर में नेशनल कॉलेज में दाख़िला ले लेने के बाद और द्वारकादास लाइब्रेरी में पहुँच हो जाने के बाद। इसकी चर्चा हम अगले किसी अध्याय में करेंगे।

लाहौर के हाईकोर्ट के सामने ही लॉरेन्स गार्डन है जिसमें हिन्दुस्तान के वाइसराय रहे लॉर्ड लॉरेन्स की मूर्ति है। लॉर्ड लॉरेन्स गर्व से सीना ताने और सिर उठाए हुए खड़े हैं। उनके एक हाथ में क़लम है व दूसरे में तलवार। नीचे लिखा है : 'क़लम से शासित होओगे तुम या तलवार से।' यह मूर्ति और यह वाक्य

लाहौरियों को याद दिलाता रहता है कि अंग्रेज़ उन पर तलवार के बल पर राज कर रहे हैं। लिहाज़ा यह मूर्ति हर आज़ादी-पसन्द और ख़ुद्दार शख़्स की आँखों में काँटा बनकर चुभा करती है। अप्रैल, 1928 में जारी किये गए 'नौजवान भारत सभा, लाहौर' के घोषणापत्र में भी, भगतसिंह जिस सभा का महासचिव था, यह दर्द नज़र आता है : 'अंग्रेज़ का हमसे यह ऐतिहासिक प्रश्न है कि "तुम तलवार से प्रशासित होगे या क़लम से?" ('दस्तावेज़' चमनलाल, पृ. 231)

लॉर्ड जॉन लॉरेन्स वर्ष 1864 से 1869 तक ब्रिटिश इंडिया के वाइसराय थे। 1857 के स्वातंत्र्य युद्ध के समय पंजाब का चीफ कमिश्नर रहते हुए सिख मुखियाओं और कपूरथला, पटियाला, नाभा तथा जिन्द के राजाओं को वफ़ादारी का वास्ता देकर पंजाब से बड़ी तादाद में फ़ौज को उन्होंने दिल्ली के मोर्चे पर भेजा था, जिस कारण ही अंग्रेज़ जीत पाए थे।

बीसवीं सदी आते-आते हिन्दुस्तानी समझने लगे थे कि 1857 में हम इसलिए हारे क्योंकि हमारे ही भाई, पंजाब और मद्रास से आई 'कम्पनी सरकार' की टुकड़ियों के सैनिक ही विद्रोहियों के ख़िलाफ़ लड़ रहे थे। बंगाल को तो पता ही नहीं चला कि ऐसा ज़बर्दस्त विद्रोह अंग्रेज़ों के ख़िलाफ़ उठ खड़ा हुआ है; और जब पता चला भी तो कोई प्रतिक्रिया इन विद्रोहियों के समर्थन में वहाँ सुनने को नहीं मिली। रजवाड़े तो थे ही अंग्रेज़ी सर्कस के शेर। ग्वालियर रियासत की एक टुकड़ी ज़रूर पहुँची थी विद्रोहियों की सहायता करने, मगर अपने राजा की मर्जी के ख़िलाफ़। होलकर की सेना में तो ऐसा भी कुछ नहीं हुआ। पूरा राजस्थान दम साधे यह तमाशा देखता रहा था, केवल टोंक के मुस्लिम नवाब ने ही अपनी फ़ौजी टुकड़ी विद्रोही सिपाहियों की मदद के लिए दिल्ली भेजी थी। इन सिपाहियों को महाराष्ट्र की ज़बानी सहानुभूति और नैतिक समर्थन भले मिला हो, इस वजह से कि पेशवा नाना साहब और तात्या टोपे इस विद्रोह में शामिल थे, मगर इससे ज़्यादा कोई सुगबुगाहट वहाँ हुई हो, ऐसा जान नहीं पड़ता।

इस समय तक पूरे हिन्दुस्तान की तरह पंजाब में भी राष्ट्रीय भावना का उदय होने लगा है। हालाँकि अभी तक भी 'पंजाब के सिक्खों में से अनेकों की इच्छा थी कि भारत में फिर ख़ालसा राज्य स्थापित किया जाए।' ('बन्दी जीवन', लेखक शचीन्द्रनाथ सान्याल; प्रकाशक साक्षी प्रकाशन, दिल्ली; संस्करण वर्ष 2015; पृ. 175) लेकिन 1857 में अंग्रेज़ों का साथ देना तो सभी की नज़र में अब पंजाब के माथे पर कलंक का टीका है। अंग्रेज़ों के वफ़ादार अब इस कड़वी गोली पर मजहब की चाशनी चढ़ाने की कोशिश में लगे हैं।

उन्नीसवीं शताब्दी के उत्तरार्ध में सिक्ख धर्म और सिक्खों के विश्वास की रक्षा के उद्देश्य से कई सिंह-सभाएँ पंजाब में अस्तित्व में आईं। इन सबको एक छत्र के नीचे लाने के लिए वर्ष 1902 में सिक्खों की एक और संस्था पंजाब में

स्थापित हुई, जो आज भी अस्तित्व में है और जिसे चीफ ख़ालसा दीवान के नाम से जाना जाता है। इस संस्था का उद्देश्य बताया गया ख़ालसा पन्थ का आध्यात्मिक, बौद्धिक, नैतिक, सामाजिक, शैक्षणिक तथा आर्थिक कल्याण। अगले ही साल इस संस्था ने 'द ख़ालसा एडवोकेट' के नाम से एक साप्ताहिक अख़बार अमृतसर से निकालना शुरू कर दिया। इस अख़बार के 26 जून, 1915 के अंक में यह दावा किया गया कि दिल्ली के शीशगंज गुरुद्वारे की सामने की दीवार पर लिखा था : 'यहाँ वह शहीद सिक्ख गुरु लेटा हुआ है जिसने भारत में ब्रिटिश शासन के आगमन की भविष्यवाणी की थी।' अख़बार में यह रहस्योद्घाटन भी किया गया कि औरंगजेब की क़ैद में रहते हुए गुरु तेग़बहादुर ने उसे चेताया था कि 'वे देख पा रहे हैं समन्दर पार से आनेवाले फ़िरंगियों को जो उसकी हुकूमत को मिटाकर रख देंगे।' अख़बार के अनुसार 1857 में दिल्ली के 'बाग़ियों' पर हमले में ये शब्द सिक्खों का युद्ध-घोष बन गए। इस अख़बार ने यह राज़ भी उजागर किया कि दसवें गुरु गोबिन्द सिंह जी ने अपने शिष्यों से कहा था कि अंग्रेज़ आएँगे और ख़ालसा के उनके साथ मिल जाने पर वे पूर्व और पश्चिम में राज करेंगे। जिसके बाद हर घर में समृद्धि होगी, हर घर में ख़ुशी होगी। (मलविन्दर जित सिंह वड़ैच की पुस्तक 'कामागातामारू' के अंग्रेज़ी संस्करण से जो राष्ट्रीय पुस्तक न्यास द्वारा वर्ष 2013 में प्रकाशित हुआ था। पृ. 109 से 111) हिन्दुस्तान को अंग्रेज़ों की जकड़ से आज़ाद कराने के लिए हुए उस प्रथम स्वातंत्र्य युद्ध में सिक्खों द्वारा अंग्रेज़ों का साथ देने को न्यायोचित ठहराने के लिए ही कदाचित इस 'रहस्य' की खोज हुई—वही अंग्रेज़ जिन्होंने 1857 की लड़ाई के मात्र आठ साल पहले पंजाब में सिक्खों की ख़ालसा हुकूमत का ख़ात्मा किया था।

इस पुस्तक को जब मैंने लिखना शुरू किया तो भगतसिंह के जीवन से जुड़े स्थानों की यात्रा करते हुए अमृतसर भी मैं जा पहुँचा और जलियाँवाला बाग़ देखा। उस बाग़ में अब एक म्यूज़ियम भी है। उसमें प्रदर्शित एक पोस्टर इस 'हक़ीक़त' पर से पर्दा उठा रहा था कि 1857 में सिक्ख सिपाहियों ने बहादुरशाह ज़फ़र से प्रार्थना की थी कि वे लोग अलग-अलग टुकड़ियों में बँटे हुए हैं, उन्हें एक पलटन में मिला दिया जाए ताकि वे एक साथ मिलकर अंग्रेज़ों के दाँत खट्टे कर सकें। इस पोस्टर में यह 'गोपनीय' जानकारी भी है कि वाराणसी में अंग्रेज़ अफ़सरों के ख़िलाफ़ पहली गोली ईस्ट इंडिया कम्पनी के सिक्ख सैनिकों ने ही दागी थी। इसके बाद कूका विद्रोह का संक्षिप्त विवरण भी इस पोस्टर में है। 1857 के स्वातंत्र्य-संग्राम में सिक्ख सैनिकों द्वारा अंग्रेज़ों का साथ देने को भगतसिंह ने अपने लेखों में 'पंजाब पर कलंक' के रूप में ज़िक्र करते हुए लिखा है कि 'कूका विद्रोह ने इस कलंक को धो डाला।'

चौंका देनेवाली इस 'हक़ीक़त' का 'द ख़ालसा एडवोकेट' में ख़ुलासा होने के दो साल पहले वर्ष 1913 के मई महीने में लॉरेन्स गार्डन में उस समय बम-विस्फोट हुए जब कई अंग्रेज़ अधिकारी वहाँ हो रही एक पार्टी में नाच-गाना कर रहे थे। गोरे तो सब बच गए मगर एक हिन्दुस्तानी चपरासी मारा गया। उन्हीं दिनों शहर में 'लिबर्टी' शीर्षक से अंग्रेज़ी में छपे हुए कुछ पर्चे भी कई दफ़ा बाँटे गए जिन पर लिखा था : 'हम इतने सारे हैं कि उनसे हम उनकी तोपें छीन सकते हैं। सभी विदेशियों ख़ास तौर पर अंग्रेज़ों का क़त्लेआम ही हमारा मक़सद पूरा कर सकता है।'

लॉरेन्स गार्डन में हुए बम-विस्फोट तथा उक्त पर्चों को बाँटने के लिए मास्टर अमीरचन्द व श्री अवधबिहारी को ज़िम्मेदार समझा गया और लाहौर की अदालत ने उन्हें मौत की सज़ा सुना दी। लाहौर की सेंट्रल जेल में बने फाँसीघर में ही मई, 1915 में फाँसी पर लटकाए गए इन बहादुर देशभक्तों की दास्तान लाहौर अभी भूला नहीं है। तो फिर भगतसिंह भला कैसे इन्हें भुला सकता था? अमृतसर से प्रकाशित होनेवाले पंजाबी मासिक 'किरती' के सितम्बर, 1928 के अंक में उसने लिखा : 'आपको (अमीरचन्द को) उस केस में फाँसी की सज़ा दी गई। आपने हँसते हुए सुनी और आख़िर में बड़ी हँसी-ख़ुशी से फाँसी पर लटककर जान दे दी। आपको (अवधबिहारी को) भी फाँसी की सज़ा हुई। आपने बड़ी ख़ुशी से सुनी। कहते हैं कि फाँसी लगने के दिन आपसे पूछा गया, "आख़िरी इच्छा क्या है?" जवाब दिया, "यही कि अंग्रेज़ों का बेड़ा गर्क हो।" कहा गया, "शान्त रहो। आज तो शान्ति से प्राण दो।" कहनेवाला एक अंग्रेज़ था। उससे आपने कहा, "देखो जी! आज शान्ति कैसी? मैं तो चाहता हूँ कि आग भड़के। चारों ओर आग भड़के। तुम भी जलो, हम भी जलें। हमारी ग़ुलामी भी जले। आख़िर में हिन्दुस्तान कुन्दन बनकर रहे।" ('दस्तावेज़', चमनलाल, पृ. 136-7)

लाहौर की ही अदालत में प्रथम लाहौर षड्यंत्र मुक़दमे में वर्ष 1915 में लगभग तीन सौ देशभक्तों पर राजद्रोह का मुक़दमा चला था और उनमें से लगभग पचास शूरवीरों को फाँसी की सज़ा सुनाई गई थी। इन बहादुर जाँबाज़ों की कहानियाँ देश के नौजवानों को भगतसिंह ने इलाहाबाद से प्रकाशित पत्रिका चाँद के 'फाँसी-अंक' में 'विप्लव यज्ञ की आहुतियाँ' शीर्षक से वर्ष 1928 के अन्तिम महीनों में सुनाईं—जिससे कि उनके दिलों से 'कायरता की धुन्ध छँटे'—जैसा कि कलकत्ता से निकलनेवाले हिन्दी साप्ताहिक 'मतवाला' में मई, 1925 में छपे अपने लेख 'युवक' में उसने आह्वान किया था : 'ऐ भारतीय युवक! तू क्यों गफ़लत की नींद में पड़ा बेख़बर सो रहा है? तेरी माता, तेरी प्रात:स्मरणीया, तेरी परम वन्दनीया, तेरी जगदम्बा, तेरी अन्नपूर्णा, तेरी त्रिशूलधारिणी, तेरी सिंहवाहिनी, तेरी शस्यश्यामलांचला आज फूट-फूटकर रो रही है। उसके उद्धार का बीड़ा उठा।' ('दस्तावेज़', चमनलाल, पृ. 136-7)

प्रथम लाहौर षड्यंत्र मुक़दमे में मौत की सज़ा पानेवालों में सबसे कम उम्र थे 'ग़दर' विद्रोह में प्रमुख भूमिका निभानेवाले करतारसिंह सराभा, जिसकी फ़ोटो हरदम भगतसिंह की जेब में रहती है और जिसे वह अपना यार, भाई और गुरु बताया करता है। इस मुक़दमे की कहानियाँ तो, जो अदालत में उपस्थित लोगों की ज़बानी बाहर आईं, अभी तक भी पंजाब में कही-सुनी जाती हैं। चाँद के फाँसी अंक में भगतसिंह ने अपने 'यार, भाई और गुरु' के बारे में लिखा : 'जज कहता है, "तुम सोच-समझकर बयान दो। तुम जानते हो, तुम्हारे अपने ही बयानों से क्या नतीजा निकाला जा सकता है ?" देखनेवाले बताते हैं, जज के इन शब्दों पर उसने [सराभा ने] एक मस्तानी अदा से केवल इतना कहा था—"फाँसी ही लगा दोगे न, और क्या ? हम उससे डरते नहीं हैं।"

लाहौर की सेंट्रल जेल के फाँसीघर में ही 'ग़दर' विद्रोह के जाँबाज़ों को भी फाँसी का फन्दा पहनाया गया। 'इसके पहले कि जल्लाद उनके गले में फन्दा कसे,' 'विप्लव यज्ञ की आहुतियाँ' में भगतसिंह ने लिखा, 'उन्होंने ख़ुद ही फन्दा अपने गले में डाल लिया।' वर्ष 1915 में करतार सिंह सराभा के अलावा विष्णु पिंगले को भी फाँसी पर लटकाया गया—दोनों ही ख़ूबसूरत नौजवान, एक 19 साल का दूसरा 27 साल का। उसके बाद तो इस फाँसीघर में आज़ादी के मतवालों को फाँसी पर लटकाने का सिलसिला कई साल तक जारी रहा : मार्च, 1916 में गन्धासिंह; जून, 1916 में उत्तमसिंह, रंगासिंह और बीरसिंह; मार्च, 1917 में हरनामसिंह सैनी—जिसने फाँसी के तख़्ते से ऐलान किया, "मेरे ख़ून के जितने क़तरे हैं, उतने कर्त्तारसिंह और पैदा होंगे और देश की आज़ादी के लिए काम करेंगे।" ('चाँद फाँसी अंक' सम्पादक चतुरसेन शास्त्री; प्रकाशक सत्यधर्म प्रकाशन, रोहतक हरियाणा, संस्करण वर्ष 2012, पृ. 399-519)

और ऐसा ही हुआ। पाँच साल के अन्दर ही 'बब्बर अकाली आन्दोलन' उठ खड़ा हुआ।

इस ओर से गुज़रनेवाले हिन्दुस्तानियों के सिर उन शहीदों को याद करके श्रद्धा से ख़ुद-ब-ख़ुद झुक जाते हैं।

जिस साल भगतसिंह अपने गाँव से लाहौर आया, यानी 1918 में, प्रथम विश्वयुद्ध छिड़ने के फ़ौरन बाद वर्ष 1914 में शुरू हुआ 'ग़दर' विद्रोह तो असफल हो चुका था मगर अंग्रेज़ों से आज़ादी हासिल करने के वर्ष 1857 के बाद किये गए इस पहले गम्भीर प्रयास की यादें अभी ज़िन्दा थीं। और जिस युद्ध का निर्णय कुछ हफ़्तों में होने की उम्मीद थी, अगस्त, 1914 में जिस युद्ध के छिड़ते समय उसके 'क्रिसमस' के पहले निपट जाने का विश्वास जताया जाता था, वह प्रथम विश्वयुद्ध न सिर्फ़ चार साल से अनवरत जारी था बल्कि भयावह स्वरूप ले चुका था। जिस युद्ध में यूरोप के देशों की अब पूरी एक पीढ़ी ख़त्म होती नज़र आ रही थी,

उसे सब युद्धों को समाप्त कर देनेवाला युद्ध कहकर उस महाविनाश को न्यायोचित ठहराने की कोशिश की जा रही थी।

वर्ष 1918 के पूर्वार्ध तक जर्मनी का ही पलड़ा इस युद्ध में भारी पड़ता दिखाई दे रहा था। यशपाल लिखते हैं कि 'उस युद्ध [प्रथम विश्वयुद्ध] के समय देश भर में ऐसे समाचार फैलते रहते थे कि यूरोप में जर्मन लोग अंग्रेज़ों को बुरी तरह पीट रहे हैं। इस देश की जनता के मस्तिष्क पर अंग्रेज़ों के अजेय होने और उनकी अलौकिक श्रेष्ठता की जो छाप पड़ गई थी, वह उस युद्ध के समय कुछ फीकी पड़ने लगी। प्रथम महायुद्ध के पूर्व सड़क पर चलनेवाला प्रत्येक अंग्रेज़, चाहे वह साधारण व्यापारी, रेलवे का नौकर या सेना का मामूली टामी ही हो, हिन्दुस्तानियों से सलाम की आशा रखता था।' ('सिंहावलोकन' लेखक यशपाल; प्रकाशक लोकभारती प्रकाशन, इलाहाबाद, संस्करण वर्ष 2017, पृ. 24-5) लेकिन जर्मनी के हाथों पिटनेवाले अंग्रेज़ ढिंढोरा अपनी जीत का ही पीट रहे थे। 'इस पर लोग फ़ब्तियाँ कसते और विद्रूप भाव से हँसते। अकबर इलाहाबादी की यह व्यंग्योक्ति "क़दम जर्मन के बढ़ते हैं। फ़तह ब्रिटिश की होती है।" सबकी ज़बान पर चढ़ गई थी।' ('भगतसिंह एक ज्वलन्त इतिहास' लेखक हंसराज रहबर; प्रस्तुतकर्ता भगतसिंह विचार मंच दिल्ली, वितरक साक्षी प्रकाशन, दिल्ली; संस्करण वर्ष 2018, पृ. 46)

लेकिन वर्ष 1918 के उत्तरार्ध में पासा पलट गया और अंग्रेज़ों की हार के नतीजे में हासिल होनेवाली हिन्दुस्तान की आज़ादी फिर दूर चली गई। ब्रिटिश सरकार ने अपनी जीत का जश्न ज़ोरशोर से मनाया। 'ग़दर' विद्रोह के कई सज़ायाफ़्ताओं की कालेपानी की सज़ा माफ़ कर दी गई। लेकिन साथ ही हिन्दुस्तानियों की वफ़ादारी के इनाम-स्वरूप—इस जीत में आम हिन्दुस्तानियों, नरम दल के राजनीतिज्ञों के साथ ही हिन्दुस्तानी फ़ौजियों का भी बड़ा हाथ था—उन्हें काला क़ानून दे दिया, रॉलट एक्ट। किसी को भी अब बिना कोई आरोप लगाए गिरफ़्तार किया जा सकता था और बिना मुक़दमा चलाए जेल में रखा जा सकता था। गाँधी जी ने इस काले क़ानून का विरोध करने का आह्वान किया तो अमृतसर, लाहौर, जलन्धर, लुधियाना, अम्बाला, होशियारपुर तथा मुल्तान आदि पंजाब के शहरों में 30 मार्च, 1919 को हड़ताल हो गई। एक भी दुकान न खुली, एक भी मज़दूर या कामगार काम पर नहीं गया और न ही किसी प्रकार का कोई व्यापार हुआ।

सत्याग्रह आन्दोलन का आरम्भ करने के लिए गाँधी जी ने 6 अप्रैल की तारीख़ मुक़र्रर की तो उस दिन भी बड़ी सफल हड़तालें पंजाब के सभी शहरों में हुईं। उत्साहित हो स्थानीय नेताओं ने 9 अप्रैल को भी हड़ताल घोषित कर दी। ब्रिटिश प्रशासन को इसमें ख़तरे की घंटी सुनाई दी और लोकप्रिय नेताओं डॉ. सत्यपाल और सैफ़ुद्दीन किचलू को गिरफ़्तार कर अज्ञात स्थानों पर क़ैद कर लिया गया।

अपने प्रिय नेताओं की गिरफ़्तारी से लोग भड़क उठे और 10 अप्रैल को इन गिरफ़्तारियों के विरोध में लम्बे-लम्बे जुलूस निकले। अमृतसर में निकले जुलूस को पुलिस ने रोकना चाहा मगर उसे सफलता नहीं मिली। पुलिस ने गोली चला दी। कई आन्दोलनकारी जान से हाथ धो बैठे। इसके बाद तो भीड़ बेक़ाबू हो गई। रास्ते में जो भी भवन सरकारी या अंग्रेज़ों का नज़र आया उसे जला देने का प्रयास किया गया और जो भी गोरा नज़र आया उस पर हमला बोला गया। एक बैंक और कुछ सरकारी भवन ख़ाक हो गए तथा पाँच गोरे मारे गए।

जिस तरीक़े से ये उपद्रव हुए उसे देखते हुए प्रशासन को सन्देह हुआ कि हो न हो इसमें भूतपूर्व सैनिकों की मुख्य भूमिका है। उनका सन्देह निराधार नहीं था।

प्रथम विश्वयुद्ध के दौरान भारत से कुल दस लाख भर्तियाँ ब्रिटिश फ़ौज में हुईं, इनमें से आधी पंजाब से जहाँ का पूरा नागरिक प्रशासन ही 'येन-केन प्रकारेण' फ़ौज में भरती करने के 'विश्व-कल्याणकारी' कार्य में जुट गया था। सरकार से खेती की ज़मीन दिलवा देने के या लगान-माफ़ी के झूठे वादे किये गए; लड़ाई ख़त्म होने के बाद भारी नगद इनाम और ऊँचे ओहदे की सरकारी नौकरी का लालच दिया गया; भरती न होने पर घर और ज़मीन से बेदख़ली की धमकी दी गई। इसके बावजूद जो भरती होने से इनकार करते रहे उन्हें या उनके अभिभावकों को झूठे आरोपों में गिरफ़्तार कर पुलिस के हाथों निर्मम यंत्रणा दिलवाई गई। फिर भी यदि उनका 'शिकार' फ़ौज में भरती होने के लिए राज़ी न हुआ तो जेल में ठूँसकर बेहद दयनीय स्थितियों में रहने के लिए उसे और उसके सरपरस्तों को मजबूर किया गया। यही वजह रही कि इस युद्ध के दौरान भारत से यूरोप गए सैनिकों में से छब्बीस हज़ार से ज़्यादा सैनिक 'भगोड़े' घोषित हुए।

पश्चिमी मोर्चे पर भारत से 1,40,000 आदमी भेजे गए थे जिनमें से 90000 सैनिक थे और 50000 मज़दूर—पंजाब, गढ़वाल, उत्तर-पश्चिमी सीमा-प्रान्त, बंगाल, नेपाल, मद्रास और बर्मा से। फ्रांस में नोव शपेल की लड़ाई में तीन लाहौर बटालियन भी शामिल थीं। इस लड़ाई में 40000 हिन्दुस्तानी सैनिकों ने हिस्सा लिया और हारती हुई बाज़ी को अपनी बहादुरी से पलटकर रख दिया। लेकिन इसके लिए बड़ी क़ीमत भी उन्होंने चुकाई। 4200 वीर सैनिक खेत रहे जिसमें से 1694 सैनिक लाहौर बटालियन के थे।

11 नवम्बर, 1918 को युद्ध विराम हुआ। मार्शल फर्डीनांड फोक ने ज़िन्दा बचे हुए हिन्दुस्तानी फ़ौजियों को सम्बोधित करते हुए कहा : 'धूप से नहाए हुए सुदूर पूर्व में अपने घरों को वापस जाओ और अपने देशवासियों को बताओ कि तुम्हारे हमवतनों ने ठंडे उत्तरी फ्रांस और फ़्लैंडर्स की धरती को कैसे अपने ख़ून से भिगो दिया, कैसे उन्होंने दुश्मन की मज़बूत पकड़ से उसे अपने प्रचंड जोश से छुड़ाया। पूरे हिन्दुस्तान को बताओ कि सभी मृतकों के प्रति श्रद्धा के साथ उनकी

क़ब्र को हम निगाह में रखेंगे। इस सबसे ऊपर हम उनके उदाहरण की याद को सँजोकर रखेंगे। उन्होंने हमें रास्ता दिखाया, अन्तिम विजय की ओर पहले क़दम उन्होंने उठाए।'

नोव शपेल में आज भी उनकी कब्र है और 'अशोक-स्तम्भ' सरीखा एक स्मारक भी, जहाँ आज भी पर्यटक पहुँचते हैं और 'आगन्तुक-पुस्तक' में अपने श्रद्धा-सुमन बिखेरते हैं।

लेकिन जब ये बहादुर सैनिक अपने देश लौटे तो उन्होंने पाया कि अंग्रेज़ सरकार को उनकी अब कोई ज़रूरत नहीं रही। उन्हें सेवा-मुक्त कर दिया गया मगर उन्हें खेती की ज़मीन देने के अपने वादे से सरकार मुकर गई। ऊपर से सुरसा के मुँह की तरह बढ़ती महँगाई ने दो वक़्त की रोटी भी उनके बच्चों के मुँह से छीन ली। हिन्दुस्तान को भूखा रखकर गेहूँ, चावल से भरे हुए जहाज़ यूरोप ले जाए जा रहे थे। हिन्दुस्तानी डॉक्टर और नर्स भी लड़ाई के मोर्चे पर भेज दिये गए थे और हैजा तथा फ़्लू जैसी उस समय जानलेवा बीमारियों से लड़ने के लिए हिन्दुस्तानी असहाय छोड़ दिये गए थे। ये 'बाग़ी सैनिक' पंजाब के हर गाँव और शहर में थे और अपना असन्तोष निर्भीकता से व्यक्त कर रहे थे। यह सब भगतसिंह के कानों में न पड़ता रहा हो, क्या यह सम्भव है?

इन दिनों हिन्दुस्तान में एक नई बीमारी ने भी क़हर ढा रखा था, जिसे ब्रिटिश सरकार ने 'बम्बई फ़ीवर' का नाम दिया हुआ था यह जताने के लिए कि इस बीमारी का उद्गम हिन्दुस्तान में ही हुआ है। जबकि हक़ीक़त यह थी कि 'स्पेनिश फ़्लू' नाम की यह बीमारी विश्वयुद्ध से लौटे सैनिक अपने साथ यूरोप से लाए थे। पूरी दुनिया में करोड़ों लोग इस बीमारी से ग्रस्त हुए थे। डॉक्टरों को इस बीमारी का कोई इलाज मालूम होना तो दूर यह भी नहीं मालूम था, जैसा कि हमने भी कोविड महामारी के दौरान देखा, कि यह बीमारी है क्या और कैसे इसे फैलने से रोका जा सकता है। अख़बारों में छप रहा था कि बजाय बाहर जाने के लोग घर में ही रहें और फैक्टरियों व दफ़्तरों से हज़ारों लोग छुट्टी लेकर बैठ गए। 'टाइम्स ऑफ इंडिया' ने सलाह दी : 'मुख्य इलाज है जल्दी सोना और चिन्ता न करना।' जिसे भी यह बीमारी होती उसे अलग-थलग बने अस्थाई अस्पतालों में, जो तम्बुओं में बिछे पलँग मात्र थे, 'नज़रबन्द' कर दिया जाता। वर्ष 1918-19 के दौरान डेढ़ से दो करोड़ हिन्दुस्तानी, यानी कुल जनसंख्या का छह प्रतिशत, इस बीमारी से ग्रस्त होकर काल कवलित हो गए। हज़ारों लोग ऐसे थे जिनका पूरा परिवार ही ख़त्म हो गया—महाकवि सूर्यकान्त त्रिपाठी 'निराला' भी उनमें से एक थे। आम जनता में यह धारणा बन गई थी कि इस बीमारी की वजह भी अंग्रेज़ ही हैं। एक तरह से यह सही भी था। विश्वयुद्ध गोरों की आपसी लड़ाई थी। हिन्दुस्तानियों को उससे कुछ लेना-देना नहीं था। फिर भी उन्हें उस युद्ध में झोंक दिया गया। और वे जब वापस आए तो यह बीमारी लेते आए।

ऊपर से तुर्रा यह कि 1919 की गर्मियों में पंजाब पर अंग्रेज़ों ने मार्शल लॉ क़ानून लाद दिया। अमृतसर और दूसरे शहरों की तरह लाहौर में भी उन दिनों दहशत और क्रूरता का जैसा नंगा नाच यहाँ के बाशिन्दों ने देखा, उसे कौन भूल सकता है? उसकी याद तो अभी इतनी ताज़ा है कि उन दिनों के क़िस्से कहते-सुनते हुए लोगों के रोंगटे अब भी खड़े हो जाते हैं।

मार्शल लॉ क़ानून के तहत हुक्म हुआ कि किसी भी गोरे को देखते ही, भले ही वह कोई अदना कर्मचारी या दुकानदार ही क्यों न हो, हर हिन्दुस्तानी को सलाम करना होगा। बड़े-से-बड़े ओहदे और रसूख़वाले, बड़े-से बड़े व्यापारी या नेता के लिए भी इसमें कोई छूट न थी। दो लोग एक साथ अगल-बग़ल नहीं चल सकते थे। इन आदेशों का पालन न करने पर उन्हें एक टिकटिकी से बाँध दिया जाता जिससे कि 'अपराधी' हिल न सके तथा सरेआम उसका अधोवस्त्र नीचे सरकाकर एक झिरझिरा कपड़ा उसके चूतड़ों पर लगा दिया जाता। फिर पानी में भिगोकर रखा हुआ चमड़े का कोड़ा लहराता हुआ आता और खाल को उधेड़कर रख देता। ख़ून छलछला आता। फिर ख़ून की धार बहने लगती। दर्द से चीख़ते हुए वे बेहोश हो जाते तो उनके मुँह पर पानी डालकर उन्हें होश में लाया जाता और फिर कोड़े बरसाए जाते। टिकटिकी से जब उन्हें उतारा जाता तो वे बेहोशी की हालत में होते और ख़ून से लथपथ भी। होश में आने पर भी वे इस हालत में न होते कि दो क़दम भी चल सकें। तब सैनिक उन्हें घसीटते हुए दूर ले जाकर पटक दिया करते।

एक बारात को गिरफ़्तार कर लिया गया क्योंकि वे दस से ज़्यादा थे जबकि धारा 144 लगी हुई थी। दूल्हे और पंडित को क़ैद कर लिया बाक़ी को कोड़े लगाए गए। मार्शल लॉ क़ानून का पालन करने में ज़रा-ज़रा सी चूक के लिए सम्माननीय नागरिकों को बेंत से पीटा गया। अपमानित करने के जितने तरीक़े हो सकते थे, लाहौर के बाशिन्दों के हर वर्ग के लिए काम में लाए गए। ऊँची जातिवालों को कोड़े सार्वजनिक स्थानों पर लगाने का ख़ास ख़्याल रखा गया जहाँ पर उनकी शर्मिन्दगी को सभी देख सकें। ('राज : द मेकिंग एंड अनमेकिंग ऑफ़ ब्रिटिश इंडिया', लेखक जेम्स लॉरेन्स; प्रकाशक सैंट मार्टिन्स ग्रिफिन, न्यूयॉर्क; संस्करण वर्ष 1997; पृ. 474) 1919 में इन कोड़ों की मार मशहूर लेखक मुल्कराज आनन्द ने भी झेली जो उस समय सिर्फ़ 14 साल का किशोर था। (उपर्युक्त, पृ. 486) उसका अपराध यह था कि कर्फ़्यू क्या होता है, यह देखने की उत्सुकतावश वह अमृतसर की सुनसान सड़कों पर निकला गया था।

इस आरोप पर कि कर्फ़्यू आर्डर के उल्लंघन पर बहुतों को साधारण अपराधियों की भाँति कोड़ों से पीटा गया, लाहौर मार्शल लॉ क्षेत्र के कमांडर कर्नल जॉनसन की सफ़ाई थी कि 'इस शहर के आम लोगों के रहन-सहन का जो स्तर है उसे देखते हुए जेल उनके लिए एक बहुत अच्छी जगह है। इस हालत में तो सभी लोग

जेल जाना ही पसन्द करते।' लिहाज़ा उन्होंने कोड़े लगवाना बेहतर समझा और दावा किया कि 'जनता को आतंकित करके मैंने सैकड़ों व्यक्तियों को सज़ा पाने से बचा लिया।' ('पंजाब के उपद्रवों के सम्बन्ध में कांग्रेस की रिपोर्ट', सम्पूर्ण गाँधी वाङ्मय, जिल्द 17, पृ. 224-5)

अदालत एक तमाशा बन गई। एक साथ तीस-चालीस लोग लाए जाते और राजा के विरुद्ध षड्यंत्र करने व युद्ध करने, हत्या, डकैती, आगजनी जैसे संगीन आरोपों की सुनवाई पाँच मिनट से ज़्यादा न चलती। इस पाँच मिनट की सुनवाई में ही काला पानी या मौत तक की सज़ा सुना दी गई। न वकील, न दलील, न अपील। सात फीट लम्बे, दो फीट चौड़े और चार फीट ऊँचे लोहे के पिंजड़ों में जानवरों की तरह क़ैदियों को रखा गया। न ढंग से बैठ सकते थे, न लेट सकते थे और न ही पैर फैला सकते थे। भूख, प्यास और धूप को सहते हुए लोगों ने कई-कई दिन यह यंत्रणा झेली।

सनातन धर्म कॉलेज के भवन की बाहरी दीवार पर चिपकाया गया सरकारी नोटिस किसी ने फाड़ डाला तो लाहौर के कमांडिंग अफ़सर कर्नल फ्रैंक जॉनसन ने 17 अप्रैल, 1919 को सनातन धर्म कॉलेज हॉस्टल के परिसर में मौजूद हर लड़के और पुरुष को, कुल पाँच सौ लोगों को गिरफ़्तार कर जिनमें उस कॉलेज के प्रोफ़ेसर भी थे, तीन मील दूर स्थित लाहौर फ़ोर्ट तक पैदल चलवाया, अपने-अपने बिस्तर सिर पर लादे हुए। फिर अत्यन्त अमानवीय स्थितियों में उन्हें वहाँ दो दिन क़ैद रखा गया। नादिरशाही हुक्म हुआ कि सभी कॉलेजों के विद्यार्थी दिन में दो बार लाहौर फ़ोर्ट जाकर यूनियन जैक को सलाम करेंगे। दयानन्द एंग्लो-वैदिक कॉलेज तथा दयाल सिंह कॉलेज के और लाहौर के मेडिकल कॉलेज के लड़कों को वहाँ संगीनों के साये में तपती धूप में बेवजह खड़ा रखा गया। यूनियन जैक को सलाम करने किंग एडवर्ड मेडिकल कॉलेज के लड़कों को 16-17 मील रोज़ चलना पड़ा। भरी दुपहरी में चिलचिलाती धूप में बग़ैर पानी के लगातार चलते रहने से कई लड़के बेहोश हो गए। और यह सब तीन हफ़्तों तक होता रहा। 18 अप्रैल को आदेश जारी हुआ कि दयाल सिंह कॉलेज के सभी विद्यार्थी रोज़ाना चार दफ़ा लाहौर के कमांडिंग अफ़सर को अपनी हाज़िरी देंगे। (पंजाब में हुए अत्याचारों पर कांग्रेस की तहक़ीक़ात समिति की रिपोर्ट के अनुसार)

प्रशासन की इस क्रूरता के पीछे दरअसल '1857' के दोहराए जाने का निर्मूल भय काम कर रहा था, प्रथम विश्वयुद्ध से लौटे हिन्दुस्तानी सैनिकों में लक्षित असन्तोष से चिन्तित होकर जो उत्पन्न हुआ था।

भगतसिंह के पिता सरदार किशनसिंह के घर पर रोज़ शाम लाहौर के स्थानीय प्रभावशाली नेता केदारनाथ सहगल तथा मेहता आनन्द किशोर, पत्रकार लाला

पिंडीदास, नेशनल कॉलेज में अध्यापक भाई परमानन्द के अलावा राष्ट्रवादी शायर लालचन्द फ़लक भी बैठक जमाया करते हैं—वही लालचन्द फ़लक जिनका यह शेर उन दिनों बेहद मक़बूल हुआ था।

दिल से निकलेगी न मर कर भी वतन की उल्फ़त
मेरी मिट्टी से भी ख़ुशबू-ए-वफ़ा आएगी।

इन दिनों बातचीत का एक ही विषय है—मार्शल लॉ के नाम पर हो रहे अत्याचार और ज़बर्दस्ती। इस बातचीत में क्रोध और आक्रोश तो यक़ीनन रहते ही होंगे, मगर साथ ही कुछ न कर पाने की विवशता भी झलकती ही होगी। अंग्रेज़ हुक्मरानों की यह बर्बरता लाहौरवासियों की आत्मा को जिन दिनों छलनी कर रही थी, भगतसिंह की उम्र मात्र 11 साल और आठ महीने थी। ये सब बातें उसके कानों में भी पड़तीं और उसका बालमन विचलित हो उठता। अंग्रेज़ों के ख़िलाफ़ गुस्सा तो उसके मन में था ही। उन्हीं की वजह से तो उसके प्यारे चाचा अजीतसिंह को घर छोड़ना पड़ा। उस समय भगत सिर्फ़ दो साल का था। तबसे ही वह अपनी चाची हरनाम कौर को जार-जार रोते हुए देखता आया है। "न जाने कहाँ होंगे? कैसे होंगे?" हैं भी या नहीं, यह सवाल भी मन में उठता होगा मगर ज़बान पर नहीं आता था। छोटे चाचा स्वर्णसिंह को तो अंग्रेज़ों ने मार ही डाला। जेल में ठूँसकर न जाने उनके साथ क्या किया कि साल भर बाद ही जब ख़राब स्वास्थ्य की वजह से उन्हें छोड़ा गया तो सूखकर वे काँटा हो चुके थे। चाची हुकुम कौर तो उन्हें देख बेहोश ही हो चली थीं। आते से ही चाचा ने जो खटिया पकड़ी तो फिर उनकी अर्थी ही उठी।

और फिर वह रात! उस रात को क्या वह कभी भूल सकता है?

ख़बरों के आने-जाने पर सरकार ने पाबन्दी लगा रखी है फिर भी देर रात यह बात लाहौर पहुँच ही गई। पूरे लाहौर शहर में हड़कम्प मच गया। लोग ग़ुस्से से भरे हुए हैं, और ख़ौफ़ज़दा भी। सरदार किशनसिंह हर आते-जाते व्यक्ति से दरयाफ़्त कर रहे हैं : "ख़बर पक्की है? कैसे मालूम?" उन्हें विश्वास नहीं हो पा रहा कि अंग्रेज़ सरकार ऐसे वहशीपन पर भी उतारू हो सकती है। अमृतसर से बाहर निकलने पर पाबन्दी है। शहर में कर्फ़्यू लग गया है। फिर भी कुछ लोग वहाँ से निकल पाने में सफल हो गए और लाहौर पहुँचकर पूरा वाक़या उन्होंने तफ़सील से बयाँ कर दिया।

उस रात सरदार किशनसिंह के घर पर केदारनाथ सहगल, भाई परमानन्द, लाला पिंडीदास तथा मेहता आनन्द किशोर तथा लालचन्द फ़लक देर रात तक जमे रहे। कानाफूसी के अन्दाज़ में ये लोग बातें कर रहे हैं। कभी उनकी मुट्ठियाँ भिंच जाती हैं तो कभी वे अपना सिर पकड़ लेते हैं। भगतसिंह भी एक कोने में कान लगाए बैठा है। धीमी मगर ग़ुस्से से भरी हुई आवाज़ में उन्हें वह यह कहते हुए सुनता है :

"हज़ार से ज़्यादा बन्दे भून दिये इन ज़ालिमों ने, गोलियों से!"

"सो भी बग़ैर किसी कसूर के! शैतान के कारिन्दे निकले ये फिरंगी तो!!"

और यह हाल पंजाब ही नहीं देश भर का था। काकोरी षड्यंत्र मुक़दमे के आरोपी क्रान्तिकारी मन्मथनाथ गुप्त उस वक़्त 11 साल के थे और अमृतसर व लाहौर से लगभग से बारह सौ किलोमीटर दूर बनारस में रहते थे। अपनी आत्मकथा में वे लिखते हैं : 'यद्यपि उस समय अख़बारों पर रोक लगी हुई थी, फिर भी यह ख़बर बिजली की तरह सारे देश में फ़ैल गई। उस समय तक मैं स्वयं अख़बार नहीं पढ़ता था किन्तु जब मुहल्ले के बड़े-बूढ़े हुक्का पीते हुए इन समाचारों की जोश-ख़रोश के साथ चर्चा करते थे, उस समय उनकी बातें मेरे कानों में पड़ जाती थीं। इस प्रकार इस जोश का असर मेरे ऊपर भी पड़ा।' ('क्रान्तिकारी की आत्मकथा', लेखक मन्मथनाथ गुप्त; प्रकाशक अनन्य प्रकाशन, दिल्ली, संस्करण वर्ष 2021, पृ. 20)

उस रात भगतसिंह को नींद नहीं आई। अगली सुबह स्कूल जाने के लिए बस्ता लेकर निकला तो सीधे रेलवे स्टेशन पहुँच गया और हर घंटे चलनेवाली लाहौर-अमृतसर ट्रेन में बैठ गया। उन दिनों बच्चों और साधुओं से टिकट नहीं पूछा जाता था।

अमृतसर में दहशत फैली हुई थी। जलियाँवाला बाग़ पर फौजियों का पहरा था। फिर भी वह अन्दर घुस गया और ख़ून से सनी हुई मिट्टी को एक खाली शीशी में भर लाया। कई दिनों तक यह शीशी एक आले में रखी रही जिस पर रोज़ फूल चढ़ाए जाते।

नेशनल कॉलेज

लाहौर इस समय शिक्षा-संस्थानों का भारत में सबसे बड़ा केन्द्र है, कलकत्ता के बाद। फ़ौजी छावनी को छोड़कर दो लाख पचास हज़ार की आबादीवाले इस शहर में इस समय दस कॉलेज तो लड़कों के हैं और दो लड़कियों के—सभी लाहौर स्थित पंजाब यूनिवर्सिटी के अधीन, सिवा नेशनल कॉलेज के।

नेशनल कॉलेज जैसा कोई विद्यालय लाहौर में दूसरा नहीं—न तो सबसे अच्छा समझा जानेवाला फोर्मन क्रिश्चियन कॉलेज और न ही यहाँ का गवर्नमेंट कॉलेज जो कि लाहौर के 'भद्र समाज' की पहली पसन्द हैं; क्योंकि इनमें पढ़नेवाले बच्चों का आई.सी.एस. में चुन लिया जाना या दूसरी कोई ऊँची सरकारी नौकरी पा लेना लगभग तय है। राष्ट्रवादी संस्था आर्यसमाज द्वारा संचालित दयानन्द एंग्लो-वैदिक विद्यालय भी नेशनल कॉलेज से जुदा क़िस्म का है क्योंकि शिक्षा का माध्यम इसमें अंग्रेज़ी है और ब्रिटिश सरकार से अनुदान भी यह पाता है। नेशनल कॉलेज हक़ीक़त में पूरे पंजाब में ही अपने ढंग का अकेला कॉलेज है।

यह कॉलेज असहयोग आन्दोलन के दौरान शुरू हुआ था जब महात्मा गाँधी ने अंग्रेज़ी सरकार के स्कूल, कॉलेजों के बहिष्कार का आह्वान किया और राष्ट्रवादियों को उन्होंने प्रेरित किया कि विद्यार्थियों के लिए अपने स्तर पर स्कूल, कॉलेज वे खोलें जो सरकार के नियंत्रण से मुक्त हों। ख़ुद उन्होंने इस मक़सद से अहमदाबाद में गुजरात विद्यापीठ की स्थापना की और उसी तर्ज पर लाहौर में भी कौमी विद्यापीठ की स्थापना हुई, जिसके अधीन यह कॉलेज है।

'दर्शनशास्त्र और गणित विषय [नेशनल] कॉलेज में नहीं पढ़ाए जाते थे। प्रधानाचार्य जुगल किशोर राजनीतिशास्त्र पढ़ाते थे। भाई परमान्द आधुनिक पाश्चात्य इतिहास, प्रोफ़ेसर जयचन्द्र विद्यालंकार वैदिक भारतीय इतिहास, प्रोफ़ेसर गुलाम हुसैन समाजवाद, आचार्य उदयवीर शास्त्री संस्कृत, प्रोफ़ेसर सौंधी मुग़ल इतिहास तथा प्रोफ़ेसर मेहता अंग्रेज़ी पढ़ाते थे। पंडित चेतराम शर्मा हिन्दी पढ़ाते थे। पंडित चेतराम के बाद पंडित उदयशंकर भट ने भी हिन्दी पढ़ाई।

कॉलेज में लगभग पूरे भारत से अध्ययन के लिए विद्यार्थी आए थे। वे बोर्डिंग हाउस में रहते थे। शीश महल का बँगला बोर्डिंग के लिए किराए पर लिया गया था। ('क्रान्तिकारी दुर्गा भाभी' लेखक सत्यनारायण शर्मा; प्रकाशक राष्ट्रीय पुस्तक न्यास, नई दिल्ली; पहला संस्करण वर्ष 2021, पृ. 38)

क्रान्तिकारी सुखदेव इस कॉलेज में भगतसिंह के सहपाठी थे। सुखदेव के अनुज मथरादास थापर लिखते हैं : 'कॉलेज का एकमात्र उद्देश्य था—भावी पीढ़ी को राष्ट्रीय नेतृत्व के लिए तैयार करना। इसके लिए जो पाठ्यक्रम रखा गया था, वह छात्रों के मन-मस्तिष्क को राष्ट्र की स्वतंत्रता के प्रति समर्पण की भावना से भर देता था।' ('मेरे भाई शहीद सुखदेव' प्रकाशक प्रवीण प्रकाशन, नई दिल्ली; संस्करण वर्ष 2015, पृ. 59)

वस्तुतः नेशनल कॉलेज में न तो कोई निश्चित पाठ्यक्रम है और न ही निर्धारित पाठ्य-पुस्तकें। शिक्षा का माध्यम यहाँ हिन्दी है और हिन्दी में पाठ्य-पुस्तकों का अभी अभाव है। इस कॉलेज में पश्चिमी इतिहास के प्राध्यापक भाई परमानन्द से जब पूछा गया कि बिना पाठ्य-पुस्तकों के विद्यार्थियों को किस प्रकार शिक्षा दी जा सकती है? तो उनका जवाब था कि शिक्षा अगर हिन्दी भाषा में हुई तो पुस्तकें स्वयमेव बन जाएँगी। प्राध्यापक द्वारा दिये गए व्याख्यान ही छपकर पुस्तक बन जाएँगे। ('भाई परमानन्द और उनका युग', लेखक प्रोफ़ेसर धर्मवीर, हिन्द पॉकेट बुक्स गुड़गाँव द्वारा प्रकाशित, संस्करण वर्ष 2020, पृ. 274)

फिर भी किन्हीं पुस्तकों को अगर इस कॉलेज के पाठ्यक्रम की पुस्तकें कहा जा सकता है तो उनमें से एक है जानेमाने क्रान्तिकारी शचीन्द्रनाथ सान्याल की आत्मकथा 'बन्दी जीवन'। अपने क्रान्तिकारी जीवन के आरम्भ में वे बंगाल की विख्यात क्रान्तिकारी संस्था अनुशीलन समिति के सक्रिय सदस्य रहे। फिर वर्ष 1915 में 'ग़दर' विद्रोह से वे जुड़े तथा करतारसिंह सराभा के साथ उन्होंने पंजाब में काम किया। रासबिहारी बोस भी, जिन्हें वे अपना गुरु और संरक्षक मानते थे, इस विद्रोह की योजना में शामिल थे—वही रासबिहारी बोस जिन्होंने वाइसराय लॉर्ड हार्डिंज पर बम फेंके जाने का षड्यंत्र रचा था जब वे हाथी पर हौदे में सवार हो दिल्ली के चाँदनी चौक से गुज़र रहे थे। दिसम्बर, 1912 में यह बम उनके साथी बसन्त कुमार विस्वास ने स्त्री-वेश में महिलाओं की भीड़ में शामिल हो पंजाब नेशनल बैंक की बिल्डिंग की छत पर से फूलमाला में लपेटकर फेंका था। 'लॉर्ड हार्डिंग बेहोश हो गए। बंगला ज़बान में कुछ पोस्टर फेंके गए जिनमें लिखा था कि हम अंग्रेज़ हुकूमत को सचेत करना चाहते हैं कि शासन के विरोधी या शत्रु केवल बंगाल तथा कलकत्ता में ही नहीं बसते। अब वह भारत के जिस भाग में भी क़दम रखेंगे वहीं शत्रु मौजूद पाएँगे।' ('इनकलाबी यात्रा' लेखिका मनोरमा दीवान; प्रकाशक राष्ट्रीय पुस्तक न्यास, संस्करण वर्ष 2014, पृ. 60)

फिर 'प्रथम बनारस षड्यंत्र मुक़दमे' में आजीवन कालापानी की सज़ा पाकर शचीन्द्रनाथ सान्याल अंडमान निर्वासित हो गए। यह मुक़दमा अंग्रेज़ी शासन को उखाड़ फेंकने के उद्देश्य से वर्ष 1914-15 में चले 'ग़दर' आन्दोलन के विद्रोहियों के ख़िलाफ़ दायर 'प्रथम लाहौर षड्यंत्र मुक़दमे' के पूरक मुक़दमे के रूप में चलाया गया था, क्योंकि जून, 1915 में सान्याल की गिरफ़्तारी के समय तक 'प्रथम लाहौर षड्यंत्र मुक़दमे' की कार्रवाई काफ़ी आगे बढ़ चुकी थी। फरवरी, 1916 में दी गई इस सज़ा के साथ ही उनकी सारी सम्पत्ति भी अंग्रेज़ सरकार ने ज़ब्त कर ली, जैसा कि 'राजद्रोह' के अपराधियों के साथ वह किया ही करती थी। प्रथम विश्वयुद्ध में हुई अपनी 'शानदार' जीत का जश्न मनाते समय 'सम्राट के घोषणापत्र' द्वारा कई सज़ायाफ़्ता क़ैदी ब्रिटिश शासन ने रिहा कर दिये जिनमें से एक सान्याल भी थे। फरवरी, 1920 में उन्हें रिहाई दी गई और वे गाँधी जी के असहयोग आन्दोलन से जुड़ गए, जैसे कि और भी कई क्रान्तिकारी जुड़ गए थे। चौरीचौरा कांड के बाद जब यह आन्दोलन वापस ले लिया गया, क्रान्ति की कोशिशों में सान्याल पुनः संलग्न हो गए—साथ ही अपने क्रान्तिकारी जीवन के संस्मरण लिखने में भी, जिसमें उनकी अपनी जीवन-कथा के साथ ही भारत के क्रान्तिकारी संग्राम का इतिहास था; क्रान्तिकारी आन्दोलन की कमज़ोरियों और समस्याओं का विश्लेषण था और भविष्य की योजनाओं की तरफ़ इशारा भी : किस तरह 'ग़दर' की तैयारी हुई; 'ग़दर' असफल क्यों रहा; क्रान्तिकारी नौजवानों को अब किस तरह आगे बढ़ना चाहिए।

छपते ही यह पुस्तक प्रतिबन्धित हो गई; इसकी प्रतियाँ ज़ब्त कर ली गईं; लेकिन फिर भी न जाने कैसे यह पुस्तक क्रान्तिकारी प्रवृत्ति के हर नौजवान के पास पहुँच गई। क्रान्तिकारियों के घर या अड्डे पर पुलिस ने जहाँ भी, जब भी छापा मारा, यह पुस्तक वहाँ उन्हें ज़रूर मिली। नेशनल कॉलेज के बोर्डिंग हाउस में इस पुस्तक का सामूहिक वाचन होता और फिर उस पर लम्बी चर्चा होती, जो कॉलेज पहुँचने पर भी जारी रहती।

इस 'पाठ्यक्रम' की दूसरी किताब है रॉलट कमेटी की रिपोर्ट। क्रान्तिकारियों द्वारा हिन्दुस्तान में उस समय तक सरंजाम दिये गए कारनामों का विस्तृत लेखाजोखा तो इसमें था ही, हिन्दुस्तानी क्रान्तिकारियों ने बाहर के देशों में रहकर या वहाँ जाकर जो प्रयत्न किये अपने देश को अंग्रेज़ों की ग़ुलामी से आज़ादी दिलाने के लिए वे सब भी इस रिपोर्ट में सिलसिलेवार और विस्तार से दिये हुए थे। भाई परमानन्द तो इसे पढ़ने के लिए अपने विद्यार्थियों को विशेष रूप से प्रोत्साहित करते थे। काकोरी डकैती में अभियुक्त रहे आज़ाद के निकट सहयोगी क्रान्तिकारी रामकृष्ण खत्री अपनी आत्मकथा में बताते हैं कि क्रान्तिकारी दल में उन्हें शामिल किये जाने के पहले आज़ाद जब प्रच्छन्न रूप से उनकी थाह ले

रहे थे तो सबसे पहले उन्होंने उन्हें 'बन्दी जीवन' पुस्तक पढ़ने को दी और फिर रॉलट कमेटी की रिपोर्ट। 'उस रिपोर्ट को मैंने बड़े चाव से पढ़ा। एक-एक घटना को मैं पढ़ता जाता था और मेरा आत्मविश्वास बढ़ता जाता था। ऐसी ग़ुलामी में जकड़े होने पर भी इस अवस्था में देश को आज़ाद कराने के लिए कोई ऐसे-ऐसे साहसिक कार्य कर सकता है इसकी कल्पना करना कठिन था। इसी किताब को पढ़कर मैं जान पाया कि महान विप्लवी श्री रासबिहारी बोस देहरादून के सरकारी जंगल विभाग में एक मामूली क्लर्की की नौकरी करते हुए भी क्रान्तिकारी दल का गुप्त संगठन करते थे। कैसे अमेरिका में सिर्फ़ अपनी रोज़ी कमाने गए हुए हमारे सिक्ख भाइयों ने 'ग़दर पार्टी' नाम की गुप्त संस्था बनाकर उसके द्वारा देश को आज़ाद कराने के संघर्ष में हिस्सा लिया था। 'कामागातामारू जहाज कांड' क्या था यह विदित हुआ। सिंगापुर में हिन्दुस्तानी सिपाहियों द्वारा सैकड़ों अंग्रेज़ सिपाहियों को किस प्रकार मारा गया, इसकी जानकारी हुई।' ('शहीदों की छाया में', सम्पादक सुधीर विद्यार्थी; प्रकाशक अनन्य प्रकाशन, दिल्ली; संस्करण वर्ष 2022, पृ. 65)

इसके अलावा '1857 का भारतीय स्वतंत्रता संग्राम' पुस्तक भी इस 'पाठ्यक्रम' में है। अंग्रेज़ों द्वारा हज़ारों निर्दोष ग्रामीणों को पेड़ों पर फाँसी के फन्दे से लटका दिये जाने तथा औरतों व बच्चों समेत झोपड़ियों को जला देने की हृदय-विदारक कहानियों का भगतसिंह सरीखे विद्यार्थी सामूहिक वाचन करते और ख़ून के आँसू रोते। विनायक दामोदर सावरकर द्वारा लन्दन के 'इंडिया हाउस' में बैठकर 1857 के विद्रोह से सम्बन्धित दस्तावेज़ों का अध्ययन कर बीसवीं सदी के पहले दशक में लिखी गई इस किताब के बारे में सुन तो सभी ने रखा था और उसे पढ़ने के लिए ये विद्यार्थी बेताब भी रहते थे। लेकिन 'बन्दी जीवन' की तरह इस पुस्तक को भी ब्रिटिश सरकार ने प्रतिबन्धित कर रखा था। जिसके पास भी यह किताब पाई जाती उस पर राजद्रोह का मुक़दमा ठोक दिया जाता। 'ग़दर पार्टी' अमेरिका से एक अख़बार निकाला करती थी 'ग़दर की गूँज' के नाम से, जिसे पंजाब के कई गाँवों में मुफ़्त भेजा जाता था। इसके कुछ अंकों में '1857 का भारतीय स्वतंत्रता संग्राम' के कुछ अध्याय प्रकाशित हुए थे। एक अंक में लाला हरदयाल का आलेख 'बम का दर्शन' भी छपा था। क्रान्तिकारी रुझानवाले विद्यार्थी इन अंकों को किसी प्रकार जुगाड़ लेते और छिप-छिपकर इन्हें पढ़ा करते।

वीर सावरकर से भगतसिंह अत्यन्त प्रभावित था, ख़ास तौर पर उनकी बहादुरी के कारनामों से। राजाराम शास्त्री बताते हैं : 'द्वारकादास पुस्तकालय में वीर सावरकर की अंग्रेज़ी में एक छोटी-सी जीवनी आई थी। उनके जीवन की वह घटना अतिशय रोमांचकारी थी जिसमें सावरकर जी जहाज़ से कूदकर

और समुद्र तैरकर फ्रांस के किनारे पहुँच गए थे। इस घटना से भगतसिंह बहुत प्रभावित हुए थे। इस पुस्तक को उन्होंने बहुत बार अपने नाम से पुस्तकालय से इश्यू कराया था। और नौजवानों को पढ़ने को दिया था।' ('क्रान्ति का साक्ष्य', पृ. 101) राजाराम शास्त्री यह भी बताते हैं कि 'बैरिस्टर सावरकर की एक किताब थी दी इंडियन वार ऑफ़ इंडिपेंडेन्स 1857। वह सरकार ने ज़ब्त कर ली थी, उसकी बड़ी शोहरत थी। भगतसिंह को वह पुस्तक कहीं से पढ़ने को मिल गई, एक दिन वे मेरे पास आए। उनके हाथ में मैंने वह पुस्तक देखी। [पुस्तक को पढ़कर] जब मैंने उस पुस्तक की तारीफ़ की तो भगतसिंह ने कहा कि कुछ तरीका निकाला जाए, इस जप्त पुस्तक की छपाई के लिए। मैंने कहा कि गुप्त पुस्तक गुप्त रूप से ही छप सकती है। तो उन्होंने कहा कि अगर तुम मदद करो तो हम छपाने की कोशिश करें। हमने कहा कि जो मदद हम कर सकते हैं वह करेंगे। उन्होंने कहा कि जो दिन भर छापकर हमें लाया करें तुम रात को उसके प्रूफ़ देख लिया करो और सवेरे मैं ले लिया करूँगा। तो जाने कहाँ से, किसी प्रेस में छपवाते थे और सारी सामग्री शाम को मुझे दे जाते थे और मैं रात भर में उसकी 'प्रूफ़ रीडिंग' करके सुबह लौटा देता था। इस तरह दी इंडियन वार ऑफ़ इंडिपेंडेन्स 1857 छोटे-छोटे दो भागों में छपाई गई। मुझे याद है कि आठ या बारह आने कीमत थी।' (नेहरू म्यूज़ियम ज़बानी इतिहास, राजाराम शास्त्री खाता सं. 434, पृ. 214)

इस कॉलेज के पहले प्राचार्य थे आचार्य जुगलकिशोर। छात्र-जीवन में ही इनकी प्रतिभा से प्रभावित होकर एनी बेसेंट ने छात्रवृत्ति देकर इन्हें ऑक्सफ़ोर्ड यूनिवर्सिटी में पढ़ने भेज दिया। वहाँ से वापस आकर वे महात्मा गाँधी द्वारा अहमदाबाद में स्थापित गुजरात विद्यापीठ में अध्यापक बन गए और उसके बाद वे वर्ष 1925 तक इस कॉलेज के प्राचार्य रहे। मथरादास थापर के आकलन में आचार्य जुगलकिशोर ने 'छात्रों को इस तरह परवान चढ़ाया कि वे आगे चलकर राष्ट्र की महान सेवा में जुट जाएँ।' ('मेरे भाई शहीद सुखदेव', पृ. 59-60)

नेशनल कॉलेज के अगले प्राचार्य थे छबीलदास जो क्रान्तिकारी मनोवृत्ति के और भगतसिंह के लगभग हमउम्र युवक थे। साथ ही वे भारतीय राष्ट्रीय कांग्रेस से भी जुड़े हुए थे और आज़ादी पाने के लिए हिंसक उपायों के पूरी तरह हामी भी नहीं थे। असहयोग आन्दोलन के दौरान एम. ए. की पढ़ाई अधूरी छोड़ उन्होंने आजीवन देश-सेवा का व्रत लिया और लाला लाजपतराय द्वारा स्थापित 'लोक सेवक मंडल' के सदस्य बन गए। सदस्यता की शर्तों के अनुसार उन्होंने नाममात्र के मेहनताने पर आजीवन देश और समाज के लिए काम करते रहने की प्रतिज्ञा ली हुई थी। अंग्रेज़ सरकार की शिक्षण संस्थाओं तथा उनके वफ़ादारों द्वारा, जिनके हिस्से में ही सारी मलाई आ रही थी, जनता की आँखों पर चढ़ाई गई पट्टी

को उतारकर देश की दुर्दशा उन्हें दिखाने और इस दुर्दशा के लिए ज़िम्मेदारों के चेहरे पर से नक़ाब उतार फेंकने के मक़सद से वे निरन्तर पम्फ्लेट्स या छोटी-छोटी पुस्तिकाएँ लिखा करते : 'इनकलाब जिन्दाबाद', 'हम स्वराज्य क्यूँ चाहते हैं', 'चिनगारियाँ', 'नौजवानों से दो बातें', भूखा बहिश्त', 'भारत कैसे गुलाम बना', 'इनकलाबी शरारे', 'क्यों और कैसे' आदि। फिर हज़ारों की संख्या में वे ख़ुद ही उन्हें छपवाते और गाँव-गाँव जाकर ख़ुद ही उन पम्फ्लेट्स तथा पुस्तिकाओं को बाँटा करते। नेशनल कॉलेज में रहते हुए इस काम में भगतसिंह ने भी उन्हें सहयोग दिया था।

छबीलदास और भगतसिंह के बीच शिक्षक-विद्यार्थी के रिश्ते के साथ ही दोस्ती का रिश्ता भी पनप गया। छबीलदास याद करते हैं, 'रावी नदी के किनारे कई रातें हम लोगों ने बिताईं और कई चाँदनी रातें नाव से यात्रा करते हुए, खेते हुए, किसी भी विषय पर अपनी अन्तर्तम भावनाओं को व्यक्त करते हुए। हम मैज़िनी और गैरीबाल्डी के बारे में बातें करते। हम आयरलैंड के बारे में बातें करते , द वलेरा के सिन फेन आन्दोलन के बारे में और दूसरे आन्दोलनों व रूसी क्रान्ति के बारे में। सोवियत रूस के प्रति भगतसिंह के झुकाव इतने गहरे जड़ जमाए हुए थे कि उस देश में 1917 में की गई क्रान्ति के प्रारूप का उसने न सिर्फ़ अध्ययन किया, बार-बार, बल्कि उनके नेतृत्व के कार्यों को भी सराहा।' ('द लाइफ एंड आइडियाज ऑफ़ भगतसिंह : 'ए लेसन फॉर टुडे'; डॉ. वीर सिंह द्वारा सम्पादित; प्रकाशक 'ओरिजिनल्स' दिल्ली, प्रकाशन वर्ष 2010, पृ. 26-27)

रूस के क्रान्तिकारी भगतसिंह के लिए विशेष आकर्षण रखते थे। राजाराम शास्त्री बताते हैं : 'रूस की राज्य-क्रान्ति और रूसी युवकों के बलिदानों ने भगतसिंह को बहुत ज़्यादा प्रभावित किया था। जारशाही की अदालत के मंच को वे अपने क्रान्तिकारी विचारों को फ़ैलाने में इस्तेमाल किया करते थे। अदालत के कटघरे में खड़े होकर वह अपने बयान देते "मुझे अपने कार्य के लिए किंचित पश्चात्ताप नहीं। यदि मुझे फाँसी भी दी गई तो मैं हँसते-हँसते फाँसी के फन्दे को अपने गले में डाल लूँगा।" ऐसे बयान पढ़कर भगतसिंह उछल पड़ते थे।' ('क्रान्ति का साक्ष्य', पृ. 102)

रूस में हुई क्रान्ति को वाक़ई में उस समय एक चमत्कार से कम नहीं समझा जा रहा था। एक महान साम्राज्य के बेहद शक्तिशाली सम्राट जिनका वंश 16वीं शताब्दी में 'इवान द टेरिबल' से आरम्भ होकर लगभग चार सौ सालों तक एकछत्र व निर्बाध राज करता रहा था, उसका तख़्ता मुट्ठी-भर आम आदमियों ने पलटकर रख दिया, दुनिया जिन्हें 'बोल्शेविक' के नाम से जान रही थी। भारत में अंग्रेज़ों की छवि यह बनी हुई थी कि वे अपराजेय हैं, जिस छवि को

प्रथम विश्वयुद्ध में उनकी जीत ने और भी मज़बूत कर दिया। लेकिन वर्ष 1917 में हुई इस अद्भुत, अविश्वसनीय घटना से यह विश्वास भारत की आज़ादी के लिए लड़नेवालों में उत्पन्न हुआ कि जब रूस के ज़ार का शासन उसके अपने देशवासी, जिनकी गिनती कुछ सौ से ज़्यादा नहीं थी, उखाड़ फेंक सकते हैं तो हम करोड़ों हिन्दुस्तानी इन मुट्ठी-भर अंग्रेज़ों को भारत से निकाल बाहर क्यों नहीं कर सकते? लोकमान्य तिलक ने, 1918 में जो लन्दन में थे, यह कहा बताया जाता है कि रूसी क्रान्ति की विजय भारत के आज़ादी के आन्दोलन को बड़ी मदद देगी। ('भगतसिंह रिविजिटेड', लेखक चन्दर पाल सिंह, प्रकाशक 'ओरिजिनल्स' दिल्ली; संस्करण वर्ष 2011, पृ. 260)

जिन दिनों की हम बात कर रहे हैं, उन दिनों रूस की बोल्शेविक सरकार का मुखिया जोसेफ स्टालिन था। क्रान्ति के बाद रूस में आ रही ख़ुशहाली का ज़बर्दस्त प्रोपेगंडा उसने किया हुआ था, चमकीले काग़ज़ोंवाली पत्रिकाएँ और किताबें मुफ़्त में या कौड़ियों के दाम मुहैया करवाकर। अपने देश और समाज की बेहतरी के लिए समर्पित दुनिया भर के लोगों के मनों में इस प्रोपेगंडा ने एक नई आशा और विश्वास का संचार कर दिया। हिन्दुस्तान के क्रान्तिकारी युवकों के मन में कम्युनिज़्म तथा बोल्शेविकों को लेकर जो धारणाएँ बनीं, उनकी बानगी शचीन्द्रनाथ सान्याल के इन बयानों में परिलक्षित हैं : 'मेरा यह पूर्ण विश्वास है कि पाश्चात्य सभ्यता का श्रेष्ठ दान है कम्युनिज़्म का महान आदर्श। इस आदर्श के अनुसार समाज के कल्याण के सामने व्यक्तिगत लाभ एवं क्षति की कोई परवाह न करना, परम कर्तव्य समझा गया है।' ('विचार विनिमय' लेखक शचीन्द्रनाथ सान्याल; सम्पादक सुधीर विद्यार्थी, प्रकाशक राष्ट्रीय पुस्तक न्यास, संस्करण वर्ष 2019, पृ. 3) चन्दर पाल सिंह लिखते हैं कि 'कम्युनिस्ट समाज में निजी सम्पत्ति के निषेध को शचीन्द्रनाथ सान्याल ने संन्यास के समान माना।' ('भगतसिंह रिविजिटेड', पृ. 266) तथा वर्ष 1925 में नवगठित 'हिन्दुस्तान रिपब्लिकन एसोसिएशन' की ओर से बाँटे गए 'रेवोल्यूशनरी' पर्चे में पार्टी के उद्देश्यों की जानकारी देते हुए शचीन्द्रनाथ सान्याल ने लिखा : 'पार्टी का अन्तिम लक्ष्य विभिन्न देशों और राज्यों के विविध सरोकारों का सम्मान कर तथा उन्हें सुनिश्चित कर विश्व में समरसता लाना; और इस मामले में यह पार्टी महिमामय प्राचीन काल के महान भारतीय ऋषि और आधुनिक काल में बोल्शेविक रूस के पदचिह्नों पर चलती है।' ('भगतसिंह रिविजिटेड', पृ. 267)

भाई परमानन्द यूरोपीय इतिहास के प्राध्यापक थे। प्राचार्य छबीलदास के अनुसार कॉलेज में इतिहास, अर्थशास्त्र और राजनीति विज्ञान की पढ़ाई का सन्तोषजनक प्रबन्ध होते हुए भी कॉलेज के वातावरण में इतिहास की ही चर्चा रहती और भाई परमानन्द आधुनिक यूरोप का इतिहास इस अन्दाज़ में पढ़ाते

कि 'उसे सुनकर तो फिर से विद्यार्थी बनने को दिल करता था।' ('इनकलाबी यात्रा', पृ. 50)

प्रथम लाहौर षड्यंत्र मुक़दमे में भाई परमानन्द को मौत की सज़ा सुनाई गई थी जो बाद में आजीवन कारावास की सज़ा में बदल दी गई और उन्हें कालापानी यानी अंडमान भेज दिया गया। लेकिन पाँच वर्ष के भीतर ही अप्रैल, 1920 में वे रिहा कर दिये गए। इस रिहाई का श्रेय 'भाई परमानन्द और उनका युग' पुस्तक के लेखक प्रोफ़ेसर धर्मवीर महात्मा गाँधी के सहयोगी सी.एफ. एंड्रूज को देते हैं और 16 नवम्बर, 1916 के 'यंग इंडिया' समाचार-पत्र के लिए गाँधी जी द्वारा लिखे गए सम्पादकीय को भी, जो कि लेखक के शब्दों में 'सम्भवत: भाई जी की मुक्ति का कारण हुआ।' इस सम्पादकीय की शुरुआत गाँधी जी ने इस तरह की थी, 'श्री एंड्रूज ने 'ट्रिब्यून' में भाई जी के मामले का वर्णन बड़े करुणाजनक शब्दों में किया है। अपने अफ्रीका के प्रवास में वे लगभग एक मास मेरे यहाँ प्रतिष्ठित अतिथि रहे। उनकी राष्ट्रभक्ति का आदर्श ऊँचा है।' ('भाई परमानन्द और उनका युग', लेखक प्रोफ़ेसर धर्मवीर, प्रकाशक हिन्द पॉकेट बुक्स, गुड़गाँव; संस्करण वर्ष 2020: पृ. 251-52)

इंग्लैंड की कीले यूनिवर्सिटी में आधुनिक इतिहास की वरिष्ठ प्राध्यापक डॉ. शालिनी शर्मा उस समय के ख़ुफ़िया विभाग के सूत्रों के हवाले से बताती हैं कि 'दूसरी मशहूर क्रान्तिकारी हस्तियाँ भी नेशनल कॉलेज आया करतीं और विद्यार्थियों के साथ चर्चा किया करतीं। सुभाष बोस याद दिलाते थे कि फ्रांसीसी क्रान्ति को उन लोगों ने अंजाम दिया जो आम जनता में सन्देश का प्रचार करने गए। लेनिन, ज़गरुल पाशा, कमाल पाशा और मुसोलिनी की उपलब्धियों का हवाला देते हुए के.डी. शास्त्री दावा करते कि भारत के विद्यार्थी यदि संगठित हों तो वे भी ऐसा कर सकते हैं। 1907 और 1914 में बंगाल में उनके हमवतनों द्वारा तहलका मचा देने के बारे में बी.एन. दत्त विद्यार्थियों के साथ चर्चा करते। जबकि शमसुद्दीन हुसैन के भाषण देर तक चीन के युवक आन्दोलन पर केन्द्रित रहते जिसमें वे उस देश में हुई जागृति के लिए उसे ही ज़िम्मेदार बताते। प्रतिरोध का इतिहास, राष्ट्र का निर्माण, मैज़िनी, गैरीबाल्डी और वाल्टेयर के विषय में जानने के लिए नेशनल कॉलेज के विद्यार्थियों को प्रोत्साहित किया जाता ताकि वे अपने प्रयासों को इस क्रान्तिकारी परम्परा के साथ जोड़ सकें।' ('डवलपिंग अ कम्युनिस्ट आइडेंटिटी : द केस ऑफ़ नौजवान भारत सभा') 'दुनिया भर के उदाहरण, ख़ास तौर पर सोवियत यूनियन का, इस पीढ़ी के सपने को आधार देते थे कि क्रान्ति अत्यावश्यक है और सम्भव है।' (उपर्युक्त)

दसवीं भगतसिंह ने नहीं पढ़ी सीधे इंटरमीडिएट या एफ.ए. में इस कॉलेज में भगतसिंह ने वर्ष 1922 में दाख़िला लिया।

यही वह साल था जब बब्बर अकालियों ने ऐसा क़हर ढाया हुआ था कि पंजाब सरकार के अधिकारियों की रातों की नींद हराम हो गई थी और दिन का चैन भी लुट चुका था। सिक्खों के गुरुद्वारों पर बाहुबलियों तथा अंग्रेज़ सरकार की पुलिस की मदद से चन्द महन्तों ने अवैध कब्ज़ा जमा रखा था। गुरुद्वारों को ये महन्त अपनी जाती जागीर समझते, जिसे वे चाहें उसको उनमें आने दें और जिसे वे चाहें न घुसने दें। इन महन्तों के चंगुल से गुरुद्वारों को छुड़ाने के लिए चले 'अकाली आन्दोलन' के दौरान सिक्खों के जत्थे लाहौर से 90 किलोमीटर दूर स्थित ननकाना साहिब गुरुद्वारा पहुँचकर अरदास किया करते। 21 फरवरी, 1921 को ऐसा ही एक 150 सिक्खों का जत्था गुरुद्वारे में अरदास कर रहा था जब महन्त के पालतू गुंडों ने कुल्हाड़ी, तलवार और बन्दूकों से उन पर हमला कर दिया। यही नहीं तो उसके बाद क्रूरता की इन्तिहा करते हुए लाशों के साथ-साथ घायलों पर भी मिट्टी का तेल डालकर उन्हें जलाकर राख कर दिया। कई घंटों तक यह कसाईख़ाना यहाँ खुला रहा लेकिन थाना नज़दीक होने पर भी पुलिस वहाँ नहीं पहुँची। हंसराज रहबर लिखते हैं कि, 'इस घटना से पंजाब के गाँव-गाँव में अंग्रेज़ी सरकार के विरुद्ध, जिसने महन्तों की मदद की थी, घृणा की ज़बर्दस्त लहर उठी।' ('भगतसिंह: एक ज्वलन्त इतिहास', पृ. 48)

नरसंहार की यह ख़बर सभी अख़बारों में प्रमुखता से छपी और हरेक सिक्ख का दिल रो उठा। भगतसिंह उस समय मात्र 14 साल का बालक था मगर वह भी इस जज़्बे से अछूता नहीं रहा। इस हत्याकांड के बाद ननकाना साहिब में 5 मार्च को सिक्खों का एक सम्मेलन हुआ था जिस दौरान भगतसिंह भी वहाँ पहुँचा, लाहौर से अपने गाँव बंगा जाते हुए, और वहाँ से एक पोस्टर भी ले आया। कहते हैं कि इसके बाद जो जत्थे ननकाना साहिब के लिए उसके गाँव होकर गुजरे उनको भगतसिंह ने गाँव में शुरू किये गए लंगर में खाना भी खिलाया। बरसों बाद भी यह हादसा भगतसिंह के जहन से नहीं उतरा।

ननकाना साहिब की इस बेहद दर्दनाक घटना ने अकालियों का धैर्य चुकता कर दिया और इसी घटना ने अकालियों में से बब्बर अकाली पैदा किये। ये बब्बर अकाली वास्तव में वे बहादुर सिक्ख थे जो 'ग़दर' विद्रोह में शामिल थे लेकिन अंग्रेज़ों के दमनचक्र से बच निकले थे। आक्रामक रुख़ अपनाते हुए उन्होंने अब पुलिसकर्मियों और अंग्रेज़ सरकार के जासूसों और पिट्ठुओं को इस दुनिया से उठा देने का बीड़ा उठा लिया था। हत्याएँ हुईं; बम-विस्फोट हुए; बग़ावती तेवर लिये हुए पर्चे व लेख छपवाकर बाँटे गए। कफ़न सिर पर लपेटकर चलनेवाले इन जाँबाज़ों से निपटने में असफल रहने पर पंजाब सरकार ने सेना बुलवा ली। कई बब्बर अकाली मुठभेड़ में मारे गए, कई गिरफ़्तार कर लिए गए। लेकिन 'झोली-चुक्कों' यानी सरकार के वफ़ादारों का ख़ात्मा करने से

बब्बर अकाली फिर भी बाज़ नहीं आए। तक़रीबन रोज़ ही कहीं हत्या, तो कहीं बम-धमाका। पंजाबी अख़बार उनके 'कारनामों' की परोक्ष तारीफ़ से भरे रहते थे। एक ख़बर छपी कि पंजाब के गवर्नर को खुली चिट्ठी लिखकर बब्बर अकालियों ने ऐलान कर दिया कि ये हत्याएँ वे ही कर रहे हैं और बाक़ी 'टोडियों' यानी अंग्रेज़ों के चापलूसों का भी यही अंजाम होनेवाला है। इस ख़बर से लन्दन की पार्लियामेंट तक हिल गई। लेकिन फिर इनाम के लालच में अपनों ने ही धोखा दिया और वर्ष 1924 तक ज़्यादातर 'बब्बर शेर' या तो मार डाले गए या क़ैद कर लिए गए।

ये सारी ख़बरें भगतसिंह की जानकारी में भी आती रहीं और अपने हमवतनों के लिए उसके दिल में उठा दर्द उस दर्द को और भी गहरा कर गया जो उसके पिता और दोनों चाचाओं पर अंग्रेज़ सरकार के ज़ुल्म की कहानियाँ सुनते हुए बचपन से ही उसके दिल में पल रहा था। इसके अलावा डायर के 'रेंगनेवाले' आदेश के क़िस्से और टिकटी पर बाँधकर नंगे चूतड़ों पर कोड़े बरसाए जाने की कहानियाँ। लोहे के पिंजड़ों में, जिनमें आदमी सिर्फ़ बैठा रह सकता था, न लेट सकता था, न खड़ा हो सकता, 20-25 लोगों को एक साथ ठूँस देने के वाक़िये, तपता सूरज और ठंडी रातें झेलते हुए भूखे-प्यासे जो कई-कई दिन उनमें पड़े रहने को मजबूर किये जाते। घर में घुसकर औरतों से बदतमीज़ी से पेश आने और सम्भ्रान्त पर्दानशीन औरतों के शयनकक्ष में बग़ैर अनुमति घुस जाने की घटनाएँ। इस पाशविक क्रूरता के ख़िलाफ़ कुछ न कर पाने की बेबसी और इस वहशीपन का जवाब न दे पाने की शर्मिन्दगी अब ग़ुस्से में बदल गई थी। भगतसिंह के क्रान्तिकारी सहयोगी दुर्गादास भी इन घटनाओं के साक्षी थे। उन्होंने एक साक्षात्कार में बताया : 'मुझे याद है कि भगतसिंह जब ब्रिटिश द्वारा की गई पाशविकताओं की कुछ घटनाओं का ज़िक्र करता उसके गालों पर आँसू लुढ़कने लगते।' (नेहरू म्यूज़ियम ज़बानी इतिहास, दुर्गादास खन्ना खाता सं. 294, पृ. 68)

भगतसिंह के पुरखे जलन्धर के नज़दीक एक गाँव खटकड़कलाँ के ख़ालसा सरदार थे जिन्होंने महाराजा रणजीत सिंह की फ़ौज में रहकर 'सरकार-ए-ख़ालसा' को अफ़गानिस्तान तक बढ़ाने के लिए पठानों के विरुद्ध युद्ध किया, और रणजीत सिंह की मौत के बाद 'सिक्ख दरबार' की फ़ौज में रहकर वर्ष 1845-46 में ईस्ट इंडिया कम्पनी के ख़िलाफ़ भी। इस लड़ाई के बाद जलन्धर दोआब अंग्रेज़ों के हाथों में चला गया। सन 1848-49 में 'कम्पनी बहादुर' के ख़िलाफ़ दूसरी लड़ाई हारने के बाद से तो पूरे पंजाब में हताशा और निराशा का ज़बर्दस्त दौर शुरू हो गया, ख़ालसा सरदारों का मनोबल जिसने इस हद तक गिरा दिया कि वे ईस्ट इंडिया कम्पनी की फ़ौज में भर्ती होने लगे। ये ख़ालसा सरदार ही 1857 की लड़ाई में अपने उन हमवतन फ़ौजियों के ख़िलाफ़ लड़े जो अंग्रेज़ी जुआ उतार फेंकना चाहते थे।

रामधारीसिंह दिनकर लिखते हैं: 'सिक्खों का सम्प्रदाय शान्त, विनम्र एवं भावुक भक्तों का सम्प्रदाय था। गुरु अर्जुनदेव के साथ जहाँगीर ने जो अत्याचार किया था, उसके कारण सिक्ख-सम्प्रदाय और मुग़ल हुकूमत के बीच शत्रुता की परम्परा आरम्भ हो गई'। फिर उसके पोते औरंगजेब द्वारा भी गुरु तेगबहादुर 'पर भयानक अत्याचार किये गए और, अन्त में उनकी हत्या भी कर दी गई।' ('संस्कृति के चार अध्याय' लेखक रामधारीसिंह दिनकर; लोकभारती प्रकाशन प्रयागराज, संस्करण वर्ष 2023, पृ. 294-5) 1857 में सिक्ख वास्तव में जहाँगीर और औरंगजेब के वारिस मुग़ल बादशाह बहादुरशाह ज़फ़र के ख़िलाफ़ लड़ रहे थे, मात्र कम्पनी बहादुर के सैनिक बतौर नहीं।

सन 1900 के लगभग इस परिवार के मुखिया सरदार अर्जुनसिंह लायलपुर जिले के बंगा गाँव में जा बसे। पहले यह जंगली इलाक़ा हुआ करता था जिसमें नहरें बनाकर अंग्रेज़ों ने उसे खेती के योग्य बना दिया और फिर वहाँ आकर बसनेवाले हर परिवार को पच्चीस एकड़ जमीन दे दी। ('युगद्रष्टा', पृ. 17)

पंजाब के सिक्ख समुदाय में इस समय तक धीरे-धीरे पनप चुकी 'ग़ुलाम' मनोवृत्ति से सरदार अर्जुनसिंह तो निश्चित ही अछूते रहे। उनके द्वारा दी गई शिक्षा और संस्कार के ही फलस्वरूप इस परिवार में सरदार किशनसिंह, सरदार अजीतसिंह और सरदार स्वर्णसिंह जैसे तीन भाई पैदा हुए जिन्होंने अंग्रेज़ों के ख़िलाफ़ बग़ावत का झंडा मिलकर बुलन्द किया।

वर्ष 1906 में कलकत्ता के कांग्रेस अधिवेशन से लौटकर सरदार अजीतसिंह ने अपने दोनों भाइयों सरदार किशनसिंह व सरदार स्वर्णसिंह तथा पंजाब के उग्र राष्ट्रवादी सूफ़ी अम्बाप्रसाद, लाला हरदयाल, लाला लालचन्द फ़लक तथा केदारनाथ सहगल इत्यादि के साथ मिलकर किसानों के बाबत ब्रिटिश सरकार के ज़ुल्माना रवैये के ख़िलाफ़ आन्दोलन छेड़ दिया। वीरेन्द्र सिन्धु बताती हैं कि अजीतसिंह 'इस तरह बोलते थे जैसे आग का झरना बह रहा हो। वे उबल पड़ते थे, श्रोता उफन पड़ते थे। बरतानवी अत्याचारों का वर्णन करते, तो आँसुओं का दरिया हो जाते। वे ख़ुद जलते और श्रोताओं को भी जलाते। पंजाब के गवर्नर ने सब जिलों को एक सर्कुलर भेजा कि जनता को चेतावनी दी जाए कि वह सरदार अजीतसिंह का भाषण न सुने।' ('युगद्रष्टा', पृ. 73, 75)

वर्ष 1907 में लाला लाजपत राय के साथ मिलकर सरदार अजीतसिंह ने 'अंजुमन मुहब्बिताने वतन' या 'भारतमाता सोसाइटी' बनाई थी। इस सोसायटी के तत्त्वावधान में हुई एक सभा में अजीतसिंह के साथ लाला लाजपत राय भी मंच पर थे। हंसराज रहबर बताते हैं कि लाला जी के भाषण के बाद बाँकेदयाल ने अपनी प्रसिद्ध कविता 'पगड़ी सँभाल जट्टा' पढ़ी।'

पगड़ी सँभाल जट्टा, पगड़ी सँभाल ओये;
लुट लिया माल तेरा हाल बेहाल ओये।

बाँकेदयाल पुलिस में इन्स्पेक्टर थे। सरकारी नौकरी छोड़कर वे इस आन्दोलन में शरीक हो गए थे। तब से 'भारतमाता सोसाइटी' के हर जलसे में यह कविता पढ़ी जाने लगी और फिर इस किसान आन्दोलन का नाम ही पड़ गया 'पगड़ी सँभाल जट्टा आन्दोलन'।

सरदार अजीतसिंह व सूफ़ी अम्बाप्रसाद सभाओं में कहते कि जब तक हम आज़ाद नहीं हो जाते तब तक हमारी हालत नहीं बदल सकती। अंग्रेज़ सरकार की फ़ौज से ख़ौफ़ खाने की ज़रूरत नहीं। हम तीस करोड़ हिन्दुस्तानी इन्हें खदेड़ देने के लिए काफ़ी हैं।

नतीजतन 'रावलपिंडी, गुज़राँवाला, लाहौर वगैरह में दंगे हुए। ब्रिटिश लोगों की पिटाई की गई, उन पर कीचड़ फेंका गया, कार्यालय और चर्च जलाए गए, टेलीग्राफ के खम्भे और तार काट डाले गए। दंगाइयों ने लाहौर में सुपरिंटेंडेंट ऑफ पुलिस मि. फिलिप्स की धुनाई कर दी। ब्रिटिश कर्मचारियों ने अपने परिवार बम्बई भेज दिये और यदि स्थिति और ख़राब हो जाए तो उनको इंग्लैंड ले जाने के लिए जहाज़ किराए पर लिये गए। कुछ परिवार क़िले में भेज दिये गए। ऐसा आतंक छाया था कि सार्वजनिक जगहों पर दिखना या सिनेमा जाना अथवा बाज़ार आना उन्होंने बन्द कर दिया।' ('बरीड अलाइव' अजीतसिंह के आत्मकथात्मक नोट्स जो मई, 1947 में लिखे गए; www.shahidbhagatsingh.org पर उपलब्ध।)

पंजाब के लेफ्टिनेंट-गवर्नर सर डेनियल इवेटसन ने घबराकर ब्रिटिश सरकार को लिखा : 'इस बढ़ती हुई राजनीतिक अशान्ति को रोकने का यत्न यदि न किया गया तो सम्भव है कि पंजाब में फिर से 1857 वाली घटनाएँ घटें।'

मई, 1907 में सरदार अजीतसिंह को मांडला (बर्मा) में नज़रबन्द कर दिया गया। अंग्रेज़ सरकार के ख़िलाफ़ बग़ावत फैलाने के आरोप में सरदार किशनसिंह को भी गिरफ़्तार कर उन पर मुक़दमा चलाया गया। वीरेन्द्र सिन्धु बताती हैं कि जेल अधिकारियों के नामुनासिब बर्ताव की मुख़ालफ़त करने के 'ज़ुर्म' में उन्हें 'नंगा करके बेंत लगाने की टिकटिकी से धूप में बाँध दिया। वे खाल जलाती धूप में दिन-भर बँधे खड़े रहे।' फिर भी जब वे न झुके तो जेल के अफ़सरों ने 'सरदार किशनसिंह पर बेंत बरसाना शुरू कीं।' ('युगद्रष्टा', पृ. 40) सरदार स्वर्णसिंह अपने भाई अजीतसिंह की जिलावतनी के ख़िलाफ़ पर्चे छापकर गुप्त रूप से बाँट रहे थे। दो अख़बारों के मालिकों को दो-दो साल की सज़ा दिये जाने के ख़िलाफ़ लाहौर में निकले एक जुलूस में भाग लेने के आरोप में उन्हें भी डेढ़ साल की सज़ा दे दी गई।

सरदार अजीतसिंह के साथ लाला लाजपत राय भी निर्वासित हुए थे। वे भारतीय राष्ट्रीय कांग्रेस के प्रमुख नेता थे। लिहाज़ा कांग्रेस पार्टी के प्रखर एवं प्रभावशाली नेता तथा उस समय की राष्ट्रवादी पत्रिका 'साप्ताहिक अभ्युदय' के सम्पादक पंडित मदनमोहन मालवीय ने वाइसराय लॉर्ड मिंटो से दरख्वास्त की कि लाला लाजपत राय पर लगाए गए आरोप मनगढ़न्त हैं और उन पर दबाव बनाया कि लाला जी को रिहा कर दिया जाए। उन्हें रिहा किया गया तो साथ में अजीतसिंह को भी रिहा करना पड़ा, क्योंकि दोनों एक ही सभा में दिये गए तथाकथित रूप से 'राजद्रोहात्मक' भाषणों के कारण ही निर्वासित किये गए थे। वर्ष 1907 के सितम्बर माह की 28 तारीख को अजीतसिंह अपने गाँव बंगा पहुँचे। संयोग ऐसा हुआ कि पचास हज़ार की जमानत पर रिहा होकर उसी दिन सरदार किशनसिंह गाँव आ पहुँचे और सौभाग्यवश सरदार स्वर्णसिंह भी उनकी अपील पर दिये गए चीफ कोर्ट के आदेश की बदौलत जमानत पर छूटकर उसी दिन बंगा आ गए। उस ख़ुशगवार दिन ही सरदार किशनसिंह की पत्नी विद्यावती ने अपने दूसरे बेटे को जन्म दिया। उसका नाम रखा गया भागोवालां यानी भाग्यवान।

सरदार अजीतसिंह तो ज्वालामुखी थे। आसानी से शान्त कैसे हो सकते थे? घूम-घूमकर अपने भाषणों से विद्रोह की आग भड़काने में वे फिर जुट गए। वीरेन्द्र सिन्धु बताती हैं कि वे 'भाषणों, 'पेशवा' अख़बार के लेखों, ट्रैक्टों, और पुस्तकों के द्वारा जनता को खुलेआम संगठित कर रहे थे, तो गुप्त रूप से क्रान्तिदल का संगठन बढ़ा रहे थे। गुप्तचर विभाग ने बहुत गरम रिपोर्ट पंजाब-सरकार को भेजी। सरकार ने इस तरह केस तैयार किया कि सरदार अजीतसिंह को फाँसी पर लटकाया जा सके और उनके नाम वारंट निकाल दिये।' सरदार किशनसिंह को इसकी ख़बर लग गई और 'उन्होंने सरदार अजीतसिंह को तुरन्त विदेश चले जाने की राय दी।' ('युगद्रष्टा', पृ. 88) भगतसिंह उस समय सिर्फ़ दो साल का था। अपने अन्त समय तक भी उसकी ख़्वाहिश रही कि एक दफ़ा उस चाचा का उसे दीदार हो जाए, जिसे वह अपना आदर्श मानता था। वीरेन्द्र सिन्धु बताती हैं : 'भारत की स्वतंत्रता और चाचा जी की वापसी, दो ही प्रबल इच्छाएँ थीं उनकी। इसके लिए उन्होंने कोई सम्भव प्रयत्न न छोड़ा था।' ('युगद्रष्टा', पृ. 113)

इसके एक साल बाद उसके सबसे छोटे चाचा सरदार स्वर्णसिंह तो दुनिया ही छोड़ गए। जमानत पर रहते हुए ही वे भारतमाता सोसाइटी के काम में लग गए थे। सरकार ने उनके ख़िलाफ़ नये मुक़दमे दायर कर दिये और उनकी जमानत रद्द कर दी। लाहौर की बोर्स्टल जेल में उन्हें बैल की तरह रहट में जोड़ा गया, कोल्हू में जोता गया तथा आटा पीसने की चक्की भी उनसे चलवाई गई। और खाना इतना ख़राब कि भूखा रहना उन्होंने ज़्यादा पसन्द किया।

नतीजा यह हुआ कि वे बीमार पड़ गए। तपेदिक या टी.बी. की बीमारी ने, जो उन दिनों लाइलाज हुआ करती थी, उन्हें अपनी जकड़ में ले लिया। लिहाज़ा उन पर 'रहम' दिखाते हुए ब्रिटिश सरकार ने उन्हें रिहाई दे दी और रोग-शय्या पर पड़े-पड़े वे दुनिया से ही रिहा हो गए।

दोनों चाचियाँ, सरदार अजीतसिंह की पत्नी हरनाम कौर और सरदार स्वर्णसिंह की पत्नी हुकुम कौर, दिन-रात आँसू बहाया करतीं। वीरेन्द्र सिन्धु लिखती हैं : 'बचपन से भगतसिंह के हृदय पर चाचियों के आँसुओं की छाप पड़ चुकी थी। वहीं से उन्होंने ग़ुलामी के दर्द को अपने दिल में पाल लिया था।' ('युगद्रष्टा', पृ. 113)

मगर उसके दादा अर्जुनसिंह तो न जाने किस मिट्टी के बने थे! इसके बावजूद कि, 'एक पुत्र भरी जवानी में ही शहीद हो गया, दूसरा देश से जलावतन हो गया। तीसरा हथकड़ियों की चौसर और बेड़ियों का शतरंज जीवन भर खेलता रहा, जब उनके बड़े पोतों जगतसिंह और भगतसिंह का यज्ञोपवीत संस्कार हुआ, तो उन्होंने एक को अपनी बाईं भुजा में, और दूसरे को दाईं भुजा में भरकर यह संकल्प किया—'मैं अपने दोनों वंशधरों को इस यज्ञवेदी पर खड़े हो, देश की बलि-वेदी के लिए दान करता हूँ।' ('युगद्रष्टा', पृ. 22)

सरदार अर्जुनसिंह पहले जाट सिक्ख थे जिन्होंने आर्यसमाज के संस्थापक स्वामी दयानन्द से दीक्षा प्राप्त की। बतौर आर्यसमाजी उन्होंने समाज की कुरीतियों के ख़िलाफ़ झंडा बुलन्द किया। और 1920 में जब गाँधी जी ने असहयोग आन्दोलन छेड़ा तो लगभग 55-60 साल की उम्र में सरदार अर्जुनसिंह ने भी चरखेवाला तिरंगा उठा लिया और 'जो बोले सो अभय, भारत माता की जय' का नारा लगाते हुए गाँव-गाँव घूमने लगे। ('युगद्रष्टा', पृ. 21)

तेरह वर्षीय किशोर भगतसिंह भला कब पीछे रहनेवाला था। बंगा के प्राथमिक विद्यालय में वर्ष 1918 में पाँचवीं कक्षा पास करके वह अपने पिता के पास लाहौर आ गया था। सरदार किशनसिंह ने उसका दाख़िला दयानन्द एंग्लो-वैदिक विद्यालय में करा दिया। वर्ष 1921 में अभी वह नौवीं कक्षा में ही था कि पढ़ाई छोड़कर वह भी अंग्रेज़ सरकार से 'असहयोग' करने पर उतारू हो गया। जलसों में नेताओं के भाषण सुनता; जुलूसों में आगे बढ़-बढ़कर नारे लगाता; घर-घर जाकर विदेशी कपड़े इकठ्ठा करता और उनकी 'होली' जलाता।

लेकिन जब फरवरी, 1922 में चौरीचौरा कांड के बाद यह आन्दोलन गाँधी जी ने वापस ले लिया तो बेहद हताशा व निराशा से भरा हुआ भगतसिंह वापस अपनी पढ़ाई में लग गया। लाहौर के नेशनल कॉलेज में दाख़िला लेकर 1923 में उसने एफ.ए. या इंटरमीडिएट पास कर लिया और फिर बी.ए. में दाख़िला ले लिया। इसी कॉलेज में भगतसिंह के दिल में क्रान्तिकारी बनने का बीज अंकुरित हुआ।

मथरादास थापर बताते हैं : 'भगतसिंह तथा सुखदेव प्राय: भाई परमानन्द जी के घर जाकर उनके रोचक संस्मरण सुना करते थे। अध्यापन के बीच-बीच में भी भाई जी अपने अंडमान के दिनों के संस्मरण सुनाते। अंग्रेज़ों द्वारा दी गई प्रताड़ना और बन्दियों पर किये गए अमानवीय अत्याचार की कथा सुनाते। सुनाते कि वीर सावरकर को किस प्रकार कोल्हू में जानवरों की तरह जोतकर तेल पिरवाया जाता था।' ('मेरे भाई शहीद सुखदेव', पृ. 60) जलियाँवाला बाग़ में वर्ष 1919 में हुए नरसंहार के बाद ब्रिटिश सरकार के प्रति पंजाब के नौजवानों के दिलों में क्रोध व घृणा का जो भाव घर कर गया था, इन क़िस्सों को सुनकर और भी गहरा जाता।

पंजाब के ज़िस्म पर जलियाँवाला बाग़ हत्याकांड ऐसा नासूर रहा जो कभी फूट ही नहीं पाया। अंग्रेज़ सरकार ने कभी नहीं स्वीकारा कि इस कांड के लिए वह दोषी है। इस मामले की तहक़ीक़ात के लिए ब्रिटिश सरकार ने हंटर कमीशन बैठाया। 'कमीशन ने जनरल डायर के नृशंस क़त्ले-आम को 'समझ की भूल' का परिणाम बताया, और यह कहा कि उसका कार्य 'कर्तव्य पर सत्यनिष्ठा की अशुद्ध धारणा' पर आधारित था। ('भारत के राष्ट्रीय आन्दोलन का इतिहास' लेखक सत्यकेतु विद्यालंकार; प्रकाशक श्री सरस्वती सदन, नई दिल्ली, संस्करण वर्ष 2023, पृ. 99) और इस 'भूल' की सज़ा के नाम पर जनरल डायर को सरकार से मिली मात्र बर्ख़ास्तगी। मगर जब वह अपने देश वापस गया तो इंग्लैंड-वासियों ने उसे सिर-माथे बिठाया कि अंग्रेज़ महिलाओं की इज़्ज़त को 1857 की तरह तार-तार होने से उसने बचा लिया। और इस नरसंहार की आगे जो तहक़ीक़ात चली वह भी आँकड़ों में ही उलझकर रह गई कि कितने मरे और कितने घायल हुए। सरकार ने कहा कि मृतक 400 भी नहीं थे तो कांग्रेस ने दावा किया कि 1500 से ज़्यादा मरे थे। लेकिन हर मृतक के परिवार और हर घायल की एक कहानी थी—त्रासद और दर्दनाक—जिनको इस शोर में भुला दिया गया। लेकिन ये कहानियाँ मरी नहीं। आज भी ये ज़िन्दा हैं।

प्रख्यात इतिहासकार विश्वनाथ दत्ता ने वर्ष 1969 में 'जलियाँवाला बाग़' शीर्षक से एक पुस्तक लिखी थी। उनकी बेटी नोनिका दत्ता ने, जो स्वयं एक नामी इतिहासकार हैं, पेंगुइन बुक्स द्वारा प्रकाशित इस पुस्तक के वर्ष 2021 के संस्करण की प्रस्तावना लिखी। वे कहती हैं कि उनके पिता का 'पुश्तैनी मकान कटरा शेरसिंह में जलियाँवाला बाग़ से तीन किलोमीटर दूर था। उस मनहूस दिन गोलियों की आवाज़ें उनकी माँ ने और बहनों ने सुनी थीं। अपनी बहनों और अपने पिता से हत्याकांड की दर्दनाक यादों को सुनते हुए ही मेरे पिता बड़े हुए।' आगे वे लिखती हैं : 'शहर और आसपास के गाँवों के परिवार और बिरादरी के आख्यानों में हिंसा के 'वास्तविक पीड़ितों' की यादें बनी हुई हैं। ऐसी ही एक धुँधली याद भागमल भाटिया की है, डायर की गोलियों का एक शिकार।

उसका अँधेरा मकान मुझे मोहन नगर में मिला जहाँ अब किराए से उषा रहती है। उसने मुझे बताया कि जब भाटिया मारा गया, बाग़ में उसकी लाश को पहचानने की कोशिश में उसकी पत्नी अत्तर कौर एक लालटेन लेकर जुट गई थी। उस समय वह पेट से थी। लाश को अपने कन्धे पर उठाकर बड़ी मुश्किल से वह लेकर आई। उषा ने मुझे बताया कि अत्तर कौर के जीवन की हद दर्जे की तकलीफ़ और तारीफ़ के क़ाबिल हिम्मत की कहानी के साथ ही वह बड़ी हुई है।' ('जलियाँवाला बाग़' लेखक वी.एन. दत्ता; प्रकाशक पेंगुइन बुक्स, संस्करण वर्ष 2021, पृ. xi, xxiii।)

'अप्रैल, 2019 में मैं जीवन लता से मिली। खू कोरियाँ में वह बेहद गरीबी में रहती है। उसकी गली के बाशिन्दों के जिस्मों को कोड़ों की मार से जख़्मी करने के पहले डायर ने उन्हें गली में रेंगने के लिए मजबूर किया। जीवन लता 1919 की दहशत के साथ ही बड़ी हुई। खू कोरियाँ की हिंसा लोगों की मौजूदा यादों में सबसे ज़बर्दस्त है।' (उपर्युक्त, पृ. xxiv- xxv।)

खू कोरियाँ अमृतसर की वह गली है जिससे गुज़रनेवाले हर शख़्स को उन दिनों, जनरल डायर के आदेश से, रेंगकर जाना होता था। अपने प्रिय नेताओं डॉ. सत्यपाल और सैफ़ुद्दीन किचलू को गिरफ़्तार कर अनजान जगह पर क़ैद कर लिये जाने से नाराज़ भीड़ अपना विरोध जताने जब डिप्टी कमिश्नर के निवास की तरफ़ जा रही थी तो उन पर गोली चलवा दी गई जिसमें कई मारे गए और कई घायल हुए। इसके बाद तो इस भीड़ को जो भी गोरा रास्ते में मिला उसे वे लाठी से पीटते और उस पर पत्थर फेंकते चले गए। उन्हीं में से कुछ लोगों ने अमृतसर में लड़कियों के मिशन स्कूल की निरीक्षक मिस मासेला शेरवुड को साइकिल पर जाते हुए देखा तो वे उसका पीछा करने लगे। डरकर मिस शेरवुड एक गली में घुस गई मगर तेज भागने की कोशिश में वह साइकिल से नीचे गिर गई। उन लोगों ने मिस शेरवुड को घेरकर 'मारो इसे, ये अंग्रेज़ है!', 'गाँधी की जय!', किचलू की जय!' के नारे लगाते हुए बेरहमी से उसे पीटना शुरू कर दिया। कुछ समय के लिए वह बेहोश भी हो गई। यह गली खू कोरियाँ गली थी।

उसके बाद तो अंग्रेज़ों में दहशत का यह आलम हो गया कि गोरी औरतों और बच्चों को उनकी सुरक्षा के लिए अमृतसर स्थित गोविन्दगढ़ क़िले में भेज दिया गया और किसी भी 'काले' आदमी का इसमें घुसना वर्जित कर दिया गया।

बम्बई से छपनेवाले राष्ट्रवादी अख़बार 'बॉम्बे क्रॉनिकल' के 27 नवम्बर, 1923 के अंक के हवाले से नोनिका दत्ता ने यह भी बताया कि 'फ़ौज के लिए ज़ैलदार भरती की माँग करता और गाँववाले मना कर देते। गाँव की औरतों को उसने झोंपड़ी में बन्द कर दिया। खाने को उन्हें कुछ नहीं दिया। रात भर औरतों को झोंपड़ी में बंद रखा। उन्हें हुक्म दिया कि अपने कपड़े उतार दें और अपनी

टाँगों के बीच कँटीली झाड़ी घुसा लें। बूढ़े आदमियों के चूतड़ों पर काँटे लगाए गए।'

ज़ैल उस समय 20 से 40 गाँवों का एक प्रशासनिक हलका हुआ करता थ।

मार्च, 2023 में जलियाँवाला बाग़ मेरा जाना हुआ। 'इस बाग़ में स्थित म्यूज़ियम में' घूमते हुए मेरी नज़र फ्रेम किये हुए एक दस्तावेज़ पर जाकर टिक गई। 13 अप्रैल की दोपहर को अमृतसर में हुए नरसंहार पर एक सरकारी रिपोर्ट का यह पन्ना था। उसमें एक वाक्य है : 'The crowd was dispersed by fire, 1650 rounds were fired.' (गोलियाँ चलाकर भीड़ को तितर-बितर किया गया, 1650 चक्कर गोलियाँ दागी गईं।) इस रिपोर्ट को बनानेवाले 'माननीय महोदय' से लेकिन एक बड़ी भारी चूक हो गई। 'dispersed' के स्थान पर उन्हें वास्तव में 'killed' लिखना था। 1650 चक्कर गोलियों से 1500 से ज़्यादा 'बाग़ी' हलाक कर दिये गए थे। बाक़ी गोलियों ने भी निशाना नहीं चूका था। 'बाग़ियों' के बदन में घुसीं तो ये गोलियाँ, बस उन्हें मार नहीं पाईं।

और सबसे आख़िर में जो वाक्य इस पन्ने पर लिखा है, उसे तो स्वर्णाक्षरों में लिखकर यहाँ टाँगा जाना चाहिए : 'All quiet during night.' 'माननीय महोदय' उस रात यहाँ होते तो देखते कि एक सीधी-सादी घरेलू स्त्री रतनदेवी अपने पति को उस रात इस बाग़ में तलाश करती रही थी, एक लालटेन लिये हुए। सारी रात वह लाशों के बीच बैठी रही थी, कुत्तों के भौकने और गधों के रेंकने की आवाज़ें सुनती हुई—घायलों के कराहने की भी। और रोती रही थी। बाक़ी सब यक़ीनन 'quiet' था क्योंकि पूरा शहर सहमा हुआ था। रतनदेवी की एक तसवीर भी प्रदर्शित है इस म्यूज़ियम में, जो शायद तब ली गई होगी जब कांग्रेस की तहक़ीक़ात समिति के सामने उसने अपनी व्यथा बयान की होगी, यानी इस हत्याकांड के लगभग आठ महीने बाद। उसकी आँखों में ख़ौफ़ और मातम का वह मंजर तब तक भी क़ायम था जो उस भयानक रात को उनमें उतरा होगा।

14 अप्रैल की रात जनरल डायर ने अमृतसरवासियों की बिजली कटवा दी। पानी की सप्लाई बन्द करवा दी। पूरे अमृतसर में सन्नाटा था, सिवा सख़्त सड़क पर फ़ौजियों के बूटों की आवाज़ के। गोलियों की आवाज़ें दूर तक पहुँची थीं। लोग भयभीत थे, ख़ास तौर पर घरों में बैठी वे औरतें जो अपने मर्दों का इन्तज़ार पिछली शाम से ही कर रही थीं। अनहोनी की आशंका उन्हें खाए जाती थी। 'द स्टोरी ऑफ़ द फर्स्ट अनआर्म्ड रिवोल्ट' में प्रख्यात इतिहासकार ताराचन्द बताते हैं : '15 अप्रैल से 29 मई तक चला मार्शल लॉ प्रशासन पाशविक कृत्यों की भीषण दास्तान है। 'नैतिक प्रभाव' उत्पन्न करने के लिए गुज़राँवाला में एक छात्रावास पर बम फेंके गए और गाँवों तथा शहरों में मशीनगनों से गोलीबारी की गई। अँगरेज़ अधिकारी, दीवानी और फ़ौजी, अपने असली रंग में रंगमंच पर

हाज़िर हुए, तहज़ीब के बारीक़ मुलम्मे को अचानक झाड़कर। वे भय से ग्रस्त थे, सायों से घबराए हुए, और छुट्टे जानवरों की तरह बर्ताव करते हुए, वहशी और खून के प्यासे।' ('1921 मूवमेंट : रेमिनिसेंसेस'; प्रकाशक भारत सरकार सूचना मंत्रालय, संस्करण वर्ष 1959, पृ. 10-11)

गुज़राँवाला के ऊपर बमबारी और मशीनगन से गोलीबारी किये जाने पर सम्बन्धित अधिकारी ने हंटर कमीशन के सामने जो बयान दिया, इतिहासकार ताराचन्द के कथन की उससे पुष्टि ही होती है : 'मैं उनके हित की दृष्टि से ही वैसा कर रहा था। मैंने यह भी समझ लिया था कि यदि मैं उनमें से कुछ को जान से ख़त्म कर दूँगा तो फिर वे दोबारा जमा होकर नुकसान नहीं पहुँचाएँगे।'—('पंजाब के उपद्रवों के सम्बन्ध में कांग्रेस की रिपोर्ट', सम्पूर्ण गाँधी वाङ्मय, जिल्द 17, पृ. 259)

उधर राष्ट्रवादी नेताओं द्वारा अपने 'भाषणों में सिक्खों को याद दिलाया जा रहा था कैसे उन्होंने 1857 में भारत के साथ दग़ा किया था लेकिन अब उनके पास प्रायश्चित्त करने का मौक़ा था। यह अफ़वाह फ़ैल गई कि हालिया ब्यूबोनिक प्लेग महामारी के पीछे सरकार का हाथ है और यूरोपीयन कुओं को प्रदूषित कर रहे हैं। कि एक गुप्त भूमिगत आन्दोलन ब्रिटिश के ख़िलाफ़ जारी है और नौकर ही अपने साहब और मेम साहब की हत्या कर देंगे। लाहौर की गलियों में साहबों और मेम साहबों को हूट किया जाता।' (राज : द मेकिंग एंड अनमेकिंग ऑफ़ ब्रिटिश इंडिया, पृ. 423-25)

ब्रिटिश पार्लियामेंट में लॉर्ड सिडनम ने बयान दिया : "सिपाही विद्रोह [1857] के बाद से हुई किसी भी घटना से पंजाब का विद्रोह जुदा था। उन काले दिनों के बाद से यह पहली बार था कि "अंग्रेज़ों को मारो" का नारा बुलन्द हुआ। सर माइकेल ओ'ड्वायर द्वारा कड़ी कार्यवाही के अभाव में पंजाब में कोई यूरोपियन बाक़ी नहीं रहता।" (https://api.parliament.uk/historic-hansard/lords/1919/aug/06/martial-law-in-india.)

इसी दौरान जनरल डायर ने उर्दू में छपवाकर एक पैम्फ्लेट बँटवाया था अमृतसर में—जंग दरकार है तुम्हें या अमन? नौ साल बाद भगतसिंह ने जवाब दिया—जंग! क्योंकि अमन तुम अपनी ही नामुनासिब शर्तों पर क़ायम रखना चाहते हो। और हमें ये शर्तें मंज़ूर नहीं।

ये सारी कहानियाँ लोगों के जहन में अभी ताज़ा थीं लिहाज़ा उनका दंश भी नुकीला था। मथरादास थापर बताते हैं, 'वह [सुखदेव] सन 1919 के इस जघन्य हत्याकांड को लेकर भगतसिंह से घंटों बातें करते।' ('मेरे भाई शहीद सुखदेव', पृ. 71) नौजवान भारत सभा के, जिसका भगतसिंह उस समय महासचिव था, अप्रैल, 1928 में हुए सम्मेलन के लिए जो घोषणापत्र जारी हुआ था उसमें भी

नौजवानों को यह याद दिलाया गया कि 'उस भारत में जहाँ एक द्रौपदी के सम्मान की रक्षा में महाभारत जैसा महायुद्ध लड़ा गया, वहाँ 1919 में दर्ज़नों द्रौपदियों को बेइज्ज़त किया गया, उनके नंगे चेहरों पर थूका गया।'

कुमारी लज्जावती ने, जो 'भगतसिंह डिफेन्स कमेटी' की संस्थापक सदस्य थीं और कांग्रेस पार्टी से भी सक्रिय रूप से जुड़ी हुई थीं, लाहौर की बोर्स्टल जेल में बन्द भगतसिंह को 9 अगस्त, 1930 को राखी भेजते हुए लिखा : 'आज पूरा देश ग़ुलामी की जंजीरों में जकड़ा है। इसे फिरंगियों के जूतों की ठोकरें सहनी पड़ती हैं। इसका नतीजा माँओं और बहनों को भोगना पड़ता है। ओ भगतसिंह! बेहतर होगा कि मानावाला की उन अभागी औरतों से एक दफ़ा मुलाक़ात करो; 1919 में जब तुम बहुत छोटे थे इस नौकरशाही ने जिनके घूँघट उठाकर उनके चेहरों पर थूकने की जुर्रत की थी।'

हाल ही में दिसम्बर, 2021 में एक उन्नीस साल का लन्दन-निवासी पंजाबी युवक जसवन्त अपनी 'वर्चुअल गर्लफ्रेंड' की मदद से ब्रिटेन की महारानी एलिजाबेथ के निवास विंडसर पैलेस में उनकी हत्या के इरादे से घुस गया। उसके द्वारा रिकॉर्ड किये गए वीडियो-सन्देश के अनुसार 'यह उन लोगों का बदला है जो 1919 के जलियाँवाला बाग़ नरसंहार में मारे गए थे।'

नेशनल कॉलेज के एक और प्राध्यापक थे जयचन्द्र विद्यालंकार जो भारत का प्राचीन इतिहास पढ़ाते थे। मथरादास थापर के अनुसार वे 'कॉलेज-परिसर में राजनीतिक सरगर्मी को जिन्दा रखते थे। सर्वप्रथम सुखदेव उन्हीं के माध्यम से क्रान्तिकारियों के सम्पर्क में आए।' ('मेरे भाई शहीद सुखदेव', पृ. 60) वस्तुतः वे बंगाल और बनारस के क्रान्तिकारियों के साथ बड़ी नज़दीकी से जुड़े हुए थे। प्रसिद्ध क्रान्तिकारी शचीन्द्रनाथ सान्याल वर्ष 1923 में जब लाहौर आए तो इन्हीं के घर पर ठहरे। तब ही भगतसिंह की शचीन्द्रनाथ सान्याल से पहली मुलाक़ात हुई और उसी के बाद वे घर छोड़कर कानपुर चले गए। वहाँ वे 'हिन्दुस्तान रिपब्लिकन एसोसिएशन' से जुड़े क्रान्तिकारियों जोगेशचन्द्र चटर्जी और बटुकेश्वर दत्त के सम्पर्क में आए और ख़ुद भी इस संस्था के सदस्य बन गए।

इस कॉलेज में भगतसिंह के सहपाठी रहे जयदेव थापर ने, जो शहीद सुखदेव के चचेरे भाई थे, एक साक्षात्कार में बताया कि 'प्रोफ़ेसर जयचन्द ने एक किताब लिखी थी भारतवर्ष का भौगोलिक आधार। उसमें उन्होंने बताया था कि एक पुल इधर, एक पुल उधर है, अगर इनको तोड़ दिया जाए तो अंग्रेज़ हिन्दुस्तान के घेरे में आ सकते हैं, ऐसी बातें होती थीं।' (नेहरू म्यूज़ियम ज़बानी इतिहास; खाता सं. 787)

प्रोफ़ेसर जयचन्द्र की महत्त्वाकांक्षा यह थी कि उनके विद्यार्थियों में से कोई गैरीबाल्डी जैसा निकले, ऑस्ट्रिया के कब्ज़े से इटली को आज़ाद करने

के संग्राम में जिसने महत्त्वपूर्ण भूमिका निभाई थी, और उसकी 'रेड शर्ट' फ़ौज की तर्ज पर अपनी सेना बनाकर अंग्रेज़ों का मुक़ाबला करे। इस काम के लिए उनकी नज़र में भगतसिंह ही सबसे उपयुक्त विद्यार्थी था, जैसा कि उन्होंने 'अभ्युदय' पत्रिका के 8 मई, 1931 के 'भगतसिंह सिंह' अंक में छपे अपने लेख में स्वीकारा : 'दस-बीस साहसी गोरिल्लों के नेता भगतसिंह के बजाय मैं तो उस भगतसिंह के सपने लेता रहा हूँ जो बाक़ायदा सामरिक शिक्षा पाकर समय आने पर देश की स्वतंत्रता के लिए लड़नेवाली सेनाओं को इधर से उधर चलाता और भारतवर्ष का इतिहास बनानेवाली लड़ाइयों के फ़ैसले करवाता! भगतसिंह में वे सब सम्भावनाएँ थीं।' ('क्रान्तिवीर भगतसिंह 'अभ्युदय' और 'भविष्य'; सम्पादक चमनलाल; प्रकाशक लोकभारती प्रकाशन, प्रयागराज; संस्करण वर्ष 2021, पृ. 56)

बाद के अपने जीवन में जो बेहद लोकप्रिय उपन्यासकार हुए श्री गुरुदत्त, वे भी इस कॉलेज में प्राध्यापक थे। इसके पूर्व वे गवर्नमेंट कॉलेज में थे जहाँ से इस कारण उन्हें बर्ख़ास्त कर दिया गया कि असहयोग आन्दोलन के दौरान न सिर्फ़ विदेशी कपड़ों की होली में उन्होंने अपने विदेशी कपड़े जला दिये और खद्दर पहनने लगे, बल्कि अपनी 'प्रजा' में वफ़ादारी का जज़्बा जगाने के मक़सद से भारत-यात्रा पर आए ब्रिटिश राजघराने के वारिस प्रिन्स ऑफ़ वेल्स के लाहौर में निकलने जा रहे जुलूस में शामिल होने से भी उन्होंने इनकार कर दिया। भगतसिंह और साथियों द्वारा स्थापित 'नौजवान भारत सभा' के वे ही पहले अध्यक्ष रहे। ('भाव और भावना' लेखक गुरुदत्त, शाश्वत वाणी नई दिल्ली द्वारा प्रकाशित, संस्करण वर्ष 2000)

सुखदेव, यशपाल और भगवतीचरण वोहरा से भगतसिंह की मुलाक़ात इसी कॉलेज में हुई। लगभग पूरे भारत से विद्यार्थी अध्ययन के लिए नेशनल कॉलेज आया करते थे। कॉलेज के नज़दीक ही बना एक बँगला जिसे शीशमहल के नाम से जाना जाता था बोर्डिंग के लिए किराए पर लिया गया था। इसी बोर्डिंग हाउस में भगतसिंह, सुखदेव और यशपाल अगल-बग़ल के कमरों में रहा करते थे। भगवतीचरण हालाँकि शादीशुदा थे और ग्वालमंडी में उनका घर था, फिर भी ज़्यादातर समय उनका यहीं बीतता—अकसर ही पढ़ी हुई किताबों पर चर्चा करते हुए जो कभी-कभी ऐसी जोशीली बहस में तब्दील हो जाती कि हाथापाई तक की नौबत आ जाती।

रूस में हुई क्रान्ति को अभी दस साल भी नहीं बीते थे और वहाँ चल रहे प्रयोग को लेकर पूरी दुनिया में ही आशा भरी उत्सुकता का माहौल था। जहाँ न कोई दरिद्र हो, न ही दूसरों की मेहनत पर ऐश करनेवाला धनवान; सबके पास उनकी सामर्थ्य व योग्यता के अनुसार काम हो और सबको अपनी ज़रूरत के

मुताबिक़ ज़िन्दगी के सामान हासिल हों; जिस समाज में कोई भी कभी भूखा सोने के लिए मजबूर न रहे और न ही पर्याप्त कपड़ों के बिना रात भर ठिठुरने के लिए : ऐसे समाज की कल्पना किस व्यक्ति को आशा और उत्साह से न भर देगी? भगतसिंह और उसके साथी भी रूस की क्रान्ति को लेकर दीवाने थे और वैसी ही क्रान्ति अपने देश में करने के सपने देखा करते थे। लेकिन इस क्रान्ति को लाने के लिए मज़दूरों और किसानों में जागृति पैदा करने के कई दशकों लम्बे रास्ते पर चलने की बजाय आयरलैंड में अंग्रेज़ों के ख़िलाफ़ 'आयरिश रिपब्लिकन आर्मी' द्वारा चलाए गए गुरिल्ला-युद्ध का रास्ता भगतसिंह और उसके साथियों को ज़्यादा उपयुक्त प्रतीत होता था। अंग्रेज़ों के चंगुल से पूरी आज़ादी तो नहीं मगर बड़ी हद तक आयरलैंड के लिए स्वायत्तता 'आयरिश रिपब्लिकन आर्मी' के गुरिल्लों ने हाल ही में साल 1923 में हासिल की थी। लेकिन भगवती भाई को, जैसा कि भगवतीचरण को पुकारा जाता था, और जो भारत में वर्ष 1922 से शुरू हुए कम्युनिस्ट आन्दोलन के कार्यकर्ताओं के साथ निरन्तर सम्पर्क में बने रहते थे, लेनिन का तरीक़ा ज़्यादा सही समझ में आता था। बहस का यह भी ज़बर्दस्त मुद्दा था।

नेशनल कॉलेज और यह बोर्डिंग हाउस इस तरह से क्रान्तिकारी विचारों की पाठशाला बना हुआ था। यहाँ गाँधी जी के 'सत्याग्रह की विफलता पर बहसें हुआ करतीं और सत्याग्रह स्थगन को क्रान्तिकारी 'बारडोली पीछे हट' कहते थे।' ('लाहौर नेशनल कॉलेज की स्थापना तथा क्रान्तिकारी चेतना का 'अभ्युदय' शोधपत्र द्वारा डॉ. ईशा शर्मा एसोसिएट प्रोफ़ेसर इतिहास विभाग एम. एम. एच. कॉलेज गाजियाबाद।) द्वारकादास लाइब्रेरी के पुस्तकालयाध्यक्ष तथा भगतसिंह के मित्र राजाराम शास्त्री कहते हैं : 'इस कॉलेज का सारा वातावरण देशभक्तिपूर्ण था। भगतसिंह के जीवन पर यहाँ का बहुत गहरा प्रभाव पड़ा।' ('क्रान्ति का साक्ष्य', पृ. 101)

इस कॉलेज में पढ़ते हुए भगतसिंह और उसके सहपाठी साथियों सुखदेव, यशपाल और भगवतीचरण वोहरा के दिलों में क्रान्ति की जो आग सुलगी, वह कभी न बुझ पाई। लाला फ़िरोज़ चन्द, जो उन दिनों 'वंदेमातरम्' अख़बार के सम्पादक थे तथा क्रान्तिकारियों के समर्थक थे, बताते हैं : 'नेशनल कॉलेज ने जो सबसे बड़ा काम किया वह यही था कि उसने कुछ ऐसे उच्च कोटि के देशभक्त पैदा कर दिये जिनको अपना जीवन तक देश की ख़ातिर कुर्बान कर देने में किसी भी प्रकार संकोच नहीं होता था।' (नेहरू म्यूज़ियम ज़बानी इतिहास, लाला फ़िरोज़ चन्द खाता सं. 247, पृ. 33)

क्रान्तिमार्ग पर इन लोगों को अग्रसर करने में लाला लाजपत राय द्वारा स्थापित यह कॉलेज और यहाँ पढ़ानेवाले वे अध्यापकगण उत्प्रेरक बन गए थे

जिनकी चर्चा पहले की जा चुकी है। क़ुदरती था कि इन अध्यापकों के लिए भगतसिंह तथा उसके साथियों के दिलों में इज़्ज़त का जज़्बा हो। लेकिन सभी अध्यापक ऐसे नहीं थे।

इतिहास के अध्यापक प्रोफ़ेसर सौंधी लेक्चर देते-देते अकसर ऊँघने लगते थे। भगतसिंह और उसके साथी उनकी इस आदत का मज़ाक उड़ाने का कोई मौक़ा हाथ से नहीं जाने देते थे। एक दफ़ा प्रोफ़ेसर साहब सम्राट अशोक का इतिहास पढ़ा रहे थे और पढ़ाते-पढ़ाते अपनी आदत के मुताबिक़ वे बीच-बीच में ऊँघने लगते। भगतसिंह और उसके साथी इस लेक्चर में ऊब महसूस कर ही रहे थे इसलिए उन्होंने तय किया कि कुछ ऐसा किया जाए जो प्रोफ़ेसर साहब या तो उन्हें 'गेट आउट' कर दें या वे ही 'गेट आउट' हो जाएँ। बस, फिर क्या था! अपनी बेंच पर से पहले भगतसिंह उठ खड़ा हुआ और बड़े भोलेपन से उसने एक सवाल दाग दिया, "सर! मैंने सुना है कि अंग्रेज़ हमारे देश में भिखारी बनकर आए और यहाँ के शासक बन गए। क्या सच में ही ऐसा हुआ है?"

प्रोफ़ेसर सौंधी उस समय सम्राट अशोक की न्यायप्रियता पर कुछ कह रहे थे। यह सवाल सुनकर उनका पारा चढ़ गया। "कितनी बार कहा है कि कोई मेरे 'लिंक ऑफ़ थॉट' को डिस्टर्ब न किया करे! फिर भी तुम ..." प्रोफ़ेसर साहब अपनी बात पूरी कर पाते उसके पहले ही सुखदेव उठ खड़ा हुआ और सहानुभूति के स्वर में बोला, "सर! यह भगतसिंह बिलकुल नालायक़ है। कहाँ तो आप शाहजहाँ के शासन के बारे में पढ़ा रहे थे और कहाँ यह अंग्रेज़ों के शासन की बात ले बैठा।"

"व्हाट डू यू मीन बाई शाहजहाँ?" प्रोफ़ेसर सौंधी ने चीखते हुए कहा। "शाहजहाँ का नाम मैंने कब लिया?" तभी यशपाल बोल उठा, "सर! इनसे मैं कब से कह रहा था कि आप तो मुहम्मद तुगलक के पागलपन के बारे में बता रहे हैं मगर इन दोनों में से कोई मानने को ही तैयार नहीं!"

अब तो प्रोफ़ेसर सौंधी का गुस्सा सारी सीमाएँ पार कर गया। "तुम लोग सब-के-सब नालायक़ हो!" अपनी काँपती हुई उँगली इन 'नालायकों' की तरफ़ दिखाते हुए वे चिल्लाए। "मैं तुम लोगों को नहीं पढ़ा सकता।" कहकर उन्होंने भन्नाते हुए अपनी किताबें समेटीं और पैर पटकते हुए कक्षा के बाहर चले गए।

ऐसा ही यह चांडाल-चौकड़ी प्रोफ़ेसर मेहता के साथ भी किया करती। वे एक अच्छे विद्वान शिक्षक थे और लगनपूर्वक अपने विद्यार्थियों को पढ़ाते थे। मगर उनकी एक समस्या थी। सारी ज़िन्दगी उन्होंने अंग्रेज़ी भाषा के माध्यम से पढ़ा और पढ़ाया, जैसा कि अंग्रेज़ों के शासनकाल में स्वाभाविक भी था। लेकिन नेशनल कॉलेज में शिक्षा का माध्यम था हिन्दी। इस भाषा का न केवल उनका ज्ञान सीमित था बल्कि हिन्दी शब्दों का उच्चारण भी वे विचित्र ढंग से किया करते।

ये 'नालायक़' लड़के उन्हें खिजाने के लिए हिन्दी के किसी शब्द का उनसे मतलब पूछ बैठते या उसका पर्यायवाची बताने की गुज़ारिश करते। और फिर उनकी मुश्किल आसान करने के लिए कोई ठेठ पंजाबी शब्द सुझा देते। इस पर से पूरी कक्षा खिलखिला पड़ती और प्रोफ़ेसर साहब नाराज़ होकर पहले तो भगतसिंह के एक साथी जसवन्तसिंह उर्फ़ झंडासिंह को कक्षा के बाहर का रास्ता दिखाते। फिर सुखदेव की बारी आती, फिर यशपाल की और उसके बाद भगतसिंह की।

(सुरेश श्रीवास्तव की पुस्तक 'क्रान्तिकारी भगतसिंह की कथात्मक जीवनी'; साहित्य केन्द्र प्रकाशन दिल्ली; संस्करण 1995; पृ. 17-18, 'सिंहावलोकन' पृष्ठ 57 तथा 'क्रान्ति का साक्ष्य', पृ. 114-15 पर भी इन वाक़ियात का ज़िक्र है।)

लेकिन ऐसा नहीं था कि सिर्फ़ पढ़ना-लिखना ही ये लोग किया करते थे। खेल का शौक़ भी था। क्रिकेट में अब तक आम लाहौरी भी दिलचस्पी लेने लगा था, ख़ास तौर पर उभरते हुए क्रिकेट खिलाड़ी लाला अमरनाथ को, जो क्रिसेंट क्लब की तरफ़ से खेलते हैं, चौके-छक्के लगाते हुए देखकर। लेकिन इस महँगे खेल पर अभी उच्च या उच्च-मध्यम वर्ग के युवक ही हाथ आजमाते हैं। बाक़ी लोगों के लिए, जैसा कि पूरे हिन्दुस्तान में ही है इन दिनों, कुश्ती सबसे लोकप्रिय खेल है। सैकड़ों अखाड़े हैं जिनमें ख़लीफा अपने शागिर्दों को दाँव-पेच सिखाते हैं और कुश्ती के दंगल में उन्हें उतारते हैं, जो कि अकसर ही भरते रहनेवाले मेलों का ज़रूरी हिस्सा हो गए हैं।

वर्ष 1910 में रुस्तम-ए-हिन्द गामा पहलवान ने, जो लाहौर के ही बाशिन्दे थे, इंग्लैंड जाकर वहाँ के सभी सूरमा पहलवानों को चारों खाने चित कर दिया था। इस ख़बर ने पूरे हिन्दुस्तान में ख़ुशी की लहर दौड़ा दी। हिन्दुस्तानियों की नस्ल को अपनी नस्ल के मुक़ाबले में अंग्रेज़ हमेशा कमज़ोर और कमतर साबित करने पर तुले ही रहते थे और इसको लेकर हिन्दुस्तानियों के स्वाभिमान को चोट पहुँचाने में कभी कोई कोताही भी वे नहीं बरतते थे। गोरे पहलवानों पर गामा पहलवान की यह जीत देशवासियों के आत्माभिमान को जागृत करने में बड़ी सहायक हुई। इस अभूतपूर्व विजय के बाद गामा पहलवान 'रुस्तम-ए-ज़माना' के ख़िताब से नवाजे गए और तबसे पहलवानी का शौक़ लाहौर का हर नौजवान और भी ज़्यादा जोश के साथ पालने लगा है। भगतसिंह इसका अपवाद नहीं है।

चन्द्रशेखर आज़ाद और भगतसिंह के निकट सहयोगी रहे क्रान्तिकारी भगवानदास माहौर आगरा के मुहल्ला नूरी दरवाज़े के एक मकान में, जिसके दुमंज़िले के एक कमरे में क्रान्तिकारी दल की छावनी पड़ी हुई थी, घटी एक घटना के बारे में बताते हुए कहते हैं कि सवेरे 'नहाने का कार्यक्रम शुरू हुआ।

नहाने के पहले भगतसिंह ने आज़ाद की पीठ में तेल मला और आज़ाद ने भगतसिंह की। धीरे-धीरे दोनों एक दूसरे के हाथ मलने लगे। फिर ज़ोर होने लगा तो आपस में हूँ हाँ भी होने लगी। धीरे-धीरे यह नौबत आई कि दोनों भिड़ गए और भगतसिंह ने आज़ाद को अपने दोनों हाथों में उठाकर फ़र्श पर धर पटका। आज़ाद के घुटने छिल गए। आज़ाद को हाथों से उठाकर पटक देना साधारण शारीरिक बल का द्योतक न था। उनके बल की धाक मेरे मन पर बड़ी अच्छी तरह जम चुकी थी।' ('यश की धरोहर', पृ. 30)

नेशनल कॉलेज ब्रैडला भवन की ऊपरी मंज़िल पर स्थित है जिसे भारतीय राष्ट्रीय कांग्रेस की मदद से लाहौर के राष्ट्रवादियों ने वर्ष 1901 में बनवाया था। उनकी सभाओं तथा उस समय के उनके राष्ट्रीय नेताओं के व्याख्यानों के लिए अंग्रेज़ सरकार सार्वजनिक भवनों का इस्तेमाल करने की अनुमति नहीं देती थी, बावजूद इसके कि वे भवन हिन्दुस्तान की जनता से वसूले गए पैसों से ही बने थे। इस हाल में अब तक गोपालकृष्ण गोखले, लोकमान्य तिलक, पंडित मदनमोहन मालवीय, मोहम्मद अली जिन्ना, मोतीलाल नेहरू, अब्दुल कलाम आज़ाद और महात्मा गाँधी के साथ ही लाहौर के प्रमुख नेता लाजपत राय, जिन्हें शेर-ए-पंजाब कहा जाता है, के कई भाषण हो चुके हैं। नेशनल कॉलेज के विद्यार्थी अकसर ही ये भाषण सुनने आ जाया करते हैं और उनकी राजनीतिक शिक्षा के ये भाषण प्रभावी माध्यम सिद्ध हो रहे हैं।

रैटिगन रोड पर स्थित इस तीन मंज़िला भवन के तीन तरफ़ दरवाज़े के आकार की मेहराबदार खिड़कियाँ हैं। राजनीतिक सभाओं के अलावा साहित्यिक गोष्ठियाँ, सांस्कृतिक कार्यक्रम, नाटक, रामलीला, मुशायरा आदि भी इसमें होते रहते हैं। पारसी थिएटर भी इसे किराये पर ले लेता है और संगीत की महफ़िल भी इस भवन में सजती रहती है। वर्ष 1912 में गौहर जान का बेहद सफ़ल कार्यक्रम इसमें हुआ था। वर्ष 1919 में इस भवन में एक मुशायरा अंग्रेज़ों ने आयोजित कराया था जिसमें इक़बाल ने भी अपना कलाम पढ़ा था। लाहौर स्टूडेंट यूनियन का पहला सत्र भी इसी हॉल में रखा गया था जिसमें जोश मलीहाबादी ने यह शेर सुनाया :

आज़ादी का एक लम्हा है बेहतर,
गुलामी की हयात-ए-जाविदां से।

जयदेव थापर ने एक साक्षात्कार में बताया : 'महात्मा गाँधी हर साल हमारे नेशनल कॉलेज और उसके कन्वोकेशन में आते थे। एक साल (कई लोग) महात्मा गाँधी के पैरों को छूने की कोशिश कर रहे थे जिसकी वजह से ब्रैडला हॉल पहुँचने में देरी हो रही थी। भगतसिंह ने आगे बढ़कर महात्मा गाँधी जी से कहा कि ये लोग आपकी पूजा करने के लिए तैयार हैं लेकिन ये आपके द्वारा मुल्क को आजाद करानेवाली हिदायत पर अमल नहीं करेंगे।'

('नेहरू म्यूज़ियम', 'ज़बानी इतिहास' खाता सं. 787) ब्रैडला हॉल में गाँधी जी का भाषण 15 नवम्बर, 1919 को हुआ था।

भगतसिंह के क्रान्तिकारी सहयोगी बिजोय कुमार सिन्हा की नज़र में 'अपने मिज़ाज से वह कलाकार था। संगीत और साहित्य उसे बेहद प्रिय थे, उसकी ज़िन्दगी के ये दो शगल।' (के. सी. यादव तथा बब्बर सिंह द्वारा सम्पादित 'भगतसिंह : मेकिंग ऑफ़ ए रिवोल्यूशनरी' में बिजोय कुमार सिन्हा के लेख 'ए हीरो ऑफ़ द एटर्नल बैलाड' से।) भगतसिंह का यह मिज़ाज उसके अभिनय के शौक़ में ज़ाहिर हुआ। अपने साथियों के साथ मिलकर नेशनल कॉलेज में उसने एक ड्रामा क्लब बना लिया। यह क्लब इस तरह के नाटक खेलता जो राष्ट्रीय भावनाओं को जगाने में सहायक हों। और लाहौर ही क्या, पूरे हिन्दुस्तान के राष्ट्रवादी नज़रिया रखनेवाले तबक़े का पसन्दीदा नाटक है भारतेन्दु हरिश्चन्द्र लिखित 'भारत दुर्दशा'। इस नाटक की शुरुआत इस गान से होती है,

रोअहु सब मिलि, आवहु भारत भाई;
हा हा! भारत दुर्दशा न देखी जाई।

इसके पश्चात् प्रतीकात्मक पात्रों के माध्यम से यह नाटक मदिरापान, अपव्यय, सामाजिक कुरीतियों के साथ ही आलस्य को भी हिन्दुस्तान की ग़ुलामी की वजह बताता है। साथ ही, हास्य भी इस नाटक में जगह-जगह उत्पन्न किया गया है। एक आलसी के मुँह से कहलवाया गया है :

जो पढ़तव्यं सो मरतव्यं, जो न पढ़तव्यं सो भी मरतव्यं। तब फिर दन्तकटाकट किं कर्तव्यं?

और अन्त में भारतभाग्य नामक पात्र भारत के गौरवमय अतीत एवं दुःखद वर्तमान दोनों को एक लम्बे गीतात्मक संवाद में सुनाता है। भगतसिंह की भतीजी वीरेन्द्र सिन्धु के शब्दों में 'भारत दुर्दशा नाटक में तो उन्होंने अभिनय से दर्शकों को मुग्ध ही कर लिया था।'

दूसरा बेहद लोकप्रिय नाटक इन दिनों है गोविन्ददास रचित 'शशिगुप्त' जो वास्तव में मौर्य सम्राट चन्द्रगुप्त की ही कहानी है जिनका नाम, नाटककार के अनुसार, राज्यारोहण के पूर्व शशिगुप्त था और पश्चिमी भारत के एक योद्धा-समुदाय के वह प्रमुख थे, वापस उसके देश भाग रहे सिकन्दर की नाक में जिन्होंने दम कर दिया था। कौटिल्य या चाणक्य के मार्गदर्शन में साम्राज्य स्थापित करने की कथा के साथ ही सिकन्दर के क्षत्रप यानी प्रान्त-प्रमुख सेल्यूकस की बेटी हेलन के साथ चन्द्रगुप्त की प्रेम-कथा भी इस नाटक में साथ-साथ चलती है। वीरेन्द्र सिन्धु लिखती हैं कि 'सम्राट चन्द्रगुप्त' के अभिनय से अभिभूत हो उनके प्राध्यापक भाई परमानन्द ने उन्हें मंच पर ही हृदय से लगा लिया और लाड़ से कहा—"मेरा भगतसिंह—सचमुच भविष्य में चन्द्रगुप्त सिद्ध होगा।"

यशपाल बताते हैं : 'अपने विचारों के प्रसार और विस्तार के लिए हम नेशनल कॉलेज के विद्यार्थियों ने थिएटर के माध्यम को अपनाया। कॉलेज में एक ड्रामैटिक क्लब की शुरुआत की गई। भगतसिंह उस दौरान किये गए सभी नाटकों में पूरे जोश के साथ भाग लेते थे। एक बार क्लब द्वारा 'सम्राट चन्द्रगुप्त मौर्य के युग का उदय' नामक नाटक का मंचन किया गया। उस नाटक में भगतसिंह ने नायक शशिगुप्त की भूमिका निभाई। वह नाटक बहुत सफल रहा और उसमें भगतसिंह की भूमिका भी बहुत सराहनीय थी। दर्शकों ने उसकी भूमिका के लिए दिल खोलकर तालियाँ बजाई थीं। उनको आशीर्वाद देते हुए भाई परमानन्द ने कहा था, "मेरा भगतसिंह वास्तव में आनेवाले समय का शशिगुप्त सिद्ध होगा। क्लब द्वारा अन्य कई ऐतिहासिक नाटकों का मंचन किया गया था, जैसे—'महाराणा प्रताप', 'महाभारत' आदि, जिनमें से प्रत्येक में भगतसिंह ने एक प्रमुख भूमिका निभाई थी। एक बार हमने अक्टूबर, 1925 में कांग्रेस की कॉन्फ्रेन्स, जिसे गुज़राँवाला में आयोजित किया गया था, में अलग से 'भारत दुर्दशा' नामक नाटक का मंचन किया था।' ('मेरा रंग दे बसन्ती चोला' लेखक मलविन्दर जित सिंह वड़ैच; प्रकाशक प्रभात पेपरबैक्स नई दिल्ली; संस्करण वर्ष 2022 पृ. 49-50)

नाटक के शीर्षक से दर्शकों को साफ़ समझ आए कि नाटक की विषय-वस्तु क्या है, इस वजह से सम्भवत: 'शशिगुप्त' नाटक का शीर्षक 'सम्राट चन्द्रगुप्त मौर्य के युग का उदय' किया गया होगा। इसी तरह 'एक उर्दू नाटक 'महाभारत' के संवादों में बदलाव कर उसका नाम 'कृष्ण विजय' रख दिया गया जिसमें व्यंजना से अंग्रेज़ों को कौरव और देशभक्तों को पांडव दिखाया गया।' ('लाहौर नेशनल कॉलेज की स्थापना तथा क्रान्तिकारी चेतना का अभ्युदय'।)

बंगाल के प्रख्यात नाटककार द्विजेन्द्रलाल राय के लिखे नाटकों की तो इन दिनों पूरे हिन्दुस्तान में ही धूम मची हुई है। वर्ष 1905 में लिखा गया उनका नाटक 'राणाप्रताप सिंह' तथा वर्ष 1911 में लिखा गया नाटक 'चन्द्रगुप्त' कई शहरों में और कई-कई बार खेला गया। उनके इस 'चन्द्रगुप्त' नाटक को ही आधार बनाकर सम्भवत: गोविन्ददास ने 'शशिगुप्त' नाटक रचा जो मूल नाटक से भी अधिक लोकप्रिय हो गया। द्विजेन्द्रलाल राय का मगर सर्वाधिक लोकप्रिय नाटक है 'मेवाड़-पतन'। जयदेव गुप्त ने एक साक्षात्कार में बताया था : 'हमने बंकिमचन्द्र चट्टोपाध्याय की आनन्द मठ पढ़ी, डी.एल. रॉय का एक नाटक मेवाड़ पतन। इस किताब में एक किरदार था मानसी, जो चित्तौड़ की हार के बाद क़िले की वीरान गलियों में गाया करती, तोरा अबार मानुष हो। इसका मतलब है तुम पुन: मानव बनो—कि पहले हमें मानव होना चाहिए उसके बाद कुछ और।' (नेहरू म्यूज़ियम ज़बानी इतिहास, जयदेव गुप्त खाता सं. 346, पृ. 23)

'ड्रामैटिक परफॉरमेन्स' कानून के तहत ऐसे सभी नाटकों के खेले जाने पर अंग्रेज़ सरकार ने प्रतिबन्ध लगा दिया था जो राष्ट्रीयता की भावना को प्रोत्साहित करते थे। इनमें 'मेवाड़ पतन' भी शामिल था। तब इस नाटक को 'विश्व प्रेम' नाम से खेला गया। मूल रूप से बंगाली में लिखे गए इस नाटक का हिन्दी संस्करण वर्ष 1917 में प्रकाशित हुआ। लेखक के कथनानुसार इस नाटक का मुख्य उद्देश्य विश्वप्रेम की गरिमा और महत्ता प्रकट करना था। इस नाटक की नायिका मानसी, मेवाड़ के राणा अमरसिंह की पुत्री, तो जैसे सभी नौजवानों के मन में बस गई है और प्रेमिका का पर्याय हो गई है। इस नाटक के एक दृश्य में वह कहती है: 'जिस प्रकार स्वार्थ की अपेक्षा जातीयता बड़ी है, उसी प्रकार जातीयता से मनुष्यत्व श्रेष्ठ है। जातीयता यदि मनुष्यत्व विरोधी है, तो मनुष्यत्व के महासमुद्र में जातीयता विलीन हो जाना ही शुभ है। देश, स्वाधीनता—सब डूब जाय; पर यह जाति फिर से मनुष्य बने।' इस संवाद की प्रतिध्वनि भगतसिंह के लेख 'विश्व-प्रेम' में सुनाई देती है जो नवम्बर, 1924 में कलकत्ता से प्रकाशित हिन्दी साप्ताहिक 'मतवाला' नें छपा : 'वसुधैव कुटुम्बकम्! कैसा उच्च है यह विचार! सभी अपने हों। कोई भी पराया न हो। अंग्रेज़ भी होंगे और भारतवासी भी, परन्तु उस समय उनमें ग़ुलाम और शासक का भाव न होगा। उस आशामयी खेती के लिए हमें खेतों में से सब कुछ उखाड़ फेंकना होगा।'

(प्रोफ़ेसर चमनलाल, जिन्होंने भगतसिंह पर अत्यन्त विस्तृत एवं सराहनीय कार्य किया है, अपने ब्लॉग में लिखते हैं: नेशनल कॉलेज लाहौर में पढ़ते समय ड्रामैटिक क्लब के सदस्य के रूप में भगतसिंह ने 'मेवाड़-पतन' में महाराणा प्रताप की भूमिका निभाई, जिसे सरोजिनी नायडू ने देखा व भगतसिंह की प्रशंसा की। लेकिन वास्तव में इस नाटक में महाराणा प्रताप का किरदार है ही नहीं। इस नाटक की नायिका है मानसी, महाराणा प्रताप के पुत्र और मेवाड़ की राजगद्दी पर उनके बाद आसीन हुए अमर सिंह की बेटी। और नायक है अमरसिंह के सेनापति का पुत्र अजय सिंह। निश्चित ही भगतसिंह ने अजयसिंह की भूमिका निभाई होगी।)

क्रान्तिकारी और राष्ट्रवादी विचारोंवाले हिन्दुस्तानियों के लिए वीर अभिमन्यु का चरित्र हमेशा से ही बड़ा प्रेरणादायक रहा है। उन दिनों उसके चरित्र को केन्द्र में रखकर ऐसे नाटक रचे जाते थे जिसमें दिखाया जाता कि महान योद्धा अभिमन्यु देश पर प्राण न्योछावर करनेवाला एक स्वतंत्रता सेनानी था, जो कौरवों के द्वारा रचे गए चक्रव्यूह में फँस गया, ठीक उसी तरह जैसे ब्रिटिश लोगों के चक्रव्यूह में हिन्दुस्तान उलझकर रह गया है। राधेश्याम कथावाचक द्वारा लिखित 'अभिमन्यु' नाटक, जिसका मंचन पहली बार वर्ष 1916 में दिल्ली में हुआ, पूरे उत्तरी भारत में ही इस समय बेहद लोकप्रिय है। इस नाटक में एक चरित्र का नाम रायबहादुर रखा गया। अंग्रेज़ सरकार द्वारा इस पदवी से नवाजे गए हिन्दुस्तानियों

पर व्यंग्य कसते हुए उसे दुर्योधन का राजदरबारी दिखाया है, जिसने चापलूसी करके यह पदवी पाई है। नाटक में दर्शकों को वह समझाता भी है, "बड़ा आदमी बनना चाहते हो तो तलवे चाटना सीखो।" इस नाटक की विषय-वस्तु के बारे में वीरेन्द्र सिन्धु बताती हैं :

'रायबहादुर महाराजा दुर्योधन की तरफ़ से युद्ध में लड़ने गए थे और शाम को अकड़ते हुए घर लौटे थे। जब पत्नी ने पूछा कि युद्ध में आज आपने क्या-क्या वीरता दिखाई, तो रायबहादुर बोले—मैंने पचासों बहादुरों के पैर काट दिये। पत्नी ने पूछा—सिर क्यों नहीं काटे? रायबहादुर बोले—क्या वाहियात बात करती हो, सिर तो मेरे पहुँचने से पहले ही कोई और काट ले गया था।'

यह जानकारी तो हमारे पास नहीं है कि नेशनल कॉलेज के ड्रामा क्लब द्वारा यह नाटक खेला गया अथवा नहीं। लेकिन यह निश्चित जानकारी हमें है कि मंचन के लिए इस तरह के नाटकों के चयन और उन मंचनों की लोकप्रियता से घबराकर इस क्लब पर अंग्रेज़ सरकार ने अन्ततः पाबन्दी लगा दी।

नेशनल कॉलेज में पढ़ते हुए भगतसिंह के किताबें पढ़ने के शौक़ को भी जैसे परवाज़ मिल गई। भगतसिंह के निकट सहयोगी जतीन्द्रनाथ या जितेन्द्रनाथ सान्याल, जो शचीन्द्रनाथ सान्याल के छोटे भाई थे, बताते हैं कि भगतसिंह ने सुखदेव और भगवतीचरण वोहरा तथा कुछ औरों के साथ मिलकर रूसी क्रान्तिकारी चायकोव्स्की और क्राप्टकिन की तरह एक गुट बना लिया था, जहाँ केवल अध्ययन-सम्बन्धी चर्चा हुआ करती थी। 'सर्वेंट्स ऑफ दी पिपुल सोसाइटी' की द्वारकादास लाइब्रेरी इन उत्साही युवकों के लिए मनचाही पुस्तकें मँगाकर उनके अध्ययन में उदारतापूर्वक सहायता पहुँचाया करती थी। ('अमर शहीद सरदार भगतसिंह', लेखक जितेन्द्रनाथ सान्याल; प्रकाशक नेशनल बुक ट्रस्ट, संस्करण वर्ष 1999, पृ. 31)

'सर्वेंट्स आफ दी पिपुल सोसाइटी' ही हिन्दी में 'लोक सेवक मंडल' कहलाती थी, जिसके सदस्य छबीलदास थे। इसकी स्थापना वर्ष 1921 में लाहौर में लाला लाजपत राय द्वारा की गई थी। मातृभूमि की सेवा के लिए राष्ट्रीय भावनाओं वाले कार्यकर्ताओं की भर्ती कर उन्हें प्रशिक्षित करना इसका उद्देश्य था। इसका सदस्य बननेवाले को प्रतिज्ञा लेनी होती थी कि न्यूनतम आवश्यकताओं की पूर्ति हेतु मानदेय प्राप्त कर देशसेवा के कार्य में वह आजीवन रत रहेगा।

जितेन्द्रनाथ सान्याल आगे कहते हैं : 'सरदार भगतसिंह बड़ी उत्सुकता और लगन के साथ पुस्तकों का अध्ययन करते थे। नेशनल कॉलेज की लाइब्रेरी में भी सरदार भगतसिंह की देखरेख में पुस्तकों का अपूर्व संग्रह हो चला। हमने सत्साहित्य का ऐसा अपूर्व संग्रह और कहीं नहीं देखा है। इटली, रूस और

आयरलैंड की क्रान्ति सम्बन्धी नवप्रकाशित पुस्तकों का तथा रूसी-विप्लव आन्दोलन के प्राचीन इतिहास-सम्बन्धी अनेक अमूल्य पुस्तकों का भी संग्रह किया गया था। किन्तु नेशनल कालेज की बार-बार तलाशी ली जाने के कारण पुलिस अनेक पुस्तकें उठा ले गई, और अब केवल एक छोटा-सा संग्रह बचा हुआ है। किन्तु जो कुछ बचा हुआ है, उसी से सरदार भगतसिंह की प्रतिभा और परिश्रम का पता चलता है।' ('अमर शहीद सरदार भगतसिंह', पृ. 31)

उल्लेखनीय है कि यह पुस्तक जितेन्द्रनाथ सान्याल ने लाहौर षड्यंत्र मुक़दमे में बरी होने के फ़ौरन बाद लिखी थी, जिसकी 100 प्रतियाँ मई, 1931 में उन्होंने अपने ही खर्चे पर इलाहाबाद से छपवाई थीं।

द्वारकादास लाइब्रेरी के पुस्तकालयाध्यक्ष राजाराम शास्त्री के साथ, जो भगतसिंह से मात्र तीन साल बड़े हैं, मित्रता का लाभ भी भगतसिंह को मिलता है। राजाराम शास्त्री स्वयं पुस्तकें पढ़ने के शौक़ीन हैं और भगतसिंह को सुझाव देते रहते हैं कि उसे किस पुस्तक को अवश्य पढ़ना चाहिए। इसके अलावा अगर किसी पुस्तक की माँग भगतसिंह करता है तो उस पुस्तक को वे लाइब्रेरी की तरफ़ से ख़रीद लिया करते हैं—ब्रिटिश सरकार द्वारा प्रतिबन्धित पुस्तकें भी। लाला लाजपत राय ने अपना 5000 से अधिक पुस्तकों का संकलन इस लाइब्रेरी को देते हुए यह निर्देश भी दिया था कि नेशनल कॉलेज के छात्र जिन भी पुस्तकों की माँग करें वे ख़रीद ली जाएँ।

किताबों की दुकानें लाहौर में हैं भी कई। मोहनलाल रोड पर, जिसे अब उर्दू बाज़ार कहा जाता है, सड़क के दोनों तरफ़ किताबों की कई दुकानें हैं। अनारकली रोड पर स्थित रामकृष्ण खत्री एंड सन्स तो ब्रिटिश सरकार द्वारा प्रतिबन्धित पुस्तकें तक मँगवा देने में सिद्धहस्त है। इस सुविधा का भगतसिंह भरपूर इस्तेमाल करता है।

नेता जो खो गया

वर्ष 1926, महीना सितम्बर का। स्थान भारत में पंजाब प्रान्त की राजधानी लाहौर शहर।

बारिश का मौसम समाप्त होते ही आरम्भ हुई सड़ी गर्मी ने हाल बेहाल कर रखा है। ऊपर से शहर का माहौल भी गरमाया हुआ है। जुलूस और जलसों की भरमार है। कौन्सिल के चुनाव जो हैं!

अंग्रेज़ी सरकार ने वर्ष 1919 में 'गवर्नमेंट ऑफ़ इंडिया एक्ट' में संशोधन कर, जिसे 'मोंटेग्यू-चेम्सफोर्ड रिफॉर्म्स' के नाम से इतिहास में जाना जाता है, शासन में भारतीयों को प्रतिधिनित्व देने के मक़सद से केन्द्रीय और प्रान्तों की कौन्सिलों के चुनावों में खड़े होने का आमंत्रण उन्हें दिया हुआ है। इस तरह का पिछला और पहला चुनाव वर्ष 1923 में हुआ था। इस बार के चुनाव में दो पार्टियों के बीच पंजाब में ज़बर्दस्त टक्कर है। एक तो है स्वराज पार्टी जिसके एक संस्थापक चित्तरंजन दास की, जो देशबन्धु के नाम से विख्यात थे, पिछले साल मृत्यु हो जाने के बाद उस पार्टी का सारा दारोमदार अब पार्टी के दूसरे संस्थापक और राष्ट्रीय नेता मोतीलाल नेहरू पर है। चुनाव-प्रचार हेतु लाहौर में उनके चक्कर आए दिन लगा करते हैं। दूसरी है स्वतंत्र कांग्रेस पार्टी जिसकी स्थापना हाल ही में लाला लाजपत राय तथा पंडित मदनमोहन मालवीय ने की है, भारतीय राष्ट्रीय कांग्रेस से अलग होकर। राष्ट्रीय स्तर के ये दोनों नेता भारतीय राष्ट्रीय कांग्रेस के साथ उसकी स्थापना के अगले साल यानी वर्ष 1886 से न केवल जुड़े रहे बल्कि उसके अध्यक्ष भी रहे—पंडित मालवीय 1909 में और फिर 1918 में तथा लाला लाजपत राय सन 1920 के कलकत्ता सत्र में। कुछ ही वर्ष पूर्व दक्षिण अफ्रीका से भारत लौटे मोहनदास करमचन्द गाँधी नाम के बैरिस्टर ने अंग्रेज़ सरकार के ख़िलाफ़ अहिंसक युद्ध की घोषणा करते हुए उसी सत्र में 'असहयोग आन्दोलन' छेड़ देने का प्रस्ताव पारित करवाया था।

पंजाब की प्रान्तीय कौन्सिल के लिए लाहौर से स्वराज पार्टी के उम्मीदवार हैं दीवान चमनलाल, जो कांग्रेस के बैनर तले खड़े हैं क्योंकि मोतीलाल जी का

गाँधी जी के साथ समझौता हो जाने के बाद स्वराज पार्टी अब कांग्रेस पार्टी का ही हिस्सा है। और स्वतंत्र कांग्रेस पार्टी के उम्मीदवार ख़ुद लाला लाजपत राय हैं। चुनाव अभियान का श्रीगणेश आज की आमसभा से हो रहा है जिसके लिए मालवीय जी भी बनारस से आए हुए हैं। अपनी प्रभावशाली वक्तृता के लिए वे विख्यात हैं।

लाला जी को संक्षिप्त-सा अध्यक्षीय भाषण करना था, लेकिन वे घंटे भर से भी अधिक बोलते रहे जिसमें नौजवानों को उन्होंने जी भरकर कोसा। कांग्रेस का साथ छोड़ देने के बाद लाला जी ने न सिर्फ़ उस पार्टी की और उस पार्टी की नीतियों की मुख़ालफ़त करनी आरम्भ कर दी है, ख़ास तौर पर मुसलमानों को राष्ट्रीय आन्दोलन से जोड़ने के निरर्थक प्रयासों को लेकर, बल्कि मुस्लिम विरोधी रवैया अपनाते हुए अफ़ग़ानिस्तान के 'पागल पठानों' के हमले का हौआ खड़ा करके मुसलमानों से हिन्दुओं की रक्षा करने को अपने चुनाव अभियान में ख़ास मुद्दा बना लिया है। उनके इस रुख़ से नाराज़ कुछ नौजवानों ने आमसभा शुरू होने के पहले उनके ख़िलाफ़ नारेबाजी की थी। इस बात से ख़फ़ा होकर मंच पर से ही लाला जी ने उन पर इलज़ाम लगा दिया कि ये नौजवान बहुत ही ख़तरनाक हैं क्योंकि हिन्दुस्तान में रूस जैसी क्रान्ति ये लोग करना चाहते हैं। लिहाज़ा लेनिन जैसा नेता ये लोग चाहते हैं। मुझमें लेनिन बनने की ताक़त नहीं। साथ ही यह ताना भी कस दिया कि इन नौजवानों को अगर पचास रुपये की भी नौकरी मिल गई तो ये झाग की तरह बैठ जाएँगे।

जिस समय यह भाषण चल रहा था, श्रोताओं के पीछे से एक शोर उठा। कुछ युवक, जो शायद स्वतंत्र कांग्रेस पार्टी के कार्यकर्ता हैं, एक सिक्ख नौजवान को घेरे हुए उसकी जमकर धुनाई कर रहे थे।

दरअसल, यह उन्नीस-बीस साल की आयु का पगड़ीधारी हट्टाकट्टा नौजवान एक पर्चा बाँट रहा था जिसमें सबसे ऊपर लाला जी का फ़ोटो छपा है और उसके नीचे बड़े-बड़े अक्षरों में लिखा है 'Lost Leader' या खोया हुआ नेता। उसके बाद उस पर्चे में अंग्रेज़ी में एक कविता छपी हुई है, जिसका मूल लेखक रॉबर्ट ब्राउनिंग नामक अंग्रेज़ कवि था। इस कविता का हिन्दी अनुवाद कुछ इस तरह किया जा सकता है:

मुट्ठी भर चाँदी के सिक्कों के लिए उसने हमें छोड़ दिया;
महज एक तमग़ा अपने कोट पर लटकाने के लिए,
उसने हमें छोड़ दिया।

इस पर्चे में यह भी लिखा है कि, 'पंजाब-केसरी में अब शेर का नहीं, मुर्गों का दिल बाक़ी रह गया है।' लाला लाजपत राय पूरे हिन्दुस्तान में पंजाब-केसरी के नाम से भी विख्यात हैं।

लाला जी लाहौर के नामी-गिरामी वकील हैं और न सिर्फ़ देश के लिए बल्कि ख़ास लाहौर के लिए भी उन्होंने बहुत कुछ किया है। असहयोग आन्दोलन में वे जेल गए और दो साल ब्रिटिश सरकार के मेहमान रहे। फिर कौमी विद्यालय या नेशनल कॉलेज की स्थापना में भी उनकी प्रमुख भूमिका रही। स्वयं के संग्रह से पाँच हज़ार पुस्तकें देकर उन्होंने द्वारकादास लाइब्रेरी की भी शुरुआत की, जिसमें अब तक दुनिया-जहान की और भी सैकड़ों किताबें जुड़ चुकी हैं, और जो बड़ी तरतीब से खुली आलमारियों में सजी रखी हैं। इस गोरे-चिट्टे सिक्ख नौजवान को अकसर ही इस लाइब्रेरी में मेज़-कुर्सी पर बैठ अख़बार और पत्रिकाएँ पढ़ते हुए पाया जाता है; साथ ही, लाइब्रेरी से किताबें जारी करवाते हुए भी।

भारतीय राष्ट्रीय कांग्रेस के प्रतिनिधि के रूप में तीन साल पहले लाला लाजपत राय जब कौन्सिल के चुनाव में खड़े हुए थे, तब इसी युवक ने उनके समर्थन में हुए जुलूस और जलसों में ज़बर्दस्त उत्साह के साथ शिरकत की थी। धुआँधार नारे जुलूसों में लगाए थे। श्रोताओं के बैठने के लिए जलसों में दरियाँ बिछाई थीं। पोस्टर चिपकाए थे। पर्चे बाँटे थे। और मतदान के दिन तो वह चक्करघिन्नी सरीखा शहर भर में सारे दिन ही घूमता रहा कि मत देने से कोई मतदाता छूट न जाए। लाला लाजपत राय के लिए उसके दिल में बेपनाह इज़्ज़त का जज़्बा जो था! वह जज़्बा अभी भी क़ायम है। लेकिन वह, और इस समय इन पर्चों को बाँटनेवाले उसके सहयोगी भी जो कि नेशनल कॉलेज में उसके सहपाठी हैं, इस बात पर ख़फा है कि कांग्रेस पार्टी को लाला लाजपत राय ने इस वजह से छोड़ा है कि मुसलमानों के प्रति कांग्रेस पार्टी के उनकी नज़र में पक्षपातपूर्ण रवैये से वे इत्तफ़ाक नहीं रखते। हिन्दू महासभा की तर्ज पर अब वे सिर्फ़ हिन्दुओं के अधिकारों का परचम लहरा रहे हैं।

'गवर्नमेंट ऑफ़ इंडिया एक्ट' में 1909 में हुए तथाकथित सुधार ने, जो 'मिंटो-मोर्ले रिफॉर्म्स' के नाम से विख्यात है, हिन्दुस्तानियों को राजनीतिक स्तर पर बाँटने की शुरुआत कर दी थी जिसके नतीजे में अब हिन्दू और मुसलमान धीरे-धीरे दो धड़ों में बँटते जा रहे हैं। इस चुनाव में तो मुसलमानों के अलावा सिक्खों के लिए भी अलग निर्वाचन-क्षेत्र हैं और दलितों व ज़मींदारों के लिए भी। लाहौर शहर की सामान्य सीट से कांग्रेस के उम्मीदवार बख़्शी टेकचन्द मैदान में हैं तो मुसलमान सीट से मशहूर शायर मुहम्मद इक़बाल प्रत्याशी हैं।

गाँधी जी ने फरवरी 1922 में जब असहयोग आन्दोलन वापस लिया तो इस आन्दोलन के साथ जुड़ा हुआ ख़िलाफ़त आन्दोलन भी, जहाँ तक भारतीय राष्ट्रीय कांग्रेस का सवाल था, ख़त्म हो गया। तब से ही मुसलमान ख़ुद को ठगा हुआ महसूस कर रहे थे। प्रथम विश्वयुद्ध में जर्मनी के ख़ेमे के साथ लड़ रहे तुर्की की हार के बाद उसके विखंडन के विरोध में तथा मक्का-मदीना इत्यादि मुसलमानों के

धार्मिक स्थलों पर तुर्की के ख़लीफा के परम्परागत तथा इस्लाम-सम्मत आधिपत्य व अधिकार को क़ायम रखे जाने के समर्थन में ख़िलाफ़त आन्दोलन शुरू हुआ था। लेकिन अक्टूबर, 1923 में तुर्की को जब गणतंत्र घोषित कर दिया गया और तुर्की की जनता द्वारा प्रजातान्त्रिक व्यवस्था का समर्थन करते हुए चुनाव में मतदान कर उनके 'फ़ौजी नायक' कमाल पाशा को राष्ट्रपति चुन लिया गया; और फिर 'अतातुर्क' यानी तुर्की लोगों के पिता के ख़िताब से नवाजे गए कमाल पाशा ने मार्च, 1924 में जब ख़लीफ़ा के पद को ही समाप्त कर दिया व तत्कालीन ख़लीफ़ा को उसी वर्ष देश-निकाला दे दिया—तो ख़िलाफ़त आन्दोलन का आधार ही समाप्त हो गया। देश में तब से साम्प्रदायिक हिन्दू-मुस्लिम दंगों का ऐसा सिलसिला चालू हुआ है कि थमने का नाम ही नहीं ले रहा। और अब लाला जी व उनके राजनीतिक सहयोगी, इन पर्चों को बाँटनेवाले नौजवानों की नज़र में, पहले से ही बिगड़े हुए साम्प्रदायिक माहौल को और भी ज़्यादा बिगाड़ने की वजह बनते जा रहे हैं।

पर्चे बाँटनेवाला सिख नवयुवक भगतसिंह ही है। और इस आमसभा में लाला लाजपत राय का यह जुमला कि, "इन नौजवानों को अगर पचास रुपये की भी नौकरी मिल गई तो ये झाग की तरह बैठ जाएँगे।" इसे सख़्त नागवार गुज़रा है।

सुखदेवराज जो क्रान्तिकारी गतिविधियों में बाद में लिप्त हुए और अमर शहीद चन्द्रशेखर के अभिन्न साथी बने, इस युवक को पिटते हुए देख रहे थे। उस समय तक भगतसिंह को वे पहचानते नहीं थे। अपने संस्मरण में वे लिखते हैं : 'यह पर्चा एक गड्ढे में खड़े होकर बाँटा गया और पर्चा बाँटनेवालों को लाला जी के अनुयायियों ने घेरे में ले लिया था। सरदार भगतसिंह को भी इस अवसर पर लाला जी के श्रद्धालुओं ने पकड़कर अच्छी तरह पीटा था क्योंकि वे पर्चा बाँटनेवालों में से एक थे। लाला जी ने भाषण में कहा था कि इसे बाँटनेवाले और कोई नहीं, उनके अपने ही नालायक़ बेटे हैं।' ('जब ज्योति जगी', पृ. 28)

लाहौरवासियों के लिए भगतसिंह इस समय कोई जाना-पहचाना नाम नहीं है। न तो लाला लाजपत राय को और न ही उसे धुननेवालों को यह पता है कि पिछले साल 'द रेवोल्यूशनरी' शीर्षक से जो पैम्फ्लेट पेशावर से रंगून तक और जम्मू से मद्रास तक एक ही दिन में बाँटा गया था और जो 'पीला पर्चा' के नाम से हर हिन्दुस्तानी की ज़बान पर है, उस पर्चे को जिस क्रान्तिकारी संस्था 'हिन्दुस्तान रिपब्लिकन एसोसिएशन' ने जारी किया था, उसका इस समय वह एक महत्त्वपूर्ण सदस्य है। वर्ष 1924 में शचीन्द्रनाथ सान्याल द्वारा बनारस में गठित इस संस्था के सदस्य ही पिछले साल 1925 के अगस्त माह में हुई 'काकोरी डकैती' के लिए ज़िम्मेदार थे। इस संस्था के सारे ही महत्त्वपूर्ण सदस्य अब तक, चन्द्रशेखर आज़ाद और कुन्दनलाल को छोड़कर, गिरफ़्तार हो चुके हैं : पंडित रामप्रसाद बिस्मिल,

अशफ़ाक़उल्ला खान, राजेन्द्र प्रसाद लाहिड़ी, रोशन सिंह ठाकुर और मन्मथनाथ गुप्त के अलावा शचीन्द्रनाथ सान्याल भी। 'हिन्दुस्तान रिपब्लिकन एसोसिएशन' की सशस्त्र विंग के नेता पंडित रामप्रसाद बिस्मिल लखनऊ की जिला जेल में क़ैद हैं। उन्हें जेल से भगा ले जाने की योजना अपने अन्य क्रान्तिकारी साथियों के साथ मिलकर उसने बना ली है और उस योजना को अमली जामा पहनाने की कोशिश वह एक बार कर चुका है। इस समय भी उसका दिमाग़ उन्हें जेल से भगा ले जाने की तरक़ीब करने में ही लगा हुआ है।

'हिन्दुस्तान रिपब्लिकन एसोसिएशन' का उसे सदस्य बनाने में नेशनल कॉलेज में इतिहास के प्राध्यापक जयचन्द्र विद्यालंकार का ही हाथ है। वर्ष 1923 में शचीन्द्रनाथ सान्याल लाहौर आए हुए थे। देश को आज़ादी दिलाने की तड़प एवं अपनी दुर्धर्ष मनोवृत्ति के कारण क्रान्तिकारियों तथा राष्ट्रवादियों के दिलों में वे ख़ास जगह बना चुके थे। देश की आज़ादी के लिए यह तड़प भगतसिंह के मन में भी उतनी ही बलवती तब तक हो चली थी जितनी कि उनके मन में थी। भगतसिंह के साथ हुई उनकी चर्चाओं के दौरान जयचन्द्र विद्यालंकार यह बात जान चुके थे। अपने घर बुलवाकर उन्होंने शचीन्द्रनाथ सान्याल से उसे मिलवाया। उनसे मिलकर भगतसिंह ने वतन के लिए अपनी ज़िन्दगी क़ुर्बान करने की इच्छा ज़ाहिर की और यह भी उन्हें बताया कि इन दिनों घरवालों की तरफ़ से उस पर शादी करने का दबाव बनने लगा है।

अपने संस्मरण में शचीन्द्रनाथ सान्याल लिखते हैं कि जयचन्द्र विद्यालंकार ने 'मुझे लाहौर बुलाया। अध्यापक जयचन्द्र के मकान में ही मैं अतिथि हुआ। लाहौर में भी मैं कुछ नौजवानों से परिचित हुआ। इन नौजवानों में एक का नाम था सरदार भगतसिंह। ये सब लाला लाजपत राय के प्रतिष्ठित 'तिलक स्कूल ऑफ़ पॉलिटिक्स' के छात्र थे। भगतसिंह से बातचीत करने पर मालूम पड़ा कि भगतसिंह के पिता भगतसिंह की शादी कराने का तमाम आयोजन कर रहे है। मैंने ख़ुद तो शादी कर ली थी लेकिन मैं यह ख़ूब अनुभव कर रहा था कि मैंने शादी करके बड़ी भारी ग़लती की है। मैंने भगतसिंह को समझा दिया कि यदि शादी कर लोगे तो भविष्य में क्रान्तिकारी आन्दोलन में तुम अधिक काम नहीं कर पाओगे। भगतसिंह शादी करना नहीं चाहते थे।'

वर्ष 1921 में स्थापित 'तिलक स्कूल ऑफ़ पॉलिटिक्स' ही बाद में नेशनल कॉलेज कहलाया जाने लगा था।

'मैंने भगतसिंह से कहा कि "क्या तुम घर-बार छोड़ने को तैयार हो। यदि तुम शादी कर लोगे तो आगे चलकर अधिक काम की आशा तुमसे नहीं रहेगी। और यदि तुम घर में रहते हो तो तुम्हें शादी करनी पड़ेगी। मैं नहीं चाहता कि तुम शादी करो। इसलिए मेरी इच्छा है कि तुम घर छोड़कर मैं जहाँ कहूँ वहाँ रहने लग जाओ।"

भगतसिंह घर छोड़ने के लिए तैयार हो गए।' ('बन्दी जीवन', पृ. 260, 267)

कानपुर उस समय क्रान्तिकारियों का गढ़ बना हुआ था जहाँ शचीन्द्रनाथ सान्याल ने बंगाल की क्रान्तिकारी संस्था अनुशीलन समिति की शाखा स्थापित की हुई थी। भगतसिंह से उन्होंने कहा कि शाखा के वरिष्ठतम सदस्य जोगेशचन्द्र चटर्जी से वह कानपुर जाकर मिल ले। उनके नाम उन्होंने उसे एक पत्र भी दे दिया।

घर से निकलते वक़्त अपने पिता सरदार किशनसिंह के नाम भगतसिंह एक पत्र छोड़ गया। ('दस्तावेज़', चमनलाल, पृ. 52)

पूज्य पिता जी,

नमस्ते!

मेरी ज़िन्दगी मक़सदे-आला यानी आज़ादी-ए-हिन्द के असूल के लिए वक्फ़ हो चुकी है। इसलिए मेरी ज़िन्दगी में आराम और दुनियावी ख़्वाहशात बायसे कशिश नहीं हैं।

आपको याद होगा कि जब मैं छोटा था, तो बापू जी ने मेरे यज्ञोपवीत के वक़्त एलान किया था कि मुझे ख़िदमते-वतन के लिए वक्फ़ कर दिया गया है। लिहाज़ा मैं उस वक़्त की प्रतिज्ञा पूरी कर रहा हूँ।

उम्मीद है आप मुझे माफ़ फ़रमाएँगे।

आपका ताबेदार
भगतसिंह

(मक़सदे-आला = उच्च उद्देश्य; असूल = सिद्धान्त; वक्फ़ = दान; दुनियावी ख़्वाहशात = सांसारिक इच्छाएँ; बायसे कशिश = आकर्षण की वजह; ख़िदमते-वतन = देश-सेवा।)

यह अगस्त, 1923 की बात है। जोगेशचन्द्र चटर्जी याद करते हैं : 'यह दिन का समय था जब वह हमारे यहाँ आया और मुझे वह पत्र दिया। हमने बातें कीं लेकिन मुझे समझ नहीं आया कि रात में उसे कहाँ ठहराऊँ। मैं बंगाली मेस में रह रहा था जहाँ सारे सदस्य बंगाली थे। एक सिख युवक की अचानक मौजूदगी से पुलिस को शक़ हो सकता था। आख़िरकार हम उसका सामान पटकापुर मेस ले आए'। ('इन सर्च ऑफ़ फ्रीडम' लेखक जोगेशचन्द्र चटर्जी, प्रकाशक परेशचन्द्र चटर्जी, कलकत्ता, वर्ष 1958; पृ. 220-21)

कुछ दिन बाद कानपुरवासियों ने देखा कि खद्दर की लुंगड़ी और खद्दर का ही ढीला-ढाला बेढब बेडौल कुरता अपने बदन पर डाले और पैरों में सैंडल पहने हुए एक गोरा ख़ूबसूरत किशोर सुबह-सुबह सड़कों पर आवाज़ लगाता घूम रहा है : "आज की ताज़ा ख़बर...पंडित मोतीलाल नेहरू और वल्लभभाई पटेल

में तनातनी। पंडित जी ने कहा वे चुनाव लड़ेंगे। देशबन्धु चित्तरंजनदास भी उनके साथ। कहा हम भारी बहुमत से जीतेंगे।"

विधानसभा के लिए नवम्बर 1923 में होनेवाले चुनाव को लेकर कांग्रेस में फूट पड़ गई थी। गाँधी जी और उनके ख़ास सिपहसालार चुनाव का बहिष्कार करने के पक्ष में थे।

गुज़ारे के लिए भगतसिंह ने अख़बार बेचना शुरू कर दिया था। बाक़ी समय उसका जोगेशचन्द्र चटर्जी पर सवालों की बौछार करते रहने में बीतता। जोगेश चन्द्र चटर्जी बताते हैं : 'चूँकि वे पटकापुर मेस में रह रहे थे, अपना अधिकतर समय मेरे साथ बिताते थे। वह एक बुद्धिमान और बहुत जिज्ञासु युवक थे, और कई चीज़ों में अपनी रुचि उन्होंने ज़ाहिर की। देश के सामान्य राजनीतिक जीवन पर घंटों हम बात करते और चर्चा करते, भारत की परिस्थितियों के लिए क्रान्ति का कौन सा रूप सबसे उपयुक्त होगा; दूसरे देशों में हुई क्रान्तियों के विभिन्न पहलू और ख़ास तौर पर रूस में, अगली विश्व क्रान्ति के पूर्व लागू की जानेवाली नई व्यवस्थाओं का प्रयोगशाला-परीक्षण एवं अग्रगामी परियोजना के रूप में पूरी दुनिया में जिसे देखा जा रहा था। भगतसिंह जानना चाहते थे कम्युनिस्ट क्या करना चाहते हैं? उनकी जिज्ञासु प्रवृत्ति कभी न तृप्त होनेवाली थी।' (उपर्युक्त, पृ. 221)

कानपुर आए भगतसिंह को महीना भर ही हुआ था कि जयचन्द्र विद्यालंकार वहाँ आ पहुँचे। भगतसिंह की आर्थिक अवस्था जानकार वे प्रताप प्रेस के मालिक गणेशशंकर विद्यार्थी से मिले। श्री विद्यार्थी दैनिक प्रताप के नाम से अख़बार निकालते थे, जिसका सम्पादन वे स्वयं ही करते थे। प्रथम पृष्ठ पर सबसे ऊपर बड़े अक्षरों में छपी मैथिलीशरण गुप्त जी की इन पंक्तियों से ही इस अख़बार के राष्ट्रवादी तेवर साफ़ समझ आते हैं।

जिसको न निज गौरव तथा निज देश का अभिमान है,
वह नर नहीं नर-पशु निरा है और मृतक समान है।

वर्ष 1924 के एक अंक में 'विप्लव गायन' भी इस अख़बार में छापा गया जो राष्ट्रवादी कवि बालकृष्ण शर्मा 'नवीन' की रचना है। बालकृष्ण शर्मा क्रान्तिकारियों से न सिर्फ़ सच्ची हमदर्दी रखते थे बल्कि भरसक उनका सहयोग भी किया करते थे।

कवि, कुछ ऐसी तान सुनाओ जिससे उथल-पुथल मच जाए।
एक हिलोर इधर से आए—एक हिलोर उधर से आए;
प्राणों के लाले पड़ जाएँ, त्राहि-त्राहि रव नभ में छाए।
नाश और सत्यानाशों का धुँआधार जग में छा जाए।

जयचन्द्र विद्यालंकार की अनुशंसा पर भगतसिंह के रहने का, जिसका परिचय विद्यार्थी जी को बलवन्तसिंह के नाम से दिया गया, इन्तज़ाम प्रताप प्रेस में

हो गया और अख़बार के पत्रकारिता विभाग में उसे बतौर प्रशिक्षु रख लिया गया।

हिन्दी और आंचलिक भाषाओं में अख़बार का प्रकाशन उन दिनों व्यवसाय न होकर एक मिशन हुआ करता था। इस हक़ीक़त का बेहतरीन उदहारण है 'स्वराज' अख़बार, जिसका प्रकाशन वर्ष 1907 में श्री शान्तिनारायण ने आरम्भ किया। वर्ष 1906 तक वे अच्छी-ख़ासी 200 रुपये माहवार की फ़ौज में नौकरी कर रहे थे और कलकत्ता में पदस्थ थे। उस साल वे कलकत्ता कांग्रेस के अधिवेशन में जा पहुँचे जिसकी अध्यक्षता दादाभाई नौरोजी कर रहे थे। कांग्रेस के इतिहास में पहली बार यह प्रस्ताव रखा गया और वह पारित भी हो गया कि कांग्रेस का उद्देश्य स्वराज प्राप्ति है। इस अधिवेशन में विदेशी वस्तुओं के बायकाट करने तथा स्वदेशी अपनाने के प्रस्ताव भी पारित हुए। अब तो शान्तिनारायण को विदेशियों की नौकरी करने से वितृष्णा हो चली। अगले ही रोज़ उन्होंने इस्तीफ़ा दिया और लाहौर चले आए। लाहौर से प्रकाशित उर्दू अख़बार 'हिन्दुस्तान' में उन्हें असिस्टेंट एडिटर की नौकरी मिल गई। उन्हीं दिनों अमरीका की 'ग़दर पार्टी' ने हिन्दुस्तानी सिपाहियों के नाम एक पत्र इस अख़बार में छपने को भेजा। प्रकाशक लाला दीनानाथ को इस पत्र को छापने के 'अपराध' में तीन बरस की सज़ा मिली। अख़बार को चौधरी रामभज दत्त ने ख़रीद लिया और शान्तिनारायण ने इलाहाबाद से 'स्वराज' नामक एक उर्दू साप्ताहिक निकालने का फ़ैसला किया। पत्नी को रुड़की छोड़ आए थे। उसने अपने पूरे जेवर इस काम के लिए उन्हें सौंप दिये। बेचकर 1000 रुपये मिले। लाहौर में ही उन्होंने 'स्वराज' के पोस्टर छपवाए और रास्ते में इन पोस्टरों को ख़ुद ही चिपकाते हुए वे इलाहाबाद पहुँच गए।

'नवम्बर, सन 1907 में ठीक दीवाली के मौके पर 'स्वराज' का पहला नम्बर प्रकाशित कर दिया। दीवाली के ठीक थोड़े दिन पहले लाला लाजपत राय और सरदार अजीतसिंह की मांडले जेल से रिहाई हुई थी। शान्तिनारायण ने एलान किया कि 'स्वराज' का प्रकाशन उस रिहाई की ख़ुशी में किया जा रहा है।' 'स्वराज' के ऊपरी सफे पर भारतमाता की तसवीर थी, दोनों तरफ़ शेर थे, शेरों के हाथों में ताज था और यह ताज वे भारतमाता के सर पर रख रहे थे।' ('कद्दावर की दास्तान,' लेखक पं. सुन्दरलाल, सम्पादन सुधीर विद्यार्थी; प्रकाशक राजकमल प्रकाशन, नई दिल्ली; संस्करण वर्ष 2012, पृ. 30)

अपने अख़बार के लिए शान्तिनारायण ख़ुद ही लेख लिखते, ख़ुद ही उसे लीथो पर उतारते, ख़ुद ही छापते, ख़ुद रैपर लगाते और ख़ुद डाकख़ाने में जाकर उसे छोड़ आते। कभी मौक़ा मिलता तो घूम-फिरकर उसके लिए ग्राहक भी बनाते। रोज़ अट्ठारह-अट्ठारह घंटे काम करते। अख़बार के पहले सफ़े पर उन्होंने एक विज्ञापन देना शुरू किया : "स्वराज के लिए एक एडिटर चाहिए जो अंग्रेज़ी और उर्दू का विद्वान हो—जिसका एक पैर 'स्वराज' के दफ़्तर में हो और दूसरा जेल में हो।

तनख़्वाह सिर्फ़ जौ की दो रोटी और एक प्याला पानी, इससे ज़्यादा जो उसकी तक़दीर में हो।" आश्चर्य यह कि कई ऐसे 'दीवाने' उन्हें मिल भी गए!

अख़बार शुरू किये चार महीने हुए थे कि खुदीराम को फाँसी के तख़्ते पर लटका दिया गया। 17 वर्ष का वह बहादुर नौजवान जिस तरह हँसते-हँसते फाँसी पर चढ़ा उसने देश के हज़ारों नौजवानों को मोह लिया। 'स्वराज' में शान्तिनारायण ने लिखा—'बम क्यों चला?' फिर ख़ुद ही उसका जवाब भी दिया—'इसलिए कि रियाया तंग आ रही थी।' इस जवाब के लिए शान्तिनारायण को इनाम मिला चार बरस की सख़्त सज़ा और एक हज़ार रुपये जुर्माना। उनके बाद एक के बाद एक आठ 'दीवाने' 'स्वराज' अख़बार के सम्पादक बने और जेल गए, दस बरस से लेकर कालापानी तक की सज़ा पाकर—तीन 'दीवाने' इस तरह अंडमान भी जा पहुँचे। लेकिन न तो अख़बार का प्रकाशन बन्द हुआ न ही उसके तेवर बदले। आख़िर में ब्रिटिश सरकार को वर्ष 1910 में बने प्रेस एक्ट का सहारा लेना पड़ा। छापा मारकर पुलिस ने 'स्वराज' का छापाख़ाना ज़ब्त कर लिया और अख़बार का प्रकाशन ग़ैरक़ानूनी क़रार कर दिया गया। ('कद्दावर की दास्तान,' पृ. 29-35)

वीरेन्द्र सिन्धु ने सच कहा : 'वह पागलपन का युग था। ख़ूब पागल पैदा हुए उस युग में।' हिन्दुस्तान में तो यक़ीनन ही।

गणेशशंकर विद्यार्थी भी उन्हीं 'पागलों' में से एक थे। अपनी बेबाक क़लम की वजह से पाँच बार उन्हें जेल की हवा खानी पड़ी और भारी जुर्माना भी उन पर हुआ, जिसे न देने पर कुछ महीने और वे सरकारी मेहमान बने रहे। ये भी कारण रहे जिनकी वजह से प्रताप अख़बार की माली हालत कुछ अच्छी नहीं थी। लिहाज़ा भगतसिंह के लिए महीने का वज़ीफ़ा तय हुआ दस रुपये। उस समय दसवीं पास सरकारी बाबू को पच्चीस रुपये मासिक वेतन मिला करता था जिसमें ही उसे अपना घर चलाना होता था। अत: अकेले व्यक्ति के लिए यह राशि अपर्याप्त नहीं थी, जबकि मकान का किराया भी न देना पड़े।

अब तक पूरे देश में ही चुनावी सरगर्मी तेज हो चली थी। मोतीलाल नेहरू और चित्तरंजनदास ने कांग्रेस से अलग होकर सितम्बर, 1923 में अपनी स्वराज पार्टी बना ली थी जो केन्द्रीय और प्रान्तीय विधानसभाओं के नवम्बर, 1923 में होनेवाले चुनाव में खड़ी होने जा रही थी। चौरीचौरा के बाद लगभग डेढ़ साल की मरघटिया ख़ामोशी को तोड़कर देश में नई हलचल थी और नया उत्साह। असहयोग आन्दोलन की वापसी के बाद हताशा से भरे भगतसिंह के अन्दर भी नई ऊर्जा का संचार हुआ।

चुनाव में स्वराज पार्टी को उल्लेखनीय सफलता प्राप्त हुई। विजयी उम्मीदवारों के स्वागत में ढोल-नगाड़े बज उठे। जुलूस निकलने लगे। लोगों को लगा कि अब तो स्वराज आ ही गया समझो। केन्द्रीय विधानसभा में स्वराज पार्टी

के सदस्यों द्वारा दिये गए जोशीले भाषण अख़बारों में प्रमुखता से जगह पा रहे थे। मोतीलाल नेहरू ने विधानसभा में प्रस्ताव रखा कि 'एक गोल-मेज कॉन्फ्रेंस बुलाई जाए, जो हिन्दुस्तान में ज़िम्मेदार सरकार बनाने के सवाल पर विचार करे।' पक्ष में 76 वोट पड़े और विपक्ष में 42. अंग्रेज़ सरकार की यह पहली हार थी। अख़बारों में ख़ूब चर्चा हुई। 'दैनिक प्रताप' ने तो, जिसके सम्पादकीय विभाग में भगतसिंह अब काम कर रहा था, यह ख़बर अपने मुखपृष्ठ पर छापी और विस्तार से छापी।

साल 1924 के जनवरी माह में ख़बर आई कि गाँधी जी का स्वास्थ्य चिन्ताजनक है और पूना के एक अस्पताल में उन्हें दाख़िल किया गया है। हिन्दुस्तान भर में उनके स्वास्थ्य-लाभ के लिए प्रार्थनाएँ होने लगीं। मन्नतें मानी जाने लगीं। उसी महीने कलकत्ता के 'कुख्यात' पुलिस कमिश्नर चार्ल्स टेगार्ट को, जो गिरफ़्तार हुए क्रान्तिकारियों पर बेतहाशा ज़ुल्म ढाया करता था, उसकी करतूतों के लिए सज़ा देने की एक बंगाली नौजवान गोपीनाथ साहा ने कोशिश की। मगर भूल से किसी और ही अंग्रेज़ पर वह गोली चला बैठा। उसे गिरफ़्तार कर आनन-फानन में 1 मार्च, 1924 को फाँसी पर लटका दिया गया। इस पर राष्ट्रवादी अख़बारों ने ख़ूब हंगामा मचाया और बंगाल प्रान्त की कांग्रेस ने तो चित्तरंजनदास की अध्यक्षता में हुई सभा में उसे शहीद का दर्जा देकर उसका प्रशस्ति-गान भी खुले मंच से किया।

इस बीच फरवरी में ख़बर आई कि गाँधी जी के अपेंडिक्स का ऑपरेशन सफलतापूर्वक हो गया है और यरवदा जेल से उन्हें बिना शर्त रिहा कर दिया गया है। पूरे देश में ख़ुशी के साथ आशा की लहर भी दौड़ गई कि बेजान पड़े स्वाधीनता आन्दोलन में 'बापू' अब फिर से जान फूँकेंगे। लेकिन उन्होंने साफ़ कह दिया कि उनकी सज़ा की अदालत ने जो मियाद रखी थी, उसके पूरा हो जाने तक वे किसी भी राजनीतिक गतिविधि में भाग नहीं लेंगे। उनका सन्देश था चरखा चलाओ, सूत कातो, खद्दर पहनो और उनके 'रचनात्मक कार्यक्रम' पर अमल करो। स्वराज ख़ुद ब ख़ुद आ जाएगा। उनकी जेल की मियाद 1928 में ख़त्म होनेवाली थी।

इसी महीने कानपुर के नामी-गिरामी शायर और नेता मौलाना हसरत मोहानी भी यरवदा जेल से छूटकर आए। कांग्रेस में रहकर और असहयोग आन्दोलन में शामिल होने के बावजूद वे अहिंसा में यक़ीन नहीं रखते थे। जेल से छूटने के बाद तो उनका मिज़ाज और भी गरम था। एक मुशायरे में जब उन्होंने यह शेर पढ़ा तो तालियाँ रुकने का नाम नहीं ले रही थीं।

क्यों गाँधी की तरह बैठके कातेंगे चरखा,
लेनिन की तरह देंगे न दुनिया को हिला हम?

एक आमसभा में भाषण देते हुए मौलाना हसरत मोहानी ने यह भी कहा : 'जब रूस के मज़दूर और किसान मिलकर ज़ार का तख़्ता पलट सकते हैं तो भारत के मज़दूर और किसान मिलकर अंग्रेज़ों का तख़्ता क्यों नहीं पलट सकते?' ('शिव वर्मा', लेखक प्रो. प्रमोद कुमार; प्रकाशक राष्ट्रीय पुस्तक न्यास, नई दिल्ली; संस्करण वर्ष 2015, पृ. 18) लेकिन वे यह भूल गए, जैसा कि वर्ष 1917 में हुई रूस की अक्टूबर क्रान्ति के दस दिन का ब्यौरा तफ़सील से देती हुई अपनी पुस्तक 'टेन डेज दैट शुक द वर्ल्ड' में जॉन रीड ने बताया कि 'रूसी कामगार अधिकांशतः पढ़ने और लिखने में सक्षम हैं। कई सालों से यह देश ऐसी आन्दोलित अवस्था में था कि अपने बीच न सिर्फ़ बुद्धिमान व्यक्तियों के नेतृत्व का फ़ायदा उन्हें हासिल हुआ बल्कि उतने ही शिक्षित क्रान्तिकारी वर्ग के बड़े हिस्से का भी, जो रूस के राजनीतिक और सामाजिक पुनरुज्जीवन के लिए अपने विचारों के साथ कामगारों की तरफ़ मुड़े।' ('टेन डेज दैट शुक द वर्ल्ड' लेखक जॉन रीड, प्रकाशक पेंगुइन बुक्स, संस्करण वर्ष 1977, भूमिका पृ. 11) इस पुस्तक को, जो सर्वप्रथम वर्ष 1917 में प्रकाशित हुई थी, भगतसिंह ने भी पढ़ा था।

मार्च, 1924 में जब बजट पेश हुआ तो केन्द्रीय विधानसभा ने बहुमत से उसे रद्द कर दिया। कुछ सुधार करके सरकार ने बजट को दोबारा पेश किया तो वह दोबारा रद्द हो गया। माहौल में ऐसा उत्साह पैदा हो गया कि सबको लगने लगा कि अब तो अंग्रेज़ सरकार का बेड़ा गर्क है। चाय और पान की दुकानों पर रस ले-लेकर यह चर्चा होती कि पंडित मोतीलाल जी ने अपने भाषण में अंग्रेज़ सरकार की कैसी बखिया उधेड़ी है। और दास बाबू ने तो ग़ज़ब ही कर दिया! ऐसे तीर पर तीर छोड़े कि 'लाट' इरविन बेचारा बग़लें झाँकता ही रह गया! आम ज़बान में लॉर्ड को लाट या लाट साहब कहा जाता था।

मज़बूरन वाइसराय को अपने विशेषाधिकार का इस्तेमाल कर बजट को पारित करवाना पड़ा, और यह भी चटखारेदार चर्चाओं का विषय बन गया। इसे भी अंग्रेज़ सरकार की हार की तरह ही देखा जा रहा था, जिसके अब तो गिनती के ही दिन बचे हैं। इस माहौल और इस जज़्बात से भगतसिंह भी अछूता नहीं था। स्वराज पार्टी और उसके नेताओं के लिए उसके दिल में उन दिनों जो जगह बनी, वह बरसों बाद भी उसके लेखों में प्रतिम्बिबित होती रही।

सरदार किशनसिंह मौलाना हसरत मोहानी के दोस्त नहीं तो अच्छे परिचित ज़रूर थे। उनकी ही मार्फ़त उन्होंने अपने बेटे को ढूँढ़ निकाला और उसे वापस अपने गाँव बंगा ले गए, क्योंकि 'उसके जाने के बाद से उसकी दादी की तबीयत गम्भीर रूप से ख़राब हो गई थी।' वहाँ अपनी दादी की भगतसिंह ने दिल लगाकर सेवा की। न सिर्फ़ उनकी दवा और उनके खानपान का ख़्याल वह रखता रहा

बल्कि हरदम उनको हँसाने की जुगत भी करता रहा, उन्हें ख़ुश रखता रहा। उन्हीं दिनों जैतो जानेवाला तेरहवाँ अकाली जत्था उसके गाँव बंगा से अप्रैल के महीने में गुज़रा तो सरकारी आदेश की अवहेलना कर उसने जत्थे की ख़ूब आवभगत की। इसका नतीजा यह हुआ कि उसके ख़िलाफ़ गिरफ़्तारी वारंट निकल गया। उस जत्थे के सामने उसने भाषण भी दिया जिसमें गोपीनाथ साहा की वीरता और त्याग का ऐसा बखान उसने किया कि सुनकर गाँव का मीरासी रो पड़ा। ('भगतसिंह : एक ज्वलन्त इतिहास', पृ. 78)

पंजाब की रियासत नाभा के महाराजा रिपुदमन सिंह ने गुरु का बाग़ मोर्चा में अकालियों का समर्थन किया था। इससे नाराज़ हो ब्रिटिश सरकार ने उन्हें गद्दी से उतार दिया और उनके नाबालिग़ बेटे को उनकी जगह बिठा दिया। गद्दी महाराजा को वापस दिलवाने के लिए अकालियों ने नाभा में जैतो नामक स्थान पर मोर्चा खोल रखा था।

गाँव में रहते हुए उसने अख़बारों में ख़बर पढ़ी कि एस. ए. डांगे, एम.एन. रॉय, मुजफ़्फ़र अहमद, नलिन गुप्ता, शौक़त उस्मानी आदि पर, जिन्हें 20 मार्च, 1924 को गिरफ़्तार किया गया था, यह आरोप लगाया गया है कि वे एक हिंसक क्रान्ति द्वारा भारत को साम्राज्यवादी ब्रिटेन से अलग करने का षड्यंत्र रच रहे हैं और ब्रिटिश सम्राट की भारत पर सम्प्रभुता को ख़त्म करने की कोशिश में हैं। कानपुर के सेशन कोर्ट में उन पर मुक़दमा 'बोल्शेविक षड्यंत्र केस' के नाम से चलने लगा और पूरे देश में यह चर्चा का विषय बन गया। कानपुर के हर अख़बार का संवाददाता इन आरोपियों द्वारा अदालत में दिये गए बयानों की रिपोर्ट रोज़ लाने लगा। ये बयान शहर में हर जगह चर्चा का विषय बन गए। इन कम्युनिस्ट विद्रोहियों ने तो तय ही कर रखा था कि अदालत को मंच की तरह इस्तेमाल कर अपना सन्देश पूरे देश में फैलाना है। नतीजतन अख़बारों में छपे इन बयानों से ही पहली बार पूरे देश को पता चला कि भारत में कम्युनिस्ट पार्टी न केवल बन चुकी है बल्कि इस देश में क्रान्ति करने की ज़बर्दस्त योजना में भी काफ़ी आगे बढ़ चुकी है। सनसनीखेज़ ख़बरें अख़बारों के पन्नों को भरने लगीं। कानपुर एक औद्योगिक शहर था जहाँ सैकड़ों कारख़ाने थे। मुक़दमे के दौरान यहाँ के हज़ारों मिल-मज़दूरों ने हड़ताल कर दी और आक्रामक हो उठे। पुलिस ने उन पर गोली चला दी और कई मज़दूर मारे गए।

सेशन जज ने अपने फ़ैसले में इन लोगों को लम्बी-लम्बी सज़ाएँ सुनाई, कुछ को आजीवन कालापानी की सज़ा भी। कानपुर से प्रकाशित होनेवाले अख़बार 'वर्तमान' ने लिखा, 'षड्यंत्र का आरोप बेबुनियाद प्रतीत होता है।' बनारस से प्रकाशित होनेवाले अख़बार 'आज' ने इलज़ाम लगाया, 'सेशन जज का फ़ैसला कुछ नहीं केवल न्याय की निष्फलता का नमूना है।'

इन ख़बरों को पढ़कर भगतसिंह के अन्दर कसमसाहट शुरू हो गई। इतनी सारी गतिविधियाँ कानपुर में हो रही थीं जो उसके अपने देश में रूसी क्रान्ति की तर्ज पर होनेवाले विस्फोट की मानो पूर्व-घोषणाएँ थीं। ये सारी ख़बरें अभी गर्म ही थीं कि एक और धमाका हुआ। पता चला कि अप्रैल, 1924 में हुए कलकत्ता कारपोरेशन के चुनाव में स्वराज पार्टी ने झंडे गाड़ दिये हैं। 16 अप्रैल को देशबन्धु मेयर बन गए तथा सुभाषचन्द्र बोस मुख्य कार्यकारी अधिकारी यानी सी.ई.ओ. नियुक्त कर दिये गए। पूरे कानपुर में इस जीत का जश्न ऐसे मनाया गया जैसे कि स्वराज ही मिल गया हो।

मई या जून में भगतसिंह फिर गणेशशंकर विद्यार्थी के पास कानपुर भाग गया—जैतो-जत्थे की आवभगत करने के 'अपराध' के लिए जारी गिरफ़्तारी वारंट से बचने के लिए; या शायद यह बहाना उसे मिल गया था घर फिर से छोड़कर जाने का।

लेकिन अंग्रेज़ सरकार की सी.आई.डी. यानी ख़ुफ़िया पुलिस से बचना आसान नहीं था और गणेशशंकर विद्यार्थी जान रहे थे कि उसके पकड़े जाने का ख़तरा कानपुर में तो कुछ ज़्यादा ही था। क्रान्तिकारी और कम्युनिस्ट गतिविधियों का कानपुर केन्द्र था जिस वजह से सी.आई.डी. वहाँ ख़ास तौर पर चौकन्नी रहा करती थी। जोगेशचन्द्र चटर्जी बताते हैं कि अलीगढ़ के ठाकुर टोडर सिंह ने अपने गाँव शादीपुर में एक नेशनल स्कूल शुरू किया था और वे एक उपयुक्त प्रधानाध्यापक की तलाश में विद्यार्थी जी से मिले। ('इन सर्च ऑफ फ्रीडम', पृ. 230) यह गाँव अलीगढ़ जिले की खैर तहसील में था। विद्यार्थी जी ने भगतसिंह का नाम सुझाया और उससे उन्हें मिलवा दिया। भगतसिंह उस प्राथमिक स्कूल का हेडमास्टर बन गया। तीन महीने उसने वह नौकरी की और फिर वापस कानपुर आ गया। तभी सितम्बर माह में गंगा नदी में बाढ़ आ गई और बटुकेश्वर दत्त के साथ मिलकर, जिसके साथ उसकी मित्रता कानपुर के पहले प्रवास के दौरान ही हो चुकी थी और जो अनुशीलन समिति का पहले ही से सदस्य था, बाढ़-पीड़ितों की सेवा और सहायता में वह जी-जान से जुट गया।

इन्हीं दिनों दिल्ली में दंगे भड़क उठे। विद्यार्थी जी ने भगतसिंह को रिपोर्टिंग के लिए दिल्ली भेजा और वह उनकी उम्मीदों पर खरा उतरा। प्रताप में भगतसिंह अभी तक बलवन्तसिंह के नाम से ही लिख रहा था और उसके लेखन से गणेशशंकर विद्यार्थी काफ़ी प्रभावित थे। एक दिन जब उन्हें पता चला कि बलवन्तसिंह तो वास्तव में भगतसिंह है, और उसकी पारिवारिक पृष्ठभूमि भी उन्हें मालूम हुई, तो उसे उन्होंने गले लगा लिया तथा उसे अपने अख़बार के सम्पादकीय विभाग में अधिक वेतन पर नौकरी दे दी।

प्रताप में काम करते हुए ही उसने इसी साल यानी 1924 में ही 'आयरिश रिपब्लिकन आर्मी' के, जो आयरलैंड को ब्रिटेन से आज़ादी दिलाने के लिए लम्बे समय तक गुरिल्ला युद्ध करती रही थी, बहादुर जंगबाज़ डैन ब्रीन की आत्मकथा 'माई फ़ाइट फ़ार आयरिश फ्रीडम' का अंग्रेज़ी से हिन्दी में अनुवाद किया। भगतसिंह की उम्र इस समय सिर्फ़ सत्रह साल थी। इस किताब की समीक्षा भी उसने लिखी जो प्रताप में ही प्रकाशित हुई। ('दस्तावेज़' चमनलाल, पृ. 170-71)

'आयरिश स्वतंत्रता युद्ध' : हिन्दी में। प्रताप कार्यालय, कानपुर से प्रकाशित। पृष्ठ 100, मूल्य – ।।= [आठ आना यानी आधा रुपया]

इस पुस्तक की समीक्षा में भगतसिंह ने लिखा : 'एक बहुत महत्त्वपूर्ण बात है श्री डैन ब्रीन की। हमारे देश के नौजवान विवाह कराने के लिए दौड़ते फिरते हैं। बाप ने कभी सवारी नहीं की होती लेकिन वर बना बेटा तलवार बाँधकर मरियल घोड़ी पर चढ़कर निकल पड़ता है। उसकी उस चाल को भी क़ाबू में रखने के लिए दो व्यक्ति आगे से उसे पकड़े रहते हैं। और फिर जाकर कपड़ों की गाँठ की तरह बँधी लड़की के साथ (वर महोदय का) गठबन्धन हो जाता है। सर्वत्र ख़ुशियाँ मनाई जाती हैं। लड़का ब्याहा गया! लानत है ऐसे विवाह पर और ऐसे वर पर।'

'डैन ब्रीन के वारंट निकले हुए हैं। आदेश हुआ कि देखते ही गोली मारकर ख़त्म कर दिया जाए। लड़ाई में वे ज़ख़्मी हो जाते हैं। तब एक युवती उनकी सेवा करती है और अपनी जान हथेली पर रखकर उनकी हर प्रकार से मदद करती है। आख़िरकार दोनों में प्रेम हो जाता है और बिलकुल घमासान युद्ध के दिनों में एक जगह फ़ौजें इकट्ठी करके यह शादी की जाती है। हर पल ख़तरा है कि दुश्मनों ने हमला कर दिया तो ख़ैर नहीं। नौजवानो, यह असल विवाह है या मुरदोंवाला (वह) विवाह? नौजवान इस किताब को ज़रूर पढ़ें और ध्यान से पढ़ें।'

इसे पढ़कर प्रतीत होता है कि भगतसिंह विवाह और विवाह की प्रथा के ख़िलाफ़ नहीं था। लेकिन विवाह कैसे और किससे? इस पर उसके कुछ निजी विचार थे। इसके तक़रीबन डेढ़-दो साल बाद की बात रही होगी जब वह वापस लाहौर पहुँच चुका था और द्वारकादास लाइब्रेरी के पुस्तकालयाध्यक्ष के रूप में वर्ष 1926 में राजाराम शास्त्री नियुक्ति पा चुके थे। लाइब्रेरी से किताबें जरी करवाते हुए भगतसिंह राजाराम शास्त्री के इतना नज़दीक आ गया कि अपने दिल की बातें भी उसके साथ बाँटने लगा। ऐसे ही किसी समय के विषय में याद करते हुए राजाराम शास्त्री ने बताया : 'एक दिन मैंने भगतसिंह से पूछा, "क्रान्ति ही करते रहोगे या कभी शादी करने की बात भी इसे करें सोचोगे।" भगतसिंह कहने लगे, "भाई, उच्चकोटि के प्रेम को करने के लिए समाज में स्वतंत्रता का वातावरण चाहिए जहाँ युवक-युवतियाँ प्रेममय जीवन बिता सकें और कोई उनकी ओर अँगुली न उठा सके। हम गुलामों के वातावरण में पैदा हुए हैं।

हमारा समाज ऐसा नहीं है जहाँ युवक-युवती वास्तविक प्रेम करने के लिए स्वतंत्र हों।" ('क्रान्ति का साक्ष्य', पृ. 94)

नेशनल कॉलेज के दिनों में भगतसिंह के साथ रहे उसके सहयोगी क्रान्तिकारी यशपाल अपने संस्मरण में लिखते हैं : 'भगतसिंह भी एक दुबली-पतली, पीली-पीली-सी लड़की को जो उन दिनों एक कॉलेज में पढ़ रही थी, अपनी कल्पना में 'मेवाड़ पतन' की मानसी बनाए बैठा था। मुझे अब 'मेवाड़ पतन' की कहानी तो याद नहीं पर भगतसिंह की मानसी याद है। इस मानसी ने भी भगतसिंह से कोई प्रतिज्ञा तो नहीं की थी। यह केवल भगतसिंह के मन का पढ़ी-लिखी सुसंस्कृत दिखाई देनेवाली लड़की के प्रति स्वत: आकर्षण मात्र था।' ('सिंहावलोकन', पृ. 94)

चन्द्रशेखर आज़ाद तो प्रेम या विवाह करने के बिलकुल ख़िलाफ़ हुआ करते थे क्योंकि उनके विचार से स्त्री का प्रेम और विवाह क्रान्तिकारी को कमज़ोर बना देते हैं। पुलिस के हत्थे चढ़ने पर ऐसा व्यक्ति जल्दी टूट जाता है और दल के लिए बड़ा ख़तरा बन जाता है। लेकिन बाद में विवाह सम्बन्धी उनके विचारों में भी परिवर्तन आ गया। लेकिन पत्नी उनकी ऐसी हो जो उनके कन्धे से कन्धा मिलाकर जंग करने और जान का जोख़िम उठाने के लिए हरदम तैयार हो। यशपाल बताते हैं : '1930 के जाड़ों की मुझे याद है कि कानपुर के चुन्नीगंज मोहल्ले में आज़ाद मुझसे बात किया करते थे कि क्रान्ति को जीवन भर का काम बना लेनेवाले आदमी को क्रान्तिकारी स्त्री से विवाह कर लेना चाहिए। कभी मज़े में आकर अपनी सम्भावित पत्नी का ज़िक्र करते हुए कल्पना किया करते थे— "पहाड़-पहाड़ घूम रहे हों, एक राइफल उसके कन्धों पर हो और एक हमारे कन्धे पर। कारतूसों की बोरी साथ हो। दुश्मन से घिर जाएँ, वह राइफल भरती जाए और हम दनादन-दनादन गोली चलाते जाएँ।' ('अग्निपुंज', सम्पादक सुधीर विद्यार्थी; प्रकाशक राकमल पेपरबैक्स, नई दिल्ली; संस्करण वर्ष 2015; पृ. 238-9)

अक्टूबर, 1924 में शचीन्द्रनाथ सान्याल और जोगेशचन्द्र चटर्जी ने मिलकर 'हिन्दुस्तान रिपब्लिकन एसोसिएशन' की स्थापना की तो भगतसिंह भी उसका सदस्य बन गया। इस संस्था के प्रति भगतसिंह का आकर्षण उसके संविधान को पढ़कर भी हुआ होगा। एसोसिएशन के उद्देश्यों में एक था 'ऐसी समस्त व्यवस्थाओं का उन्मूलन जो किसी भी प्रकार के मनुष्य द्वारा मनुष्य के शोषण को सम्भव बनाती हैं।'

उसी महीने आतंकवादियों के साथ साँठगाठ रखने के आरोप में बाबू सुभाष बोस को गिरफ़्तार कर अलीपुर जेल भेजे जाने की ख़बर अख़बारों में प्रमुखता से छपी। उसी महीने हिन्दुस्तान रिपब्लिकन एसोसिएशन के सदस्यों जोगेशचन्द्र चटर्जी, रामप्रसाद बिस्मिल, मन्मथनाथ गुप्त, वीरभद्र तिवारी तथा जितेन्द्रनाथ सान्याल के साथ मिलकर भगतसिंह ने इलाहाबाद के पास किसी गाँव में हुए

डकैती अभियान में भाग लिया। लेकिन वहाँ से खाली हाथ आना पड़ा। ('भगतसिंह रिविजिटेड', पृ. 103) क्रान्तिकारी मन्मथनाथ गुप्त भी इस बात की पुष्टि करते हैं, '1925 में काकोरी कांड के पहले ही वह [भगतसिंह] गाँव की एक डकैती में भी भाग ले चुके थे। [कुन्दनलाल द्वारा प्रदत्त] इस ब्यौरे के अनुसार आज़ाद और भगतसिंह बमरौली (पीलीभीत) की डकैती में मिले थे। शचीन्द्रनाथ बख़्शी के अनुसार भगतसिंह ने बिचपुरी (पीलीभीत) की एक डकैती में भाग लिया था। मेरा अपना सन्देह यह है कि वह खागाकांड (फतेहपुर) में थे।' ('अग्निपुंज', पृ. 226)

आज़ाद के सबसे विश्वस्त सहयोगी विश्वनाथ वैशम्पायन के अनुसार, 'तहसील पीलीभीत के अन्तर्गत बमरौली गाँव की डकैती में आज़ाद तथा सरदार भगतसिंह भी थे। भगतसिंह ने डकैती में भाग तो लिया परन्तु लौटने पर वे कई दिनों तक उदास रहे। उन्होंने कानपुर के अपने साथियों से इस सम्बन्ध में भावनाएँ व्यक्त करते हुए कहा था कि अब उन्हें डकैती में न ले जाया जाए क्योंकि वहाँ लोगों पर होनेवाले अत्याचार और उसके लिए हत्या करना वे सहन नहीं कर सकते।' ('अग्निपुंज', पृ. 183)

धन की व्यवस्था हेतु क्रान्तिकारियों द्वारा डाली जानेवाली डकैती को 'FC' या 'फोर्स्ड कांट्रिब्यूशन' यानी क्रान्ति के उद्देश्य से ज़बर्दस्ती वसूला जाने वाला अंशदान या 'जबरन वसूली' कहा जाता था, जैसा कि मन्मथनाथ गुप्त ने अपनी आत्मकथात्मक पुस्तक में बताया है। ('दे लिव्ड डेंजरसली', प्रकाशक पीपल्स पब्लिशिंग हाउस दिल्ली; संस्करण वर्ष 1958, पृ. 110) इस 'FC' या 'फोर्स्ड कॉन्ट्रिब्यूशन' को बंगाल के क्रान्तिकारियों ने किस तरह एक औपचारिक व आधिकारिक रूप दे दिया था, यह रोचक विवरण मुझे कलकत्ता की यात्रा के दौरान जानने को मिला।

इस पुस्तक को लिखना आरम्भ करने के पूर्व मैंने भगतसिंह से सम्बन्धित भारत स्थित सभी स्थानों की यात्रा की थी : उसका जन्म-स्थान खटकड़कलाँ, उसका गाँव बंगा, फिरोज़पुर जहाँ उसने अपने लम्बे केश कटवाए, उसका समाधि-स्थल हुसैनीवाला, अमृतसर, दिल्ली, कलकत्ता आदि। कलकत्ता में संग्रहालयों की भरमार है। ऐसा ही एक संग्रहालय है—कलकत्ता पुलिस म्यूज़ियम। इसे देखकर लगा कि ब्रिटिशकाल के किसी थाने को विस्तार देकर इसे बनाया गया है। किन्तु वास्तव में यह राजा राममोहन राय के कलकत्ता स्थित चार मकानों में से एक था, जैसा कि उनके नाम पर बने म्यूज़ियम से मुझे पता चला। कलकत्ता पुलिस म्यूज़ियम में कुछ रोचक दस्तावेज़ प्रदर्शित हैं जैसे ब्रिटिश पुलिस अधिकारियों द्वारा जारी 'सर्कुलर मेमो'। वर्ष 1882 के एक मेमो में पतंग उड़ाने से वाहनों के गम्भीर दुर्घटनाग्रस्त का अंदेशा जताते हुए पतंगबाज़ी को रोकने का पुलिस को निर्देश है; और वर्ष 1885 के मेमो में पटाख़ों की दुकानवालों को आगाह किया गया है

कि पटाख़े वे बन्द डब्बे में रखें और ग्राहकों को दिखाने के लिए 'डमी' पटाख़े इस्तेमाल करें। इस म्यूज़ियम में यह भी बताया है कि वर्ष 1913 से वर्ष 1917 के बीच बंगाल के क्रान्तिकारियों द्वारा अंजाम दी गई 18 वारदातों में से 7 वारदातें डकैती की थीं। इस कारण उस समय पुलिस में 'एंटी-रॉबरी' विभाग अलग से ही बना दिया गया था।

यहाँ एक पत्र भी प्रदर्शित है जो उस समय के क्रान्तिकारियों की सोच और उनकी कार्यशैली पर प्रकाश डालता है। 'बंगाल ब्रांच ऑफ़ यूनाइटेड किंगडम ऑफ़ इंडिपेंडेंट इंडिया' के फाइनेन्स सेक्रेटरी जे. बलमन्ता द्वारा लिखे गए इस पत्र को एक गहने की दुकान में डकैती की वारदात के बाद पाया गया। इस पत्र में उक्त 'फाइनेन्स सेक्रेटरी' ने बताया है कि उनके 'कलकत्ता फाइनेन्स डिपार्टमेंट' के छह माननीय अधिकारियों ने 9891.1.5 (यानी 9891 रुपये, 1 आना और 5 पैसे) का ऋण सम्बोधित किये जा रहे व्यक्ति से लिया है और राशि को अपनी कैशबुक में उसके नाम से 5% सालाना ब्याज पर दर्ज कर लिया है, जो कि ब्याज सहित फ़ौरन लौटा दी जाएगी जब वे अपने महान उद्देश्य में सफल हो जाएँगे। साथ ही, यह बताते हुए कि जिन पुलिसवालों ने उनके काम में बाधा डाली उन्हें दंडित किये जाने में कभी कोई चूक नहीं हुई है, इस पत्र में धमकी दी गई है कि अगर वह दुकानदार पुलिस से मदद लेने की ग़लती करता है तो उसकी अकूत सम्पत्ति का उपभोग करने के लिए उसके परिवार में कोई भी ज़िन्दा नहीं बचेगा।

डकैती के फ़ौरन बाद भगतसिंह दिल्ली चला गया जहाँ वह 'वीर अर्जुन' अख़बार' से जुड़ गया और एक चौबारे में दीनानाथ सिद्धान्तालंकार के साथ वह रहने लगा। वे भी उसी अख़बार में काम करते थे। भगतसिंह से वे अत्यन्त प्रभावित हुए। उन्होंने बताया : 'वे मितभाषी और अध्ययनशील थे। समाचार तैयार करने के काम में वे चुस्त थे। उनकी निजी आवश्यकताएँ बहुत साधारण थीं।' ('युगद्रष्टा', पृ. 261) दिल्ली में 'वीर अर्जुन' अख़बार में काम करते हुए ही सम्भवतः 'विश्व प्रेम' शीर्षक से उसने हिन्दी में लेख लिखा जो कलकत्ता से प्रकाशित होनेवाले साप्ताहिक 'मतवाला' में वर्ष 1924 के नवम्बर माह में दो किश्तों में प्रकाशित हुआ। ('दस्तावेज़' चमनलाल, पृ. 60-61)

'वसुधैव कुटुम्बकम्! कैसा उच्च है यह विचार! सभी अपने हों। कोई भी पराया न हो। जिस दिन प्रत्येक मनुष्य इस भाव को हृदयंगम कर लेगा, उस दिन – उस दिन संसार कैसा होगा? ज़रा कल्पना करो तो!'

भाषा और भावना—दोनों ही स्तर पर यह शुरुआत मन को छू लेती है। आगे वह लिखता है : 'उस दिन इतनी शक्ति होगी कि 'शान्ति-शान्ति' की पुकार भी शान्ति भंग न कर सकेगी। उस दिन भूख लगने पर रोटी के लिए किसी को भी चिल्ल-पों मचाने की आवश्यकता नहीं हुआ करेगी। व्यापार उस दिन उन्नति के

शिखर पर होगा, परन्तु फ्रांस और जर्मनी में व्यापार के नाम पर घोर युद्ध न हुआ करेंगे।'

'तुम भी विश्वप्रेम का दम भरते हो! पहले पैरों पर खड़ा होना सीखो। स्वतंत्र जातियों में अभिमान के साथ सिर ऊँचा करके खड़े होने के योग्य बनो। जब तक तुम्हारे देश में जलियाँवाले बाग़ जैसे भीषण हत्याकांड होते रहेंगे, जब तक वीरांगनाओं का अपमान होगा और तुम्हारी ओर से कोई प्रतिकार न होगा; तब तक तुम्हारा यह ढोंग कुछ मानी नहीं रखता। कैसी शान्ति, कैसा सुख और कैसा विश्वप्रेम?' (उपर्युक्त, पृ. 64)

इस दौरान उसका लाहौर और कानपुर आना-जाना निरन्तर चलता रहा था। भगतसिंह के क्रान्तिकारी साथी शिव वर्मा याद करते हैं कि 'दिल्ली, कानपुर से जब वह लाहौर वापस गया तो उसकी पगड़ी का स्थान एक छोटे अंगोछे ने ले लिया था। उसकी कमीज़ उसके शरीर का साथ छोड़ गई थी और अब उसका बन्द गले का खद्दर का कोट कमीज़ का काम दे रहा था। कोट की आस्तीनें फट जाने पर उसने पायजामे की टाँगें आस्तीन की जगह जोड़ ली थीं और पायजाने का स्थान उसकी चादर ने ले लिया था, जिसे वह लुंगी की तरह इस्तेमाल करने लगा था।' ('क्रान्ति का साक्ष्य', पृ. 60)

उन्हीं दिनों लाहौर में पहला पंजाब हिन्दी साहित्य सम्मेलन हुआ था जिसके द्वारा आयोजित एक निबन्ध प्रतियोगिता में भगतसिंह ने भी भाग लिया। उसके द्वारा लिखे गए निबन्ध 'पंजाब की भाषा तथा लिपि की समस्या' को पचास रुपये का नगद पुरस्कार भी प्राप्त हुआ।

'किसी भी जाति के उत्थान के लिए ऊँचे साहित्य की आवश्यकता हुआ करती है। ज्यों-ज्यों देश का साहित्य ऊँचा होता जाता है, त्यों-त्यों देश भी उन्नति करता जाता है। शायद गैरीबाल्डी को इतनी जल्दी सेनाएँ न मिल पातीं, यदि मेजिनी ने तीस वर्ष देश में साहित्य तथा साहित्यिक जागृति पैदा करने में ही न लगा दिये होते। रूसो, वाल्टेयर के साहित्य के बिना फ्रांस की राज्यक्रान्ति घटित न हो पाती। यदि टॉलस्टॉय, कार्ल मार्क्स तथा मैक्सिम गोर्की इत्यादि ने नवीन साहित्य पैदा करने में वर्षों व्यतीत न कर दिये होते, तो रूस की क्रान्ति न हो पाती।'

आगे इस निबन्ध में यह भी नज़र आता है कि किशोर भगतसिंह का दिल रूमानी जज़्बातों से अछूता नहीं था।

'बहुत-से सज्जनों का कथन है कि पंजाबी भाषा में माधुर्य, सौन्दर्य और भावुकता नहीं हैं। यह सरासर निराधार है। अभी उस दिन—

लच्छीए जित्थे तैं पानी ढोलिया,
उत्थे उग पये सन्दल दे बूटे।

वाले गाने के माधुर्य ने कवीन्द्र रवीन्द्र तक को मोहित कर लिया और वे झट अंग्रेज़ी में अनुवाद करने लगे।' ('दस्तावेज़' चमनलाल, पृ. 53-4 तथा पृ. 59)

भगतसिंह के पिता सरदार किशनसिंह भारतीय राष्ट्रीय कांग्रेस के कार्यक्रमों में सक्रिय रूप से हिस्सा लिया करते थे। वर्ष 1924 की दिसम्बर में वे बेलगाँव सत्र में भागीदारी करने पहुँचे तो भगतसिंह भी वहाँ था, अमृतसर से प्रकाशित हो रहे पंजाबी भाषा के अख़बार 'अकाली' के संवाददाता के रूप में। कर्नाटक राज्य में हो रहे इस अधिवेशन में पहली और अन्तिम बार गाँधी जी अध्यक्ष होनेवाले थे। शचीन्द्रनाथ सान्याल भी वहाँ थे और गाँधी जी द्वारा क्रान्तिकारियों की आलोचना से नाराज़ होकर उन्होंने उनसे मिलने का प्रयास एकाधिक बार किया मगर न मिल सके। पीले रंग के काग़ज़ पर छपे 'द रिवोल्यूशनरी' शीर्षकवाले पर्चों के बंडल वे अपने साथ लेकर आए थे। इन पर लिखा था, 'हर एक ईमानदार हिन्दुस्तानी को इसे पूरा पढ़ना चाहिए और अपने दोस्तों के बीच बाँटना चाहिए।' इन पर्चों को वे पूरे उत्तर भारत में 31 दिसम्बर की रात को एक साथ बँटवाना चाहते थे। एक बंडल उन्होंने भगतसिंह को दिया, दिल्ली ले जाकर बाँटने के लिए।

चार पृष्ठों के इस पर्चे में 'देश के नौजवानों को आह्वान किया गया था कि हिंसा-अहिंसा का थोथा बवंडर न मचाकर अपनी मातृभूमि की मुक्ति के लिए हर साधन को प्रयोग में लाएँ, चाहे ऐसा करते हुए उन्हें अपनी बलि ही क्यों न देनी पड़े। देश में 'हिन्दुस्तान रिपब्लिकन एसोसिएशन' नामक नौजवानों की संस्था का निर्माण हो चुका है। वह देश को आज़ाद कराने के लिए आवश्यकता पड़ने पर ब्रिटिश सरकार के ख़िलाफ़ हथियार उठाने में भी पीछे नहीं हटेगी। हमें आतंकवादी कहकर देश में बदनाम करने की कोशिश की जा रही है। सही माने में अंग्रेज़ सरकार आतंकवादी है।' ('शहीदों की छाया में', पृ. 73)

इन पर्चों में आगे लिखा था : 'क्रान्तिकारी पार्टी राष्ट्रीय नहीं अपितु इन अर्थों में अंतर्राष्ट्रीय है कि उसका अन्तिम उद्देश्य विभिन्न राष्ट्रों के भाँति-भाँति के हितों का सम्मान और उनकी गारंटी के द्वारा दुनिया में मेल-मिलाप क़ायम करना है। इसका मक़सद विभिन्न राष्ट्रों और राज्यों के बीच प्रतियोगिता नहीं वरन सहयोग है।'

कुछ ऐसा ही तो भगतसिंह ने अपने लेख 'विश्वप्रेम' में भी नहीं कहा था?

पंजाब अब तक भगतसिंह को फिर से पुकारने लगा था और वह लाहौर जा पहुँचा। कॉमरेड रामचन्द्र और सोहनसिंह जोश जो 'किरती' नाम की वामपन्थी पार्टी के तहत किसान और मज़दूरों को संगठित करने का प्रयास कर रहे थे और इसी नाम से पंजाबी साप्ताहिक निकाल रहे थे, उनके साथ वह जुड़ गया। उनके मार्गदर्शन में सुखदेव और भगवतीचरण वोहरा के साथ मिलकर उसने वर्ष 1925 के आरम्भ में 'नौजवान भारत सभा' का लाहौर में गठन किया जिसके

पहले अध्यक्ष बने नेशनल कॉलेज में उसके प्राध्यापक रहे गुरुदत्त। ('भगतसिंह रिविजिटेड', पृ. 128-9, 130) वह ख़ुद इस सभा का प्रधान-सचिव नियुक्त हुआ और भगवतीचरण वोहरा प्रचार-सचिव।

उसका यह क़दम दरअसल 'हिन्दुस्तान रिपब्लिकन एसोसिएशन' के संविधान के अनुरूप ही था जिसमें यह घोषणा की गई थी कि, 'सिर्फ़ मध्यम वर्ग के नौजवान ही नेतृत्व प्रदान करने की क्षमता रखते हैं, जबकि मज़दूर और किसान क्रान्तिकारी सेना के सिपाही का काम करेंगे।' और यही कारण था कि श्री गुरुदत्त के बाद 'नौजवान भारत सभा' के अध्यक्ष बने कॉमरेड रामचन्द्र से, जो वामपन्थी विचारधारा वाली 'किरती-किसान पार्टी' में सक्रिय थे, वह कहा करता कि किसानों और मज़दूरों को सीधे संगठित करने की कोशिश कर वे ग़लती कर रहे हैं। उन्हें पहले नौजवानों को संगठित करना चाहिए और फिर उनके माध्यम से किसानों और मज़दूरों को। और नौजवानों को प्रेरित करने के उद्‌देश्य से ही सम्भवत: उसने 'युवक' शीर्षक से वह लेख लिखा जो मतवाला में ही 16 मई, 1925 को बलवन्तसिंह के छद्‌म नाम से छपा। ('दस्तावेज़' चमनलाल, पृ. 65)

'मदान्ध मातंग की तरह निरंकुश, वर्षाकालीन शोणभद्र की तरह दुर्धर्षलयकालीन प्रबल प्रभंजन की तरह प्रचंड, नवागत वसन्त की प्रथम मल्लिका कलिका की तरह कोमल, ज्वालामुखी की तरह उच्छृंखल और भैरवी-संगीत की तरह मधुर युवावस्था है।'

वर्ष 1923 तक भगतसिंह का लेखन, जो कि सिर्फ़ कुछ पत्रों की शक़्ल में उपलब्ध है, या तो उर्दू में उर्दू लिपि में है या पंजाबी भाषा में गुरुमुखी लिपि में। घर छोड़कर जब वह कानपुर गया था तो अपने दादाजी अर्जुनसिंह के नाम चिट्ठी में उसने लिखा था : 'मेरी ज़िन्दगी मक़सदे-आला यानी आज़ादी-ए-हिन्द के असूल के लिए वक्फ़ हो चुकी है। इसलिए मेरी ज़िन्दगी में आराम और दुनियावी ख़ाहशात बायसे कशिश नहीं हैं।' यानी 1923 में वह जितनी शानदार उर्दू लिख रहा था, अब उतनी ही शुद्ध और तत्सम या संस्कृतनिष्ठ हिन्दी में वह अपनी भावनाओं को प्रकट कर रहा था—वह भी आलंकारिक भाषा में। 'प्रलयकालीन प्रबल प्रभंजन की तरह प्रचंड' में अनुप्रास अलंकार का सुन्दर प्रयोग भगतसिंह ने किया है।

इस लेख में वह आगे लिखता है : 'संसार में युवक का ही साम्राज्य है। युवक के कीर्तिमान से संसार का इतिहास भरा पड़ा है। युवक ही रणचंडी के ललाट की रेखा है। युवक स्वदेश की यश-दुन्दुभि का तुमुल निनाद है। युवक ही स्वदेश की विजय-वैजयन्ती का सुदृढ़ दंड है। वह महासागर की उत्ताल तरंगों के समान उद्‌दंड है। वह महाभारत के भीष्मपर्व की पहली ललकार के समान विकराल है, प्रथम मिलन के स्फीत चुम्बन की तरह सरस है,

रावण के अहंकार की तरह निर्भीक है, प्रह्लाद के सत्याग्रह की तरह दृढ़ और अटल है। युवक स्वदेश की यश-दुन्दुभि का तुमुल निनाद है। युवक ही स्वदेश की विजय-वैजयन्ती का सुदृढ़ दंड है।'

महाभारत के भीष्मपर्व में अर्जुन के मोह तथा भ्रम को दूर करने के लिए श्रीकृष्ण ने कर्मयोग का उपदेश दिया था जो कि श्रीमद्भगवद्गीता का सत्त्व है। इसमें अर्जुन को श्रीकृष्ण समझाते हैं कि जो होना है वह तो पहले ही हो चुका है, तुम्हें तो केवल अपने क्षत्रिय धर्म के अनुसार चलना है।

'तेरी माता, तेरी प्रातःस्मरणीया, तेरी परम वन्दनीया, तेरी जगदम्बा, तेरी अन्नपूर्णा, तेरी त्रिशूलधारिणी, तेरी सिंहवाहिनी, तेरी शस्यश्यामलांचला आज फूट-फूटकर रो रही है।' (उपर्युक्त, पृ. 67)

ऐसी हिन्दी की उम्मीद सत्रह साल के पंजाबी पृष्ठभूमिवाले युवक से उस दौर में तो नहीं ही की जा सकती थी, जब आम बोलचाल में पंजाब में या तो पंजाबी बोली जाती थी या उर्दू या हिन्दुस्तानी—यानी वह भाषा जिसमें हिन्दी और उर्दू दोनों के शब्दों का इस्तेमाल होता था। तथा ख़तोकिताबत में, दफ़्तरों और अदालतों में इस्तेमाल होती थी उर्दू या अंग्रेज़ी, हिन्दी नहीं। मगर नेशनल कॉलेज में पढ़ाई हिन्दी में होती थी तथा संस्कृत न सिर्फ़ भगतसिंह का एक विषय था, बल्कि यह उसका प्रिय विषय था। उसके संस्कृत अध्यापक थे उदयवीर शास्त्री, जो नेशनल कॉलेज के ही विद्यार्थी क्रान्तिकारी विचार रखनेवाले भगवतीचरण वोहरा के पड़ोस में ही रहते थे और उनके पारिवारिक मित्र भी थे।

'अगर रक्त की भेंट चाहिए तो सिवा युवक के कौन देगा? अगर तुम बलिदान चाहते हो तो तुम्हें युवक की ओर देखना होगा। प्रत्येक जाति के भाग्य विधाता युवक ही होते हैं। सच्चा देशभक्त युवक बिना झिझक मौत का आलिंगन करता है, संगीनों के सामने छाती खोलकर डट जाता है, तोप के मुँह पर बैठकर मुसकुराता है, बेड़ियों की झनकार पर राष्ट्रीय गान गाता है और फाँसी के तख़्ते पर हँसते-हँसते चढ़ जाता है।' (उपर्युक्त, पृ. 66)

यह लिखते हुए भगतसिंह जैसे अपने आगामी जीवन की झलक ही दिखा रहा था।

उस वर्ष यानी 1925 में दस अगस्त के अख़बारों में एक ही चर्चा थी, लखनऊ के निकट काकोरी स्टेशन पर आठ डाउन सहारनपुर-लखनऊ पैसेंजर को रोककर सरकारी ख़ज़ाने की सनसनीख़ेज़ और दुस्साहसी डकैती। इस डकैती में, जिसे काकोरी कांड नाम दिया गया, अभियुक्त रहे रामकृष्ण खत्री के आत्मकथ्य 'शहीदों की छाया में' की भूमिका में बनारसीदास चतुर्वेदी याद करते हैं कि 'काकोरी केस का ऐतिहासिक महत्त्व है। देश के तत्कालीन निराशामय वातावरण में उसने उत्साह की लहर ला दी थी।' ('शहीदों की छाया में', पृ. 13)

'एक महीने तक पुलिस सिर पटकती रही, ख़ुफ़िया पुलिस के एजेंट डकैतों का सुराग पाने दिन-रात दौड़ते रहे मगर कुछ पता न पा सके। क्रान्तिकारियों के हौसले बुलन्दी पर थे। ऐसी ही और डकैतियों के ख्वाब पलने लगे। मगर अगले ही महीने सितम्बर में काकोरी केस में पुलिस ने लगभग 40 गिरफ़्तारियाँ कीं। कुछ आरोपी गिरफ़्तार होते ही मुखबिर हो गए—इन्दुभूषण मित्र, बनारसीलाल, बनवारीलाल, गोपीमोहन। और पुलिस के सामने पूरे षड्यंत्र की परतें खुल गईं।' ('क्रान्तिकारी दुर्गा भाभी', पृ. 30)

26 अक्टूबर, 1925 को बिस्मिल गिरफ़्तार हो गए। नवम्बर माह में काकोरी केस के साथियों को जेल से भगा ले जाने की योजना बनी। इस उद्देश्य से भगतसिंह कानपुर पहुँचा मगर भेद खुल जाने के कारण योजना असफल हो गई। ('भगतसिंह : एक ज्वलन्त इतिहास', पृ. 81) दिसम्बर में इसी केस में शचीन्द्रनाथ सान्याल गिरफ़्तार हो गए और जोगेशचन्द्र चटर्जी भी, कानपुर के प्रथम प्रवास के दौरान जिनके वह काफ़ी नज़दीक आ गया था और जिनके प्रति उसके मन में असीम श्रद्धा और स्नेह उत्पन्न हो गया था।

उन दिनों की याद करते हुए भगतसिंह के क्रान्तिकारी साथी अजय घोष बताते हैं : 'जहाँ तक मेरा ख़्याल है, सन 23 में मेरी भगतसिंह से पहली भेंट हुई थी। नई उम्र, उन दिनों हम लोग क्रान्ति के सपने देखा करते थे। समझते थे कि बस क्रान्ति तो होने को ही है—देर कुछ वर्षों की ही है। शायद समझते थे, बस क्रान्ति दो-चार वर्षों के अन्दर ही आ रही है। 1925 में काकोरी केस की धरपकड़ शुरू हुई। हम लोगों के ऊपर वज्रपात हुआ। गिरफ्तारियों का जो असर हुआ, उसे देखकर मेरा दिल टूट गया। वे व्यक्ति जो हमसे सहानुभूति प्रकट करते नहीं थकते थे, हमारी छाया से भागने लगे। वे नवयुवक जो लम्बी-लम्बी बातें करते थे, छोड़कर भाग चले। सारे प्रान्त में आतंक छा गया। हमें ऐसा लगने लगा, मानो क्रान्ति दूर, बहुत दूर की चीज़ हो गई है।' ('क्रान्ति का साक्ष्य', पृ. 225-6)

बहुत-से लोग तो काकोरी षड्यंत्र के आरोपियों को क्रान्तिकारी मानने को भी तैयार नहीं थे। अंग्रेज़ सरकार ने भी यह प्रचार करने में कोई कसर नहीं रख छोड़ी कि ये लोग न सिर्फ़ डकैत हैं जिन्होंने सरकारी ख़ज़ाने को अपना घर भरने के लिए ही लूटा है, बल्कि हत्यारे भी हैं क्योंकि उस लूट के वक़्त ट्रेन के एक यात्री को इन लोगों ने गोली मार दी थी। ऐसी बातें सुनकर भगतसिंह तिलमिला उठता।

तभी ख़बर आई कि 27 फरवरी, 1926 को ऐन होली के दिन छह बब्बर अकालियों को फाँसी पर लटका दिया गया। बाबू सन्तासिंह, करमसिंह, धरमसिंह, नन्दसिंह। और अभी सिर्फ़ 19 बसन्त देखे थे जिसने ऐसे बेहद ख़ूबसूरत, भोले चेहरेवाले किशोर दलीपसिंह ने तो कहते हैं ख़ुद होकर फाँसी के फन्दे को चूमा था;

किशनसिंह गड़गज ने भी, जिसके भाषण आग लगा देते थे और जिसके 125 पन्ने के बयान ने ब्रिटिश सरकार की बखिया उधेड़कर रख दी थी। सरकार ने भी बदला लिया। उसकी लाश लेने उसके परिवार के साथ ही भारी भीड़ भी पहुँची मगर लाश उन्हें नहीं सौंपी गई और चुपके से रावी के तट पर ले जाकर जला दी गई। ('दस्तावेज़' चमनलाल, पृ. 68-72)

इन फाँसियों को लेकर पूरे पंजाब में ज़बर्दस्त आक्रोश की लहर दौड़ गई, इसलिए भी कि उनकी दया याचिका सरकार के पास अभी लम्बित थी। अमृतसर से छपनेवाले अख़बार 'अकाली-ते-परदेसी' ने 26 फरवरी के अंक में यह छापा था कि भारत सरकार ने एक तार द्वारा 17 फरवरी को लाला रघुनाथ सहाय को सूचित किया है कि याचिकाएँ जब तक विचाराधीन हैं, मौत की सज़ा पर अमल नहीं किया जाएगा। भगतसिंह की नज़र में बब्बर अकाली बहादुर देशभक्त थे जिनको मौत की सज़ा देना ही ग़लत था। ऊपर से सरकार की यह वादाख़िलाफ़ी! सरकारी प्रचार ने इन लोगों को भी बेरहम हत्यारों के रूप में जनता के सामने पेश किया था जो अपने ही देशवासियों का ख़ून बहाने से बाज नहीं आए। अकाली-ते-परदेसी के सम्पादक मंगलसिंह ने 3 मार्च के अंक में लिखा : 'बब्बरों ने जो किया वह सही हो न हो एक बात निश्चित है कि आम आदमी उनकी फाँसी को देश के लिए बलिदान मानता है। उन्हें फाँसी के तख़्ते पर भेजा गया क्योंकि वे अपने ख़ास तरीक़े से देश को आज़ाद कराना चाहते थे।'

बब्बर अकालियों को समझने में देशवासियों से हो रही ग़लती को सुधारने के प्रयास में भगतसिंह ने भी एक लेख लिखा। शीर्षक था 'होली के दिन रक्त के छींटे' और उसे 'प्रताप' के 15 मार्च के अंक में 'एक पंजाबी युवक' के नाम से छपवा दिया। काकोरी षड्यंत्र के आरोपियों के साथ हो रहे अन्याय को लेकर भी भगतसिंह ने अपने मन का गुबार इसमें निकाला। ('दस्तावेज़' चमनलाल, पृ. 69)

'यदि वे पथभ्रष्ट थे तो होने दो, उन्मत्त थे तो होने दो। वे निर्भीक देशभक्त तो थे। उन्होंने जो कुछ किया था, इस अभागे देश के ही लिए तो किया था। वे अन्याय न सहन कर सके, देश की पतित अवस्था को न देख सके, निर्बलों पर ढाये जानेवाले अत्याचार उनके लिए असह्य हो उठे, आम जनता का शोषण वह बरदाश्त न कर सके, उन्होंने ललकारा और वे कूद पड़े कर्मक्षेत्र में।'

लखनऊ के सत्र न्यायालय में मई, 1926 में शुरू हुए काकोरी षड्यंत्र मुक़दमे में बनवारीलाल की गवाही—जो 'हिन्दुस्तान रिपब्लिकन एसोसिएशन' का सदस्य तो था ही, पार्टी द्वारा डाली गई कई डकैतियों में भी शामिल था—सरकारी पक्ष के लिए मुक़दमे में वरदान साबित हो रही थी। धमकी और लालच दोनों का इस्तेमाल कर मुखबिरों से पुलिस मनचाही गवाही दिलवा रही थी। आम लोग भी आरोपियों के ख़िलाफ़ बेधड़क सच्ची-झूठी गवाहियाँ दे रहे थे और फ़ैसला आरोपियों के पक्ष

में होने के आसार धुँधले पड़ते जा रहे थे। अदालत में चले इस पूरे 'नाटक' का भगतसिंह चश्मदीद गवाह था।

विभ्रम और हताशा की इसी मनोदशा में उसने लाहौर आकर नौजवान भारत सभा के सदस्यों के साथ मिलकर सितम्बर, 1926 में चुनाव प्रचार में सक्रिय हिस्सा लेना शुरू किया था। उन्हीं दिनों करतारसिंह सराभा की शहादत की ग्यारहवीं बरसी मनाने का निश्चय हुआ और ब्रैडला हाल में 16 नवम्बर, 1926 को नौजवान भारत सभा के तत्वावधान में 'शहीदी दिवस' का आयोजन किया गया। भगवतीचरण ने सराभा का एक काफ़ी बड़ा चित्र सफ़ेद कपड़े पर बनवा लिया जिसका अनावरण करते समय सुखदेव, सुशीला दीदी और दुर्गा भाभी ने अपनी उँगली काटकर ख़ून से उस चित्र का अभिषेक किया। जलन्धर के कन्या महाविद्यालय में शिक्षिका सुशीला दीदी क्रान्तिकारी विचारों की महिला थीं जिनका वोहरा दम्पति के साथ घरोपा था। और दुर्गा भाभी भगवतीचरण वोहरा की धर्मपत्नी दुर्गादेवी थीं। सराभा के बलिदान और उसकी बहादुरी को अपने जोशीले अन्दाज़ में बयाँ करते हुए भगतसिंह ने जब अपना व्याख्यान समाप्त किया तो दुर्गा भाभी ने उठकर उन्हें तिलक लगाया और आशीर्वाद दिया। उस समय किस तरह की भावनाएँ सभा में मौजूद लोगों के मन में जागी होंगी, इसकी केवल कल्पना ही की जा सकती है।

नवम्बर में चुनाव हुए। लाला जी की पार्टी को 12 सीटें मिलीं और कांग्रेस के प्रतिष्ठित बैनर तले इस बार उतरी स्वराज पार्टी को सिर्फ़ 2। जबकि 1923 में हुए चुनाव में पंजाब से स्वराज पार्टी को 12 सीटें मिलीं थीं। लाहौर की सीट भी लाला जी के प्रत्याशी बख़्शी टेकचन्द जीत गए।

'अर्थाभाव के कारण' इसी साल नेशनल कॉलेज बन्द कर दिया गया।

शहनशाही कुटिया

सुतार मंडी की एक गली में 'शहनशाही कुटिया' नाम की इमारत में ऊपर की मंजिल पर एक कमरे में गठीले बदन का एक सुन्दर नौजवान सुन्दर लिखाई में एक पोस्टकार्ड पर 27.2.28 की तारीख डालकर नीचे हिन्दी में कुछ लिख रहा है। समान दूरी पर सीधी पंक्तियाँ और अक्षरों की बनावट बता रही है कि लिखने का अभ्यास उसे काफ़ी है।

'श्रीमन्महोदय ! सादर वन्दे ।

चित्र के बिना लेखों का बहुत कुछ सौन्दर्य कम हो जाता है। शेष लेख, जो कि शीघ्र ही आपकी सेवा में भेजूँगा सचित्र ही छपने चाहिए।' ('भगतसिंह और उनके साथियों के सम्पूर्ण उपलब्ध दस्तावेज़', सम्पादक सत्यम; प्रकाशक राहुल फाउंडेशन लखनऊ, संस्करण वर्ष 2017, पृ. 162)

दिल्ली से निकलनेवाली मासिक पत्रिका 'महारथी' के मुख्य सम्पादक रामचन्द्र शर्मा 'महारथी' को भगतसिंह यह पत्र लिख रहा है। इस पत्रिका के इसी माह के अंक में 'कूका विद्रोह' शीर्षक से उसका लेख छपा था, उसी सिलसिले में यह पत्र है। उस लेख में 'गुरु रामसिंह जी का जीवन' उप-शीर्षक से उनकी संक्षिप्त जीवनी उसने दी थी। अंग्रेज़ों के ख़िलाफ़ लड़ाई में किये गए बलिदानों को उसके देशवासियों द्वारा भुला दिये जाने से उसके हृदय में उपजी पीड़ा इस लेख में इस तरह बयाँ हुई थी :

'कूका आन्दोलन का इतिहास, आज तक लोगों के सामने नहीं आया। किसी ने उन्हें महत्त्वपूर्ण नहीं समझा। कूकों को भटके हुए तथा मूर्ख कहकर हम अपने कर्त्तव्य से छुट्टी पा जाते हैं। स्वार्थ के लिए अथवा लोभ के लिए यदि उन लोगों ने प्राण दिये होते तो हम उपेक्षा दिखा सकते थे, परन्तु उनकी तो 'मूर्खता' में भी 'देशप्रेम' का भाव कूट-कूटकर भरा था। वे तो तोप के मुँह से बँधते समय हँस देते थे। वे तो आनन्द से 'सत्त श्री अकाल' के तुमुल निनाद से आकाश-पाताल को आच्छादित कर देते थे। उनके मस्तक पर व्यथा, चिन्ता अथवा पश्चात्ताप की रेखा भी नहीं दीख पड़ती थी। क्या वे भूल जाने योग्य हैं? उनका गुरुतर अपराध

शायद विफलता के अतिरिक्त कुछ भी नहीं। परन्तु स्कॉट वीर विलियम वालीस भी तो विफल हो मृत्युदंड का भागी बना था। उसकी तो आज समस्त इंग्लैंड पूजा करता है। फिर हमारे असफल देशभक्त ही इस तरह क्यों भुलाकर निविड़ अन्धकार में फेंक दिये जाएँ? अस्तु।' (उपर्युक्त, पृ. 144)

विलियम वालीस ने तेरहवीं सदी में किसानों के अधिकारों के लिए इंग्लैंड के राजा के ख़िलाफ़ बग़ावत का झंडा बुलन्द किया था और नतीजे में उसने फाँसी का फन्दा पाया था।

'हीरोज एंड हीरोइन्स ऑफ रशिया' भगतसिंह की प्रिय पुस्तकों में से एक थी, कूका विद्रोह पर लिखते समय इस पुस्तक के आमुख का यह अंश यक़ीनन उसके दिमाग़ में रहा होगा : 'वे कई प्रकार से ग़लत हो सकते हैं। उन्होंने कई ग़लतियाँ की होंगी। लेकिन उन्होंने वही किया जो उनके देश के हित में था। बहुत सारे मामलों में उन्होंने अपनी मंशा की पवित्रता और देशभक्ति पर मोहर लगाई, स्वेच्छा से शहीद का ताज स्वीकार करते हुए। और जब हम ऐसे पुरुषों और स्त्रियों को देखते हैं उन आदर्शों के लिए जान गँवाते हुए जिन्हें वे पावन समझते हैं, वे हमारी प्रशंसा के अधिकारी हैं भले ही हम उनके विचारों से सहमत न हों। वे अपने विश्वासों के प्रति सच्चे बने रहे और अपनी समझ से उन्होंने कार्य किया।'

उक्त पत्र के आख़िर में अंग्रेज़ी में दस्तख़त हैं 'BS Sindhu' जिसके नीचे कुछ ऊपर को उठती हुई एक रेखा उसने अपने फाउंटेन पेन से खींच दी है। यह 'BS' भगतसिंह न होकर शायद बलवन्तसिंह है, जिस छद्म नाम से अपने लेख वह छपवाया करता है। (इस पत्र की तसवीर प्रोफ़ेसर चमनलाल द्वारा सम्पादित 'भगतसिंह के राजनीतिक दस्तावेज़' में है, जिसका राष्ट्रीय पुस्तक न्यास, नई दिल्ली द्वारा वर्ष 2007 में प्रथम प्रकाशन किया गया था।)

वर्ष 1926 के नवम्बर माह में दशहरा-उत्सव के दौरान लाहौर के दशहरा मैदान में भीड़ पर एक बम फेंका गया था जिसमें कुछ लोगों की मौत हो गई और कई घायल हो गए। उस बम-विस्फोट के लिए भगतसिंग को ज़िम्मेदार ठहराकर पुलिस ने मई, 1927 में उसे गिरफ्तार कर लिया। जबकि उस समय वह लाहौर में मौजूद ही नहीं था। नवम्बर, 1926 में चुनाव-परिणाम घोषित होते ही पंडित रामप्रसाद बिस्मिल को जेल से छुड़ाने की एक और योजना बनाकर उस पर अपने साथियों के साथ विचार-विमर्श करने वह कानपुर जा पहुँचा था। एक माह से अधिक समय तक जेल में पुलिस द्वारा दी गई यंत्रणा सहने के बाद अभी सात महीने पहले ही वह जमानत पर जेल से छूटा है। तब से क्रान्तिकारी गतिविधियों से उसने दूरी बना रखी थी। लेकिन अब जब उसकी साठ हज़ार की जमानत रद्द हो गई है, अपनी ज़िन्दगी के छूटे हुए सूत्रों को फिर से पकड़ने के प्रयास में वह लग गया है।

नवम्बर, 1926 में इस कानपुर प्रवास के दौरान ही शिव वर्मा और जयदेव कपूर से भगतसिंह की पहली मुलाक़ात हुई। उस मुलाक़ात को याद करते हुए शिव वर्मा लिखते हैं : 'आगन्तुक दोनों हाथ फैलाकर मेरे से ऐसे लिपट गया मानो कोई बहुत पुराना दोस्त हो। फिर मेरा हाथ खींचते हुए उसने कमरे में ऐसे प्रवेश किया जैसे कमरा मेरा नहीं उसी का था। छोटे कमरे में जगह की तंगी के कारण मैंने चारपाई निकालकर ज़मीन पर ही बिस्तर लगा रखा था। उसने बग़ैर किसी तकल्लुफ़ के निस्संकोच जाकर बिस्तर पर आसन लगा दिया और मेरा हाथ खींचकर पास बिठलाते हुए बोला, "मेरा नाम रंजीत है। मैं दो-चार दिन यहीं रहूँगा। दिल्ली के तुम्हारे दोस्त से मैं तुम्हारे और जयदेव के बारे में सुन चुका हूँ। मैं भी तुम्हारी ही डगर का राहगीर हूँ।" फिर कुछ सोचकर पूछा, "विजय और सुरेन्द्र पांडे को जानते हो?" रंजीत के सहज व्यवहार, निष्कपट हँसी और मुसकुराती हुई आँखों ने पहली ही मुलाक़ात में मेरे सब हथियार छीन लिये थे।' ('संस्मृतियाँ' लेखक शिव वर्मा; प्रकाशक नेशनल बुक ट्रस्ट, इंडिया, संस्करण वर्ष 2011, पृ. 1-2)

विजय यानी बिजोय कुमार सिन्हा, और सुरेन्द्र पांडे का पूरा नाम था सुरेन्द्रनाथ पांडे।

'तीन-चार दिन रहने के बाद बिस्मिल से सम्पर्क स्थापित कर योजना पक्की कर रखने का भार विजय पर छोड़ वह पंजाब वापस चला गया। बिस्मिल को जेल से छुड़ाने का एक प्रयास पहले भी हो चुका था जिसे किन्हीं कारणोंवश बीच में ही छोड़ देना पड़ा था। उसमें भाग लेने के लिए भगतसिंह और सुखदेव के साथ पंजाब के कई और साथी भी आए थे। उसी दिशा में अब यह उसका दूसरा प्रयास था। लगभग दो महीने बाद [दिसम्बर, 1926 में] भगतसिंह फिर वापस आया। इस बार वह काफ़ी दिन ठहरा। रामप्रसाद बिस्मिल के साथ विजय का सम्पर्क पहले तो ख़ूब अच्छा रहा। बिस्मिल ने योजना की स्वीकृति भी दे दी थी, लेकिन दिन और समय अभी निश्चित नहीं हो पाया था। उधर केस के फ़ैसले का दिन नज़दीक आता जा रहा था। इसी बीच कुछ ऐसा हुआ कि बिस्मिल से पत्र-व्यवहार और मुलाकातें आदि एकदम बन्द हो गईं और उन पर सख़्त पहरा लगा दिया गया। यह सब क्यों और कैसे हुआ यह तो नहीं जानता लेकिन इससे योजना को गहरा धक्का लगा। फिर भी विजय ने अपना प्रयास जारी रखा।' (उपर्युक्त, पृ. 3)

'दो-तीन दिन बाद विजय ने आकर जेल में बिस्मिल पर होनेवाली सख़्ती और अधिकारियों की सतर्कता का समाचार दिया और बतलाया कि फ़िलहाल उन्हें छुड़ाने के अपने मनसूबे हमें त्यागने पड़ेंगे। इस समाचार ने भगतसिंह की सारी योजनाएँ चौपट कर दीं, उसके सारे ख़्वाब तोड़ दिये। बहुत कुछ कोशिशों

के बाद बिस्मिल की लिखी एक ग़ज़ल ही विजय के हाथ लग पाई थी। वह ग़ज़ल हमारी योजनाओं को कार्यान्वित होने में देरी होते देख उन्होंने शायद उलाहने के तौर पर लिखी थी; जिसे अधिकारियों ने सम्भवत: प्रेम की एक साधारण कविता समझकर पास कर दिया था। इस समय ग़ज़ल की कुछ ही पंक्तियाँ मुझे याद हैं जो इस प्रकार थीं :

मिट गया जब मिटने वाला, फिर सलाम आया तो क्या,
दिल की बरबादी के बाद, उनका पयाम आया तो क्या!
मिट गई जब सब उम्मीदें, मिट गए सारे ख़याल;
उस घड़ी गर नामावार, लेकर पयाम आया तो क्या!

भगतसिंह ने विजय के हाथ से लेकर पर्चा पढ़ा। बिस्मिल का इशारा साफ़ था—कुछ करना है तो जल्दी करो, बाद में रस्से से लटकती मेरी लाश को तुमने अगर छुड़ा भी लिया तो वह तुम्हारे किस काम आएगी? काग़ज़ का वह टुकड़ा उसके हाथ से छूटकर ज़मीन पर गिर पड़ा और वह माथे पर हाथ रखकर पत्थर की निर्जीव मूर्ति की भाँति दीवार के सहारे लुढ़क गया।' (उपर्युक्त, पृ. 7-8)

'कई महीने के परिश्रम से उसने जहाँ कुछ भी न था वहाँ संगठन का एक ढाँचा खड़ा किया, योजना बनाई, हथियार जमा किये, साथी जुटाए और जब मंज़िल नज़दीक आने लगी और उसे लगा कि वह कुछ कर सकने में समर्थ हो सकेगा तो अचानक सब कुछ उलट गया—रह गया था केवल बिस्मिल का उलाहना। भगतसिंह को इससे गहरा आघात लगा, लेकिन एक ही दिन में उसने अपने ऊपर काबू पा लिया। दूसरे दिन वह स्वयं ही बोला, "असफलताओं के सामने सर झुकाकर बैठ जाने से तो मार्ग ही अवरुद्ध हो जाएगा और तब रास्ते के रोड़े हटाकर बढ़ने के बजाय हम स्वयं ही दूसरों के लिए रोड़ा बन जाएँगे।" उसने सब साथियों को एकत्र कर संगठन तथा प्रचार की समस्याओं पर बातचीत की, आगे का कार्यक्रम बनाया और जल्द वापस आने का वादा कर पंजाब चला गया। यह 1927 के शुरू के दिनों की बात है।' (उपर्युक्त, पृ. 8)

भगतसिंह की दुर्जेय प्रकृति को यह संस्मरण बड़ी ख़ूबसूरती से उजागर करता है—अँधेरा कितना भी घना हो, रोशनी की उम्मीद कभी न छोड़नेवाले उसके चरित्र को; कभी भी, किसी भी परिस्थिति में हताश न होने और न ही पराजय स्वीकार करनेवाली उसकी भावना को।

लिहाज़ा अपने इस अभियान में असफल रहने के बाद वापस वह लाहौर जा पहुँचा और पंजाब के नवयुवकों में जागृति लाने के प्रयास में वह जुट गया। गुमनामं क्रान्तिकारी शहीदों के चित्र न जाने कहाँ से वह ढूँढ़ लाया और प्रचार के लिए उन दिनों बहुतायत से काम में ली जानेवाली मैजिक लैंटर्न द्वारा, जिसका उपयोग कांग्रेस के नेता और कार्यकर्ता भी किया करते थे गाँधी जी का सन्देश

जन-जन तक पहुँचाने के मक़सद से, उन चित्रों को ब्रैडला हॉल में एक सफ़ेद कपड़े के पर्दे पर दिखाकर वह उनके त्याग, उनकी बहादुरी, उनकी जाँबाज़ी के क़िस्से इस अन्दाज़ में सुनाता कि वहाँ मौजूद सैकड़ों नौजवान मंत्रमुग्ध हो रहते और देशप्रेम की भावनाओं से सराबोर हो जाते। भगतसिंह के सहयोगी क्रान्तिकारी जतीन्द्रनाथ सान्याल बताते हैं कि 'इन लालटेन-लेक्चरों का इतना अधिक प्रभाव लोगों पर पड़ा, कि पंजाब सरकार को इस सम्बन्ध में निषेधाज्ञा निकालनी पड़ी।' ('अमर शहीद सरदार भगतसिंह', पृ. 33)

(गली-मोहल्लों में, मेलों में उन दिनों, और हमारे बचपन के दिनों में भी, जिस 'बाइस्कोप' को बच्चे बड़े शौक़ से देखा करते थे, मैजिक लैंटर्न का ही एक रूप था। इसमें चित्र के पीछे से रोशनी फेंककर उस चित्र का अक्स सामने दूर खिंचे हुए सफ़ेद कपड़े पर या सफ़ेद पुती दीवार पर उतारा जाता था।)

इसके साथ ही बचपन में अपने चाचा सरदार अजीतसिंह और सूफी अम्बाप्रसाद द्वारा छापी गई पुस्तिकाओं व परचों से क्रान्तिकारी आन्दोलन का जो इतिहास उसने जाना था; 'बन्दी जीवन', रोलट कमेटी की रिपोर्ट तथा विनायक सावरकर की पुस्तक '1857 का स्वातंत्र्य युद्ध' पढ़कर—जिस पुस्तक ने पहली बार यह साबित किया और दस्तावेज़ों के आधार पर किया कि अंग्रेज़ इतिहासकारों द्वारा जिसे 'सिपाही-विद्रोह' कहकर ख़ारिज़ किया जा रहा था, हक़ीक़त में वह हिन्दुस्तान की अवाम द्वारा अंग्रेज़ों की ग़ुलामी से आज़ाद होने के लिए लड़ी गई पहली बड़ी लड़ाई थी और उस लड़ाई को 'स्वतंत्रता संग्राम' का नाम देकर ऐसी गरिमा प्रदान की कि हर भारतवासी गर्व से भर उठा और अंग्रेज़ों के अजेय होने के दुष्प्रचार की असलियत जानकार एक नये आत्मविश्वास से भर उठा—स्वतंत्रता हासिल करने के प्रयासों के जिस इतिहास से वह अवगत हुआ था, उस इतिहास से भी वह अपने श्रोताओं को अवगत कराता जाता।

इस तरह के वृत्तान्तों को कहते हुए भगतसिंह ख़ुद भी भावुक हो उठता और सुननेवालों को भी जज़्बात की लहर में बहा ले जाता, जैसे उसके चाचा अजीतसिंह बहा ले जाते थे। उसकी भावाभिव्यक्ति कैसा ज़बर्दस्त असर सुननेवालों पर डालती थी, शिव वर्मा के इस संस्मरण में ख़ूब बयाँ होता है। शिव वर्मा और जयदेव कपूर दोनों ही कानपुर के डी.ए.वी. कॉलेज में एक ही कक्षा में उन दिनों पढ़ा करते थे और एक ही हॉस्टल में रहा करते थे।

'उसकी बातचीत का विषय अधिकतर उसकी पढ़ी हुई पुस्तकें होतीं। वह उनके बारे में बतलाता और फिर ज़ोर देता कि हम भी उन्हें पढ़ें। कभी-कभी पुराने क्रान्तिकारियों की कहानियाँ भी सुनाता—कूका विद्रोह, ग़दर पार्टी का इतिहास, करतारसिंह, सूफी अम्बाप्रसाद आदि की जीवनियाँ तथा बब्बर अकाली की बहादुरी की कहानियाँ बतलाते-बतलाते वह प्रायः ही भावुक हो उठता।

उसकी वर्णन शैली में एक अजीब आकर्षण था जिससे खिंचकर प्राय: रोज़ ही हम दोनों घंटों पहले कॉलेज से भाग आते थे।' ('क्रान्ति का साक्ष्य', पृ. 53)

मन्मथनाथ गुप्त के भाई क्रान्तिकारी मनमोहन गुप्त ने अपने संस्मरण में लिखा है : 'कहावत है कि एक राय के दो अँगरेज़ यदि एक स्थान पर एकत्र होते हैं तो एक क्लब खुल जाता है, दो जापानियों या चीनियों के एक स्थान पर मिल जाने पर एक ख़ासा होटल, और यदि दो भारतीय एक जगह जमा हो जाएँ तो एक पार्टी बनने में देर नहीं लगती। यही हालत थी उस युग की जिस युग की बात मैं कहने जा रहा हूँ।' ('एक क्रान्तिकारी के संस्मरण' लेखक मनमोहन गुप्त; प्रकाशक इंडियन प्रेस इलाहाबाद, संस्करण वर्ष 1960, पृ. 1)

इसी बात की पुष्टि शचीन्द्रनाथ सान्याल भी करते हैं : 'हमारे बंगाल के विप्लव दल में दलबन्दी का अन्त न था। ('बन्दी जीवन', पृ. 120) 'ये छोटी-छोटी टोलियाँ अपने स्वतंत्र अस्तित्व को क़ायम रखना चाहती थीं।' (उपर्युक्त, पृ. 239) उनके भाई जितेन्द्रनाथ भी यही कहते हैं : 'इस समय क्रान्तिकारी दल भिन्न-भिन्न शहरों में अलग-अलग दलों में विभक्त हो गया था और उन दलों के सामने कोई निश्चित कार्य-प्रणाली नहीं थी। लाहौर, दिल्ली , कानपुर, बनारस, इलाहाबाद तथा बिहार के कुछ स्थानों में इस प्रकार के छोटे-छोटे अनेक दल हो गए थे।' ('अमर शहीद सरदार भगतसिंह', पृ. 35)

इन बिखरी हुई टोलियों को साथ लाना कितना ज़रूरी था अगर वाक़ई कोई असरदार जंग अंग्रेज़ों के ख़िलाफ़ छेड़नी है, यह हक़ीक़त समझते भगतसिंह को देर न लगी। लिहाज़ा संयुक्त प्रान्त और बिहार का दौरा कर वह इन बिखरे हुए क्रान्तिकारियों और उनके छोटे-छोटे दलों को एक साथ ले आने के काम में लग गया। एक साथ मिलकर काम करने के लिए उन्हें प्रेरित करते वक़्त उनको वह यह भी समझाता जाता कि आम जनता के सहयोग के बग़ैर यह जंग नहीं लड़ी जा सकती, इसलिए हमें यथासम्भव आम जनता के निकट पहुँचने की कोशिश भी करते रहना चाहिए।

अंग्रेज़ी सरकार की ख़ुफ़िया पुलिस या सी.आई.डी. लगातार भगतसिंह की गतिविधियों पर नज़र रखे हुए थी। लिहाज़ा उसकी चील-निगाहों से उसके ये दौरे भी न बच सके, यह हालाँकि वे नहीं जान सके कि इन दौरों की वजह क्या है। लेकिन यह शक़ उन्हें ज़रूर हो गया कि क्रान्तिकारियों के साथ कुछ-न-कुछ राबता तो ज़रूर है इस नौजवान सरदार का। उसके बारे में जो रिपोर्ट अपने उच्चाधिकारियों को उन्होंने भेजी, ब्रिटिश सरकार के गृह मंत्रालय की सी.आई. डी. फाइल नं. 9349 : 1926 में वह संरक्षित है :

'भगतसिंह किशनसिंह का बेटा है। मूलत: खटकड़कलां गाँव का सन्धु जाट, और कुख्यात अजीतसिंह का भतीजा। 1924 में वह चक नं. 3 लायलपुर चला

गया जहाँ उसके पिता की कुछ जमीन है। वहाँ रहते हुए उसने जैतो जानेवाले लायलपुर शहीदी जत्थे की ख़ातिर की, नतीजतन उसके ख़िलाफ़ 'क्रिमिनल लॉ अमेंडमेंट एक्ट' के सेक्शन 17 (1) के अन्तर्गत मुक़दमा चलाने का आदेश हुआ। वह फ़रार हो गया हालाँकि उसके संयुक्त प्रान्त जाने और कानपुर में लगभग एक महीना ठहरने की रिपोर्ट है, जहाँ वह हसरत मोहानी और उसकी पार्टी के साथ सम्बद्ध हुआ। कानपुर से वह अलीगढ़ चला गया और तीन महीने नेशनल मुस्लिम यूनिवर्सिटी के स्कूल में हेड मास्टर रहा। अन्ततः 'क्रिमिनल लॉ अमेंडमेंट एक्ट' मुक़दमा ख़त्म करने का निर्णय हुआ और 1925 के आख़िर में वह लाहौर में देखा गया, जहाँ वह अपने पिता के साथ रहा। उनके दफ़्तर में भगतसिंह ने काम किया।'

उन दिनों सरदार किशनसिंह इंडस्ट्रियल प्रुडेन्शियल इन्श्योरेन्स कम्पनी जो जीवन बीमा कम्पनी थी और वल्केन इन्श्योरेन्स कम्पनी जो आग एवं सामान्य इन्श्योरेन्स कम्पनी थी, उनके चीफ़ एजेंट थे। (नेहरू म्यूज़ियम ज़बानी इतिहास, जयदेव गुप्त खाता सं. 346, पृ. 30)

इस रिपोर्ट में आगे कहा गया है : '1926 की बसन्त में एक समिति नौजवान भारत सभा लाहौर में एक उग्रवादी समूह द्वारा बनाई गई। इसकी साप्ताहिक बैठकों की कार्रवाई बताती है कि यह क्रान्तिकारी विचारों से बहुत ज़्यादा प्रभावित है। इस समिति की सतर्कता से निगरानी रखनी पड़ेगी क्योंकि सम्भावना है इसे क्रान्तिकारी कार्रवाई के लिए आवरण के रूप में इस्तेमाल किया जाए और एक क्रान्तिकारी समूह का केन्द्र बनाने के लिए इस्तेमाल किया जाए। भगतसिंह सचिव है और इसके सदस्य ज़्यादातर उसके मुख्य सहयोगी हैं। फ़िलहाल उसे प्रान्त में सम्भावित रूप से सबसे ख़तरनाक आदमियों में से एक माना जा सकता है।'

यह उड़ती हुई ख़बर भी सी.आई.डी. को अपने सूत्रों से मिली थी कि काकोरी कांड के अभियुक्तों को जेल से भगाने की कोशिश में वह लगा हुआ है, और इस मक़सद से उसने ढेरों बम भी जमा कर रखे हैं। लेकिन कोई ठोस वजह तो उसके ख़िलाफ़ कार्रवाई के लिए उनके पास थी नहीं, सिवाय इस बेहद कमज़ोर दलील के कि काकोरी कांड के मामले की सुनवाई के वक़्त दिन-दिन भर लखनऊ की अदालत में बैठे हुए और गवाहियों को बेहद ग़ौर से सुनते हुए ख़ुफ़िया पुलिस द्वारा उसे देखा गया था।

इस बाबत काकोरी कांड में अभियुक्त रामकृष्ण खत्री के आत्मकथ्य 'शहीदों की छाया में' की प्रस्तावना में बिजोय कुमार सिन्हा ने लिखा भी है : 'मुक़दमे के दौरान कार्रवाई देखने का मौक़ा अकसर मुझे हासिल हुआ क्योंकि अभियुक्तों में से एक बनारस हिन्दू यूनिवर्सिटी के विद्यार्थी मेरे बड़े भाई राजकुमार

सिन्हा की वजह से अदालत में अन्दर होने की अनुमति मुझे दी गई। एक दिन सरदार भगतसिंह को मैं अपने साथ ले जाने का उपाय कर सका क्योंकि इसके लिए वह उत्सुक था। उन दिनों हम लोग काकोरी मुक़दमे के विचाराधीन क़ैदियों के जेल से निकल भागने की व्यवस्था करने की योजना बना रहे थे। मुझे बहुत अच्छे से याद है कैसे हम शाम को वापस आते और साथ बैठते, अदालत के कमरे के कटघरे में सभी अभियुक्तों को देखने के प्रेरणादायक तथा मर्मस्पर्शी प्रभाव के बारे में बातें करते हुए।' ('शहीदों की छाया में', पृ. 17)

6 अप्रैल, 1927 को काकोरी षड्यंत्र मुक़दमे में सत्र न्यायालय का फ़ैसला आ गया। रामप्रसाद बिस्मिल, राजेन्द्र लाहिड़ी और रोशन सिंह को फाँसी। शचीन्द्रनाथ सान्याल को कालापानी। जोगेशचन्द्र चटर्जी को दस साल बामुशक़्क़त क़ैद। शचीन्द्रनाथ बख़्शी तथा अशफ़ाक़उल्ला ख़ान बाद में गिरफ़्तार हुए थे इसलिए उन पर अलग से मुक़दमा सप्लीमेंट्री काकोरी केस के नाम से चल रहा था। अवध के मुख्य न्यायालय में, जो बाद में इलाहाबाद उच्च न्यायालय बना, अपील की तैयारी हो रही थी। 'काकोरी के वीरों से परिचय' लेख द्वारा भगतसिंह ने इस फ़ैसले के ख़िलाफ़ अपील जनता की अदालत में पेश कर दी, पंजाबी में छपनेवाली पत्रिका 'किरती' के मई, 1927 के अंक में जिसे उसने 'विद्रोही' छद्मनाम से छपवाया। अपनी इस अपील में एक तरफ़ तो 'काकोरी के वीरों' की अपनी जान पर बेफ़िक्री से खेल जाने की अदा पर वह फ़िदा नज़र आता है, तो दूसरी तरफ़ अपने हिन्दुस्तानी भाइयों की बुज़दिली से वह तकलीफ़ज़दा भी ज़ाहिर होता है। उसने लिखा :

'6 अप्रैल को फ़ैसला सुनाया गया, उस दिन सभी वीर गाते आए थे—

सरफ़रोशी की तमन्ना, अब हमारे दिल में है,
देखना है ज़ोर कितना बाज़ु-ए-क़ातिल में है!

सज़ाएँ लापरवाही से सुनीं और हँस दिये। जिन्हें फाँसी की सज़ा मिल गई, जिन्हें उम्रभर के लिए जेल में बन्द कर दिया गया, उनके दिलों का हाल हम नहीं समझ सकते। क़दम-क़दम पर रोनेवाले हिन्दुस्तानी, यों ही थर-थर काँपने लग जानेवाले कायर हिन्दुस्तानी, उन्हें क्या समझ सकते हैं? हम लोग एक आह भरकर समझ लेते हैं कि हमारा फ़र्ज़ पूरा हो गया। हमें आग नहीं लग उठती, हम तड़प नहीं उठते, हम इतना मुर्दे हो गए हैं!'

जज़्बात की कैसी आग यह लिखते हुए लेखक के दिल में उठी होगी; कैसी तड़पन उसने महसूस की होगी, इन लफ़्ज़ों को पढ़कर उसका अहसास हर पाठक को यक़ीनन हुआ होगा। शहीदों को याद करके ख़ुद तो जज़्बात की रौ में बहता ही था भगतसिंह, दूसरों को भी वह बहा ले जाता था।

क्रान्ति-प्रयासों के इस दूसरे दौर में शचीन्द्रनाथ सान्याल क्रान्तिकारियों के पितृ-पुरुष समझे जाते थे। सत्र न्यायालय के फ़ैसले के ख़िलाफ़ लगाई गई याचिका पर फ़ैसला होने तक हिन्दुस्तान की ही किसी जेल में वे इस समय बन्द थे। इन्हीं दिनों उनकी किताब 'बन्दी जीवन' का भगतसिंह ने पंजाबी में अनुवाद किया। किरती पत्रिका के मई-जून, 1927 के अंकों में उसका विज्ञापन छपवाया। वर्ष 1922 में बँग्ला भाषा में लिखी गई यह किताब क्रान्तिकारियों के लिए उन दिनों गीता से कम नहीं थी।

अंग्रेज़ों की 'सर्वव्यापी' सी.आई.डी. की नज़र तो भगतसिंह पर बनी ही हुई थी। 27 मई, 1927 को लाहौर के रेलवे स्टेशन पर उसे तब गिरफ़्तार कर लिया गया जब कानपुर से वह लौट रहा था। उसके ख़िलाफ़ कार्रवाई के लिए कोई ठोस सबूत तो पुलिस के पास था नहीं, लिहाज़ा पुलिसवालों ने उसके ख़िलाफ़ एक झूठा केस बना दिया। लाहौर से प्रकाशित होनेवाले अख़बार 'ट्रिब्यून' के अनुसार वर्ष 1926 में दशहरे पर लाहौर में हुए बम धमाके से नौ लोगों की मृत्यु हुई थी और लगभग पचास लोग घायल हुए थे। उन मौतों के लिए पुलिस ने उसे ज़िम्मेदार ठहरा दिया।

रेलवे पुलिस की हवालात से उसे लाहौर क़िले ले जाया गया। सबसे ज़्यादा ख़तरनाक समझे जानेवाले अपराधी यहीं पर क़ैद किये जाते थे, और वह अपराध उससे क़बूलवाने के लिए जो उसने किया ही नहीं था, एक माह से भी अधिक समय तक बेहद ही तकलीफ़देह यंत्रणाएँ भगतसिंह को यहाँ दी गईं। उसके हाथों और पैरों को खम्भे से बाँधकर डामर में लिपटा हुआ तोबड़ा उसके मुँह पर लगाकर नीचे आग सुलगा देना तो इतना तकलीफ़देह था कि उसका बयान मुमकिन ही नहीं! ऐसा महसूस होता कि वह आग उसके गले से होती हुई उसके सीने के अन्दर उतर गई है। ऐसा दम घुटता उसका कि उसकी जान नहीं निकली, बस यही गनीमत थी।

फिर 'अचानक' पुलिस का कोई बड़ा अफ़सर मुआयने पर आ धमका और वहाँ मौजूद सिपाहियों को ज़बर्दस्त डाँट पिलाई कि इस 'बेचारे' पर क्यों बेवजह इतना ज़ुल्म वे लोग कर रहे हैं। भगतसिंह के हाथ-पैर खुलवाकर अपने सामने उसने उसे 'बाइज़्ज़त' बैठाया; उसके लिए मिठाई और शरबत मँगवाया। साथ ही, उसकी इस हालत पर उससे सहानुभूति जताते हुए उसे भरोसा दिलाया कि क्रान्तिकारी दल के बारे में अगर वह साफ़-साफ़ सब बता देगा तो न सिर्फ़ उसे छोड़ दिया जाएगा, सो भी बतौर मुख़बिर अदालत में उसे पेश किये बग़ैर, बल्कि बलवाइयों के ख़िलाफ़ 'न्यायप्रिय' ब्रिटिश सरकार की मदद करने के 'देशभक्तिपूर्ण' कार्य के लिए इनाम-ओ-इकराम से उसे मालामाल कर दिया जाएगा। यह सुनकर भगतसिंह हँसकर रह गया।

तब एक और भी बड़े अफ़सर आए। उन्होंने और भी ज़्यादा आवभगत उसकी की तथा 'दिली' सहानुभूति उससे जताते हुए बड़े ही खेद भरे स्वर में बोले कि क्रान्तिकारी दल के बारे में जो भी मालूमात उसके पास हैं, अगर अब भी उसने उजागर नहीं कीं तो काकोरी कांड में उसे भी अभियुक्त बनाकर ब्रिटिश सम्राट के विरुद्ध युद्ध छेड़ने का षड्यंत्र रचने के जुर्म में उस पर मुक़दमा चलाया जाएगा। साथ ही दशहरे पर बम फटने से मारे गए लोगों की हत्या करने के इलज़ाम में भी उस पर मुक़दमा चलेगा जिसमें तो उसे फाँसी लगना तय ही है, क्योंकि उसके इस जुर्म को साबित करने के लिए पुलिस के पास पुख़्ता और काफ़ी सबूत हैं।

भगतसिंह के सिर्फ़ चार फ़ोटो उपलब्ध हैं। एक स्कूल के दिनों का, एक नेशनल कॉलेज के दिनों का, एक एसेम्बली में विस्फोट करने के समय का सिर पर हैट लगाए हुए और क्लीन-शेव्ड', तथा चौथा इस पूछताछ के दौरान उसकी नाजानकारी में खींचा गया। इस फ़ोटो में भगतसिंह काफ़ी दुबला-पतला नज़र आ रहा है—कोहनी के नीचे से लटक रही आस्तीनों में से झाँकती हुई उसकी बाँहों तथा नेकर के नीचे दिख रहे उसके घुटनों और टाँगों से तो कुछ ज़्यादा ही। मूँज की रस्सी से बुनी हुई खटिया पर वह बैठा है जो नीचे को झोल खा रही है, जिसकी वजह से उसके घुटने असुविधाजनक रूप से कुछ ज़्यादा ही मुड़े हुए हैं। एक फटा-सा तकिया भी खटिया पर रखा है। यानी इसी खटिया पर वह सोता होगा। बाएँ हाथ में उसके हथकड़ी लगी है जो खटिया के बाँस के साथ बँधी है। सिर के बाल ऊपर बँधे हुए। दाढ़ी है पर घनी नहीं। उसके सामने कुर्सी पर गोपाल सिंह पन्नू, ख़ुफ़िया विभाग के डी.एस.पी. सफ़ेद सलवार, कुरता पहने व सफ़ेद पगड़ी बाँधे हुए बैठे हैं। क्रान्तिकारियों से 'पूछताछ' कर भेद उगलवाने का उनके पास पन्द्रह साल से ज़्यादा का अनुभव था। वर्ष 1915-16 में 'ग़दर' विद्रोह के अभियुक्तों से राज़ इन्हीं ने उगलवाए थे।

भगतसिंह से भी वे शायद कुछ पूछ रहे हैं। जवाब में भगतसिंह के होंठों पर मुस्कान है। चिन्ता या भय का चेहरे पर नामोनिशान नहीं—बावजूद इसके कि काकोरी कांड के मुक़दमे की सुनवाई के दौरान भगतसिंह बख़ूबी यह जान चुका था कि किसी को भी किसी भी अपराध में पुलिस मुजरिम ठहरा सकती है, और इसके लिए सबूत जुटाना भी उसके लिए मुश्किल नहीं। बेरहमी से यंत्रणाएँ देकर एक तरफ़ तो क्रान्तिकारी दल के कुछ सदस्यों को पुलिस ने मुख़बिर बनने पर मजबूर कर दिया था और दूसरी तरफ़ लालच देकर झूठे गवाह भी उसने खड़े कर दिये थे।

क्रान्तिकारी दल के सदस्यों की मुखबिरी ने दल की साख जनता की नज़रों में मिट्टी में मिला दी थी। इन क्रान्तिकारियों को जाननेवाले और अब तक उनकी

सराहना करनेवाले लोग भी अब उनकी आलोचना करने लगे। कहा जाने लगा कि ये अंग्रेज़ पिछले जन्मों में लाल मुँहवाले बन्दर थे जिन्होंने राम जी की सेना बनकर सीता मैया को रावण के चंगुल से छुड़ाया था। तब रामजी ने इन्हें वर दिया था कि कलियुग में इनका पूरी दुनिया पर राज चलेगा। रामजी की बात भला कैसे ग़लत हो सकती है?

जो लोग पहले ही से क्रान्तिकारियों के ख़िलाफ़ थे उन्हें तो, और उनको भी जिन्हें ये लोग अपना नेता मानते थे, क्रान्तिकारियों पर हँसने का मौक़ा मिल गया। 'चतुर-सुजान' अब इन 'नादान' बालकों को समझाने लगे कि फ्रांस और रूस में क्रान्ति भले ही हो गई, हिन्दुस्तान में तो क्रान्ति मुमकिन ही नहीं। "इतिहास उठाकर देख लो! मुसलमान सुलतानों ने क्या कम ज़ुल्म किये थे? मगर क्रान्ति की कोशिश तो दूर की बात है, क्रान्ति की सुगबुगाहट तक नहीं हुई। हमने कोई धूप में बाल सफ़ेद नहीं किये! हम जानते हैं कि हमारे देशवासी क्या कर सकते हैं और क्या नहीं। हमारे देश में क्रान्ति-व्रान्ति नहीं हो सकती। हिन्दुस्तान कोई रूस थोड़े ही है!"

यह सब सुनकर भगतसिंह के मन में भी सन्देह हो चला कि ये बुद्धिमान लोग शायद सही कहते हैं। जिस रास्ते पर वह और उसके साथी चल रहे हैं, शायद सही रास्ता नहीं। कि इस रास्ते पर केवल असफलता है। बरबादी है। पं. किशोरीलाल, असहयोग आन्दोलन में शिरकत कर जिन्होंने बहुत ही कम उम्र में 'ब्रिटिश मेहमाननवाज़ी' का लुत्फ़ उठा लिया था और फिर भगतसिंह के साथ हुई पहली मुलाक़ात में ही जो क्रान्तिकारी दल में शामिल हो गए थे, याद करते हैं : 'लोग हम पर हँसते थे कि देखो ये लड़के बर्तानवी साम्राज्यवादियों से टक्कर लेने चले हैं! वास्तव में लोग उस समय ब्रिटिश साम्राज्यवादियों की ताक़त से आतंकित थे।' ('क्रान्ति का साक्ष्य', पृ. 244)

तब से ही, यानी पिछले लगभग एक साल से वह बड़ी कशमकश में था। और उसके बाद से ही उसने दुनिया भर की किताबें हासिल कर उन्हें पढ़ना और उन पर मनन-चिन्तन करना शुरू कर दिया था—मज़ाक उड़ानेवाले लोगों को जवाब देने और समझाइश देनेवालों को समझाने के लिए भी। साथ ही, यह समझने की कोशिश में भी वह लग गया कि क्रान्ति वास्तव में है क्या? कि क्रान्ति का सही मतलब क्या है? कि जहाँ भी क्रान्ति हुई, और जब भी क्रान्ति हुई तो किन हालात में हुई? और कैसे हुई? उनके हालात से हमारे हालात कितने जुदा हैं, या नहीं हैं?

इस प्रक्रिया में उसने मार्क्स को पढ़ा; फ्रेडरिक एंगेल्स को और लेनिन को भी; बाकुनिन को और प्रिन्स क्रोपोत्किन को भी। किसी सर्वशक्तिमान ईश्वर की अवधारणा में इनमें से कोई भी यक़ीन नहीं करता था। इन्हें पढ़ते-पढ़ते उसे भी

यह विश्वास होने लगा कि ईश्वर का वस्तुतः कोई अस्तित्व ही नहीं। शोषणकारी व्यवस्था को समाज में क़ायम रखने में जिनका स्वार्थ निहित है, उन्होंने ही दरअसल ईश्वर का 'आविष्कार' किया है। भोलीभाली जनता को धर्म की घुट्टी गहरे षड्यंत्र के तहत उन्होंने ही इस उद्देश्य से पिलाई है कि वे चुपचाप, बिना चूँ-चपड़ किये इस अन्यायपूर्ण व्यवस्था की चक्की में पिसते रहें।

जेल जाने का उसका यह पहला मौक़ा था और जेल में दी जानेवाली अमानवीय यंत्रणाओं को—यंत्रणाएँ जिनके बारे में अब तक उसने सिर्फ़ पढ़ा और सुना ही था, अंडमान में कालापानी की सज़ा भुगतनेवाले जाँबाज़ 'ग़दरियों' और बहादुर क्रान्तिकारियों में से कई को जिन यंत्रणाओं ने ख़ुदकुशी करने पर मजबूर कर दिया था—पहली बार उसने ख़ुद भुगता। और पहली बार अपने इस नये विश्वास यानी सर्वशक्तिमान, सर्वव्यापी, सर्वज्ञ ईश्वर के अस्तित्व में अविश्वास की परीक्षा करने का मौक़ा उसे हासिल हुआ। दुःख और तकलीफ़ में इनसान भगवान को याद करने लगे, यह बहुत स्वाभाविक है। बल्कि यह इनसानी फ़ितरत है। उस वक़्त जेल में वह भी ऐसे ही तकलीफ़ भरे मुश्किल और हताश मानसिकता वाले दौर से गुज़र रहा था, ईश्वर पर भरोसा जब उसे दिलासा दे सकता था। निराशा के गर्त से उसे उबारकर तकलीफ़ सहन करने की ताक़त उसे दे सकता था। उसे धैर्य दे सकता था। कुछ 'हमदर्द' पुलिस वाले उसे समझाने लगे कि सुबह-शाम वह भगवान से प्रार्थना किया करे ताकि जल्द-से-जल्द इस नरक से उसकी छुट्टी हो जाए। इस सलाह को लेकर कई रोज़ तक उसके मन में उथल-पुथल मची रही; रातों की नींद उड़ा देनेवाली क़शमक़श से वह दो-चार होता रहा। लेकिन आख़िर में यह निश्चय उसे हो ही गया कि ईश्वर में विश्वास करने और उसकी प्रार्थना करने के लिए वह ख़ुद को राज़ी नहीं कर सकता। और उसने प्रार्थना नहीं की। यह सब उसने 'क्यों हूँ मैं नास्तिक?' शीर्षक से अक्टूबर, 1930 में लाहौर की बोर्स्टल जेल में लिखे गए लेख में ख़ुद बताया है।

अपने बेटे को रिहा करवाने के लिए सरदार किशनसिंह ने ऐसा कोई दरवाज़ा नहीं रख छोड़ा जिसे उन्होंने न खटखटाया हो। हाकिमों से दरख़्वास्त की; कौन्सिल के सदस्य नेताओं से गुज़ारिश की; वकीलों की जान खाई और आख़िरकार साठ हज़ार रुपये की जमानत पर उसकी रिहाई का आदेश हासिल करने में वे कामयाब हो ही गए। सोने का भाव जब बाईस रुपये तोले से भी कम था, साठ हज़ार की रक़म एक बहुत बड़ी रक़म थी। बाज़ार में सरदार किशनसिंह जी की जो साख़ थी और उनके लिए इज़्ज़त और भरोसे का जो जज़्बा लोगों के दिलों में था, उसी वजह से इतनी बड़ी रकम की जोख़िम लेने को दो जमानतदार तैयार हुए थे। वे लोग किसी मुश्किल में न फँस जाएँ इस ख़याल से ही लाहौर से तक़रीबन छह-सात मील दूर खरासियाँ गाँव में,

सरदार किशनसिंह ने हाल ही में जहाँ खेती का कुछ रक़बा खरीदा था, भैंसों की दूध-डेरी भगतसिंह के लिए लगवा दी—जिससे कि वह उन 'आवारा और बदमाश छोकरों' की संगत से दूर हो जाए जो कि सरदार किशनसिंह की राय में उनके बेटे के जेल जाने की असल वजह थे। अपने दो भाइयों को तो वे खो ही चुके थे, अब अपने इकलौते बेटे और ख़ानदान के चिराग़ को भी उनके ही रास्ते पर जाने से वे रोकना चाहते थे। बड़े बेटे जगतसिंह की मृत्यु वर्ष 1915 में सन्निपात ज्वर के कारण हो चुकी थी। तब वह मात्र 11 वर्ष का था।

भगतसिंह ने भी बिना कोई ना-नुकुर किये डेरी का काम सँभाल लिया। एचआरए और फिर एचएसआरए के सदस्य रहे क्रान्तिकारी रामदुलारे त्रिवेदी, काकोरी केस में जिन्हें पाँच साल की सज़ा हुई थी, बताते हैं : 'लाहौर में डेरी के दूध की ख़ूब माँग हुई। डेरी ज़ोरों से चल निकली। काम में भगतसिंह ने भी दिलचस्पी ली। नौकर के साथ सब काम सफ़ाई, धुलाई, चारा-पानी, कुट्टी काटना ख़ुद वे भी करने लगे। पर साथ में पढ़ना और गुप्त समिति का संगठन मज़बूत करना बराबर जारी था। कलम और गँड़ासा एक ही साथ, और एक ही ख़ूबी से काम कर रहे थे। डेरी भी चल रही थी और लेख लिखकर समाचार-पत्रों द्वारा प्रचार भी हो रहा था।' ('शहीद सरदार भगतसिंह', लेखक रामदुलारे त्रिवेदी; ; प्रकाशक त्रिवेदी ऐंड कम्पनी नयागंज कानपुर; संस्करण वर्ष 1938, पृ. 19)

फिर दूध से भरे बड़े-बड़े हंडे एक ऊँटगाड़ी में लादकर भगतसिंह ख़ुद ही लाहौर ले जाता। यशपाल याद करते हैं : 'एक दिन भगतसिंह को मैंने ऊँटगाड़ी से शहर जाते हुए देखा। वह गाड़ीचालक के स्थान पर बैठा हुआ सिर्फ़ अपनी किताब पढ़ रहा था।' लाहौर पहुँचकर हलवाई को वह हंडे गिनवाता, दूध का हिसाब करता, पैसों की वसूली करता और डेरी के लिए ज़रूरी सामान भी ख़रीद लाता। उन दिनों की याद करते हुए दुर्गा भाभी बताती हैं : 'वह सादे तौर पर रहता था, गाँव से आता था अपना दूध-वूध लेकर, जूते में उसके पैबन्द लगे रहते थे। और पगड़ी आधी लटकी हुई।' (नेहरू म्यूज़ियम ज़बानी इतिहास, दुर्गा देवी वोहरा खाता सं. 369, पृ. 34)

जिन दिनों वह डेरी में व्यस्त था, उसे ख़बर मिली कि उसकी माँ विद्यावती बहुत बीमार हैं। फ़ौरन वह अपने गाँव बंगा के लिए चल पड़ा। माँ की सेवा करते हुए वह कभी-कभी गाँव में लोगों से मेल-मुलाक़ात करने, अपने पुराने जान-पहचानवालों की राज़ी-ख़ुशी पूछने भी निकल जाता। ऐसे ही एक रोज़ गाँव की गलियों में घूमते हुए वह अपने मित्र अमरचन्द के घर उसकी खोज-ख़बर लेने जा पहुँचा। बंगा गाँव की प्राथमिक शाला में अमरचन्द और करमसिंह बालक भगतसिंह के सहपाठी थे और निकट मित्र भी। आगे पढ़ने के लिए दोनों ही विलायत चले गए थे, अमरचन्द अमेरिका और करमचन्द इंग्लैंड।

अमरचन्द द्वारा भेजा गया एक पत्र वहाँ उसके पढ़ने में आया। बचपन की स्मृतियाँ घुमड़ आईं और वापस आकर वह अपने दोस्त को पत्र लिखने बैठ गया।

प्यारे भाई अमरचन्द जी,
नमस्ते,

अर्ज़ है कि इस दफ़ा अचानक माँ के बीमार होने पर इधर आया और आपकी मोहतरिमा वाल्दा के दर्शन हुए। आपका ख़त पढ़ा। इसके लिए यह ख़त लिखा। साथ ही दो-चार अल्फ़ाज़ लिखने का मौक़ा मिल गया। क्या लिखूँ, करमसिंह विलायत गया है, उसका पता भेजा जा रहा है। अभी तो उसने लिखा है कि लॉ पढ़ेगा, मगर कैसे चल रहा है, सो ख़ुदा जाने, ख़र्च बहुत ज़्यादा हो रहा है।

भाई, हमारी मुमालिक ग़ैर [मुल्क] में जाकर तालीम हासिल करने की ख़्वाहिश ख़ूब पायमाल हुई। अच्छा, तुम्हीं लोगों को सब मुबारक़, कभी मौक़ा मिले तो कोई अच्छी-अच्छी क़ुतब भेजने की तकलीफ़ उठाना। आख़िर अमेरिका में लिट्रेचर तो बहुत है। ख़ैर, अभी तो अपनी तालीम में बुरी तरह फँसे हुए हो।

सानफ्रांसिस्को वग़ैरह की तरफ़ से सरदार जी [चाचा अजीतसिंह] का शायद कुछ पता मिल सके। कोशिश करना। कम-अज़-कम ज़िन्दगी का यक़ीन तो हो जाए। मैं अभी लाहौर जा रहा हूँ। कभी मौक़ा मिले तो ख़त तहरीर फ़रमाइएगा। पता सुतार मंडी लाहौर होगा। और क्या लिखूँ? कुछ लिखने को नहीं है। मेरा हाल भी ख़ूब है। बारहा मुसायब का शिकार होना पड़ा। आख़िर केस वापस ले लिया गया। बादजां फिर गिरफ़्तार हुआ। साठ हज़ार की जमानत पर रिहा हूँ। अभी तक कोई मुक़दमा मेरे ख़िलाफ़ तैयार नहीं हो सका। और ईश्वर ने चाहा तो हो भी नहीं सकेगा। आज एक बरस होने को आया, मगर जमानत वापस नहीं ली गई। जिस तरह ईश्वर को मंज़ूर होगा। ख़्वाहमख़्वाह तंग करते हैं। भाई, ख़ूब दिल लगाकर तालीम हासिल करते चले जाओ।

आपका ताबेदार
भगतसिंह

अपने मुताल्लिक और क्या लिखूँ, ख़्वाहमख़्वाह शक़ का शिकार बना हुआ हूँ। मेरी डाक रुकती है। ख़तूत खोल लिये जाते हैं। न जाने मैं कैसे इस क़दर शक़ की निगाह से देखा जाने लगा। ख़ैर भाई, आख़िर सच्चाई सतह पर आएगी और इसी की फतह होगी।' ('सरदार भगतसिंह पत्र और दस्तावेज़' सम्पादक वीरेन्द्र सिन्धु; प्रकाशक राजपाल एंड सन्स, संस्करण वर्ष 2018, पृ. 23)

[पायमाल = बरबाद; क़ुतब = किताब; बारहा = कई बार; मुसायब = मुसीबतों; बादजां = बाद में; ख़तूत = पत्र।]

'द ट्रिब्यून' के 26 मार्च, 2018 के अंक में अमरचन्द के बेटे राजिन्दर लखनपाल का एक साक्षात्कार छपा था, जो बंगा गाँव से 27 किलोमीटर दूर गाँव जडला में तब निवासरत था। उसने बताया कि उसके पिता और करमचन्द तथा भगतसिंह चक बंगा गाँव के प्राथमिक स्कूल में साथ-साथ पढ़े थे। जैतो मोर्चा की सेवा में उसके पिता भगतसिंह के साथ थे। वर्ष 1925 में वे अमेरिका चले गए। भगतसिंह ने जो ख़त उसके पिता को उर्दू में लिखा था, वह अब भी उसके पास है। उसमें लिखा है : 'वीर मेरी विदेश जा के विद्या हासिल करन दी ख़्वाहिश बर्बाद हो गई। ख़ैर भाई, अखिर सचाई सत्त ते आएगी अते उसदी जित होवेगी।

('www.tribuneindia.com/news/archive/punjab/bhagat-singh-s-associates-who-faded-into-oblivion' पर उपलब्ध।]

इस पत्र को पढ़कर अजीब परेशानी मैंने महसूस की। इस क़दर निराशा और हताशा! अपनी ज़िन्दगी के बाबत ऐसे जज़्बात तो भगतसिंह की शख़्सियत के साथ इत्तिफ़ाक़ क़तई नहीं रखते! न केवल मुश्किलों में हमेशा अपना हौसला ऊँचा बनाए रखनेवाला इनसान था वह, बल्कि मुश्किलों को कुश्ती के लिए ताल ठोककर अपने पास बुलानेवाला इनसान था। वह ऐसा शख़्स था जिसे चुनौतियों से जूझने में ही मज़ा आता था। लेकिन कुछ तो ऐसा हुआ उस समय जो उसकी कलम से ऐसे अल्फ़ाज़ निकले। उस समय की उसकी निराशा भरी मनोदशा का कुछ अनुमान 'सरदार भगतसिंह' शीर्षक से किसी मास्टर के.एल. गुप्ता द्वारा प्रकाशित पुस्तिका से भी होता है।

भगतसिंह की मृत्यु के फ़ौरन बाद उसकी शहादत को लेकर लिखे गए पर्चों और पुस्तिकाओं की जैसे बाढ़ आ गई थी। ब्रिटिश सरकार फ़ौरन ही इस 'राजद्रोहात्मक' सामग्री को ज़ब्त करने में जुट गई। मास्टर के.एल. गुप्ता द्वारा प्रकाशित यह पुस्तिका भी ज़ब्त कर 'इम्पीरियल रिकॉर्ड डिपार्टमेंट' में जमा कर दी गई। इस पर लगी सील में ज़ब्त की हुई पुस्तिका को प्राप्त करने की तारीख दर्ज है 8 अगस्त, 1931।

इस पुस्तिका के पृष्ठ 16 पर लेखक मास्टर के.एल. गुप्ता यह दावा करते हैं कि 'सरदार भगतसिंह पर साज़िश के सम्बन्ध में मुक़दमा चला तो वे लाहौर के शाही क़िले में रखे गए थे। उस समय उन्होंने अपनी कोठरी में कोयले से यह नज़्म अपनी दीवार पर लिखी थी वह अब तक मौजूद है। नीचे उनके दस्तखत और लिखने की तारीख है। नज़्म बहुत मशहूर है।

न किसी की आँख का नूर हूँ, न किसी के दिल का क़रार हूँ;
जो किसी के काम न आ सके, वह मैं एक मुश्ते गुबार हूँ।'

इस नज़्म को चौदह पंक्तियों में दिया गया है और आख़िरी पंक्ति है,

जो बिगड़ गया वो नसीब हूँ, जो उजड़ गया वह दयार हूँ।

साथ ही, भगतसिंह का यह लिखना भी समझ से परे है कि 'ख़्वाहमख़्वाह शक़ का शिकार बना हुआ हूँ। न जाने मैं कैसे इस क़दर शक़ की निगाह से देखा जाने लगा।' जबकि इस समय तक वह 'हिन्दुस्तान रिपब्लिकन एसोसिएशन' यानी 'हिन्दुस्तान गणतंत्रवादी संघ' का सक्रिय और महत्त्वपूर्ण सदस्य बन चुका था। पंडित रामप्रसाद बिस्मिल, जो उस समय 'हिन्दुस्तान गणतंत्रवादी संघ' के सशस्त्र दल या 'हिन्दुस्तान गणतंत्रवादी सेना' के मुखिया थे, के नेतृत्व में अशफ़ाक़उल्ला ख़ान, मन्मथनाथ गुप्त व चन्द्रशेखर आज़ाद के साथ मिलकर उस समय के संयुक्त प्रान्त, वर्तमान उत्तरप्रदेश, के पीलीभीत जिले के गाँव बिचपुर या बमरौली में मार्च, 1925 में डाली गई डकैती में भी वह शामिल हो चुका था।

इस पत्र को पढ़कर यह असमंजस भी उत्पन्न होता है कि एक तरफ़ तो भगतसिंह दावा करता है कि वह नास्तिक हो चुका है, जिस विश्वास की परीक्षा वह जेल में रहते हुए सफलतापूर्वक कर चुका है। और दूसरी तरफ़ इस पत्र में 'सो ख़ुदा जाने' लिख रहा है और फिर यह भी लिख रहा है कि 'ईश्वर ने चाहा तो' और 'जिस तरह ईश्वर को मंज़ूर होगा।'

ऐसे में यह सवाल मन में उठना स्वाभाविक है कि क्या वाक़ई वह नास्तिक हो चुका था?

जिस महीने उसकी जमानत रद्द हुई यानी फरवरी, 1928 में, उसका एक लेख छपा था हिन्दी पत्रिका 'महारथी में' 'कूका विद्रोह' शीर्षक से। उसमें उसने लिखा कि सिक्खों में एक उप सम्प्रदाय है, जो 'नामधारी' या कूका कहलाता है। आगे वह इस सम्प्रदाय के धर्मगुरु रामसिंह के कतिपय चमत्कारों का जिक्र करने के बाद लिखता है : 'जो भी हो, इतना तो मानना ही पड़ेगा कि गुरु जी ईश्वर-भक्ति तथा उच्च चरित्र के कारण एक महान शक्तिशाली महापुरुष थे।' और इस लेख का अन्त इस तरह होता है : 'गुरु रामसिंह जी की हसरतें दिल-की-दिल ही में रह गई थीं। उनके शेष सभी अनुयायियों का आत्मबलिदान भी विस्मृत हो गया। उन अज्ञात लोगों के बलिदानों का क्या परिणाम हुआ, सो वही सर्वज्ञ भगवान जाने।' ('दस्तावेज़ चमनलाल, पृ. 112, 118.)

उसी साल अक्टूबर के महीने में भगतसिंह ने 'विद्रोही' के छद्मनाम से पंजाबी भाषा की पत्रिका 'किरती' में 'कूका विद्रोह' के शीर्षक से एक लेख और लिखा। इसमें वह लिखता है : 'बड़ा भारी आन्दोलन उठा। उसे दबाने की कोशिश की गई। कुछ ईश्वर ने स्थिति भी ऐसी ही पैदा कर दी—वह आन्दोलन भी कुचल दिया गया।' (उपर्युक्त, पृ. 119)

भगतसिंह की कलम से निकले ये अल्फ़ाज़ भी उसकी नास्तिकता पर प्रश्नचिह्न लगाते हैं। क्या यह सम्भव नहीं कि धर्म और ईश्वर के नाम पर हो

रहे हिन्दू-मुस्लिम दंगों और उन दंगों में उन दिनों हो रही हिंसा से दुखी होकर ही उसके मन में इस 'प्रतिक्रियात्मक' नास्तिकता का उदय हुआ हो?

अप्रैल, 1928 में 'नौजवान भारत सभा का घोषणापत्र' जारी हुआ। साम्प्रदायिक तनाव को लेकर उसमें इन शब्दों में अफ़सोस ज़ाहिर किया गया। : 'पीपल की एक डाल काटी जाती है और हिन्दुओं की धार्मिक भावनाएँ आहत हो जाती हैं। बुतशिकन मुसलमानों के काग़ज़ के बुत ताज़िया का एक कोना टूट जाता है और अल्लाह कुपित हो जाता है, जो फिर हिन्दू काफ़िरों के ख़ून से कम में सन्तुष्ट नहीं हो सकता। धार्मिक अन्धविश्वास और कट्टरता हमारी प्रगति में बड़ी अड़चन हैं। हमारे मार्ग में वे बाधा सिद्ध हुए हैं और उनको हमें नष्ट कर देना होगा।' (उपर्युक्त, पृ. 233)

राजाराम शास्त्री बताते हैं : 'साम्प्रदायिक दंगों से भगतसिंह बहुत दुखी और क्रुद्ध हो जाते थे। उनका कहना था कि ईश्वर के नाम पर ये दंगे होते हैं। भगतसिंह कभी-कभी यहाँ तक कह डालते थे, "जब तक ईश्वर का बोलबाला रहेगा तब तक इनसानों में कभी भाईचारा नहीं बढ़ेगा। यदि मनुष्य को एकता और भाईचारे के सूत्र में बाँधना है तो मानव समाज को पहले 'ईश्वर के अस्तित्व' से मुक्ति दिलानी होगी।" ('क्रान्ति का साक्ष्य', पृ. 100)

भगतसिंह के बचपन के मित्र जयदेव गुप्त ने भी कुछ ऐसी ही वजह भगतसिंह के नास्तिक होने की बताई : 'हमारी ग़ुलामी के कारणों के सावधानीपूर्वक तथा गहन अध्ययन के बाद उसने ईश्वर में विश्वास पूर्णतः खो दिया। उसने पाया कि की जिस ढंग से धर्म की शिक्षा दी जाती और उस पर अमल किया जाता था, शासकों के हाथ में औज़ार हैं और हमारी ग़ुलामी की एक मुख्य वजह भी।' (नेहरू म्यूज़ियम ज़बानी इतिहास, जयदेव गुप्त खाता सं. 346, पृ. 9) 'वह इस निर्णय पर पहुँचा कि शारीरिक ग़ुलामी को हटाने के लिए हमें मानसिक ग़ुलामी को दूर करना होगा। ईश्वर सिर्फ़ मानसिक ग़ुलामी सृजन करता है और हमारे ब्रिटिश शासकों के आयुधागार में यह सर्वाधिक प्रभावी हथियार है। जब भी उन्हें अपने उद्देश्यों के लिए साम्प्रदायिक सामंजस्य को भंग करना होता वे विभिन्न धर्मों के मुखियाओं को एक-दूसरे से भिड़ा देते और बड़े स्तर पर साम्प्रदायिक उन्माद पैदा कर देते। सारे झगड़े केवल ईश्वर के नाम पर ही होते थे। ईश्वर के स्थान पर उसने मानवता को रख दिया और धर्म के स्थान पर मानवता की सेवा को। जनता को यह सिखाना होगा अगर उन्हें हम मानसिक ग़ुलामी से मुक्त करना चाहते हैं। इस बनाए हुए धर्म को भगतसिंह ने अलविदा कह दिया और पूरी तरह नास्तिक हो गया। ग़ुलाम का कोई मज़हब नहीं सिवा ग़ुलामी के।' (उपर्युक्त, पृ. 35-6)

'साम्प्रदायिक दंगे और उनका इलाज' शीर्षक से भगतसिंह का जो लेख 'किरती' पत्रिका के जून, 1928 के अंक पंजाबी भाषा में छपा, यही बात वह उसमें भी कहता है :

'भारतवर्ष की दशा इस समय बड़ी दयनीय है। एक धर्म के अनुयायी दूसरे धर्म के अनुयायियों के जानी दुश्मन हैं। अब तो एक धर्म का होना ही दूसरे धर्म का कट्टर शत्रु होना है। जब स्थिति ऐसी हो तो हिन्दुस्तान का ईश्वर ही मालिक है। इन 'धर्मों' ने हिन्दुस्तान का बेड़ा ग़र्क कर दिया है। इन दंगों ने संसार की नज़रों में भारत को बदनाम कर दिया है। भारत के नवयुवक अब वैसे धर्मों से जो परस्पर लड़ाना व घृणा सिखाते हैं, तंग आकर हाथ धो रहे हैं और उनमें इतना खुलापन आ गया है कि वे भारत के लोगों को धर्म की नज़र से हिन्दू, मुसलमान या सिक्ख-रूप में नहीं, वरन् सभी को पहले इन्सान समझते हैं, फिर भारतवासी। यदि धर्म को अलग कर दिया जाय तो राजनीति पर हम सभी इकट्ठे हो सकते हैं। धर्मों में चाहें अलग-अलग ही रहें।' ('दस्तावेज़' चमनलाल, पृ. 193)

यानी कि देश में प्रचलित धर्मों के अनुयायी अपने-अपने धर्म का पालन जिस रूप में कर रहे थे उससे देश बदनाम हो रहा था; देश की एकता पर ख़तरे का साया मँडरा रहा था; और भगतसिंह की राय में इस वजह से ही देश के नवयुवक धर्म से हाथ धो रहे हैं—जिनमें से एक वह ख़ुद भी है। इन 'धर्मों' ने हिन्दुस्तान का बेड़ा गर्क कर दिया है : इस वाक्य में शब्द धर्मों को इनवर्टेड कॉमा में रखकर भी भगतसिंह शायद यह कहना चाह रहा है कि ये धर्म सिर्फ़ 'तथाकथित' रूप से धर्म हैं न कि सच में धर्म।

'क्रान्ति का साक्ष्य' में शिव वर्मा ने एक क़िस्सा बयान किया है जो यह सम्भावना भी प्रकट करता है कि अपने देशवासियों की ग़रीबी, उन पर हो रहे अत्याचार और उनका शोषण होता देख 'सर्वशक्तिमान ईश्वर' के प्रति उसके मन जो रोष उत्पन्न हुआ, ईश्वर के अस्तित्व के प्रति सन्देह जगाने का वह भी शायद कारण रहा—और महत्त्वपूर्ण कारण रहा। शिव वर्मा बताते हैं : 'सितम्बर, 1928 की दिल्ली मीटिंग के बाद भगतसिंह की किसी बात के उत्तर में फणीन्द्र घोष ने ज्ञान का एक अच्छा ख़ासा उपदेश दे डाला। बात-बात पर ज्ञान बघारना उसकी आदत थी। "इस मिथ्या जगत के मायाजाल से दूर रहकर हम क्रान्तिकारियों को निष्काम भाव से अपना कर्तव्य करते रहना है। सफलता और असफलता तो उस सर्वशक्तिमान परमपिता के ही हाथ है। यदि उसे अभी भारत को कुछ दिन और गुलाम रखना है तो दुनिया की कोई शक्ति उसे आज़ाद नहीं कर सकती। सब कुछ उसकी इच्छा से ही होता है और हम सब उसी के हाथ की कठपुतलियाँ हैं।"

फणीन्द्रनाथ घोष के इस 'तर्क' का उत्तर देते हुए भगतसिंह ने कहा : "आप सर्वशक्तिमान की बात करते हैं। मैं पूछता हूँ, सर्वशक्तिमान होकर भी आपका

भगवान अन्याय, अत्याचार, भूख, ग़रीबी, शोषण, असमानता, दासता, महामारी, हिंसा और युद्ध आदि का अन्त क्यों नहीं करता? इन सबको समाप्त करने की शक्ति रखकर भी यदि वह मानवता को इन अभिशापों से मुक्त नहीं करता तो निश्चय ही उसे अच्छा भगवान नहीं कहा जा सकता और अगर उसमें इन सबको समाप्त करने की शक्ति नहीं है तो वह सर्वशक्तिमान नहीं रहा। यदि वह यह सब कुछ खेल के तौर पर अपनी लीला को दिखाने के लिए करता है तब तो यही कहना पड़ेगा कि वह असहाय व्यक्तियों को तड़पाकर मजा लेनेवाली एक क्रूर सत्ता है और जनहित में उसका जल्द समाप्त हो जाना ही बेहतर है।"

उल्लेखनीय है कि ये सारे प्रश्न और तर्क वही हैं, ईश्वर का अस्तित्व नकारने के लिए जो हमेशा से किये जाते रहे हैं। 'धर्म का दर्शन' पर किसी भी आरम्भिक पुस्तक में नास्तिकता पर बहस की शुरुआत इन्हीं प्रश्नों के उत्तर ढूँढ़ने से और इन्हीं तर्कों का जवाब देने से होती है।

"तो क्या आप धर्म और अधर्म में भेद नही करते?" फणीन्द्र ने पूछा।

"अभी तक के प्रायः सभी धर्मों ने मनुष्यों को एक-दूसरे से अलग किया है, आपस में लड़ाया है। दुनिया में अभी तक जितना रक्तपात धर्म के नाम पर धर्म के ठेकेदारों ने किया है उतना शायद ही कभी किसी ने किया हो। और जो धर्म इनसान को इनसान से जुदा करे, मुहब्बत की जगह उन्हें एक-दूसरे से घृणा करना सिखाए, दिमाग़ों को कुन्द करे, वह कभी भी मेरा धर्म नहीं बन सकता। मेरे निकट हर क़दम जो इनसान को सुखी बना सके, समता, समृद्धि और भाईचारे के मार्ग पर उसे एक क़दम आगे ले जा सके, वही धर्म है। दो शब्दों में कहें तो इस धरती और इस धरती पर भी भारत की यह पवित्र भूमि ही मेरा स्वर्ग है, उस पर विचरण करनेवाला हर व्यक्ति, हर इनसान मेरा देवता है, भगवान है। और भगवान को भगवान से लड़ाकर मेरे स्वर्ग को नरक बनानेवाली शक्तियों को समाप्त कर इनसान को वर्गहीन समाज की ओर आगे बढ़ानेवाला हर प्रयास, हर क़दम मेरा धर्म है।" ('क्रान्ति का साक्ष्य', पृ. 67-8)

जिन दिनों भगतसिंह दूध-डेरी चला रहा था, क्रान्तिकारी दल के सदस्यों से उसने तो दूरी बना ली थी। मगर वे लोग तो उसके जिगरी दोस्त बन चुके थे। वे कैसे उससे दूर रहते? तो रोज़ दिन ढले वे लोग डेरी आ धमकते और देर रात तक गप्पें लड़ा करतीं। एक बड़ा भगौना ख़ास उन लोगों के लिए भगतसिंह ने खरीद लिया तथा एक स्टोव भी। और चर्चाओं के बीच गर्म-गर्म दूध के गिलास पर गिलास डकारे जाते। उन्हीं से उसे मालूम हुआ कि पंडित रामप्रसाद बिस्मिल को फाँसी पर लटका दिया गया है।

सुनकर उसके दिलोदिमाग़ पर सन्नाटा-सा खिंच गया। पंडित रामप्रसाद बिस्मिल की न सिर्फ़ बेहद इज्ज़त वह करता था बल्कि उनके साथ दिली जुड़ाव

भी उसका हो गया था। ज़ख़्म पर नमक छिड़कने का काम किया अख़बारों में सरकार द्वारा उस अपील को बतौर माफ़ीनामा छपवाए जाने ने जो बिस्मिल और उनके साथी अशफ़ाक़उल्ला ने प्रिवी कौन्सिल को भेजी थी। सरकार की बदनीयती साफ़ दिख रही थी। क्रान्तिकारियों के दामन को दाग़ों से इतना भर दिया जाए कि हिन्दुस्तानी अवाम की नज़र में वे बुरी तरह गिर जाएँ।

फ़ौरन भगतसिंह ने क़लम उठा ली और 'काकोरी के शहीदों के फाँसी के हालात' लेख में, जो पंजाबी भाषा की पत्रिका 'किरती' में जनवरी, 1928 में छपा, उसने लिखा : 'इस मुक़दमे के सेशन जज मि. हेमिल्टन ने फ़ैसला देते हुए कहा था कि ये नौजवान देशभक्त हैं और इन्होंने अपने किसी लाभ के लिए कुछ भी नहीं किया। नीचे हम उन चारों वीरों के हालात संक्षेप में लिखते हैं, जिससे यह पता चले कि ये अमूल्य रत्न मौत के सामने खड़े होते हुए भी किस बहादुरी से हँस रहे थे।' ('दस्तावेज़' चमनलाल, पृ. 83)

जनवरी, 1928 में किरती में ही छपे लेख 'काकोरी के शहीदों के लिए प्रेम के आँसू' के ये शब्द तो शायद भगतसिंह के नहीं हैं, लेकिन इस समय उसकी मनोदशा क्या थी, इसका बयान ये अल्फ़ाज़ निहायत ही ख़ूबसूरती से करते हैं :

'रब्बा! वह दिन कब आएगा, जब ये शहीदियाँ रंग लाएँगी। ईश्वर, वह दिन कब देखेंगे जब हमारा बग़ीचा हरा-भरा होगा? यहाँ से पतझड़ का कूच कब होगा? उल्लू कब तक इस बाग़ में डेरा जमाए बैठे रहेंगे? बुलबुलें किस दिन फिर यहाँ चहचहाएँगी? ये पिंजरे कब टूटेंगे? आज़ादी कब लौटेगी, उजड़े कब फिर बसेंगे?'

सीने में हैं तूफ़ान कई

राष्ट्रीय आन्दोलन से इस समय तक मुसलमान तो अधिकांश अलग हो ही चुके थे; दलित नेता डॉ. अम्बेडकर भी खुलेआम स्वीकार रहे थे कि उन्हें आशंका है अंग्रेज़ों के चले जाने से हिन्दुओं की ग़ुलामी में दलितों को रहना होगा इसलिए अंग्रेज़ी शासन का विरोध वे नहीं करते। यानी आधे से अधिक आबादी आज़ादी की लड़ाई में शामिल नहीं थी। बाक़ी करोड़ों में से भी चन्द लाख हिन्दुस्तानी ही आज़ादी की लड़ाई में सक्रिय थे। और उनमें से ये भी सौ-दो सौ क्रान्तिकारी ही अपनी जान की बाज़ी इस जंग में लगाए हुए थे। लिहाज़ा ब्रिटिश सरकार की ताक़त का मुक़ाबला सफलतापूर्वक करने और आज़ादी की लड़ाई को जीतने के लिए आम जनता को साथ लेना निहायत ज़रूरी है, यह बात समझते भगतसिंह को समय नहीं लगा। इस मक़सद को हासिल करने के लिए उसने अब अपनी मुहिम ही बना ली है पत्र-पत्रिकाओं के जरिये भारत की आज़ादी की लड़ाई में शहीद हुए क्रान्तिकारियों के संघर्ष को सामने लाना तथा उस संघर्ष में उनके द्वारा किये गए त्याग और बलिदान की सच्ची कहानी को इस तरह अपने देशवासियों को सुनाना कि अंग्रेज़ों की दासता से भारत को आज़ाद करवाने हेतु संघर्ष करने एवं बलिदान देने का जज़्बा उनके दिलों में भी क़ायम हो सके। शचीन्द्र दा की वह बात भी अब तक उसकी समझ में आ गई थी जो अपनी पुस्तक 'बन्दी जीवन' में उन्होंने छह साल पहले कही थी :

'हम लोगों ने क्रान्तिकारी आन्दोलन के पक्ष में साहित्य की सृष्टि, कहने योग्य कुछ भी नहीं की थी। हमारी कार्यप्रणाली ऐसी नहीं होती थी जिससे जनसाधारण को हम क्रान्तिकारी मार्ग पर चलने के लिए प्रोत्साहित कर सकते। गुप्त रीति से दो-चार पिस्तौल इकट्ठे किये या कुछ बम बना लिए तो केवल इसी से देश को स्वाधीन कैसे किया जा सकता है? मैजिनी 'यंग इटली' के नाम से जो पर्चा निकाला करते थे उसका साहित्यिक एवं क्रान्तिकारी प्रभाव इटली के इतिहास में स्वर्णाक्षरों में लिखा है। रूस के क्रान्तिकारी आन्दोलन के प्रति दृष्टिपात करने पर भी हमें विदित हो जाएगा कि उपयुक्त साहित्य की दृष्टि से

हमारा आन्दोलन कितना पिछड़ा हुआ था और अब भी है।' ('बन्दी जीवन', पृ. 344)

यह पुस्तक वर्ष 1922 में लिखी गई थी। तब तक शरतचन्द्र चट्टोपाध्याय का बँग्ला भाषा में लिखा गया उपन्यास 'पथेर दाबी', जिसका हिन्दी अनुवाद 'पथ के दावेदार' शीर्षक से किया गया, प्रकाशित नहीं हुआ था। वर्ष 1926 के अगस्त माह में प्रकाशित इस उपन्यास छपने के चार महीने के भीतर ही ब्रिटिश सरकार ने इसे प्रतिबन्धित कर दिया और इसकी प्रतियाँ ज़ब्त कर लीं। मगर तब तक इसकी तीन हज़ार प्रतियाँ बिक चुकी थीं। यह पुस्तक 'पथेर दाबी' नामक एक गुप्त संस्था के बारे में है जिसका लक्ष्य भारत को ब्रिटिश शासन से मुक्त कराना है। इसका मुख्यपात्र 'सब्यसाची' दुर्दम्य क्रान्तिकारी है, अतिमानवीय प्रतिभा सम्पन्न तथा अनेक भाषाओं का ज्ञाता। अपने दुस्साहसी कारनामों से उसने अंग्रेज़ सरकार की नाक में दम कर रखा है। विष्णु प्रभाकर अपनी पुस्तक 'आवारा मसीहा' में लिखते हैं : 'इस पुस्तक के कारण सरकार को बहुत परेशानी उठानी पड़ी थी। उस वर्ष की सरकारी पुस्तक में 'पथेर दाबी' के सम्बन्ध में लिखा है, "इस पुस्तक के लगभग हर पृष्ठ पर राजद्रोह का प्रबल प्रचार किया गया है।" [कलकत्ता के] पुलिस कमिश्नर ने शरत् बाबू से कहा था, "शरत बाबू, जानते हैं, 'पथेर दाबी' लिखकर आपने हमारी कितनी हानि की है? जहाँ भी हम क्रान्तिकारी को पकड़ते हैं, वहीं देखते हैं कि हरेक के पास दो पुस्तकें हैं, एक गीता और दूसरी 'पथेर दाबी'। आपकी 'पथेर दाबी' ने क्रान्तिकारियों को पागल बना दिया है।"

'महारथी' में छपा 'कूका विद्रोह' शीर्षक से लेख भारतवर्ष के नवयुवकों में अपने देश के प्रति प्रेम और समर्पण की भावना जगाने और उन्हें 'क्रान्तिकारी मार्ग पर चलने के लिए प्रोत्साहित' करने के भगतसिंह के प्रयास में पहला क़दम था। इस सिलसिले की दूसरी कड़ी था मदनलाल ढींगरा का जीवन-चरित्र जो 'किरती' में मार्च, 1928 में प्रकाशित हुआ : 'यह युग पलटनेवाले या विद्रोही लोग कैसे विचित्र होते हैं, इसका कुछ वर्णन बंगाल के विद्रोही कवि नज़रुल इस्लाम ने अपनी 'विद्रोही' कविता में किया है। वे कहते हैं—

बोलो बीर—
चिर उन्नत मम शीर
शिर नेहारि आमारि
नत शिर ओई शिखर हिमाद्रीर!

(कहो वीर, चिर उन्नत मेरा शीश; नत है शिखर हिमालय का, देख मेरा उन्नत शीश।)

काकोरी षड्यंत्र मुक़दमे में हुए अनुभवों पर उसकी प्रतिक्रियाएँ भी इस लेख में उभरकर सामने आईं—देशवासियों की कायरता को लेकर; इस देश में छाई मुर्दानगी को लेकर : 'हम दुनियादार क्या जानें, मौत के विचार तक से डरनेवाले हम कायर लोग क्या जानें कि देश की ख़ातिर क़ौम के लिए प्राण दे देनेवाले वे लोग कितने ऊँचे, कितने पवित्र और कितने पूजनीय होते हैं।' ('दस्तावेज़' चमनलाल, पृ. 124, 126)

फिर लन्दन की अदालत में मदनलाल ढींगरा द्वारा दिये गए बयान में से भगतसिंह उद्धृत करता है : "मैं मानता हूँ कि मैंने उस दिन एक अंग्रेज़ का ख़ून किया और कहता हूँ कि यह उन निर्दयता भरी सज़ाओं का मामूली-सा बदला है जो कि हिन्दुस्तानी देशभक्त नौजवानों को फाँसी और कालेपानी की दी गई हैं। इस समय यदि हिन्दुस्तान को किसी सबक की ज़रूरत है तो यह कि मरना कैसे चाहिए। और इसे सिखाने का तरीक़ा है कि हम ख़ुद मरकर दिखाएँ। इसीलिए मैं मर रहा हूँ।" (उपर्युक्त, पृ. 128)

'धन्य था वह वीर! धन्य है उसकी याद! मुर्दा देश के अमूल्य हीरे को बारम्बार नमस्कार!'

इसी साल 'नौजवान भारत सभा' द्वारा लाहौर में 6 अप्रैल से लेकर 13 अप्रैल तक—गाँधी जी द्वारा असहयोग आन्दोलन आरम्भ करने की तारीख़ से लेकर जलियाँवाला बाग़ में हुए नरसंहार की तारीख़ तक—चलनेवाला 'राष्ट्रीय सप्ताह' मनाया गया। इस दौरान कई जन-सभाओं का आयोजन 'नौजवान भारत सभा' द्वारा किया गया। राष्ट्रीय नेताओं के इन सभाओं में भाषण हुए। शहर भर में पोस्टर चिपकाकर और घर-घर पर्चे बाँटकर जन-जागृति फैलाने के प्रयास भी 'नौजवान भारत सभा' के सदस्यों द्वारा किये गए। पंजाब के बाक़ी शहरों में भी जगह-जगह 'नौजवान भारत सभा' के सम्मेलन होने लगे। ब्रिटिश सरकार के ख़िलाफ़ जंग को जुझारू करने के मक़सद से भविष्य की योजनाएँ बनने लगीं और उन पर अमल किये जाने के कार्यक्रम तय होने लगे।

जलियाँवाला हत्याकांड की बरसी पर पंजाब प्रान्तीय कांग्रेस ने जलियाँवाला बाग़ में ही उस साल तीन दिवसीय सम्मेलन आयोजित करने का फ़ैसला किया था। वामपन्थी विचारधारावाली 'किरती-किसान पार्टी' ने भी वहीं पर तथा उन्हीं तारीख़ों में, यानी 11, 12 और 13 अप्रैल को 'नौजवान सम्मेलन' की घोषणा कर दी। इस पार्टी के सदस्य कॉमरेड रामचन्द्र वर्ष 1926 में श्री गुरुदत्त के इस्तीफ़े के बाद 'नौजवान भारत सभा' के अध्यक्ष बने थे; और उनके किसी लेख को लेकर अगस्त, 1927 में उनकी गिरफ़्तारी के बाद से कॉमरेड रामकृष्ण इस सभा के अध्यक्ष थे। उनकी सलाह पर भगतसिंह किरती-किसान पार्टी के संस्थापक सोहनसिंह जोश से मिला और इस सम्मेलन को सफल बनाने के लिए

'नौजवान भारत सभा' को पूरी तरह झोंक देने का वादा करते हुए इस सम्मेलन का नाम 'नौजवान भारत सभा सम्मेलन' रखे जाने के लिए उसने उन्हें राज़ी कर लिया।

इस ख़बर ने 'नौजवान भारत सभा' के सदस्यों में बेपनाह जोश भर दिया। लाहौर के अलावा भी कई शहरों में पोस्टर चिपकाकर पूरे पंजाब के नौजवानों को इस सम्मेलन के लिए उन्होंने आमंत्रित कर लिया। सम्मेलन को आशातीत सफलता मिली। काकोरी के शहीदों का बलिदान याद करते हुए उन्हें भावभीनी श्रद्धांजलियाँ अर्पित की गईं। और यह फ़ैसला हुआ कि 'नौजवान भारत सभा' की शाखाएँ पंजाब के प्रत्येक ज़िले में खोली जाएँ। सभा के सदस्य इस मुहिम में दिलोजान से जुट गए। ऐसा उत्साह 'नौजवान भारत सभा' के सदस्यों में इससे पहले कभी न देखा गया था। 'नौजवान भारत सभा' का एक घोषणापत्र तैयार हुआ जिसे छपवाकर सम्मेलन में उपस्थित लोगों में बाँटा गया। शिव वर्मा के अनुसार इस घोषणा का 'मसविदा भगतसिंह से सलाह-मशविरा लेकर मूल रूप से भगवतीचरण ने ही तैयार किया था।' (संस्मृतियाँ, पृ. 133) इस घोषणापत्र में लिखा था :

'नौजवान साथियो,

हमारा देश एक अव्यवस्था की स्थिति से गुज़र रहा है। चारों तरफ़ एक-दूसरे के प्रति अविश्वास और हताशा का साम्राज्य है। चारों तरफ़ अराजकता है। लेकिन किसी राष्ट्र के निर्माण की प्रक्रिया में अराजकता एक अनिवार्य तथा आवश्यक दौर है। ऐसी ही नाज़ुक घड़ियों में कार्यकर्ताओं की ईमानदारी की परख होती है, उनके चरित्र का निर्माण होता है, वास्तविक कार्यक्रम बनता है, और तब नये उत्साह, नई आशाओं, नये विश्वास और नये जोशो-ख़रोश के साथ काम आरम्भ होता है।'

'लॉर्ड बर्केनहेड के शब्दों में, "हमने भारत को तलवार के सहारे जीता और तलवार के बल से ही हम उसे अपने हाथ में रखेंगे।" इस साफ़गोई की वजह से अब सब कुछ साफ़ हो गया है। क्या बार-बार यह सुनना कि हम स्वशासन के योग्य नहीं हैं, एक अपमानजनक बात नहीं? क्या यह तौहीन की बात नहीं कि गुरु गोविन्दसिंह, शिवाजी और हरीसिंह जैसे शूरवीरों के बाद भी हमसे कहा जाए कि हममें अपनी रक्षा करने की क्षमता नहीं?'

'हम चाहते हैं ऐसे लोग जो बिना आशा, बिना डर और बिना हिचक लड़ने को तैयार हों, और जो ऐसी मौत के लिए तैयार हों जिसमें न तो वे सम्मान पाएँ, न ही कोई रोए उनके लिए और न ही उनका कोई गुणगान करे। हमारी वास्तविक लड़ाई ख़ुद अपनी कमज़ोरियों के साथ है जिनका दुश्मन लाभ उठाता है और हमारे कुछ लोग अपने स्वार्थी प्रयोजन के लिए इस्तेमाल करते हैं।'

'उपर्युक्त समस्याओं का समाधान करते हुए, जिनका हमारा देश सामना कर रहा है, आम जनता को भी उस लड़ाई के लिए हमें तैयार करना होगा जो हमारे सामने है। देश को तैयार करने का भविष्य का कार्यक्रम इस आदर्श-वाक्य से शुरू होगा : "क्रान्ति जनता के द्वारा और जनता के लिए।" हमारे सबसे मेधावी नौजवानों को, रूसी नौजवानों की तरह, अपनी अनमोल ज़िन्दगी गाँवों में बितानी होगी और लोगों को समझाना होगा कि भारतीय क्रान्ति का क्या अर्थ होगा। यह कोई एक दिन या एक साल का काम नहीं है। अप्रतिम आत्म-बलिदान के दशकों लग जाएँगे उस महान कार्य को सरंजाम देने के लिए जनता को तैयार करने में, और सिर्फ़ क्रान्तिकारी नौजवान ही यह कर पाने में समर्थ होंगे। एक क्रान्तिकारी का अर्थ बमों और रिवाल्वरोंवाले व्यक्ति से नहीं है।'

इसके बाद इस घोषणापत्र में उन्नीसवीं शताब्दी के आयरिश कवि चार्ल्स गेवन डफी की कविता से उद्धरण दिया गया :

ज्वार है जहाँ ताज़ा हमेशा,
और ताक़तवर लहरें आज़ाद;
वहाँ संयोग से ओ जवान कोलम्बस,
हो सकती है सत्य की तुम्हारी नई दुनिया।

और इस घोषणापत्र की अन्तिम पंक्तियाँ थीं : 'नौजवानों को याद रखना होगा कि राष्ट्र का निर्माण हज़ारों गुमनाम पुरुषों और स्त्रियों का आत्म-बलिदान माँगता है जो अपने देश की परवाह ज़्यादा करते हैं बजाय अपने ख़ुद के सुख-साधन और स्वार्थ के, बजाय ख़ुद की ज़िन्दगी और उनकी ज़िन्दगी के जिन्हें वे प्यार करते हैं।' ('दस्तावेज़' चमनलाल, पृ. 231-36)

'क्या बार-बार यह सुनना कि हम स्वशासन के योग्य नहीं हैं, एक अपमानजनक बात नहीं?' भगतसिंह के इस आक्रोश की बुनियाद में था 'साइमन कमीशन' जो उन दिनों हिन्दुस्तान भर में दौरे कर रहा था। हिन्दुस्तानी लोग स्वशासन के लिए सुयोग्य पात्र हैं अथवा नहीं, और अगर हैं तो किस सीमा तक उन्हें स्वशासन दिया जाना हितकर होगा—यह जाँचने के लिए ब्रिटिश संसद द्वारा संसद-सदस्य जॉन साइमन के नेतृत्व में सात गोरों का एक आयोग हिन्दुस्तान भेजा गया था, जो 3 फरवरी, 1928 को बम्बई पहुँचा। इस आयोग की रिपोर्ट के आधार पर अंग्रेज़ हुक्मरान यह तय करनेवाले थे कि वर्ष 1919 में 'मोंटेग्यू-चेम्सफोर्ड सुधारों' के नाम से स्वायत्तता की जो ख़ुराक हिन्दुस्तानियों को पिलाई गई थी, उसके बाद अब और कितनी ख़ुराक स्वायत्तता की उन्हें पिलाई जाए, या नहीं भी पिलाई जाए, ताकि अंग्रेज़ों ने जो 'सुशासन' इस देश में बड़ी मेहनत से और बड़ी मुश्किलों से स्थापित किया है वह क़ायम रहे और सुचारु रूप से चलता रहे।

अंग्रेज़ों की इस हठधर्मिता के ख़िलाफ़ नाराज़गी ही उक्त घोषणापत्र में ज़ाहिर हुई थी और आह्वान किया गया था : 'क्या हम इन्तज़ार में बैठे रहेंगे कि कोई दैवी सहायता आ जाए या फिर कोई जादू हो जाए कि हम आज़ाद हो जाएँ? क्या हम आज़ादी के बुनियादी सिद्धान्तों से अनभिज्ञ हैं? "जिन्हें आज़ाद होना है उन्हें स्वयं चोट करनी पड़ेगी।" नौजवानो जागो, उठो, हम काफ़ी देर सो चुके!' (उपर्युक्त, पृ. 232)

उस साल यानी वर्ष 1928 में 'नौजवान भारत सभा' के पंजाब में विभिन्न स्थानों पर तीन सम्मेलन हुए—पहला फरवरी में, दूसरा मई में और आख़िरी सम्मेलन हुआ अगस्त में। लेकिन इसके बाद तो जैसे कोई बुरा साया इस संगठन पर ही नहीं पंजाब के पूरे क्रान्तिकारी दल पर ही पड़ गया। इस संगठन के दिमाग़ भगवतीचरण वोहरा के ऊपर शक़ के बादल मँडराने लगे थे।

नेशनल कॉलेज में भगतसिंह के सहपाठी रहे भगवतीचरण वोहरा इस सभा के प्रचार-मंत्री ही नहीं थे, इस सभा की वे जान थे। शिव वर्मा के अनुसार : 'उस समय नौजवान भारत सभा अपने उत्कर्ष पर थी और उसके साथ ही भगवतीचरण का नाम भी सबकी ज़बान पर था। क्रान्तिकारी विचारक, संगठनकर्ता, वक्ता, प्रचारक आदि के रूप में तो लोग उनकी प्रशंसा करते ही थे, साथ ही आदर्श के प्रति उनकी अगाध निष्ठा, सुख-दुःख की परवाह किये बग़ैर निरन्तर अपने निर्धारित पथ पर आगे बढ़ते रहने का उनका अपराजेय हौसला आदि उनके व्यक्तिगत गुण की भी मुक्त कंठ से चर्चा करते और सहज ही अपने व्यवहार से अपनी ओर आकर्षित का लेनेवाले उनके निष्कपट व्यवहार पर तो लोग बुरी तरह लट्टू थे।' ('संस्मृतियाँ', पृ. 133)

काकोरी षड्यंत्र मुक़दमे के आरोपियों को जेल से भगा लाने की योजना पर अमल करने के मक़सद से भगतसिंह जिन दिनों आगरा, लखनऊ और कानपुर के चक्कर लगा रहा था, लाहौर में 'नौजवान भारत सभा' के कार्यकर्ता इस योजना के कार्यान्यवन के लिए, और प्रिवी कौन्सिल में अपील करने में आनेवाले खर्च के लिए भी, धनराशि जुटाने का प्रयत्न कर रहे थे। लेकिन इस मामले को लेकर जयचन्द्र विद्यालंकार ज़्यादा रुचि नहीं दिखा रहे थे। 'नौजवान भारत सभा' में कोई पदाधिकारी न होते हुए भी उस समय इस संगठन का सूत्र उनके हाथों में ही था। इसका सबसे अहम कारण शायद यह था कि उनके पढ़ाए हुए नौजवान ही इस सभा में बहुतायत से सदस्य थे और उनकी कोशिशों से ही इसकी सदस्य संख्या तीव्र गति से बढ़ती जा रही थी। परन्तु यह भी सच था कि सभा के सदस्यों की संख्या बढ़ाने के अतिरिक्त और कोई सक्रिय कार्य 'नौजवान भारत सभा' उनके नेतृत्व में नहीं कर पा रही थी। दरअसल वे फूँक-फूँककर क़दम बढ़ानेवाले व्यक्ति थे जो चाहते थे कि क्रान्तिकारियों का दल इतना विशाल हो जाए कि सशस्त्र संघर्ष में अंग्रेज़ों से आमने-सामने की टक्कर वह ले सके।

जयचन्द्र जी के स्वभाव में यह भी था कि किसी भी मामले में उनसे सवाल-जवाब किया जाना वे पसन्द नहीं करते थे। उनके इस रवैये से भगवतीचरण अत्यन्त असन्तुष्ट थे। वे तो स्वयं इतने समर्थ थे कि अपने व्यक्तिगत स्रोतों से ही काकोरी मुक़दमे में क्रान्तिकारियों के लिए धन की व्यवस्था वे कर सकते थे। उनके पिता रायसाहब शिवचरण वोहरा काफ़ी धन-सम्पत्ति उनके लिए छोड़ गए थे। लाहौर में ही कई मकान थे उनके स्वामित्व में जो किराए पर चढ़े हुए थे। उनकी पत्नी दुर्गावती का मायका भी सम्पन्न था। संकट-निधि के रूप में शिवचरण जी ने उनको चालीस हज़ार रुपये दिये हुए थे तो उनके पिता बाँके बिहारी ने भी इसी मद में उन्हें पाँच हज़ार रुपये दे रखे थे। वर्ष 1928 में एक डॉलर की क़ीमत थी सिर्फ़ 2.75 रुपये।

संयुक्त प्रान्त या वर्तमान उत्तर प्रदेश के क्रान्तिकारियों के साथ सम्पर्क की एकमात्र विश्वस्त कड़ी उस समय जयचन्द्र विद्यालंकार ही थे। उनके ही माध्यम से भगतसिंह भी उन लोगों के सम्पर्क में आया था। क्रान्तिकारियों के गुप्त संगठन का यह कड़ा नियम था कि कोई क्या कर रहा है, किससे मिल रहा है, यह न तो कोई पूछ सकता था और न ही कोई बता सकता था, जब तक कि दल के किसी काम को सरंजाम देने के लिए ऐसा करना अपरिहार्य ही न हो जाए। और तब भी ऐसा करते हुए बेहद सतर्कता बरती जाती थी। रामकृष्ण खत्री को क्रान्तिकारी दल में शामिल करते समय चन्द्रशेखर आज़ाद ने सबसे पहली समझाइश उनको यही दी थी : 'आज से आपको हर क़दम फूँक-फूँककर रखना होगा। एक क़दम ग़लत पड़ा नहीं कि पुलिस की निगाह में आ जाने का ख़तरा रहता है और एक बार पुलिस की निगाह में आप चढ़ गए तो फिर आपकी मार्फ़त और साथियों पर भी पुलिस का छापा पड़ने का ख़तरा होता है। इस प्रकार पूरी पार्टी ख़तरे में आ जाती है।' ('शहीदों की छाया में', पृ. 68)

काकोरी षड्यंत्र मुक़दमे के आरोपियों को जेल से भगा लाने की योजना में भगवतीचरण प्रत्यक्ष रूप से शामिल नहीं थे। सम्भवतः यही वजह रही कि इस बारे में भगवतीचरण को भगतसिंह ने कुछ नहीं बताया। लिहाज़ा भगवतीचरण यह मालूम नहीं कर पा रहे थे कि सहायता पहुँचाने के लिए किससे वे सम्पर्क करें और कहाँ। किसी ग़लत आदमी से अगर इस बारे में कुछ कह बैठे तो कोई सहायता होना तो दूर रहा, गिरफ़्तारियों का एक नया दौर शुरू हो जाएगा। देश भर में फैले अंग्रेज़ों के जासूस तथा उनके पिट्ठू तो इस ताक में ही रहते थे कि क्रान्तिकारियों का व उनकी गतिविधियों का कोई सुराग़ उनके हाथ लग जाए।

बेबसी की इस हालत से भगवतीचरण बहुत परेशान थे। तहेदिल से वे चाहते थे कि बजाय सिर्फ़ ज़बानी जमाख़र्च के कोई ठोस सहायता संयुक्त प्रान्त के क्रान्तिकारियों को 'नौजवान भारत सभा' की मार्फ़त पहुँचाई जाए।

लिहाज़ा उन्होंने यह कहना प्रारम्भ कर दिया कि 'यदि जयचन्द्र जी कुछ नहीं करते तो हमें जो करना होगा, हम अलग से करेंगे।' ('क्रान्तिकारी दुर्गा भाभी', पृ. 51) स्वाभाविक था कि यह बात उन तक पहुँचने पर जयचन्द्र जी आहत होते।

तभी एक घटना और हो गई जिसकी वजह से जयचन्द्र जी और भगवतीचरण के सम्बन्धों में आई दरार और भी चौड़ी हो गई। क्रान्तिकारियों के साथ बेहद हमदर्दी रखनेवाली सुशीला दीदी जब भी लाहौर आतीं तो भगवती भाई के घर ग्वालमंडी में ही ठहरा करतीं। ऐसे ही एक बार जब वे भगवती भाई के घर ठहरी हुई थीं तो बातों-ही-बातों में उन्हें मालूम हुआ कि काकोरी षड्यंत्र मुक़दमे के आरोपियों के बचाव के लिए धनराशि की आवश्यकता है। फौरन उन्होंने अपनी कलाई में पहनी हुई सोने की चूड़ियाँ उतारकर दे दीं कि इन्हें बेचकर जो भी राशि मिले उसे इस कार्य में उनका योगदान समझ लिया जाए। जयचन्द्र जी को यह ख़बर मिली तो उन्होंने सन्देश भिजवाया कि उनकी भानजी की शादी होनेवाली है। उसके लिए सोने की चूड़ियाँ उन्हें बनवानी ही थीं; अब यह चूड़ियाँ अपनी भानजी को देकर वे इन चूड़ियों की क़ीमत को पार्टी के काम में लगा देंगे। इससे उनकी कुछ बचत भी हो जाएगी क्योंकि चूड़ियों की बनवाई तो बच ही जाएगी। इस पर भगवतीचरण ने कह दिया कि अगर सुशीला दीदी बग़ैर चूड़ियों के रह सकती हैं तो जयचन्द्र जी की भानजी भी उनके बग़ैर रह सकती है। लिहाज़ा दीदीवाली चूड़ियाँ बाज़ार में बेच दी जाएँ और जयचन्द्र जी ने अपनी भानजी की चूड़ियों के लिए जो रक़म जमा की है उसे भी क्रान्तिकारी दल को दिला दिया जाए।

यह संयोग था अथवा कुछ और कि जयचन्द्र विद्यालंकार द्वारा भगवतीचरण को उन्हीं दिनों सी.आई.डी. का गुप्तचर घोषित किया जाने लगा, जिस कारण संगठन में विश्वास का संकट उत्पन्न हो गया। राजाराम शास्त्री के शब्दों में 'पंजाब की क्रान्तिकारी पार्टी और भगतसिंह के साथियों के बीच किसी ने यह ख़बर फैला दी कि भगवतीचरण वोहरा ख़ुफ़िया पुलिस के एजेंट हैं। पहले तो लोगों में कानाफूसी होती रही और बाद में खुलकर बातें होने लगीं। सन्देह दिनोंदिन बढ़ता ही गया। इस ख़बर से भगतसिंह को बहुत ही गहरा सदमा पहुँचा। गुप्त संगठनों की यह एक बहुत बड़ी बीमारी होती है कि ज़रा भी किसी ने किसी के विरुद्ध कुछ कह दिया और सन्देह पैदा कर दिया तो एकाएक सारी स्थिति बदल जाती है। पक्के-से-पक्के मित्र भी एक-दूसरे को सन्देह की दृष्टि से देखने लगते हैं। इस विषय पर भी कई बार मेरी भगतसिंह से बातचीत हुई।' ('क्रान्ति का साक्ष्य', पृ. 105-6)

इसी घटना के विषय में बताते हुए यशपाल ने भी लिखा है : 'गुप्त आन्दोलन में जाँच-पड़ताल का अवसर होता ही कहाँ है? बात फ़ैल गई। लोग विश्वास करने लगे। इस प्रकार के तर्क भी दिये जाने लगे कि राय साहब की औलाद से और आशा ही क्या की जा सकती है? इसके अतिरिक्त वे जब देखो कमरे का दरवाजा उढ़काए हुए कुछ लिख-पढ़ रहे होते। ये सब गुण अब उनके ख़तरनाक ख़ुफ़िया होने का प्रमाण बनने लगे। अफ़वाह 'नौजवान भारत सभा' और कांग्रेस में सभी जगह फ़ैल गई। संयुक्त प्रान्त में भी जयचन्द्र जी की मार्फ़त भगवती भाई के ख़ुफ़िया परिन्दा होने का प्रचार हो चुका था।' ('सिंहावलोकन', पृ. 83, 86)

'भगतसिंह उन दिनों बहुत विक्षिप्त था। उसके क्षोभ के राजनीतिक और पारिवारिक दोनों ही कारण थे। राजनीतिक कारण था भगवती भाई के ख़ुफ़िया घोषित कर दिये जाने के कारण बने-बनाए दल का शिथिल हो जाना। दल के लिए यह मामूली धक्का नहीं था। ऐसी बात पर विश्वास कर लेना भी कोई बड़ी बात नहीं क्योंकि रूसी क्रान्ति के आतंकवादी काल के वर्णनों में हम ऐसे कई जिक्र पढ़ चुके थे जिनमें ज़ार की पुलिस के आदमियों ने क्रान्तिकारियों को बीन-बीनकर पकड़ लेने के लिए स्वयं ही ज़ार विरोधी क्रान्तिकारी षड्यंत्र रचे थे। काम को बढ़ाने के लिए किसी भी व्यक्ति या योजना की चर्चा हो, जयचन्द्र जी अपने होंठों पर उँगली फेरते हुए चेतावनी दे देते, "भगवती को मालूम हो जाएगा।" और बात रह जाती।' (उपर्युक्त, पृ. 85-6)

इस विषय में अपना पक्ष रखते हुए विद्यालंकार जी ने कई वर्षों बाद बताया : 'मिलखीराम रोड लाहौर में रहनेवाला मेरा एक विद्यार्थी भगवतीचरण भी था। वह काफ़ी धनी माँ-बाप का बेटा था, यह मैं उस समय ठीक से नहीं जानता था। पर वह आतंकवाद की बातें अपने साथियों में बहुत बढ़-चढ़कर करता और काफ़ी खुलकर ख़र्च करता था। इससे मुझे सन्देह होने लगा कि कहीं वह ख़ुफ़िया विभाग का कोई एजेंट प्रोवोकेटर तो नहीं। इसलिए मैंने भगतसिंह आदि को उससे सावधान रहने की सलाह इस समय देनी आरम्भ कर दी। उससे हर हालत में बचकर और सावधान रहकर ही चलना उचित होगा।' ('क्रान्ति का साक्ष्य', पृ. 169)

जो भी हो, इस दुर्भाग्यपूर्ण घटनाक्रम का नतीजा यह हुआ कि पंजाब का क्रान्तिकारी दल लगभग निष्क्रिय हो गया जिसका असर 'नौजवान भारत सभा' के सदस्यों पर भी पड़ा। बात यहाँ तक पहुँच गई कि 'लाहौर में एक नई पार्टी बना लेने का विचार किया जाने लगा जिसके बारे में भगवतीचरण को कोई सुराग़ तक न मिले। लेकिन मुश्किल यह थी कि उसे लगभग हर बात मालूम थी।' (ए बायोग्राफी ऑफ़ भगवतीचरण वोहरा एंड दुर्गा भाभी, लेखक मलविन्दर जित सिंह वड़ैच; प्रकाशक यूनीस्टार बुक्स चंडीगढ़, संस्करण वर्ष 2012, पृ. 56)

इस समय तक 'साइमन कमीशन' का बहिष्कार करने में सभी राजनीतिक पार्टियाँ जुट गई थीं, ख़ास तौर पर इसलिए भी कि इस आयोग के सभी सदस्य गोरे थे। इसके निहितार्थ यह लगाए गए कि हिन्दुस्तानियों में एक भी ऐसा आदमी ब्रिटिश संसद को नहीं मिला जो उनकी नज़र में इस क़ाबिल था कि इस आयोग का सदस्य उसे बनाया जा सके। देश का इसे अपमान समझा गया और हिन्दुस्तान भर में जहाँ-जहाँ यह कमीशन पहुँचा, उसका रास्ता रोकने की कोशिश की गई। उसके ख़िलाफ़ प्रदर्शन हुए। उसे काले झंडे दिखाए गए।

देश भर में फैले इस जोश से नौजवान भारत सभा के कार्यकर्ता भी अछूते न रह पाए और वे इन्तज़ार करने लगे कि कब साइमन कमीशन लाहौर आए और कब वे ज़ोर-शोर से उसके ख़िलाफ़ प्रदर्शन करें। मगर भगतसिंह को इसमें अधिक दिलचस्पी नहीं थी। प्रदर्शन और नारेबाज़ी करने के बजाय वह कुछ ठोस क़दम उठाना चाह रहा था। उसे इस बात में भी कोई रुचि न थी कि भारत का प्रस्तावित संविधान बनाने के लिए मोतीलाल नेहरू की अध्यक्षता में गठित 'नेहरू समिति' क्या कर रही है। उसके जैसे क्रान्तिकारी सोचवाले नौजवानों के लिए यह घोड़े के आगे गाड़ी लगाने सरीखा था। आज़ाद भारत अभी दूर-दूर तक नज़र नहीं आ रहा था और बैठे-ठाले कुछ नहीं सूझा तो नेता लोग उसका संविधान तय करने में ही जुट गए। भगतसिंह के पास इससे कहीं ज़्यादा अहम काम थे।

काकोरी डकैती के बाद हुई गिरफ्तारियों की वजह से 'हिन्दुस्तान रिपब्लिकन एसोसिएशन' का लगभग पूरा ही शीर्ष नेतृत्व इस समय जेलों में था। फिर काकोरी षड्यंत्र मुक़दमे के दौरान जो कुछ क्रान्तिकारियों और उनके समर्थकों ने देखा, उससे उनके मनों में एक हताशा का भाव घर कर गया जो समय के साथ गहराता चला गया। नतीजा यह था कि ज़्यादातर क्रान्तिकारी तो निष्क्रिय होकर ही बैठ गए थे। और जो गिने-चुने क्रान्तिकारी रुझानवाले नौजवान अब भी कुछ कर गुज़रने की चाहत और आशा रखते थे, उन्होंने देश भर के अलग-अलग शहरों व क्षेत्रों में अपने-अपने अलग दल बना लिये थे। इन दलों के सामने न तो कोई सर्वसम्मत लक्ष्य था और न ही कोई निश्चित कार्य-प्रणाली।

साल भर पहले मई, 1927 में हुई उसकी गिरफ़्तारी से पूर्व भी इन दलों को साथ लाने के काम में भगतसिंह लगा हुआ था। अब नये सिरे से उस काम को उसने अपने हाथ में लिया। उसका उद्देश्य अब क्रान्तिकारियों के विभिन्न दलों के साथ सम्पर्क स्थापित कर उनमें सामंजस्य बिठाने की कोशिश करना भर ही नहीं था, बल्कि हतोत्साहित होकर बैठ गए क्रान्तिकारियों को भी फिर एक बार जोश से भर देना था। भगतसिंह के इन प्रयासों का मूल्यांकन करते हुए क्रान्तिकारी रामदुलारे त्रिवेदी लिखते हैं : 'यह ज़माना घोर निराशा का ज़माना था। देश के सामने कोई कार्यक्रम न था, हिन्दू-मुसलमान टुकड़ों के लिए आपस में लड़ रहे थे।

नेता लोग अँधेरे में टटोल रहे थे। ऐसे निराशामय वातावरण में यह गुमनाम, साधनहीन नौजवानों की टुकड़ी मज़बूत संगठन का जाल बुनने में लगी थी।' ('शहीद सरदार भगतसिंह', पृ. 20)

इस 'मज़बूत संगठन का जाल बुनने' के लिए भगतसिंह एक शहर से दूसरे शहर की ख़ाक छानता हुआ महीनों अनवरत घूमता रहा। उसके द्वारा इन दिनों किये गए तूफ़ानी दौरों के बारे में बताते हुए वरिष्ठ इतिहासकार विश्वनाथ दत्ता तत्कालीन गृह विभाग की वर्ष 1931 की फाइल का सन्दर्भ देते हुए लिखते हैं : 'भगतसिंह के लिए ट्रिब्यूनल ने 'ubiquitous' [सर्वव्यापी] शब्द इस्तेमाल किया, जो अपनी दीवानावार कोशिशों से दीगर जगहों पर मौजूद क्रान्तिकारियों की गतिविधियों में तालमेल बिठा रहा था।' ('गाँधी एंड भगतसिंह', प्रकाशक रूपा प्रकाशन नई दिल्ली, संस्करण वर्ष 2019, पृ. 78) सांडर्स की हत्या के आरोप में भगतसिंह व उसके साथियों पर चल रहे मुक़दमे में फ़ैसला सुनाने के उद्देश्य से यह ट्रिब्यूनल वर्ष 1930 में नियुक्त हुआ था।

उसके इन प्रयासों का परिणाम सामने आया 1928 के जुलाई महीने में कानपुर में आयोजित क्रान्तिकारियों की एक सभा में। उस समय की एक स्मृति को बाँटते हुए कानपुर के क्रान्तिकारी अजय घोष ने बताया : 'सन 28 में एक दिन मैं आश्चर्यचकित रह गया, जब एक नवयुवक ने मेरे कमरे में प्रवेश किया और अभिवादन किया। वह नवयुवक भगतसिंह था लेकिन अब यह वह भगतसिंह नहीं था जिससे दो वर्ष [या पाँच वर्ष?] पहले मेरी मुलाक़ात हुई थी। लम्बा और सुडौल, होशियार और चतुर चमकती हुई आँखें—पहले से एकदम भिन्न आदमी मालूम पड़ता था। थोड़ी ही देर बात करने के बाद मुझको मालूम हो गया कि भगतसिंह की बुद्धि में कितना विकास हुआ है। भगतसिंह के व्यक्तित्व में एक नया तेज पैदा हो गया था जिससे हर एक मिलनेवाले पर बड़ा असर पड़ता था। उनकी बुद्धि की तेज़ी के सभी क़ायल हो जाते थे। भगतसिंह के बोलने में वक्ता के गुण नहीं थे लेकिन उनमें इतनी सादगी और स्पष्टता थी कि सुननेवाले पर असर होना ज़रूरी था। उस दिन हम लोग रात भर बातें करते रहे। अँधेरे आसमान में जब सबेरे की लाली फैल गई तो हम लोग टहलने के लिए निकले। हमें ऐसा लगा मानो हमारी पार्टी के इतिहास में एक नया दिन शुरू हो गया है। अपना लक्ष्य और उसको प्राप्त करने का रास्ता साफ़ दिखाई पड़ने लगा।' ('क्रान्ति का साक्ष्य', पृ. 227)

कानपुर की इस बैठक के बारे में विश्वनाथ वैशम्पायन लिखते हैं : 'श्री कुन्दनलाल गुप्त के कथनानुसार श्री विजयकुमार सिन्हा को दल के अन्य सदस्यों का पता तो चल गया; परन्तु चन्द्रशेखर आज़ाद का पता न चल सका। तब यह काम श्री कुन्दनलाल गुप्त को सौंपा गया। कानपुर की एक बैठक में

श्री कुन्दनलाल गुप्त आज़ाद को ले गए। यहाँ पर उनकी सुखदेव तथा सरदार भगतसिंह से भेंट कराई। इसके पूर्व आज़ाद बमरौली डकैती कांड के समय भगतसिंह से मिल चुके थे। कानपुर की बैठक में ही यह निश्चय किया गया कि पंजाब तथा उत्तर प्रदेश मिलकर काम करें।' ('अमर शहीद चन्द्रशेखर आज़ाद', लेखक विश्वनाथ वैशम्पायन, सम्पादक सुधीर विद्यार्थी, प्रकाशक राजकमल पेपरबैक्स, वर्ष 2017, पृ. 134-5)

इस बैठक में यह फ़ैसला भी लिया गया कि विभिन्न दलों के प्रमुख क्रान्तिकारियों की एक केन्द्रीय समिति स्थापित की जाए। इसके उपरान्त भगतसिंह तथा विजयकुमार सिन्हा पुनः विभिन्न प्रान्तों के दौरे करने लगे। वर्ष 1928 के सितम्बर माह में दिल्ली के पुराने क़िले 'फ़िरोज़शाह कोटला' में क्रान्तिकारियों को बैठक के लिए बुलाया गया। 'क्रान्तिकारी आन्दोलन का वैचारिक विकास' में शिव वर्मा लिखते हैं : 'आठ सितम्बर, 1928 की मीटिंग में भाग लेने के लिए चार प्रान्तों का प्रतिनिधित्व करते हुए कुल मिलकर दस साथी फ़िरोज़शाह कोटला में जमा हुए थे। इनमें दो बिहार से, दो पंजाब से, एक राजस्थान से, और पाँच संयुक्त प्रान्त (अब उत्तर प्रदेश) से थे। पाँच साथियों में से भी दो ने मीटिंग में बैठने से इनकार कर दिया क्योंकि बाक़ी साथियों ने उनकी कुछ शर्तें नहीं मानीं। इस प्रकार केवल आठ साथियों ने ही बातचीत में भाग लिया।' ('दस्तावेज़' चमनलाल पृ. 36)

स्त्री-हृदय के अद्भुत चितेरे बंगाली उपन्यासकार शरतचन्द्र की जीवनी 'आवारा मसीहा' के मशहूर लेखक विष्णु प्रभाकर जी, जो भगतसिंह के समकालीन थे, लिखते हैं : '10 व्यक्तियों की अखिल भारतीय सभा—आज कोई हँस सकता है, पर सर पर कफ़न बाँधनेवाले होते कितने हैं। ये दस भी न जाने कैसे मिले होंगे।' ('अमर शहीद भगतसिंह', प्रकाशक हिन्द पॉकेट बुक्स गुड़गाँव, संस्करण वर्ष 2019, पृ. 51) वास्तव में कुल क्रान्तिकारियों की संख्या भी बहुत ज़्यादा नहीं थी। दुर्गा भाभी ने लिखा : 'उनकी संख्या बहुत ज़्यादा नहीं थी। मुश्किल से वे 25-30 लोग थे। लेकिन 'आज़ादी या मौत' के उनके संकल्प से फ़र्क पड़ा।' ('शिवेलरी एंड सैक्रिफाइस दैट वाज भगतसिंह' दुर्गा देवी वोहरा का आलेख; के. सी. यादव तथा बब्बर सिंह द्वारा सम्पादित 'भगतसिंह : मेकिंग ऑफ़ ए रिवोल्यूशनरी' से।)

दो दिन चले विचार-विमर्श के बाद तय हुआ कि 'हिन्दुस्तान रिपब्लिकन एसोसिएशन' को पुनर्जीवित किया जाए, मगर नये नाम से—'हिन्दुस्तान रिपब्लिकन सोशलिस्ट एसोसिएशन'। वैशम्पायन के अनुसार 'इस बैठक में आजाद को भी जाना था परन्तु उनकी आँखों में तकलीफ़ होने के कारण वे इस बैठक में भाग लेने न जा सके। आज़ाद की अनुपस्थिति में बैठक का संचालन

सरदार भगतसिंह ने किया।' उन्होंने कहा कि पार्टी के नाम हिन्दुस्तान रिपब्लिकन एसोसिएशन में "सोशलिस्ट शब्द जोड़कर जनता को हम बता दें कि भारत का क्रान्तिकारी आन्दोलन समाजवादी राज्य की स्थापना करेगा जिसमें भारतीय जनता [की] भारतीय स्वतंत्रता तथा भारतीय लोकराज्य में बराबरी की हिस्सेदारी होगी।" सरदार भगतसिंह ने आगे कहा—"सोशलिस्ट शब्द इस बात का प्रतीक होगा कि हम किस प्रकार का शासन देश में चाहते हैं। आज के युग में इस बात का स्पष्टीकरण होना अत्यन्त आवश्यक है क्योंकि हम शनैः-शनैः अपने आन्दोलन को जनता का आन्दोलन बना देना चाहते हैं। यही हमारा अन्तिम लक्ष्य भी है।" ('अमर शहीद चन्द्रशेखर आज़ाद', पृ. 136)

उस बैठक में जयदेव कपूर ने भी शिरकत की थी। दल द्वारा लिये गए निर्णय में भगतसिंह की क्या भूमिका रही, इस बारे में तफ़सील से उन्होंने एक साक्षात्कार में बताया : 'भगतसिंह ने कहा कि काकोरी षड्यंत्र केस में हमारे पूर्वज जो बड़े बहादुर थे, उनकी बड़ी क़ुर्बानियाँ रहीं। उनकी तपस्या और बलिदान में कोई कमी नहीं थी, लेकिन उसके बाद भी पार्टी के नज़दीक जनता नहीं आई। हमारे देश की जनता उनके व्यक्तित्व के साथ सहानुभूति तो रखती थी, लेकिन उनकी राजनीतिक गतिविधियों के प्रति कोई सहानुभूति नहीं थी। पार्टी ने उनको राजनीति में भाग लेने के लिए न आह्वान किया और न जनता वहाँ पर आई। हमारी पार्टी के चारों तरफ़ जब तक जनता इकट्ठी नहीं होती है, तब तक हम कोई चीज़ प्रभावशाली ढंग से नहीं कर सकेंगे।'

लाहौर षड्यंत्र मुक़दमे में भगतसिंह के सह-आरोपी रहे क्रान्तिकारी अजय घोष के अनुसार भगतसिंह का यह अभिमत था कि 'जनता से विलग रहकर व्यक्तिगत आतंकवादी कार्रवाइयाँ करनेवाली मध्यवर्गीय क्रान्तिकारियों की पार्टी कामयाब नहीं हो सकती। वे राष्ट्र को न केवल जगाने में ही विफल होती हैं, वरन उनकी आतंरिक एकता और उनका मनोबल भी उनके नेताओं के व्यक्तित्व पर आश्रित होता है।' ('सरदार भगतसिंह व उनके साथी', पृ. 70) भगतसिंह का यह भी विचार था, जैसा कि जितेन्द्रनाथ सान्याल बताते हैं, 'जब तक किसी देश की जनता स्वयं अपनी माँगों के लिए लड़ने को तैयार नहीं हो जाती, तब तक किसी ठोस लाभ की आशा नहीं की जा सकती।' लिहाज़ा भगतसिंह ने इस बात पर ज़ोर दिया कि 'ज़रुरत इस बात की है कि काम करने का जो पुराना तरीक़ा है वह बदला जाए।'

और यह पुराना तरीक़ा क्या था? उस तरीक़े में 'प्रोपेगंडा' यानी प्रचार शामिल नहीं था, जो अब के बाद से भगतसिंह की सोच का केन्द्र हो जानेवाला था। जयदेव कपूर ने आगे बताया कि भगतसिंह ने कहा : 'काकोरी षड्यंत्र केस जब चला तो उसमें चार डकैतियाँ, बिचपुरी, बमरौली, काकोरी और द्वारकापुर,

का आरोप इन क्रान्तिकारियों पर लगाया गया। देहात और शहर से बूढ़े, जवान सभी आते थे और एक-एक का हाथ पकड़कर कहते थे कि डकैती में यह भी थे, वह भी थे। उनको उन क्रान्तिकारियों को पहचानने में कोई संकोच नहीं होता था। क्योंकि वे यह जानते ही नहीं थे कि किन आदर्शों से अनुप्राणित होकर, क्या प्रोग्राम लेकर ये लोग देश के सामने आए थे। इन्होंने जो किया वह कहाँ तक उचित है और कहाँ तक देश के हित में है। ये सब भावनाएँ उनमें नहीं आ पाई थीं कि अगर ये गतिविधियाँ देश के हित में हैं तो हमारे भी हित में हैं। इसकी वजह यह थी कि जनता में राजनीतिक चेतना नहीं थी और जब जनता जानती ही नहीं थी कि यह सब किस लिए हो रहा है तो उनके साथ सहयोग और सक्रिय योगदान का प्रश्न ही नहीं उठता था।'

इस बैठक के बाद जो क़दम भगतसिंह ने उठाए, इसी मक़सद से उठाए, जनता में राजनीतिक चेतना जगाने के मक़सद से; देश में जन-जागृति लाने के उद्देश्य से। जयदेव कपूर के अनुसार 'भगतसिंह ने यह भी कहा कि हम जो कुछ भी करें, यह देखकर करें कि उसका राजनीतिक प्रभाव हमारे देश की जनता पर क्या होता है। जनता की जो मूक भावनाएँ हैं उनको "एक्शन" और प्रचार के ज़रिये हमें ज़बान देनी होगी तब हम जनता के नज़दीक जा सकेंगे और इसलिए यह ज़रूरी है कि हमें कुछ पुराने तौर-तरीक़े, जैसे सरकारी मुख़बिरों और गवाहों को जान से मार डालना, पार्टी के लिए धन एकत्र करने के लिए डकैतियों का सहारा लेना आदि यह सब तरीक़े बदलने पड़ेंगे। इन तरीक़ों से हम जनता के नज़दीक नहीं पहुँच सकते हैं। आज हम यहाँ बैठकर यह निश्चय करें कि अब हम यह नहीं करेंगे। यह भी निर्णय उसी मीटिंग में लिया गया कि हमारी पार्टी मात्र ज़बानी प्रस्ताव पास करनेवाली नहीं अपितु क्रान्ति में विश्वास करनेवाली है। मात्र प्रस्ताव पास करके और इधर-उधर छपाकर भेज देने से हम यहाँ की राजनीति पर कोई ख़ास प्रभाव नहीं डाल सकेंगे। हमको कुछ करना ज़रूर है, ऐसा काम जो जनता में राजनीतिक जागृति और आत्मविश्वास पैदा कर सके और आम जनता को पार्टी के साथ जोड़ सके।' (नेहरू म्यूज़ियम ज़बानी इतिहास, जयदेव कपूर खाता सं. 431, पृ. 51-2)

'भगतसिंह का कहना था कि सिर्फ़ इतना कहने से काम नहीं चलेगा कि हम देश की आज़ादी चाहते हैं, समाज में जो अलग-अलग वर्ग हैं इनको समझाना होगा कि आज़ादी से इनकी क्या भलाई होगी। आज़ादी से इनका क्या सम्बन्ध होगा। यह भी बताना हमारे लिए ज़रूरी है कि—इसके लिए हम यह घोषणा करें—हम ऐसी सामाजिक व्यवस्था चाहते है जिसमें सबको न्याय और विकास के समान अवसर मिलें। ऊँच-नीच, ग़रीब-अमीर का भेदभाव न हो। हम चाहते हैं कि मनुष्य के द्वारा मनुष्य का शोषण समाप्त हो। चन्द आदमियों के ज़रिये

बहुतों के शोषण की व्यवस्था ख़तम हो। समाज में एक ऐसी व्यवस्था का निर्माण हो जिसमें इस प्रकार का शोषण सम्भव न हो सके। अब वक़्त आ गया है जब हम ऐलान करें कि हमारा उद्देश्य देश में मुक़म्मिल आज़ादी और एक समाजवादी व्यवस्था का निर्माण करना है। अत: अब से हमारी पार्टी का नाम हिन्दुस्तान रिपब्लिकन पार्टी न रहकर 'हिन्दुस्तान सोशलिस्ट रिपब्लिकन पार्टी होगा।' (उपर्युक्त, पृ. 54-5)

लिहाज़ा क्रान्तिकारी दल का उद्देश्य अब सिर्फ़ आज़ादी हासिल करना ही नहीं रहा, समाजवादी राज्य की स्थापना सुनिश्चित करना भी हो गया। वैशम्पायन बताते हैं कि 'इस अवसर पर यह भी निश्चय किया गया कि एच.एस.आर.ए. के सक्रिय सदस्य घर छोड़ दें तथा परिवार से सारे सम्बन्ध तोड़ दें।' (अमर शहीद चन्द्रशेखर आज़ाद', पृ. 138) लेकिन इस बैठक की कार्यवाही का अथवा इसमें लिये गए निर्णयों का न तो कोई घोषणापत्र जारी हुआ और न ही कोई लिखित दस्तावेज़ बना।

फ़िरोज़शाह कोटला में जिस समय भगतसिंह ने यह ऐतिहासिक बैठक बुलाई हुई थी, देश के मज़दूर वर्ग में एक उफ़ान आया हुआ था। इस समय तक मिल मज़दूर ट्रेड यूनियनों में संगठित होने लगे थे और अपनी जायज़ माँगों को लेकर वर्ष 1928 में इन मज़दूरों ने एक के बाद एक कई हड़तालें की थीं। हाल ही में बने मज़दूर संगठन 'गिरनी कामगार यूनियन' ने बम्बई की कपड़ा मिलों के पहिये कई हफ़्तों के लिए जाम करवा दिये थे। जवाहरलाल नेहरू अपनी आत्मकथा में लिखते हैं : 'राजनीतिक दृष्टि से 1928 का साल एक भरा-पूरा साल था। देश भर में तरह-तरह की हलचलों की भरमार थी। ऐसा मालूम पड़ता था कि एक नई प्रेरणा, एक नई ज़िन्दगी जो तरह-तरह के सभी समूहों में एक सी मौजद थी, लोगों को आगे की तरफ़ बढ़ा रही है। अकसर हड़तालें होती थीं और मज़दूरों में वर्ग-चेतना ज़ोर पकड़ रही थी।' ('एन ऑटोबायोग्राफी'; पृ. 179-80)

इसके पहले तक अंग्रज़ों ने पूरे हिन्दुस्तान को सहमा रखा था। दोयम दर्ज़े का नागरिक ही नहीं दोयम दर्ज़े का इनसान, बल्कि इनसान से भी कमतर, आम हिन्दुस्तानी को उन्होंने बना रखा था। 'डॉग्स एंड इंडियन्स नॉट अलाउड' की तख़्ती सड़कों पर; सिनेमाघरों में गोरों के लिए अलग दर्शकदीर्घा, हाल में ऊपर की तरफ़, 'ब्लैक बास्टर्ड्स' के लिए नीचे; उनके लिए प्रवेशद्वार अलग। उनके क्लब भी अलग जिसमें सिर्फ़ गोरे ही सदस्य बन सकते थे। किसी भी 'काले हिन्दुस्तानी' को इनमें प्रवेश नहीं मिल सकता—कितना भी रसूख़दार वह क्यों न हो। और जब-जब इन 'काले हिन्दुस्तानियों' ने ख़ुद्दारी दिखाई तो जलियाँवाला बाग़ हो गया। शिव वर्मा लिखते हैं कि 'गाँधी द्वारा आहूत एक दिन [6 अप्रैल, 1919] की आम हड़ताल का प्रतिसाद समस्त आशाओं से परे था।

अपना क्रोध प्रदर्शित करने के लिए लोग एक व्यक्ति की तरह उठ खड़े हुए। भारतीयों को सबक़ सिखाने का ब्रिटिश ने निर्णय लिया और वह उन्होंने किया 13 अप्रैल, 1919 को जलियाँवाला बाग़ में।' ('सिलेक्टेड राइटिंग्स ऑफ़ शहीद भगतसिंह', शिव वर्मा द्वारा सम्पादित, समाजवादी साहित्य सदन कानपुर द्वारा प्रकाशित संस्करण मार्च 1996; भूमिका शिव वर्मा द्वारा)

लेकिन ये 'काले हिन्दुस्तानी', गाँधी जी के शब्दों में 'डम्ब मिलियन्स', अब मुखर हो चले थे। हिन्दुस्तान के मज़दूरों ने ही नहीं किसानों ने भी संगठन बनाने शुरू कर दिये थे। यही नहीं तो अंग्रेज़ सरकार और हिन्दुस्तानी ज़मींदारों द्वारा किये जा रहे उनके शोषण के ख़िलाफ़ और अपने वाजिब अधिकारों को हासिल करने के लिए कई आक्रामक आन्दोलनों की शुरुआत भी उन्होंने कर दी, ख़ास तौर पर संयुक्त प्रान्त, तेलंगाना, बिहार और पंजाब में। ख़ास बात यह थी कि इन आन्दोलनों में भाग लेनेवाले किसानों को अब लाल पगड़ीवालों का डर नहीं सताता था, जिन्हें देखते ही पहले उनकी घिग्घी बँध जाया करती थी। न तो जेल में ठूँस दिया जाना उन्हें अब भयभीत करता था; न ही पुलिस की लाठी अब उनका जोश कम कर पाती थी। मद्रास में चल रहा ब्राह्मण विरोधी आन्दोलन भी किसान आन्दोलन बन गया था। क्योंकि जो ज़मींदार थे वे सब अय्यर और नायर ब्राह्मण थे जबकि किसान सभी ग़ैर-ब्राह्मण। किसानों की माँगों को लेकर सरदार विट्ठलभाई पटेल के नेतृत्व में बारडोली सत्याग्रह भी गुजरात में आरम्भ हो चुका था।

गाँधी जी द्वारा चलाए गए असहयोग आन्दोलन का राजनीतिक नतीजा भले ही कुछ न निकला हो, लेकिन इस आन्दोलन ने उस 'निरीह' जनता को, जिसे जेल जाने का भय और पुलिस की लाठी की मार का ख़ौफ़ दिखाकर ही ज़मींदार और सरकार अपनी मनमानी कर लिया करते थे, इन कमज़ोरियों से मुक्ति तो दिलाई ही थी। इतना ही नहीं, इस आन्दोलन के बाद से जेल जाना, पहले जो सामाजिक लांछन का कारण था, गर्व और सम्मान का विषय हो गया था। जेल जानेवालों का अब तिरस्कार नहीं होता था, बल्कि जय-जयकार और फूलमालाओं से उनका सम्मान होता था। नागपुर में वर्ष 1923 में हुए 'झंडा सत्याग्रह' ने यह भी साबित कर दिया था, जिसमें मशहूर कवयित्री सुभद्रा कुमारी चौहान ने न केवल भागीदारी की थी बल्कि सत्याग्रह करके वे जेल भी गई थीं, कि चौरीचौरा के बाद भले ही असहयोग आन्दोलन गाँधी जी ने वापस ले लिया हो, लेकिन उनकी जलाई हुई आग के शोले अभी बाक़ी थे।

यही बात एक साक्षात्कार में शिव वर्मा ने भी कही : 'मुझे याद है कि जब भी कोई पुलिस का सिपाही गाँव आता, पूरा गाँव आतंकित हो उठता; लोग दूसरे गाँव भाग जाते, दरवाज़े बन्द हो जाते मानो कोई अशुभ घटना होनेवाली है।

ऐसा ख़ौफ़ था पुलिस का किसी को अगर गिरफ़्तार कर लिया जाता और जेल ले जाया जाता, पूरा परिवार ऐसे रोने लगता जैसे कि परिवार में किसी की मौत हो गई हो। 1921 के पहले जेल जाने का भय और पुलिस का भय था। लेकिन उसके बाद जब भी पुलिस गाँव आती, 13 या 14 साल के छोकरे उनका पीछा करते और उन्हें यह चिल्लाकर चिढ़ाते: "लू-लू-लू-लू" या "टोडी बच्चा हाय-हाय" और इस तरह उन्हें पागल कर देते। पुलिस किसी को अगर गिरफ़्तार करती, दस और आदमी गाड़ी में कूद जाते और कहते: "हम भी जेल जाएँगे।" जेल जाना इस तरह एक आम बात हो गई थी।' (नेहरू म्यूज़ियम ज़बानी इतिहास, शिव वर्मा खाता सं. 502, पृ. 50)

ख़ुद्दारी और विद्रोह की इस भावना को मूर्त रूप दिया गाँधी-टोपी ने जिसे लगाकर अब लाखों लोग हिन्दुस्तान में सिर उठाकर चलते हैं, आते-जाते अंग्रेज़ की आँख में आँख डालकर और तनिक अकड़ते हुए। अंग्रेज़ों का तो ख़ून खौलता है खादी के सफ़ेद मोटे कपड़े से सिली गई इस मासूम टोपी को देखकर, जिसे आज़ाद और भगतसिंह भी कभी-कभी लगा लिया करते थे।

विश्वव्यापी आर्थिक मन्दी ने भी इस समय तक दस्तक दे दी थी और यूरोप में इंग्लैंड, फ्रांस, जर्मनी, इटली, हालैंड एक-दूसरे के उपनिवेशों के बाज़ारों पर गिद्ध-दृष्टि जमाए हुए थे। हथियारों को इकठ्ठा करने की दौड़ शुरू हो चुकी थी और सेनाओं में भरती भी ज़ोर पकड़ने लगी थी। जर्मनी के एक लेखक की एक किताब इन दिनों बहुत लोकप्रिय हो रही थी, ख़ास तौर पर क्रान्तिकारियों में। भगतसिंह के हाथों में भी यह किताब आई। वर्ष 1914 में न्यूयॉर्क से प्रकाशित 'जर्मनी एंड द नेक्स्ट वार' नामक इस पुस्तक के लेखक फ्रेडरिक वॉन बर्नहार्डी ने अगला युद्ध जर्मनी की पहल पर होने की स्पष्ट भविष्योक्ति करते हुए लिखा : 'युद्ध एक पहली महत्त्वपूर्ण जैविक आवश्यकता है। शान्ति की इच्छा ने अधिकांश सभ्य देशों को रक्ताल्पता की स्थिति में ला खड़ा किया है। संघर्ष केवल विनाशकारी नहीं बल्कि जीवनदायी सिद्धान्त है। संघर्ष इसलिए प्रकृति का सार्वलौकिक सिद्धान्त है। भविष्य के यूरोपीय युद्ध में पिछली किसी भी दफ़ा से ज़्यादा अभूतपूर्व सीमा तक बढ़कर 'जनसमूह' का उपयोग होगा। हथियार ऐसे इस्तेमाल होंगे जिनकी घातकता पुराने सभी अनुभवों से बढ़-चढ़कर होगी। इंग्लैंड के लिए एक ख़तरा और भी है। यह भारत तथा इजिप्ट में चल रहे राष्ट्रीय आन्दोलनों की वजह से है।'

इन्हीं सब कारणों से ही शायद भगतसिंह को यह विश्वास हो चला था कि सर्वहारा द्वारा की जाने वाली उस क्रान्ति का समय हिन्दुस्तान में भी अब आ चुका है जो रूस में दस साल पहले लेनिन के नेतृत्व में हुई थी।

लेकिन पंजाब के क्रान्तिकारी आन्दोलन में तो दरार पड़ चुकी थी! कोटला फिरोज़शाह में हुई बैठक के लिए भगवतीचरण को, जो नेशनल कॉलेज के दिनों से भगतसिंह के साथी थे; जो उसकी ही तरह रूस की क्रान्ति को लेकर दीवाने थे; उसकी ही तरह जो वैसी ही क्रान्ति अपने देश में करने के सपने देखा करते थे; क्रान्तिकारी आन्दोलन की पंजाब में जो जान थे : न तो बुलाया गया और न ही इस बैठक की कार्यवाही की सूचना उन्हें दी गई। वर्ष 1929 में जन्मे मलविन्दर जित सिंह वड़ैच अपनी युवावस्था से ही ग़दर आन्दोलन और भगतसिंह के जीवन और उसकी विचारधारा पर व्यापक शोध करते रहे हैं। वे लिखते हैं : 'प्रो. जयचन्द्र विद्यालंकार ने द्वेष और ईर्ष्या के तहत भगवतीचरण वोहरा पर सी.आई.डी. का आदमी होने का बेबुनियाद आरोप लगाया। परिणामस्वरूप वह सितम्बर, 1928 से नवम्बर, 1929 तक पार्टी से बाहर रहे।' ('मेरा रंग दे बसन्ती चोला', पृ. 160)

इस दौरान भी भगतसिंह की क़लम लेकिन निरन्तर चल रही थी, बल्कि दौड़ रही थी। मई के महीने में उसका एक लेख 'अराजकतावाद' शीर्षक से 'किरती' में प्रकाशित हुआ।

'संसार में आज बहुत हलचल मची है। जाने-माने विद्वान दुनिया में शान्ति-स्थापना के कार्य में उलझे हैं। लेकिन आज हम ग़ुलाम हैं। हमारी निगाहें कमज़ोर हैं, हमारे दिमाग़ कुन्द हैं। हमारा मन कमज़ोर होकर रो रहा है। हम दुनिया की शान्ति के लिए क्या चिन्ता करें, अपने देश के लिए ही कुछ नहीं कर पा रहे हैं। इसे अपनी बदक़िस्मती ही कहें। हमें तो अपने दकियानूसी विचार ही तबाह कर रहे हैं।'

'स्वार्थी पूँजीपतियों ने जिस तरह 'बोल्शेविक', 'कम्युनिस्ट', 'सोशलिस्ट' आदि शब्द बदनाम किये हैं, उसी प्रकार इस शब्द को भी बदनाम किया। हालाँकि अराजकतावादी सर्वाधिक संवेदनशील मनवाले, सारी दुनिया का भला चाहनेवाले होते हैं। मैं समझता हूँ कि हिन्दुस्तान में विश्व-भ्रातृत्व और संस्कृत के वाक्य 'वसुधैव कुटुम्बकम्' आदि में भी यही भाव है।'

'अराजकतावाद एक नया दर्शन है जिसके अनुसार एक नया समाज बनेगा। क्योंकि प्रत्येक सरकार दमन पर टिकी होती है। अराजकतावादी किसी भी प्रकार की सरकार नहीं चाहते।'

यह बताते हुए कि अराजकतावादी भगवान और धर्म को पूरी तरह ख़त्म कर देना चाहते हैं, इस लेख में भगतसिंह आगे बताता है : 'लोग कहते हैं कि ईश्वर के अस्तित्व को अगर नकारा जाए तो क्या होगा? दुनिया में पाप बढ़ जाएगा अन्धेरगर्दी मच जाएगी। लेकिन अराजकतावादी कहते हैं कि उस समय (आदर्श स्वतंत्रता हासिल हो जाने पर) मनुष्य इतना अधिक ऊँचा हो जाएगा कि स्वर्ग का

लालच और नरक का भय बताए बिना ही वह बुरे कार्यों से दूर हो जाएगा और नेक काम करने लगेगा।' ('दस्तावेज़' चमनलाल, पृ. 149- 52)

'किरती' में ही जून या जुलाई के अंक में अराजकतावाद पर उसका दूसरा लेख छपा जिसमें वह प्रजातंत्र के ढकोसले का पर्दाफ़ाश करने के साथ ही साम्राज्यवाद की उत्पत्ति की तह में भी पहुँचता है।

'अमेरिका के पंचायती राज [प्रजातान्त्रिक राज्य] में बेचारे ग़ुलामों की बुरी स्थिति हो गई थी। तब फ्रांस के ग़रीब लोग भी अनेक बार कोशिशें करके उठ और गिर रहे थे। आज भी फ्रांस में पंचायती राज है, लेकिन लोग पूरी तरह स्वतंत्र नहीं हैं। इसलिए अराजकतावादी कहते हैं कि कोई भी राज नहीं चाहिए। वे चाहते हैं कि राजसत्ता न रहे और लोग भ्रातृत्व से रहें।'

'सम्पत्ति बनाने का विचार मनुष्यों को लालची बना देता है। वह फिर पत्थर-दिल होता चला जाता है। दयालुता और मानवता उसके मन से मिट जाती है। सम्पत्ति की सुरक्षा के लिए राजसत्ता की आवश्यकता होती है। इससे फिर लालच बढ़ता है और अन्त में परिणाम—पहले साम्राज्यवाद, फिर युद्ध होता है।' ('दस्तावेज़' चमनलाल, पृ. 154-55)

प्रथम विश्वयुद्ध के दौरान जो हिन्दुस्तानी यूरोप में युद्ध के विभिन्न मोर्चों पर भेजे गए थे, उनमें से हज़ारों नौजवान कभी वापस नहीं आए और हज़ारों विकलांग बनकर लौटे। इनमें सबसे बड़ी संख्या पंजाबियों की ही थी। पंजाब की माताओं-बहनों के दिल में ये घाव अभी ताजे थे और भगतसिंह के दिल में इन घावों की टीस अभी भी उठा ही करती होगी। तभी तो उसकी क़लम उस युद्ध के कारणों की तह में पहुँची।

अगस्त, 1928 में छपे अराजकतावाद पर अपने तीसरे लेख में उसने रूस के राजघराने के सदस्य प्रिन्स पीटर क्रोपोत्किन का यह बयान दिया कि 'हम ज़बान से बहुत प्रचार कर चुके लेकिन कोई असर नहीं होता। नई-नई विचारधाराएँ सुनाकर थक गए हैं। जनता पर कुछ भी प्रभाव नहीं पड़ता। इसलिए अब व्यावहारिक प्रचार आरम्भ किया जाए।' इसके बाद क्रोपोत्किन की पुस्तक 'मेमोयर्स ऑफ़ अ रेवोल्यूशनरी' में से भगतसिंह ने एक उद्धरण दिया और फिर उसका अनुवाद भी किया : 'अर्थात एक भी व्यावहारिक काम हज़ारों किताबों और पत्रिकाओं से अधिक प्रचार कर देता है।' फिर उनका एक और उद्धरण देकर भगतसिंह ने उसका भी अनुवाद किया : 'अर्थात प्रचार-कार्य के लिए न तो धन की आवश्यकता है, न बड़े पोथों की और न बड़े भारी संगठन की। कोई भी एक आदमी—जिसने हाथ में मशाल पकड़ी हुई हो, जिससे वह आग लगा सके या डायनामाइट हो जिससे वह एक बार में मकानों और इनसानों को उड़ा सके—सारी दुनिया को अपनी इच्छानुसार शिक्षा दे सकता है।' ('दस्तावेज़' चमनलाल, पृ. 157-58)

अगले साल यही बात वह कलकत्ता में सोहनसिंह जोश से कहनेवाला है।

इसके पश्चात इस लेख में फ्रांस के अराजकतावादी वेलाँ द्वारा 'चैम्बर ऑफ़ डेपुटीज' में बम फेंके जाने की घटना के विषय में अत्यन्त संक्षेप में बताकर भगतसिंह ने लिखा कि बम फेंके जाने का 'उसने बड़ी बुलन्द आवाज़ में स्पष्टीकरण देते हुए कहा – "It takes a loud voice to make the deaf hear." यानी बहरों को सुनाने के लिए बड़ी बुलन्द आवाज़ की ज़रूरत है। अब तुम मुझे सज़ा दोगे, पर मुझे इसका कोई भय नहीं।' (उपर्युक्त, पृ. 160)

अगले ही साल दिल्ली स्थित केन्द्रीय विधान सभा के हाल में बम फेंक कर भगतसिंह जो पर्चे उड़ानेवाला है उनमें यह जुमला वह छापनेवाला है।

(जिन दिनों भगतसिंह अराजकता पर लेखों की यह श्रृंखला लिख रहा था, एम्स्टर्डम में हो रहे ओलिम्पिक खेलों में मेजर ध्यानचन्द ने अराजकता फैला रखी थी। हॉकी के मुक़ाबले में ऑस्ट्रिया, बेल्जियम, डेनमार्क, स्विट्ज़रलैंड, नीदरलैंड इत्यादि यूरोपियन देशों की 'गोरी' टीमों की उन्होंने ऐसी धुनाई की कि पूरा विश्व चकित रह गया। उन पर इल्ज़ाम लगाया गया कि अपनी हॉकी-स्टिक में उन्होंने गोंद लगा रखा था या कोई ख़ास क़िस्म का चुम्बक। लिहाज़ा उनकी हॉकी-स्टिक को तोड़कर देखा गया। एक बुढ़िया ने अपनी छड़ी उन्हें थमाकर चुनौती दी कि इससे गोल मारकर दिखाओ। और मेजर ध्यानचन्द ने उस छड़ी से एक के बाद एक कई गोल मारे।)

इन प्रमुखत: सैद्धान्तिक लेखों को लिखते हुए भी देश की दो ख़ास समस्याओं के प्रति भगतसिंह न सिर्फ़ जागरूक था बल्कि उनको लेकर फ़िक्रमन्द भी था : हिन्दू-मुस्लिम दंगे और अछूतों का तिरस्कार।

हम देख ही चुके है कि कमाल पाशा ने जब ख़लीफ़ा के पद ख़त्म कर तत्कालीन ख़लीफ़ा को देश-निकाला दे दिया तो ख़िलाफ़त आन्दोलन को चलाने का कोई मतलब नहीं रहा। मुसलमानों के नेतृत्व ने लेकिन इस आन्दोलन की असफलता का ठीकरा हिन्दुओं के ही सिर पर फोड़ दिया और उसके बाद से पूरे देश में हिन्दू-मुस्लिम दंगों की जैसे बाढ़ ही आ गई। वर्ष 1924 में ही 18 दंगे हुए जिनमें सबसे भयानक था उत्तर-पश्चिमी सीमा प्रान्त स्थित शहर कोहट में सितम्बर माह में हुआ दंगा, जिसके बाद वहाँ की लगभग पूरी हिन्दू आबादी रावलपिंडी पलायन कर गई थी।

वर्ष 1923 में उत्तर-पश्चिमी सीमा प्रान्त के कुछ मुसलमानों ने 'सीता का छिनाला' शीर्षक से एक पुस्तक छपवाकर बाँटी जिसमें सीता जी का बेहद घिनौना चित्रण हुआ था। इसके प्रतिकार में प्रकाशन संस्था 'राजपाल एंड सन्स' के संस्थापक महाशय राजपाल ने अज्ञात लेखक के नाम से पुस्तक 'रंगीला रसूल' छापकर बँटवा दी, जिसमें पैग़म्बर मुहम्मद के जीवन को कामवासन

से ओतप्रोत दिखाया गया। यह मई, 1924 की बात है। इसके बाद हिन्दुओं पर मुसलमानों के छिटपुट हमले शुरू हुए और फिर आग भड़कती चली गई; जिसके नतीजे में सितम्बर महीने में हिन्दुओं की मारकाट का तांडव कोहट में तीन दिन तक चलता रहा मगर अंग्रेज़ सरकार के कानों पर जूँ नहीं रेंगी।

कोहट दंगे के बाद गाँधी जी ने हिन्दू-मुस्लिम एकता के लिए 18 सितम्बर से 8 अक्टूबर, 1924 तक 21 दिन का उपवास किया क्योंकि, उपवास की घोषणा करते हुए जारी किये गए वक्तव्य में उन्होंने कहा, 'मुझे यह स्पष्ट हो गया है कि मेरे हर तरह के लिखने और कहने से भी हिन्दुओं और मुसलमानों में एकता नहीं हो सकती।' ('सम्पूर्ण गाँधी वाङ्मय', जिल्द 25, शीर्षक 123, दिनांक 18.09.1924) इसके नतीजे में सभी राजनीतिक दलों के नेताओं ने लिखित आश्वासन उन्हें दिया कि दंगों की रोकथाम करने के लिए वे अपनी जान लड़ा देंगे। मगर वर्ष 1925 में ही 16 दंगे हुए। अगले वर्ष 1926 में 35 और मई, 1926 से लेकर अप्रैल, 1927 के दरम्यान तो 40 हिन्दू-मुस्लिम दंगे हुए! 5 मई, 1927 को कलकत्ता के एक अंग्रेज़ी अख़बार में छपा : 'सिक्ख और मुसलमानों के बीच दंगा। 20 मरे 100 घायल। सेना बुलाई गई। बाज़ारों में आतंक। दुकानें बन्द।' यह दंगा लाहौर में हुआ था। एक मुसलमान ने सिक्ख लड़की पर बुरी नीयत से हमला किया जिसके बाद बावली साहिब डब्बी बाज़ार में सिक्खों की सभा में भड़काऊ भाषण हुए और किरपान, लाठी लेकर सिक्ख हवेली काबुली माई में रह रहे मुसलमानों पर टूट पड़े। यह मामला 29 जुलाई, 1927 को लन्दन में ब्रिटिश संसद में भी उठा।

अगस्त, 1927 में भी दंगे हुए मुल्तान, बरेली, कानपुर में; मगर लाहौर में हुआ दंगा सबसे घातक था। इसके बाद भी दंगों से कोई राहत नहीं थी। सितम्बर, 1927 में दो दिन चले नागपुर के दंगों में 22 मौतें हुईं और 100 लोग घायल हुए। फरवरी, 1928 में बम्बई के दंगों में 150 मौतें हुईं और 700 से ज़्यादा लोग घायल हुए। यह सब देख-सुनकर भगतसिंह विचलित हो उठा और उसकी क़लम से हिन्दू-मुस्लिम दंगों को लेकर लेख निकला—'साम्प्रदायिक दंगे और उनका इलाज'। वर्ष 1928 में जून के महीने में यह 'किरती' में छपा।

(चमनलाल द्वारा सम्पादित 'द भगतसिंह रीडर' में इस लेख के विषय में सम्पादकीय टिप्पणी है कि 'यह लेख 'धर्मवार फ़साद ते उन्हा दे इलाज' किरती के जून, 1927 के अंक में छपा। लेखक के विषय में कोई टिप्पणी नहीं है। चमनलाल द्वारा ही सम्पादित 'भगतसिंह और उनके साथियों के दस्तावेज़' में सम्पादकीय टिप्पणी है कि 'यह लेख इस समस्या पर शहीद भगतसिंह और उनके साथियों के विचारों का सार है।' और उन्हीं के द्वारा सम्पादित 'भगतसिंह के राजनीतिक दस्तावेज़' में सम्पादकीय टिप्पणी है कि 'प्रस्तुत लेख जून, 1927

के किरती में छपा।' लेकिन राहुल फाउंडेशन लखनऊ द्वारा प्रकाशित 'भगतसिंह और उनके साथियों के सम्पूर्ण उपलब्ध दस्तावेज़' में सम्पादकीय टिप्पणी है कि 'भगतसिंह का यह लेख जून, 1928 के किरती में छपा।' वर्ष 1927 के मई माह में लेख 'काकोरी के वीरों से परिचय' किरती में छपा और उसके फ़ौरन बाद ही भगतसिंह गिरफ़्तार हो गया। जून, 1927 में वह जेल में था। इसके अलावा भगतसिंह द्वारा लिखे गए इस तरह के बाक़ी लेख जनवरी, 1928 और उसके बाद ही प्रकाशित हुए। अत: राहुल फाउंडेशन द्वारा प्रकाशित 'सम्पूर्ण दस्तावेज़' की सम्पादकीय टिप्पणी ही सही है।)

(इस पुस्तक को लिखते हुए भगतसिंह के दस्तावेज़ों के संग्रहों में दिये गए उन लेखों को मैंने दरकिनार कर दिया है जिनके विषय में सम्पादकीय टिप्पणियाँ एकमत हैं कि भगतसिंह द्वारा उन्हें नहीं लिखा गया। साथ ही वे लेख भी मैंने नज़रअन्दाज़ कर दिये जिनके विषय में सम्पादकीय टिप्पणियाँ इस प्रकार हैं : लेखक के सम्बन्ध में जानकारी हासिल नहीं या लेखक का नाम नहीं किन्तु ये लेख शहीद भगतसिंह और उनके साथियों के तत्कालीन विचारों का प्रतिनिधित्व करते हैं, इसीलिए इन्हें यहाँ दिया जा रहा है; भगतसिंह 'किरती' के सम्पादक मंडल में थे, उस समय उनके विचारों की झलक इनसे मिल सकती है; भगतसिंह और उनके साथियों के विचारधारात्मक विकास को जानने के लिए यह लेख महत्त्वपूर्ण दस्तावेज़ों में से एक है; भगतसिंह और उनके साथियों ने इस पर गहराई से विचार किया था आदि। ये सभी लेख 'किरती' में ही छपे थे, जो वामपन्थी और कम्युनिस्ट विचारधारा वाली 'किरती किसान पार्टी' का मुखपत्र था। किरती का अर्थ है कामगार या मज़दूर।)

उक्त लेख में भगतसिंह ने लिखा : 'भारतवर्ष की दशा इस समय बड़ी दयनीय है। एक धर्म के अनुयायी दूसरे धर्म के अनुयायियों के जानी दुश्मन हैं। लाहौर के ताज़ा दंगे ही देख लें। किस प्रकार मुसलमानों ने निर्दोष सिक्खों, हिन्दुओं को मारा है और किस प्रकार सिक्खों ने भी वश चलते कोई कसर नहीं छोड़ी है। पता नहीं ये धार्मिक दंगे भारतवर्ष का पीछा कब छोड़ेंगे। इन दंगों ने संसार की नज़रों में भारत को बदनाम कर दिया है।'

'जो लोग असहयोग के दिनों के जोश व उभार को जानते हैं, उन्हें यह स्थिति देख रोना आता है। कहाँ थे वे दिन कि स्वतंत्रता की झलक सामने दिखाई देती थी और कहाँ आज यह दिन कि स्वराज्य एक सपना मात्र बन गया है। दंगों का इलाज यदि कोई हो सकता है तो वह भारत की आर्थिक दशा में सुधार से ही हो सकता है, क्योंकि भारत के आम लोगों की आर्थिक दशा इतनी ख़राब है कि एक व्यक्ति दूसरे को चवन्नी देकर किसी और को अपमानित करवा सकता है।'

‘लोगों को परस्पर लड़ने से रोकने के लिए वर्ग चेतना की ज़रूरत है। ग़रीब मेहनतकश व किसानों को स्पष्ट समझा देना चाहिए कि तुम्हारे असली दुश्मन पूँजीपति हैं। तुम धर्म, रंग, नस्ल और राष्ट्रीयता व देश के भेदभाव मिटाकर एकजुट हो जाओ और सरकार की ताक़त अपने हाथ में लेने का यत्न करो। इन यत्नों में तुम्हारा नुकसान कुछ नहीं होगा, इससे किसी दिन तुम्हारी ज़ंजीरें कट जाएँगी और तुम्हें आर्थिक स्वतंत्रता मिलेगी।’ (‘दस्तावेज़’ चमनलाल, पृ. 257-59)

गाँधी जी द्वारा असहयोग आन्दोलन वापस लिए जाने के पश्चात कांग्रेस का पहला अधिवेशन काकीनाडा में वर्ष 1923 में हुआ था। ख़िलाफ़त आन्दोलन के अग्रणी नेता मौलाना मुहम्मद अली इस अधिवेशन के अध्यक्ष थे। अपने अध्यक्षीय भाषण में उन्होंने ‘अछूतों’ को हिन्दू तथा मुस्लिम मिशनरी संस्थाओं में बाँट दिये जाने का सुझाव दिया—मानो वे ‘वस्तुएँ’ हों। लेकिन उनकी भी कोई ग़लती नहीं थी। देश की जनसंख्या के बड़े हिस्से को ‘अछूत’ का दर्जा देकर उसके साथ बेहद अमानवीय, बल्कि पशु से किये जाने वाले व्यवहार से भी बदतर और क्रूर व्यवहार हिन्दू उनके साथ करते थे। किसी वस्तु की क़ीमत फिर भी थी उनकी नज़रों में, इनकी धेला भर भी नहीं।

उसके बाद से ही ‘अछूतों’ को लेकर देश भर में तनातनी का माहौल बना हुआ था। हंसराज रहबर लिखते हैं : ‘1923 में कांग्रेस का वार्षिक अधिवेशन कोकनड़ा में हुआ। मौलाना मुहम्मद अली अध्यक्ष थे। उन्होंने अपने अध्यक्षीय भाषण में यह सुझाव प्रस्तुत किया कि अछूतों को हिन्दू-मुसलमानों में आधा-आधा बाँट दिया जाए। लाला लाजपत राय ने इसका विरोध किया और यह समस्या विवाद का विषय बन गई। मुसलमानों की ओर से तबलीग़ [धर्म परिवर्तन] की तहरीकी [प्रारम्भ, प्रयत्न] चली और आर्यसमाज की ओर से शुद्धि आन्दोलन चला, जिसके नेता स्वामी श्रद्धानन्द थे। अमीर मुसलमानों और धनी हिन्दुओं ने दोनों को आर्थिक सहायता दी। परिणाम यह कि साम्प्रदायिकता और फूट की शक्तियों को बढ़ावा मिला।’ (‘भगतसिंह : एक ज्वलन्त इतिहास’, पृ. 60)

आर्यसमाज द्वारा ‘शुद्धि’ आन्दोलन तो वास्तव में कई सालों से चलाया जा रहा था—अपना धर्म छोड़कर मुसलमान बन गए हिन्दुओं को वापस अपने धर्म में लाने के लिए। वर्ष 1897 में किसी कहन सिंह नाभा ने एक पुस्तिका प्रकाशित की ‘हम हिन्दू नहीं’। उसके पश्चात सिक्ख पन्थ को ‘कुरीतियों’ से मुक्त कराने के उद्देश्य से बनी सिंह-सभा ने सिक्खों के पवित्र स्थलों से हिन्दू देवी-देवताओं की मूर्तियाँ हटवाने के लिए आन्दोलन शुरू कर दिया। आर्यसमाज का शुद्धि आन्दोलन जब नीची जाति के सिक्खों को हिन्दू बनाने लगा तो यह आन्दोलन और तेज हो गया। इसके पहले तक आर्यसमाज और सिंह सभा की बैठकें साथ

हुआ करती थीं। अब अलग-अलग होने लगीं और 1907 से 1912 के बीच आर्यसमाज ने 30000 सिक्ख जाटों की शुद्धि की।

वर्ष 1923 में स्वामी श्रद्धानन्द के 'भारतीय हिन्दू शुद्धि सभा' का अध्यक्ष बन जाने पर इस आन्दोलन में और भी ज़्यादा गति आ गई तथा अधिक आक्रामकता भी। इसके जवाब में मुसलमानों के 'तबलीग़' आन्दोलन में भी उग्रता आ गई, जो प्रकटतः मुसलमानों को सच्चा मुसलमान बनाने व उन्हें नमाज़ और रोज़े का पाबन्द करने के लिए था। हिन्दू समाज में 'अछूत' पुकारे जानेवाले लोगों को अपनी तरफ़ खींचने में ये दोनों ही आन्दोलन, शुद्धि तथा तबलीग़, ज़ोरशोर से भिड़ गए। नतीजतन इन आन्दोलनों के समर्थकों में आपसी वैर इस क़दर बढ़ा कि वर्ष 1926 में एक सरफिरे मुसलमान युवक ने स्वामी श्रद्धानन्द की हत्या कर दी। शुद्धि आन्दोलन में इससे लेकिन कोई व्यवधान नहीं आया बल्कि और भी ज़्यादा जोशोख़रोश के साथ अब 'शुद्धिकरण' होने लगा। तथाकथित शुद्धि के प्रयासों के साथ लेकिन एक मूलभूत समस्या थी। बिना जाति के कोई हिन्दू नहीं हो सकता था और जाति के खाँचों में इन 'शुद्ध' हुए मुसलमानों को बहुत नीचे जगह मिली। लिहाज़ा ऊँची जातिवालों के लिए वे लोग तक़रीबन अछूत ही बने रहे, जिनके साथ रोटी-बेटी का व्यवहार रखना उन्हें मंज़ूर नहीं था।

ब्रिटिश सरकार हिन्दुस्तानियों को वर्ष 1929 में सुधारों की एक नई खेप का 'तोहफ़ा' देनेवाली थी, जिनको अन्तिम रूप देने के लिए दिल्ली में वाइसराय चेम्सफोर्ड और लन्दन में 'सेक्रेटरी ऑफ़ स्टेट फॉर इंडिया' श्री मोंटेग्यू सक्रिय थे। इन सुधारों की मार्फ़त विधान सभाओं में तथा सरकारी नौकरियों में ज़्यादा-से-ज़्यादा हिस्सेदारी पाने के मक़सद से अपनी-अपनी संख्या में इजाफ़ा करने के लिए इन तथाकथित 'अछूतों' को अपने-अपने समुदाय में शामिल करने की होड़ मची हुई थी। इसी मसले को लेकर भगतसिंह ने 'अछूत का सवाल' नामक लेख लिखा जो किरती' में ही छपा, जून, 1928 में।

'30 करोड़ की जनसंख्यावाले देश में जो 6 करोड़ लोग अछूत कहलाते हैं, उनके स्पर्श-मात्र से धर्म भ्रष्ट हो जाएगा! उनके मन्दिरों में प्रवेश से देवगण नाराज़ हो उठेंगे! कुएँ से उनके द्वारा पानी निकालने से कुआँ अपवित्र हो जाएगा! ये सवाल बीसवीं सदी में किये जा रहे हैं, जिन्हें कि सुनते ही शर्म आती है।'

'हमारा देश बहुत अध्यात्मवादी है, लेकिन हम मनुष्य को मनुष्य का दर्जा देते हुए भी झिझकते हैं। हम सदा ही आत्मा-परमात्मा के वजूद को लेकर चिन्तित तथा इस ज़ोरदार बहस में उलझे हुए हैं कि क्या अछूत को जनेऊ दे दिया जाएगा? वे वेद-शास्त्र पढ़ने के अधिकारी हैं अथवा नहीं? हम उलाहना देते हैं कि हमारे साथ विदेशों में अच्छा सलूक नहीं होता। अंग्रेज़ी शासन हमें अंग्रेज़ों के समान नहीं समझता। लेकिन क्या हमें यह शिकायत करने का अधिकार है?'

'जब तुम उन्हें इस तरह पशुओं से भी गया-बीता समझोगे तो वह ज़रूर ही दूसरे धर्मों में शामिल हो जाएँगे, जिनमें उन्हें अधिक अधिकार मिलेंगे, जहाँ उनसे इनसानों जैसा व्यवहार किया जाएगा। फिर यह कहना कि देखो जी, ईसाई और मुसलमान हिन्दू क़ौम को नुक़सान पहुँचा रहे हैं, व्यर्थ होगा।'

'कुत्ता हमारी गोद में बैठ सकता है। हमारी रसोई में निःसंग फिरता है, लेकिन एक इनसान का हमसे स्पर्श हो जाए तो बस धर्म भ्रष्ट हो जाता है। इस समय मालवीय जी जैसे बड़े समाज-सुधारक, अछूतों के बड़े प्रेमी और न जाने क्या-क्या पहले एक मेहतर के हाथों गले में हार डलवा लेते हैं, लेकिन कपड़ों सहित स्नान किये बिना स्वयं को अशुद्ध समझते हैं! जो निम्नतम काम करके हमारे लिए सुविधाओं को उपलब्ध कराते हैं, उन्हें ही हम दुरदुराते हैं। पशुओं की हम पूजा कर सकते हैं, लेकिन इनसान को पास नहीं बिठा सकते।'

'देश में मुक्ति-कामना जिस तरह बढ़ रही है, उसमें साम्प्रदायिक भावना ने और कोई लाभ पहुँचाया हो अथवा नहीं लेकिन एक लाभ ज़रूर पहुँचाया है। अधिक अधिकारों की माँग के लिए अपनी-अपनी क़ौम की संख्या बढ़ाने की चिन्ता सभी को हुई। मुस्लिमों ने ज़रा ज़्यादा ज़ोर दिया। उन्होंने अछूतों को मुसलमान बनाकर अपने बराबर अधिकार देने शुरू कर दिये। इससे हिन्दुओं के अहम को चोट पहुँची। स्पर्धा बढ़ी। फ़साद भी हुए। धीरे-धीरे सिक्खों ने भी सोचा कि हम पीछे न रह जाएँ उन्होंने भी अमृत छकाना आरम्भ कर दिया। हिन्दू-सिक्खों के बीच अछूतों के जनेऊ उतारने या केश कटवाने के सवालों पर झगड़े हुए। अब तीनों क़ौमें अछूतों को अपनी-अपनी ओर खींच रही हैं। इसका शोर-शराबा है। उधर ईसाई चुपचाप उनका रुतबा बढ़ा रहे हैं। चलो, इस सारी हलचल से ही देश के दुर्भाग्य की लानत दूर हो रही है।'

आगे इस लेख में भगतसिंह 'अछूतों' का आह्वान करते हुए लिखता है : 'तुम पर इतना ज़ुल्म हो रहा है कि मिस मेयो भी कहती हैं—उठो, अपनी शक्ति को पहचानो। संगठनबद्ध हो जाओ। संगठनबद्ध हो अपने पैरों पर खड़े होकर पूरे समाज को चुनौती दे दो। तब देखना, कोई भी तुम्हें तुम्हारे अधिकार देने से इनकार करने की ज़ुर्रत न कर सकेगा। तुम ही तो देश का मुख्य आधार हो, वास्तविक शक्ति हो, सोये हुए शेरो! उठो, और बग़ावत खड़ी कर दो।' ('दस्तावेज़' चमनलाल, पृ. 199-203)

वर्ष 1927 में अमेरिकी पत्रकार और इतिहासकार कैथरीन मेयो की किताब 'मदर इंडिया' प्रकाशित हुई थी। भारत के कई क्षेत्रों का दौरा कर उन्होंने ऐसी सामग्री जुटाई जिनमें आँखों-देखा हाल, साक्षात्कार, दस्तावेज़ इत्यादि शामिल थे। इस सामग्री के आधार पर लिखी गई किताब में भारत में प्रचलित सामाजिक कुरीतियों जैसे बाल-विवाह, अपरिपक्व लड़कियों के गर्भाधान के कारण उनकी

मौत, पर्दा-प्रथा के कारण स्त्रियों का उचित इलाज न हो पाना, अछूतों के साथ हो रहे अमानवीय व्यवहार आदि को रेखांकित किया गया था। राष्ट्रवादी नेताओं ने इस 'दुष्प्रचार' के लिए मिस मेयो की ज़बर्दस्त आलोचना की और उसके पुतले भी जलाए। गाँधी जी ने इस किताब को 'गन्दे नाले के निरीक्षक की रिपोर्ट' बताकर ख़ारिज कर दिया। लेकिन इस किताब को निष्पक्ष दृष्टि से पढ़ने पर यह साफ़ हो जाता है कि मिस मेयो ने जो लिखा वह असत्य नहीं था। उसका दोष अगर कोई था तो वह अतिशयोक्ति था, जो इस तरह के किसी भी लेखन में आ ही जाता है। कुछ हद तक शायद उसका चयनात्मक नज़रिया भी राष्ट्रवादी नेताओं को रास नहीं आया—ख़ास तौर पर इन बुराइयों को दूर करने के लिए उस वक़्त हिन्दुस्तानियों द्वारा किये जा रहे जोश भरे प्रयासों की उपेक्षा करना।

माह अप्रैल, 1928 में 'नौजवान भारत सभा' के अमृतसर में हुए सम्मेलन के बाद भगतसिंह का अपने घर से सम्पर्क पूरी तरह टूट चुका था। उसकी व्यस्तताएँ भी तो बढ़ती जा रही थीं! इन्हीं दिनों 'किरती' अख़बार के उर्दू संस्करण का प्रकाशन सोहनसिंह जोश द्वारा आरम्भ किया गया। अपनी आजीविका कमाने के लिए भगतसिंह ने इसके सम्पादकीय विभाग में नौकरी कर ली। मगर मात्र तीन महीने बाद जून, 1928 में उसने यह काम छोड़ दिया।

अगस्त के महीने में 'नौजवान भारत सभा' द्वारा लाहौर में 'रूस के मित्र सप्ताह' का आयोजन किया गया जिसमें रूस की क्रान्ति की प्रशंसा में कई भाषण हुए। उसी महीने किरती में 'रूस के युगान्तकारी नाशवादी (निहिलिस्ट)' शीर्षक से भगतसिंह का लेख छपा : 'नाशवाद का अर्थ है कुछ भी न माननेवाला। लेकिन वास्तव में ये लोग जनता के पुराने रस्मो-रिवाज़ और कुरीतियों के विरोधी थे। ये लोग देश की मानसिक ग़ुलामी से थक गए थे। उनका कहना था कि हमें पिछली सभी बातों का पूरी तरह नाश कर देना है। आगे क्या होना चाहिए या क्या होगा, इसका ठीक-ठीक उत्तर न देते हुए भी वे विश्वास करते थे कि एक बड़ी सुन्दर दुनिया का निर्माण करेंगे।' ('दस्तावेज़' चमनलाल, पृ. 160)

'आहा! आज हम हिन्दुस्तान को स्वतंत्र कराने की बहुत लम्बी-चौड़ी बातें करते हैं, लेकिन कितने आदमी इस तरह क़ुर्बानी करने को तैयार हैं? कितने अपने शहरों को छोड़कर गाँवों में किसानों की तरह गन्दे-सन्दे रहने के लिए तैयार होंगे? वहाँ तो अजीब स्थिति बन गई थी। युवक अपने कॉलेज, अपने स्कूल, अपनी प्लाटून और कुर्सियों को छोड़ आए और किसान-लोहार के काम सीखकर गाँवों की ओर चल पड़े। यह कितना बड़ा त्याग है। बड़े-बड़े समृद्ध परिवारों की पली बहुत नाज़ुक युवतियाँ कारख़ानों में मज़दूरी करने के लिए चल पड़ीं। बस एक ही लगन। एक ही धुन में मस्त। उन ग़रीब मज़दूरों को उनके बुरे हालात का ज्ञान कराना और इसका इलाज बताना है। ओह! आज ऐसा बलिदान कर सकने

का साहस करनेवाले कितने व्यक्ति हिन्दुस्तान में मौजूद हैं। रूस में नौजवान युवक-युवतियाँ घरों से भाग जाते और इन्हीं कार्यों में ज़िन्दगी बिता देते थे। लेकिन आज हिन्दुस्तान में कितने नौजवान हैं जो देश को स्वतंत्र कराने के उद्देश्य से पागल हुए फिर रहे हों? चारों ओर काफ़ी समझदार आदमी नज़र आते हैं, लेकिन प्रत्येक को अपना जीवन सुखपूर्वक गुज़ारने की चिन्ता हो रही है। तब हम अपने हालात, देश के हालात सुधारने की क्या उम्मीद रखें?' ('दस्तावेज़' चमनलाल, पृ. 163)

उसके ख़ुद के ही शब्दों में भगतसिंह तो ईश्वर को नकार चुका था मगर ईश्वर ने शायद उसे नहीं नकारा था, और अपनी बात को जनता के सामने रखने का उसे एक सुनहरा मौक़ा मिल गया। भगतसिंह को ख़बर मिली कि इलाहाबाद से प्रकाशित होनेवाली प्रतिष्ठित और राष्ट्रवादी हिन्दी पत्रिका 'चाँद' द्वारा नवम्बर के महीने में एक विशेषांक निकालने की तैयारी चल रही है, जिसमें फाँसी की सज़ा को बर्बर और अमानवीय बतानेवाले लेख छापे जाएँगे। उन दिनों मौत की सज़ा का विरोध पूरे विश्व के प्रबुद्ध लोग कर रहे थे और इस सज़ा पर अमल करने के लिए फाँसी पर लटकाए जाने को असभ्य और जंगली तरीक़ा बताकर उसकी आलोचना की जा रही थी।

(श्री जगमोहन सिंह और श्री चमनलाल द्वारा सम्पादित 'भगतसिंह और उनके साथियों के दस्तावेज़' के राजकमल पेपरबैक्स द्वारा प्रकाशित वर्ष 2022 के संस्करण में पृष्ठ 91 पर लिखा है : 'फरवरी, 1928 में 'चाँद' का 'फाँसी अंक' प्रकाशित हुआ। विद्रोही छद्म नाम से भगतसिंह ने इसमें कई जीवन-चरित्र लिखे।' यही बात राहुल फाउंडेशन लखनऊ द्वारा प्रकाशित 'भगतसिंह और उनके साथियों के सम्पूर्ण उपलब्ध दस्तावेज़' के वर्ष 2017 के संस्करण में पृष्ठ 123 पर कही गई है। किन्तु वास्तव में 'चाँद' पत्रिका के, जिसका प्रकाशन रामरखसिंह सहगल ने नवम्बर, 1922 में इलाहाबाद से शुरू किया था, 'फाँसी अंक' का प्रकाशन नवम्बर, 1928 में हुआ था। इस अंक को 'सत्यधर्म प्रकाशन' रोहतक, हरियाणा द्वारा वर्ष 2012 में पुनर्प्रकाशित किया गया जिसमें 'फाँसी अंक' के सम्पादक आचार्य चतुरसेन 'विनयांजलि' शीर्षक से प्रस्तावना में लिखते हैं : 'दीपावली के शुभ अवसर पर—'फाँसी-अंक' जैसा हृदय को दहलानेवाला साहित्य सौंपते हमारा हाथ काँपता है।' इस प्रस्तावना के अन्तिम अनुच्छेद में वे बताते हैं कि 'चाँद' अपने सातवें वर्ष में पदार्पण कर रहा है। इसके पश्चात अनुक्रमणिका है जिसके बाद पत्रिका का 'logo' है जिसके नीचे लिखा है वर्ष 7, खंड 1; नवम्बर, 1928; संख्या 1, पूर्ण संख्या 73)

अपने क्रान्तिकारी सहयोगी शिव वर्मा के साथ मिलकर भगतसिंह ने इस अवसर का पूरा लाभ उठाने का निश्चय किया और ग़दर आन्दोलन तथा बब्बर

अकाली आन्दोलन के उन शहीदों के संक्षिप्त जीवन-चरित्र लिखने में जुट गया, अंग्रेज़ सरकार ने जिन्हें फाँसी पर लटकाया था। दूसरे लाहौर षड्यंत्र केस में, जिस केस में भगतसिंह, सुखदेव और राजगुरु को मौत की सज़ा सुनाई जानेवाली थी, सरकारी गवाह बने जयगोपाल ने अदालत में अपने बयान में उन फ़ाइलों को गिनाया था जो भगतसिंह ने जुटाई थीं। ये फ़ाइलें थीं वर्ष 1914 के 'दिल्ली षड्यंत्र केस' की जो वाइसराय लॉर्ड हार्डिंज पर 1912 में बम फेंके जाने को लेकर था; 'ग़दर' आन्दोलन के 291 जाँबाज़ों के ख़िलाफ़ वर्ष 1915 में शुरू हुए 'प्रथम लाहौर षड्यंत्र केस' की जिसमें 42 को मौत की और 114 को आजीवन कालापानी की सज़ा सुनाई गई थी; तथा अगस्त, 1923 से फरवरी, 1925 तक उन्नीस महीने चले 'बब्बर अकाली षड्यंत्र केस' की भी। 'बब्बर मामले के फ़ैसले पर उसने जगह-जगह पर अंडरलाइन और साइड लाइन किया और प्रथम लाहौर षड्यंत्र केस के फ़ैसले पर पृष्ठ के किनारे पर अस्पष्ट लिखाईवाली टिप्पणियाँ अनगिनत जगहों पर लिखी थीं।' ('मेरा रंग दे बसन्ती चोला', पृ. 125)

इसके पूर्व फरवरी, 1928 में 'महारथी' में छपे कूका विद्रोह पर लेख में भी उस गूगल-विहीन युग में वह लुधियाना के डिप्टी कमिश्नर मि. कोवन द्वारा 11 जनवरी और 15 जनवरी, 1872 को लुधियाना के कमिश्नर को लिखे गए पत्र से उद्धरण देता है। वर्ष 1872 में ही अम्बाला डिवीज़न के कमिश्नर टी.डी. फॉरसाइथ की आत्मकथा में से अंश देता है। डी.एस.पी. पार्किन्सन की 17 जनवरी, 1872 की रिपोर्ट में से भी उद्धृत करता है और पंजाब सरकार द्वारा भारत सरकार को 56 साल पहले लिखे गए पत्र में से भी।

हमारे इस स्वतंत्र और प्रजातान्त्रिक देश के स्वतंत्र नागरिक के लिए सरकारी दफ़्तरों में धूल खा रहे बस्तों में से छोटी-सी जानकारी भी निकलवाना लगभग असम्भव-सा है, जबकि उसे 'सूचना का अधिकार' नामक हथियार भी हासिल है। जिन दिनों विदेशी शासकों का बेमुरव्वत क़ानून हिन्दुस्तानियों पर चलता था; जिन दिनों सूचना का अधिकार किस चिड़िया का नाम है यह भी मालूम न था; जिन दिनों नौकरशाही का आम जनता के प्रति रवैया शायद उससे भी ज़्यादा तानाशाही-भरा था जितना कि आज है : इन फ़ाइलों को हासिल करना तो उन ऐयारों के लिए भी सम्भव नहीं था जो उन दिनों बेहद ही पसन्द किये जाने बाबू देवकीनन्दन खत्री के कई जिल्दोंवाले जासूसी उपन्यास 'चन्द्रकान्ता' में राजाओं के हरम तक में घुसकर जो लाना चाहते थे ले आते थे। हिन्दी में लिखे गए इस उपन्यास की लोकप्रियता का यह आलम था कि इसे पढ़ने के लिए लोगों ने हिन्दी सीखी। सुखदेव को भी यह उपन्यास इतना पसन्द आया कि उसकी सारी जिल्दें, उसके चचेरे भाई जयदेव थापर के अनुसार, उसने पढ़ रखी थीं।

कैसे उस समय भगतसिंह ने ये मोटी-मोटी फाइलें हासिल की होंगी, यह सोच पाना भी आज सम्भव नहीं हो पाता। उस चपरासी यूनियन के कुछ लोग सरकारी नौकरी में अभी भी शायद रहे होंगे, जिसके बारे में वीरेन्द्र सिन्धु बताती हैं : 'उन्होंने [भगतसिंह के चाचा क्रान्तिकारी अजीतसिंह ने] कलक्टरों, कमिश्नरों-जैसे अफ़सरों के चपरासियों का संघ बना लिया था। चपरासी लोग गुप्त फ़ाइलें अफ़सरों के सामने पेश करने से पहले सरदार अजीतसिंह के सामने पेश करते थे। सरकार परेशान हो जाती थी कि उसके गुप्त रहस्य हमारी जानकारी से पहले अख़बारों के पास कैसे पहुँच जाते हैं।' ('युगद्रष्टा' पृ. 71)

सरकारी चपरासी वास्तव में उन दिनों भी उतने ही 'पावरफुल' थे जितने कि वे आज हैं। 'चाँद' के 'फाँसी अंक' के लिए शहीदों के बलिदान और बहादुरी की दास्तान कहने के लिए सामग्री जुटाने में जिस समय भगतसिंह लगा हुआ था, दिल्ली से प्रकाशित 'हिन्दुस्तान टाइम्स' के सम्पादक थे जे.एन. साहनी। वे लिखते हैं : 'विविध वर्दियों में, सचिवालय पदानुक्रम में विभिन्न सोपानों हेतु विशिष्ट चपरासी सरकारी दफ़्तरों के मुख्य गलियारों में टिड्डियों की तरह फैल गए। उनकी मदद के बिना सचिवालय में कुछ नहीं हो सकता था या हिल सकता था। चपरासी सर्वशक्तिमान और सर्वज्ञ था। पदोन्नति और अवनति के बारे में वह सब जानता था, उन पर निर्णय होने के भी पहले।' (द लिड ऑफ', अलाइड पब्लिशर्स बम्बई, संस्करण का वर्ष अनुपलब्ध; पृ. 38-9)

ऐसा ओज आ चुका था भगतसिंह की लेखनी में अब तक कि शहीदों की क़ुर्बानी पर जब वह लिखने बैठा, तो उसने ख़ून खौला दिया। बब्बर अकालियों के बलिदान पर लिखते हुए तो मानो अपनी आत्मा ही उसने अपने लेखों में उँडेल दी। लेकिन साथ ही इन जीवन-चरित्रों को लिखते हुए भगतसिंह अपने दिल के गुबार भी निकाल लिया करता। शहीदों की बहादुरी के वह क़सीदे पढ़ता तो आम हिन्दुस्तानी की कायरता पर कटाक्ष करने से भी वह नहीं चूकता था।

'ग़दर' आन्दोलन के एक नेता बलवन्तसिंह के बारे में लिखते हुए उसने पूछा : 'कौन-सी दृढ़ता थी और कौन-सा निश्चय था जिससे कैनेडा की राजशक्ति और उनका इमिग्रेशन विभाग थर-थर काँप उठे ? ये बातें आज ग़ुलाम भारतवासी नहीं समझ सकते थे। उनकी कूपमंडूकता, उनका संकीर्ण दृष्टिकोण नहीं समझ सकता था कि राष्ट्रों को बनाने में कैसे समय, कैसी घड़ियाँ उपस्थित हुआ करती हैं। स्वतंत्र भारत के इतिहास-लेखक ही इन सब बातों को ख़ूब विस्तार से और वास्तविक रूप में लिख सकने का सुअवसर पा सकेंगे। तब दफ़ा 124 अ आदि विकराल दानव गला दबाए, आँखें निकाले उनकी साँस बन्द नहीं किये रहा करेंगे।' ('चाद फाँसी अंक', सम्पादक चतुरसेन शास्त्री; प्रकाशक 'सत्यधर्म प्रकाशन' रोहतक, हरियाणा, संस्करण प्रथम, वर्ष 2012, पृ. 447-8)

'उस विराट आयोजन के निष्फल हो जाने पर भी उसकी सुन्दर स्मृति बाक़ी है। सुन्दर है, इसलिए कि आदर्शवादी युवकों के पवित्र रक्त से लिखी गई हैं। बाक़ी है इसलिए कि क़ुर्बानियाँ कभी व्यर्थ नहीं जाया करतीं।' ('फाँसी अंक', पृ. 452)

बब्बर अकालियों के प्रति भगतसिंह के मन में विशेष श्रद्धा थी। मौत को सामने देखकर भी उनका बेपरवाही से हँस देना उसे अभिभूत कर जाता था। ऐसे ही एक बब्बर अकाली श्री धन्नासिंह के जीवन पर लिखते हुए उसकी क़लम से यह कटु टिप्पणी अपने ही देशवासियों के ख़िलाफ़ काग़ज़ पर उतर आई : 'आज तक भारत में जितने भी विप्लव के प्रयास हुए हैं, प्रायः उन सभी की असफलता का कारण अपने भाइयों का विश्वासघात ही रहा है।' ('फाँसी अंक', पृ. 497)

ननकाना साहिब गुरुद्वारे में हुए नृशंस हत्याकांड के नतीजे में एक 17 वर्षीय किशोर दलीपसिंह अकाली आन्दोलन से जुड़ गया और उन लोगों की हत्याओं में हिस्सा लेना उसने शुरू कर दिया था जिनको इस घटना के लिए अकाली ज़िम्मेदार मानते थे। एक दिन वह पुलिस के चंगुल में फँस गया और उस पर मुक़दमा चला। उसके बारे में भगतसिंह ने लिखा : 'आपकी बाल्यावस्था तथा भोलेपन पर मि. टैप सेशन जज मुग्ध-से हो गए। वे नहीं चाहते थे कि उन्हें फाँसी दी जाए।' तो जज महोदय से दलीपसिंह ने अर्ज किया, "आप मुझे जीवित रखने के लिए क्यों लालायित हो रहे हैं ? मैं तो फाँसी पर लटककर प्राण दिया चाहता हूँ। उसका कारण यह है कि मुझे ईश्वर की कृपा से जो यह मानव-देह जैसा दुर्लभ पदार्थ मिला है इसे अभी तक मैंने किसी तरह भी अपवित्र नहीं किया है। और मैं चाहता हूँ कि आज इसी तरह पवित्र देह 'माँ' के चरणों में भेंट कर दूँ। कौन कह सकता है, कुछ दिन और जीता रहा तो यह पावित्र्य क़ायम रहे अथवा नहीं; और इस बलिदान का सारा महत्त्व और सौन्दर्य ही जाता रहे।" ('चाँद फाँसी अंक', पृ. 505-7)

'ग़दर' आन्दोलन के शहीद करतारसिंह सराभा पर बलवन्त के छद्मनाम से लिखे लेख में उसकी अपने आदर्श के प्रति अनुराग और श्रद्धा दोनों ही बख़ूबी ज़ाहिर हुईं : 'भारतवर्ष में वास्तविक विप्लवी कहे जानेवाले बहुत कम पैदा हुए हैं। परन्तु उन इने-गिने विप्लवियों में भी श्री करतारसिंह सर्वतोमुखी हैं। उनकी नस-नस में विप्लव समा गया था। उनके जीवन का एकमात्र आदर्श, उनकी एकमात्र अभिलाषा एकमात्र आशा जो भी था, यही विप्लव था। इसी के लिए वे जिए और अन्त में इसी के लिए वे मर गए।' ('फाँसी अंक' पृ. 433)

'रामप्रसाद बिस्मिल, राजेन्द्र लाहिड़ी, रोशनसिंह, अशफ़ाक़उल्ला ख़ान, मन्मथनाथ आदि 'हिन्दुस्तान रिपब्लिकन एसोसिएशन' के सदस्य क्रान्तिकारियों की गिरफ़्तारी के बाद जिस कटु सत्य का सामना उसे करना पड़ा था, 'ग़दर'

आन्दोलन के विफ़ल होने की व्यथा बयान करते हुए इसी लेख में वह दर्द कुछ इस तरह उसके लफ़्ज़ों में उभर आया : 'पंजाब में गिरफ़्तारियों का बाज़ार गर्म हो गया। विपत्ति में पड़ते ही अनेक विप्लवी अक़लमन्द बनने लगे। उन्हें अपने पुराने आदर्शों में भ्रम दीखने लगा। आज वह पकड़ा गया, कल वह फूट गया।' ('फाँसी अंक', पृ. 439)

'आज दुनिया में फिर प्रश्न उठता है, उनके मरने से क्या लाभ हुआ? वे किस लिए मरे। उत्तर स्पष्ट है। मरने के लिए मरे। उनका आदर्श ही देश-सेवा में मरना था, इससे अधिक वे कुछ नहीं चाहते थे।' ('फाँसी अंक', पृ. 442)

'ग़दर' आन्दोलन में भाग लेने के अपराध में वर्ष 1917 में फाँसी के तख़्ते पर चढ़ाए गए डॉ. मथुरासिंह के जीवन पर लिखते हुए उसकी लेखनी जहाँ उनके लिए प्रशंसा के शब्द निकालते नहीं थकती थी तो शहीदों के बलिदान को उसके अपने देशवासियों द्वारा ही बिसराए जाने पर रो भी उठी थी : 'जिन लोगों ने अथक परिश्रम से, अदम्य उत्साह से तथा अतुल साहस से भारतोत्थान के लिए ऐसे-ऐसे यत्न कर दिये थे कि आज उन्हें सुन-सुनकर अवाक रह जाने के अतिरिक्त और कोई चारा नहीं! यदि ऐसे रत्न किसी और देश में जन्म धारण किये होते तो आज उनकी वाशिंगटन, गैरिबाल्डी तथा विलियम वालीस की भाँति पूजा होती। परन्तु उन्होंने एक अक्षम्य अपराध यह किया था कि वे भारत में पैदा हुए थे। इसी का दंड यह है कि आज उनको विस्मृति के अन्धकार में फेंक दिया गया है। न उनके कार्य की चर्चा है, न उनके त्याग की, न उनके बलिदान की ख्याति है, न उनके साहस की। परन्तु ऐसी कृतघ्नता दिखानेवाले देश की उन्नति कैसे होगी?' ('फाँसी अंक', पृ. 453)

'ये पगले लोग न जाने कहाँ से आ गए, जिन्हें न मृत्यु का भय था, न जीने की चाह; कार्य-क्षेत्र में हँसे, युद्ध-क्षेत्र में हँसे, फाँसी के तख़्ते पर भी मुस्कुरा दिये। उनकी महिमा अपरम्पार है।' ('फाँसी अंक', पृ. 456)

"हों फ़रिश्ते भी फ़िदा जिन पर ये वो इनसान हैं !"

इस मोड़ से जाते हैं

वर्ष 1928 की 11 नवम्बर रविवार को दीवाली के दिन 'चाँद' का फाँसी अंक प्रकाशित हुआ। तुरन्त ही उसे प्रतिबन्धित घोषित कर ब्रिटिश सरकार ने ज़ब्त करवा दिया। दस हज़ार प्रतियों में से केवल सौ प्रतियाँ ही बाज़ार में पहुँच सकीं। इस पत्रिका के प्रकाशक रामरख सिंह सहगल के पुत्र नरेन्द्र सहगल ने उन दिनों की याद करते हुए बताया : "पत्रिका के फाँसी अंक से पूरे राष्ट्र में एक धूम मच गई थी। लोग चोरी-चोरी उसे खोजकर पढ़ते थे।" (क्रान्तिवीर भगतसिंह 'अभ्युदय' और 'भविष्य', पृ. 524) 'चाँद' के इस अंक ने देश भर में भावनाओं का ऐसा तूफ़ान उठाया कि बारह साल बाद भी इसको लेकर अंग्रेज़ सरकार किस क़दर ख़ौफ़ खाई हुई थी, यह सुप्रसिद्ध राष्ट्रवादी लेखक विष्णु प्रभाकर बताते हैं : '6 जून, 1940 को जब लेखक की तलाशी हुई तो सी.आई.डी. इन्स्पेक्टर का पहला प्रश्न था, "चाँद का फाँसी अंक है?" ('अमर शहीद भगतसिंह', पृ. 41)

दीवाली के मात्र छह दिन बाद ही लाला लाजपत राय की अस्पताल में मृत्यु हो गई। वे ख़ासे बुजुर्ग थे 64 साल की उम्र के और बुढ़ापे से जुड़ी बीमारियों से भी ग्रस्त। किन्तु उनकी मौत की वजह बना पुलिस द्वारा लाठीचार्ज में उनका गम्भीर रूप से घायल होना। इस घटना से भगतसिंह के जीवन में ऐसा मोड़ आया जो उसे 'शहीद-ए-आज़म' बनने के रास्ते पर ले गया।

पूरे देश की तरह लाहौर में भी इन दिनों हर जगह यही सुनाई दे रहा था : 'साइमन गो बैक! साइमन गो बैक!' साइमन कमीशन हालाँकि लाहौर अभी पहुँचा नहीं था, मगर शहर की सड़कों पर और गलियों में 'साइमन' को वापस भेजने में छोटे बच्चे पूरे जोश के साथ लगे हुए थे। जिसने अभी 'एबीसीडी' भी नहीं पढ़ी थी, वह बच्चा भी अंग्रेज़ी के ये तीन शब्द बोलना तो सीख ही गया था—'साइमन गो बैक'। नीचे फिसलते अपने नेकर को भी जो ठीक से संभाल नहीं पाते थे, सड़क पर आते-जाते किसी भी 'गोरे' को देख वे उसके पीछे लग जाते और 'साइमन गो बैक! साइमन गो बैक!' चिल्ला-चिल्लाकर उसे इतना खिझा देते कि वह इनके पीछे दौड़ पड़ता। मगर ये बच्चे कब उसके हाथ आनेवाले थे। एक हाथ से नेकर को

थामे हुए वे तो ये जा और वो जा! टाई लगाए और सूट-बूट पहने हुए एक अंग्रेज़ को नादान बच्चों के पीछे इस तरह भागते देख लोग हँस पड़ते। साथ ही, उन बच्चों को उससे बचकर निकल जाने में मदद देने के मक़सद से दौड़ लगा रहे उस गोरे के रास्ते में 'अचानक और बेइरादा' वे पड़ जाते।

क्रान्तिकारी अजय घोष उन दिनों को याद करते हुए कहते हैं : 'जहाँ-जहाँ भी कमीशन गया, वहाँ-वहाँ असंख्य जनसमूह ने "साइमन लौट जाओ" का नारा लगाया। ऐसे दृश्य असहयोग आन्दोलन के बाद से देखने को नहीं मिले थे।' असहयोग आन्दोलन वापस लिये जाने के बाद से लगभग मुर्दा पड़े हुए देश में जैसे जान आ गई थी। भगतसिंह मगर चिन्तित था और परेशान भी।

दिल्ली के पुराने क़िले फ़िरोज़शाह कोटला में 8 और 9 सितम्बर को भगतसिंह की पहल पर क्रान्तिकारियों की जो बैठक हुई थी, उसमें पहले दिन यह तय हुआ था कि संगठन की एक केन्द्रीय समिति बने और फ़ैसले लेने का अधिकार सिर्फ़ उस समिति को हो। अगले दिन केन्द्रीय समिति बनी और समिति ने कुछ फ़ैसले भी लिये। इनमें एक फ़ैसला यह था कि क्रान्तिकारियों की बड़ी ताक़त मुख़बिरों, इक़बालिया गवाहों, जासूसों का सफ़ाया करने और धनराशि एकत्रित करने हेतु डकैतियों में व्यर्थ हो जाती है। अत: अब से केवल सरकारी रुपये पर ही हाथ डाला जाएगा। ('भगतसिंह द एटर्नल रिबेल' लेखक मलविन्दर जित सिंह वड़ैच; प्रकाशक यूनीस्टार बुक्स चडीगढ़, संस्करण वर्ष 2014, पृ. 137)

इस बैठक में सुखदेव, फणीन्द्र घोष, कुन्दनलाल तथा शिव वर्मा को क्रमश: पंजाब, बिहार, राजस्थान और यू.पी. का संगठनकर्ता चुना गया। भगतसिंह और विजयकुमार को प्रचार व अन्तर-प्रान्तीय समन्वय का जिम्मा सौंपा गया। इन छह व्यक्तियों और चन्द्रशेखर आज़ाद को मिलाकर केन्द्रीय समिति बनी। दल के सेनापति को चुनने की परम्परा की शुरुआत की गई और आज़ाद पहले निर्वाचित सेनापति बने। इसके अलावा, शिव वर्मा बताते हैं: 'हमने तय किया कि पैसे के लिए जहाँ तक सम्भव होगा हम सरकारी रुपये पर ही हाथ डालेंगे। एक्शन्स भी ऐसे ही चुने जाएँगे जिनका जनता तथा देश की राजनीतिक समस्याओं से सीधा सम्पर्क हो। इन फ़ैसलों के पीछे भी मुख्यतया भगतसिंह का ही हाथ था।' ('क्रान्ति का साक्ष्य' पृ. 60)

क्रान्तिकारी मन्मथनाथ गुप्त की पुस्तक 'भगतसिंह और उनका युग' के हवाले से चन्दरपाल सिंह लिखते हैं कि 'पीलीभीत ज़िले के बिचपुर गाँव की डकैती काकोरी डकैती से, जिसमें भगतसिंह सीधे शामिल नहीं थे, लगभग पाँच महीने पहले डाली गई थी। इस डकैती से, जो भगतसिंह के जीवन की पहली डकैती थी, लौटकर वे बहुत परेशान रहे और बोले अब मुझे आगे किसी डकैती में न ले जाएँ। डकैती में कुछ अत्याचार तो होता ही है उन लोगों पर जिनके

यहाँ डकैती डाली जाती है। और यही बात भगतसिंह को तकलीफ़ दे रही थी।' ('भगतसिंह रिविजिटेड', पृ. 106)

इस निर्णय की पृष्ठभूमि में कि दल केवल सरकारी रुपये पर हाथ डालेगा, सम्भवतः भगतसिंह का यह अनुभव भी था। आम लोगों पर डकैती डालते वक़्त दिल तो सबका ही कचोटता था कि हम अपने ही देशवासियों को लूट रहे है। यह शूल दिल में तब और भी ज़्यादा गड़ता था जब उनके साथ उन्हें ज़ोर-ज़बर्दस्ती भी करनी पड़ जाती। अपने ही देशवासियों पर डाका डालने से होनेवाली बदनामी और आत्मग्लानि के कारण ही 'हिन्दुस्तान रिपब्लिकन आर्मी' के सेनापति पंडित रामप्रसाद बिस्मिल ने तय किया था कि सरकारी ख़ज़ाना लूटा जाए। उस प्रयास के नतीजे में काकोरी षड्यंत्र मुक़दमा चला जिसने 'हिन्दुस्तान रिपब्लिकन आर्मी' के शीर्ष नेतृत्व का लगभग सम्पूर्ण सफ़ाया कर दिया। केवल कुन्दनलाल गुप्त और चन्द्रशेखर आज़ाद फ़रार हो पाने में क़ामयाब हो पाए थे। उस मुक़दमे के काले साये से अभी तक भी क्रान्तिकारी उबर न पाए थे फिर भी यह निर्णय भगतसिंह और उसके साथियों ने लिया, इसे उनकी जीवट भरी मनोवृत्ति का परिचायक ही समझा जाना चाहिए, तथा न्याय व नैतिकता के प्रति आग्रहपूर्ण मानसिकता का भी।

मगर सरकारी रुपये पर हाथ डालना आसान नहीं था। इसके लिए योजनाबद्ध तैयारी की ज़रूरत थी और पर्याप्त तथा उन्नत हथियारों को हासिल करने के लिए बड़ी रक़म की भी। लेकिन दल की कंगाली का आलम यह था कि 'दिल्ली की केन्द्रीय सभा में आनेवाले प्रान्तीय प्रतिनिधि दोनों तरफ़ का किराया भी न जुटा पा रहे थे। केन्द्रीय समिति की बैठक होते समय जब आठ-दस रुपये की आवश्यकता हुई तो विजय कुमार ने बिहार से आए फणीन्द्र घोष का वापसी टिकट बेचकर काम चला लिया।' ('सिंहावलोकन' में यशपाल, पृ. 101)

तब 'धनराशि जुटाने के लिए बी.के. सिन्हा ने डकैती का सुझाव दिया। उसने राय दी कि यह बिहार में किया जाना चाहिए क्योंकि उस प्रान्त में अब तक कोई 'एक्शन' नहीं हुआ था। तय हुआ कि 11-12 दिन में भगतसिंह बेतिया पहुँचेगा तथा वह और फणीन्द्र डकैती के लिए उपयुक्त स्थान की पहचान करेंगे।' ('एटर्नल रिबेल' पृ. 138)

लाहौर षड्यंत्र मुक़दमे में भगतसिंह के साथ आरोपी बने जितेन्द्रनाथ सान्याल, जो उनके ख़िलाफ़ सबूत न होने से वर्ष 1931 में रिहा कर दिये गए थे, बताते हैं : 'उपर्युक्त सभा में ही यह भी निश्चित किया गया था कि हिन्दुस्तान सोशलिस्ट रिपब्लिकन आर्मी के सदस्य घर-बार से सम्बन्ध त्याग दें और दल के कार्य की ओर अपनी सारी शक्ति लगा दें। इस सभा में धार्मिक साम्प्रदायिकता के बहिष्कार का भी प्रस्ताव किया गया था। इस कारण सरदार भगतसिंह को अपने धर्म के बाह्य चिह्न-स्वरूप लम्बे बालों को कटवा देना पड़ा और दाढ़ी भी बनवानी पड़ी।'

('अमर शहीद सरदार भगतसिंह', प्रकाशक नेशनल बुक ट्रस्ट, संस्करण वर्ष 1999, पृ. 37)

सितम्बर, 1928 के मध्य में भगतसिंह एवं सुखदेव लाहौर गए और वहाँ से फ़िरोज़पुर, जहाँ डॉ. गयाप्रसाद ने अपना दवाख़ाना खोल रखा था। वहाँ भगतसिंह के केशों और दाढ़ी पर पहले डॉ. साहब ने कैंची चलाई क्योंकि अगर एक सिक्ख किसी नाई के पास अपने बाल कटवाने पहुँच जाता तो उस पर सन्देह होना निश्चित था और यह बात पुलिस तक पहुँच जाने की पूरी सम्भावना थी। लिहाज़ा डॉ. साहब की कैंची चल जाने के बाद ही नाई के पास भगतसिंह को ले जाया गया। सितम्बर के अन्त में भगतसिंह बेतिया पहुँचा। क्रान्तिकारी विश्वनाथ वैशम्पायन के अनुसार 'चन्द्रशेखर आज़ाद 'सरदार भगतसिंह को साथ लेकर बेतिया गए। साथ में राजगुरु भी थे। बेतिया में अनेक आढ़तों को देखा पर वे सभी साधारण स्थिति के लोग थे। पूँजीपति की श्रेणी में आनेवाला उनमें से कोई न था, इसलिए वहाँ डकैती का विचार स्थगित कर दिया गया।' ('अमर शहीद चन्द्रशेखर आज़ाद', पृ. 145)

एक रियासत का मुख्यालय होते हुए भी बेतिया एक छोटी क़स्बेनुमा जगह ही थी जहाँ के 'अंग्रेज़ निलहों' द्वारा किये जा रहे शोषण एवं अत्याचार से त्रस्त किसानों के लिए वर्ष 1917 में गाँधी जी राहत बनकर पहुँचे थे। बेतिया के हिन्दू राजा के निधन के बाद वर्ष 1928 में यह राज्य उनकी रानी के सिर्फ़ नाममात्र को अधीन था, वास्तविक शासन अंग्रेज़ रेजिडेंट का चलता था। उन दिनों न तो कोई बैंक था यहाँ और न ही कोई बड़ा उद्योग या कोई ऊँचे स्तर का व्यापारिक संस्थान। फिर भी फणीन्द्र ने इस जगह को डकैती के लिए क्यों चुना, यह समझ में न आने योग्य बात है।

कोटला फिरोज़शाह में हुई केन्द्रीय समिति की बैठक में, यशपाल के अनुसार, साइमन कमीशन पर बम फेंककर भारतीय प्रजा का असन्तोष प्रकट करने का भगतसिंह का प्रस्ताव भी स्वीकार किया गया। चन्दरपालसिंह भी लिखते हैं कि 'फ़िरोज़शाह कोटला की मीटिंग में भगतसिंह ने ऐसे 'एक्शन' की हिमायत की जो जनप्रिय भावनाओं के साथ सम्बद्ध हों जैसे कि साइमन कमीशन पर हमला करना।' ('भगतसिंह रिविजिटेड', पृ. 112) विश्वनाथ वैशम्पायन बताते हैं कि उस बैठक में साइमन 'कमीशन पर बम फेंकने का विचार किया गया और इसके लिए बम बनाने की योजना भी बनी। श्री फणीन्द्र ने कलकत्ते से किसी व्यक्ति को लाने का आश्वासन दिया जो आगरे में बम बनाना सिखाए।' ('अमर शहीद चन्द्रशेखर आज़ाद', पृ. 139)

बेतिया से बैरंग लौटकर अगले माह यानी अक्टूबर, 1928 में भगतसिंह आगरा जा पहुँचा जहाँ मुहल्ला नूरी दरवाज़े में एक मकान में कई क्रान्तिकारी इकट्ठा हुए थे। माहौर बताते हैं कि 'आगरा में हम लोग इसलिए बुलाए गए थे

कि श्री जोगेशचन्द्र चटर्जी को जेल से छुड़ाना था। श्री जोगेश का आगरा जेल से तबादला होनेवाला था। परन्तु किसी कारणवश तबादला कुछ महीनों के लिए रुक गया।' ('क्रान्ति का साक्ष्य', पृ. 38) विश्वनाथ वैशम्पायन के अनुसार 'आगरे के मकान में ही साइमन कमीशन पर प्रहार की योजना बनी। उसमें पहली बार नागपुर में प्रयत्न करने का निश्चय किया गया परन्तु धनाभाव के कारण वह सम्भव न हो सका। उसके बाद दिल्ली में प्रयत्न करने का निश्चय किया गया।' ('अमर शहीद चन्द्रशेखर आज़ाद' ; पृ. 163)

साइमन कमीशन वर्ष 1928 के फरवरी माह में भारत आकर अगले एक माह तक हिन्दुस्तान के विभिन्न दलों और तबक़ों के नेतृत्व के साथ रायशुमारी करने के बाद मार्च के महीने में वापस इंग्लैंड चला गया था। अपने अनुभवों को ब्रिटिश कैबिनेट के साथ साझा करने के बाद अक्टूबर के महीने में साइमन कमीशन फिर वापस भारत आया और बम्बई में 'गेटवे ऑफ़ इंडिया' पर उतरकर दिल्ली जा पहुँचा, सम्भवतः ब्रिटिश कैबिनेट से प्राप्त दिशा-निर्देशों को लेकर तत्कालीन वाइसराय लॉर्ड इरविन के साथ विचार-विमर्श करने के लिए।

साइमन कमीशन के सदस्यों पर हमला करने की योजना पर अमल करने के मक़सद से भगतसिंह भी आगरा से दिल्ली पहुँच गया। शिव वर्मा बताते हैं : 'हमने उत्तर भारत में साइमन कमीशन का पीछा करने का निश्चय किया और जब वह दिल्ली आया तो भगतसिंह, बटुकेश्वर दत्त और जयदेव कपूर ने कमीशन के पास पहुँचने में दिल्ली की काफ़ी धूल छानी, लेकिन वे उसकी परछाईं तक न देख सके। उस समय इन साथियों के पास केवल रिवाल्वर और पिस्तौल ही थे। दिल्ली के अनुभवों के आधार पर हम इस निष्कर्ष पर पहुँचे कि सफलता के लिए बमों की व्यवस्था आवश्यक है।' ('संस्मृतियाँ', पृ. 20)

भगतसिंह के तो स्वभाव में ही नहीं था कि अपने पैरों तले वह काई जमने दे। बंगाल के क्रान्तिकारी कई बम-विस्फोट करके प्रभावकारी बम बनाने में अपनी योग्यता प्रदर्शित कर ही चुके थे। आगरा से भगतसिंह फ़ौरन कलकत्ता भागा। वीरेन्द्र सिन्धु लिखती हैं : 'श्री कमलनाथ तिवारी (लाहौर षड्यंत्र केस के अभियुक्त और बाद में संसद सदस्य) के शब्दों में—"सांडर्स हत्याकांड से कुछ दिन पहले भगतसिंह देसी बम बनाने के लिए आवश्यक केमिकल्स ख़रीदने के उद्देश्य से कलकत्ता आए। तीनों ने [भगतसिंह, फणीन्द्र और यतीन्द्र दास ने] मिलकर देसी बम के काम में आनेवाली 'गन कॉटन' तैयार की। शेष केमिकल्स और 'गन कॉटन' लेकर भगतसिंह आगरा रवाना हो गए। 'गन कॉटन' कलकत्ता में ही इसलिए बनाई गई थी कि उसे बनाने में बर्फ़ की ज़रूरत थी और सर्दियों में उतनी बर्फ़ आगरे में मिल नहीं सकती थी।' ('युगद्रष्टा', पृ. 160-1)

देखते-ही-देखते आगरा की हींग मंडी में एक दुमंज़िले मकान के एक कमरे में बम-फ़ैक्टरी चालू हो गई। यहाँ बनाये गए बम लेकर भगतसिंह दिल्ली पहुँचा लेकिन बदक़िस्मती से साइमन कमीशन फिर बच निकला। 'जिस समय बम फेंकने के लिए सदस्य तैयार थे, उसी समय पता चला कि कमीशन के सदस्यों के जाने का मार्ग बदल दिया गया है।' ('अमर शहीद चन्द्रशेखर आज़ाद' ; पृ. 163)

आगरा की नाई मंडी में भी एक कमरा किराए पर ले लिया गया क्योंकि 'एक्शन' के लिए कई और क्रान्तिकारी साथी भी बुला लिए गए थे। उन दिनों की तंगहाली के बारे में विश्वनाथ वैशम्पायन बताते हैं : 'भूख लगने पर सोचा जाता कि पास में कितना पैसा है और कम-से-कम कितने में गुजारा हो सकता है। श्री जयदेव ने बताया कि इस घर में एक बार तो तीन दिन तक केवल एक-एक कप चाय पर ही गुजारा करना पड़ा था। मैं जिन दिनों था, उन दिनों दिन में एक बार खाना बनता। दो साथी बनाते, दो खाने बैठते। हर खानेवाले का यही प्रयत्न रहता था कि वह कम खाकर बाद में खानेवालों के लिए बाक़ी छोड़ दे। कई बार आज़ाद तथा भगतसिंह 'भूख नहीं है' कहकर भूखे ही रह जाते।' ('अमर शहीद चन्द्रशेखर आज़ाद', पृ. 156) 'जब सदस्यों की संख्या बढ़ जाती तो खाने के साथ ओढ़ने-बिछाने की भी समस्या रहती। तब आज़ाद अख़बार बिछा अपनी धोती ओढ़ उसी में रात काट देते। भगत और सुखदेव दरी या कम्बल जो भी मिल जाता उसे ही ओढ़कर पड़े रहते। नीचे सबके ही अख़बार बिछे रहते। ऊपर से तो कुछ ठंड बच जाती परन्तु नीचे से तो समाचारों की गरमी पर ही तसल्ली करनी पड़ती थी।' (उपर्युक्त, पृ. 158)

जितेन्द्रनाथ सान्याल के अनुसार 'एक बार तो तीन दिन और तीन रात तक, उनके भोजन के लिए एक-एक प्याली चाय के सिवा कुछ नहीं था। भयंकर जाड़े की रात में भी उन युवकों के पास, न तो बिस्तरा था और न ओढ़ने को काफ़ी कम्बल। 8-9 युवकों को केवल 2 और 3 कम्बलों से काम चलाना पड़ता था।' ('अमर शहीद सरदार भगतसिंह', पृ. 38) उन दिनों की याद करते हुए शिव वर्मा भी क्रान्तिकारियों की इस दयनीय हालत की पुष्टि करते हैं : 'एक दफ़ा आगरा में बटुकेश्वर दत्त, बिजयकुमार सिन्हा और मुझे तीन दिन खाना नहीं नसीब हुआ।' (नेहरू म्यूज़ियम ज़बानी इतिहास, शिव वर्मा, खाता सं. 502, पृ. 78) 'जहाँ तक कपड़ों का सवाल है, हमारे पास सिर्फ़ एक ऊनी कोट था, न कोई रजाई, न कम्बल। 1928 की ठंड सबसे विकट ठंड थी, आगरा में पाइप तड़क गए थे। और उस ठंड में बिस्तर के नाम पर हमारे पास अख़बारों के सिवा कुछ न था।' (उपर्युक्त, पृ. 80) यहाँ पर यह बता देना समीचीन होगा कि सर्दियों में आगरा की रातों का तापमान पाँच डिग्री सेल्सियस तक नीचे चले जाना आज भी आम है, जबकि प्रदूषण के कारण और आबादी का घनत्व बढ़ने से मौसम अब बनिस्बतन गर्म रहने लगा है।

इन्हीं दिनों का एक वाक़िया है जो इतनी तंगहाली में रहकर भी इन क्रान्तिकारियों की ज़िन्दादिली और विनोद-वृत्ति की बेहतरीन मिसाल है। निश्चित ही यह घटना वर्ष 1928 के सितम्बर माह के अन्तिम सप्ताह में भगतसिंह द्वारा अपनी दाढ़ी साफ़ करा लेने के बाद की है और उसी वर्ष 17 दिसम्बर को सांडर्स की हत्या किये जाने के पहले की, जिसके बाद राजगुरु आगरा और वहाँ से काशी तथा फिर पूना चले गए थे। इसके बाद राजगुरु और भगतसिंह की मुलाक़ात वर्ष 1929 में लाहौर में अदालत में ही हो पाई थी। इस वाक़िये को शिव वर्मा के शब्दों में ही हम सुनते हैं।

'वह [राजगुरु] जहाँ रहता वहीं तरह-तरह की हँसी-मज़ाक से ज़िन्दगी बनाए रखता। अपनी सूरत की आड़ लेकर मज़ाक करने में उसे मजा आता था। एक बार भगतसिंह के साथ वह आगरे से दिल्ली जा रहा था। ट्रेन में काफ़ी भीड़ थी। इन दोनों को जगह देने में दूसरे मुसाफिरों ने तो कोई ख़ास आपत्ति नहीं की, लेकिन एक पढ़े-लिखे सज्जन बहुत बिगड़े। भारतवासियों की भेड़िया धँसान (भेड़चाल) आदत पर उन्होंने सारे कम्पार्टमेंट को एक लम्बा-सा लेक्चर दे डाला।

लेक्चर समाप्त होने पर राजगुरु ने अपनी टूटी-फूटी अंग्रेज़ी में भगतसिंह से कहा, "लुक्स मी ब्रदर"। मतलब था यह व्यक्ति देखने में मुझसे भी बदशक़्ल है। यह कहकर भगतसिंह को खींचता, दूसरे मुसाफिरों को कूदता-फाँदता वह उनके पास पहुँच गया। उनके उपदेश के लिए कृतज्ञता और गाड़ी में घुस आने की अपनी ग़लती पर क्षमा माँगते हुए बोला, "आप मेरे बड़े भाई के समान हैं।"

महाशय जी को शायद भाषण देने का मर्ज था। उन्होंने इस पर भी एक लम्बा लेक्चर दे डाला: "सभी भगवान के बेटे हैं। सबको उसी ने बनाया है। इस नाते आप ही क्यों, हर मनुष्य मेरा भाई है और हर स्त्री मेरी बहन।" आदि।

"भाभी जी भी?" राजगुरु ने बड़े भोलेपन के साथ पूछा। इस पर सारे यात्री ठहाका मारकर हँस पड़े।

"मेरा मतलब है हम सबको भगवान ने बनाया है", महाशय जी ने सफ़ाई दी।

"मैं इसे नहीं मानता।" राजगुरु ने कहा।

"मतलब?"

"मतलब यह कि कम-से-कम मुझे और आपको भगवान ने नहीं बनाया।"

महाशय जी ने घूरकर उसकी तरफ़ देखा पर बोले कुछ नहीं। इस बार राजगुरु के भाषण की बारी थी।

"भगवान ने इसे बनाया है।" उसने भगतसिंह की तरफ़ इशारा करके कहा, "अच्छा मटीरियल, उम्दा पॉलिश और बढ़िया फिनिश। कमबख़्त को लड़कियों की निगाहों से बचाते-बचाते जान आफत में है। मेरी आपकी इमारत तो ठेके पर बनी थी भाई साहब! और भगवान को इतनी फ़ुरसत ही कहाँ कि सब में हाथ लगाता फिरे? हाँ, माल बाज़ार में भेजने से पहले अगर एक बार देख लिया होता तो शिकायत न होती।

मटीरियल और पॉलिश की बात जाने दीजिए। न सही रेगमाल, कम-से-कम दो हाथ रन्दा ही लगा देता। मेरे गालों की ये पहाड़ियाँ और आपके चेहरे की अनाड़ी के हाथों की यह नक्काशी और तालाब टीले तो कम हो जाते। और ठेकेदार को क्या कहूँ? देखिए न! मटीरियल बचाने की धुन में कमबख़्त ने आपके सिर पर इनसान के बजाय सूअर के बाल खोंस दिये।" ('संस्मृतियाँ', पृ. 77-8)

अब तक साइमन कमीशन के लाहौर पहुँचने की गहमागहमी हो चली थी जहाँ उसका दौरा 30 अक्टूबर को होना तय हुआ था। लाहौर पहुँचकर भगतसिंह ने 'नौजवान भारत सभा' के सदस्यों के साथ मिलकर उसके विरोध की तैयारी शुरू कर दी। लेकिन साथ ही उसने इस सभा के प्रधान सचिव के पद को भी छोड़ दिया। 'नौजवान भारत सभा' के तत्कालीन अध्यक्ष कॉमरेड रामचन्द्र बताते हैं कि, 'अक्टूबर, 1928 में एक दिन परी महल लाहौर में भगतसिंह मेरे पास आया और बोला, 'मेरे पास दूसरे बहुत-से काम करने को हैं। नौजवान भारत सभा के प्रधान सचिव का काम मैं नहीं कर सकता। एक नया व्यक्ति इस काम के लिए चुन लें और आज से ही नौजवान भारत सभा के काम की पूरी ज़िम्मेदारी ले लें।' ('नौजवान भारत सभा एंड हिन्दुस्तान सोशलिस्ट रिपब्लिकन एसोसिएशन/आर्मी (एच.एस.आर.ए)' लेखक कॉमरेड रामचन्द्र; स्वप्रकाशित प्रथम संस्करण वर्ष 1986; पृ. 56-7)

भगतसिंह के पास अचानक ये 'दूसरे बहुत-से काम' कौन-से आ गए थे, इसकी तो कोई निश्चित और प्रामाणिक जानकारी हमारे पास उपलब्ध नहीं। लेकिन इतना तो यक़ीनी तौर पर हम जानते हैं कि दल के 'धनाभाव' को दूर करना इस समय उसकी सर्वोच्च प्राथमिकता थी।

29 अक्टूबर को लाहौर के वरिष्ठ पुलिस अधीक्षक स्कॉट ने आदेश जारी किया जिसके द्वारा 'जनता को उस जुलूस में भाग लेने या उसे संगठित करने से मना किया गया जिसकी स्वीकृति वरिष्ठ पुलिस अधीक्षक द्वारा नहीं दी गई हो।' उसी दिन शाम को एक आम सभा हुई जिसमें इस आदेश की निन्दा की गई तथा जनता से इसका उल्लंघन करने की अपील की गई। 30 अक्टूबर को हज़ारों लोगों ने जुलूस में भाग लिया जिसका नेतृत्व लाला लाजपत राय कर रहे थे। सभी काले झंडे लिये हुए थे। ज़बर्दस्त नारेबाज़ी हो रही थी और गीत गाए जा रहे थे :

"हिन्दुस्तानी हैं हम—हिन्दुस्तान हमारा,
मुड़ जाओ, जाओ साइमन यहाँ कुछ नहीं तुम्हारा।"

लाहौर के रेलवे स्टेशन पर, जहाँ साइमन कमीशन के सदस्य पहुँचे थे, पुलिस ने ज़बर्दस्त घेरेबन्दी कर रखी थी। जुलूस को रोकने के लिए काँटेदार तारों के बैरिकेड लगा रखे थे। यशपाल बताते हैं : 'भीड़ के आगे नौजवान भारत सभा के लोग थे। उन्होंने पुलिस की धमकियों के बावजूद कमीशन के लिए रास्ता देने से इनकार कर दिया। पुलिस ने लाठीचार्ज किया। लाला लाजपत राय के पीछे

इतनी भीड़ थी कि उनके पीछे हटने का कोई अवसर न था। नवयुवक लाला जी को चारों ओर से घेरकर चोट से बचाए थे। भगवतीचरण, सुखदेव और मैं वहीं एक ओर मौजूद थे। लाला जी को घेरे हुए इस मोर्चे को टूटते न देखकर समीप खड़े पुलिस सुपरिंटेंडेंट स्कॉट ने इस टोली पर हमला करने की आज्ञा दी। डी.एस.पी. सांडर्स स्वयं छोटी लाठी हाथ में लेकर सिपाहियों के साथ इस टोली पर टूट पड़ा।' ('सिंहावलोकन', पृ. 102-3)

स्कॉट के मातहत डी.एस.पी. सैयद अहमद, डी.एस.पी. नियाज़ अहमद और सब-इन्स्पेक्टर ऐजाज़ हुसैन भी वहाँ मौजूद थे, मगर सबसे आगे 1924 में नियुक्ति पाया हुआ आई.पी.एस. अफ़सर सांडर्स था जो हाल ही में लाहौर में पदस्थ हुआ था। उसने इस बात की ज़रा भी परवाह न की कि लाला लाजपत राय हिन्दुस्तान के वरिष्ठ और अत्यन्त सम्माननीय नेता हैं। अपनी लाठी निहायत ही बेरहमी से उसने उन पर बरसा दी। लाला जी के सिर, कन्धे तथा छाती पर गम्भीर चोटें लगीं। ख़ून बहने लगा। कुछ देर के लिए वे शायद अचेत भी हो गए थे। 'चोट खाने के बाद लाला जी ने हुक्म दिया, "पुलिस की इस ज़ालिमाना हरकत की मुख़ालफ़त में मुज़ाहिरे [प्रदर्शन] को मुअत्तल कर दिया जाए।" ('सिंहावलोकन', पृ. 103)

लाला लाजपत राय पर की गई इस चोट ने उनके शरीर पर तो कई घाव किये ही, उनके आत्मसम्मान को भी गहरी चोट पहुँचाई। प्रत्येक देशवासी अंग्रेज़ सरकार के इस अत्याचारी तथा वहशियाना बर्ताव को लेकर न सिर्फ़ क्रोधित था बल्कि हक्का-बक्का भी था—लाला जी सरीखे देश के सम्मानित और बुजुर्ग नेता के साथ ऐसा बर्ताव एक अदना अंग्रेज़ सिपाही कैसे कर सकता है! वास्तव में स्कॉट यही बताना चाहता था, जैसा कि शिमला के बिशप कॉटन स्कूल में पढ़े और शिमला के ही एक शराब निर्माता व विक्रेता अंग्रेज़ के घर पैदा हुए ब्रिगेडियर डायर ने भी नौ साल पहले बताना चाहा था, कि 'ब्लडी बास्टर्ड इंडियन्स' अगर भूल रहे हों तो उन्हें मालूम हो जाए कि उन पर राज अभी हम गोरों का ही है; और हमारा ही रहनेवाला है।

राजाराम शास्त्री भी, जो इस घटना के चश्मदीद गवाह थे, बताते हैं : 'शायद उन लोगों ने पहले ही तय कर लिया था कि अगर जुलूस इधर आता है तो बिना मारे नहीं छोड़ेंगे। यह जान-बूझकर किया था कि लाला लाजपत राय को सबक़ सिखाना है, और उन्होंने इनको मारा। मैं लाला जी की बग़ल में था और उस समय का जो दृश्य था, इसमें कोई शक़ नहीं कि जनता में जोश बहुत था। पुलिस का वहशियानापन जो था वह भी चरम सीमा पर था और खुलकर उन्होंने ताक़त का प्रदर्शन किया। लाला जी की छाती पर चोट लगी। लाला जी को शारीरिक रूप से जो चोट लगी थे उससे कहीं ज़्यादा उनके दिल पर लगी थी। लाला जी यह महसूस करते थे कि हिन्दुस्तान की यह हालत है कि अदना-सा पुलिस का सिपाही देश के

बड़े-से-बड़े राष्ट्रीय नेता पर जंगलीपन से हमला कर सकता है। शारीरिक चोट और दिली चोट दोनों ने मिलकर लाला जी को मार दिया।' (नेहरू म्यूज़ियम ज़बानी इतिहास, राजाराम शास्त्री खाता सं. 434, पृ. 98-100)

इस घटना के एक और साक्षी थे 'हिन्दुस्तान सोशलिस्ट रिपब्लिकन एसोसिएशन' के सदस्य क्रान्तिकारी दुर्गादास खन्ना। वे भी इस बात से सहमत हैं कि उस रोज़ स्कॉट 'काले हिन्दुस्तानियों' को सबक़ सिखाने का फ़ैसला कर चुका था : 'कमीशन के सदस्य अपनी कारों में सवार होने जब रेलवे पोर्च आए, तब प्रदर्शनकारी तेज़ आवाज़ में चिल्लाने लगे, एक पुलिस अधिकारी, शायद स्कॉट सीनियर सुपरिंटेंडेंट ऑफ़ पुलिस लाहौर, ने प्रदर्शनकारियों को सबक़ सिखाना अपने दिमाग़ में बैठा लिया और वहशियाना लाठी चार्ज का हुक्म दे दिया। ख़ुद उसने (मेरी मौजूदगी में) लाला जी की छाती पर लाठी के प्रहार किये।' (नेहरू म्यूज़ियम ज़बानी इतिहास, दुर्गादास खन्ना खाता सं. 294, पृ. 20)

साइमन कमीशन का विरोध जताने के लिए उसी शाम मोरी दरवाज़े पर कांग्रेस द्वारा एक विशाल आमसभा आयोजित की गई जिसमें 'लाला जी ने अपनी ओजपूर्ण वक्तृता में सुबह की घटना की निन्दा करते हुए कहा, "जो सरकार निहत्थी रियाया पर इस तरह जालिमाना हमले करती है, उसे तहज़ीबयाफ़्ता (सभ्य) सरकार नहीं कहा जा सकता।"

अंग्रेज़ों का उचित-अनुचित विवेक तथा ब्रिटिश शासकों की न्यायप्रियता ऐसी ज़बर्दस्त किंवदन्ती बनी हुई थी कि दादाभाई नौरोज़ी ने अपनी जिस किताब में यह पोल खोली थी कि अंग्रेज़ों का शासन वास्तव में उनके अपने भले के लिए ही है न कि हिन्दुस्तानियों के भले के लिए—जैसा कि ब्रिटिश प्रचारतंत्र ने स्कूल, कॉलेजों, अख़बारों और किताबों के ज़रिये हिन्दुस्तानियों के दिमाग़ में ठूँस-ठूँसकर भर देने में कोई कसर नहीं रख छोड़ी थी तथा जिस बात पर अधिकांश पढ़े-लिखे हिन्दुस्तानी तो विश्वास करने ही लगे थे—उस किताब का शीर्षक था 'Poverty and Un-British Rule in India'। अमृतसर और पूरे पंजाब में 'मार्शल लॉ' नाम से जो शैतानी राज डायर ने चलाया और जिसने अंग्रेज़ी राज की न्यायप्रियता के दावे की धज्जियाँ उड़ाकर रख दी थीं, उसके पहले तक गाँधी जी भी यह मानते थे कि ब्रिटिश मूलतः न्याय-प्रिय हैं। जलियाँवाला बाग़ में हुए नरसंहार और इस नरसंहार के लिए ज़िम्मेदार व्यक्ति को नौकरी से बर्ख़ास्त करने के सिवा कोई सज़ा न दिये जाने के बाद ही ब्रिटिश राज को उन्होंने 'शैतानी राज' का नाम दिया था।

यशपाल बताते हैं कि उस सभा में सुखदेव और वह भी थे तथा उन लोगों से कुछ ही क़दम पर पुलिस सुपरिंटेंडेंट नील खड़ा था। लाला जी ने आक्रोश भरे स्वर में कहा : "मैं आज चैलेंज देता हूँ कि इस सरकार की पुलिस ने मुझ पर जो

वार किया है वह एक दिन इस सरकार को ले डूबेगा।" फिर पुलिस सुपरिंटेंडेंट नील को लक्ष्य कर लाला जी अपनी बात अंग्रेज़ी में दोहराई, "I declare that the blows struck at me will be the last nails in the coffin of the British rule in India." 'नील ने लाला जी की इस बात पर दाँत निकालकर हँस दिया। उसका वह हँसना मेरे कलेजे में तीर की तरह उतर गया। मैंने सुखदेव की ओर देखा' This is intolerable! (यह असह्य है।)

इस घटना के अठारह दिन बाद '17 नवम्बर, 1928 को लाला जी का देहान्त हो गया। लाला जी की अर्थी के जुलूस में लाख-डेढ़ लाख आदमी रहे होंगे। लाहौर में ऐसा कोई भी हिन्दू-मुसलमान न होगा जिसने मातम न मनाया होगा।' ('सिंहावलोकन', पृ. 104-5) 'लाला जी के देहान्त के सम्बन्ध में प्रत्यक्षदर्शियों से सुना है कि उनको शारीरिक चोट तो ज़्यादा न थी, लेकिन मानसिक आघात बहुत था। वे कहते थे कि विलायत से कोई भी ऐरा-गैरा पंचकल्याणी (टाम, डिक एंड हैरी) इस देश में आकर देश के बड़े-से-बड़े आदमी के ऊपर बिना संकोच लाठी चला सकता है, उसको अपमानित कर सकता है। इस अपमान की भावना ने उनको बड़ा मानसिक आघात पहुँचाया था।' (नेहरू म्यूज़ियम ज़बानी इतिहास, जयदेव कपूर खाता सं. 431, पृ. 81)

आज़ाद के सहयोगी और क्रान्तिकारी नन्दकिशोर निगम, जो लाहौर के डी.ए.वी. कॉलेज में प्रोफ़ेसर थे तथा उसके हॉस्टल-वार्डन भी, लिखते हैं : 'हो सकता है लाठियों से लाला जी को शारीरिक अधिक चोट न लगी हो। परन्तु मानसिक चोट तो अकथनीय थी। ठीक है प्रजा की अंग्रेज़ों से लड़ाई चल रही थी। रोज़ कहीं-न-कहीं गोली चलने या लाठी मारने की वारदातें होती थीं। परन्तु लोग स्वप्न में भी नहीं सोच सकते थे कि ब्रिटिश सरकार इतनी क्रूर है कि वह एक अखिल भारतीय सम्मानित नेता को भी लाठियाँ मारेगी। लाला जी 17 नवम्बर, 1928 को परलोक सिधार गए और अपने पीछे लोगों में एक क्रोध की ज्वाला छोड़ गए। अनेक कांग्रेसी नेताओं से उस समय यह सुनने में आता था कि क्रान्तिकारियों को लाला जी पर लाठियाँ मारने का बदला अवश्य लेना चाहिए। वे स्वयं तो ले नहीं सकते थे क्योंकि अहिंसा में विश्वास जो था और महात्मा गाँधी कभी भी बदले के भाव की आज्ञा नहीं देते। इसलिए छिपे तौर पर कहते-फिरते थे और विशेषकर पंजाब में तो लगभग हर एक के मुख से बदले की भावना के विचार निकलते ही थे।' ('बलिदान—चन्द्रशेखर आज़ाद की रोमांचकारी जीवनी' लेखक प्रोफ़ेसर नन्दकिशोर निगम, मुद्रक नया हिन्दुस्तान प्रेस, चाँदनी चौक, दिल्ली-6; मुद्रण वर्ष 1968, पृ. 24)

कॉमरेड रामचन्द्र अपनी पुस्तक में यह ख़ुलासा भी करते हैं कि लाला लाजपत राय की मौत में उसकी किसी भी प्रकार की ज़िम्मेदारी होने से ब्रिटिश सरकार

ने इनकार कर दिया था, जिसने माहौल को और भी गरमाकर रख दिया। देश के श्रद्धापात्र नेता लाला लाजपत राय की ब्रिटिश सरकार द्वारा 'नृशंस हत्या' के समाचार से हिन्दुस्तान भर के अख़बार रँग गए। शाहदरा दिल्ली से प्रकाशित मासिक पत्रिका 'महारथी' के दिसम्बर, 1928 के अंक में आक्रोश और क्रोध से भरे हुए लेखों में इस हत्या का बदला लेने के लिए देश के नवयुवकों का खुला आह्वान किया गया। इस अंक के मुखपृष्ठ पर शीर्षक था : 'ख़ून-ए-लाजपत'। इसके बाद पहले पन्ने पर एक ग़ज़ल है 'ख़ूने-लाजपत' शीर्षक से ही। इसका पहला शेर यूँ है :

'चढ़ रहा है हर ज़ुबाँ पर अब ज़ुनूने लाजपत,
क्या कोई तूफ़ान लाएगा ये ख़ूने-लाजपत।'

फिर एक लेख है जिसका शीर्षक है 'वह शेर'। अपना आक्रोश व्यक्त करने के प्रयास में लेखक ने इस लेख में सारे बाँध तोड़ दिये हैं : 'उसे उस दिन साम्राज्य के कुत्तों ने मार डाला। भारत के 32 करोड़ नर-नारी इस हत्या पर चुपचाप दो बूँद आँसू बहा और खेद प्रगट कर अपने-अपने धन्धे में लग गए। आशा थी, देश में हाहाकार उदय होगा, पर देखते हैं - देश उस शेर को खोकर भी वैसे ही हँस रहा है। उसकी सहधर्मिणी ने ख़ून के आँसू आँखों में भर कर कहा है : "मैं जब यह सोचती हूँ कि कमीने और हिंसक हाथों ने स्पर्श करने का साहस किया था एक ऐसे व्यक्ति के शरीर को जो भारत भूमि के 30 करोड़ नर-नारियों को इतना प्यारा था, जब मैं यह सोचती हूँ तब लज्जा और अपमान के भावों से उत्तेजित होकर काँपने लग जाती हूँ। क्या देश का यौवन इस कुत्सित कांड की धधकती हुई लज्जा और ग्लानि का अनुभव करता है? भारत का मनुष्यत्व और युवक भाव आवे और इसका जवाब दे।"

इस घटना के सात साल बाद जवाहरलाल नेहरू ने अपनी आत्मकथा में लिखा : 'हमारे सबसे बड़े नेता के साथ ऐसे बुरे व्यवहार का होना बिलकुल पैशाचिकता मालूम पड़ी और उस व्यवहार को देखकर हिन्दुस्तान भर में, ख़ास कर उत्तरी हिन्दुस्तान में एक निर्जीव क्रोध फ़ैल गया। हम लोग कितने असहाय और कितने घृणा योग्य हैं कि हम अपने नेताओं की इज़्ज़त की भी रक्षा नहीं कर सकते।' ('एन ऑटोबायोग्राफी', पृ. 183-4)

इसके पूर्व देशबन्धु चितरंजनदास की सहधर्मिणी बसन्ती देवी ने भी, वर्ष 1921 में गाँधी जी द्वारा आरम्भ किये गए असहयोग आन्दोलन में जेल जानेवाली जो पहली महिला थीं, भारत के नौजवानों को ललकारा था। लाहौर से प्रकाशित होनेवाले अख़बार 'द पीपल' में 22 नवम्बर, 1928 को उनका वह भाषण छपा जिसे विश्वनाथ वैशम्पायन ने इन शब्दों में दोहराया है: 'श्री कुन्दनलाल गुप्त उन दिनों लाहौर में ही थे। इस घटना का उल्लेख करते हुए उन्होंने अपने संस्मरणों

में लिखा है—लाला जी की मृत्यु की शोक-सभा में श्रीमती बसन्ती देवी ने कहा था—'लाला जी की चिता ठंडी होने के पूर्व देश का कोई युवक ख़ून का बदला लेगा।' गुप्त जी ने आगे लिखा है—श्रीमती बसन्ती देवी के ये उद्‌गार देश की आवाज़ थी। राष्ट्र का यह अपमान असह्य था। क्रान्तिकारी दल ने प्रतिशोध लेने की ठानी।' ('अमर शहीद चन्द्रशेखर आज़ाद', पृ. 164)

जयदेव कपूर बताते हैं : 'फ़िरोज़शाह कोटला की मीटिंग के बाद भगतसिंह पंजाब चले गए और मैं बनारस। उसके कुछ ही दिन बाद भगतसिंह फिर बनारस आए और मेरे साथ लिम्डी हॉस्टल में ठहरे। जिन दिनों वे वहाँ ठहरे हुए थे उन्हीं दिनों लाला जी का देहान्त हो गया, लाला जी के देहान्त से पूरे देश में एक आँधी, तूफ़ान और आक्रोश व्याप्त हो गया। बड़ी-बड़ी हड़तालें हुईं। दुकानें, स्कूल, कॉलेज, यूनिवर्सिटी इत्यादि बन्द हो गए और आम जनता सड़कों पर आ गई। मुझे याद है कि लाला जी की मृत्यु के बाद श्रद्धांजलि सन्देश में बसन्ती देवी ने, जो कि चितरंजनदास की पत्नी थीं, अपने नवयुवकों को आवाहन किया कि वे इस राष्ट्रीय अपमान को चुप-चाप सहन करेंगे या इसके प्रतिकार के लिए कुछ करने को तैयार हैं? मुझे अच्छी तरह याद है कि अख़बार में यह पढ़ते ही भगतसिंह उछल पड़े और उन्होंने अख़बार मेरे सामने फेंक दिया और कहा कि "हियर इज एन अपरचुनिटी"। आम जनता की भावनाओं को मुखरित करने, उनको एक क्रियात्मक रूप देने और पार्टी को आम जनता के निकट ले जाने का इससे बढ़िया और कोई दूसरा अवसर नहीं मिलेगा। उन्होंने कहा कि देश के नौजवानों से जवाब माँगा गया है और उसका जवाब हमको देना चाहिए, तभी हम अपने देशवासियों के नज़दीक भी पहुँच सकेंगे। इस तरीक़े का एक संकेत देकर वे लाहौर चले गए।' (नेहरू म्यूज़ियम ज़बानी इतिहास, जयदेव कपूर खाता सं. 431, पृ. 79-80)

इस दु:खद घटना के पूर्व तथा इस घटना के दौरान क्रान्तिकारी दल की गतिविधियों का ब्यौरा विस्तार से देते हुए शिव वर्मा बताते हैं : 'हमने उत्तर भारत में साइमन कमीशन का पीछा करने का निश्चय किया। इसके लिए सबसे पहले आवश्यकता थी पर्याप्त धन की। तय हुआ कि लाहौर की पंजाब नेशनल बैंक की मुख्य शाखा पर हमला किया जाए। इस बीच 30 अक्टूबर को साइमन कमीशन लाहौर पहुँचा। एक विशाल जनसमुदाय ने काले झंडों से उसका स्वागत किया। अधिकारी पागल हो उठे। अन्धाधुन्ध लाठीचार्ज के फलस्वरूप लाला लाजपत राय बुरी तरह घायल हो गए और कुछ दिनों बाद 17 नवम्बर को उनका निधन हो गया। सारे देश में क्रोध की लहर दौड़ गई। चारों ओर क्षोभ का वातावरण था। सबकी जुबान पर एक ही प्रश्न था। क्या हम इतने असहाय हो गए हैं कि राष्ट्र के सम्मान की रक्षा भी नहीं कर सकते। लाला जी पर प्रहार समस्त राष्ट्र पर प्रहार था। बैंक डकैती का प्रस्ताव स्थगित कर दिया गया।

राष्ट्र के अपमान का प्रतिशोध लेने के लिए लाला जी के हत्यारे को मारना आवश्यक है, यह प्रस्ताव भगतसिंह का ही था।' ('क्रान्ति का साक्ष्य', पृ. 63-64)

भगवानदास माहौर भी लिखते हैं कि 'भगतसिंह ने प्रस्ताव रखा कि लाला लाजपत राय की पुलिस की लाठियों के प्रहार के कारण हुई मृत्यु और उससे राष्ट्र का जो अपमान हुआ है, उसका बदला लिया जाए और इस प्रकार देश के क्रान्तिकारियों के सक्रिय अस्तित्व का जनता को परिचय दिया जाए।' ('यश की धरोहर', पृ. 12-3) कुमारी लज्जावती के साथ हुई भगतसिंह की बातचीत से भी यही निष्कर्ष निकलता है कि लाला जी के हत्यारे को मारने का प्रस्ताव भगतसिंह का ही रहा होगा। वे बताती हैं : 'मैंने एक दफ़ा सांडर्स वध के बाद भगतसिंह से पूछा था कि तुम लाला जी की इतनी आलोचना क्यों करते थे? तो वह कहने लगा कि हम चाहते थे कि हम जिस तरह से कहते हैं लाला जी उतने तेज़ क़दम बढ़ाकर अंग्रेज़ों का विरोध करें। मैंने कहा कि फिर तुमने यह क्या किया, अपनी जान ख़तरे में डाली। तो वह पंजाबी में कहता है : "सी ते साडा बापू ही। ऐ किवें हो सकदा है कि जवान मुंडे बैठे रहन ते बापू नू कोई लाठी मार जाए, ते ओ मर जाए।" ये उसके शब्द थे। था तो हमारा बापू ही। यह कैसे हो सकता है कि जवान लड़के बैठे रहें और कोई बाप को लाठी मार के चला जाए और वह मर जाए।' (नेहरू म्यूज़ियम ज़बानी इतिहास, खाता सं. 471. पृ. 72)

धनाभाव किन्तु घोर था। भगतसिंह और सुखदेव के सम्मिलित प्रयासों से दल में शामिल हुए दुर्गादास खन्ना याद करते हैं : 'सिद्धान्त रूप से वह [भगतसिंह] इसके [डकैती डालने के] सख़्त ख़िलाफ़ था। यह उसे पसन्द नहीं था। मुझे लगता है चन्द्रशेखर आज़ाद की भी यही भावना थी। स्कॉट पर हमला करने के सम्बन्ध में जब वे लाहौर में थे, एक दिन उन्होंने मुझसे बात की। मुझे वे उस कमरे के भीतर ले गए जहाँ उनमें से कई रह रहे थे और चावल की मात्रा और गुणवत्ता दिखाई, अपना पेट भरने के लिए जो उनके पास था। उन्होंने कहा, "डकैतियाँ डालने के हम सख़्त ख़िलाफ़ हैं। यह ऐसा कुछ नहीं है जिसे हम पसन्द करते हैं। लेकिन हम क्या कर सकते हैं? तब उनसे मैंने पूछा कि फ़ौरन उन्हें कितनी रक़म चाहिए होगी अपनी ज़रूरतें पूरी करने के लिए। उन्होंने कहा कोई भी रक़म जो मैं ला सकता हूँ, उन्हें स्वीकार्य होगी। मैंने पूछा क्या दो सौ रुपये चलेंगे? उन्होंने कहा यह तो "fortune" होगा। मेरी आँखों से आँसू बह निकले। मैं देख पा रहा था कि उनके क़द का इनसान अपने व्यवहार में कितना सरल और सीधा-सादा है।' (नेहरू म्यूज़ियम ज़बानी इतिहास, दुर्गादास खन्ना खाता सं. 294, पृ. 77)

लिहाज़ा बैंक डकैती की योजना स्थगित न हो सकी। 'धनाभाव' को दूर करने के मक़सद से एकत्रित क्रान्तिकारी दल के सदस्यों में केन्द्रीय समिति के सभी सदस्य शामिल थे, फणीन्द्र घोष और शिव वर्मा को छोड़कर।

प्रोफ़ेसर नन्दकिशोर निगम याद करते हैं कि 'एक्शन की पहली सन्ध्या में वह [आज़ाद] और भगतसिंह एक अंग्रेज़ी चित्र टॉम काका का केबिन देखने गए। उस चित्र में भी एक बैंक का डाका दिखाया गया था। पंडित जी ने भगतसिंह का हाथ दबाया और कहा, "ज़रा ध्यान से देख लो, कल हम सबको भी ऐसा ही करना है।" ('बलिदान—चन्द्रशेखर आज़ाद की रोमांचकारी जीवनी', पृ. 25)

बैंक डकैती लेकिन होने न पाई। इसका कारण यशपाल तो यह बताते हैं कि 'भगतसिंह और महावीरसिंह टैक्सी किराए पर लेने स्टेशन गए। बैंक में पहुँचे हुए लोग पसीना-पसीना हो रहे थे, परन्तु भगतसिंह और महावीरसिंह टैक्सी लेकर न पहुँच सके। बैंक का खजाना बन्द होने का समय निकट आ रहा था। आज़ाद के इशारे पर सब लोग बैंक से बाहर निकल आए।' (सिंहावलोकन, पृ. 107) दूसरी तरफ़ विश्वनाथ वैशम्पायन कहते हैं कि 'टैक्सी लाने का काम भगतसिंह तथा महावीरसिंह को सौंपा गया था। परन्तु उस दिन बैंक बन्द होने के समय तक टैक्सी न मिली। आज़ाद ने बैंक के अन्दर की परिस्थिति और अच्छी तरह देखी। वे इस निष्कर्ष पर पहुँचे थे कि यदि उस दिन एक्शन हो जाता तो धन तो बहुत मिलता परन्तु दल को कुछ साथियों को खोना पड़ता। इसी से बाद में यह योजना रद्द कर दी गई।' ('अमर शहीद चन्द्रशेखर आज़ाद', पृ. 161-2)

लिहाज़ा क्रान्तिकारी दल ने लाला लाजपत राय के हत्यारों को मृत्युदंड दिये जाने की योजना को कार्यरूप देने पर अब अपना ध्यान केन्द्रित किया। यशपाल के अनुसार 'दिसम्बर के पहले सप्ताह में लाहौर के मोज़ंग मोहल्ले के मकान में इस बात का फ़ैसला केन्द्रीय समिति ने कर लिया।' दुर्गादास खन्ना बताते हैं कि इन लोगों के 'ठहरने की व्यवस्था मोहम्मडन क़ब्रिस्तान जानेवाली सड़क पर मोज़ंग क्षेत्र में की गई जो मुझे एक दयनीय स्थान मालूम हुआ।' (नेहरू म्यूज़ियम ज़बानी इतिहास; दुर्गादास खन्ना खाता सं. 294, पृ. 21-22) यहीं पर 8 और 9 दिसम्बर को हुई बैठकों में इस 'एक्शन' की योजना बनी। जितेन्द्रनाथ सान्याल लिखते हैं कि इस बैठक में 'हिन्दुस्तान सोशलिस्ट रिपब्लिकन एसोसिएशन की केन्द्रीय समिति ने मिस्टर स्कॉट की हत्या के फलस्वरूप होनेवाली लड़ाई को भी विशेष महत्व दिया था। उसने भगतसिंह को वीरतापूर्वक लड़ने के पश्चात पकड़े जाने पर पुलिस की गोलियों से बिंधा हुआ देखने की कल्पना की थी। इसे इस घटना का अवश्यम्भावी परिणाम जान उसने तय किया था कि भगतसिंह इस अवसर पर एक ज़ोरदार वक्तव्य देंगे। उसमें क्रान्तिकारी दल के सिद्धान्तों की व्याख्या करते हुए वे क्रान्तिकारी मत को बार-बार दोहराते हुए, देश के नवयुवकों से इस क्षेत्र में उतर आने के लिए अपील करेंगे। उसका विश्वास था कि क्रान्तिकारी दल के उद्‌देश्य के प्रसार में इस प्रकार की अपील का यथेष्ट प्रभाव होगा।' ('अमर शहीद सरदार भगतसिंह', पृ. 35)

इसी तथ्य की ओर इंगित करते हुए मथरादास थापर लिखते हैं : 'बरादरमन' नाम की चिट्ठी में सुखदेव लिखते हैं—"बचकर निकल जाने की तो आशा भी नहीं थी। हमारा विचार यह था कि यदि वध के बाद पुलिस पीछा करे तो ख़ूब मुक़ाबला किया जाए; जो इस मुक़ाबले में बच जाए और पकड़ा जाए तो बयान दे दे।" (मेरे भाई शहीद सुखदेव', पृ. 89) विश्वनाथ वैशम्पायन भी इस बात की पुष्टि करते हैं : 'सांडर्स हत्याकांड के विषय में योजना बनाते समय दल ने यह तय किया था कि तीनों व्यक्ति जतीन्द्र बाघा की तरह लड़ते-लड़ते शहीद हो जाएँगे। यह एक्शन ठीक पुलिस स्टेशन के सामने होनेवाला था।' ('अमर शहीद चन्द्रशेखर आज़ाद', पृ. 165)

वर्ष 1915 के सितम्बर माह में अपने चार साथियों के साथ जतीन्द्रनाथ मुखर्जी ने, एक बाघ का निहत्थे मुक़ाबला करने के बाद जिन्हें जतीन बाघा के नाम से अधिक जाना गया, उड़ीसा के बालासोर ज़िले के जंगलों में अंग्रेज़ों की पुलिस के साथ जो मुक़ाबला किया था, वह किंवदन्ती बन चुका है और बहादुरी की अविस्मरणीय मिसाल भी। संख्या में अपने से कई गुना ज़्यादा और आधुनिक हथियारों से लैस पुलिस के जवानों के साथ लगभग तीन घंटे से भी अधिक समय तक चली मुठभेड़ में उन लोगों ने कई सिपाही मार गिराए और फिर ख़ुद भी शहीद हो गए।

इस योजना के कार्यान्वयन के बारे में क्रान्तिकारी सुखदेवराज बताते हैं कि, 'आजाद ने घटनास्थल का अध्ययन किया और फ़ैसला किया कि एक्शन किस जगह किया जाए। एक्शन के दौरान व्यवस्था का काम सुखदेव को सौंपा गया और निगरानी का काम जयगोपाल को। हंसराज वोहरा, सदाशिव राव मलकापुरकर और भगवानदास माहौर सहचर के रूप में काम कर रहे थे।' ('जब ज्योति जगी', पृ. 63)

इस दौरान हुआ एक वाक़या बताता है कि आज़ाद केवल शुष्क तबीयत के इनसान न थे, बल्कि उनमें विनोद-वृत्ति भी थी। इसका बयान विश्वनाथ वैशम्पायन इन शब्दों में करते हैं : 'सांडर्स हत्याकांड के पूर्व लाहौर में उस सड़क की जानकारी करने आज़ाद जाते। वह अकसर सबेरे का समय होता था। उनके साथ भगतसिंह भी होते। इसी बीच स्कूल-कॉलेज के लड़कियों की बस पास से निकलती तो वे भगतसिंह का हाथ पकड़कर धीरे से कहते, 'है कोई देवी जो हमारे रणजीत से शादी करे।" और हँस देते। भगतसिंह भी हँसकर कहते—"महाशय जी मेरी शादी भी आप ही कराएँगे।" ('अमर शहीद चन्द्रशेखर आज़ाद', पृ. 116)

दिल्ली की बैठक में निर्णय हुआ था कि दल के सभी सदस्य अपने लिए एक छद्म नाम अपनाएँगे और उसी नाम से उनका परिचय हर जगह करवाया जाएगा।

रणजीत भगतसिंह का छद्म नाम था। चन्द्रशेखर आज़ाद को पंडित जी या महाशय जी कहकर सम्बोधित किया जाता था।

'पुलिस का ऑफिस जहाँ स्कॉट बैठता था, बहावलपुर रोड की एक कोठी में था। पंडित जी ने जयगोपाल को स्कॉट को पहचानने तथा उसके आने-जाने के समय को नोट करने के लिए नियुक्त किया। एक सप्ताह पश्चात जयगोपाल ने बताया कि वह स्कॉट को पहचानता है और उसके दफ़्तर में आने-जाने के समय भी नोट कर लिए हैं। पंडित जी ने एक्शन का पूरा ब्योरा तैयार कर सबको उनके काम समझा दिये। जयगोपाल का काम था स्कॉट को बताकर रफूचक्कर हो जाना। भगतसिंह को स्कॉट पर गोली चलाना था। राजगुरु को आवश्यकता पड़ने पर भगतसिंह की मदद करनी थी और पंडित जी ने स्वयं उन दोनों की रक्षा सँभाल ली थी।' ('बलिदान—चन्द्रशेखर आज़ाद की रोमांचकारी जीवनी', पृ. 27)

भगवानदास माहौर के कथनानुसार 'चार दिन बराबर यह [क्रान्तिकारियों की] टुकड़ी अपने काम पर जाती रही थी। परन्तु स्कॉट निर्दिष्ट स्थान माल रोड पर पुलिस कार्यालय के सामने से निकला ही नहीं। यदि पुलिस से मुठभेड़ हो पड़े और कुछ अधिक संख्या में पुलिस द्वारा इस टुकड़ी का पीछा किया जाए तो पुलिस को पीछे से चपेट में लेने के लिए एक और सशस्त्र टुकड़ी नियुक्त थी जिसमें थे सुखदेव, विजयकुमार सिन्हा और मैं।' ('यश की धरोहर', पृ. 13)। '17 दिसम्बर, 1928 दोपहर बाद पहले मोज़ंग से जयगोपाल को पुलिस के दफ़्तर के सामने यह देखने के लिए भेज दिया गया कि सांडर्स दफ़्तर में है या नहीं। जयगोपाल कई दिन से सांडर्स के आने-जाने पर नजर रख रहा था। वह सांडर्स को स्कॉट समझे हुए था। उसने शायद स्कॉट को देखा ही नहीं था। यह निश्चित था कि भगतसिंह और राजगुरु सांडर्स पर ठीक उस समय गोली चलाएँगे जब वह मोटर साइकिल पर पुलिस के दफ़्तर से बाहर सामने की सड़क पर निकलेगा।' ('सिंहावलोकन', पृ. 109-10)

17 दिसम्बर को इसके पश्चात हुए घटनाक्रम के बारे में विश्वनाथ वैशम्पायन लिखते हैं : 'भगतसिंह तथा राजगुरु पुलिस स्टेशन से सटे खड़े थे। जैसे ही सांडर्स मोटर साइकिल पर चढ़कर अन्दर से फाटक तक आया, जयगोपाल का इशारा पा दोनों आगे बढ़े। गोलियों की आवाज़ सुनकर थाने के बरामदे में खड़ा सिपाही चिल्लाया। उसे सुन ट्रैफिक इन्स्पेक्टर फर्न दो सिपाही तथा हवलदार चननसिंह के साथ थाने से दौड़ा आया। फर्न ने राजगुरु को पकड़ने का प्रयत्न किया। राजगुरु ने जब देखा कि उसका रिवाल्वर जाम हो गया है तो उसने फर्न को पकड़कर ऐसा पहलवानी दाँव लगाया कि फर्न ज़मीन चाटने लगा। उसके उठकर पीछा करने तक राजगुरु को भागने का अवसर मिल गया। भगतसिंह ने फर्न को जो पीछा करते देखा तो गोली चलाई। गोली की आवाज़ सुनते ही

फर्न ज़मीन पर लेट गया और फिर न उठा। फर्न के पीछे ही चननसिंह था। वह गोली चलने की परवाह न कर गाली देता हुआ भगत और राजगुरु के पीछे दौड़ा। [आज़ाद] चेतावनी देते हुए गरजे—"ख़बरदार पीछे हट जाओ।" यह सिंह-गर्जना सुन दोनों सिपाही तो रुक गए पर चननसिंह नहीं रुका। आज़ाद ने गोली चला दी और हवलदार वहीं घायल होकर गिर पड़ा। एक घंटे बाद ही वह मेयो अस्पताल में जाकर मर गया।' ('अमर शहीद चन्द्रशेखर आज़ाद', पृ. 165-6)

इसी घटना को भगवानदास माहौर इस तरह बयाँ करते हैं : 'फर्न्स नामक एक महाशय को वीरता करने की सूझी। वह राजगुरु की तरफ़ उसे पकड़ने के लिए लपका। राजगुरु ने अपना रिवाल्वर उसकी तरफ़ सीधा किया और ट्रिगर दबाया। मगर गोली न चली। चलती कैसे? इसके लिए कि निशाना ठीक लगे, जनाब दोनों हाथों से रिवाल्वर चलाया करते थे। जनाब ने इस वक़्त अपने बाएँ हाथ में रिवाल्वर के घूमने वाले गिर्रे को ही पकड़ रखा था। फिर भला गोली कैसे चलती! आपने समझा रिवाल्वर ख़राब हो गया। अस्तु, फर्न्स सिर पर आ पहुँचा। राजगुरु ने अपना "अड़ियल" रिवाल्वर कोट की जेब में डाला और आप आगे बढ़ के लपककर फर्न्स से भिड़ गए और उसे माल रोड की सख़्त ज़मीन पर ऐसा पछाड़ा कि फिर वह वहाँ से उठ न सका।' ('यश की धरोहर', पृ. 14)

मशहूर उर्दू शायर फ़ैज़ अहमद फ़ैज़ की बेटी सलीमा हाश्मी ने बीबीसी को दिये एक साक्षात्कार में बताया: मेरे पिता जी "उन दिनों गवर्नमेंट कॉलेज के हॉस्टल में थे और एक दिन सुबह जब वह छत पर थे, उन्होंने गोली चलने की आवाज़ सुनी और फिर तीन नौजवानों को तेज़ी से जाते हुए देखा। बाद में उन्हें पता चला कि ये तीन लोग भगतसिंह और उनके साथी थे जिन्होंने एक अंग्रेज़ अधिकारी की हत्या कर दी थी। बाद में मैंने अब्बू को अकसर यह कहते सुना कि हमारा जो जवानी के दिनों का हीरो था, वो भगतसिंह था।"

डी.ए.वी. कॉलेज से सड़क के उस पार स्थित लाहौर की यह पुलिस कोतवाली थी, शहर की पुलिस व्यवस्था का केन्द्र-स्थल जहाँ लाहौर के उच्चतम पुलिस अधिकारी पुलिस सुपरिंटेंडेंट और डिप्टी पुलिस सुपरिंटेंडेंट बैठते थे। गोली की आवाज़, जो फ़ैज़ अहमद फ़ैज़ ने दूर अपने घर की छत पर भी सुनी, और बरामदे में खड़े सिपाही की चिल्लाहट के बावजूद मात्र चार लोग ही कोतवाली से बाहर निकले, यह अचरज की बात है। जबकि कोतवाली में काफ़ी संख्या में पुलिसकर्मी मौजूद थे, जैसा कि जयदेव कपूर ने एक साक्षात्कार में बताया : 'सूबाई पुलिस हेडक्वार्टर्स में सौ-डेढ़ सौ जवान और इतनी ही राइफ़ल्स हर समय रहती हैं। जब गोली चल रही थी तो वेतन-भोगी पुलिसजनों में इतना साहस नहीं था कि वे फ़ायरिंग की रेंज में आएँ।' (नेहरू म्यूज़ियम ज़बानी इतिहास, खाता सं. 431, पृ. 84) क्रान्तिकारी सुरेन्द्रनाथ पांडे भी इस बात की पुष्टि करते हैं :

‘जब इन लोगों ने नारे लगाए और ललकारा कि अगर कोई पुलिसवाला है तो बाहर निकले लेकिन कोई पुलिस का सिपाही बाहर नहीं निकला। वहाँ सब “आर्म्ड” थे लेकिन वे लोग बाहर नहीं निकले, बल्कि जब सांडर्स को मरते देखा तो वे सब चारदीवारी के अन्दर छिप गए।’ (नेहरू म्यूज़ियम ज़बानी इतिहास, सुरेन्द्रनाथ पांडे खाता सं. 886, पृ. 74)

अगर अधिक संख्या में सशस्त्र पुलिसकर्मी कोतवाली से निकल आते और भगतसिंह व राजगुरु को घेरे में ले लेते तो क्या होता? मुठभेड़ की वह सम्भावना तब वास्तविकता बन जाती जिसकी कल्पना इस योजना को बनाते समय की गई थी कि, ‘भगतसिंह वीरतापूर्वक लड़ने के पश्चात पकड़े जाने पर पुलिस की गोलियों से बिंधा’ होने के बाद ‘एक ज़ोरदार वक्तव्य देंगे क्रान्तिकारी दल के सिद्धान्तों की व्याख्या करते हुए’। और न सिर्फ़ भगतसिंह बल्कि ‘तीनों व्यक्ति जतीन्द्र बाघा की तरह लड़ते-लड़ते शहीद हो जाएँगे।’ इन तीनों व्यक्तियों में राजगुरु के अलावा आज़ाद भी थे। फिर तो 17 दिसम्बर, 1928 को ही ‘हिन्दुस्तान सोशलिस्ट रिपब्लिकन एसोसिएशन’ की अर्थी उठ गई होती।

तब क्रान्तिकारी आन्दोलन के उस उद्देश्य का क्या होता जिसके बारे में शिव वर्मा को समझाते हुए भगतसिंह ने लगभग दो साल पहले कहा था : “देश की जनता हमारे साहस और हमारे कामों की सराहना करती है लेकिन हमसे सीधा सम्पर्क जोड़ पाने में वह असमर्थ है। अपने आन्दोलन को जनाधार देने के लिए हमें अपना ध्येय जनता के बीच ले जाना होगा क्योंकि जनता का समर्थन प्राप्त किये बग़ैर हम अब पुराने ढंग के इक्के-दुक्के अंग्रेज़ अधिकारियों या सरकारी मुख़बिरों को मारकर नहीं चल सकते। हम अभी तक संगठन तथा प्रचार की ओर से उदासीन रहकर प्राय: एक्शन्स पर ही ज़ोर देते आए हैं। काम का यह तरीक़ा हमें छोड़ना पड़ेगा।” (‘क्रान्ति का साक्ष्य’, पृ. 54) शिव वर्मा के अनुसार ‘यह 1927 के शुरू के दिनों की बात है।’ (वही, पृ. 58)

और फ़िरोज़शाह कोटला में हुई जिस बैठक में पार्टी के नाम में सोशलिस्ट शब्द जोड़ा गया था, उस बैठक में दल का जो उद्देश्य भगतसिंह ने ज़ाहिर किया था उसका क्या होता? उस बैठक में उसने यह स्पष्ट किया था कि [पार्टी के नाम में] “सोशलिस्ट शब्द जोड़कर जनता को हम बता दें कि भारत का क्रान्तिकारी आन्दोलन समाजवादी राज्य की स्थापना करेगा। हम शनै:-शनै: अपने आन्दोलन को जनता का आन्दोलन बना देना चाहते हैं। यही हमारा अन्तिम लक्ष्य भी है।” (‘अमर शहीद चन्द्रशेखर आज़ाद’, पृ. 136)

इस विषय में अधिक विस्तार से चर्चा हम आगे किसी और अध्याय में करेंगे मगर एक बात साफ़ करना यहाँ बहुत ज़रूरी है—सांडर्स को क्या स्कॉट समझकर मारा गया और यह एक ग़लती थी?

शिव वर्मा के अनुसार : 'हमारा विचार लाहौर के पुलिस सुपरिंटेंडेंट स्कॉट को मारने का था। जयगोपाल ने ग़लती से सांडर्स को ही स्कॉट समझकर इशारा कर दिया था। यह तो सांडर्स की मृत्यु के बाद ही पता चला कि लाला जी उसी की लाठी से आहत हुए थे।' ('संस्मृतियाँ', पादटिप्पणी पृ. 21 पर।) भगतसिंह के क्रान्तिकारी साथी बिजोयकुमार सिन्हा का भी यह मत है कि 'उन्होंने [भगतसिंह ने] स्कॉट के स्थान पर, जो कि लाला लाजपतराय की मृत्यु का उत्तरदायी था, त्रुटिवश पुलिस अधिकारी सांडर्स का वध कर दिया। जब सांडर्स का वध हुआ था मैं उसमें शामिल था।' ('क्रान्ति का साक्ष्य', पृ. 177)

इस विषय में यशपाल का कहना यह बनता है कि 'जयगोपाल के बयान से यह भ्रम फैला हुआ था कि हि.स.प्र.स. ने स्कॉट को गोली मारने का फ़ैसला किया था, परन्तु भूल से गोली सांडर्स को मार दी गई।' ('सिंहावलोकन', पृ. 109) अदालत में जयगोपाल ने अपने बयान में कहा था : 'मुझे स्कॉट की आमदरफ़्त पर निगाह रखने का काम सौंपा गया। मि. स्कॉट उस दिन नहीं आए थे। मैं लौट आया और मोज़ंग हाउस में हिन्दुस्तान सोशलिस्ट रिपब्लिकन सेना का एक नोटिस देखा जिस पर टाइप से छपा था—स्कॉट मर गया, लाला जी का बदला ले लिया गया।' ('क्रान्तिवीर भगतसिंह', पृ. 169) लेकिन दूसरे दिन लाहौर में जो इश्तिहार लगे देखे गए उन पर मोटे-मोटे अक्षरों में लिखा था सांडर्स मारा गया और लाला जी के अपमान का बदला ले लिया गया। इस विषय में वीरेन्द्र सिन्धु लिखती हैं कि 'पुलिस अध्यक्ष थे मिस्टर स्कॉट। लाठी उन्हीं के हुक्म से चलाई गई थी। इसलिए उन्हें ही निशाना बनाना तय हुआ, पर हत्या हो गई सांडर्स की।' फिर पादटिप्पणी में वे बताती हैं : 'मैंने इस सम्बन्ध में बहुत छानबीन, पूछताछ की पर इस बात का कोई जवाब नहीं मिला कि यदि सांडर्स की हत्या करनी थी तो पोस्टरों पर स्कॉट का नाम क्यों लिखा गया, जिसे बाद में काटना पड़ा।' ('युगद्रष्टा', पृ. 164) लेकिन यशपाल, जो उन दिनों लाहौर में ही थे और इन क्रान्तिकारियों के सतत सम्पर्क में थे, स्पष्ट करते हैं कि उनका निशाने पर स्कॉट और सांडर्स दोनों ही थे। 'लाठी चलाने का हुक्म स्कॉट ने दिया था, लाठी सांडर्स ने मारी थी। गोली मारने का प्रयोजन एक ही था और दोनों इसके अधिकारी थे।' ('सिंहावलोकन', पृ. 109)

संगठन की केन्द्रीय समिति के सदस्य क्रान्तिकारी कुन्दनलाल भी उन दिनों लाहौर में ही थे। रामप्रसाद बिस्मिल के साथ वे मैनपुरी षड्यंत्र मुक़दमे में आरोपी रहे व बिस्मिल की ही तरह फ़रार हो गए और पुलिस की गिरफ़्त में नहीं आए। फिर वे काकोरी डकैती कांड के आरोपी हुए, जिनको गिरफ़्तार करने के लिए एड़ी-चोटी का ज़ोर लगा देने के बावजूद पुलिस उन्हें तब भी नहीं पकड़ पाई थी। उनके हवाले से विश्वनाथ वैशम्पायन तो यह बताते हैं कि वस्तुतः सांडर्स ही

क्रान्तिकारियों का लक्ष्य था। 'पुलिस अधिकारी स्कॉट जनता के डर से पुलिस ट्रेनिंग स्कूल में जो क़िले [में] था, जा छिपा। वहाँ से वह बहुत कम बाहर निकलता था, या निकलता ही न था। इसलिए सांडर्स की निगरानी प्रारम्भ की गई।' ('अमर शहीद चन्द्रशेखर आज़ाद', पृ. 164)

क्रान्तिकारी सुखदेवराज भी इस बात से सहमत हैं कि 'क्रान्तिकारियों के संकल्प से भयभीत स्कॉट पुलिस ट्रेनिंग स्कूल में चला गया जो क़िले के अन्दर था। वहाँ से वह बहुत कम बाहर निकलता था। इसलिए सांडर्स की निगरानी आरम्भ की गई क्योंकि वस्तुतः सांडर्स का लाठीप्रहार ही लाला जी की मृत्यु का कारण था।' ('क्रान्ति का साक्ष्य', पृ. 149) यशपाल भी इस तथ्य की पुष्टि करते हैं : 'कई दिन तक सांडर्स और स्कॉट के आने-जाने के रास्ते की देखभाल की गई। सांडर्स कभी गोलबाग़ के बीच की सड़क से गुजरता था और कभी टाउनहॉल के सामने से से होकर गोलबाग़ के बग़ल की सड़क से आता-जाता था।' ('सिंहावलोकन', पृ. 109)

कुलदीप नैयर मानते हैं कि 'जयगोपाल ने ग़लती से असिस्टेंट सुपरिंटेंडेंट जे.पी. सांडर्स को स्कॉट समझ लिया।' लेकिन फिर इस पर एक वाजिब सवाल भी वे उठाते हैं कि 'जयगोपाल को स्कॉट की पहचान की ज़िम्मेदारी सौंपी गई थी, जबकि उसने उसे पहले कभी देखा भी नहीं था। यह भी विचित्र है कि जयगोपाल ने यह बात किसी को बताई नहीं।' ('भगतसिंह की फाँसी का सच' लेखक कुलदीप नैयर; प्रकाशक प्रभात पेपरबैक्स, नई दिल्ली, संस्करण वर्ष 2020, पृ. 49) चन्दरपालसिंह के अनुसार भी 'जयगोपाल का बयान कुछ अनुत्तरित प्रश्न छोड़ जाता है : 'एक सप्ताह की निगरानी के बाद भी जयगोपाल स्कॉट को पहचानने में क्यों नाकामयाब रहा? अपने कार्यालय स्कॉट कार से जाया करता था। किस आधार पर जयगोपाल ने यह मान लिया कि स्कॉट मोटर साइकिल पर कार्यालय आया है? सांडर्स क्या कभी-कभी ही इस कार्यालय में आता था? जयगोपाल ने उसे पहले नोटिस नहीं किया था?' ('भगतसिंह रिविजटेड', पृ. 117)

स्कॉट के स्थान पर ग़लती से सांडर्स को गोली मार दी गई, इस कहानी के मूल में दरअसल मथरादास थापर द्वारा लाहौर षड्यंत्र मुक़दमे की सुखदेव की निजी प्रोसीडिंग बुक की खोज है, जिसमें सांडर्स-वध के सम्बन्ध में जहाँ भी कार्यवाही दर्ज है वहाँ हाशिये पर हरी स्याही से टिप्पणियाँ लिखी गई हैं। वायदामाफ़ गवाह जयगोपाल ने अदालत में जो बयान दिया वह इस प्रोसीडिंग बुक के पृष्ठ 29 पर दर्ज है। इस बयान के बग़ल में हाशिये पर सुखदेव द्वारा अंग्रेज़ी में जो लिखा गया था, उसका हिन्दी अनुवाद मथरादास के ही शब्दों में निम्नानुसार है :

"पहले गोली भगतसिंह को चलानी थी। 'एम' को उनकी रक्षा के लिए भेजा गया था और पंडित जी को इन दोनों की। वापस होते हुए भगतसिंह ने यह देखा कि साहब स्कॉट नहीं है, इसलिए यह बताने के लिए वह पंडित जी की तरफ़ लौटा। इसी बीच 'एम' ने गोली चला दी जो उसे नहीं चलानी थी। उसने स्कॉट को क़तई नहीं पहचाना था, तब कर्तव्यबद्ध होकर भगतसिंह को भी ग़लत अपराधी पर गोली चलानी पड़ी। इस प्रकार सांडर्स की हत्या हुई।" ('मेरे भाई शहीद सुखदेव', पृ. 87-8)

इसी को आधार बनाकर कुलदीप नैयर ने 17 दिसम्बर की घटना की कल्पना करते हुए लिखा है : 'दोपहर के आसपास सांडर्स पुलिस स्टेशन से निकला और अपनी मोटर साइकिल पर बैठने लगा। राजगुरु ने झट से अपनी जर्मन माउज़र पिस्तौल से निशाना साधकर उस पर एक गोली चला दी। भगतसिंह चिल्लाए, "न, न, यह वो नहीं है!" लेकिन तब तक बहुत देर हो चुकी थी।' ('सरफ़रोशी की तमन्ना', पृ. 37) लगभग इन्हीं शब्दों में इस घटना को श्री नैयर ने 'भगतसिंह की फाँसी का सच', के पृष्ठ 49 पर दोहराया है और 'शहीद भगतसिंह क्रान्ति में एक प्रयोग' के पृष्ठ 34 पर भी। वस्तुतः ये तीनों ही किताबें श्री नैयर द्वारा ही लिखित पुस्तक 'Without Fear' का लगभग एक ही सरीखा अनुवाद हैं, जिसके पृष्ठ 29 पर इस घटना का खाका खींचा गया है।

लेकिन सुखदेव को यह कैसे मालूम हुआ कि 'भगतसिंह ने यह देखा कि साहब स्कॉट नहीं है, इसलिए यह बताने के लिए वह पंडित जी की तरफ़ लौटा'? क्योंकि मथरादास के अनुसार ही 'पुलिस अफ़सर की हत्या के समय सुखदेव साथ नहीं थे। मोज़ंग हाउस से सारे हथियार हटाने का उत्तरदायित्व उन्हीं पर था।' (मेरे भाई शहीद सुखदेव', पृ. 89) भगतसिंह के सहयोगी रहे क्रान्तिकारी सुखदेवराज भी इस बात की पुष्टि करते हैं : 'एक्शन के दौरान व्यवस्था का काम सुखदेव को सौंपा गया था और निगरानी का काम जयगोपाल को। हंसराज वोहरा, सदाशिव राव मलकापुरकर और भगवानदास माहौर सहचर के रूप में काम कर रहे थे। भगतसिंह और राजगुरु के जिम्मे सांडर्स पर गोली चलाने की ड्यूटी लगाई गई थी।' ('जब ज्योति जगी', पृ. 63; 'क्रान्ति का साक्ष्य', पृ. 151)

यही बात शिव वर्मा पर भी लागू होती है क्योंकि इस घटना के दिन लाहौर में वे थे ही नहीं। न तो लाला लाजपत राय की मौत का बदला लेने की योजना बनाने में वे शामिल थे और न ही इसके कार्यान्वन में। दरअसल उस समय 'शिव वर्मा और फणीन्द्र बहुत दूर थे। उन्हें बुलाने में समय बहुत लग जाता।' ('सिंहावलोकन', पृ. 109)

यशपाल का यह भी कहना है कि 'स्कॉट का दफ़्तर जाना बहुत नियमित नहीं था इसलिए उसे गोली मारने की तजवीज़ उसके बँगले पर ही थी और सांडर्स

को डी.ए.वी. कॉलेज के सामने 'टिब्बा फ़रीद' के पुलिस दफ़्तर में गोली मारने का निश्चय था।' ('सिंहावलोकन', पृ. 109) यानी कि योजना दोनों को ही मारने की थी। मलविन्दर जीत सिंह वड़ैच लिखते हैं, 'स्कॉट की बात करें तो वह 17 दिसम्बर को आधिकारिक दौरे पर थे और कसूर गए हुए थे।' ('मेरा रंग दे बसन्ती चोला', पृ. 170) कुलदीप नैयर का कहना है कि '17 दिसम्बर, 1928 को स्कॉट पुलिस स्टेशन नहीं आया।' लेकिन इसकी वजह उनके हिसाब से यह थी कि 'उसने अपनी सास को रिसीव करने के लिए छुट्टी ले रखी थी, जो इंग्लैंड से भारत पहुँच रही थी।'(भगतसिंह की फाँसी का सच', पृ. 49)

मथरादास थापर का तो यह ख़्याल है कि 'पूरे एक सप्ताह तक जिसकी वाच की गई, उसी को पहचानने में जयगोपाल ने कैसे भूल कर दी? इससे यह सिद्ध होता है कि पुलिस ने जयगोपाल से तोड़-मरोड़कर बयान दिलवाया।' (मेरे भाई शहीद सुखदेव', प, 89) यशपाल भी कहते हैं कि 'उस समय स्कॉट दो-तीन दिन से लाहौर में था ही नहीं। भूल की कोई गुंजाइश नहीं थी।' ('सिंहावलोकन', पृ. 109) जयदेव कपूर के मुताबिक़ भी 'स्कॉट उस दिन फिलौर चला गया था। फिलौर के क़िले में हैड-कांस्टेबल्स और सब-इन्स्पेक्टर की ट्रेनिंग का एक स्कूल था।' (नेहरू म्यूज़ियम ज़बानी इतिहास, जयदेव कपूर खाता सं. 431, पृ. 82)

सांडर्स की हत्या के आरोप में जो मुक़दमा वर्ष 1929 में भगतसिंह के ख़िलाफ़ चलाया गया उसमें हंसराज वोहरा, जो इस घटना के वक़्त मौजूद थ, मुख़बिर बन गया था। उसका बयान 'अभ्युदय' के 30 नवम्बर, 1929 के अंक में छपा था : 'मैंने मि. सांडर्स को मारने में कोई ग़लती नहीं समझी क्योंकि सांडर्स भी हम लोगों की निगाह में दोषी था।' ('क्रान्तिवीर भगतसिंह', पृ. 171) आज़ाद के निकट सहयोगी सुरेन्द्रनाथ पांडे भी इस बात की पुष्टि करते हैं : 'उन्होंने [आज़ाद ने] यह कहा कि अब यह प्लान हो गया कि सांडर्स की हत्या करनी है क्योंकि लाला जी को सांडर्स ने लाठी मारी थी। यद्यपि सुपरिंटेंडेंट तो स्कॉट था, लेकिन सच्चाई यही है कि लाठियाँ सांडर्स ने मारी थीं।' (नेहरू म्यूज़ियम ज़बानी इतिहास, सुरेन्द्रनाथ पांडे खाता सं. 886, पृ. 72-3)

किरती किसान पार्टी और नौजवान भारत सभा, दोनों को ही प्रमुखता से नेतृत्व प्रदान करनेवाले सोहनसिंह जोश जिन्होंने ही वर्ष 1925 में किरती' अख़बार का प्रकाशन शुरू किया था और जो वर्ष 1929 में मेरठ षड्यंत्र मुक़दमे में बाक़ी कम्युनिस्ट नेताओं की तरह गिरफ़्तार कर लिए गए थे, अपने संस्मरण में कहते हैं : 'उसी रात (17 दिसम्बर) 11 बजे के कुछ ही देर बाद किसी व्यक्ति ने इस्लामाबाद में बड़ा घर स्थित मेरे दरवाज़े को खटखटाया। मैं अपने घर में अकेला था। भगतसिंह एक फ्लैट हैट तथा इंग्लिश सूट पहने थे। उन्होंने मुझसे पहला सवाल किया, "सांडर्स की हत्या की आम रूप में क्या प्रतिक्रिया है?"

“नौजवान प्रसन्न हैं।” मैंने जवाब दिया। “पर वे अधिक प्रसन्न होते यदि स्कॉट मारा जाता।”

उन्होंने कहा, “हम लोग तो उसी (स्कॉट) की हत्या करने के लिए वहाँ गए थे, पर वह दूसरा शैतान सामने आ गया और इतनी बड़ी तैयारी में इतना कष्ट उठाने के बाद हम खाली हाथ नहीं लौट सकते थे” फिर उन्होंने आगे कहा, “जो कुछ हो, कुछ शुरुआत तो हो गई।” (‘क्रान्ति का साक्ष्य’, पृ. 218-9)

यहाँ यह सवाल भी उठता है कि सांडर्स की हत्या करना अगर इन क्रान्तिकारियों के एजेंडे में न होता तो क्या उस पर ऐसा व्यक्ति गोली चलाता जिसके विषय में शिव वर्मा कहते हैं : ‘राष्ट्र के अपमान का प्रतिशोध लेने के लिए लाला जी के हत्यारे को मारना आवश्यक है, यह प्रस्ताव भगतसिंह का ही था। फिर भी सांडर्स की हत्या के बाद कई दिनों तक उसका मन बड़ा उद्वेलित-सा रहा। वह क्रान्तिकारी था किन्तु रक्त का प्यासा न था।’ (‘क्रान्ति का साक्ष्य’, पृ. 64) और जयदेव कपूर बताते हैं : ‘सांडर्स वध के बाद जब मैं भगतसिंह से मिला तो उनके दिल में एक बड़ी तल्ख़ी थी, बड़ा दुःख भी था और वे यही कहते थे कि सांडर्स कितना सुन्दर जवान था। हमें उसको मारना पड़ा इसलिए कि वह ब्रिटिश साम्राज्यवादी मशीन का एक पुर्ज़ा बन गया था जिसके चलते हिन्दुस्तान के लोग ग़ुलामी में पीसे जा रहे हैं।’ (नेहरू म्यूज़ियम ज़बानी इतिहास, जयदेव कपूर खाता सं. 431, पृ. 227)

जहाँ तक वीरेन्द्र सिन्धु के इस सवाल का मसला है ‘कि यदि सांडर्स की हत्या करनी थी तो पोस्टरों पर स्कॉट का नाम क्यों लिखा गया, जिसे बाद में काटना पड़ा।’; तो मलविन्दर जीत सिंह वड़ैच ने अपनी पुस्तक ‘एटर्नल रिबेल’ के पृष्ठ 151 पर ‘हिन्दुस्तान सोशलिस्ट रिपब्लिकन आर्मी’ के लैटर हेड पर हाथ से लिखे हुए पोस्टर की फ़ोटो छापी है जिसमें अंग्रेज़ी में साफ़-साफ़ लिखा है :

‘जे. पी. सांडर्स मारा गया!’

‘लाला लाजपत राय का बदला ले लिया गया।’

स्कॉट का नाम इस पोस्टर पर कहीं नहीं है, न ही स्कॉट का नाम लिखकर काटा गया है।

कुलदीप नैयर लिखते हैं : ‘हैरानी की बात है कि उन्होंने हत्या की योजना इतनी सोच-समझकर बनाई थी, लेकिन हत्या के बाद शहर से भाग निकलने के बारे में कुछ भी नहीं सोचा था। इससे उनकी बहादुरी का पता चलता था और साथ ही उनकी रणनीतिक चूक का भी। उन्हें कुछ भी नहीं पता था कि अब आगे क्या करना है।’ (‘सरफ़रोशी की तमन्ना’, पृ. 40)

इसमें वास्तव में हैरानी की कोई बात नहीं और यह समझना कि ‘उन्हें कुछ भी नहीं पता था कि अब आगे क्या करना है’ भगतसिंह जैसे बुद्धिमान और सुखदेव जैसे संगठनकर्ता व योजनाकार के साथ तो अन्याय है ही, आज़ाद सरीखे

व्यक्ति की बुद्धि और विवेक पर भी अनुचित सन्देह है। आज़ाद के निकटतम सहयोगी विश्वनाथ वैशम्पायन लिखते हैं : 'आज़ाद न केवल एक अच्छे सिपाही थे बल्कि अच्छे संगठनकर्ता भी सिद्ध हुए। अपनी इसी योग्यता के कारण फ़रार अवस्था में वे 6 वर्ष तक उत्तर भारत में सक्रिय रहे। यह तो ब्रिटिश शासकों को एक चुनौती थी।' ('अमर शहीद चन्द्रशेखर आज़ाद', पृ. 85) इसके अलावा 'दल की गोपनीयता के नियम का आज़ाद बड़ी कड़ाई से पालन करते थे और दूसरों को भी उस नियम का पालन करने के लिए बाध्य करते थे। यही कारण था कि छह बरसों तक पुलिस उन्हें न पा सकी।' (उपर्युक्त, पृ. 103) और यह तो तब था जबकि, सुखदेवराज के अनुसार, 'भैया [आज़ाद] को ज़िन्दा या मुर्दा पकड़नेवाले को 1,50,000 पुरस्कार देने की व्यवस्था थी।' ('जब ज्योति जगी', पृ. 191) उल्लेखनीय है कि वर्ष 1928 में सोने का भाव प्रति दस ग्राम 18.37 रुपये था। इसके बावजूद आज़ाद न सिर्फ़ पकड़े नहीं गए बल्कि कई 'एक्शन' में शामिल भी रहे।

सुखदेवराज बताते हैं कि, 'जब एक्शन की सारी योजना तैयार हो गई तो आज़ाद ने घटनास्थल का अध्ययन किया और फ़ैसला किया कि एक्शन किस जगह किया जाए। साथ ही यह भी विचार किया गया कि यदि किसी प्रारब्धवश संघर्ष न हुआ तो किधर से लौटना अधिक सुविधाजनक होगा।' ('जब ज्योति जगी', पृ. 63) और यशपाल का यह कहना हुआ कि, 'आज़ाद दुस्साहसी सैनिक के तौर पर बहुत प्रसिद्ध हैं। व्यक्तिगत रूप से वे दुस्साहसी थे भी परन्तु जब किसी योजना का संचालन करते थे तो उनका व्यवहार बहुत ही सतर्क हो जाता था और वे बहुत अधिक फूँक-फूँककर क़दम रखते थे।' ('अग्निपुंज', पृ. 233)

ऐसे 'बहुत अधिक फूँक-फूँककर क़दम' रखनेवाले आज़ाद ने लेकिन सांडर्स की हत्या के बाद लाहौर से बाहर निकलने की योजना नहीं बनाई क्योंकि योजना हक़ीक़त में स्कॉट और सांडर्स, दोनों को ही मारने की थी। इसलिए सम्भवतः दोनों ही तरह के पोस्टर तैयार किये गए थे : स्कॉट के मारे जाने की घोषणा करने वाले और सांडर्स के मारे जाने की घोषणा करनेवाले भी। लेकिन सांडर्स को मारने के बाद लाहौर को सैनिक छावनी बनते देख यह लग गया होगा कि अब स्कॉट को मार पाना सम्भव नहीं, इसलिए उसको मारे जाने की घोषणा करनेवाले पोस्टर पर उसका नाम काटकर सांडर्स का नाम लिख दिया गया।

मेरी आवाज़ सुनो

रावी नदी के पीछे सूरज डूबने के साथ ही लाहौर की हीरा मंडी तवायफ़ों के घुँघरुओं की झनकार से रोज़ ही गुलज़ार हो जाया करती है। और अनारकली बाज़ार में रोज़ाना ही अपनी आँखें सेंकने के लिए घूमते हुए दिलफेंक नौजवान इस बाज़ार के परले सिरे पर स्थित माल रोड को हसरत भरी निगाहों से निहारा करते हैं। चौड़ी, साफ़ सड़क। दोनों तरफ़ सुन्दर, शानदार मकान। बन्दूकें लिए दिन-रात पहरा देते फ़ौजी। यह इलाक़ा अंग्रेज़ों के लिये हैं और आवारा घूमने पर यहाँ पाबन्दी है।

लेकिन आज न तो घुँघरुओं की झनकार सुनाई दे रही है और न ही अनारकली बाज़ार में चहल-पहल है। माल रोड पर तो सन्नाटा बिखरा पड़ा है मगर पहरेदार रोज़ाना से कहीं ज़्यादा नज़र आ रहे हैं—और ज़्यादा चाक-चौबन्द भी। चार-साढ़े चार बजे के बीच हुई शहर के डिप्टी सुपरिंटेंडेंट ऑफ पुलिस जॉन पोइंट [Poyantz] सांडर्स की सनसनीखेज़ हत्या की ख़बर शाम होते-होते जंगल में लगी आग की तरह पूरे शहर में फ़ैल चुकी है। कोतवाली के ऐन सामने हत्या! वह भी दिन-दहाड़े!! सो भी एक गोरे पुलिस अफ़सर की!!!

चैम्बरलेन रोड पर मोची दरवाज़े के नज़दीक तकिया मिरासियाँ में ही ज़्यादातर मौरूसीकार रहते हैं और देर रात तक संगीत की महफ़िलें यहाँ रोज़ ही जमा करती हैं। आज की रात यहाँ भी न तो सारंगी के स्वर सुनाई दे रहे हैं, न ही तानपूरे के और न ही हारमोनियम के। लेकिन बाक़ी अन्दरुन शहर की तरह दबी-छिपी ख़ुशी का माहौल यहाँ भी साफ़ नज़र आता है। लाला जी पर सांडर्स ने जिस बेरहमी से लाठी बरसाई थी, उसकी ख़बर देश भर के अख़बारों में विस्तार से और उत्तेजना-भरे शब्दों में छपी थी। लाला जी के वस्त्रों पर खून तथा शरीर पर चोटें दर्शाता हुआ उनकी घायल-अवस्था का चित्र भी छपा था। पढ़-देखकर लोगों का ख़ून खौल उठा और सांडर्स के ख़िलाफ़ सख़्त कार्रवाई की माँग ज़बर्दस्त और पुरज़ोर तरीक़े से की गई। मगर अंग्रेज़ सरकार के कान पर जूँ भी न रेंगी।

और फिर लाला जी की मौत हो गई। यशपाल उनकी शवयात्रा में शामिल थे। वे बताते हैं : 'लाला जी की अर्थी के जुलूस में लाख-डेढ़ लाख आदमी रहे होंगे। डॉक्टर गोपीचन्द जी भार्गव बिलख-बिलखकर रोए। दस बजे सुबह अर्थी की यात्रा लाला जी के बँगले से आरम्भ हुई और चार मील दूर रावी नदी के तट पर पहुँचते-पहुँचते सन्ध्या के पाँच बज गए। अर्थी पर फूलों का बोझ इतना था कि बीसियों आदमी उसे उठाकर चल रहे थे और दस-पाँच क़दम पर आदमी बदलते जाते थे।' ('सिंहावलोकन', पृ. 104-5) लाला जी की मौत के बाद सांडर्स के ख़िलाफ़ कार्रवाई की माँग और भी ज़ोर पकड़ गई। मगर अंग्रेज़ सरकार ने अपना पल्ला यह कहकर झाड़ लिया कि लाला जी की मौत का उन पर हुए लाठी के प्रहार से कोई लेना-देना नहीं है। तब से ही एक नपुंसक क्रोध सभी के दिलों में पल रहा था। आज उस क्रोधाग्नि पर जैसे वर्षा की ठंडी बौछार हो गई थी। भगतसिंह के क्रान्तिकारी साथी अजय घोष ने लिखा लाला जी की मृत्यु से 'शोक के साथ-साथ लोगों में क्रोध और घृणा का भाव था, जिसमें कुछ पस्त-हिम्मती की पुट थी। सांडर्स को लाहौर कोतवाली के सामने गोली मार दी गई। लोग इस घटना से उछल पड़े। यह हमारा पहला वार था—ऐसे ही और हमलों से हम सारे देश को झकझोरकर जगा देना चाहते थे।' ('क्रान्ति का साक्ष्य', पृ. 229) भगवानदास माहौर भी उस रात को याद करते हुए लिखते हैं : 'सॉण्डर्स वध के बाद पुलिस की दौड़धूप का जो आतंक लाहौर में छाया था उसे हम लोग लाहौर की गलियों में आम नर-नारियों के चेहरों पर देख चुके थे। परन्तु आतंक की काली छाया में से भी राष्ट्र के अपमान का बदला लिये जाने की प्रसन्नता फूट पड़ती थी।' ('यश की धरोहर', पृ. 40)

लेकिन सरकारी अफ़सर, ख़ास तौर पर गोरे अफ़सर, अचम्भित थे, आक्रोशित थे और क्रोधित भी।

"इन काले लोगों की इतनी हिम्मत! हमारा राज आधी दुनिया पर चलता है। और ये 'बास्टर्ड' हमको ही ललकारने चले हैं!"

मगर साथ ही इस दुस्साहसपूर्ण घटना के बाद से वे ख़ुद की और ख़ास तौर पर उनके परिवार की सुरक्षा को लेकर डरे हुए भी थे। उस रात कोई नहीं सोया। न अफ़सर, न उनके मातहत, न ही लाहौर के बाशिन्दे। दौड़ते हुए पुलिसकर्मियों के भारी बूटों की आवाज़ से लाहौर की गलियाँ रात भर ही गूँजती रहीं। हर मिनट कोई-न-कोई किवाड़ ज़ोर-ज़ोर से खटखटाया जाता। घर की तलाशी ली जाती। पुलिसिया अन्दाज़ में घरवालों को धमकाया जाता। और ज़रा-सा भी शक़ होने पर जो भी जवान लड़का घर में होता, उसे हिरासत में ले लिया जाता। नौजवान भारत सभा के 300 से 400 सदस्य उस रात गिरफ़्तार हुए थे।

लेकिन मोज़ंग हाउस न जाने कैसे तलाशी लिये जाने से बच गया। शायद इस वजह से कि मरम्मत के लिए सालों से तरसती हुई यह इमारत कब्रिस्तान के बग़ल में थी तथा इलाक़ा लगभग सुनसान था, क्योंकि बसना यहाँ कोई नहीं चाहता था। इसी वजह से क्रान्तिकारियों को बेहद कम किराए में यह जगह मिल गई थी। उस रात सभी क्रान्तिकारी—आज़ाद, भगतसिंह, राजगुरु, भगवानदास माहौर, विजय कुमार सिन्हा, जयगोपाल—यहाँ इकट्ठे थे और अँधेरे में बैठे हुए थे। चिराग़ जलाने को पैसे जो न थे! सभी बहुत भूखे भी थे। मगर खाने को कुछ न था। आज़ाद ने जयगोपाल से कहा कि कुछ इन्तज़ाम करे तो वह अपने मित्र वंशीलाल से दस रुपये उधार माँगकर लाया तब कहीं जाकर भूख को तनिक शान्त करने का जुगाड़ हो पाया।

कई वर्षों बाद उस रात को याद करते हुए भगवानदास माहौर ने लिखा : 'भगतसिंह दो-व्यक्तियों के वध में भाग लेकर आए थे। कितना उद्वेलित था उनका मानस! उनके संयत कंठ से उनका उद्वेग उभरा पड़ता था। बात करते-करते वे रुक जाते थे और देर तक चुप रहकर फिर बात का सूत्र पकड़कर मुस्कुराने का प्रयत्न करते आगे बढ़ते थे। मानव जीवन का मूल्य और उसकी महत्ता और सर्वोपरि उसका सौन्दर्य उनके हृदय में असीम था।' ('यश की धरोहर', पृ. 40) और वह राजगुरु जिसने पल भर भी हिचकिचाए बिना सांडर्स पर गोली चला दी थी, माहौर के शब्दों में ग्लानिग्रस्त और उदास था। जब उससे माहौर ने पूछा, "भाई तुम्हें तो अपनी सफलता पर प्रसन्न होना चाहिए, तुम इतने उदास से क्यों हो?" तो बड़ी गहरी साँस लेकर आपने कहा, "भाई बड़ा सुन्दर नौजवान था!! उसके घरवालों को कैसा लग रहा होगा?" (उपर्युक्त, पृ. 22)

लेकिन अंग्रेज़ी हुकूमत के पुलिस अफ़सर तो दाँत पीस रहे थे। पूरे लाहौर शहर को रात भर उन्होंने फ़ौजी छावनी बना रखा था। गली-गली में, चप्पे-चप्पे पर उनके सिपाही और सैनिक तैनात थे। इसके बावजूद कोई रात में लाल स्याही से छपे गुलाबी रंग के ये पोस्टर शहर भर की दीवालों पर चिपका गया था। 'हिन्दुस्तान सोशलिस्ट रिपब्लिकन आर्मी' के लेटरहेड पर मोटे-मोटे अक्षरों में अंग्रेज़ी में छपा था :

'नौकरशाही सावधान!

'जे.पी. सांडर्स की हत्या के साथ लाला लाजपत राय का बदला ले लिया गया।'

भीड़ लगाकर लोग इन पोस्टरों को पढ़ रहे थे। उनके चेहरों से ख़ुशी फूटी पड़ रही थी। इन पोस्टरों से ही लोगों को, और अंग्रेज़ सरकार के अफ़सरों को भी, पहली बार पता चला कि 'हिन्दुस्तान सोशलिस्ट रिपब्लिकन आर्मी' नाम की कोई फ़ौज़ हिन्दुस्तान में न सिर्फ़ बन चुकी है बल्कि इतनी ताक़तवर भी हो चुकी है कि यह चेतावनी दे सके :

'तानाशाह सरकार सावधान!' ... 'अपनी शैतानी हरकतें बन्द करो।'

विष्णु प्रभाकर लिखते हैं : 'सरकार स्तब्ध रह गई, जनता रोमांचित हो उटी, लेखक स्वयं उस युग का साक्षी रहा है। अहिंसा और हिंसा सभी के उपासकों को उस दिन कितना हर्ष हुआ, यह स्मरण कर आज भी रोमांच हो आता है। हिंसा और अहिंसा से परे एक और वस्तु होती है, वह है दर्द। भारत की जनता के हर्ष का कारण यही दर्द था।' ('अमर शहीद भगतसिंह', पृ. 60 एवं 62) क्रान्तिकारी सुखदेवराज के अनुसार 'हैंड बिलों के रूप में भी इन्हें जनता में बाँटा गया तथा सरकारी कार्यालयों और अख़बारों के दफ़्तरों में भी इन्हें पहुँचाने की व्यवस्था की गई। इस बात से सरकार बुरी तरह खीझ उठी और सारे शहर में ज़बर्दस्त पहरा बैठा दिया गया।' ('जब ज्योति जगी', पृ. 64)

जनता में ये पर्चे कैसे बाँटे गए, यह क़िस्सा राजाराम शास्त्री सुनाते हैं : 'जिस दिन सांडर्स को मारा गया उसी दिन रात को एक सज्जन मेरे पास आए और बोले कि सुखदेव ने भेजा है। उन्होंने हमसे पूछा कि क्या हम एक काम कर देंगे? हमने पूछा कि क्या काम तो कहने लगे कि हमारे पास पर्चों का एक बंडल है, तुम बँटवा दो। किसी को मालूम न हो। रात के वक़्त वह बंडल तुम्हारे बँगले की जो दीवार है उसके पास डाल देंगे। तुम सवेरे उठा लेना। सवेरे देखा तो वहाँ बंडल पड़ा हुआ था। मुझे बड़ी ख़ुशी हुई यह जानकर कि सांडर्स को क्यों मारा गया। मैंने जल्दी-जल्दी रातों-रात लाइब्रेरी का ताला खोला और जितने अख़बार लाइब्रेरी में थे उन सबमें एक-एक पर्चा रख दिया और फिर ताला बन्द करके घर में जाकर सो गया। रोज़ सवेरे-सवेरे लड़के वहाँ अख़बार पढ़ने आते थे। जब वे अख़बार उलटें तो सांडर्स को क्यों मारा गया, उसकी कहानी लिखा हुआ पर्चा अन्दर होता था। उसमें पर्चा देखकर अख़बार पढ़नेवाला व्यक्ति झट से इधर-उधर देखकर पर्चा अपनी जेब में डाल लेता था। मैं बैठा हुआ ध्यान से नोट कर रहा था कि किस-किस अख़बार से पर्चा निकला। मैं दुबारा जाकर फिर उस अख़बार में पर्चा डाल देता था। इसी तरीके से हम लोगों ने सारे पर्चे बाँट दिये।' (नेहरू म्यूज़ियम ज़बानी इतिहास, राजाराम शास्त्री खाता सं. 434, पृ. 238-9)

कुछ पोस्टरों में स्कॉट का नाम काटकर सांडर्स लिखा गया था। यह स्कॉट को मालूम हो गया और जहाँ पर भी वह था, वहाँ से वह वापस नहीं आया और अपना तबादला उसने रावलपिंडी करा लिया। साथ ही, अपने परिवार को उसने इंग्लैंड भेज दिया। कुछ और अंग्रेज़ अफ़सरों ने भी अपने परिवार इंग्लैंड भेज दिये लेकिन ख़ुद वे सब और भी ज़्यादा मुस्तैदी से अपने फ़र्ज़ को सरंजाम देने में लग गए। उन बदमाशों को उन्हें सबक़ जो सिखाना था, जिन्होंने उनके साथी पुलिस अफ़सर पर गोली चलाने की जुर्रत की थी!

लाहौर से बाहर जाने के सारे रास्ते बन्द कर दिये गए। हर सड़क पर नाकेबन्दी कर दी गई। बस-स्टैंड पर लाहौर से निकलनेवाली हर बस की जाँच-पड़ताल हो रही थी। मुसाफ़िरों की खाना-तलाशी ली जा रही थी। शक़ की बिना पर कई मुसाफ़िर बस से उतार भी लिये गए। उधर लाहौर के रेलवे स्टेशन का माहौल दिसम्बर महीने की कड़कड़ाती ठंड में भी गरम था। भीड़ की वजह से और उत्तेजना की वजह से भी। सांडर्स की हत्या की ख़बर तो आम हो चुकी थी और सब उसी बारे में बात कर रहे थे, उत्तेजना और भय मिश्रित स्वरों में। पूरा रेलवे स्टेशन सैनिक छावनी में तब्दील हो चुका था। प्लेटफ़ॉर्म पर पुलिसकर्मी और सेना के जवान लाइन लगाकर खड़े थे और आने-जानेवाले हर हिन्दुस्तानी को शक़ की नज़र से देख रहे थे। ख़ुफ़िया पुलिस के जासूस भी भीड़ में फैले हुए थे। सालों-साल यही काम करते हुए प्रशिक्षित हो चुकी उनकी पैनी नज़र चारों तरफ़ घूमते हुए आते-जाते मुसाफ़िरों का मानो एक्सरे ही ले रही थी।

उन दिनों कलकत्ता मेल पेशावर से लाहौर होते हुए कलकत्ता जाती थी और उसके आने का समय हो चुका है। गाड़ी जैसे ही प्लेटफ़ॉर्म पर लगी, पतलून के ऊपर लम्बा ओवरकोट पहने तथा सिर पर शानदार हैट लगाए हुए एक गोरा-चिट्टा 'साहब' चमचमाते हुए काले जूतों में बँधे पाँव अफ़सराना अकड़ के साथ रखते हुए प्रथम दर्जे के कूपे की तरफ़ बढ़ा। अपनी गोद में साहब ने अपने दो-तीन साल के बेटे को लिया हुआ था और अपने ओवरकोट का कॉलर भी उसने ऊपर उठा रखा था जिस वजह से उसका चेहरा साफ़ नज़र नहीं आ रहा था। उसके पीछे उसकी 'मेम साहिबा' लिपस्टिक पाउडर लगाए, बालों को फ़ैशनेबल जूड़े में सिर पर बाँधे हुए व रेशमी साड़ी पहने अपनी ऊँची एड़ी की सैंडल से प्लेटफ़ॉर्म के फर्श पर खट-खट करती चली आ रही थी।

साहब और मेम साहिबा के पीछे उनका नौकर था जो चमड़े का एक पोर्टमेंटो लिये था। उस पर 'साहब' का ख़ूब बड़ा-सा नाम साफ़ और सुन्दर अंग्रेज़ी के अक्षरों में लिखा हुआ था। कार्डबोर्ड पर मढ़े चमड़ेवाला दो बराबर हिस्सों में बँटा हुआ सूटकेस पोर्टमेंटो कहलाता था और 'साहबी एटिकेट' का अपरिहार्य हिस्सा था। नौकर के दूसरे हाथ में बड़ा-सा छह डिब्बोंवाला टिफ़िन था और सिर पर एक होल्डाल रखा था जिसमें साहब लोगों का बिस्तर बँधा हुआ था। 'गोरे साहब' लोग जब भी सफ़र पर निकलते हैं, ये चार चीज़ें उनके साथ ज़रूर हुआ करती हैं—पोर्टमेंटो, टिफ़िन, होल्डाल और नौकर। साहब लोगों का सामान ढोने के अलावा रेलगाड़ी में उनकी बर्थ पर उनका बिस्तरा बिछाना और गन्तव्य आने के पहले उसे लपेटना व बाँधना भी नौकर को ही करना होता था। साथ ही, साहब लोगों की बाक़ी सुख-सुविधाओं का ध्यान भी उसे रखना होता था, जैसे यात्रा की समाप्ति के पहले साहब का जूता चमकाना और मेम साहिबा

की सैंडल या जूती साफ़ करना। इन साहब का नौकर घुटनों तक की मैली धोती और फ़तूही पहने हुए था। उसका अपना बिस्तर उसने एक फटी हुई दरी में रस्सी से बाँधकर अपनी बग़ल में दबा रखा था और अपना सिर वह 'बाअदब' झुकाए हुए चल रहा था।

ट्रेन में चढ़नेवाले लोगों की जाँच-पड़ताल कर रहे सिपाही साहब को देखते ही रास्ता देने के लिए दो तरफ़ बँट गए। "साहब है। अपनी फेमिली ले जा रहा है।" एक सिपाही ने अपने साथियों से धीमे स्वर में कहा और एक कड़क सैल्यूट मार दिया। उसके साथियों ने और भी ज़ोर का सैल्यूट मारा। अंग्रेज़ माई-बाप के लिए वफ़ादारी का यह भी एक पैमाना था, इन सिपाहियों की राय में तो यक़ीनन ही। सैल्यूट के जवाब में साहब ने हलका-सा ख़म अपने सिर को दिया। एक हिन्दुस्तानी के सैल्यूट पर इससे ज़्यादा प्रतिक्रिया 'साहब' लोग नहीं देते।

यह 'साहब' था भगतसिंह; 'मेम साहिबा' थीं दुर्गा भाभी और अदब से सिर झुकाए चलता हुआ नौकर था राजगुरु.

'साहब' के पास तीन टिकट थे कानपुर तक के। दो प्रथम दर्जे के अपने और अपनी 'मेम साहिबा' के लिए और तीसरा निचले दर्जे का उनके नौकर के लिए। कलकत्ता मेल के प्रथम दरजे के डिब्बे के साथ जुड़े हुए नौकरोंवाले डिब्बे में राजगुरु जाकर बैठ गया। इंजन छींका, भाप का घना बादल उसने पटरियों पर छोड़ा और फिर भाप की ही तेज़ पिचकारी ऊपर छोड़ी। एक तीखी सीटी बजी और छुकछुकाते हुए रेलगाड़ी चल पड़ी। कड़कड़ाती सर्दी में भी दुर्गा भाभी के बदन पर सिर्फ़ साड़ी थी जिसकी तहों में एक पिस्तौल दबी हुई थी। राजगुरु ने अपनी पिस्तौल फ़तूही में छिपा रखी थे तो भगतसिंह ने ओवर कोट की जेब में एक हाथ डाला हुआ था जो पिस्तौल पर कसा हुआ था और उँगली ट्रिगर थी।

कानपुर उतरकर ये सभी लखनऊ की ट्रेन में चढ़े। लखनऊ से राजगुरु तो आगरा चले गए और बाक़ी लोग कलकत्ता जानेवाली गाड़ी में बैठ गए। सुखदेव बेहतरीन संगठनकर्ता और योजनाकार था। हावड़ा स्टेशन पर लाहौर से आनेवाली गाड़ियों की ज़बर्दस्त जाँच-पड़ताल होगी, यह बात उसने जान ली थी। इसीलिए यह रुक-रुककर यात्रा करना तय हुआ था।

इसी गाड़ी के निचले दर्जे के डिब्बे में एक साधु महात्मा तुलसीदास की रामचरितमानस की चौपाइयाँ गाते हुए बीच-बीच में अपने नंगे पेट पर हाथ फेरते जाते हैं और रह-रहकर डकार भी लेते जाते हैं। भगतसिंह, दुर्गा भाभी और राजगुरु की तरह इन्होंने भी अपने कपड़ों में रिवाल्वर छिपा रखा है। इन साधु महात्मा का नाम चन्द्रशेखर आज़ाद है।

दुर्गावती या दुर्गा भाभी इस बात से अच्छी तरह वाक़िफ़ थी कि ज़रा भी कोई गड़बड़ हो गई तो न सिर्फ़ उसकी बल्कि उसके बेटे शची की जान पर भी बन

आएगी जो कि भगतसिंह की गोद में था। और इतना ख़तरा दुर्गावती तब उठा रही थी जब कि उसका पति सुखदेव और आज़ाद की निगाह में अभी भी सी.आई.डी. का आदमी था! और तो और, इस सफ़र तथा इस सारे तामझाम के ख़र्च के लिए सुखदेव पाँच सौ रुपये उससे ही ले गया था।

हावड़ा स्टेशन का 'प्लेटफ़ॉर्म मेम साहबों और साहबों से भरा था, उनके तौर-तरीक़ों में रसूख़ की झलक थी और वे तेज़ आवाज़ में बातचीत कर रहे थे। उस दहशत का कोई प्रमाण न था जिसकी भगतसिंह को आशा थी कि उन्हें अपनी गिरफ़्त में ले लेगा जब सांडर्स की हत्या का उन्हें पता चलेगा। बग्गीनुमा कारें प्लेटफ़ॉर्म के किनारे खड़ी थीं। वर्दीधारी लेकिन नंगे पैर नौकरों के अमले ऊँचे दर्जे के डिब्बों से सामान उतारने में लगे थे। पुलिस का एक छोटा-सा दस्ता भी मौजूद था, अपने रोज़मर्रा के काम से बजाय किसी ख़ास शख़्स की तलाश में।' ('विदाउट फ़ियर', लेखक कुलदीप नैयर; प्रकाशक हार्पर कॉलिन्स, संस्करण वर्ष 2012, पृ. 41)

भगवतीचरण और सुशीला दीदी प्लेटफ़ॉर्म पर इन लोगों का इन्तज़ार कर रहे थे। भगवती भाई पर पुलिस कम्युनिस्ट होने का या कम्युनिस्टों से वास्ता रखने का शक़ करती थी। लिहाज़ा वर्ष 1928 के मार्च महीने में कम्युनिस्टों की जब गिरफ़्तारियाँ शुरू हुईं तो वे फ़रार हो गए। सुशीला दीदी कलकत्ता के बहुत बड़े मारवाड़ी सेठ सर छज्जूराम के बच्चों को पढ़ाने के लिए नियुक्त थीं, जो 'अलीपुर के उच्चवर्गीय इलाक़े में रहते थे जहाँ पर फैले हुए बँगले सम्मान की दृष्टि से देखे जाते थे, और उनकी तलाशी कभी नहीं ली जाती थी। यहाँ पर व्यवस्था के धनवान लोगों का निवास था।' (उपर्युक्त, पृ. 42)

सेठ सर छज्जूराम की विशाल कोठी में सुशीला दीदी को अलग कमरा मिला हुआ था। उसी कोठी में ऊपर की मंज़िल पर एक कमरा उसने भगतसिंह को दिलवा दिया।

यशपाल लिखते हैं : 'भगतसिंह के दिन भर घर में बने रहने से सेठ के लम्बे-चौड़े परिवार के लोगों को कुछ शंका न हो इसलिए सुशीला दीदी ने कह दिया था कि हमारा भानजा सफ़र में बीमार हो गया है। इसलिए दवाई की लेबिल लगी एक शीशी भी भगतसिंह की खाट के समीप पड़ी रहती थी, जिसमें से कुछ पानी समय-समय पर बहा दिया जाता था। भगतसिंह दिन में ख़ूब खाता और ख़ूब सोता था। रात में निशाचरों की तरह घूमता-फिरता था।' ('सिंहावलोकन', पृ. 115)

रसोई से 'मरीज' के लिए खाना ले आने का जिम्मा सुशीला दीदी का ही था। मगर थाली में मारवाड़ी ढंग की दाल, सब्ज़ी को देखकर पहले ही दिन उसने नाक-भौं सिकोड़ लिए। वक़्त पड़ने पर भगतसिंह ने चने खाकर भी गुज़ारा किया था। मगर यहाँ आते ही उसने देख लिया कि उसका कॉलेज के दिनों

का दोस्त जसवन्तसिंह उर्फ़ झंडासिंह गाँव से उसके अपने घर के बने शुद्ध घी का कनस्तर साथ लाया है, और शक्कर की बोरी भी, जो उसने सुशीला दीदी को 'सेफ़ कस्टडी' में रखने के लिए दे दी है। लेकिन भगतसिंह के रहते ये घी-शक्कर उतने ही 'सेफ़' थे जितने कि हाथियों के रहते हुए गन्ने के खेत। दुर्गा भाभी उस प्रसंग को इस तरह याद करती हैं : 'जसवन्तसिंह उसका नाम था, पंजाबी आदमी था। घी-शक्कर अपना साथ ले गया था। (घी का कनस्तर ले गया था।) सुशीला दीदी के यहाँ यह सब सामान संभालकर रखा था कि लोग खा न जाएँ। उस पर भगतसिंह की नज़र पड़ गई और वह सेठ साहब के यहाँ से आई रोटी घी-शक्कर में डुबो-डुबो के खा लेता था और उनकी पापड़ की जो सब्जी होती थी वह छोड़ देता था।' (नेहरू म्यूज़ियम ज़बानी इतिहास, दुर्गा देवी वोहरा खाता सं. 369, पृ. 16)

राजाराम शास्त्री और यशपाल के संस्मरणों में घी पीने के भगतसिंह के शौक़ से तो हम रूबरू हो ही चुके हैं। मीठे का भी वह बेहद शौक़ीन था। भगतसिंह के जीवन पर आधारित उपन्यास 'इनक़लाब' की लेखिका मृणालिनी जोशी अपने इस उपन्यास को लिखने के पहले खटकड़कलाँ जाकर भगतसिंह की माँ विद्यावती तथा उसकी बहन अमृत कौर से मिली थीं। पुस्तक की भूमिका में उस मुलाक़ात का ज़िक्र करते हुए उन्होंने लिखा है :

'प्रतिदिन का पूजन-अर्चन समाप्त होने पर मैं माता जी के साथ ही खाना खाने बैठ गई। बहन जी गरमा-गरम रोटी सेंककर परोस रही थीं। बैंगन का भुरता, चने की दाल, अचार, घी और एक काँसे की थाली भरकर हलुवा। मैंने यों ही पूछा - "बहन जी, भगतसिंह को क्या प्रिय था ?" अमृतकुँवर खड़ी की खड़ी रह गईं। माता जी का हलुवे का कौर थाली में गिर पड़ा। उन दोनों की अवस्था देखकर लगा, असमय ही पूछा है मैंने यह सवाल। तब तक अमृतकुँवर सँभल गई थीं। धीरे से उन्होंने कहा, "बीरा जी को यह हलुवा प्रिय था - बहुत सारा घी और काफ़ी मीठा। बेबे जी ने भी प्यार से कहा, "खाओ बेटी, खाओ। वह होता तो तुम्हारे लिए ज़रा भी न रहने देता।"

अपनी माँ को भगतसिंह बेबे कहकर ही पुकारता था।

कलकत्ता में भगतसिंह दिन भर तो अपने कमरे में ही रहा करता मगर शाम होते ही वह बंगाली 'भद्रलोक मानुस' बनकर निकल पड़ता। बंगाली ढंग से बँधी हुई धोती जिसका एक कोना बाएँ हाथ में थामे हुए; उस पर घुटनों तक आता रेशमी कुरता; कन्धों पर शाल और पैरों में चप्पल। नाम था उसका हरि।

झंडासिंह, जिसे तनिक भी गुमान नहीं था उसका लाया हुआ घी-शक्कर भगतसिंह के उदरस्थ हो रहा है, कांग्रेस के वार्षिक अधिवेशन में हिस्सा लेने कलकत्ता आया था। हर साल दिसम्बर में होनेवाले कांग्रेस के अधिवेशन

क्रान्तिकारियों के लिए मिलन-स्थल थे। यहाँ आपस में मिलकर वे एक-दूसरे के हालचाल जानते; जो वहाँ नहीं मौजूद होते उनकी खोज ख़बर लेते; जो 'एक्शन' हुए उन पर चर्चा करते और भविष्य के लिए कार्यक्रम भी तय करते। ये अधिवेशन देर रात तक चला करते थे। भगतसिंह भी पहुँच गया। अधिवेशन में उसने पाया कि कांग्रेस के नौजवान नेता तो जवाहरलाल और सुभाषचन्द्र बोस के नेतृत्व में पूर्ण स्वतंत्रता की माँग उठा रहे हैं, मगर जो बुज़ुर्ग हैं वे अभी भी 'डोमिनियन स्टेटस' की माँग तक ही सिमटे हुए हैं। उकताकर वह बाहर निकल आया और सड़कों पर निरुद्देश्य टहलने लगा। अचानक उसके पाँव थम गए। सामने सिनेमाघर था जहाँ रोशनियों से जगमगाता हुआ बड़ा-सा पोस्टर लगा था : 'Uncle Tom's Cabin—A Harry Pollard Production.' कुछ ही मिनटों बाद वह सिनेमाघर के अँधेरे हॉल में था।

पंजाब में क्रान्तिकारी 'एक्शन' किये जाने का प्रस्ताव लेकर वह कलकत्ता में अनुशीलन समिति के प्रमुख प्रतुल गांगुली से मिला। उन्होंने साफ़ कह दिया कि उनकी नीति अभी 'एक्शन' की नहीं है बल्कि सिर्फ़ हथियार जमा करने की है; और आगे होनेवाले संग्राम के लिए तैयारी करने की है। लेकिन वरिष्ठ क्रान्तिकारी त्रैलोक्यनाथ चक्रवर्ती का रवैया बनिस्बतन सहयोगात्मक था। इस मुलाक़ात का ज़िक्र करते हुए श्री चक्रवर्ती ने अपने संस्मरण में लिखा है :

'सन 1928 में कलकत्ता कांग्रेस के समय भगतसिंह ने कलकत्ता आकर हम लोगों से मुलाक़ात की थी। भगतसिंह की धारणा थी कि पंजाब गहरी नींद में है। उसे जगाने के लिए एक ज़बर्दस्त आघात को अंजाम देना होगा। कुछ लोमहर्षक कांड (sensational) करना होगा। भगतसिंह ने हमसे बम और पिस्तौल माँगा। हम सन 1920 के बाद से हिंसात्मक कार्य छोड़ चुके थे। हमारे मतानुसार अब देश में जागरण आ चुका था। अब लोगों को सिखाने के लिए किसी तरह के प्रदर्शन की आवश्यकता नहीं थी। अब आवश्यकतानुसार जन-आन्दोलन द्वारा ही जन-गण में क्रान्तिकारी चेतना को जगाया जा सकता था। व्यापक संग्राम के लिए संगठन की ज़रूरत पड़ेगी। दल सबल न होने पर आतंकवादी राज आरम्भ करने से सरकार की ओर से दबाव पड़ेगा और उसे संगठन सहन नहीं कर पाएगा। थोड़े ही दिनों में विघटन आरम्भ हो जाएगा। इस पर भगतसिंह ने कहा, "पंजाब के लोग मेरे पीछे पड़े हुए हैं। वे चाहते हैं कि कुछ लोमहर्षक कांड किया जाए। ऐसा होने पर पंजाब के लोगों के मन में उत्साहजनक हलचल पैदा होगी। हम लोग पंजाब में क्रान्तिकारी दल का गठन करने का प्रयास कर रहे हैं, परन्तु आशाजनक सफलता नहीं मिल पा रही।" भगतसिंह आतंकवादी कार्य (terrorism) शुरू करने के लिए हमारे सामने अनुनय-विनय करने लगे। मैंने कहा, "यहाँ किसी प्रकार का आतंकवादी कार्य होने पर धर-पकड़ शुरू हो जाएगी।

षड्यंत्र का केस बनेगा, एप्रूवर होंगे, संगठन का विघटन होगा—ऐसा हम पहले भी अनुभव कर चुके हैं।" भगतसिंह ने कहा, "हमारे पास ऐसे-ऐसे युवक हैं, जिनके टुकड़े-टुकड़े भी कर दिये जाएँ, वे आह तक नहीं करेंगे। आप मेरे साथ चलें। उन्हें आजमाकर देखें।" भगतसिंह के मन में सरलता थी, आन्तरिकता थी। कम उम्र के उस युवक के गुणों को देखकर हम सभी अभिभूत हुए थे। फिर मैंने भगतसिंह से कहा, "तुम पंजाब के विभिन्न जिलों से पाँच हज़ार वालेंटियर इकठ्ठा करने की कोशिश करो। यह संगठन तुम्हारी भावी क्रान्ति का सम्बल होगा।" ('जेल में तीस वर्ष और भारत का क्रान्तिकारी संग्राम', लेखक त्रैलोक्यनाथ चक्रवर्ती अनुवाद रतनचन्द 'रत्नेश'; संवाद प्रकाशन मेरठ, संस्करण प्रथम, वर्ष 2018, पृ. 137)

वर्ष 1907 के बाद बंगाल के क्रान्तिकारियों द्वारा कई अंग्रेज़ों, पुलिस तथा सरकार के अन्य अधिकारियों और कई मुख़बिरों की हत्याएँ की गईं और डकैती की भी कई वारदातों को अंजाम दिया गया। मगर सही मायनों में क्रान्तिकारी जन आन्दोलन शुरू नहीं हुआ। बंग-भंग आन्दोलन मूलतः 'भद्रलोक' आन्दोलन था जिसकी पैठ गाँवों में न थी। इसके साथ न तो किसान जुड़े और न ही मज़दूर वर्ग इसके साथ जुड़ पाया। क्रान्तिकारियों के आतंकवाद से निपटने के मक़सद से ब्रिटिश सरकार ने ज़बर्दस्त दमनचक्र चलाया। सारे क्रान्तिकारी नेताओं को बीन-बीनकर धर-दबोचा और उन्हें जेलों में ठूँस दिया। साथ ही, दहशत का ऐसा खौफ़नाक माहौल पैदा कर दिया कि कुछ समय के लिए तो बाहर बचे क्रान्तिकारियों ने घर बैठना ही उचित समझा। लिहाज़ा '1919 में सिर्फ़ एक क्रान्तिकारी अपराध हुआ और 1920 में ऐसा कोई अपराध दर्ज नहीं हुआ। पुलिस अब एक आतंकवादी को उस अपराध को अंजाम देने के पहले ही गिरफ़्तार कर सकती थी जिसकी कि वह योजना बना रहा था, और नेताओं, भर्ती करनेवालों और गौण सदस्यों को भी जैसे ही विश्वसनीय सूत्र उनका ज़िक्र करते।'

('टेररिज़्म इन इंडिया 1917-1936' भारत सरकार के गृह विभाग के इंटेलिजेन्स ब्यूरो द्वारा संकलित और वर्ष 1937 में शिमला में गवर्नमेंट प्रेस के मेनेजर द्वारा मुद्रित।)

वर्ष 1910 में चले 'अलीपुर षड्यंत्र मुक़दमे के कुछ आरोपियों ने बाद में बताया कि षड्यंत्र का एक तात्कालिक उद्देश्य पुलिस अफ़सरों की हत्या करना था। 1923 की शुरुआत में इन अफ़सरों की गतिविधि और निवास की निगरानी करते हुए लोग पाए गए। [ख़ुफ़िया पुलिस द्वारा] निगरानी करनेवालों की निगरानी शुरू कर दी गई और षड्यंत्रकारियों के अड्डे पहचान लिये गए। आर्डिनेन्स की उद्घोषणा के साथ ही 25 अक्टूबर, 1924 की अल-सुबह प्रमुख क्रान्तिकारियों के विरुद्ध आर्डिनेन्स तथा 'रेगुलेशन तीन, 1818' के तहत क़दम उठाए गए।

[बंगाल आर्डिनेन्स जिसने पुलिस को अधिकार दिये कि बिना आरोप लगाए और बग़ैर मुक़दमा चलाये किसी को भी वह अनिश्चित काल तक नज़रबन्द रख सकती थी. इसी प्रकार के अधिकार रेगुलेशन वर्ष 1818 के तहत प्रशासन को हासिल थे।] उस दिन उनहत्तर लोग गिरफ़्तार हुए। 1924 में आर्डिनेन्स जारी होने से लेकर 1928 के अन्त तक केवल एक हत्या क्रान्तिकारियों द्वारा हुई। डकैतियों, लूटपाट और पुलिस अफ़सरों तथा दूसरों पर हमलों की चर्चा हुई और इन्तज़ाम हुए मगर एक भी योजना पर अमल नहीं हुआ।' (उपर्युक्त) 'द बंगाल रेवोल्यूशनरीज एंड फ्रीडम मूवमेंट' में डॉ. डालिया रे भी बताती हैं : 'बंगाल क्रान्तिकारी आन्दोलन की एक और प्रमुख कमज़ोरी ब्रिटिश सरकार के निपुण ख़ुफ़िया तंत्र से उत्पन्न हुई थी जिसने बंगाल क्रान्तिकारियों की लगभग हर योजना और षड्यंत्र का, इसके पहले कि उनको कार्यरूप दिया जाए, सफलतापूर्वक पता लगा लिया।'

इसी वजह से 1928 में कलकत्ता में भगतसिंह को बंगाल के क्रान्तिकारियों के नेताओं प्रतुल गांगुली और त्रैलोक्यनाथ चक्रवर्ती से यह सुनने को मिला कि उनकी नीति अभी 'एक्शन' की नहीं है बल्कि सिर्फ़ हथियार जमा करने की है और आगे होनेवाले संग्राम के लिए तैयारी करने की है। 'सेडीशन कमेटी रिपोर्ट, 1918' या रॉलट रिपोर्ट से भी साफ़ पता चलता है कि जब-जब ब्रिटिश सरकार ने अपना पुलिस-तंत्र निर्ममता के साथ क्रान्तिकारियों के ख़िलाफ़ इस्तेमाल किया तो उनकी गतिविधियों पर तो पूर्ण विराम लगा ही, आम जनता भी, जो इस चलती चक्की में निरपराध ही पिस गई थी, इन क्रान्तिकारियों के ख़िलाफ़ नहीं तो इनसे दूर अवश्य हो गई थी।

पिछली बार भगतसिंह कलकत्ता तब आया था जब साइमन कमीशन पर बम फेंकने की योजना बनी थी। उस समय ऐसे शख़्स की तलाश के दौरान जो उसके क्रान्तिकारी साथियों को बम बनाना सिखा सके, उसकी मुलाक़ात यतीन्द्रनाथ दास से हुई। यतीन्द्रनाथ ने तब भगतसिंह से कहा था कि वह अनुशीलन समिति का सदस्य है तथा समिति के अनुशासन से बँधा है। और समिति की नीति इस समय आतंकवादी कार्यों को करने या ऐसे कामों में सहायता देने की नहीं है। मगर इस बार न जाने कैसे यतीन्द्रनाथ राजी हो गया कि आगरा आकर वह भगतसिंह और उसके साथियों को बम बनाना सिखा देगा।

ख़ुशी-ख़ुशी कलकत्ता से लौटकर भगतसिंह आगरा की हींग मंडी में क्रान्तिकारियों के अड्डे पर पहुँचा और यह शुभ सूचना देकर यतीन्द्रनाथ द्वारा बताया गया सामान इकठ्ठा करवाना शुरू कर दिया। अब यतीन्द्रनाथ का इंतज़ार था।

इस दौरान वह ख़ुद क्या कर रहा था? वह किताबें इकठ्ठा कर रहा था। जहाँ भगतसिंह हो वहाँ किताबें न हों, ऐसा कैसे हो सकता था? न जाने कहाँ-कहाँ

से किताबें लाकर उसने एक छोटी-मोटी लाइब्रेरी ही बना दी। जितेन्द्रनाथ सान्याल बताते हैं : 'सरदार भगतसिंह में अध्ययन करने का उत्साह नित्य बढ़ता ही रहता था। आगरा में भी वे पुस्तकों का संग्रह करने लगे। इसी उद्देश्य से वे इधर-उधर भ्रमण किया करते और संस्था से सहानुभूति रखनेवालों से किताब माँग-माँगकर इकट्ठा करते। बहुत थोड़े समय में एक छोटा-सा पुस्तकालय स्थापित हो गया।' ('अमर शहीद सरदार भगतसिंह', पृ. 38)

'सिंहावलोकन' में यशपाल ने इस लाइब्रेरी में एकत्रित की गई 31 पुस्तकों के नाम गिनवाए हैं। वे लिखते हैं : 'यहाँ इकट्ठे हुए साथी किस प्रकार के तर्क-वितर्क करते थे इसका कुछ अनुमान आगरा केन्द्र में जमा हो गई पुस्तकों से किया जा सकता है। फणीन्द्रनाथ घोष ने अपने बयान में इन पुस्तकों के आगरा केन्द्र में रहने और पढ़े जाने की चर्चा की थी। इन पुस्तकों में से कुछ के नाम यह थे—भारतीय राजा और क्रान्तिकारी , असहयोग आन्दोलन की असफलता और क्रान्तिकारी दल, आधुनिक बन्दूकें, विस्फोटकों का उपयोग, एटर्नल सिटी आदि। इनके अलावा कई उपन्यास भी।' ('सिंहावलोकन', पृ. 117-8)

जितेन्द्रनाथ सान्याल बताते हैं कि उसकी [भगतसिंह की] कुछ पसन्दीदा किताबें थीं जोसेफ कोनराड की 'बोस्टन', 'जंगल'; अप्टन संग्क्लेयर की 'आयल'।'क्राई फॉर जस्टिस'; हाल केन की 'द एटर्नल सिटी', जिसके रोमिली के भाषणों के कई हिस्से भगतसिंह ने घोट लिए थे। ('अमर शहीद सरदार भगतसिंह', पृ. 104) भगतसिंह के बचपन के मित्र जयदेव गुप्त बताते हैं कि उसने 'हाल केन की 'द एटर्नल सिटी' को बार-बार पढ़ा। इस पुस्तक में यह सबक़ था कि विदेशी शासक के ख़िलाफ़ देश के लिए कोई उत्कृष्ट कार्य किया जाए, तो बजाय दूर भागने के उसके परिणाम का सामना करना चाहिए। इस प्रकार कार्य की महत्ता जनता में अत्यन्त प्रभावी साबित होगी बजाय दूर भागने के।' (नेहरू म्यूज़ियम ज़बानी इतिहास, जयदेव गुप्त खाता सं. 346, पृ. 88)

वर्ष 1901 में प्रकाशित पुस्तक 'एटर्नल सिटी' रोम की पृष्ठभूमि में एक समाजवादी गणतंत्रवादी डेविड रोस्सी की कहानी है जिस पर इटली के राजा की हत्या का षड्यंत्र रचने का आरोप है। दूसरा अहम किरदार इस उपन्यास में रोमा का है जो डेविड की प्रेमिका है। रोमिली नाम का कोई किरदार इस किताब में नहीं है। जितेन्द्रनाथ सान्याल यक़ीनन रोस्सी के भाषणों की ही बात कर रहे थे क्योंकि इस पुस्तक में भाषण मुख्यत: रोस्सी के ही हैं। डेविड रोस्सी का किरदार एक ऐसे क्रान्तिकारी का है जो इटली की आम जनता को विपन्नता और दुर्दशा से बचाने के लिए भ्रष्ट व्यवस्था एवं उसके अधिकारियों के ख़िलाफ़ संघर्ष करता है। निश्चित ही इसी वजह से यह किताब भगतसिंह की पसन्दीदा किताब रही होगी।

शासकों के ख़िलाफ़ रोम में हो रही एक जनसभा में रोस्सी कहता है : 'और अगर वे हमें गिरफ़्तार करते हैं और क़ैद कर लेते हैं, उन्हें करने दीजिए। जनमत हमारे साथ होगा, और जनमत संसार का सबसे ताक़तवर बल है—सरकारों या फ़ौजों से भी ताक़तवर—और आगे या पीछे इसकी ही जीत होगी। उनकी निरंकुशता का विरोध करने पर वे आपको क़ैद कर लेते हैं, दूसरे आपकी जगह ले लेंगे। अगर वे आपके नेता की हत्या कर देते हैं, ईश्वर दूसरा नेता पैदा करेगा जो उससे ज़्यादा ताक़तवर होगा।'

जितेन्द्रनाथ सान्याल यह भी लिखते हैं कि आगरा में एच.एस.आर.ए. के मुख़्यालय में रोज़ाना तर्क-वितर्क हुआ करता था और यह भी कि स्टेपनियाक की 'द कैरियर ऑफ ए निहिलिस्ट' भी भगतसिंह की पसन्दीदा किताबों में से एक थी। अगस्त, 1928 में 'किरती' में प्रकाशित लेख 'रूस के युगान्तकारी नाशवादी (निहिलिस्ट)' में भगतसिंह ने इस पुस्तक की अनुशंसा भी की थी : 'एक अन्य किताब 'कैरियर ऑफ ए निहिलिस्ट' भी प्रकाशित हुई थी। यह पठनीय है।' इस उपन्यास में यक़ीनन उसे न सिर्फ़ अपने जीवन की झलक मिलती होगी बल्कि उपन्यास के नायक के विचारों से उसके अपने विचार भी उसे काफ़ी मिलते-जुलते लगे होंगे।

वर्ष 1889 में प्रकाशित पुस्तक 'द कैरियर ऑफ ए निहिलिस्ट' का लेखक सर्गी मिखाइलोविच स्टेपनियाक क्राचेन्सी एक यूक्रेनियन क्रान्तिकारी था, जिसने वर्ष 1878 में सेंट पीटर्सबर्ग में खुफ़िया पुलिस के प्रमुख की खंजर घोंपकर हत्या कर दी थी। उसके लिखे इस उपन्यास का नायक आन्द्रे भी उन्नीसवी सदी के रूस में एक 'निहिलिस्ट' क्रान्तिकारी है जो अपने दोस्त बोरिस को, जिसे मौत की सज़ा मिली थी, क़ैद से निकाल पाने में नाक़ामयाब रहता है। इस चूक के लिए वह ख़ुद को ज़िम्मेदार मानता है और इस बात का उसे पश्चात्ताप रहता है कि उसकी ग़लतियों की वजह से ही उसका दोस्त नहीं बच सका। [जैसा कि शायद भगतसिंह के साथ भी था, बिस्मिल को हुई फाँसी को लेकर।] भविष्य की अपनी योजना के सम्बन्ध में विचार करते हुए आन्द्रे सोचता है कि सरकार के कर्मचारियों को, छोटे या बड़े, मारकर क्या फ़ायदा? मारना ही है तो ऊँचा लक्ष्य रखो, तंत्र का मुखिया या जिसके हाथ में तंत्र की कुंजी हो। आन्द्रे जानता है कि वह एक अभिशप्त व्यक्ति है। मानवोचित खुशियाँ उसके लिए नहीं हैं। उसका भविष्य क़ब्र के सिवा कुछ नहीं।

अपनी सहयोगी तानिया से आन्द्रे कहता है कि इन हज़ारों लाखों लोगों के लिए उनके कष्टों का कोई अन्त नहीं जब तक कि उस ताक़त की प्रतिष्ठा ख़त्म न की जाए, उसे लज्जित न किया जाए जो इसके लिए ज़िम्मेदार है। हमें अगर कष्ट भुगतना पड़ता है तो और भी अच्छा। हमारी पीड़ा ही हमारा नया हथियार होगी।

लटका लेने दो उन्हें हमको फाँसी पर, चला लेने दो उनको हम पर गोली, कर लेने दो उन्हें हमारी हत्या अँधेरी कोठरियों में! जितनी अधिक क्रूरता से वे हमारे साथ पेश आएँगे, उतने ही ज़्यादा लोग हमारे पीछे आएँगे। रूस के ज़ार की हत्या करने की कोशिश के जुर्म में अन्त में आन्द्रे को मौत की सज़ा दे दी जाती है।

अप्टन सिंग्क्लेयर की 'क्राई फॉर जस्टिस' (न्याय की पुकार) तो भगतसिंह की शायद सबसे प्रिय पुस्तक थी। उसकी जेल नोटबुक में सर्वाधिक उद्धरण इसी में से हैं। राजाराम शास्त्री की राय में 'दुनिया में हर युग में जब कोई परेशानी हुई, कोई सख़्ती हुई तो उस वक़्त किसी आदमी ने उसके ख़िलाफ़ आवाज़ उठाई, तो उस पुस्तक में उन सबका संकलन था।' (नेहरू म्यूज़ियम ज़बानी इतिहास, राजाराम शास्त्री खाता सं. 434, पृ. 124) राजाराम शास्त्री यह भी बताते हैं कि 'भगतसिंह इसे बार-बार पुस्तकालय से ले जाया करते थे और युवकों से सिफ़ारिश किया करते थे कि वे इसका अवश्य अध्ययन करें।' ('क्रान्ति का साक्ष्य', पृ. 102)

900 से अधिक पृष्ठों के वर्ष 1915 में प्रकाशित इस संकलन के सम्पादक का दावा है कि ऐसे दार्शनिकों, कवियों, उपन्यासकारों, समाज-सुधारकों और अन्य सभी जिन्होंने 5000 सालों के दौरान सामाजिक अन्याय के ख़िलाफ़ आवाज़ उठाई, उनके उद्धरण 25 भाषाओं में से छाँटकर इसमें शामिल किये गए हैं। कन्फ्यूशियस, टॉलस्टॉय, क्रोपोत्किन, बुकानिन, रूसो, मैज़िनी, नीत्शे, वोल्टेयर आदि से लेकर शेली, डिकन्स, टेनीसन, दोस्तोव्सकी, लिंकन, रस्किन, मिल्टन, कार्लाइल, बर्नार्ड शॉ, नेल्सन मंडेला इत्यादि तक के उद्धरण इसमें दिये हैं। साथ ही, शेख़ सादी व उमर ख़य्याम के लेखन में से उद्धरण है तथा हितोपदेश एवं क़ुरान में से भी। यहूदी बाइबिल में से पैग़म्बर आइजाया का यह सरल-सा सन्देश बड़ी ख़ूबसूरती से एक गहरा सन्देश दे रहा है : 'वे अपने घर बनाएँगे और उनमें रहेंगे; वे बाग़ लगाएँगे और उसके फल खाएँगे। वे नहीं बनाएँगे घर और दूसरे रहेंगे; वे नहीं लगाएँगे बाग़ और दूसरे खाएँगे।'

समाजवाद क्या यही नहीं है?

ऐसी ही एक पुस्तक और थी एम्मा गोल्डमन की वर्ष 1917 में प्रकाशित 'अनार्किज्म एंड अदर एसेज'। इस किताब की अनुशंसा करते हुए राजाराम शास्त्री ने यह पुस्तक भगतसिंह को लाइब्रेरी से जारी की थी। 'द साइकॉलजी ऑफ़ पॉलिटिकल वायलेन्स' शीर्षक से एक लेख इस किताब का हिस्सा है। एम्मा गोल्डमन अराजकतावाद की बेहद मशहूर हिमायती थीं और इस लेख में उन्होंने कहा है कि 'अराजकतावादियों में आधुनिक शहीदों को हमें खोजना चाहिए जो अपने विश्वास की क़ीमत अपने ख़ून से चुकाते हैं, और जो मौत का स्वागत मुसकराहट के साथ करते हैं। अदालत में वेलाँ का बयान, जिसने 1894

में पेरिस चैम्बर ऑफ़ डेपुटीज में बम विस्फोट किया था, इस तरह के कार्यों के मनोविज्ञान का मुख्य विचार सही तौर पर बताता है।'

अदालत में वेलाँ कहता है : "यह शापित समाज जिसमें एक व्यक्ति देखता है अकेले एक आदमी को व्यर्थ खर्च करते हुए जिससे हज़ारों परिवारों का पेट भर सकता है; वह समाज जो चन्द व्यक्तियों को समाज की सम्पत्ति पर एकाधिकार ज़माने की अनुमति देता है, जबकि सैकड़ों हज़ार बदनसीब ऐसे हैं जिनके पास रोटी तक नहीं। महोदय, शोषण का शिकार बने लोगों में दो क़िस्म के लोग हैं। एक तो वे जो उन्हें हासिल ज़िन्दगी से सन्तुष्ट हैं, बिना जाने कि वे क्या हैं और क्या वे बन सकते हैं, जो मानकर चलते हैं कि ग़ुलाम बने रहने के लिए ही वे पैदा हुए हैं। लेकिन इसके बरख़िलाफ़ दूसरे भी हैं जो सोचते हैं, जो अध्ययन करते हैं, और अपने आसपास सामाजिक असमानता पाते हैं; दूसरों को पीड़ित देख जो ख़ुद भी पीड़ा अनुभव करते हैं।"

"महोदय मैं भी उनमें से एक हूँ। क्लेश और कायरता की ज़िन्दगी से ऊबकर मैं यह बम उन लोगों तक ले गया जो सामाजिक विपन्नता के लिए प्रधानत: ज़िम्मेदार हैं। मैं भली प्रकार जानता हूँ कि मुझसे कहा जाएगा कि जनता की माँगों के समर्थन में मुझे भाषण तक ही ख़ुद को सीमित रखना चाहिए था। लेकिन आप क्या उम्मीद करते हैं! बहरों को सुनाने के लिए आवाज़ ऊँची चाहिए होती है। हद से ज़्यादा लम्बे समय तक हमारी आवाज़ का जवाब क़ैद, [फाँसी की] रस्सी, राइफल की गोलियों द्वारा दिया गया है। किसी गफ़लत में न रहें; बम-विस्फोट केवल विद्रोही वेलाँ की पुकार नहीं है, बल्कि पूरे एक वर्ग की पुकार है जो अपने अधिकारों की माँग करता है और जो जल्द ही शब्दों के साथ कृत्यों को जोड़ेगा। महोदय, आप क्या सज़ा देंगे इससे मुझे कोई फ़र्क नहीं पड़ता क्योंकि मानवता के इतिहास में आपकी सभा और आपका फ़ैसला बेहद अदना है।"

एम्मा गोल्डमन आगे लिखती हैं कि, 'फ्रांस के सर्वोत्तम बौद्धिकों की अपील को ठुकराकर सभा के अध्यक्ष कार्नो ने वेलाँ को मृत्युदंड दिया और कार्नो की हत्या कर दी गई। वे सोचते हैं कि तलवार के ज़ोर पर वे भारत को दबाकर रख सकते हैं! यही अहंकार बम लेकर आया है, और निरीह व नि:शस्त्र लोगों पर जितना ज़ुल्म होगा उतना ही आतंकवाद बढ़ेगा। दोष आतंकवादियों का नहीं है, बल्कि उन आततायियों का है जो इसके लिए ज़िम्मेदार हैं। हताशा की कगार पर खड़े निरीह और नि:शस्त्र लोगों के लिए सिर्फ़ यही एक साधन है।'

राजाराम शास्त्री इस पुस्तक के बारे में कहते हैं : 'अराजकतावाद और अन्य निबन्ध' (एनारकिज़्म एंड अदर एसेज)। इस पुस्तक में एक अध्याय था 'हिंसा का मनोविज्ञान' (साइकलोजी ऑफ़ वायलेन्स)। इसमें फ्रांस के अराजकतावादी क्रान्तिकारी वेलाँ का यह बयान छपा था जिसे उसने अदालत के सामने दिया था।

"मैंने मज़दूरों के प्रदर्शन किये, मीटिंगें कीं। व्याख्यान किये, पर सरकार पर कोई असर नहीं पड़ा। मैं देख रहा था कि फ्रांसीसी समाज एक ऐसे ज्वालामुखी के मुँह पर बैठा है जो फूट ही पड़ना चाहता है। इस पर मैंने यह सोचकर कि इस बहरे समाज को जगाने के लिए ऊँची आवाज़ की आवश्यकता है, मैंने एसेम्बली में बम का धड़ाका किया। मुझे अपने कृत्य पर कोई पश्चाताप नहीं। अदालत मुझे जो भी सज़ा देगी, उसे मैं सहर्ष स्वीकार करूँगा।" मैंने वह पुस्तक भगतसिंह के नाम इश्यू कर दी। उस पुस्तक को पढ़ने और ख़ासतौर पर वेलाँ का बयान पढ़ने के बाद भगतसिंह मेरे पास आए, तब उन्होंने मुझे छाती से लगा लिया और कहा, "भाई, तुमने बहुत बढ़िया चीज़ मुझे पढ़ने को दी है।" यह कहकर उन्होंने मेरे सिर और पीठ पर हाथ फेरा। उसके बाद न मालूम कितनी बार भगतसिंह ने उस पुस्तक को लाइब्रेरी से लिया। वेलाँ के बयान को उन्होंने नोट कर लिया। न मालूम कितने युवकों को उसे पढ़ने को दिया। भगतसिंह उस बयान को फिर कभी भूले नहीं। उन्होंने उसे अपने हृदय में बिठा लिया।' (क्रान्ति का साक्ष्य' पृ. 102-3)

जितेन्द्रनाथ सान्याल याद करते हैं कि वर्ष 1908 में प्रकाशित लियोनिद अन्द्रीव की पुस्तक 'द सेवेन दैट वर हैंग्ड' भी भगतसिंह की प्रिय पुस्तक थी। सात रूसी किसानों को फाँसी पर लटकाए जाने की सज़ा मिली है। इनमें से हरेक अपनी आसन्न मृत्यु का सामना कैसे करता है, यही इस पुस्तक की विषय-वस्तु है।'यह पुस्तक भगतसिंह ने अदालत में हमें पढ़कर सुनाई। एक पात्र जिसे मौत की सज़ा हुई थी लगातार यही दोहराता रहता था कि "मुझे फाँसी नहीं लगनी चाहिए"। जब उसे फाँसी पर लटकाने के लिए ले जाया जाने लगा तब भी वह बार-बार कातर स्वर से यही चिल्लाता रहा, "मुझे फाँसी नहीं लगनी चाहिए"। यह सुनाते हुए भगतसिंह की आँखें भीग गई थीं।'

मशहूर फ्रांसीसी लेखक विक्टर ह्यूगो की 'ले मिजेराब्ला' भी भगतसिंह ने एक से ज़्यादा बार पढ़ी। वर्ष 1868 में प्रकाशित साढ़े छह लाख शब्दोंवाले इस उपन्यास के विषय में लेखक ने अपने प्रकाशक से कहा था कि जहाँ भी मनुष्य अज्ञान या हताशा में है, जहाँ भी स्त्रियाँ ख़ुद को रोटी के लिए बेचती हैं, 'ले मिजेराब्ला' दरवाज़े को ठकठकाती है और कहती है, "खोलो, मैं हूँ यहाँ तुम्हारे लिए।" यह किताब मुख्यत: एक पूर्व-अपराधी जाँ वलजाँ की कहानी है जो इस दुनिया में अच्छाई की ताक़त बनता है मगर अपने अपराधी अतीत से छुटकारा उसे नहीं मिल पाता। इस पुस्तक के विषय में लेखक का अपना आकलन था कि, 'एक छोर से दूसरे छोर तक अपनी सम्पूर्णता और विस्तार में यह किताब बुराई से अच्छाई की ओर, अन्याय से न्याय की ओर, असत्य से सत्य की ओर प्रगति है।'

मगर ऐसा भी नहीं था कि आगरा में सिर्फ़ गम्भीर चर्चाएँ ही होती हों या राजनीति और क्रान्ति को लेकर वाद-विवाद तथा बम का रसायन व उसका गणित समझने के प्रयास ही होते रहे हों। 'कभी-कभी गाने का कार्यक्रम होता इनमें हिन्दी, मराठी, बंगाली गाने गाए जाते। मराठी का 'राजा कुठे गुंतला' 'सखये तो प्राण माझा' बहुत प्रचलित था। इस गीत की पार्श्वभूमि यह है कि अभिमन्यु युद्धभूमि में वीरगति को प्राप्त हो चुका है और उत्तरा अपने पति के लिए विलाप कर रही है। उसकी धुन भी इतनी मधुर थी कि शब्दों का अर्थ पूर्ण रूप से न समझने पर भी लोगों को यह विरहगीत बहुत पसन्द आता था। गाते-गाते एक शान्त वातावरण निर्मित हो जाता था। गीत समाप्त होने पर भी कुछ क्षण स्तब्धता रहती। भगतसिंह कभी-कभी मस्ती में गाते थे। मेरा रंग दे बसन्ती चोला और हीर। उनकी आवाज़ बहुत सुरीली थी।' ('अमर शहीद चन्द्रशेखर आज़ाद', पृ. 158-9)

(पूरा गीत इस प्रकार है : 'कुठे गुंतला! सखए तो प्राण माझा; राजा कुठे गुंतला। श्रंगार अंगावरचा साचा, सुचेना मनाला; मन उदास चिंतावाही, तिकडून उसंत नाही। जीव अधिर दर्शनाला।' इसका हिन्दी अनुवाद होगा : 'कहाँ उलझ गए, मेरे प्राण! मेरे राजा कहाँ उलझे रहे? अपनी सजी-धजी देह, सोलह शृंगार मन को भाए ना। उदास मन को चिन्ता होने लगी है, उस तरफ़ से बेचैनी है; पिया के दर्शन को मन अधीर है।')

शक्तिशाली ब्रिटिश साम्राज्य से टक्कर लेकर क्रान्ति की अलख जगाने की दीवानगी पाले हुए ये किशोर और नवयुवक घर को, अपनों को, भाई-बहनों व माता-पिता को, घर के आराम को और माँ के हाथ की सिकी गरमागरम रोटी को छोड़कर चले आए थे। अब वे ख़ुद ही 'सिगड़ी पर रोटी-दाल' पकाते और चूँकि 'बर्तनों की भी कमी थी, अतएव दाल एक टूटे मटके का ऊपरी धड़ अलग करके उसकी पेंदी में पकाई जाती थी।' ('क्रान्ति का साक्ष्य', पृ. 37) 'धोती बड़ी सुविधाजनक पोशाक थी लेकिन धोती भी तीन जनों में एक ही थी। अकसर यह होता था कि लँगोट बाँधकर घर में बैठे रहते और धोती साफ़ करके धूप में फैला दिया करते थे और जब सूख जाती थी तब जिस आदमी को बाहर जाना होता था, उस आदमी को दे दी जाती थी। कपड़ों की उस वक़्त हमारे पास बहुत कमी थी, लेकिन काम तो चल ही जाता था।' (नेहरू म्यूज़ियम ज़बानी इतिहास, जयदेव कपूर खाता सं. 431, पृ. 114-5)

और कल का भरोसा नहीं था, जिस कड़वे सच से चन्द्रशेखर आज़ाद ने आगरा में रहते हुए ही भगवानदास माहौर को दो-टूक शब्दों में रूबरू करवा दिया था कि कल वे 'कहीं सड़क के किनारे पुलिस की गोली खाकर लुढ़कते नज़र आएँगे।' ('यश की धरोहर', पृ. 75)

इस सब के बावजूद इन 'सरफ़रोशों' में हास्यवृत्ति का अभाव न था। भगवानदास माहौर एक क़िस्सा सुनाते हैं : 'एक रोज कुछ साथी मिलकर चाँदनी रात में ताजमहल देखने गए। हममें से प्रायः सभी (शायद सुखदेव को छोड़कर) अपने आपको भावुक और कवि हृदय समझते थे—कम-से-कम बाह्य रूप में भावुक और कवि हृदय जैसा व्यवहार करने का प्रयास तो करते ही थे। अतएव यह नितान्त आवश्यक था कि चाँदनी रात में ताजमहल को देखकर यदि कुछ मौलिक काव्य रचना न कर सकें तो कम-से-कम मौन बने रहें, आपस में बातचीत कम करें और भावुकता से लबालब भरा हृदय लिये बैठे रहें। अतएव हम सब भावुकता में चुपचाप थे। लाचार राजगुरु को भी एक अलग जगह बैठकर जबरन 'भावुकता की साधना' में लीन होना पड़ा। भावुकता के हमारे इस नये साधक की साधना का दृश्य फल हिन्दी या हिन्दुस्तानी में एक शेर के जन्म के रूप में हुआ और क्योंकि अब आप एक शेर बना चुके थे अतएव उसे साथियों को दिखाने के लिए आप बेताब हो रहे थे। इसका अवसर आपको दूसरे दिन सवेरे ही मिल गया जब सभी साथी चाय पीते हुए ताजमहल की रात की शोभा का वर्णन कर रहे थे। सभी साथी इस समय हलके हास-परिहास की मनोभूमि में थे। ऐसे में राजगुरु ने उन पर अपना शेर छोड़ ही तो दिया—

अब तक नहीं मालूम था इश्क क्या चीज़ है,
रोज़े को देखकर मेरे भी इश्क ने बलवा किया।

रोज़ा यानी मक़बरा, यहाँ ताजमहल को रोज़ा कहा गया है।

माहौर आगे कहते हैं : 'विजय बाबू [बिजय कुमार सिन्हा] तो "इश्क ने बलवा किया ! इश्क ने बलवा किया !!" चिल्लाकर उचक पड़े। दत्त इनका मुँह देखते रह गए। भगतसिंह ने अपनी जेब से पिस्तौल निकाला और नली की तरफ़ से उसे पकड़कर आपकी [राजगुरु की] तरफ़ हाथ बढ़ाकर बोले : "तुझे ज़िन्दा नहीं रहने देना है तो ले मार दे, नहीं तो इस बात का वायदा कर कि आइन्दा अब कभी शेर, चीता, भेड़िया, बकरी, कुत्ता, गधा कुछ नहीं बनाएँगे।"' ('यश की धरोहर', पृ. 20-1)

उन दिनों की याद करते हुए भगवानदास माहौर ने यह भी बताया कि, 'आगरा में हम लोग इसलिए बुलाए गए थे कि श्री जोगेशचन्द्र चटर्जी को जेल से छुड़ाना था। श्री जोगेश का आगरा जेल से तबादला होनेवाला था। परन्तु किसी कारणवश तबादला कुछ महीनों के लिए रुक गया। अब [फिर] उनका तबादला आगरा जेल से होनेवाला था। अतएव हम सबको [ग्वालियर से] पुनः आगरा बुलाया गया। ख़बर यह थी कि रात के दस बजे की गाड़ी से वे ले जाए जाएँगे परन्तु सूचना के प्रतिकूल जोगेश दादा को शाम की ही गाड़ी से ले जाया गया। इस आशा से कि कानपुर से लखनऊ जानेवाली गाड़ी सबेरे ही मिलेगी और दादा

को [रात में] कानपुर में ही कहीं रखा जाएगा तो कानपुर से लखनऊ जाते हुए ही जोगेश दादा को पुलिस के हाथों से छीना जा सकता था। दस बजे की गाड़ी से हम—आज़ाद, भगतसिंह, विजय, दत्त, शिव वर्मा, सदाशिव और मैं भी—सभी कानपुर के लिए रवाना हो गए। कानपुर स्टेशन पर एक जेबकट ने आज़ाद का बटुआ उड़ा दिया। सारी योजना इस प्रकार विफल हो गई। इतने में देखा कि जोगेश दादा पुलिसवालों से घिरे हुए बेड़ियाँ खड़काते चले आ रहे हैं। बड़े उदास मन से हम लोग उन्हें खड़े-खड़े देखते रहे। आगरा में जब हम लोग लौटकर आए तो घर में घुसते ही भगतसिंह फूट-फूटकर रो पड़े। इस असफलता के लिए उन्हें बड़ी ग्लानि थी।' ('क्रान्ति का साक्ष्य', पृ. 38-43)

यह फरवरी, 1929 की बात है।

जोगेशचन्द्र चटर्जी वह क्रान्तिकारी थे, घर से पहली बार भागने के बाद कानपुर में जिनके साथ भगतसिंह रहा था। जिनसे उसने क्रान्ति का सबक़ सीखा था और यह भी जाना था कि समाजवाद क्या है तथा साम्यवाद क्या है। उनके प्रति उसके मन में श्रद्धा इतनी गहरी थी कि मई, 1927 में 'किरती' में प्रकाशित अपने लेख 'काकोरी के वीरों से परिचय' में उसने लिखा था : 'अब जिस नौजवान का ज़िक्र होगा उसे यदि हम महापुरुष कह दें तो कुछ झूठ न होगा। वह वीर श्री जोगेशचन्द्र चटर्जी हैं। घर से ग़रीब हैं, लेकिन अपना घर तबाह करके भी दुनिया में सेवा होती है। बेहद ख़ूबसूरत नौजवान हैं।'

भगतसिंह को इतनी ग्लानि क्या सिर्फ़ जोगेश चटर्जी को पुलिस की गिरफ़्त से छुड़ाने में नाक़ामयाबी की वजह से थी? या कि पंडित रामप्रसाद बिस्मिल को जेल से भगा लाने की योजनाओं पर अमल न कर पाने की वजह से भी? वस्तुत: सांडर्स की हत्या के पहले वह किसी भी 'कामयाब' एक्शन का हिस्सा नहीं बन सका था। दो बार वह डकैती के 'एक्शन' में भी गया, एक बार पीलीभीत जिले में और एक बार लाहौर में, और दोनों ही बार डकैती की योजना नाकामयाब रही थी। और अब तो यह सवाल भी उठने लगा था कि सांडर्स की हत्या करके वाक़ई कुछ हासिल हुआ भी है या नहीं? सांडर्स की हत्या के प्रभावों पर भगतसिंह अपने साथियों के साथ चर्चा किया ही करता था। 'उन्हें लग रहा था कि इसका वैसा प्रभाव नहीं पड़ा था जिसकी वे उम्मीद कर रहे थे। जैसाकि उन्होंने सोचा था, अंग्रेज़ों में इंग्लैंड भागने की कोई आपाधापी दिखाई नहीं दे रही थी। कुछ ही लोगों ने अपने बीवी-बच्चों को इंग्लैंड भेजा था। अंग्रेज़ों की शुरू की घबराहट की जगह अब इस विश्वास ने ले ली थी कि सरकार द्वारा उठाए जानेवाले कड़े क़दमों से बागियों के होश ठिकाने आ जाएँगे।' ('सरफ़रोशी की तमन्ना', पृ. 62)

अजय घोष बताते हैं कि 'हम लोग सोचते थे कि ख़ास-ख़ास जगहों पर कुछ बदमाश अफ़सरों पर हम लोग वार करेंगे। इससे जनता की पस्ती ख़त्म हो

जाएगी और देश में एक नई जागृति फैल जाएगी। इस प्रकार जो जन आन्दोलन शुरू होगा उसकी बागडोर हमारा सशस्त्र दल सँभालेगा और उसको समाजवाद के रास्ते पर ले जाएगा।' ('क्रान्ति का साक्ष्य', पृ. 228) लेकिन ऐसा कोई जन-जागरण होता नज़र नहीं आ रहा था। बल्कि ख़बर तो यह थी कि नौजवान भारत सभा की बैठकों में उपस्थिति घटती जा रही है। वे विचार करने लगे कि 'उन्हें एक बार फिर अपने और अपने ध्येय की तरफ़ लोगों का ध्यान खींचने के लिए क्या करना चाहिए? क्या किसी दूसरे अंग्रेज़ अधिकारी की हत्या? क्या इससे कोई फ़ायदा होगा?' ('सरफ़रोशी की तमन्ना', पृ. 63)

ऐसे समय में 'बन्दी जीवन' में कहे गए शचीन्द्रनाथ सान्याल के ये शब्द क्या भगतसिंह को याद न हो आए होंगे? 'मैं यह भी जानता था कि आतंकवाद के चक्कर में पड़कर क्रान्तिकारी आन्दोलन को काफ़ी धक्का लग सकता है। मैं यह भी ख़ूब जानता था कि आतंकवाद के द्वारा कभी भी देश को स्वाधीन नहीं किया जा सकता। लेकिन देशवासियों की सहानुभूति आकृष्ट करने के लिए जनान्दोलन के नेतागणों की सहायता पाने के लिए हम लोगों को बार-बार आतंकवाद के चक्कर में पड़ना पड़ा है।' ('बन्दी जीवन', पृ. 265) जन-भावनाओं का मान रखने के लिए ही तो भगतसिंह ने भी सांडर्स-वध का प्रस्ताव केन्द्रीय समिति के सामने रखा था और फिर इस योजना में अहम् भूमिका भी उसने निभाई थी। अब तो भगतसिंह के साथ ही उसके साथी भी अपने-आपसे यह सवाल करने लगे थे कि 'क्या वे वह सब हासिल कर रहे थे जिसके किये उन्होंने अपना घर-बार छोड़ा था? क्या उनकी कोशिशों से देश क्रान्ति की तरफ़ बढ़ रहा था? क्या उन्हें अपने तौर-तरीके बदल लेने चाहिए?' ('सरफ़रोशी की तमन्ना', पृ. 61)

इस सोच-विचार के दौरान भगतसिंह और उसके साथियों को 'यह अहसास होने लगा था कि असली जरूरत देश में एक जनमानस तैयार करने की और लोगों को अपनी विचारधारा के साथ जोड़ने की थी, न कि बमों और हत्याओं की। कोई ऐसा शान्तिपूर्ण तरीका, जिसके माध्यम से वे अपनी उपस्थिति और अपना विरोध दर्ज करवा सकें। इससे ब्रिटिश शासकों के इस झूठे दावे की पोल खुल जाएगी कि वे 'हत्यारों की एक टोली' मात्र थे। सरकार ने जान-बूझकर उन्हें बदनाम करने की कोशिश की थी। उन्हें सरकार को बेनकाब करना होगा।' ('सरफ़रोशी की तमन्ना', पृ. 63-4)

कानपुर में कम्युनिस्ट पार्टी की स्थापना के वक़्त से उससे जुड़े रहे श्री सत्यभक्त के साथ भगतसिंह का सम्पर्क वर्ष 1924 में उसके कानपुर प्रवास के दौरान ही हो गया था। सत्यभक्त बताते हैं कि इसके बाद से 'दल की केन्द्रीय समिति में यह चर्चा होती रहती थी कि अब कौन ऐसा काम किया जाए जिससे क्रान्तिकारी दल का नाम प्रसिद्ध हो, नवयुवकों को देश पर बलिदान होने की

प्रेरणा मिले और जनता की सहानुभूति प्राप्त हो। कुछ मित्र यह सम्मति भी व्यक्त करते थे कि भगतसिंह देश से बाहर चले जाएँ और वहीं रहकर भारतीय क्रान्तिकारियों को शस्त्र तथा धन की सहायता दिलाने का प्रयत्न करें, पर भगतसिंह इस प्रकार अपने साथियों को छोड़कर स्वयं सुरक्षित रहने के लिए किसी प्रकार राज़ी नहीं हुए। इस सम्बन्ध में मन्मथनाथ गुप्त ने अपनी पुस्तक 'भगतसिंह और उनका युग' में बतलाया है—'जो दूसरे साथी थे वे भी लालायित थे कि कुछ न कुछ होता रहे। सिर पर कफ़न बाँधे लोगों की यह टोली थी। एक से एक अल्हड़ नौजवान थे जिनमें से प्रत्येक चाहता था कि मैं ही फाँसी पर पहले चढ़ूँ।' ('क्रान्तिवीर भगतसिंह', पृ. 37)

उन दिनों शिव वर्मा भी आगरा के अड्डे में मौजूद थे। वे बेहतरीन लेखक रहे हैं, लिहाज़ा इसके आगे की बात हम उनके ही शब्दों में सुनते हैं : 'भगतसिंह देश की राजनीतिक गतिविधियों के बारे में काफ़ी सतर्क रहता था। 1927-28 की देशव्यापी मज़दूर हड़तालें, उन हड़तालों के साथ दूसरे देशों के मज़दूरों द्वारा अंतर्राष्ट्रीय मज़दूर भाईचारे का प्रदर्शन, अंग्रेज़ सरकार के विरुद्ध संघर्ष करनेवाले भारतीय मज़दूरों को इंग्लैंड के मज़दूरों द्वारा आर्थिक सहायता, अंग्रेज़ मज़दूर नेताओं द्वारा भारत आकर मज़दूर आन्दोलन संगठित करने में सक्रिय योगदान, मज़दूर आन्दोलन के हर सम्भव उपायों को दबाने की भारत सरकार की धमकी, उसी उद्देश्य से एसेम्बली में ट्रेड डिस्प्यूट्स बिल और पब्लिक सेफ़्टी बिल का पेश किया जाना, देश की समस्त जनता और सभी राजनीतिक पार्टियों द्वारा एक स्वर से उक्त दोनों बिलों का विरोध आदि का वह नज़दीक से अध्ययन करता था।'

'आन्दोलन की भावी क्रान्तिकारी सम्भावनाओं पर वह प्राय: रोज़ ही साथियों से बातचीत करता था। उसी बीच वाइसराय ने अपने भाषण में संकेत दिया कि यदि एसेम्बली दोनों बिलों को पास नहीं करेगी, तो वे अपने विशेषाधिकार से आर्डिनेन्स के रूप में उन्हें लागू करेंगे। समाचार-पत्रों में उस भाषण के प्रकाशित होते ही उसने केन्द्रीय समिति को जमा किया [मार्च, 1929 में] और कहा कि अंग्रेज़ बिलों को एसेम्बली से इसलिए पास कराना चाहते हैं, जिससे वे दुनिया के सामने कह सकें कि दमनकारी क़ानून भारतीय जनता द्वारा चुने हुए प्रतिनिधियों ने बनाए हैं। ऐसी स्थिति में अगर उन्हें लागू ही होना है, तो वाइसराय के विशेषाधिकार से लागू हों। उसने कहा, सरकार बहरी हो गई है। उसे इन कानूनों के ख़िलाफ़ देश के हर कोने से उठनेवाली आवाज़ सुनाई नहीं पड़ रही है। हमें उसके कान खोलने की व्यवस्था करनी पड़ेगी।'

और कान खोलने का 'यंत्र' बनाने और बनाना सिखाने के मक़सद से यतीन्द्रनाथ आगरा पहुँच चुके थे। शिव वर्मा याद करते हैं : 'दास ने तीन-चार

दिन अथक परिश्रम कर हम लोगों को बम बनाने की शिक्षा दी। उन्होंने बम के खोल का गठन, विस्फोटक तैयार करने की विधि, भरने का तरीक़ा, मरकरी फल्मिनेट की टोपियाँ और पलीते के लिए गन कॉटन बनाने के विधि आदि सभी बातों पर प्रकाश डाला और बनाकर भी दिखाया। एक खोल नमूने के लिए सुखदेव अपने साथ लाहौर लेता गया। उसने किसी ढलाई के कारख़ाने से खोल ढलवाने की व्यवस्था पहले ही कर ली थी।' ('संस्मृतियाँ', पृ. 123)

शिव वर्मा यह भी बताते हैं कि 'भगतसिंह के प्रस्ताव पर केन्द्रीय समिति ने एसेम्बली में ट्रेड डिस्प्यूट्स बिल पर मतदान हो जाने के बाद उसका परिणाम घोषित होने से ठीक पहले सरकारी पक्ष की ओर दर्शक दीर्घा से बम फेंकने का निश्चय किया। इन बमों का उद्देश्य प्रस्तावित बिलों के विरुद्ध भारतीय जनता में कितना असन्तोष है, इसका प्रदर्शन मात्र था।'

'भगतसिंह यह भी चाहता था कि जो साथी बम फेंकने जाएँ, वे वहीं आत्मसमर्पण कर दें और पकड़े जाने पर अदालत के माध्यम से अपने उद्देश्य की घोषणा करें। वह अदालत को राजनैतिक प्रचार के मंच के रूप में इस्तेमाल करना चाहता था। आरम्भ में केन्द्रीय समिति के दूसरे साथी उनके उक्त प्रस्ताव के पक्ष में न थे। वे एक बयान के लिए दो व्यक्तियों को खोना नहीं चाहते थे। बाद में भगतसिंह के अकाट्य तर्कों से प्रभावित होकर उन्होंने इस पर अपनी सहमति दे दी।' ('संस्मृतियाँ', पृ. 24-5)

'एसेम्बली में बम फेंकने के काम को भी भगतसिंह स्वयं ही करना चाहता था। उसका अनुमान था कि उक्त काम के राजनैतिक महत्त्व को अदालत के मंच पर जितनी भी स्पष्टता के साथ देश के सामने वह स्वयं रख सकेगा, उतनी स्पष्टता के साथ दूसरा कोई साथी नहीं रख सकेगा। भगतसिंह का अनुमान सही भी था। लेकिन हम जानते थे कि पकड़े जाने पर भगतसिंह को निश्चित रूप से मौत की सज़ा दी जाएगी। अस्तु, उसके अनुमान से सहमत होते हुए भी उसे जाने देने के लिए हममें से कोई भी राजी न हुआ। काफ़ी तर्क के बाद वह केन्द्रीय समिति से अपनी बात न मनवा सका, तो उसने बहुमत के सामने सर झुका दिया और समिति ने दो अन्य साथियों के नाम तय कर दिये।' (उपर्युक्त, पृ. 25)

जिन दो साथियों को इस काम के लिए चुना गया, वे थे बटुकेश्वर दत्त और रामशरण दास। शिव वर्मा आगे बताते हैं कि 'इस फ़ैसले के दो-तीन दिन बाद ही पंजाब से सुखदेव आ गया। उसे जब हमारे फ़ैसले का पता चला तो वह बहुत बिगड़ा। उसका कहना था कि जिस उद्देश्य से हम यह काम करने जा रहे हैं, उसे भगतसिंह के अतिरिक्त और कोई साथी पूरा नहीं कर सकेगा। व्यर्थ में दो साथियों की क़ुर्बानी भी दी जाए और काम भी न बने। इसके वह पक्ष में न था। उसकी माँग पर केन्द्रीय समिति की बैठक दुबारा बुलाई गई।

इस बार भगतसिंह ने जिद पकड़ ली और अन्त में बाध्य होकर हमें उसकी बात मान लेनी पड़ी। ('संस्मृतियाँ', पृ. 25) उधर बटुकेश्वर दत्त ने भी घोषणा कर दी कि 'यदि उन्हें एसेम्बली में बम फेंकने के काम में सक्रिय रूप से भाग लेने का अवसर न दिया गया, तो वे संगठन से नाता तोड़ लेंगे और बंगाल में कहीं गंगा किनारे राम नाम जपते पड़े रहेंगे।' ('बटुकेश्वर दत्त', लेखक अनिल वर्मा, पृ. 32) लिहाज़ा एसेम्बली में बम फेंकने के लिए समिति में भगतसिंह और बटुकेश्वर दत्त के नामों पर सहमति हो गई।

वैशम्पायन के अनुसार 'आज़ाद का विचार था कि एसेम्बली में बम फेंकने के बाद भगतसिंह-दत्त बाहर निकल आएँ। आज़ाद ने दावा किया था कि वे उन्हें सुरक्षित ले आएँगे। परन्तु बहुमत इस पक्ष में नहीं था। भगतसिंह इस बात पर बल दे रहे थे कि वहाँ क्रान्तिकारियों को आत्मसमर्पण करना ही चाहिए जिसे वे 'प्रोपैगैंडा बाई डीड' (प्रचार का सक्रिय तरीका) कहा करते थे।' ('अग्निपुंज', पृ. 199)

इस सिलसिले में भगवानदास माहौर बताते हैं कि 'शहादत से सभी को प्यार था और सभी को विश्वास था कि कभी-न-कभी, किसी-न-किसी रूप में, वह उन्हें मिलेगी। शहादत के लिए इतनी उतावली, बेताबी ये सब ज़ाहिर न करते थे जितनी राजगुरु। जब-जब दल में कोई ऐसी बात चली जिसमें दल के किसी साथी के शहीद होने को सम्भावना हुई तो राजगुरु हुए बेताब; और कहीं भगतसिंह को ही शहादत मिलने की बात आई फिर तो राजगुरु की तड़प और बेताबी क़ाबिलेदीद हो जाती थी।' ('यश की धरोहर', पृ. 11-2) शिव वर्मा भी याद करते हैं कि, 'क्रान्तिकारी जीवन में राजगुरु अपना सबसे बड़ा प्रतिद्वन्द्वी मानता था भगतसिंह को। भगतसिंह पहले शहीद न हो जाए, इसकी चिन्ता उसे हर समय लगी रहती थी। पार्टी के सामने उसकी एक ही माँग थी, "हर काम में आगे बढ़कर पहली गोली चलाने का अवसर उसे ही मिलना चाहिए।" भगतसिंह से इस होड़ की भावना के अन्तर्गत उसे यह भी गवारा न था कि किसी काम में भगतसिंह जाए और उसे न भेजा जाए। दिल्ली एसेम्बली में बम फेंकने के लिए भगतसिंह के साथ दत्त या और किसी को न भेजकर उसे ही भेजा जाए, इसे लेकर राजगुरु ने काफ़ी जिद की। आज़ाद ने उसे समझाया कि "तुम अंग्रेज़ी नहीं जानते हो। अगर तुम बम फेंकने के राजनीतिक महत्त्व को एक अच्छे बयान द्वारा न समझा सके, तो केस का सारा महत्त्व मारा जाएगा।" ('संस्मृतियाँ', पृ. 80)

लेकिन राजगुरु भला कहाँ माननेवाले थे। वे तो शहादत के बेताब आशिक़ थे और इस इश्क में आपके रक़ीब थे भगतसिंह। भगवानदास माहौर बताते हैं कि 'हर तरह से उन्होंने आज़ाद को यह समझाने की कोशिश की कि वे भगतसिंह

के साथ जाने के लिए बिलकुल उपयुक्त हैं। उनकी सबसे बड़ी दलील यह थी : "रही वक्तव्य देने को बात, इसके लिए यह क्या ज़रूरी है वह अंग्रेज़ी में ही दिया जाय? वह हिन्दी में भी दिया जा सकता है। यदि अंग्रेज़ी में ही देना हो, तो मैं उसे जैसा कहो वैसा रट लूँगा। पंडित जी! क़सम से एक भी भूल नहीं होगी। अरे लघु सिद्धान्त कौमुदी पूरी 'अ इ उ ण' से 'नूनिस्त' तक रगड़कर फेंक दी है, तो क्या अंग्रेज़ी का दो-चार पन्नों का एक छोटा बयान न रट सकूँगा?" ('यश की धरोहर', पृ. 15)

लघु सिद्धान्त कौमुदी संस्कृत व्याकरण की पुस्तक है जिसमें पाणिनि के सूत्रों की व्याख्या की गई है। महाविद्यालयीन स्तर पर संस्कृत के विद्यार्थियों के लिए उन दिनों यह प्रवेशिका हुआ करती थी।

लेकिन भगतसिंह ख़ुद यह चाहता था कि कानपुर के दिनों से उसके सखा रहे 'बटुक' ही उसके साथ इस मुहिम पर जाएँ। वर्षों बाद उन लम्हों को याद करते हुए बटुकेश्वर दत्त ने कहा था : "लाख सावधानी के बावजूद एसेम्बली भवन के फ़र्श पर बम फटने के साथ किसी की मृत्यु की सम्भावना स्पष्ट थी और उसके बाद वहाँ नियुक्त सुरक्षा पुलिस या सार्जेंट द्वारा बम फेंकनेवाले को तुरन्त मौत के घाट उतार देना भी लगभग निश्चित ही था। सरदार ने सहर्ष आगे बढ़कर निश्चित मौत से खेलने का बीड़ा उठाया, साथ-साथ मैंने भी। वर्षों पहले कानपुर में गंगा किनारे बैठे-बैठे जिन अनागत दिनों की कल्पनाएँ हम बार-बार किया करते थे, कि एक साथ ही दोनों देश की स्वतंत्रता के लिए आत्माहुति देंगे, उसे साकार करने का समय आ गया था, बस..." ('क्रान्ति की इबारतें' लेखक सुधीर विद्यार्थी, प्रकाशक राजकमल प्रकाशन, संस्करण वर्ष 2012, पृ. 49-50)

इनक़लाब ज़िन्दाबाद

वर्ष 1929 की नई दिल्ली और नवनिर्मित केन्द्रीय विधानसभा भवन को कुलदीप नैयर इस तरह याद करते हैं : 'पुरानी दिल्ली के शोर-शराबे और ख़ुशबुओं से दूर नई दिल्ली एक रोबीले और शान्त शहर के रूप में विकसित हो चली थी—ऊँची इमारतों और आलीशान चैम्बरोंवाली दिल्ली। इसके विशिष्ट स्तम्भों और लाल पत्थर से बनी इमारतों में एक इमारत थी 'कौन्सिल हॉल'—सेंट्रल लेजिस्लेटिव एसेम्बली। यह लम्बे-चौड़े कॉरिडोरोंवाली एक आलीशान इमारत थी।'

श्री नैयर इस भवन को सिर्फ़ आलीशान कहकर इसे बहुत कमतर आँकते हैं। हक़ीक़त में यह एक 'शाही इमारत' थी जिसके निर्माण में उपयोग किया गया लाल पत्थर तन्तपुरा की उन्हीं खदानों से मँगवाया गया था, जिन खदानों से हिन्दुस्तान के अजीमुश्शान शहंशाह अकबर ने फ़तहपुर सीकरी में अपना बेमिसाल क़िला बनवाने के लिए बुलवाया था और उनके पोते मुग़ल सम्राट शाहजहाँ ने आगरा में शानदार व विशाल लाल क़िला बनवाने के लिए। और इस भवन के निर्माण में लगा सफ़ेद संगमरमर मकराना की उन्हीं खदानों से आया था, जहाँ से कि शाहजहाँ द्वारा अपनी पत्नी और प्रेमिका, ख़ूबसूरती की मिसाल बेगम मुमताज़ का मक़बरा ताजमहल बनवाने के लिए मँगवाया था—मुहब्बत की यादगार समझी जानेवाली वही निशानी जिसे भगतसिंह चाँदनी रातों में मौन बैठा घंटों निहारा करता है; और सफ़ेद मोती की झलक देनेवाली अद्भुत रूप से ख़ूबसूरत वही इमारत जिसके बारे में गुरुदेव रवीन्द्रनाथ टैगोर ने अपनी कविता में लिखा :

तुम जानते थे शाहजहाँ, जीवन और यौवन, सम्पत्ति और कीर्ति,
काल के प्रवाह में दूर बह जाएँगे सब।
इसीलिए अपने दिल के दर्द को केवल, तुमने चाहा यादगार बनाना।
हीरे, मोती और माणिक का वैभव लुप्त हो जाने दो,
इन्द्रधनुष की जादुई झिलमिलाहट की तरह।
आँसू की केवल एक बूँद, इस ताजमहल को,
काल के गाल पर निर्मल दीप्त जगमगाने दो, सदा सर्वदा के लिए।

हाल ही में बसे इस इलाक़े में केन्द्रीय विधानसभा भवन का लगभग सवा-दो साल पहले ही उद्घाटन हुआ है, और तभी इस इलाक़े को नई दिल्ली नाम मिला था। शाम को यहाँ सन्नाटा पसर जाता है क्योंकि सरकारी दफ़्तरों के अलावा अभी यहाँ ज़्यादा कुछ नहीं है। सरकारी दफ़्तर बन्द हो जाने पर कर्मचारी शाहजहाँनाबाद चले जाते हैं, जहाँ पर ही उनके घर हैं। शाहजहाँनाबाद को अब पुरानी दिल्ली का नाम मिल गया है। कनाट प्लेस का तो अभी अस्तित्व ही नहीं और न ही इंडिया गेट का कोई नामोनिशान है। नई दिल्ली रेलवे स्टेशन बनना भी अभी बाक़ी है।

ऊँचे, मोटे और मज़बूती का अहसास दिलाते हुए सैकड़ों खम्भों पर टिका हुआ यह गोलाकार, विशाल केन्द्रीय विधानसभा भवन रोम के कोलोसियम की याद दिलाता है। कहीं यह अंग्रेज़ शासकों की उस मानसिक ग्रन्थि के कारण तो नहीं जिसके चलते वे अपने राज की तुलना रोमन सम्राटों के राज से किया करते हैं? और अपने राज को बेहद गर्व के साथ रोमन साम्राज्य जितना ही महान बताने का कोई मौक़ा भी जो नहीं चूकते?

'पैक्स रोमना' की तर्ज पर अंग्रेज़ अपने साम्राज्य के लिए 'पैक्स ब्रिटेनिका' विशेषण का इस्तेमाल करते हैं और अपने साम्राज्य को 'महान रोमन साम्राज्य' का उत्तराधिकारी साबित करने की हर सम्भव कोशिश वे किया करते है। ईसवी सन की आरम्भिक दो सदियाँ यूरोप में अभूतपूर्व शान्ति का 'सुनहरा दौर' समझी जाती हैं, जिस दौर को 'पैक्स रोमना' का नाम दिया गया है—पैक्स यानी शान्ति जिसे रोमन लेकर आए। ब्रिटिश मानते हैं कि अपने उपनिवेशों के लिए वही सुनहरा दौर वे भी लेकर आए हैं। और जैसा कि सदियों पूर्व रोमनों ने यूरोप में अपना साम्राज्य-विस्तार करते हुए किया था—विजित स्थानीय लोगों को सभ्य और सुसंस्कृत बनाने की 'महती' ज़िम्मेदारी का निर्वाह करना—अंग्रेज़ों ने भी हिन्दुस्तानियों को सभ्यता का पाठ पढ़ाने के दुस्सह 'white man's burden' (गोरे आदमी का बोझ') को वहन करना अपना 'परम परहितकारी' उद्देश्य 30 वर्ष पूर्व से बना रखा है, जब अंग्रेज़ों के राजकवि रुडयार्ड किपलिंग ने इसी शीर्षक से अपनी कविता में उनसे यह आवाहन किया था :

वहन करो बोझ गोरे आदमी का,
भेजो अपनी सर्वश्रेष्ठ नस्ल को,
जाओ, निर्वासित करो अपने बेटों को,
तुम्हारे दासों की आवश्यकताएँ पूरी करने।

वर्ष 1929 के अप्रैल माह की 8 तारीख को दोपहर 12.30 बजे का समय है। वसन्त ऋतु का सुहावना मौसम होते हुए भी धूप अब चुभने लगी है। केन्द्रीय विधानसभा भवन के मुख्य द्वार के बाहर खड़े पहरेदारों को भवन के अन्दर से

एक ज़ोरदार धमाके की आवाज़ आती है और फ़ौरन बाद उतनी ही तेज़ आवाज़ दूसरे धमाके की। अगले ही पल महिलाओं की चीख़-पुकार के बीच गर्जना भरी बुलन्द आवाज़ में ये नारे सुनाई देते हैं।

'इनक़लाब ज़िन्दाबाद!'
'साम्राज्यवाद का नाश हो!'
'दुनिया के मज़दूरो एक हो!'

उन पहरेदारों में से ज़्यादातर तो फ़ौरन भाग खड़े होते हैं क्योंकि उन्हें लगता है कि अभी तो और भी विस्फोट होंगे और यह आलीशान भवन भरभराकर गिर जाएगा। लेकिन द्वार पर खड़ा अंग्रेज़ पुलिस अफ़सर अन्दर भागता है। घबराहट के मारे अन्दर अफ़रा-तफ़री मची हुई है और भगदड़ के कारण रास्ता जाम हो रहा है। किसी तरह वह अन्दर घुसता है और वहाँ का नज़ारा देख भौंचक रह जाता है। नीले रंग के धुएँ से भरे हाल में 'इनक़लाब ज़िन्दाबाद' गूँज रहा है और सब तरफ़ कागज़ के टुकड़े तैर रहे हैं। इस धुएँ में ये काग़ज़ ऐसे दिखाई दे रहे हैं मानो वसन्त ही में पतझड़ आ गया है और सूखे पत्ते हवा के झोंको से उड़े जा रहे हैं।

उसका वरिष्ठ अधिकारी उसे आदेश देता है : "सारे दरवाज़े बन्द करवा दो!"

तभी गोलियों के दागे जाने के आवाज़ आती है—दो बार। एसेम्बली हाल में तैनात पुलिसकर्मियों के उन युवकों की तरफ़ बढ़ते हुए क़दम थम जाते हैं जो अभी भी नारे लगा रहे हैं। जिस युवक ने गोलियाँ चलाई थीं वह अपनी पिस्तौल को बेंच पर रखकर अपने दोनों हाथ ऊपर उठा देता है। उसके नज़दीक खड़ा दूसरा युवक भी ऐसा ही करता है। पुलिस अधिकारी सार्जेंट टेरी अब हिम्मत करके उन युवकों के नज़दीक पहुँचकर दोनों पिस्तौल उठा लेता है। एक ब्रिटिश अधिकारी जो धमाके के बाद भाग खड़ा हुआ था, अब आत्मविश्वास से भरा हुआ वापस लौट आया है। दोनों युवकों के हाथों में हथकड़ियाँ डलवाकर वह उनकी ख़ाना-तलाशी लेता है मगर कुछ नहीं मिलता।

दर्शकदीर्घा में बिखरे पड़े परचे उठाने की कुछ लोग कोशिश करते हैं तो उन्हें रोक दिया जाता है। जिन्होंने पर्चे उठा लिये हैं उनके हाथों से उन्हें छीन लिया जाता है। विष्णु प्रभाकर बताते हैं कि 'सरकार नहीं चाहती थी कि वे परचे बाहर जाएँ। इसलिए वे बटोर लिये गए। परन्तु अंग्रेज़ी दैनिक 'हिन्दुस्तान टाइम्स' का सम्वाददाता भी कम सजग नहीं था। उसने फुर्ती से एक परचा उड़ा लिया।' ('अमर शहीद भगतसिंह', पृ. 75-6)

इस व्यक्ति का नाम है चमनलाल। और इसके पहले कि दरवाज़े बन्द हों, चुपके-से परचा अपने कोट की जेब में सरकाकर वह बाहर निकल आया है।

दिल्ली से प्रकाशित होनेवाले दैनिक 'हिन्दुस्तान टाइम्स' में चमनलाल संवाददाता है। गाँधी जी का वह भक्त है मगर क्रान्तिकारियों के साथ भी इसकी गहरी छनती है। एकाध बार बम बनाने का सामान इकठ्ठा करने में उनकी मदद भी वह कर चुका है। भगतसिंह के साथ नेशनल कॉलेज के दिनों से इसकी दोस्ती है। 'ए रेवोल्यूशनरी हिस्टरी ऑफ इंटरवार इंडिया' की लेखिका कामा मक्लेन बताती हैं कि चमनलाल नौजवान भारत सभा की दिल्ली शाखा का सचिव भी था। उस अविस्मरणीय ऐतिहासिक दिन लगभग सभी अख़बारों के संवाददाता और कुछ के सम्पादक भी इस भवन की 'प्रेस गैलरी' में मौजूद थे। 'हिन्दुस्तान टाइम्स' के सम्पादक जे.एन. साहनी उस दिन को याद करते हुए लिखते हैं कि दर्शक-दीर्घा में हैट लगाए हुए व्यक्ति की तरफ़ इशारा करके चमनलाल ने फुसफुसाकर उनसे कहा था : "उसे गौर से देखिए। इसी वजह से मैं यहाँ हूँ। यह मेरा स्कूप है।" ('ट्रुथ अबाउट द इंडियन प्रेस' अलाइड पब्लिशर्स बम्बई, प्रथम संस्करण वर्ष 1974, पृ. 75)

साहनी यह भी लिखते हैं कि, 'मोतीलाल नेहरू न सिर्फ़ अपनी कुर्सी पर बैठे रहे बल्कि कुछ देर बाद सरकारी बेंचों की तरफ़ जाने का उपक्रम करने लगे यह देखने कि हुआ क्या और घायल कोई हुआ हो तो उसकी कोई मदद करने। अभी वह अपनी कुर्सी और होम मेम्बर की कुर्सी के बीच आधे रास्ते में ही थे कि जब दूसरा बम गिरा, जिसके बाद रिवाल्वर की दो गोलियाँ चलीं। लेकिन दूसरे बम के बाद भी मोतीलाल नेहरू विचलित नहीं हुए या वापस गए।' ('ए रेवोल्यूशनरी हिस्टरी ऑफ इंटरवार इंडिया', लेखिका कामा मक्लेन; प्रकाशक पेंगुइन बुक्स, संस्करण वर्ष 2016, पृ.121) यही बात जतीन्द्रनाथ सान्याल ने भी अपनी पुस्तक में लिखी है और नेहरू मेमोरियल म्यूज़ियम एंड लाइब्रेरी' नई दिल्ली में सरंक्षित ज़बानी इतिहास में जयदेव कपूर ने भी यह बात दोहराई है।

लेकिन एसेम्बली के कुछ सदस्य लकड़ी की बेंचों के पीछे छिप गए थे और कुछ मेज़ों के नीचे भी। दस मिनट बाद वे धीरे-धीरे अपनी सीटों की तरफ़ लौटे तो उन्होंने दो नौजवानों को दर्शक-दीर्घा में खड़े हुए देखा। केन्द्रीय विधानसभा के अध्यक्ष विट्ठलभाई पटेल ने अगले गुरुवार यानी 11 अप्रैल तक के लिए सदन को स्थगित कर दिया। नीचे हाल में गिरे पर्चे कुछ सदस्यों ने उठाकर पढ़ने शुरू किये। गुलाबी रंग के मोटे काग़ज़ वाले 'हिन्दुस्तान सोशलिस्ट रिपब्लिकन आर्मी' के लेटरहेड पर अंग्रेज़ी में लाल स्याही के रिबन से टाइपराइटर पर लिखे गए इन पर्चों में लिखा था :

'बहरों को सुनाने के लिए बहुत ऊँची आवाज़ की आवश्यकता होती है। सरकार पब्लिक सेफ़्टी बिल तथा ट्रेड डिस्प्यूट्स बिल जैसे नये दमनकारी क़ानून हम पर लाद रही है, जबकि प्रेस सिडिशन एक्ट को अगले सत्र के लिए

आरक्षित कर दिया है। खुले मैदान में काम कर रहे मज़दूर नेताओं की अन्धाधुन्ध गिरफ़्तारियाँ यह स्पष्ट इंगित कर रही हैं कि हवा किस तरफ़ बह रही है।

इन बेहद भड़काऊ परिस्थितियों में हिन्दुस्तान सोशलिस्ट रिपब्लिकन एसोसिएशन ने अपनी आर्मी को यह विशेष एक्शन करने का आदेश दिया है, ताकि इस अपमानजनक ढोंग पर रोक लग जाए और विदेशी नौकरशाही जो चाहे उसे करने दिया जाए, परन्तु जनता की आँखों के सामने उन्हें अपने नग्न स्वरूप में आने को बाध्य किया जाए।'

सबसे नीचे दाईं तरफ़ लिखा था : 'बलराज, कमांडर-इन-चीफ'।

चन्द मिनटों बाद पुलिस इन दोनों नौजवानों की कलाइयों में बँधी हथकड़ियाँ थाम उन्हें अपने घेरे में लिये हुए भवन से बाहर आती है। अब तक वे दर्शक भी जो भयभीत हो इस भवन के अन्दर बने शौचालयों में घुस गए थे, बाहर निकलने की आपाधापी में लग गए हैं। इन मासूम चेहरेवाले 'हत्यारों' को देखकर वे हैरान हैं। इनमें से एक युवक 20-22 साल का मालूम होता है। दूसरा तो शायद अभी 20 साल का भी नहीं। "खेलने-खाने की उम्र में ऐसी 'कमीनी और नीच' करतूत!" आपस में वे बातें करने लगते हैं। "ऊपर से ऐसी शान से चले जा रहे हैं ये दोनों जनाब 'इनक़लाब ज़िन्दाबाद' चिल्लाते हुए, जैसे कि इन्होंने कोई तीर मार लिया हो।"

ये दोनों 'जनाब' हैं श्री भगतसिंह और श्री बटुकेश्वर दत्त।

हिन्दी के मशहूर उपन्यास लेखक आचार्य चतुरसेन भी वहाँ मौजूद थे। भगतसिंह को वे तब से जानते थे जब उसने उनके द्वारा सम्पादित 'चाँद' के फाँसी अंक' के लिए शहीदों पर लेख लिखे थे। अपनी आत्मकथा में वे याद करते हैं : 'अकस्मात हमने देखा—वे दोनों युवक हथकड़ियों में जकड़े हुए सामने से चले आ रहे हैं। वही धज, वही ऐंठ की चाल, वही निर्भीक दृष्टि, वही तिरछी मुसकुराहट।'

भगतसिंह ने फ़ाख्ता के रंग का चारख़ानेदार लम्बा चोगानुमा कोट पहन रखा है, जिसमें बाहर की तरफ़ तीन गहरी जेबें हैं और एक जेब अन्दर की तरफ़ भी है। उसकी खाकी कमीज़ के नुकीले कॉलर कोट में से झाँक रहे हैं। कमर पर खाकी नेकर है और घुटनों के ज़रा ही नीचे तक आते स्लेटी रंग के ऊनी मोज़े भी, जिन पर 'गार्टर' यानी मोज़े बाँधने की पट्टी भी लिपटी हुई है। अंग्रेज़ सरकार के पुलिस अफ़सर ऐसी ही पोशाक पहना करते हैं। फ़र्क सिर्फ़ इतना है कि बादामी रंग के 'सोला-हैट' की जगह भगतसिंह के सिर पर हरे-बादामी रंग का एक विदेशी हैट है और जूते बदरंग व पुराने हैं। दरअसल उसने टखनों के ऊपर तक आते चमड़े के गहरे कत्थई रंग के नये जूते ही पहने हुए थे। मगर आज भीतर जाते हुए उसने अपने नये कोट-पैंट के साथ ही ये नये जूते भी अपने साथी जयदेव

कपूर को देकर उसके पुराने कोट-पैंट और जूते पहन लिये थे। बटुकेश्वर दत्त की पोशाक भी वही है मगर कोट उसका सामान्य लम्बाई का हलके नीले रंग का है।

और तीर तो जनाब इन दोनों ने वाक़ई मार लिया है!

पिछले एक महीने से वे दिल्ली के चाँदनी चौक इलाक़े में रह रहे हैं जहाँ, जयदेव कपूर बताते हैं, 'सीताराम बाज़ार में मैंने एक मकान किराये पर लिया। मकान क्या था एक छोटी-सी कोठरी तिमंज़िले पर थी। ऊपर टिन डाला हुआ था।' (नेहरू म्यूज़ियम ज़बानी इतिहास, जयदेव कपूर खाता सं. 431, पृ. 73) एसेम्बली में फेंके गए पर्चों का मजमून भगतसिंह ने शिव वर्मा, जयदेव और बटुकेश्वर के साथ सलाह-मशविरा करते हुए यहीं तैयार किया था और फिर नज़दीक ही मारवाड़ी स्कूल में बैठकर उसने ही इसे टाइप करके 12 प्रतियाँ भी इसकी तैयार की थीं।

प्रोफ़ेसर चमनलाल द्वारा लिखी गई पुस्तक 'भगतसिंह' के हवाले से ('मेधा बुक्स' से वर्ष 2009 में प्रकाशित) भैरवलाल दास बताते हैं कि, 'बिना पास एसेम्बली में दाख़िल होने के उद्देश्य से जयदेव कपूर ने एसेम्बली में एक ऐसे निगरानी अधिकारी से दोस्ती गाँठी जिसे कविता का शौक़ था और जयदेव उसके लिए आदर्श श्रोता थे। उसने जयदेव और उनके साथियों को एसेम्बली में बिना रोक-टोक आने की सुविधा दे दी।' (बटुकेश्वर दत्त और क्रान्तिकारी आन्दोलन, भैरवलाल दास ; प्रभात पेपरबैक्स, प्रथम संस्करण 2020; पृ. 56)

लेकिन ख़ुद जयदेव कपूर यह बताते हैं कि 'धीरे-धीरे मैंने एसेम्बली में घुसने की, योजना बनाई। पहले प्रवेशपत्रों के जरिये से और उसके बाद बिना प्रवेशपत्र के। 'वाच एंड वार्ड' के 'इनचार्ज' कोई कपूर थे। यूनिवर्सिटी से नये-नये ग्रेजुएट हुए थे और उनके अधीनस्थ जो सिपाही थे वे कुछ पढ़े-लिखे नहीं थे। उनसे उन्हें किसी तरीक़े का कोई वैचारिक दिल बहलाव नहीं मिलता था, कभी-कभी वे ऐसा अनुभव करते थे किन जंगली लोगों में लाकर मुझे बैठा दिया है। वे भी पढ़े-लिखे लोगों से मेल-मुलाक़ात के लिए व्यग्र थे और वह कमी किसी हद तक मैंने पूरी कर दी। उन्होंने मेरा बड़ा स्वागत किया और जाकर फाटक पर जो सन्तरी खड़ा होता था उसको आदेश दिया कि देखो भाई यह जब यहाँ आएँ, तो इनको बाकायदा 'सैल्यूट' करके मेरे कमरे में पहुँचा दिया करो।'

'एक दिन मैंने उनसे यह भी कहा कि मेरा एक भाई यहाँ "सेक्रेटरिअट" में नौकरी करता है। पढ़ा-लिखा है और उसे भी एसेम्बली की कार्यवाही देखने में दिलचस्पी है। कभी-कभी शौक़िया वह भी इन कार्यवाहियों को देखना चाहता है। उन्होंने कहा ठीक है आप उनको भी अपने साथ ला सकते हो, किसी भी प्रकार की रोक-टोक कोई भी "कान्स्टेबल" नहीं करेगा। इस प्रकार भगतसिंह

भी मेरे साथ चार-पाँच दिन लगातार एसेम्बली में गए।' (नेहरू म्यूज़ियम ज़बानी इतिहास, जयदेव कपूर खाता सं. 431, पृ. 73-76)

और एसेम्बली भवन की सुरक्षा-व्यवस्था का जायजा लेने इन चार-पाँच दिनों में भगतसिंह रोज़ अपनी साइकिल से, आगरा से अपने साथ जिसे वे 7 मार्च को ही ले आए थे, यहाँ आते रहे हैं। इतना ही नहीं तो इन चार-पाँच दिनों में रोज़ वे कोट की जेब में आसानी से समा जानेवाले 'सिलिंडरिकल टाइप' बम तथा भरा हुआ रिवाल्वर लिये इस 'तगड़ी सुरक्षा' वाले भवन में प्रवेश पाते रहे हैं—न जाने कब 'ट्रेड डिस्प्यूट्स बिल' या 'पब्लिक सेफ़्टी बिल' पर मतदान हो जाए और इन बमों को फेंकने का सही समय आ जाए। दर्शक-दीर्घा की सबसे निचली सीढ़ी पर इत्मीनान से बैठकर भगतसिंह, बटुकेश्वर और जयदेव कपूर न सिर्फ़ 'ट्रेड डिस्प्यूट्स बिल' यथा 'पब्लिक सेफ़्टी बिल' पर हो रही बहस को गौर से सुनते रहे हैं बल्कि नीचे बने हाल का खाक़ा भी अपने दिमाग़ में वे बैठाते रहे हैं।

शिव वर्मा, जयदेव कपूर, बटुकेश्वर और भगतसिंह, चारों ही इस बात को लेकर परेशान थे कि कई सम्माननीय राष्ट्रवादी नेता इस बहस के दौरान हाल में मौजूद होंगे और इस काम में एक अनिश्चितता तो थी ही। बम का कौन-सा टुकड़ा छिटककर कहाँ जाएगा, यह किसको मालूम? जयदेव कपूर बताते हैं कि भगतसिंह ने हमले के पहले मोतीलाल नेहरू को चेतावनी देने की सोचा, लेकिन फिर यह विचार त्याग दिया क्योंकि इससे पूरा एक्शन जोख़िम में पड़ सकता था। इसके बजाय उन्होंने एक छोटा नक्शा तैयार किया यह रूपरेखा बनाते हुए कि एसेम्बली में हर सदस्य कहाँ बैठता है, ताकि बमों को हिन्दुस्तानी सदस्यों से दूर लक्ष्य किया जा सके। ('ए रिवोल्यूशनरी हिस्टरी ऑफ़ इंटरवार इंडिया', पृ. 121)

इस रूपरेखा को बनाने में उस पोस्टकार्ड साइज़ नक्शे से भी काफ़ी मदद मिली जो विधानसभा के 'सदस्यों को मिला करता था। इस पोस्टकार्ड के एक ओर सदस्यों की सीट नम्बर और नाम लिखा रहता था और दूसरी तरफ़ घोड़े की नालनुमा अर्ध चक्राकार में सीटें लगी हुई दिखाई गई थीं। प्रत्येक सीट पर उसका नम्बर लिखा था।' (नेहरू म्यूज़ियम ज़बानी इतिहास; जयदेव कपूर खाता सं. 431, पृ. 124)

'पब्लिक सेफ़्टी बिल' एसेम्बली में सितम्बर, 1928 में हुए मतदान में अस्वीकृत हो गया था। मतदान में इस बिल के समर्थन में 61 वोट पड़े थे और विरोध में भी 61 वोट। लेकिन विधानसभा अध्यक्ष विट्टलभाई पटेल के निर्णायक वोट के कारण यह बिल पास नहीं हो सका। 27 सितम्बर, 1928 के अख़बारों में भीतर के पन्नों पर छोटी-सी ख़बर थी कि पब्लिक सेफ़्टी बिल की विधानसभा में कल की हार के बाद ब्रिटिश कम्युनिस्टों को निर्वासित करने की शक्ति प्रदान करनेवाला यह बिल भारत सरकार ने इस सत्र में आगे न ले जाने का निर्णय लिया है।

इस बिल को मोतीलाल नेहरू ने 'भारत की ग़ुलामी बिल नम्बर एक' की संज्ञा दी थी।

मोतीलाल नेहरू, मदनमोहन मालवीय तथा मोहम्मद अली जिन्ना द्वारा एसेम्बली में 'पब्लिक सेफ़्टी बिल' के ख़िलाफ़ दी गई ज़ोरदार दलीलों ने यह तो साफ़ उजागर कर दिया था कि यह बिल हक़ीक़त में 'सरकार बचाओ' बिल था जिसका उद्देश्य था देश में चल रहे मज़दूर-आन्दोलनों को कुचल देना। सरकारी सदस्यों के पास इस आरोप के जवाब में लेकिन वही लचर तर्क था जो राष्ट्रवादियों की जायज माँगों को न मानने के लिए पहले भी इस्तेमाल किया जाता रहा था कि देश में शान्ति-व्यवस्था क़ायम रखने के लिए इस बिल को क़ानून बनाना ज़रूरी है। दरअसल, 'दुनिया के मज़दूरों एक हो! अपनी जंज़ीरें खोने के अलावा खोने को तुम्हारे पास कुछ नहीं है!' इस नारे ने और लेनिन के नेतृत्व में हुई 'कम्युनिस्ट इंटरनेशनल' की तीसरी सभा द्वारा जारी इस बयान ने कि रूस में हुई क्रान्ति को क़ायम रखने के लिए पूरे विश्व में क्रान्ति होना अपरिहार्य है, दुनिया भर की पूँजीवादी सरकारों की नींद हराम कर दी थी।

4 फरवरी, 1929 को ब्रिटिश पार्लियामेंट में एक लम्बी बहस के बाद कर्नल वेजवुड ने पूछा कि पिछले साल बाहर फेंक दिये गए 'कम्युनिस्ट डिपोर्टेशन' बिल को दुबारा एसेम्बली में लाना क्या प्रस्तावित है और यदि ऐसा है तो क्यों? तो 'अंडर सेक्रेटरी ऑफ स्टेट फॉर इंडिया' अर्ल विंटरटन ने जवाब दिया कि माननीय सदस्य यदि पब्लिक सेफ़्टी बिल की तरफ़ इशारा कर रहे हैं तो सवाल के पहले हिस्से का उत्तर स्वीकारात्मक है, और सवाल के दूसरे हिस्से के निस्बत उन कारणों से जो पिछले सोमवार को वाइसराय के अभिभाषण में कहे गए हैं और जो अख़बारों में प्रकाशित हो चुका है।

20 मार्च, 1929 को कम्युनिस्ट और वामपन्थी नेताओं की गिरफ़्तारी हुई और फिर 'मेरठ षड्यंत्र मुक़दमा' सरकार ने आरम्भ कर दिया। 2 अप्रैल को विधानसभा में अध्यक्ष विट्ठलभाई ने यह राय ज़ाहिर की कि पब्लिक सेफ़्टी बिल और मेरठ षड्यंत्र मुक़दमे का 'मूलभूत आधार वस्तुतः एकरूप है'। लिहाज़ा बिल पर वास्तविक बहस 'सब-ज्यूडिस' नियम का उल्लंघन किये बिना सम्भव नहीं, जिसके अनुसार अदालती कार्रवाई के चलते बहस प्रतिबन्धित है। 'अतः मैंने निर्णय लिया है बजाय कोई रूलिंग देने के सरकार को यह सलाह देने का कि या तो मेरठ मुक़दमे के जारी रहते हुए इस बिल को मुल्तवी कर दें या फिर इस मुक़दमे को वापस ले लें और फिर इस बिल को लेकर आगे बढ़ें।' फिर भी अपनी रूलिंग देने के लिए उन्होंने 8 अप्रैल की तारीख तय कर दी।

वाइसराय लॉर्ड इरविन इस दौरान चेहरे पर उदासीनता का भाव लिये ख़ामोश बैठे रहे तथा विट्ठलभाई के इन दोनों सुझावों को मानने से इनक़ार करते

हुए यह इशारा भी उन्होंने दे दिया था कि अगर ज़रूरी हुआ तो विधानसभा के अध्यक्ष के निर्णय के ख़िलाफ़ जाकर भी विशेषाधिकारों का इस्तेमाल कर इस बिल को वे क़ानून बना देंगे, जैसा कि पिछले पाँच साल से होता ही आया था। और 13 अप्रैल को ऐसा हुआ भी।

भगतसिंह और बटुकेश्वर दत्त अब तक पूरे एसेम्बली हॉल का ख़ाका अपने दिमाग़ में बिठा चुके थे। वे देख रहे थे कि हॉल में दाईं तरफ़ सरकारी सदस्यों की बेंचें और कुर्सियाँ हैं, यानी वे जो बिना चुनाव लड़े वाइसराय द्वारा नामांकित हुए हैं; और बाईं तरफ़ ग़ैर-सरकारी निर्वाचित सदस्यों की जिनमें हैं मोतीलाल नेहरू, मदनमोहन मालवीय, मोहम्मद अली जिन्ना, एन.सी. केलकर, एम.आर. जयकर आदि राष्ट्रीय नेता। दर्शक-दीर्घा के ठीक नीचे विधानसभा अध्यक्ष विट्ठलभाई पटेल की कुर्सी और मेज़ है। इनके पास जो बम हैं, उनको ऐसा बनाने की कोशिश की गई है कि धड़ाका तो ख़ूब करें मगर जानोमाल का नुकसान न करें। बम फेंकने का समय भी इन लोगों ने ऐसा चुना था जो उनका सन्देश पहुँचाने के लिए सबसे उपयुक्त था।

लेकिन अंग्रेज़ सरकार को यह सन्देश पहुँचाने के तीन दिन पहले सीताराम बाज़ार के कमरे में बैठकर भगतसिंह अपने सबसे घनिष्ठ मित्र क्रान्तिकारी सुखदेव के नाम एक सन्देश लिख आया है, जिसे लेकर शिव वर्मा लाहौर जाएगा।

'प्रिय भाई,

जब तक तुम्हें यह ख़त मिलेगा, मैं दूर मंज़िल की ओर जा चुका होऊँगा। मेरा यक़ीन कर, आजकल मैं बहुत प्रसन्नचित्त अपने आख़िरी सफ़र के लिए तैयार हूँ। अपनी ज़िन्दगी की सारी ख़ुशियों और मधुर यादों के बावजूद मेरे दिल में एक बात आज तक चुभती रही। वह यह कि मुझे भाई ने ग़लत समझा और मुझ पर कमज़ोरी का बहुत ही गम्भीर आरोप लगाया। आज मैं पहले से कहीं ज़्यादा पूरी तरह से सन्तुष्ट हूँ। मैं आज भी महसूस करता हूँ कि वह बात कुछ भी नहीं, बस ग़लतफ़हमी थी। ग़लत शक़ था। मेरे खुले व्यवहार के कारण मुझे बातूनी समझा गया और मेरे द्वारा सब कुछ स्वीकार कर लेने को कमज़ोरी माना गया। लेकिन आज मैं महसूस कर रहा हूँ कि कोई ग़लतफ़हमी नहीं, मैं कमज़ोर नहीं, अपनों में से किसी से भी कमज़ोर नहीं। मैं पुरज़ोर कहता हूँ कि मैं आशाओं और आकांक्षाओं से भरपूर जीवन की समस्त रंगीनियों से ओतप्रोत हूँ, लेकिन वक़्त आने पर मैं सब कुछ क़ुर्बान कर दूँगा। सही अर्थों में यही बलिदान है।" ('दस्तावेज़' चमनलाल, पृ. 316-8)

ख़ासे लम्बे पत्र की शक़्ल में दिये गए इस सन्देश में उसने यह भी लिखा कि, 'जब मैंने प्यार को मानवीय कमज़ोरी कहा था तो यह किसी सामान्य व्यक्ति को लेकर नहीं कहा था।'

यह ग़लतफ़हमी क्या थी और मानवीय कमज़ोरी का ज़िक्र यहाँ क्यों आया? इन प्रश्नों के उत्तर हम इस पुस्तक के अन्त में एक परिशिष्ट 'व्यथा दुर्गा भभी की' में ढूँढ़ेगे। फ़िलहाल तो हम वापस एसेम्बली हॉल चलते हैं।

8 अप्रैल, 1929 को दोपहर 12.05 बजे 'ट्रेड डिस्प्यूट्स बिल' पर मतदान का नतीज़ा घोषित करने विट्ठलभाई उठे, जिसके क़ानून बन जाने से हड़ताल करने का मज़दूरों का हक़ छिन जानेवाला था। 38 के मुक़ाबले 56 वोट से यह बिल पास हो गया और सरकारी सदस्यों की तालियों से हाल गूँज उठा। इसके बाद विधानसभा अध्यक्ष विट्ठलभाई 'पब्लिक सेफ़्टी बिल' पर अपनी रूलिंग देनेवाले थे। दर्शकदीर्घा में आज देवदास गाँधी, महादेव देसाई, वल्लभभाई पटेल और आसफ़ अली के अलावा जॉन साइमन भी मौजूद हैं।

दर्शकदीर्घा की सबसे निचली सीढ़ी पर भगतसिंह और बटुकेश्वर दत्त के साथ जयदेव कपूर भी इस समय बैठा हुआ था। बम फेंकने का सही समय देखकर भगतसिंह ने उसे बाहर जाने को कह दिया। कुछ ही पलों में पूरा हाल ज़ोरदार धमाके से गूँज उठा। सरकारी बेंचों की तरफ़ हाल की खाली जगह में इस अन्दाज़ से भगतसिंह ने बम फेंके कि दो सरकारी सदस्यों को हलकी चोट आने के सिवा किसी का बाल भी बाँका न हुआ। जितेन्द्रनाथ सान्याल के शब्दों में : 'भीषण धड़ाके के साथ दोनों बम फट पड़े और सारा कमरा धुएँ से भर गया। वे बेंच, जिनके समीप ये बम गिरे थे, चूर-चूर हो गए, और सतह के एक हिस्से में भी एक गड्ढा-सा हो गया। किन्तु किसी को चोट नहीं आई। इस समय एसेम्बली का दृश्य भी देखने ही योग्य था। उसके वीर सदस्यगण समीपवाले कमरे की ओर इस प्रकार भागे, मानो किसी भीषण जन्तु ने उनका पीछा किया हो। कहा जाता है कि कुछ लोग तो जान बचाने के लिए गुसलखाने में भी घुस पड़े थे।' ('अमर शहीद सरदार भगतसिंह' पृ. 45)

अपनी स्वार्थ-सिद्धि को वैधानिकता का नक़ाब पहनाने की ब्रिटिश सरकार की कोशिश नाकामयाब करने के लिए बम-विस्फोट के तुरन्त बाद ही गुलाबी रंग के परचों की बौछार हाल में कर दी गई।

बाहर आते से ही ये दोनों जयदेव कपूर को, जो सामनेवाली सड़क के दूसरी तरफ़ एक पानवाले की रेहड़ी के पास खड़ा था, आँख से इशारा करते हैं कि अब वह यहाँ से निकल ले। और एक उदास मुसकान अपने होंठों पर लिये हुए वह लम्बे डग भरता हुआ चल देता है। पूर्व निर्धारित योजना के अनुसार एसेम्बली में फेंके गए पर्चे की एक प्रति दिल्ली के 'हिन्दुस्तान टाइम्स' अख़बार के दफ़्तर में उसे पहुँचानी है और फिर कश्मीरी दरवाज़े पर रामनाथ फ़ोटोग्राफ़र से भगतसिंह और दत्त के फ़ोटो लेकर भी, जो पाँच दिन पहले इन दोनों ने खिंचवाई थी।

पुलिस की अलग-अलग लारियों में बैठाकर भगतसिंह को दिल्ली के सदर

थाने ले जाया जाता है और दत्त को चाँदनी चौक थाने। अब तक 'हिन्दुस्तान टाइम्स' का सन्ध्याकालीन अंक छपकर बाज़ार में आ चुका है और इसके मुखपृष्ठ पर अंग्रेज़ी में छपी सनसनीखेज़ ख़बर का हिन्दी अनुवाद अख़बार बेचनेवाले लड़के चिल्ला-चिल्लाकर बता रहे हैं :

"बमों और पिस्तौल से एसेम्बली में अफ़रा-तफ़री!
दो बम फटे, पिस्तौल से चली गोलियाँ !
लेडीज गैलरी से चीख़ीं महिलाएँ!"

बम-विस्फोट के समय दर्शकदीर्घा में कई अख़बारों के संवाददाता मौजूद थे। मगर मुस्तैदी के साथ सरकार द्वारा यह निर्देश अख़बारों के मालिकों को पहुँचा दिया गया कि एसेम्बली में हुई आज की घटना को वे ज़्यादा तूल न दें। 'इसलिए ज़्यादातर अख़बारों में संक्षिप्त ख़बर ही छपी।' ('सरफ़रोशी की तमन्ना', पृ. 75) लेकिन जयदेव कपूर बताते हैं कि 'दिल्ली से प्रकाशित 'हिन्दुस्तान टाइम्स' और 'डेली क्रॉनिकल' के विशेष पर्चे निकले और हमारा पूरे का पूरा पर्चा उनमें छपा था। फ़ोटो भी हमने बाद में भिजवा दिया था और वह छपा था।' (नेहरू म्यूज़ियम ज़बानी इतिहास; जयदेव कपूर खाता सं. 431, पृ. 128)

यह ख़बर दिल्ली से बाहर न जाने पाए इस उद्देश्य से सभी टेलीफ़ोन लाइनें केवल सरकारी काम के लिए आरक्षित कर दी गई हैं और तार विभाग को निर्देश मिल चुके हैं कि ऐसी कोई ख़बर यदि मिलती है तो उसे आगे न भेजें। कलकत्ता से प्रकाशित होनेवाले 'द स्टेट्समैन' के दिल्ली-प्रतिनिधि लाला दुर्गादास को एक युक्ति सूझती है। यह रोक लन्दन को फ़ोन करने या तार भेजने पर नहीं लगाई गई थी। इस ख़बर को वह लन्दन स्थित अपने अख़बार के मुख्यालय भेज देता है और वहाँ से यह ख़बर कलकत्ता स्थित 'द स्टेट्समैन' के प्रधान कार्यालय पहुँच जाती है और अगले दिन छप भी जाती है। बाक़ी अख़बारों को भी लन्दन से 'एसोसिएटेड प्रेस' के मार्फ़त ख़बर पहुँचती है, मगर देर से।

मगर भगतसिंह और उसके साथियों को जैसी उम्मीद थी कि एसेम्बली में बम तथा परचे फेंककर वे जनजागृति लाने में क़ामयाब हो सकेंगे, ऐसा कुछ नहीं हुआ। 'पहली प्रतिक्रिया एसेम्बली बम विस्फोट की जो हुई वह कुछ अच्छी नहीं लगी। कुछ नेताओं ने तो यहाँ तक कह डाला कि यह सी.आई.डी. के 'एजेंट प्रोवेकेचर' का काम है और भगतसिंह सी.आई.डी. का 'एजेंट प्रोवेकेचर' है।' (नेहरू म्यूज़ियम ज़बानी इतिहास; जयदेव कपूर खाता सं. 431, पृ. 131) राष्ट्रवादी नेताओं तक ने एसेम्बली में बम फेंके जाने की भर्त्सना की, विट्ठलभाई समेत। चन्दरपालसिंह लिखते हैं : 'बम-विस्फोट के बाद एसेम्बली में फेंके गए परचे जनमत पर कोई सकारात्मक प्रभाव छोड़ने में असमर्थ रहे। बम फेंकने के उनके कार्य की सब तरफ़ कटुतापूर्ण आलोचना हो रही थी।' ('भगतसिंह रिविजिटेड', पृ. 126)

बम-विस्फोट के अगले दिन केन्द्रीय विधानसभा में मोतीलाल नेहरू द्वारा इस सम्बन्ध में दिया गया वक्तव्य 10 अप्रैल के 'टाइम्स ऑफ़ इंडिया' में प्रमुखता से छपा :

'पंडित मोतीलाल का बयान।

चुनाव गाँधी और 'बलराज' के बीच।'

'बुद्धिमत्तापूर्ण राजनीति ही अहिंसा की ताक़तों को मज़बूत कर सकती है। यह कहने से कि 'भारत के भविष्य के लिए यह एक दु:खद दिन है' या कि 'ऐसी घटना भारत के लिए बर्बादी है' कुछ नहीं होगा। वास्तविक भारत बम के पन्थ में विश्वास नहीं करता, न ही संवैधानिक आयोग के पन्थ में वह यक़ीन करता है। जनता और सरकार को सही परिप्रेक्ष्य में चीज़ों को देखना होगा। विकल्प गाँधी और बलराज के बीच है।' ('ए रिवोल्यूशनरी हिस्टरी ऑफ़ इंटरवार इंडिया', पृ. 122)

संवैधानिक आयोग कहकर मोतीलाल नेहरू 'साइमन कमीशन' की तरफ़ इशारा कर रहे थे।

'हिन्दुस्तान टाइम्स' अख़बार का स्वामित्व उन दिनों पंडित मदनमोहन मालवीय के पास था। अपने अख़बार में दिनांक 12 अप्रैल को उन्होंने अपना एक सम्पादकीय प्रकाशित किया : 'भारत को आज ज़रूरत सरकार पर दबाव बनाने की उतनी नहीं है जितनी कि रचनात्मक राष्ट्रीय गतिविधियों की, एकता, राजनीतिक शिक्षा और राष्ट्रीय माँगों के पीछे मज़बूत अनुमोदन की। अपने अधिकारों के लिए निष्ठापूर्वक खड़े होने हेतु भारतीय एक बार राजनीतिक रूप से पर्याप्त जागरूक हो जाएँ, तो छोटी उँगली उठाए बिना, एक भी बम फोड़े बिना, आज़ादी हासिल की जा सकती है।' 12 अप्रैल, 1929 को ही 'हिन्दुस्तान टाइम्स' ने यह भी छापा कि लन्दन से प्रकाशित होनेवाले 'इवनिंग न्यूज़' में पंजाब के भूतपूर्व गवर्नर माइकेल ओ'ड्वायर का यह बयान छपा है कि यह हमला इस बात का साफ़ सबूत है कि 'भारतीयों ने यह सोचना शुरू कर दिया है कि उन पर शासन करने के हम अब क़ाबिल नहीं रहे। प्रतिनिधि संस्थाएँ प्रदान करने की भ्रमपूर्ण नीति का यह नतीजा है।' ('ए रिवोल्यूशनरी हिस्टरी ऑफ़ इंटरवार इंडिया', पृ. 56)

'टाइम्स ऑफ़ इंडिया' तो हक़ीक़त में सरकारी भोंपू से अधिक कुछ न था। 'द स्टेट्समैन' फिर भी निष्पक्ष रिपोर्टिंग करता था, और बाज दफ़ा सरकार तथा उसकी मर्ज़ी के ख़िलाफ़ लिखने की हिम्मत भी जुटा लेता था। 'बम आर्ग्यूमेंट' शीर्षक से इस घटना की आलोचना करते हुए उसने भी यह राय ज़ाहिर की कि 'यह इस प्रकार का अपराध है, भाषा को कितना ही खींचकर भी जिसे राजनीतिक नहीं कहा जा सकता। यह पूरा मामला उतना ही कायराना है जितना कि यह मनमाना है।' ('भगतसिंह रीविजिटेड', पृ. 151)

इस घटना के प्रति लाहौर से प्रकाशित 'द ट्रिब्यून' का रुख़ भी, क्रान्तिकारियों के प्रति जो सामान्यत: सहानुभूतिपूर्ण रवैया रखता था और राष्ट्रवादियों का समर्थन करता था, कटुतापूर्ण था : 'इस पर सन्देह न करने का कोई कारण नहीं कि वह संगठन (एचएसआरए) भारत की अधीनता को अनिश्चित काल तक जारी रखने के लिए, यदि भारत की अधीनता को स्थाई करने के लिए नहीं, काम कर रहा है। इस तरह के उपद्रवों का सिवा इसके कोई असर नहीं हो सकता कि प्रतिक्रिया की ताक़तों को मज़बूत करें और संवैधानिक स्वतंत्रता [के लिए काम करने] वाली पार्टी का काम और मुश्किल कर दें।' ('भगतसिंह रीविजिटेड', पृ. 151)

एसेम्बली में जो गुलाबी परचे भगतसिंह और दत्त ने फेंके थे उनमें यह भी लिखा था कि, 'लाचार भारतीय जनता की ओर से, इतिहास द्वारा अकसर दोहराए गए इस सबक पर हम ज़ोर देना चाहते हैं, व्यक्तियों को मार देना आसान है लेकिन विचारों को आप नहीं मार सकते। महान साम्राज्य ढह गए जबकि विचार जीवित रहे। बूर्बों और ज़ार गिर गए।'

अठारहवीं शताब्दी में अंग्रेज़ जब भारत पर अपना राज स्थापित कर अपने साम्राज्य की नींव रखने की जद्दोजहद में लगे हुए थे, उस समय फ्रांस में बूर्बों (Bourbon) और रूस में ज़ार विशाल और शक्तिशाली साम्राज्य पर दो शताब्दियों से राज कर रहे थे। लेकिन वर्ष 1789 में फ्रांस की राज्य-क्रान्ति में और वर्ष 1917 में रूस में हुई बोल्शेविक-क्रान्ति में इन दोनों सम्राटों के वंशधर गुमनामी के अन्धकार में खो गए। अंग्रेज़ों को भगतसिंह इशारा कर रहा था कि यही अंजाम उनका भी होनेवाला है।

इस पर से पर्चे के लेखक का मज़ाक उड़ाते हुए 'द ट्रिब्यून' ने लिखा : 'जो शख़्स यह सोचता है कि विधानसभा कक्ष में बम फेंककर वह भारत में नौकरशाही का राज या विधानसभा की मार्फ़त चलाई जा रही सरकार को उखाड़ सकता है, न सिर्फ़ राजनीतिक विवेक और सामान्य बुद्धिविहीन है बल्कि इतिहास से पूरी तरह अभिज्ञ है, चाहे कितने ही निर्बाध ढंग से वह बूर्बों और ज़ारों की बातें कर ले।' ('भगतसिंह रीविजिटेड', पृ. 151)

इधर सरकार में बैठे 'प्रबुद्ध ज्ञानीजनों' को यह समझ नहीं आ रहा था कि इन दोनों 'सरफिरों' ने इतनी आसानी से आत्म-समर्पण क्यों कर दिया? इस गुत्थी को सुलझाने के लिए पुलिस ने अन्धाधुन्ध उन लोगों को गिरफ़्तार करना शुरू किया जिनका इन दोनों के साथ किसी भी प्रकार का कोई सम्बन्ध कभी भी रहा हो। यहाँ तक कि पाँचवीं कक्षा में पढ़ रहे भगतसिंह के सबसे छोटे भाई कुलतारसिंह को भी नहीं बख़्शा गया। उधर 11 अप्रैल के 'द ट्रिब्यून' में छपता है कि ब्रिटिश प्रेस ने इन बम-विस्फ़ोटों की कड़ी रूस में खोज निकाली है और 'डेली न्यूज़' ने

विस्फ़ोटों के लिए 'मास्को और उसके उस्ताद अपराधियों की कारस्तानियों' को ज़िम्मेदार ठहराया है। ('टू मेक द डेफ हीयर' लेखक इरफ़ान हबीब; प्रकाशक 'श्री एसेज' गुड़गाँव, संस्करण वर्ष 2017, पृ. 36)

भगतसिंह और दत्त के जो फ़ोटो उनके साथियों ने अख़बारों के दफ़्तरों में पहुँचाए थे, राजद्रोह का आरोप लगने के भय से वे फ़ोटो नहीं छापे गए। प्रेसवाले इन्तज़ार कर रहे थे कि फ़ोटो पहले कौन छापता है। आख़िरकार लाहौर से प्रकाशित उर्दू अख़बार 'वन्देमातरम' ने इस मामले में पहल की। यह पहल कैसे हुई, यह क़िस्सा हम राजाराम शास्त्री की ज़बानी सुनते हैं :

'जब भगतसिंह ने एसेम्बली में बम फेंका तो उसके पहले उनका एक फ़ोटो लिया गया था। सुखदेव दिल्ली से लाहौर आए और हमसे कहा कि तुम अगर इस फ़ोटो को किसी अख़बार में छपवा दो तो बहुत बड़ा काम होगा। मैंने बहुत सोचा कि कहाँ छपवाऊँ। हमारी सोसाइटी में लाला फिरोजचन्द पत्रकार थे। वन्दे-मातरम् में काम किया करते थे और दी ट्रिब्यून में भी काम करते थे। मैं फिरोजचन्द जी के पास गया और बैठकर बातचीत करता रहा। थोड़ी देर बाद लाला जी बाथरूम गए। मुझे मौक़ा मिल गया तो मैंने क्या किया कि उनकी मेज़ पर लिफ़ाफ़ा रख दिया और बाहर आकर कुर्सी पर बैठकर ऐसे पढ़ने लगा, जैसे मैं कुछ जानता ही नहीं हूँ। लाला फिरोजचन्द जी कमरे में आए, लिफ़ाफ़ा देखा और भगतसिंह का फ़ोटो देखा। पत्रकार होने के नाते खुश हुए होंगे कि इतना दुर्लभ चित्र मिल गया। मेरे पास आए तो पहले उन्होंने पूछा कि राजाराम, यहाँ कोई आदमी आया था। हमने कहा कि हमारे सामने कोई नहीं आया था। कहने लगे कि कोई आदमी नहीं आया तो यह लिफ़ाफ़ा कौन रख गया। मैंने कहा कि हम तो जानते नहीं कि कौन रख गया है। उन्होंने फ़ोटो दिखाई भगतसिंह की। हमने कुछ बताया नहीं वहाँ से चल दिये। लेकिन हमारा काम बन गया। लाला जी को इतना उत्साह आया कि दूसरे दिन ही मैंने देखा कि मुख्य पृष्ठ पर भगतसिंह का फ़ोटो छपा हुआ है।' (नेहरू म्यूज़ियम ज़बानी इतिहास, राजाराम शास्त्री खाता सं. 434, पृ. 237-8)

कामा मक्लेन हालाँकि सरकारी पत्राचार के हवाले से कहती हैं कि अलग से एक परचे पर इस फ़ोटो को छापकर उस परचे को अख़बार के 12 अप्रैल, 1929 के अंक में रखकर वितरित करवाया गया था। इस ज़ुर्रत के लिए पुलिस ने लाला फिरोजचन्द के घर पर मई के महीने में छापा मारा और तलाशी में भगतसिंह का वह फ़ोटो उन्हें मिल गया। भगतसिंह और साथियों पर चले लाहौर षड्यंत्र मुक़दमे में लाला फिरोजचन्द की गवाही हुई तो उसमें उन्होंने स्वीकारा कि उस फ़ोटो को 'मेरी ग़ैरमौजूदगी में कोई मेरे घर छोड़ गया था' जिसे छापने की मंज़ूरी उन्होंने दे दी थी। ('ए रिवोल्यूशनरी हिस्टरी ऑफ़ इंटरवार इंडिया', पृ. 55)

लाहौर से ही प्रकाशित 'द ट्रिब्यून' भला कैसे पीछे रहता? नेशनल कॉलेज के ड्रामा क्लब के सदस्यों का एक ग्रुप फ़ोटो जो वर्ष 1924 में खींचा गया था, कहीं से उसे ढूँढ़ निकाला गया और उसमें से भगतसिंह का फ़ोटो काटकर 'द ट्रिब्यून' ने 13 अप्रैल के अंक में उसे छाप दिया। (उपर्युक्त, पृ. 56)

मद्रास-निवासी सी. एस. वेणु लाहौर सेंट्रल जेल में भगतसिंह के साथ थे। उन्होंने लिखा है कि 16 अप्रैल 1929 को लाहौरी गेट पर [लाहौर में] एक लाल परचा चिपका हुआ पाया गया जो पूरे देश में चर्चा का विषय बन गया। इसका शीर्षक था 'ए लाउड वायस टू मेक द डेफ हियर'। इसमें लिखा था :

'लाहौर में 7 तारीख को पुलिस की ग़ैरक़ानूनी कार्रवाई ने हमें मामले में आगे की कार्रवाई करने के लिए मजबूर किया है। इसलिए कमांडर-इन-चीफ ऑफ़ रिपब्लिकन एसोसिएशन आर्मी, शिमला ने फ़ैसला किया है कि लाहौर पुलिस के ऑफिसर-इनचार्ज को सांडर्स की तरह ही रास्ते से हटा दिया जाए। इसलिए सैनिकों, रोल नम्बर 203 और 182 को इस मामले में तत्काल कार्रवाई का निर्देश दिया जाता है।'

(आदेश के अनुसार)

(हस्ता) जी. रसूल

व्यक्तिगत सहायक, कमांडर-इन-चीफ, रिपब्लिकन ASSN. आर्मी

('सरदार भगतसिंह, लेखक सी. एस. वेणु, हिन्दी अनुवाद राजवन्ती मान; प्रकाशक न्यू वर्ल्ड पब्लिकेशन, नई दिल्ली, संस्करण वर्ष 2022, पृ. 32, 34)

लाहौर की ही तरह इस समय तक दिल्ली में भी अफ़वाहों का बाज़ार गर्म हो चुका है। 17 अप्रैल को 'हिन्दुस्तान टाइम्स' में ख़बर छपती है कि पुलिस की हिरासत से भगतसिंह भाग खड़ा हुआ है। उसी दिन इसी अख़बार में यह ख़बर भी छपी कि एक अजीब-सा आदमी दिल्ली में गुरुद्वारा मजनूँ का टीला के नज़दीक एक तख़्ती लिये खड़ा है जिस पर लिखा है :

'सांडर्स का हत्यारा मौजूद है।'
'अंग्रेज़ सरकार का ख़ात्मा होनेवाला है,
लिहाज़ा इसमें मदद करें।'
'मेरे गुरु सब जानते हैं।'

('ए रिवोल्यूशनरी हिस्टरी ऑफ़ इंटरवार इंडिया' पृ. 55)

अख़बारों ने यह भी छापा 'कि भगतसिंह ने पुलिस से इक़बाल कर लिया है और दल का हाल बता दिया है।' ('यश की धरोहर', पृ. 69) भगतसिंह के सह-आरोपी क्रान्तिकारी डॉ. गयाप्रसाद ने बताया : 'यह सुनकर ताज्जुब हुआ क्योंकि अख़बार में भी यह छप गया। लेकिन यक़ीन नहीं हो रहा था कि भगतसिंह जैसा आदमी कभी 'अप्रूवर' हो सकता है और इस मामले में यक़ीन तो आख़िर

तक नहीं आया।' (नेहरू म्यूज़ियम ज़बानी इतिहास, डॉ. गयाप्रसाद खाता सं. 835, पृ. 85)

17 अप्रैल को ही 'हिन्दुस्तान टाइम्स' में 'हिस्टीरिया इन लन्दन' शीर्षक से ख़बर छपी कि विधान सभा सदस्य दीवान चमनलाल ने दावा किया, सी.आई.डी. ने लाल खतरे का पर्याप्त डर पैदा करने के लिए सदन में यह गोलाबारी गुप्त रूप से आयोजित की है, ताकि 'पब्लिक सेफ़्टी बिल' आसानी से पास हो जाए। ('ए रिवोल्यूशनरी हिस्टरी ऑफ़ इंटरवार इंडिया', पृ. 56)

'हिन्दुस्तान टाइम्स' ने भी अन्तत: 18 अप्रैल के अपने अंक के मुखपृष्ठ पर भगतसिंह का हैट वाला फ़ोटो छाप ही दिया, जो कि साहनी जी को देने के लिए भगतसिंह का साथी क्रान्तिकारी 8 अप्रैल को ही दफ़्तर के चपरासी को एक लिफ़ाफ़े में दे गया था और वह लिफ़ाफ़ा उसने फ़ौरन ही साहनी जी तक पहुँचा भी दिया था। उसी दिन इस अख़बार में यह ख़बर भी छपी कि अख़बार के सम्पादक को एक पत्र 'द रियल हिन्दुस्तान सोशलिस्ट रिपब्लिकन आर्मी' से प्राप्त हुआ है जिसमें यह कहा गया है कि एसेम्बली में बम-विस्फोट के लिए वह संगठन उत्तरदायी नहीं है। (उपर्युक्त।)

विधानसभा में पंडित मोतीलाल नेहरू द्वारा दिये गए भाषण की आलोचना करते हुए वाइसराय लॉर्ड इरविन ने कहा था कि बम-विस्फोट की उन्होंने सीधे शब्दों में निन्दा नहीं की। उनका यह बयान 14 अप्रैल के हिन्दुस्तान टाइम्स में छपा था। उनके बेटे और कांग्रेस के जनरल सेक्रेटरी जवाहरलाल नेहरू ने इरविन की इस आलोचना का करारा और मुँहतोड़ जवाब दिया, जो 18 अप्रैल के ही 'हिन्दुस्तान टाइम्स' में छपा : "लॉर्ड इरविन ने हमसे दो परस्पर विरोधी सिद्धान्तों के बीच नग्न संघर्ष की बात की है, शारीरिक हिंसा और विवेक व तर्क के बीच। इस पर क्या मैं लॉर्ड इरविन और उनकी सरकार से पूछ सकता हूँ कि भारत में उनका शासन किस बुनियाद पर आधारित है? विदेशी क़ब्ज़े की फ़ौज (Army of Occupation) क्या हमारे साथ प्यार से बहस करने के लिए है? भाड़े की भारतीय सेनाएँ क्या समझाइश का मूर्त रूप हैं, और पुलिस और गोलीबारी और पाशविक हमले और प्रतिशोधात्मक क़ानूनी प्रक्रियाएँ? लाला लाजपत राय पर लाठी के जो वार हुए, वह क्या उनके साथ तर्क का प्रयास था?" ('ए रिवोल्यूशनरी हिस्टरी ऑफ़ इंटरवार इंडिया', पृ. 122)

लेकिन गाँधी जी द्वारा प्रकाशित साप्ताहिक 'यंग इंडिया' के 18 अप्रैल के अंक में उनकी अपनी प्रतिक्रिया इस प्रकार छपी : 'बम फेंकने वालों ने आज़ादी के हेतु की अप्रतिष्ठा की है, जिसके नाम पर उन्होंने बम फेंके थे।'

जिस दिन जवाहरलाल नेहरू ने लॉर्ड इरविन पर व्यंग्य-बाण छोड़े थे, उसी दिन 'द ट्रिब्यून' भी पंडित मोतीलाल नेहरू के बयान के बचाव में आ गया।

18 अप्रैल, 1929 के अंक में उनका वह बयान छापते हुए जो उन्होंने केन्द्रीय विधान सभा में दिया था, उसने लिखा : 'वह सिर्फ़ इस बात पर ज़ोर देना चाह रहे थे कि "बलराज" को नेपथ्य में धकेलने का सर्वोत्तम उपाय है गाँधी जी को आगे बढ़ाना और उनके हाथ मज़बूत करना।' ('ए रिवोल्यूशनरी हिस्टरी ऑफ़ इंटरवार इंडिया', पृ. 123)

इधर पुलिस अपने सालोंसाल आजमाए हुए हथकन्डे अपनाकर यह प्रचार कर रही थी कि दोनों ही अभियुक्त अपना जुर्म क़बूल कर बयान दे चुके हैं। इसके जवाब में 21 अप्रैल के ट्रिब्यून में यह खंडन प्रकाशित हुआ कि अभियुक्तों ने न तो कोई बयान दिया है और न ही वे अप्रूवर बने हैं। ('बटुकेश्वर दत्त और क्रान्तिकारी आन्दोलन', लेखक भैरवलाल दास, पृ. 70)

22 अप्रैल को 'हिन्दुस्तान टाइम्स' ने दिल्ली पुलिस की खिल्ली उड़ाई जो बटुकेश्वर दत्त का नेकर दिखाकर शहर भर के धोबियों से पूछताछ करती फिर रही थी, इस उम्मीद में कि उस पर लगे 'लांड्री मार्क' को कोई धोबी पहचान ले। ('ए रिवोल्यूशनरी हिस्टरी ऑफ़ इंटरवार इंडिया', पृ. 57)

सांडर्स की हत्या के बाद लाहौर के भूतपूर्व सीनियर सुपरिंटेंडेंट ऑफ़ पुलिस स्कॉट को अंगरक्षक मिल गए थे। लेकिन एक लाल काग़ज़ पर लिखी मौत की धमकी मिलते ही, 28 अप्रैल के 'हिन्दुस्तान टाइम्स' ने ख़बर दी, बम्बई के लिए उसने अपना सामान बाँधा जहाँ से इंग्लैंड के लिए उसने अगला जहाज पकड़ लिया। (उपर्युक्त, पृ. 56) यह ख़बर सरकार की शान पर बट्टा थी और पुलिस अधिकारियों की इज़्ज़त पर धब्बा। 'हिन्दुस्तान टाइम्स' के इस प्रकार के 'असहयोगात्मक' रवैये से सरकार बेहद परेशान थी। सरकार की आँखों की किरकिरी यह अख़बार शुरू से ही बना हुआ था। ख़ुफ़िया पुलिस ने अपनी कई रिपोर्टों में राष्ट्रवादियों के साथ इसकी साँठ-गाँठ का ज़िक्र भी किया हुआ था। कई पुलिस अफ़सरों पर यह शक़ भी किया जाता रहा कि 'इस प्रकरण की जाँच-पड़ताल की जानकारियाँ वे इस अख़बार को मुहैया कराते रहते हैं। यहाँ तक कि भगतसिंह और दत्त को दिल्ली में आश्रय देने का सन्देह भी हिन्दुस्तान टाइम्स के कर्मचारियों पर किया गया।' ('अंडरस्टैंडिंग भगतसिंह सिंह' लेखक चमनलाल; प्रकाशक आकार बुक्स, दिल्ली; संस्करण वर्ष 2016, पृ. 69)

इस शक़ की ठोस वजह भी थी। इस अख़बार का उद्घाटन वर्ष 1924 में महात्मा गाँधी के हाथों हुआ था और इसकी प्रबन्ध समिति में पंडित मदनमोहन मालवीय भी थे जो वर्ष 1909 तथा वर्ष 1918 में कांग्रेस के अध्यक्ष रहे थे। और यह अख़बार जब आर्थिक कठिनाइयों से जूझ रहा था, लाला लाजपत राय की मदद से बैंकों से कर्ज उठाकर वर्ष 1927 में वे इस अख़बार के मालिक बन चुके थे।

26 अप्रैल को दिल्ली जेल से भगतसिंह ने अपने पिता सरदार किशनसिंह को पत्र लिखा।

'पूज्य पिता जी महाराज,
वन्दे मातरम् !

अर्ज़ है कि हम लोग 22 अप्रैल को पुलिस की हवालात में दिल्ली जेल में मुन्तक़िल (तब्दील) कर दिये गए हैं। ग़ालिबन (सम्भवत:) एक माह में सारा ड्रामा ख़त्म हो जाएगा। ज़्यादा फ़िक्र करने की ज़रूरत नहीं। अगर आप मिलने के लिए आएं तो अकेले ही आइएगा। वाल्दा साहिबा को साथ न लाइएगा। ख़्वामख़ाह वो रो देंगी और मुझे भी कुछ तकलीफ़ ज़रूर होगी। हो सके तो [तिलक द्वारा लिखित] 'गीता रहस्य', नैपोलियन की 'मोटी सुआने-उमरी' [जीवन-चरित्र] जो आपको मेरी कुतुब [लाइब्रेरी] में मिल जाएँगी और अंग्रेज़ी के कुछ आला नॉवेल लेते आइएगा। इस वक़्त पुलिस हवालात और जेल में हमारे साथ निहायत अच्छा सलूक हो रहा है। आप किसी क़िस्म की फ़िक्र न कीजिएगा।' ('युगद्रष्टा', पृ. 180-81)

न तो भगतसिंह कपड़े माँग रहा है, न कुछ खाने-पीने को और न ही कोई प्रसाधन-सामग्री। वह माँग रहा है सिर्फ़ और सिर्फ़ किताबें। वास्तव में इन क्रान्तिकारियों को क्रान्ति की राह पर अग्रसर करने में किताबों की बेहद अहम भूमिका रही। हांगकांग विश्वविद्यालय में तुलनात्मक साहित्य के सहायक प्रोफ़ेसर जे. डेनियल एलम बताते हैं कि 'ब्रिटिश सी.आई.डी. फाइलें इस बात की गवाह हैं कि ब्रिटिश राज और ग़दर पार्टी पढ़ने को बहुत ख़तरनाक चीज़ मानती थीं, हालाँकि भिन्न कारणों से।' ('वर्ल्ड लिटरेचर फॉर द रेचेड ऑफ द अर्थ' प्रकाशक फोर्डम यूनिवर्सिटी प्रेस, न्यूयॉर्क, संस्करण वर्ष 2021, पृ. 25) 'मैं समझता हूँ क्रान्तिकारी हमेशा पढ़ रहा था, बल्कि पढ़ना क्रान्तिकारी था।' (उपर्युक्त, पृ. 93)

इलाहाबाद से प्रकाशित हिन्दी साप्ताहिक अभ्युदय ने अपने 27 अप्रैल में अंक में पुन: इस तथ्य की पुष्टि की कि, 'दोनों अभियुक्त सरदार भगतसिंह और श्री बटुकेश्वर दत्त दृढ़ हैं और उन्होंने पुलिस को किसी प्रकार का बयान देने से इनकार कर दिया है।' इसी साप्ताहिक पत्र ने अपने 4 मई, 1929 के अंक में लिखा : 'एसेम्बली का बम केस अभी शुरू भी नहीं हुआ। पुलिस ने पहले इस मामले के सम्बन्ध का पता सांडर्स की हत्या, लाहौर की बम फैक्टरी और नासिक के बम कांड से लगाने की कोशिश की थी, किन्तु अब वह इस प्रयत्न में लीन है कि कहीं इस मामले का सम्बन्ध काकोरी कांड से तो नहीं है।' ('क्रान्तिवीर भगतसिंह', पृ. 148)

7 मई को दिल्ली जेल में जब अदालत बैठी तो सरदार किशनसिंह और 'बेबे' दोनों वहाँ मौजूद थे। भगतसिंह ने तो लिख दिया था कि 'आप किसी क़िस्म की फ़िक्र न करना।' लेकिन वे तो पिता थे! फ़िक्र कैसे न करते? और 'वाल्दा साहिबा' को वे कैसे साथ न लाते? वे मना करते तो भी 'बेबे' आतीं। ऐसी परिस्थिति में कोई माँ भला घर पर बैठी रह सकती है? उन दोनों ने ही देखा कि अदालत के कमरे में दाख़िल होते ही उनके बेटे और उसके साथी ने बुलन्द आवाज़ में लगाए गए इन नारों से अदालत का कमरा गुँजा दिया था।

'इनक़लाब ज़िन्दाबाद!'

'साम्राज्यवाद का नाश हो!'

मजिस्ट्रेट पूल ने पूछा : "अदालत में तुम जब दाख़िल हुआ तो चिल्लाया, 'इनक़लाब जिन्दाबाद'। इससे तुम्हारा क्या मतलब है?"

इस प्रश्न का जवाब भगतसिंह और दत्त नारों से ही दिया।

'इनक़लाब ज़िन्दाबाद!'

'साम्राज्यवाद का नाश हो!'

सार्जेंट टेरी ने गवाही दी कि गिरफ़्तारी के समय भगतसिंह के पास से एक पिस्तौल बरामद हुई। पुलिस को ग्यारह ऐसे 'चश्मदीद' गवाह भी मिल गए, जिनमें 'आधी दिल्ली के मालिक' सरदार सोभासिंह भी थे, जिन्होंने 'सिर्फ़ सच' कहने की शपथ खाकर बयान दिया कि इन दोनों को बम फेंकते हुए उन्होंने अपनी आँखों से देखा था। जबकि उनकी आँखें उस वक़्त अपने उन 'ख़ास' मित्रों को खोजती हुई दर्शकदीर्घा में घूम रही थीं जिन्हें वे उस शाम को उस पार्टी में ले जाना चाह रहे थे, जैसी पार्टियाँ तक़रीबन रोज़ाना ही वे दिया करते थे। इन पार्टियों की ऐसी शान थी कि ऊँचे ओहदों पर बैठे सरकारी अफ़सर और दिल्ली की नामी-गिरामी हस्तियाँ भी उनमें शिरकत करने को लालायित रहती थीं। 'संयोगवश' सरकारी इमारतों को बनाने के ज़्यादातर ठेके भी सर के ख़िताब से नवाजे गए सरदार सोभासिंह की झोली में ही आ गिरते थे। सर सोभासिंह कई महत्त्वाकांक्षी नवयुवकों के लिए उन दिनों प्रेरणा के स्रोत रहे, जिनके तरीक़े अपनाकर आज़ाद भारत में जिन्होंने बड़े-बड़े ठेके और लाइसेन्स-परमिट हासिल किये और करोड़पति बन गए।

मजिस्ट्रेट पी.बी. पूल ने अभियुक्तों से पूछा कि क्या वे अपने बचाव में कुछ कहना चाहते हैं? भगतसिंह ने कहा—"इस मामले में अभी कुछ कहना मैं फ़ज़ूल समझता हूँ। ज़रूरत हुई तो आगे चलकर बयान दूँगा।" और अपनी मुट्ठियाँ कसकर उन्हें ऊपर तानते हुए बुलन्द आवाज़ में नारे लगा दिये,

'इनक़लाब जिन्दाबाद!'

'साम्राज्यवाद का नाश हो!'

अदालत की कार्यवाही में इन नारों को दर्ज कर लिया गया और आरोप पत्र दाखिल कर दिया गया। आरोप था : 'महामहिम सम्राट की प्रजा को जान से मारने या चोट पहुँचाने' के इरादे से बम फेंकना। ब्रिटिश सरकार यह जताने का कोई मौक़ा नहीं चूकती थी कि हिन्दुस्तानी लोग लन्दन में बैठे उनके सम्राट की प्रजा थे।

'अभ्युदय' साप्ताहिक ने 18 मई, 1929 के अंक में अदालती कार्रवाई की रिपोर्टिंग की : 'जेल के दफ़्तरवाले कमरे में मुक़दमे की सुनवाई शुरू हुई। अभियुक्त जब इजलास पर लाए गए तो उन्होंने गर्जना की कि 'साम्राज्यवाद का नाश हो, क्रान्ति चिर दिन तक बनी रहे।' जिस पर मजिस्ट्रेट ने हुक्म दिया कि अभियुक्तों को हथकड़ियाँ पहना दी जाएँ। दस बजे मुक़दमा शुरू हुआ। जब तक मामले की सुनवाई होती रही तब तक दोनों अभियुक्त मुसकुराते और हँसते रहे। अभियुक्त भगतसिंह अपनी मोंछों पर ताव देता था।' ('क्रान्तिवीर भगतसिंह', पृ. 149)

जून के पहले सप्ताह में दिल्ली के सेशन कोर्ट में मुक़दमा शुरू हुआ। सरदार किशनसिंह की बैरिस्टर आसफ़ अली से, जो कांग्रेस पार्टी के सक्रिय कार्यकर्ता भी थे, पुरानी जान-पहचान थी। भगतसिंह के सहयोगी क्रान्तिकारी जयदेव कपूर ने एक साक्षात्कार में बताया कि 'उन्होंने आसफ़ अली को डिफेन्स कौन्सिल बनाया। आसफ़ अली और भगतसिंह में काफ़ी बातचीत हुई। आसफ़ अली ने उनको स्टेटमेंट देने के लिए मना किया। एक वकील की हैसियत से वह डिफेन्स की दूसरी लाइन लेना चाहते थे और भगतसिंह अदालत के मंच को क्रान्तिकारी प्रचार का साधन बनाने के पक्ष में थे और उन्होंने यह तय कर लिया था कि हर मौक़े पर, हर प्लेटफ़ॉर्म से जहाँ जब भी कोई मौका मिलेगा तो वे अंग्रेज़ी साम्राज्यशाही पर प्रहार करेंगे, उनकी न्याय-व्यवस्था, उनके शासन तंत्र और आर्थिक शोषण व्यवस्था पर वे निरन्तर प्रहार करते रहेंगे।' (नेहरू म्यूज़ियम ज़बानी इतिहास, जयदेव कपूर खाता सं. 431, पृ. 131-2)

अपने जिद्दी मुवक्किल के आगे आसफ़ अली मजबूर हो गए। 6 जून को न्यायमूर्ति लियोनार्ड मिडलटन की अदालत में 'भगतसिंह ने बयान दिया कि हम 'डिफेन्स' में स्वयं अपना लिखित 'स्टेटमेंट' देना चाहते हैं। मिडलटन ने इजाज़त दे दी। आरोपियों के वकील आसफ़ अली ने अंग्रेज़ी में लिखा गया वह बयान पढ़ा।

"मानवता को प्यार करने में हम किसी से पीछे नहीं हैं। किसी से हमें व्यक्तिगत द्वेष नहीं है और मानव जीवन को हम शब्दातीत पावन मानते हैं। न तो हम नीचतापूर्ण उपद्रव करनेवाले हैं, न ही इसलिए देश के कलंक हैं, जैसा कि बताते हैं छद्म-समाजवादी दीवान चमनलाल ने हमारे बारे में बयान दिया, न ही हम विक्षिप्त हैं, जैसा कि लाहौर के 'ट्रिब्यून' तथा कुछ अन्य ने विश्वास दिलाना चाहा है।"

"पाखंड से हमें नफ़रत है। हमारा यह क्रियात्मक प्रतिवाद उस संस्था के ख़िलाफ़ है जिसने उसके अस्तित्व में आने के समय से ही न सिर्फ़ अपने निकम्मेपन को बहुत बढ़िया ढंग से प्रदर्शित करने के उपाय किये हैं, बल्कि अनिष्ट करने की अपनी व्यापक क्षमता को भी। हम एक ऐसी संस्था का औचित्य खोज पाने में मुकम्मल तौर पर नाकामयाब रहे जो भारत के लाखों मेहनतकशों की गाढ़ी कमाई से आयोजित तमाम ठाट-बाट और शान के बावजूद सिर्फ़ एक खोखला तमाशा और शैतानी भरा ढोंग है। जनता के उन नेताओं की मानसिकता समझ पाने में भी हम नाकामयाब रहे जो भारतीयों की बेबस ग़ुलामी की साफ़ तौर पर नियोजित नुमाइश पर जनता का वक़्त और रुपया फूँक देने में सरकार की मदद करते हैं।"

"कोई भी जिसने कोल्हू में हाँक दिये गए बेज़बान मज़दूरों की बाबत हमारी तरह महसूस किया है, इस तमाशे को देखकर धीरज नहीं रख सकता। दिल को चीरकर रख देनेवाली व्यथा को ज़ाहिर करने का जिनके पास कोई तरीक़ा बाक़ी नहीं रहा, उन लोगों की तरफ़ से विरोध दर्ज कराने के लिए सदन-कक्ष के फ़र्श पर हमने बम फेंका। हमारा एकमात्र उद्‌देश्य था 'सुनने पर बहरों को मज़बूर कर देना' और वक़्त रहते बेपरवाहों को चेतावनी दे देना।"

"चूँकि फ़िरंगी सरकार और भारतीय जन-नेतृत्व, दोनों इस [क्रान्तिकारी] आन्दोलन की मौजूदगी पर आँखें बन्द किये हुए प्रतीत होते हैं, इसे हमने अपना फ़र्ज़ समझा कि चेतावनी वहाँ दें जहाँ यह अनसुनी न रह सके। हमने सिर्फ़ 'आदर्श-लोकीय अहिंसा' (Utopian non-violence) के युग की समाप्ति पर मोहर लगाई है, जिसकी निरर्थकता के बारे में उदीयमान पीढ़ी को शक़ के दायरे से आगे बढ़कर यक़ीन हो चुका है।"

यह टिप्पणी गाँधी जी द्वारा चलाई गई अहिंसक असहयोग आन्दोलन की विफलता को रेखांकित करने के उद्‌देश्य से भगतसिंह ने की थी।

निचली अदालत में भगतसिंह और दत्त से पूछा गया था कि इनक़लाब ज़िन्दाबाद से उनका क्या तात्पर्य है? वहाँ इन दोनों ने इसका जवाब नहीं दिया था। उस सवाल का जवाब भी अब इस बयान में उन्होंने दे दिया, जिसे कि उनके वकील आसफ़ अली ही इस अदालत में पढ़ रहे थे।

"इनक़लाब में रक्तरंजित संघर्ष निहित हो यह ज़रूरी नहीं। न ही इसमें जाती दुश्मनी निभाने की कोई जगह है। बम और पिस्तौल का यह पन्थ नहीं। इनक़लाब से हमारा मतलब है कि मौजूदा हालात, जो साफ़ तौर पर अन्याय पर आधारित हैं, बदलने चाहिए। समाज के सबसे ज़रूरी अंश होने के बावजूद उत्पादन करनेवालों या मज़दूरों की मेहनत का फल शोषणकारी द्वारा लूट लिया जाता है और उनके मौलिक अधिकारों से उन्हें वंचित कर दिया जाता है।"

"एक बुनियादी बदलाव, लिहाज़ा, ज़रूरी है और जो इसे महसूस करते हैं उनका यह फ़र्ज़ है कि समाजवादी ढंग से समाज का पुनर्गठन करें। जब तक यह नहीं किया जाता और मनुष्य के द्वारा मनुष्य का, देश के द्वारा देश का शोषण ख़तम नहीं किया जाता, जिस आपदा और संहार का ख़तरा मानवता पर आज मँडरा रहा है उसकी रोकथाम नहीं की जा सकती। जंग को ख़तम करने की और सार्वलौकिक शान्ति की सारी बातें [तब तक] निरा पाखंड हैं।"

"इनक़लाब से हमारा तात्पर्य है समाज में ऐसी व्यवस्था की स्थापना जिसमें इस तरह के विध्वंस की आशंका न हो, और जिसमें श्रमजीवी की प्रभुसत्ता को मान्यता मिले तथा एक विश्व-संघ पूँजीवाद की ग़ुलामी और साम्राज्यवादी युद्धों से मानवता को मुक्ति दिलाए। यह हमारा आदर्श है और इसी विचारधारा से प्रेरित हो हमने उचित और पर्याप्त रूप से बुलन्द चेतावनी दी है।"

"इनक़लाब मानवजाति का अविच्छेद्य अधिकार है। आज़ादी सभी का अविनाशी जन्मजात अधिकार है। मज़दूर समाज का असली पोषक है, प्रभुसत्ता कामगारों की अन्तिम नियति है। इन आदर्शों के लिए और इस विश्वास के लिए, किसी भी कष्ट का स्वागत हम करेंगे जिसे हमें भुगतना होगा।"

"इनक़लाब ज़िन्दाबाद!"

न्यायमूर्ति लियोनार्ड मिडलटन यह बयान सुनकर अचम्भित रह गए। वे यक़ीन नहीं कर पा रहा थे कि इतना विद्वत्तापूर्ण बयान और वह भी इतनी परिष्कृत अंग्रेज़ी में इन 'छोकरों' ने ही लिखवाया है। हाँ, छोकरे ही तो थे दोनों अभी! भगतसिंह की उम्र अभी 22 साल भी नहीं थी और बटुकेश्वर दत्त तो अभी नाबालिग ही था। यह बयान जब अख़बारों में छपा तो सामान्य प्रतिक्रिया यही थी कि बयान की भाषा उनके वकील आसफ़ अली की है, अभियुक्तों की नहीं।

जवाहरलाल नेहरू ने, जो उस समय कांग्रेस पार्टी के प्रमुख सचिव थे, 13 जून को मेरठ की जनसभा में कहा : 'पहले तो वह (जवाहरलाल नेहरू) स्तम्भित रह गए थे लेकिन अभियुक्तों के बयान ने सब कुछ साफ़ कर दिया है। उन्हें (अभियुक्तों को) कायर नहीं कहा जा सकता।' अब से जवाहरलाल नेहरू भगतसिंह में उत्कंठापूर्ण रुचि लेने लग गए। ('भगतसिंह रीविजिटेड', पृ. 155)

भगतसिंह और दत्त के संयुक्त बयान को जवाहरलाल ने कांग्रेस बुलेटिन में 1 जुलाई, 1929 को छाप दिया। इसके लिए उन्हें गाँधी जी का नाराज़गी भरा ख़त मिला जिसमें उन्होंने सन्देह व्यक्त किया कि इस बयान को वास्तव में भगतसिंह और दत्त ने तैयार नहीं किया है। उन्होंने लिखा : 'मैं समझता हूँ कि यह वकील द्वारा तैयार किया गया है। जैसा कि तुम और मैं सोच रहे थे, यह सच्चे अन्तःकरण का उद्गार नहीं है।'

इसका जवाब देते हुए नेहरू ने लिखा : 'मुझे खेद है कि मेरे द्वारा कांग्रेस बुलेटिन में भगतसिंह और दत्त का बयान दिये जाने को आपने नापसन्द किया है। मैं ख़ुद तनिक सन्देह में था कि क्या इसको मुझे देना चाहिए। लेकिन जब मैंने पाया कि कांग्रेस के हलकों में इसकी बहुत व्यापक सराहना हो रही थी तो मैंने इसका सार देने का निर्णय लिया। मैं समझता हूँ ऐसा सोचने में आप ग़लती पर हैं कि बयान उनके वकील ने तैयार किया था। मेरी सूचना है कि वकील का इससे कुछ भी, व्यावहारिक रूप से कुछ भी, लेना-देना नहीं था। विरामादि चिह्न उसने दुरुस्त किये हो सकते हैं।' ('द ट्रायल ऑफ भगतसिंह पॉलिटिक्स ऑफ जस्टिस' लेखक ए.जी. नूरानी; प्रकाशक ऑक्सफोर्ड यूनिवर्सिटी प्रेस, संस्करण वर्ष 2001, पृ. 68)

यहाँ पर यह उल्लेखनीय है कि आसफ़ अली जवाहरलाल नेहरू के नज़दीकी दोस्त थे।

नेशनल कॉलेज में भगतसिंह के अध्यापक छबीलदास, जो बाद में कॉलेज के प्राचार्य हो गए, अपने शिष्य से चार ही साल बड़े थे और उन दोनों में दोस्ताना व्यवहार हो गया था। उनकी बेटी मनोरमा दीवान ने अपने माता-पिता के जीवन पर लिखी पुस्तक में बताया : 'हमारे पिता जी हमें बताते थे कि नेशनल कॉलेज में इंटरव्यू के दौरान भाई परमानन्द तो अपने सारे सवाल हिन्दुस्तानी ज़बान में पूछ रहे थे लेकिन प्रिन्सिपल छबीलदास ने भगतसिंह से सारी बातचीत अंग्रेज़ी ज़बान में की। वह बहुत अच्छी अंग्रेज़ी जानता था।' ('इनकलाबी यात्रा' लेखिका मनोरमा दीवान; प्रकाशक राष्ट्रीय पुस्तक न्यास, संस्करण वर्ष 2014, पृ. 51)

इसके अलावा यह रहस्योद्घाटन भी मनोरमा दीवान ने किया है कि 'भगतसिंह बहुत अच्छी कविताएँ लिखता था और इस बात का प्रौपेगंडा ही नहीं किया गया कि ये कविताएँ अकसर अंग्रेज़ी में हुआ करती थीं। प्रिन्सिपल छबीलदास के मित्र और क्रान्तिकारी सहयोगी कॉमरेड रामचन्द्र ने अपनी किताब 'आइडियोलॉजी एंड बैटल क्राईस ऑफ इंडियन रेवोल्यूशनरीज' में 112 से 115 पृष्ठों पर क्रान्तिकारी भगतसिंह द्वारा लिखी अंग्रेज़ी की दो कविताएँ, जो उनके अपने हाथ से लिखी हुई हैं, प्रकाशित की हैं। हमारे पिता जी का कहना था कि भगतसिंह ने ऐसी बहुत-सी कविताएँ अंग्रेज़ी में लिखी थीं।' मनोरमा दीवान यह भी बताती हैं कि कॉलेज की ड्रामा सोसाइटी के लिए भगतसिंह ने कई नाटक और गाने भी लिखे और यह भी कि 'नेशनल कॉलेज के सभी अध्यापकों का कहना था कि उन्होंने आज तक ऐसा मेधावी और सर्वगुणसम्पन्न छात्र नहीं देखा।' (उपर्युक्त, पृ. 120)

मई 1925 में लिखे लेख 'युवक' में भगतसिंह ने अंग्रेज़ी कविता का एक छन्द दिया है :

Farewell Farewell My true Love
The army is on Move;
And if I stayed with you Love,
A coward I shall prove.

इसके रचियता का नाम न तो लेख में है और न ही यह मालूम करने के मेरे प्रयास सफल हुए। कहीं यह भगतसिंह की स्वयं की ही रचना तो नहीं?

न्यायमूर्ति लियोनार्ड मिडलटन को यह यक़ीन भले ही न हुआ हो कि उन्हें सुनाए गए बयान की भाषा अभियुक्तों की है, लेकिन यह यक़ीन निश्चित रूप से उन्हें हो गया कि ढाई हज़ार से ज़्यादा शब्दों का यह बयान वास्तव में इन 'बाग़ियों' का घोषणापत्र है और इनके प्रचार का हिस्सा भी। वैसे तो किसी अख़बार में यह छप नहीं सकता था; वरना अख़बार पर इतना भारी जुर्माना होता कि अख़बारवाले की सारी सम्पत्ति, घर-बार, प्रेस की मशीनें, दफ़्तर, फर्नीचर बेचकर भी भरपाई न होती और सालोंसाल जेल में सड़ना होता सो अलग। अदालती कार्रवाई की रिपोर्टिंग के बहाने अब यह छप जाएगा और क़ानून के दायरे में रहकर छप जाएगा तथा सरकार मुँह टापती रह जाएगी। इसलिए न्यायमूर्ति ने आदेश दिया कि इस बयान के फलाँ-फलाँ हिस्से अदालती कार्रवाई में से विलोपित कर दिये जाएँ।

मगर तुम डाल-डाल तो हम पात-पात! भगतसिंह और दत्त के क्रान्तिकारी साथियों को पहले से ही अनुमान था कि ऐसा कुछ होगा। जितेन्द्रनाथ सान्याल लिखते हैं : 'सेशन्स जज की अदालत में दिया गया यह वक्तव्य बड़ी चतुराई से चारों ओर फैला दिया गया था। इस ऐतिहासिक वक्तव्य के दिये जाने के पहले ही, इसकी टाईप की हुई प्रतियाँ सभी बड़े-बड़े समाचार-पत्रों में छपने के लिए भेज दी गई थीं। उसे तार-घर द्वारा नहीं भेजा गया; क्योंकि ऐसा करने से डर था, कि कहीं वह काँट-छाँटकर अथवा बिलकुल अर्थ का अनर्थ कर न भेज दिया जाए। इतनी रुकावटें होते हुए भी सारा-का-सारा वक्तव्य, एक साथ ही भारत के समस्त प्रमुख पत्रों में प्रकाशित हुआ। यहीं नहीं, वह भारत के बाहर भी पहुँचा दिया गया और उसके महत्त्वपूर्ण अंश पेरिस के "ला ह्यूमनाइत" (Le Humanite) तथा रूस के 'प्रावदा' (Pravada) तथा आयरलैंड के पत्रों में छप गए।' ('अमर शहीद सरदार भगतसिंह', पृ. 49)

यह बयान अदालत में दिये जाने के अगले ही दिन और अख़बारों में यह बयान छपने के पहले 7 जून को नौजवान भारत सभा ने अमृतसर में एक सभा आयोजित की जिसमें भगतसिंह और दत्त के साहसी देशभक्तिपूर्ण कार्य की प्रशंसा की गई। पंजाब सरकार के ख़ुफ़िया विभाग सी.आई.डी. ने भारत सरकार के गृह विभाग को भेजी गई अपनी रिपोर्ट में लिखा कि, 'यह सभा महत्त्वपूर्ण थी

क्योंकि इस अवसर पर ही भगतसिंह और दत्त के नाम उदित हुए। बम फेंकने के उनके काम की सराहना की गई और उनके बयान के अंश उद्धृत कर यह दर्शाया गया कि जान लेने का उनका कोई इरादा नहीं था बल्कि सरकार को सिर्फ़ चेतावनी देना चाह रहे थे कि दमन की अपनी नीति को वह बदले।' ('भगतसिंह रीविजिटेड', पृ. 154)

8 जून को प्रमुख अख़बारों में अदालत में दिया गया बयान छप गया। दिल्ली के 'हिन्दुस्तान टाइम्स' ने तो 'भगतसिंह और दत्त का सनसनीखेज़ बयान' शीर्षक से पूरा बयान ही प्रकाशित कर दिया। (प्रोफ़ेसर चमनलाल द्वारा सम्पादित 'द भगतसिंह रीडर'।)

"भगतसिंह और दत्त का सनसनीखेज़ बयान
बहरे सुनें इसलिए ज़ोरदार आवाज़"

इसी रोज़ लाहौर के 'द ट्रिब्यून' ने भी पूरा बयान छापा। ('भगतसिंह रीविजिटेड', पृ. 154)

"भगतसिंह और दत्त ने बताया उन्होंने बम क्यों फेंके"
"बहरों को हम सुनाना चाहते थे"
"आदर्शलोकीय अहिंसा में कोई भरोसा नहीं"
"एसेम्बली खोखला तमाशा है"
"साइमन पर हम घात लगा सकते थे लेकिन वह हमारा प्रयोजन नहीं था"

इस बम-विस्फोट की गूँज इंग्लैंड तक भी जा पहुँची। लन्दन से प्रकाशित अख़बार 'पायनियर' ने भी 8 जून, 1929 को ही यह समाचार प्रकाशित कर दिया :

"एसेम्बली बम प्रकरण में सफ़ाई
इनसानी ज़िन्दगी पर कोई मनसूबा नहीं
क्रान्ति का लक्ष्य समाजवाद"

'वन्देमातरम्' और 'स्टेट्समैन' ने तो न सिर्फ़ इस बयान को प्रकाशित किया, बल्कि साथ में भगतसिंह और बटुकेश्वर के फ़ोटो भी छाप दिये। जितेन्द्रनाथ सान्याल बताते हैं कि 'उन्हीं नेताओं ने, जिन्होंने पहले इस कांड की जी खोलकर निन्दा की थी, अब अपने वक्तव्यों में सुधार करना शुरू किया। कई पत्रों तथा सार्वजनिक कार्यकर्ताओं ने उन युवकों के उद्देश्य की प्रशंसा करना ही प्रारम्भ कर दिया। शीघ्र ही 'नौजवान भारत सभा' ने एसेम्बली में बमकांड की घटना के प्रचार का काम अपने हाथ में ले लिया। भगतसिंह तथा दत्त द्वारा दिये गए वक्तव्य की लाखों प्रतियाँ भारत के कोने-कोने में पहुँचा दी गई; जिसमें दोनों युवकों के चित्र भी थे। इस वक्तव्य ने जनता में, विशेषकर युवक-समाज में, बिजली का काम किया। पार्टी का यश चारों ओर फैल गया। इस कांड ने युवकों के हृदय में स्थान पा लिया तथा उनमें विचित्र जोश छा गया।' ('अमर शहीद सरदार भगतसिंह', पृ. 49-50)

जितेन्द्रनाथ सान्याल यह भी बताते हैं कि इन दोनों के संक्षिप्त जीवन-चरित्र मय फ़ोटो के एक पुस्तिका में छापकर कुछ प्रमुख अख़बारों को भेजी गईं और उन्होंने बड़ी ख़ुशी के साथ उन्हें प्रचारित करना स्वीकार कर लिया। चन्दरपाल सिंह लिखते हैं : 'सेशन्स अदालत में 6 जून, 1929 को भगतसिंह और बी.के. दत्त के बयान पढ़े गए, केवल उसके बाद ही जनता की अनुभूति में परिवर्तन आया और एक न्यायोचित उद्देश्य के लिए लड़नेवाले वीरों की तरह उनका अभिवादन किया गया।' ('भगतसिंह रिविजिटेड', पृ. 126) 'इस बयान का गहरा असर हुआ। भगतसिंह और दत्त समाचारों के लोकप्रिय विषय हो गए और देशहित में कष्ट झेलनेवाले देशभक्तों की तरह उनका जयजयकार होने लगा।' (उपर्युक्त, पृ. 155)

नेशनल कॉलेज में भगतसिंह के गुरु रहे जयचन्द्र विद्यालंकार ने एसेम्बली में बम-विस्फोट की घटना के कुछ महीनों बाद लिखा : 'भगतसिंह का सबसे पहला परिचय जनता को एसेम्बली के बम से मिला था। पंजाब के राष्ट्रभक्त जो भगतसिंह के परिवार को 22 बरस पहले से जानते थे, एकाएक अपने अज़ीज़ को उस हालत में देखकर सन्न हो गए। [जब] इनका बयान सामने आया पंजाब पर तो उसका जादू का असर हुआ। भगतसिंह जैसा होनहार, बहादुर, प्रतिभाशाली तरुण देशभक्त ऐसी तुच्छ मूर्खता का कांड कर बैठा यह देखकर पंजाब भौंचक था। उस मूर्खता में कुछ-न-कुछ रहस्य होना चाहिए। वह रहस्य सामने आते ही पंजाब उस पर लट्टू हो गया।'

'एसेम्बली कांड के करीब तीन महीने पहले सांडर्स-वध हुआ था। उस सिलसिले में पुलिस को भगतसिंह की तलाश थी और तीन महीने तथा उसके बाद भी लगातार पीछे लगे रहने के बावजूद उसका और उसके साथियों का कुछ भी पता वह न निकाल सकी, इस बात का भी एक विचित्र प्रभाव जनता के मन पर पड़ा था और जिस आदमी की खोज में वह इतनी परेशान थी, अन्त में उसने स्वयं अपने को कैसी बेपरवाही से सौंप दिया!' ('अभ्युदय' साप्ताहिक में जयचन्द्र विद्यालंकार का लेख 'नकद नतीजा'; 'क्रान्तिवीर भगतसिंह', पृ. 55)

सांडर्स-वध के सिलसिले में पुलिस को भगतसिंह की तलाश थी इस बात की पुष्टि जयदेव कपूर भी करते हैं : 'सांडर्स-वध के बाद पुलिस एक दाढ़ी और केशधारी सिख नौजवान भगतसिंह को खोज रही थी। भगतसिंह के परिवार की क्रान्तिकारी परम्पराओं पर गौर करते हुए उनको भगतसिंह पर शक़ था।' (नेहरू म्यूज़ियम ज़बानी इतिहास, जयदेव कपूर खाता सं. 431, पृ. 89)

सेशन्स अदालत में मुक़दमा आरम्भ होने के मात्र पाँचवें दिन 10 जून को समाप्त हो गया और दो दिन बाद 12 जून को दोनों आरापियों को सज़ा भी सुना दी गई—'इंडियन पीनल कोड' की धारा 307 और 'एक्सप्लोसिव्स सब्सटेन्सेस

एक्ट' के तहत आजीवन देशनिकाला। जिस समय यह सज़ा सुनाई जा रही थी, भगतसिंह और दत्त मुसकुरा रहे थे। और जैसे ही न्यायमूर्ति लियोनार्ड मिडलटन यह सज़ा सुनाकर ख़ामोश हुए तो बँधी हुई मुट्ठियों को ऊपर तानकर दोनों पूरी ताक़त से चिल्लाए,

"साम्राज्यवाद का नाश हो!"

"श्रमजीवी के शासन की विजय हो!"

सरफ़रोशी की तमन्ना

8 अप्रैल, 1929 को तो भगतसिंह और दत्त को दिल्ली के अलग-अलग थानों में ले जाया गया था ताकि दोनों से अलग-अलग उनकी कहानी सुनकर सच्चाई का पता लगाया जा सके। वहाँ ले जाकर पुलिस ने दोनों की ख़ूब ख़ातिर-तवज्जो की और उनका भेद मालूम करने के लिए अपने पुराने जाँचे-परखे हथकंडे अपनाए। दोनों से कहा गया कि तुम्हारे साथी ने तो सारा कच्चा चिट्ठा खोल ही दिया है, अब तुम भी सब साफ़-साफ़ बता दो तो तुम्हें ज़्यादा सज़ा नहीं होने देंगे। दोनों में से एक ने भी मगर ज़बान नहीं खोली और सिर्फ़ मुसकराते रहे। पुलिस फिर अपनी असलियत पर आ गई और सख़्ती से पूछताछ करते हुए धमकी दी कि अपने साथियों के नाम-पते उन्होंने सही-सही नहीं बताए तो उनका अंजाम बहुत बुरा होनेवाला है। इस पर दोनों ने अलग-अलग थानों में रहते हुए भी एक ही नारा 'इनक़लाब ज़िन्दाबाद!' का लगा दिया। पुलिस हैरान थी कि यह कौन-सा नया जादुई मंत्र इन लोगों के हाथ आ गया है कि जब देखो तब ये लोग इसे ही बुलन्द आवाज़ में दोहराया करते हैं। यह राज़ किसी के पल्ले नहीं पड़ रहा था।

इसी बीच भगतसिंह और बटुकेश्वर दत्त द्वारा एसेम्बली में फेंके गए परचों का बारीक़ी से अध्ययन किया गया तो कुछ पुलिस अफ़सरों के दिमाग़ की बत्ती जल उठी। वही भाषा-शैली जो सांडर्स की हत्या के बाद लाहौर शहर में चिपकाए गए पोस्टरों में थी। वही गुलाबी काग़ज़ जिस पर लाल स्याही के रिबन से ही टाइप किया हुआ; शीर्ष पर भी वही छपा हुआ 'हिन्दुस्तान सोशलिस्ट रिपब्लिकन आर्मी'; और सबसे नीचे वही नाम : 'बलराज, कमांडर-इन-चीफ़'। इस बत्ती के जलते ही उन अफ़सरों की बाँछें खिल गईं। उनको यह अहसास हो गया कि इन दो 'सिरफिरे बाग़ियों' की शक़्ल में उनके हाथ 'जैकपॉट' लग गया है। तीन महीने से भी अधिक समय तक आकाश-पाताल एक कर देने के बावजूद अपने ख़ूबसूरत नौजवान सहयोगी सांडर्स के हत्यारों को पकड़ पाने में नाकामयाबी उन्हें कचोटा करती थी। लेकिन अब न सिर्फ़ उन बेरहम हत्यारों के हाथ में आ जाने की उम्मीद के चिराग़ उनके दिलों में रोशन हो गए, बल्कि यह भी यक़ीन हो चला था कि इन

दो मासूम नज़र आनेवाले छोकरों के साथ अगर ज़रा चतुराई से पेश आया गया तो इस 'हिन्दुस्तान सोशलिस्ट रिपब्लिकन आर्मी' का पूरा ताना-बाना भी सामने आ जाएगा।

तुरन्त भगतसिंह और दत्त को बाइज़्ज़त दिल्ली के सिविल लाइन्स पुलिस थाने ले जाया गया जहाँ इन दोनों को 22 अप्रैल तक पुलिस की हिरासत में रखा गया। यहाँ उनके साथ अप्रत्याशित रूप से अच्छा सुलूक किया गया। यूरोपीय क़ैदियों सरीखी सुविधाएँ उन्हें दी गईं। खाने के लिए जो और जैसा उन दोनों ने चाहा, उन्हें मुहैया करवाया गया। और पूछताछ में उनके साथ बजाय ज़ोर-ज़बर्दस्ती करने के चिकनी-चुपड़ी बातों का सहारा लिया गया। ठेठ 'पुलिसिया अन्दाज़' में पुचकार-पुचकारकर यह विश्वास उन्हें दिलाने की भरपूर कोशिशें की गईं कि हक़ीक़त में तो वे उनके हितैषी हैं और उनका कहा मान लेने पर उन्हें न सिर्फ़ रिहाई मिल जाएगी, वह भी बिना अदालत जाए और तत्काल, बल्कि सरकार से सिफ़ारिश करके उन्हें वे तगड़ा इनाम भी दिलवा देंगे। मगर ये मासूम चेहरेवाले छोकरे तो ऐसे 'शातिर बदमाश' निकले कि पुलिस अफ़सरों की सारी मीठी-मीठी बातें और सरकारी खर्च से उन्हें खिलाई गई सारी मिठाइयाँ फ़िज़ूल हो गईं। हर सवाल का बस एक ही जवाब था उनके पास। 'इनक़लाब ज़िन्दाबाद!'

निराश होकर पुलिस ने उन दोनों को दिल्ली केन्द्रीय जेल भेज दिया। वहाँ पहुँचकर भगतसिंह ने 25 अप्रैल को दिल्ली के जिला मजिस्ट्रेट को पत्र लिखा कि उन्हें दैनिक समाचार-पत्रों और पुस्तकों की सुविधा प्रदान की जाए। ('द भगतसिंह रीडर'।)

धैर्य के साथ हफ़्तों तक की गई इस पूछताछ में दिल्ली पुलिस के हाथ तो कुछ नहीं लगा, मगर लाहौर पुलिस के भागों तो जैसे छींका ही टूट गया था।

लाहौर में निकलसन रोड पर कश्मीरी बिल्डिंग में भगवतीचरण वोहरा ने एक मकान 16 मार्च, 1929 को किराए पर लिया था कि शान्ति से बैठकर वे कुछ लिख-पढ़ सकें और सितार पर रियाज़ भी कर सके। ग्वालमंडी में जो उनका निवास-स्थान था वहाँ वक़्त-बेवक़्त इन क्रान्तिकारियों की मंडली आ धमकती थी, इस आशा में भी कि उनकी 'अन्नपूर्णा' दुर्गा भाभी भूख से कुलबुला रहे उनके उदरों की ज्वाला को शान्त करने के लिए अपनी रसोई से थालियाँ सजाकर ले ही आएँगी। कुछ ही दिन बाद सुखदेव इस बिल्डिंग में आ धमका और न सिर्फ़ उसमें वह ख़ुद रहने लगा बल्कि भगवती भाई से पूछे बिना, बिना उनकी सहमति के वहाँ उसने बम-फैक्टरी बना ली। इतना ही नहीं तो जयगोपाल तथा किशोरीलाल को भी उसमें अपने साथ रख लिया।

जवान छड़े छोकरों को दिन-रात वहाँ आते-जाते देख कुछ किराएदारों को शक़ हो गया कि दाल में कुछ काला ज़रूर है। मोरी से जो गन्दा पानी बाहर निकल रहा था

उसका रंग भी कुछ पीला-सा दिख रहा था और उसमें से एक अजीब तीखी-सी बदबू भी आने लगी थी। लेकिन कश्मीरी बिल्डिंग पर पुलिस का जो छापा पड़ा उसकी असल वजह था लोहार ग़ुलाम रसूल जिससे सुखदेव बमों के खोल बनवाया करता था, यह कहकर कि ये मशीनी पुर्जे हैं। ग़ुलाम रसूल के वालिद के एक दोस्त को शक़ हुआ कि ये मशीनी पुर्जे नहीं हैं और सिपाही नूर शाह को यह इत्तिला दे दी गई, जिसके बाद सुखदेव का पीछा कर वह कश्मीरी बिल्डिंग पहुँच गया। मोरी में नीचे उसे पीले धब्बे दिखे। बिल्डिंग से निकलकर मोरी में बहते हुए पानी को नूर शाह ने एक शीशी में भरा और अपने अफ़सर के पास ले गया। जाँच में पाया गया कि उसमें पिकरिक एसिड के साथ ही सल्फ्यूरिक एसिड और आर्सेनिक भी था। ये रसायन बम बनाने के काम आ सकते थे।

15 अप्रैल, 1929 को पुलिस ने कश्मीरी बिल्डिंग पर छापा मार दिया। इस छापे में सुखदेव के साथ ही जयगोपाल और किशोरीलाल भी पुलिस के हत्थे चढ़ गए। तलाशी में एक ज़िन्दा बम, बमों के आठ खोल और भारी मात्र में रसायन ज़ब्त हुए। साथ ही कई किताबें भी ज़ब्त की गईं जिनसे, पुलिसवालों की राय में, उन 'बदमाशों' के मनसूबों का पता चल रहा था।

30 अप्रैल को जयगोपाल वायदा-माफ़ी गवाह बन गया और मजिस्ट्रेट राय साहब लाला नाथूराम के सामने उसने अपना बयान दे दिया।

2 मई को सुखदेव आगरा ले जाया गया। वहाँ पर वह हींग मंडीवाले मकान पर पुलिस अफ़सरों को ले गया। उस मकान की दीवारों और फ़र्श को खुरचने से हासिल छीलन को जाँच के लिए भेजा गया तो उसमें पिकरिक एसिड, सल्फ्यूरिक एसिड और आर्सेनिक के अंश मिल गए। ('द हैंगिंग ऑफ़ भगतसिंह कम्प्लीट जजमेंट एंड अदर डाक्यूमेंट्स' सम्पादनकर्ता प्रो. मलविन्दर सिंह वड़ैच तथा डॉ. गुरुदेव सिंह सिधु; प्रकाशक यूनीस्टार बुक्स चंडीगढ़, संस्करण वर्ष 2005 , पृ. 126)

सांडर्स-वध के बाद जब 'नौजवान भारत सभा' के सदस्यों की धरपकड़ हुई थी, हंसराज वोहरा भी गिरफ़्तार हुआ था। मगर दो-तीन दिन में ही वह छोड़ दिया गया क्योंकि इस हत्या में उसके लिप्त होने की पुलिस को कोई जानकारी हासिल नहीं हो सकी थी। न ही उसने किसी का कोई राज़ खोला। एक ही बात वह दोहराता रहा कि इस हत्या से न तो उसका कोई वास्ता है और न ही इस बारे में उसे कोई जानकारी है। मगर अब 2 मई को हंसराज वोहरा जब फिर से गिरफ़्तार हुआ तो वह वायदा-माफ़ गवाह बन गया। 21 मई को मजिस्ट्रेट के सामने दिये अपने बयान में उसने स्वीकार किया कि सुखदेव न सिर्फ़ रिश्ते में उसका चाचा था बल्कि उसकी ही वजह से वह क्रान्तिकारी दल में शामिल हुआ था। लाहौर षड्यंत्र मुक़दमे में उसकी गवाही हो जाने के बाद हंसराज वोहरा को पढ़ने के लिए लन्दन भेज दिया गया और फिर कुछ समय के लिए भारत आकर वह वाशिंगटन चला गया,

जहाँ से वह फिर कभी वापस नहीं आया। एक संवाददाता के रूप में कार्य करते हुए उसने अपनी ज़िन्दगी अकेले और गुमनामी में रहकर ही बिताई क्योंकि गवाही देते वक़्त 'भगतसिंह के चेहरे पर निंदा का जो भाव उन्होंने देखा था, उसे वे कभी भुला नहीं पाए थे।' उसके वाशिंगटन रहते हुए कुलदीप नैयर के साथ पत्र-व्यवहार में उसने कहा कि सुखदेव को वह गुरुवत मानता था और उस पर बेहद श्रद्धा रखता था। पुलिस द्वारा उसे दिखाए गए सुखदेव के बयान के बाद ही वह वायदा-माफ़ गवाह बना क्योंकि उस बयान में सुखदेव ने क्रान्तिकारी दल का पूरा भांडा फोड़ कर रख दिया था। (विस्तार से इस विषय में जानने के लिए 'भगतसिंह की फाँसी का सच', पृष्ठ 220 से पृष्ठ 233 देखें।)

9 मई को जयगोपाल अंग्रेज़ सरकार के एक मजिस्ट्रेट को लाहौर में वे सारे मकान और दूसरी जगहें दिखा रहा था जिनका ज़िक्र उसके बयान में आया था। 14 जून को यही काम हंसराज वोहरा अमृतसर में कर रहा था। ('द हैंगिंग ऑफ़ भगतसिंह', पृ. 120)

अपेक्षाकृत पढ़े-लिखे व समृद्ध परिवार से आया हंसराज भगतसिंह का चहेता था और उस पर वह बेहद भरोसा भी करता था। दल के युवा और कर्मठ सदस्य जयगोपाल को तो वह अपने क्रान्तिकारी दल का 'रत्न' कहा करता था। उन दोनों के वायदा-माफ़ गवाह बनने की ख़बरें भगतसिंह के कानों में जब पड़ी होंगी तो क्या उसे वह स्मरण न हो आया होगा जो कि 'चाँद' के 'फाँसी' विशेषांक के लिए बब्बर अकाली शेर श्री धन्नासिंह का, जो वर्ष 1923 में बाक़ी बब्बर अकालियों की तरह एक रोज़ अंग्रेज़ों की पुलिस के शिकंजे में फँस गए थे, जीवन-चरित्र लिखते हुए उसने लिखा था : 'आज तक भारत में जितने भी विप्लव प्रयास हुए हैं, प्रायः उन सभी की असफलता का कारण अपने भाइयों का विश्वासघात ही रहा है।' ('फाँसी अंक', पृ. 497)

इस बीच डॉ. गयाप्रसाद ने फिरोज़पुर छोड़ दिया था और अपना दवाख़ाना सहारनपुर में खोल लिया था, जहाँ पहुँचकर शिव वर्मा और जयदेव कपूर ने नये सिरे से बम-फैक्टरी शुरू कर दी। सहारनपुर उस समय क़स्बेनुमा छोटी-सी जगह थी जहाँ हरेक व्यक्ति के जीवन में झाँकने का प्रत्येक को 'अधिकार' था और उत्सुकता भी। दवाखाने में चल रही गतिविधियाँ शीघ्र ही सन्देहास्पद हो चलीं। 11 मई को उस पर धावा बोलकर पुलिस ने 6 ज़िन्दा बमों के साथ शिव वर्मा और जयदेव कपूर को हिरासत में ले लिया। डॉ. गयाप्रसाद उस वक़्त पैसों का इंतज़ाम करने बाहर गए हुए थे। 15 मई को लौटते ही वे भी पुलिस के चंगुल में फँस गए।

8 जून को कलकत्ता में फणीन्द्र गिरफ़्तार कर लिया गया। 11 जून को वह लाहौर पहुँचा और 20 जून को वायदा-माफ़ गवाह बन गया। 23 जून को मजिस्ट्रेट के सामने दिये बयान में उसने भी सब कुछ क़बूल कर लिया।

यह वही फणीन्द्र था जिसके बारे में आज़ाद के क्रान्तिकारी सहयोगी भगवानदास माहौर ने लिखा : 'कुछ दिनों बाद फणीन्द्र घोष भी गिरफ़्तार हो गया और उसके भी अप्रूवर होने की ख़बर अख़बार में छपी। फणीन्द्र घोष भी केन्द्रीय समिति का सदस्य था और मेरी उस पर बड़ी आस्था थी। मैंने हँसते हुए आज़ाद से कहा, "ये अख़बारवाले भी ख़ूब हैं पहले भगतसिंह को अप्रूवर बना रहे थे और अब दादा को बना रहे हैं।" फणीन्द्र घोष को हम लोग दादा ही कहा करते थे।' ('यश की धरोहर', पृ. 69) वैशम्पायन भी लिखते हैं कि, 'फणीन्द्र दल में दादा के नाम से पुकारे जाते थे। समाचार-पत्रों में जब यह ख़बर छपी कि महाशय सरकारी गवाह बन गए हैं तो किसी को भी इस बात का विश्वास नहीं हुआ।' ('अमर शहीद चन्द्रशेखर आज़ाद', पृ. 121)

फणीन्द्र घोष ने न सिर्फ़ अपने क्रान्तिकारी साथियों और उनके अड्डों के बारे में पुलिस को खुलकर बता दिया बल्कि उन लोगों के नाम और पते भी गिनवा दिये जिनका क्रान्तिकारी आन्दोलन के साथ कुछ लेना-देना ही नहीं था। उनका 'अपराध' सिर्फ़ इतना था कि उन्होंने उसे या आज़ाद को कभी अपने घर ठहरा लिया था। भगवानदास माहौर बताते हैं : 'उसने ही रामदुलारे शर्मा का नाम और मकान पुलिस को बताया। इसके पहले वह कुछ दिन झाँसी में रामदुलारे के मकान में रह गया था। नई बस्ती [झाँसी] में जिस मोटर ड्राइवर रामानन्द के यहाँ आज़ाद रहा करते थे उसको भी फणीन्द्र ने ही पुलिस को बताया। एक बम का परीक्षण जंगल में करने के लिए वही मोटर ड्राइवर आज़ाद, भगतसिंह, फणीन्द्र घोष और सदाशिव को ले गया था। परिणामतः मास्टर रुद्रनारायण [जिनके निवास पर झाँसी में आज़ाद अकसर रुका करते थे], रामानन्द और रामदुलारे को पुलिस ने बहुत तंग किया। रामदुलारे तो लाहौर षड्यंत्र केस में सरकारी गवाह बना ही। रामानन्द को भी आज़ाद की 'खोज' में पुलिस को सारे हिन्दुस्तान में भटकाना पड़ा और स्वयं भटकना पड़ा।' ('यश की धरोहर', पृ. 70)

इस बीच पुलिस अधिकारी सांडर्स हत्याकांड की गुत्थी को सुलझाने में भी लगे ही हुए थे। जहाँ से सांडर्स की लाश उठाई गई थी वहीं पर एक गोली पड़ी मिली। उन गोलियों के साथ मिलान करने जो एसेम्बली में मिली थीं, उस गोली को लन्दन भेजा गया; और उन गोलियों के साथ मिलान करने के लिए भी जो परीक्षण के उद्देश्य से उस पिस्तौल से दागी गईं जो एसेम्बली में भगतसिंह से ज़ब्त हुई थी। पिस्तौल-बन्दूकों से निकली हुई गोलियों के विश्लेषण की यह तकनीक हाल के कुछ सालों में ही विकसित हुई थी और अभी आम क्या ख़ास लोगों की जानकारी में भी यह बात नहीं थी। वरना शायद भगतसिंह इस पिस्तौल को लेकर एसेम्बली में नहीं जाता। इस तकनीक का पहली बार सफलतापूर्वक इस्तेमाल मिस्र या ईजिप्ट में वर्ष 1924 में हुए ऐसे ही एक हमले की छानबीन के दौरान हुआ।

प्रथम विश्वयुद्ध समाप्त होने के पश्चात मिस्र की जनता ने अंग्रेज़ी हुकूमत के ख़िलाफ़ बग़ावत का झंडा खड़ा कर दिया तथा स्वाधीनता और उनकी अपनी प्रतिनिधि सरकार की माँग को लेकर एक ज़बर्दस्त आन्दोलन भी खड़ा कर दिया। दबाव में आकर अंग्रेज़ों ने मिस्र के राजवंश के एक व्यक्ति को राजगद्दी तो सौंप दी मगर असली शासक वे ही बने रहे। परिणामत: वहाँ के नौजवानों ने हथियार उठा लिये और अगले पाँच सालों में अंग्रेज़ अधिकारियों पर एक के बाद एक तीस घातक हमले किये। अंग्रेज़ इन्हें आतंकवादी कहते थे मगर मिस्र की जनता के लिए ये क्रान्तिकारी थे। ऐसे ही एक हमले की गुत्थी सुलझाने के लिए इस तकनीक का कामयाब इस्तेमाल पहली दफ़ा हुआ था।

भगतसिंह से बरामद हुई पिस्तौल और उससे दागी गई गोलियों को लेकर पुलिस सुपरिंटेंडेंट जेन्किन ख़ुद लन्दन गए। वहाँ पर इस तकनीक के विशेषज्ञ रॉबर्ट चर्चिल ने सूक्ष्म-फ़ोटोग्राफ़ी से उन गोलियों पर उभर आई धारियों और दूसरे निशानों के फ़ोटो लिये और एक शक्तिशाली सूक्ष्मदर्शी द्वारा इनका तुलनात्मक अध्ययन कर यह सिद्ध कर दिया कि ये गोलियाँ एक ही पिस्तौल से निकली हैं। ('द हैंगिंग ऑफ़ भगतसिंह', पृ. 154-5)

फिर क्या था! पुलिस अफ़सरों की तो चाँदी हो गई! सेशन्स अदालत द्वारा दी गई कालापानी की सज़ा पर अमल को मुल्तवी कर दिया गया और सांडर्स की हत्या के आरोप में मुक़दमा चलाए जाने का फ़ैसला हो गया। वैसे तो सेशन्स अदालत की कार्रवाई के दौरान ही यह साफ़ हो गया था कि भगतसिंह के ख़िलाफ़ मुक़दमा केवल बम कांड तक ही सीमित नहीं रहेगा। इस कांड से इतर सवाल अदालत द्वारा बार-बार पूछे जाते रहे थे और क्रान्तिकारी दल तथा उसके कार्यक्रम के बारे में भी कुरेदा जाता रहा था।

बम कांड पर दिये अपने फ़ैसले में न्यायमूर्ति लियोनार्ड मिडलटन ने लिखा था : 'आरोपियों का सामान्य रवैया, अदालत के सामने हाज़िर होते हुए ख़ास उक्तियाँ चिल्लाने की उनकी आदत उनके इरादों का संकेत देते हैं। एक इनसान जब एक ज़िन्दा बम फेंकता है, नुकसान पहुँचाने के लिए पर्याप्त ताक़त से विस्फोट करने में समर्थ, जो कि वास्तव में हुआ भी, एक व्यस्त भवन में, स्वाभाविक निष्कर्ष है कि वह जान लेने का इरादा रखता था या ऐसी चोट पहुँचाने का जो कि वह जानता था मौत का कारण सम्भवत: हो सकती है। दोनों ही दशाओं में मैं यह पाता हूँ कि मृत्यु का कारण बनने या शारीरिक चोट पहुँचाने के, जो कि फेंकनेवाला जानता था मृत्यु का कारण हो सकते हैं, इरादे से बम फेंके गए थे। आरोपी नवयुवक हैं लेकिन उनका कृत्य सोचा-समझा हुआ था।' ('टू मेक द डेफ हीयर', पृ. 41-2)

इस 'स्वाभाविक निष्कर्ष' पर भगतसिंह को सख़्त आपत्ति थी, और मिडलटन द्वारा अपने फ़ैसले में यह लिखे जाने पर भी उसे बेहद एतराज था कि "ये लोग

(दत्त और भगतसिंह) अदालत में 'इनक़लाब ज़िन्दाबाद', 'सर्वहारा ज़िन्दाबाद' आदि के नारे लगाते हुए आते थे जिससे साफ़ ज़ाहिर होता है कि वे किस तरह के राजनीतिक विचारों के हैं। इन्हीं विचारों के प्रचार को रोकने के लिए मैं इनको उम्रक़ैद की सज़ा देता हूँ।" ('दस्तावेज़' चमनलाल', पृ. 267-8)

न्यायमूर्ति लियोनार्ड मिडलटन को भगतसिंह ने अपने वकील आसफ़ अली की मार्फ़त यह ख़बर कर दी कि उनके द्वारा किये गए फ़ैसले के ख़िलाफ़ वह और बटुकेश्वर हाईकोर्ट में अपील करेंगे—फ़ैसले के ख़िलाफ़, सज़ा के ख़िलाफ़ नहीं। हालाँकि 14 जून को 'द ट्रिब्यून' ने भगतसिंह तथा दत्त को दी गई सज़ा की आलोचना करते हुए लिखा : 'न तो तथ्य जैसे कि मुक़दमे के दौरान सामने आए और न ही सेशंस जज का फ़ैसला, जहाँ तक कि अख़बारों की रिपोर्ट बताती है, आजीवन कालापानी की सज़ा को न्यायोचित ठहरा सकते हैं।' ('भगतसिंह रीविजिटेड', पृ. 155)

लेकिन भगतसिंह को, और बटुकेश्वर को भी, सज़ा से तो कोई सरोकार ही नहीं था। ब-क़ौल उस समय के बेहद मक़बूल और देशभक्त शायर चकबस्त ब्रिजनारायण के,

गुनहगारों में शामिल हैं, गुनाहों से नहीं वाक़िफ़;
सज़ा को जानते हैं हम, ख़ुदा जाने ख़ता क्या है?

उन दिनों दिल्ली और पंजाब लाहौर हाईकोर्ट के अधिकार-क्षेत्र में आते थे। दिल्ली से लाहौर की इस 500 किलोमीटर की दूरी तय करने के लिए अंग्रेज़ सरकार ने भगतसिंह और दत्त को एक ही रेलगाड़ी में सवार करवा दिया, पुलिस के सख़्त पहरे में और अलग-अलग डिब्बों में। इस यात्रा के बाबत कई वर्षों बाद बटुकेश्वर दत्त ने भगतसिंह की भतीजी वीरेन्द्र सिन्धु को बताया : "रास्ते में पुलिस का अँगरेज़ सार्जेंट हमसे बहुत प्रसन्न रहा और लाहौर पहुँचने से कुछ स्टेशन पहले ही वह सरदार को मेरे डिब्बे में ले आया। भगतसिंह ने फिर मुझे यह बात याद दिलाई कि हमें जेल पहुँचते ही भूख-हड़ताल आरम्भ कर देनी है।" ('युगद्रष्टा', पृ. 196) दोनों में यह सलाह-मशविरा भी हो गया कि भूख-हड़ताल का मुद्दा रहेगा क़ैदियों के साथ जेल कर्मचारियों का व्यवहार और जेल में राजनीतिक क़ैदियों को दी जानेवाली सुविधाओं में ख़ामियाँ। यानी कि जंग जारी रहेगी, सिर्फ़ मैदान-ए-जंग बदल जाएगा। ब्रिटिश सरकार के साथ अपनी लड़ाई को भगतसिंह अब अपने साथ जेल के अन्दर ले जानेवाला था। भगतसिंह सरीखा जुझारू इनसान कैसे तो ख़ुद चैन से बैठता और कैसे ही वह अंग्रेज़ सरकार को चैन से बैठने देता?

उसी ट्रेन के एक डिब्बे में भगतसिंह के चिन्तित पिता सरदार किशनसिंह भी यात्रा कर रहे थे। बीच-बीच में स्टेशनों पर उतरकर वे अपने बेटे से मिल लेते थे। ('युगद्रष्टा', पृ. 197)

यह रेलगाड़ी 14 जून को लाहौर पहुँची। यहाँ भी दोनों को अलग-अलग रखा गया—भगतसिंह को केन्द्रीय जेल में और बटुकेश्वर को बोर्स्टल जेल में, जहाँ कि नाबालिग़ क़ैदी सामान्यत: रखे जाते थे। इसके तीसरे दिन 17 जून को भगतसिंह लाहौर से 200 मील दूर मियाँवाली जेल भेज दिया गया। पुलिस अफ़सर जानते थे कि लाहौर तो भगतसिंह का 'होम-टर्फ' है। उसे यहाँ रखने का मतलब है 'चौकों-छक्कों' की बौछार।

लाहौर से इस दूरी का लेकिन भगतसिंह के इरादों पर तनिक भी असर नहीं पड़ा। उसने और दत्त ने भूख हड़ताल तो 14 जून को ही शुरू कर दी थी। अब 17 जून को उसने सुपरिंटेंडेंट मियाँवाली जेल के मार्फ़त एक शिकायती पत्र इन्स्पेक्टर-जनरल जेल्स को भेजा :

'प्रिय महोदय,

दिल्ली से मुझे मियाँवाली जिला जेल में स्थानान्तरित कर दिया गया है, बावजूद इसके कि बम फैक्टरी और सांडर्स को गोली मारने के सम्बन्ध में गिरफ़्तार किये गए नौजवानों के साथ मुझ पर भी मुक़दमा चलाया जानेवाला है। मुक़दमे की सुनवाई 26 जून, 1929 को है।

इस जगह मुझे स्थानान्तरित किये जाने के पीछे मंशा समझ पाने में मैं बिलकुल असफल रहा हूँ। इन्साफ़ का तकाज़ा है कि एक अभियोगाधीन को अपना मुक़दमा लड़ने की तैयारी के लिए सभी सुविधाएँ प्रदान की जानी चाहिए। यहाँ क़ैद रहते हुए मैं वकील की व्यवस्था कैसे कर सकता हूँ, अपने वालिद या किसी रिश्तेदार से मिलने का कोई अवसर पाए बिना। यह जगह काफ़ी अलग-थलग है, लाहौर से दूर और रास्ते से हटकर।'

उसी दिन इन्स्पेक्टर-जनरल पंजाब जेल्स को भी एक पत्र भगतसिंह द्वारा भेजा गया, सुपरिंटेंडेंट मियाँवाली जेल के मार्फ़त ही।

'दिल्ली के एसेम्बली बम मुक़दमे में मुझे आजीवन कारावास की सज़ा मिली है और स्पष्ट रूप से मैं एक राजनीतिक क़ैदी हूँ। दिल्ली जेल में हमें विशेष ख़ुराक मिलती थी, लेकिन मेरे यहाँ पहुँचने के बाद से मेरे साथ साधारण क़ैदी की तरह बर्ताव किया जा रहा है। इसलिए 15 जून, 1929 की सुबह से मैं भूख हड़ताल पर चला गया हूँ। दिल्ली जेल में मेरे वजन से इन दो-तीन दिनों में मेरा वजन 6 पौंड घट गया है।'

उसके बाद राजनीतिक क़ैदी की हैसियत से विशेष व्यवहार की अपने लिये माँग करते हुए उसने वह सब गिनाया जो उसे मिलना चाहिए : विशेष ख़ुराक जिसमें शामिल रहें दूध, घी, चावल और दही वगैरह। हर प्रकार का साहित्य, इतिहास, अर्थशास्त्र, राजनीति विज्ञान, विज्ञान, कविताएँ, नाटक या उपन्यास, अख़बार।

यानी कि किताबें भी भगतसिंह की विशेष ख़ुराक में शामिल थीं, और हर तरह की किताबें।

इसी प्रकार का पत्र बटुकेश्वर दत्त ने भी इन्स्पेक्टर-जनरल पंजाब जेल्स को उसी दिन लिखा। उसने माँग की कि उसकी ख़ुराक में डबल रोटी, चीनी और गोश्त व चटनी भी शामिल हों। साथ ही यह भी लिखा कि 'लोग हमें अक्खड़, गुमराह और बेसब्र नौजवान कहते हैं, इसलिए हमें अलग-अलग पुस्तकें पढ़ने का अवसर दिया जाना चाहिए, ताकि हम देख सकें कि हम वास्तव में बेसब्र, गुमराह नौजवान हैं या नहीं, ...'

18 जून को लाहौर और अमृतसर में जनसभाएँ हुईं जिसकी रिपोर्ट गृह विभाग तक भी पहुँची : 'सभाओं में भारी संख्या में मौजूदगी दर्ज की गई। भगतसिंह और दत्त की 'हीरो' और शहीद की माफ़िक तारीफ़ें की गईं।' ('भगतसिंह रीविजिटेड', पृ. 158)

सुपरिंटेंडेंट मियाँवाली जेल ने भगतसिंह को पत्र लिखकर उसकी माँगों के सम्बन्ध में कुछ सवाल पूछे थे। इसका जवाब अगले दिन यानी 19 जून को देते हुए भगतसिंह ने लिखा :

'साहित्य का अध्ययन करने की मैं स्वतंत्रता चाहता हूँ। क्योंकि हमें हमारे विचारों के कारण दंडित किया गया है, और सामान्यतः 'पथभ्रष्ट' या ऐसा ही कुछ हमें कहा जाता है। लिहाज़ा उन्माद-रहित राय और दृष्टिकोण बनाने के लिए हमें अध्ययन का मौक़ा हासिल होना चाहिए।'

और फिर इस नई जंग का बाक़ायदा ऐलान करते हुए उसने इस पत्र में लिखा : 'उन अधिकारों की मैं माँग कर रहा हूँ जिनके लिए एक राजनीतिक क़ैदी के तौर पर मैं अधिकृत हूँ। कोई भी क़ानून जो हमारे अधिकारों का उल्लंघन करता है, हमारे द्वारा उसके सम्मान की अपेक्षा नहीं की जा सकती।'

साथ ही इस पत्र में भगतसिंह ने यह भी साफ़ कर दिया कि वह किस मिट्टी का बना हुआ है : 'मैं समझता हूँ कि मैंने बेहद वाजिब माँगें रखी हैं। और अब तक मेरा व्यवहार, जो मैं सोचता हूँ कि बहुत मुनासिब रहा है, यह संकेत देता है कि मैंने किसी क़ानून का उल्लंघन किया है, तो मुझे खेद के साथ कहना पड़ता है, इसमें मैं कुछ नहीं कर सकता और इसके लिए जिन भी मुश्किलात का मुझे सामना करना पड़े, उनके लिए मैं तैयार हूँ।'

भगतसिंह के ये तेवर नये नहीं थे।

वर्ष 1926 में उसे शक़ हुआ था कि उसके पत्र डाक अधिकारियों द्वारा खोलकर पढ़े जा रहे हैं। तब 1 नवम्बर, 1926 को अपने पिता सरदार किशनसिंह के लैटरपैड पर पत्र लिखकर उसने लाहौर के पोस्ट मास्टर से नाराज़गी भरे अन्दाज़ में सफ़ाई माँगी और अधिकारपूर्वक माँगी : 'क्या मेरे पत्र खोले या रोके जा रहे हैं?

यदि ऐसा है, तो क्यों?' और सबूत के तौर पर डाक से आया हुआ एक लिफ़ाफ़ा भी भेजते हुए भगतसिंह ने लिखा : 'निवेदन है कि निश्चित जवाब दें।' नीचे सिर्फ़ दस्तख़त हैं—भगतसिंह। भवदीय या आपका वगैरह कुछ नहीं।

दूसरा पत्र पंजाब सरकार के सचिव को 17 नवम्बर, 1926 को उसने लिखा। इसके साथ उसके 1 नवम्बर के पत्र का पोस्टमास्टर लाहौर द्वारा 16 नवम्बर को दिये गए जवाब की प्रति संलग्न करते हुए बड़ी बेबाकी से उसने पूछा कि पंजाब सरकार ने उसके पत्रों को रोकने का क्या कोई आदेश जारी किया है? 'कृपा करके सीधा, साफ़ और विस्तृत जवाब दें।'

तीसरा पत्र फिर पंजाब सरकार के सचिव को लिखा गया है 28 नवम्बर को, जिसमें पोस्टमास्टर लाहौर द्वारा 16 नवम्बर को दिये गए जवाब की प्रति पुनः संलग्न करते हुए स्पष्टीकरण माँगने के अन्दाज़ में वह पूछता है कि पंजाब सरकार को उसके पत्रों को रोकने का आदेश जारी क्यों करना पड़ गया? आगे वह लिखता है: 'मैं समझता हूँ कि एक ईमानदार नागरिक होने के नाते स्वयं मेरे से सम्बन्धित ऐसे सवाल पूछने का अधिकार मुझे है। लेकिन उस पत्र का कोई जवाब मुझे नहीं मिला है। कृपया जल्दी ही जवाब दें और इस देरी की वजह भी मुझे बताएँ।'

19 साल का किशोर भगतसिंह उस वरिष्ठ आई. सी. एस. अधिकारी पंजाब सरकार के सचिव एच.डी. क्रैक से, जो पंजाब सरकार में गवर्नर के बाद सर्वोच्च अधिकारी है, इस लहजे में सफ़ाई माँग रहा है जैसे कि वह ख़ुद उससे भी वरिष्ठ अधिकारी हो। 'कृपा करके सीधा, साफ़ और विस्तृत जवाब दें।' जवाब देने में 'देरी की वजह भी मुझे बताएँ।' कितना आश्चर्यजनक है कि आज से एक शताब्दी पहले भगतसिंह न सिर्फ़ अपने 'सूचना के अधिकार' की बात कर रहा है बल्कि सूचना देने में देरी किये जाने का स्पष्टीकरण भी माँग रहा है, जैसा कि 'सूचना का अधिकार अधिनियम 2005' में भारत सरकार ने प्रावधान किया हुआ है।

भूख हड़ताल करने का निर्णय लेते हुए निश्चय ही भगतसिंह को यह अनुमान नहीं रहा होगा कि अनशन इतना लम्बा खिंचेगा। उसकी और बटुकेश्वर दत्त की यह भूख-हड़ताल 14 जून से 2 सितम्बर तक 80 दिन निरन्तर जारी रही, जब सरकार के आश्वासन पर कि उनकी माँगों पर 'जेल इन्क्वायरी समिति' सहानुभूतिपूर्ण रवैया अपनाएगी और भारतीय राष्ट्रीय कांग्रेस की पंजाब इकाई द्वारा भी अनुरोध करने पर उन दोनों ने यह भूख हड़ताल वापस ले ली थी। उसके बाद फिर 4 सितम्बर से 5 अक्टूबर तक 32 दिन पुनः ये दोनों भूख हड़ताल पर रहे। इस प्रकार कुल 112 दिन यह भूख हड़ताल चली। 13 जुलाई से लाहौर षड्यंत्र मुक़दमे के बाक़ी आरोपी शिव वर्मा, अजय घोष, जयदेव कपूर, किशोरीलाल आदि भी इस भूख हड़ताल में शामिल हो गए थे।

भूख हड़तालवाला यह प्रसंग भगतसिंह के जीवन में शायद सर्वाधिक महत्त्व रखता है।

शिव वर्मा बताते हैं कि 'हम लोगों में से यतीन्द्रनाथ दास को छोड़कर और किसी को भी अनशन का कोई अनुभव न था। दास ने किसी भी साथी द्वारा भावावेश में अनशन की घोषणा कर देने का विरोध किया। उन्होंने कहा, "इस हड़ताल का ऐलान कर हम लोग एक ऐसे लम्बे संघर्ष में उतर रहे हैं जो एक माने में रिवाल्वर या पिस्तौल की लड़ाई से कहीं कठिन है। अनशन द्वारा तिल-तिल कर अपने आपको खपाकर इंच-इंच मौत की ओर सरकने की अपेक्षा पुलिस की गोली का शिकार होकर या फाँसी पर झूलकर मर जाना आसान है। और एक बार अनशन के मैदान में उतरकर पीछे हटना क्रान्तिकारियों की प्रतिष्ठा को नीचे गिराना होगा। ऐसी स्थिति में संघर्ष में कूदकर पीछे हटने की अपेक्षा आरम्भ से ही उसमें न शरीक होना कहीं बेहतर होगा।" ('संस्मृतियाँ', पृ. 124)

लेकिन दो-चार को छोड़कर सभी इस भूख हड़ताल में शामिल हुए और साबित कर दिया कि शरीर को तिल-तिलकर गलाती हुई और अँतड़ियों में ऐंठन पैदा कर पूरे बदन को असहनीय पीड़ा से भरती हुई पल-पल आगे बढ़ती आती मौत भी क्रान्ति के मतवालों को अपने निश्चय से डिगा नहीं सकती। इस भूख हड़ताल के दौरान भगतसिंह ने शतरंज की वह बिसात भी बिछा ली जिसमें प्रतिद्वन्द्वी खिलाड़ी थी अंग्रेज़ सरकार। अपनी हर चाल से भगतसिंह उसे बौराता चला गया और उसके ख़िलाफ़ ऐसा माहौल बनाता चला गया कि जनता की वह सहानुभूति और समर्थन क्रान्तिकारी दल को हासिल हो गए जिस लिए ही सांडर्स की हत्या की गई थी। इस भूख हड़ताल के दौरान ही भारत सरकार और ब्रिटिश राज के चेहरे पर से सज्जनता तथा न्यायशीलता का मुखौटा भी जनता की आँखों के सामने ही उतर गया। इस मक़सद को पाने के लिए ही तो एसेम्बली में बम-विस्फोट किया गया था! पूरे देश के लिए ये क्रान्तिकारी 'हीरो' बन गए। भगतसिंह की जन्मजात योद्धा-प्रवृत्ति और उसकी मानसिक दृढ़ता इस दौरान क़दम दर क़दम उजागर होती चली गई थी।

उन दिनों की याद करते हुए शिव वर्मा बताते हैं कि 10 जुलाई को, जिस दिन पहली बार पंडित श्रीकिशन की अदालत में वे और उनके साथी क्रान्तिकारी हाज़िर हुए, तब भगतसिंह को खाना छोड़े 'एक महीने से ऊपर हो चुका था फिर भी वह अदालत आया। जिस समय स्ट्रेचर पर डालकर उसे अदालत लाया गया तो उसे देखकर हम सबकी आँखों में आँसू आ गए। वह हमारा पहलेवाला भगतसिंह नहीं था जिसका ख़ूबसूरत, स्वस्थ एवं बलिष्ठ शरीर हमारे बीच चर्चा का विषय बना रहता था। कई महीनों की निरन्तर जेल यातनाओं और लम्बी भूख हड़ताल ने उसके बलिष्ठ शरीर को काँटा बना दिया था।' ('क्रान्ति का साक्ष्य', पृ. 70) अजय घोष भी इस बात की पुष्टि करते हैं कि 'भगतसिंह अब पुराने भगतसिंह नहीं थे,

जिनका शारीरिक गठन और ताक़त हमारी पार्टी में कहावत बन गई थी—उनका शरीर जर्जर हो चुका था। स्ट्रेचर के ऊपर रखकर वे अदालत में लाए गए। महीनों तक उन्हें और दत्त को पुलिस ने घोर यातनाएँ दी थीं और उस समय वे सभी राजनीतिक बन्दियों के साथ मानुषिक व्यवहार की माँग करने के लिए भूख हड़ताल कर रहे थे। उनकी हालत देखकर हम लोगों की आँखें भर आईं।' ('क्रान्ति का साक्ष्य', पृ. 230)

लेकिन फिर भी भगतसिंह के तेवर वही थे जिसकी वजह से अंग्रेज़ सरकार के पुलिस और जेल अधिकारियों को कई महीनों से एक रोज़ का भी चैन नसीब नहीं हुआ था। बाहर से भगतसिंह का सम्पर्क लगातार बना हुआ था। लिहाज़ा एक तरफ़ तो अख़बारों में उसकी बिगड़ती हालत की ख़बरें छप रही थीं और दूसरी तरफ़ 'नौजवान भारत सभा' के सदस्य गली-कूचों में चर्चाओं के जरिये अंग्रेज़ सरकार के रवैये के प्रति लोगों में असन्तोष जगा रहे थे। इस भूख हड़ताल ने भगतसिंह के प्रचार कौशल और मीडिया-प्रबन्धन में उसकी महारत को बख़ूबी साबित कर दिया। उसका 'नेटवर्क' तो दिल्ली में भी ऐसा था कि सरकार की हर कोशिश के बावजूद उसकी सारी ख़बरें, चाहे एसेम्बली में फेंके गए पर्चे के सम्बन्ध में हों या कोई और, अख़बारों में प्रमुखता से जगह पा ही लेती थीं। फिर यह तो लाहौर था। यहाँ नौजवान भारत सभा थी और उसके सैकड़ों निष्ठावान तथा सक्रिय कार्यकर्ता भी। यहाँ 'लाहौर स्टूडेंट यूनियन' भी थी जिसे बनवाने में उसका प्रमुख हाथ था और उसका ही एक साथी हंसराज वोहरा इस यूनियन का अध्यक्ष भी रहा था।

यहाँ उसके गुरु और मित्र छबीलदास थे। उसके पिता सरदार किशनसिंह के दोस्त और उग्र राष्ट्रवादी नेता केदारनाथ सहगल भी यहाँ थे, जो नौजवान भारत सभा के साथ उसकी स्थापना के दिनों से ही जुड़े हुए थे। जलियाँवाला बाग़ में जनरल डायर ने जिस दिन गोली चलवाई थी, सहगल जी ने कसम खाई कि हिन्दुस्तान जब तक आज़ाद नहीं होता वे सिर्फ़ काले रंग के कपड़े ही पहनेंगे और इस कसम को वे अभी भी निभा रहे थे। 'पगड़ी सँभाल जट्टा' आन्दोलन के दिनों से भगतसिंह के चाचा अजीतसिंह के साथी रहे निर्भीक राष्ट्रवादी लाला पिंडीदास भी यहाँ थे। ख़ानदानी बाग़ी भाइयों सरदार किशनसिंह, सरदार अजीतसिंह और सरदार स्वर्णसिंह ने सूफी अम्बाप्रसाद, मेहता नन्दकिशोर, केदारनाथ सहगल और लाला लालचन्द फलक आदि के साथ मिलकर ही 'भारतमाता सोसाइटी' की स्थापना की थी। इसकी सभाओं में बढ़ती जाती उपस्थिति और अजीतसिंह के आग लगा देनेवाले भाषणों से घबराकर अंग्रेज़ सरकार ने इसके सदस्यों की गिरफ्तारियाँ शुरू करवा दीं और इसके सक्रिय कार्यकर्ता लाला पिंडीदास का अख़बार बन्द करवा दिया। अदालत के बरामदे में जंजीर से बँधे बैठे लाला पिंडीदास से एक सिख सार्जेंट ने पूछा—'आप किस अख़बार के एडिटर हैं?" पिंडीदास ने तपाक से जवाब दिया, "आपको नहीं मालूम, मैं 'मुक्कामार' अख़बार का एडिटर हूँ।" ('युगद्रष्टा', पृ. 79)

'लोक सेवा मंडल' के एक और सदस्य लाला फिरोज फ़िरोज़चन्द भी यहाँ थे। वे उर्दू अख़बार 'वन्देमातरम्' के सम्पादक थे और अंग्रेज़ी दैनिक 'द ट्रिब्यून' के लिए भी लिखा करते थे। 'द ट्रिब्यून' के मुख्य सम्पादक काशीनाथ रे तो एक अलग ही व्यक्तित्व थे—वर्ष 1919 के मार्शल लॉ और जलियाँवाला बाग़ नरसंहार के दिनों से ही जिनकी आग उगलती लेखनी से अंग्रेज़ों का पूरा ही प्रशासन तंत्र पीड़ित रहा करता था। काशीनाथ रे को समर्पित पुस्तक में, 27 साल जो ट्रिब्यून के सम्पादक रहे, 'द मैन हू डेयर्ड टू गिव बैड न्यूज़' लेख में काशीनाथ रे की निडर लेखनी की सराहना करते हुए राजेश रामचन्द्रन ने बताया : '17 अप्रैल को ब्रिटिश सरकार ने उनको उनके लिखे हुए सम्पादकीयों के लिए गिरफ़्तार कर लिया, ख़ास तौर पर 'ब्लेज़िंग इनडिस्क्रीशन' शीर्षक से सम्पादकीय के लिए जिसने ओ'डायर [पंजाब का गवर्नर] की कलई खोली थी। लेकिन भगतसिंह अधीर था। वह चाहता था कि रे अपने सम्पादकीयों में और आग भरें।' ('मार्टिरडम टू फ्रीडम हंड्रेड इअर्स ऑफ जलियाँवाला बाग़', रूपा प्रकाशन 2019, पृ. 5) अंग्रेज़ों ने काशीनाथ रे को दो-तीन साल जेल की हवा भी खिला दी कि शायद इस हवा से उनकी लेखनी की आग बुझ जाए। मगर बुझने की बजाय इस आग की लपट और भी तेज हो गई।

भगतसिंह की भूख हड़ताल की ख़बर तो पूरे लाहौर में फ़ैल ही चुकी थी। अब उसके पत्रों का मजमून भी लाहौर के सभी प्रमुख अख़बारों तक पहुँचा दिया गया। नतीज़ा यह हुआ कि 21 जून को भगतसिंह-दत्त दिवस की घोषणा हो गई। उस दिन लाहौर में जुलूस निकले, जलसे हुए, नारे लगे, भाषण हुए। और यह ख़बर पंजाब के साथ ही पूरे देश में फ़ैल गई कि एसेम्बली बम कांड के नायक एक सप्ताह से भूख हड़ताल पर बैठे हैं।

इस पर भी भगतसिंह की क़लम शान्त नहीं हुई। 24 जून को उसने भारत सरकार के 'होम मेम्बर' को, जिसके अधिकार-क्षेत्र में पुलिस और जेल प्रशासन आता था, एक पत्र अपने और दत्त के संयुक्त हस्ताक्षरों से भेजा।

'जब तक हम दिल्ली जेल में विचाराधीन क़ैदी थे, तब तक उस जेल में हमसे बहुत अच्छा व्यवहार होता रहा। मियाँवाली और लाहौर केन्द्रीय जेल को बेहतर ख़ुराक और और चन्द दूसरी सहूलियतों के लिए हमने लिखा, और जेल की ख़ुराक लेने से इनकार कर दिया।'

उसके बाद इस पत्र में सभी माँगें गिनवाई गईं। इस बार उन्होंने लेखन-सामग्री की माँग भी रखी। लेकिन ये माँगें अब सिर्फ़ अपने लिए ही नहीं बल्कि सभी राजनीतिक क़ैदियों के लिए थीं।

'यूरोपीय क़ैदियों के स्तर की ख़ुराक। कड़े और गरिमा-विरुद्ध श्रम के लिए बाध्य न किया जाना। प्रतिबन्धित के अलावा सभी पुस्तकें, लेखन-सामग्री के साथ,

बिना किसी रोक के मिलना। कम-से-कम एक स्तरीय दैनिक समाचार-पत्र प्रत्येक राजनीतिक क़ैदी को उपलब्ध करवाना। प्रत्येक जेल में राजनीतिक क़ैदियों के लिए यूरोपियनों के जैसी सुविधाओंवाला विशेष वार्ड। और एक जेल के सभी राजनीतिक क़ैदी उस वार्ड में एक साथ रखे जाएँ। प्रसाधन आवश्यकताएँ उपलब्ध कराई जाएँ। बेहतर पोशाक।'

ऐसा प्रतीत होता है कि यह पत्र कई दिनों तक भगतसिंह के पास पड़ा रहा और फिर एक आँख 'प्रेस' की तरफ़ रखते हुए उसने इस पत्र में नीचे जोड़ा : 'इसके अलावा वे [जेल अधिकारी] कृत्रिम रूप से पोषण देते समय हमारे साथ बड़ी बेदर्दी से पेश आते हैं, और जबरन पोषण दिये जाते समय 10 जुलाई, 1929 को भगतसिंह लगभग 15 मिनट बेसुध लेटा रहा, जिसे हम निवेदन करते हैं बिना किसी विलम्ब के रोक दिया जाए।' साथ ही, अपनी इस नई जंग में उन सारे क्रान्तिकारियों को शामिल करते हुए जो गत पन्द्रह वर्षों में अंग्रेज़ सरकार के कोपभाजन बने थे, भगतसिंह ने स्पष्ट किया : 'राजनीतिक क़ैदी' से हमारा आशय है वे सभी व्यक्ति जो शासन के विरुद्ध अपराध के लिए दंडित किये गए हैं, उदाहरण के लिए वे लोग जो लाहौर षड्यंत्र मुक़दमा 1915-17, काकोरी षड्यंत्र मुक़दमे, और सामान्य रूप से राजद्रोह के मुक़दमों में दंडित हुए।

जबरन पोषण या बलात-पान कितना कष्टमय और पीड़ाकारक होता था, इसे शब्दों में बयान कर पाना शायद सम्भव नहीं। शिव वर्मा बताते हैं : 'आठ-दस चुने हुए तगड़े जवान आकर हममें से किसी एक को घेरते। वे पकड़कर उसे गिराने की कोशिश करते, साथी विरोध करता, शक्ति रहते उनसे लड़ता। एक बनाम आठ-दस की कुछ देर की कुश्ती में जब वह साथी क़ाबू में आ जाता तो वे लोग उसे दबाकर बैठ जाते।' ('संस्मृतियाँ', पृ. 125) और ये तगड़े जवान उस साथी को दबाकर कैसे बैठ जाते थे? चार हट्टे-कट्टे क़ैदी या जमादार उसके हाथ-पैरों पर बैठ जाते और एक तगड़ा क़ैदी उसके सिर को अपने दोनों घुटनों के बीच दबाकर इस प्रकार बैठ जाता कि वह हिल-डुल न सके। बाक़ी उसका मुँह खुलवाने का प्रयत्न करते क्योंकि अपने जबड़े वह क्रान्तिकारी भींच लिया करता था जिससे कि उसे दूध न पिलाया जा सके। जब ये कसे हुए जबड़े नहीं खुलते थे तो फिर डॉक्टर एक लम्बी रबड़ की नली नाक के रास्ते से पेट में घुसेड़ने की कोशिश करता। लेकिन भूख-हड़ताली खाँसकर या किसी और तरीक़े से उस नली को पेट में जाने से रोकता। तब डॉक्टर ज़ोर लगाकर उसके नथुनों में नली को घुसेड़ देता और नली के बाहरवाले सिरे पर फनल लगाकर उसमें आधा लीटर दूध और आधा लीटर पानी डाल देता। खाँसी आने से दूध मुँह से बाहर न निकल जाए या जान-बूझकर दूध को उगल न दिया जाए इस सम्भावना से निपटने के लिए उसके जबड़े ताक़त लगाकर भींच दिये जाते। साँस रुकने लगती, चेहरा लाल हो जाता, आँखें फैल जातीं। मगर जेल का डॉक्टर

जिसकी यह ज़िम्मेदारी थी कि भूख-हड़तालियों को वह पोषण के अभाव में मरने से रोके, पूरा दूध पेट में उतर जाने तक उसे छोड़ता ही नहीं था।

इन दोनों भूख-हड़तालियों के साथ इस प्रकार ज़बर्दस्ती किये जाने की और जेल अधिकारियों द्वारा दुर्व्यवहार और अत्याचार की बाक़ी ख़बरें भी वकीलों और मुलाक़ातियों के जरिये नौजवान भारत सभा के कार्यकर्ताओं को मिल जातीं और उनकी मार्फ़त पूरे लाहौर में फ़ैल जातीं व अख़बारों तक भी पहुँच जातीं।

29 जून, 1929 को इलाहाबाद से प्रकाशित 'अभ्युदय' में छपा :

एसेम्बली बम कांड के अभियुक्त
जेल में अनशन कर रहे हैं
बेड़ियाँ पड़ी हैं : बोलने में असमर्थ

'श्री बटुकेश्वर दत्त कोठरी के एक कोने में पड़े मिले। वह कमज़ोरी के कारण खड़े होने तथा ज़ोर से बोलने में असमर्थ हैं। उनके पैरों में बेड़ियाँ पड़ी हुई थीं। वकील ने उनसे अनशन तोड़ देने को कहा, पर उन्होंने उत्तर दिया कि मेरी मृत्यु से अन्य राजनीतिक क़ैदियों का भाग्य सुधर जाएगा।' ('क्रान्तिवीर भगतसिंह', पृ. 150)

इन दिनों भारत के गाँवों, कस्बों और शहरों में भी अख़बारों के सामूहिक वाचन की प्रथा है। शहरों व कस्बों में चाय या पान की गुमटी पर और गाँवों में चौपाल पर एक आदमी ख़बर पढ़ता और घेरा बाँधे बैठे लोग उसे सुनते तथा उस पर अपनी प्रतिक्रिया भी देते। बटुकेश्वर दत्त की इस हालत और उनके इस बयान से लोग आक्रोशित हो उठे। उसी रोज़ यह तय हो गया कि सरदार भगतसिंह और दत्त के अनशन व्रत की सहानुभूति में 30 जून को पंजाब भर में एक दिवस मनाया जाए। लोग उस दिन व्रत रखें और शाम को इन दोनों देशभक्त वीरों के उद्देश्यों के समर्थन में सभाएँ करें। 30 जून को नौजवान भारत सभा तथा प्रान्तीय कांग्रेस कमेटी के संयुक्त तत्वावधान में जलसे हुए और जुलूस भी निकले। हज़ारों लोगों ने निराहार रहकर प्रार्थनाएँ कीं। ('भगतसिंह रीविजिटेड', पृ. 157-8)

लाहौर शहर कांग्रेस समिति द्वारा बुलाई गई सभा में 10000 लोग शामिल हुए। 2 जुलाई को ट्रिब्यून ने ख़बर छापी कि लाला लाजपतराय की बेटी पार्वती देवी ने बचाव समिति के लिए धनराशि देने की अपील की। भगतसिंह और दत्त के फ़ोटो के साथ पर्चे बाँटे गए जिन पर सेशन्स अदालत में दिये गए उनके बयान से ये पंक्तियाँ उद्धृत की गईं।

'भारतीय मानवता के प्रकटतः शान्त सागर में से एक वास्तविक तूफ़ान फूट पड़ने को है। हमने साफ़ और पर्याप्त रूप से बुलन्द चेतावनी दी है। दो मामूली व्यक्तियों को कुचलकर एक राष्ट्र नहीं कुचला जा सकता।' ('भगतसिंह एज सत्याग्रही : द लिमिट्स टू नॉन-वायलेन्स इन लेट कोलोनियल इंडिया', पृ. 649-681; https://www.jstor.org/stable/20488099 पर उपलब्ध)

अमृतसर में भी भगतसिंह और दत्त की माँगों के समर्थन में सभा हुई। ध्यानसिंह सब-इन्स्पेक्टर ने रिपोर्ट भेजी कि इस सभा में 5000 लोग शामिल हुए और राजनीतिक कार्यकर्ताओं ने राँझा, हीर, सोहनी और फ़रहाद की प्रेम-कथाओं से क्रान्तिकारियों की देश के प्रति ललक की तुलना करनेवाली कविताएँ पढ़ीं। (उपर्युक्त)

लाहौर में युवकों के संगठनों ने जुलूस निकाले। उनके आगे-आगे लाल बैनर थे जिन पर पर भूख हड़ताली क़ैदियों की तसवीरें थीं और यह लिखा हुआ था :

'दत्त मौत की कगार पर, आपके लाहौर में 16 नौजवान भूखों मरने जा रहे देश की आन की खातिर'

इन जलसों तथा जुलूसों से सरकारी अधिकारियों की नींद हराम हो गई और धारा 144 लगाकर कांग्रेस, अकाली व अहरार दल के नेताओं को हिरासत में ले लिया गया। 'इनक़लाब ज़िन्दाबाद' के नारे पर हाल ही में प्रतिबन्ध लगाया जा चुका था और 'नौजवान भारत सभा' पर भी। सभा के सदस्यों ने यह नारा बुलन्द करते हुए गिरफ्तारियाँ दीं। 3 और 4 जुलाई के ट्रिब्यून में जलन्धर, गुज़राँवाला, मुल्तान, रोहतक, सरगोधा में हुए जलसों की ख़बर छपी। (उपर्युक्त)

कांग्रेस के जनरल सेक्रेटरी जवाहरलाल नेहरू ने पत्रकारों के सम्मुख 5 जुलाई, 1929 को बयान दिया : 'कोई ग़लती इन दोनों नौजवानों ने की होगी, लेकिन उनके ज़बर्दस्त साहस की तारीफ़ करने से कोई हिन्दुस्तानी ख़ुद को नहीं रोक सकता। वे किसी स्वार्थवश अनशन नहीं कर रहे बल्कि सभी राजनीतिक क़ैदियों की हालत सुधारने के लिए कर रहे हैं।'

10 जुलाई, 1929 को हिन्दुस्तान टाइम्स में यह ख़बर प्रमुखता से प्रकाशित हुई।

'भगतसिंह की भूख हड़ताल'

'पैरों में बेड़ियाँ पड़ा हुआ भगतसिंह कोठरी में ऊँचे चबूतरे पर लेटा हुआ मिला'

'अपने पिता को देखकर उसने उठने की कोशिश की मगर चक्कर खाकर गिर पड़ा। वह बेहद कमज़ोर था और भूख हड़ताल का उसका यह 22 वाँ दिन है। ज़बर्दस्ती खिलाने की कोशिश की गई लेकिन उसने इनकार कर दिया। अपने पिता से भगतसिंह ने अपने उद्देश्य के लिए प्राणोत्सर्ग कर देने का दृढ़ निश्चय ज़ाहिर किया।'

इस ख़बर को पढ़-सुनकर पुरुषों की आँखों में तो आँसू आ गए और औरतें सुबकने लगीं। भगतसिंह अब तक सबका ऐसा चहेता हो गया था जैसे कि वह उनके घर का ही सदस्य हो।

उसी रोज़ 10 जुलाई को सांडर्स की हत्या का मुक़दमा आरम्भ हुआ। 21 अभियुक्तों के ख़िलाफ़ स्पेशल मजिस्ट्रेट राय साहब पंडित श्रीकिशन की अदालत में इंडियन पीनल कोड की धारा 121 के तहत आरोप-पत्र दाखिल किया गया।

भगतसिंह और दत्त को आजन्म कारावास की सज़ा हो चुकी थी, पर अब इस नये मुक़दमे में, जो 1929 का लाहौर षड्यंत्र केस कहलाया, वे फिर घसीटे गए। अभियुक्तों पर आरोप था 'हत्या, षड्यंत्र और महामहिम सम्राट के ख़िलाफ़ युद्ध छेड़ने का प्रयास'।

बटुकेश्वर तो इतना कमज़ोर हो गया था कि अदालत में उसे लाना मुमकिन ही नहीं हुआ। भगतसिंह को स्ट्रेचर पर अदालत में लाया गया। उसका वजन 133 पौंड से घटकर 119 पौंड रह गया था। इस हालत में भी उसके हाथों में हथकड़ियाँ लगी हुई थीं। उसकी हालत देख दर्शकदीर्घा में, जो उस दिन खचाखच भरी हुई थी, बैठे हुए हरेक व्यक्ति की आँखें भर आईं। कई औरतों की तो रुलाई फूट पड़ी। उसके गाल पिचक गए थे; आँखें अन्दर को धँस गई थीं। चेहरा उसका पीला पड़ गया था, मानो सारा ही ख़ून किसी 'पिशाच' ने निचोड़ लिया हो।

यह खुली अदालत नहीं थी और आरोपियों के रिश्तेदारों तक को अदालत में मौजूद रहने की अनुमति बमुश्किल ही मिल पाती थी। कई बार बचाव पक्ष के वकील भी घुसने से रोक दिये जाते। भगतसिंह ने शिव वर्मा को इशारे से अपने पास बुलाया और कहा कि अगर कोई पूछे कि क्या विद्यावती तुम्हारी बहन है तो हाँ कह देना। शिव वर्मा ने ऐसा ही किया और विद्यावती को शिव वर्मा की बहन के रूप में दर्शकदीर्घा में बैठने की अनुमति मिल गई। विद्यावती लाहौर के आर्यसमाजी नेता वेदव्रत की धर्मपत्नी थी।

सरकारी वकील कार्डेन नोड अभी आरोपियों के ख़िलाफ़ अभियोगपत्र पढ़ने की तैयारी कर ही रहे थे कि उनकी मेज पर एक जोड़ी चप्पलें आ गिरीं। ये 'प्रक्षेपास्त्र' श्रीमती विद्यावती ने निशाना लगाकर फेंके थे। भगतसिंह की हालत देखकर उनका दिल मानो फटा जा रहा था और अपने फेफड़ों को फाड़ते हुए वे चिल्ला रही थीं : 'इनक़लाब ज़िन्दाबाद!', 'साम्राज्यवाद का नाश हो!' (नेहरू म्यूज़ियम ज़बानी इतिहास शिव वर्मा; खाता सं. 502, पृ. 159)

भगतसिंह और दत्त की करुणाजनक दशा के समाचार लगातार बाहर पहुँच रहे थे और अख़बारों में मुखपृष्ठ पर जगह पा रहे थे। 10 जुलाई, 1929 से कांग्रेस भी इन भूख-हड़ताली क्रान्तिकारियों के समर्थन में आ गई थी।

लाहौर षड्यंत्र मुक़दमे के इन अभियुक्तों में किसी को भी भूख हड़ताल का पूर्व अनुभव नहीं था, सिवाय एक यतीन्द्रनाथ दास के। कलकत्ता में हुए दक्षिणेश्वर बम मुक़दमे में वर्ष 1925 में गिरफ़्तार होकर वह लगभग तीन साल बंगाल की विभिन्न जेलों में बन्दी रह चुका था। मैमनसिंह जेल में अधिकारियों के दुर्व्यवहार के विरोध में 23 दिन की भूख हड़ताल भी वह कर चुका था, जिसके फलस्वरूप जेल सुपरिन्टेन्डेण्ट को उससे माफी माँगनी पड़ गई थी। इसके बाद बंगाल की जेल से हटाकर यतीन्द्र को पंजाब की मियाँवाली जेल भेज दिया गया।

जेल से छूटकर वह कलकत्ता के एक कॉलेज में रसायन-शास्त्र का अध्यापक बन गया। उसी दौरान उसका भगतसिंह से सम्पर्क हुआ। लाहौर षड्यंत्र केस के अन्तर्गत 14 जून, 1929 को कलकत्ता में उसे फिर गिरफ़्तार कर लिया गया। यतीन्द्र की यह पाँचवीं गिरफ़्तारी थी।

शिव वर्मा बताते हैं : '10 जुलाई, 1929 को जब पहले पहल हम लोग अदालत में एक साथ मिले तो भगतसिंह और बटुकेश्वर दत्त की भूख हड़ताल को एक महीने से ऊपर हो चुका था लेकिन सरकार टस से मस नहीं हो रही थी। कुछ साथियों ने प्रस्ताव किया कि बाक़ी लोग भी तुरन्त भूख हड़ताल का ऐलान कर दें। भगतसिंह और [यतीन्द्रनाथ] दास तत्काल भूख हड़ताल का ऐलान करने के पक्ष में नहीं थे। वे लोग भूख हड़ताल को एक राजनीतिक लड़ाई के रूप में लड़ना चाहते थे और इसलिए लड़ाई की ओर कोई भी क़दम उठाने से पहले वे आपस की बातचीत द्वारा उसके हर पहलू को अच्छी तरह तौल लेने के पक्ष में थे। इसके अतिरिक्त माँगपत्र के रूप में एक अच्छे राजनीतिक दस्तावेज़ द्वारा भूख हड़ताल के उद्देश्य को जनता तथा सरकार तक पहुँचाना भी आवश्यक था। इस बातचीत तथा माँगपत्र तैयार करने में तीन दिन बीत गए और 13 तारीख़ से भगतसिंह और दत्त की माँगों के समर्थन में दो-चार को छोड़कर बाक़ी सभी साथियों ने भूख हड़ताल आरम्भ कर दी।' ('संस्मृतियाँ', पृ. 123-4) 13 जुलाई को ही मजिस्ट्रेट श्रीकिशन की अदालत में क्रान्तिकारियों के इस निर्णय की विधिवत घोषणा भी कर दी गई।

अगले ही दिन यह ख़बर अख़बारों के मुखपृष्ठ पर थी और हर नुक्कड़ व चौराहे पर गर्मागर्म चर्चा का विषय भी। इन चर्चाओं से साफ़ दिख रहा था कि इन क्रान्तिकारियों की कष्ट सहने की क्षमता और उनका साहस सबके ही दिलों में इनके प्रति श्रद्धा और प्रशंसा का भाव जगा रहा था। जनता का रुख इन क्रान्तिकारियों के प्रति इसके बाद से सराहना और सहानुभूति का होता चला गया। जो अख़बार पहले इनकी आलोचना कर रहे थे, उनके सुर भी बदलने लगे।

लाहौर से प्रकाशित 'द पीपुल' ने 18 अप्रैल को इसे 'दुस्साहसी कार्रवाई के सिवाय कुछ नहीं' बताया था। 13 जून को 'द पीपुल' ने छापा : 'दोनों नौजवानों ने 'सज़ा को मुस्कुराते हुए सुना और हमेशा की तरह 'इनक़लाब ज़िन्दाबाद' के नारे लगाते हुए। यही वह जीवट है, आनेवाली नस्ल जिसके गुण गाएँगी। उसके हौसले को रोकने की भगतसिंह ने हर ज़मीनी ताक़त को चुनौती दी है।' और फिर 18 जुलाई, 1929 को 'द पीपुल' में ही भूख-हड़तालियों की हिम्मत की दाद देते हुए यह भी छपा कि 'हृदय और आत्मा से उद्देश्य के प्रति श्रद्धा, हृदय और आत्मा से साथियों के प्रति वफ़ादारी, मृत्यु-पर्यन्त निष्ठा ऐसे गुण हैं जो अनजाने ही हमारी श्रद्धा हासिल कर लेते हैं।' ('भगतसिंह एज 'सत्याग्रही', लेखिका नीति नायर।)

'द ट्रिब्यून' ने छापा : 'इनक़लाब ज़िन्दाबाद' चिल्लाते हुए सत्याग्रहियों ने बाज़ार से जुलूस निकाला।' [दबाव में आकर] जिला मजिस्ट्रेट को अपना आदेश संशोधित कर गिरफ़्तार किये गए प्रदर्शकारियों को रिहा करना पड़ा। इस विजय के उपलक्ष्य में 'नौजवान भारत सभा' ने 21 जुलाई को 'अखिल भारतीय भगतसिंह-दत्त दिवस' मनाने की घोषणा करते हुए कार्यक्रम जारी किया : उपवास, जुलूस, 'लाहौर षड्यंत्र बचाव समिति' हेतु धनराशि एकत्रित करना तथा भूख हड़ताल का उद्देश्य बताते हुए और राजनीतिक क़ैदियों के साथ व्यवहार के प्रति आपत्ति जताते हुए सभाएँ आयोजित करना। (उपर्युक्त)

अंग्रेज़ सरकार पर यह चौतरफ़ा हमला भगतसिंह की रणनीति का शिखर था।

19 जुलाई को पुलिस ने जिला मजिस्ट्रेट के आदेश से, जो स्वयं वहाँ मौजूद था, जुलूस पर लाठी चार्ज किया जिसमें धन्वन्तरी बेहोश होकर गिर पड़ा। कई नेताओं की गिरफ्तारियाँ हुईं। जिला मजिस्ट्रेट ने लाहौर में धारा 144 लागू कर दी। ('प्रोफाइल ऑफ़ अ मार्टिर जतिन दास' लेखक किरण दास; सम्पादन मलविन्दर जीत सिंह वड़ैच, प्रकाशक यूनीस्टार बुक्स चंडीगढ़, संस्करण वर्ष 2015, पृ. 39)

इधर जेल में भूख हड़ताल बदस्तूर जारी थी ही। भूख-हड़ताली क्रान्तिकारी शिव वर्मा उन दिनों की याद करते हुए लिखते हैं : 'आरम्भ में दस दिन तक प्रायः सभी साथी चलते-फिरते रहे और इस आशा से कि शायद कुछ लोग कमज़ोरी का शिकार होकर पीछे हट जाएँ, सरकार ने हमारी ओर कोई विशेष ध्यान नहीं दिया। जेल अधिकारी हमें डिगाने के उद्देश्य से अच्छे से अच्छा सुगन्धित खाना बनवाकर हमारी कोठरियों में सजाकर रखवाते। जैसे ही अधिकारीगण खाना, फल, दूध आदि रखकर पीठ फेरते वैसे ही अधिकांश साथी या तो उसे उठाकर बाहर फेंक देते या उसी समय उसे गन्दा कर देते। यतीन्द्रनाथ दास ही एक ऐसे व्यक्ति थे जिन्हें इस बारे में अपने ऊपर पूरा विश्वास था और उन्होंने न तो कभी खाने को फेंका और न इसे गन्दा किया। उनकी कोठरी से अधिकारी रोज़ गिनकर अपनी रोटियाँ, फल आदि उठा ले जाते थे। दस दिन बाद कुछ लोगों की हालत ख़राब होते देख सरकार द्वारा नियुक्त कई डॉक्टरों के दल ने आकर हमारा चार्ज ले लिया और ग्यारहवें दिन से बलपूर्वक दूध पिलाने का नाटक आरम्भ हो गया।' ('संस्मृतियाँ', पृ. 124-5)

'यतीन्द्रनाथ दास को उस कसरत का पहले का अनुभव था, अस्तु पहले ही दिन डॉक्टर को उनके सामने पराजित होना पड़ा। जिस डॉक्टर का उनसे पाला पड़ा था, वह लाहौर के किसी पागलख़ाने का इंचार्ज था और ज़बर्दस्ती दूध पिलाने की कला का विशेषज्ञ कहकर लाया गया था। पागलों के साथ रहते-रहते उसका अपना स्वभाव भी बहुत कुछ पागलों जैसा हो गया था। पागलों का संसर्ग और विशेषज्ञ होने का अहम—इन दोनों ने मिलकर उसे क्रोधी भी बना दिया था। दास के हाथों पहले ही दिन की हार से वह बेहद चिढ़ गया और वहीं खड़े होकर सबके सामने दास को

चुनौती देते हुए उसने कहा, "कल देखूँगा आप कैसे मेरे काम में बाधा डालते हैं।" उत्तर में दास ने मुस्कुरा भर दिया और वह लम्बे क़दम बढ़ाता दूसरे साथी की ओर चला गया।' ('संस्मृतियाँ', पृ. 125)

'तीसरे दिन, अर्थात् 26 जुलाई, 1929 को अन्य साथियों से फ़ुरसत पाने के बाद उसने दास को सबसे अन्त में पकड़ा। वह उनसे फ़ुरसत में निपटना चाहता था। कुश्ती और धरपकड़ का पहला अध्याय जब समाप्त हो गया और जवानों ने दास को पूरी तरह क़ाबू कर लिया तो उसने नाक से नली डाली जिसे दास ने मुँह से निकालकर दाँतों से दबा लिया। डॉक्टर ने दूसरी नली उनकी दूसरी नाक में डालनी आरम्भ की। दास का दम घुटने लगा। फिर भी मुँह खोले बग़ैर वे दूसरी नली को भी पेट में जाने से रोकने का प्रयास करते रहे। दूसरी नली पेट में न जाकर उनके फेफड़ों में चली गई। डॉक्टर जल्दी में था। वह अपनी विजय को हाथ से जाने नहीं देना चाहता था। दम घुटने के कारण दास की आँखें उलट चुकी थीं लेकिन उनके चेहरे की ओर देखे बिना ही डॉक्टर ने लगभग एक सेर दूध उनके फेफड़ों में भर दिया और अपने विजयोल्लास में उन्हें छटपटाता छोड़कर चला गया।' ('संस्मृतियाँ', पृ. 125-6)

यतीन्द्र की नाक से ख़ून बह निकला और उसके फेफड़ों से घर्र-घर्र की आवाज़ आने लगी। फेफड़ों में दूध भर जाने से पीड़ित को ऐसा महसूस होता है जैसे सागर की गहराइयों में वह डूबता चला जा रहा हो और उसका दम घुटने लगता है। यतीन्द्र की आँखें पलट गईं और वह बेहोश हो गया। तेज बुखार में उसे अस्पताल ले जाया गया। वहाँ उसके मुँह में जब दवा डालने की कोशिश की गई तो नीम बेहोशी की हालत में भी वह चीख उठा, "नो !" और अपने जबड़े भींच लिये। इंजेक्शन लगवाने के लिए भी वह तैयार नहीं था।

यतीन्द्र के साथ ही भूख हड़ताल कर रहे अजय घोष ने बताया कि भूख हड़ताल के 'तेरहवें रोज रात को मुझे ख़बर मिली कि यतीन्द्रनाथ दास की हालत ख़राब है और उन्हें अस्पताल ले जाया गया है। इस ख़बर से हम लोगों में मातम छा गया। उनका स्वभाव सरल था, पर वे एक नम्बर के मजाकिया थे और तरह-तरह के चुटकुले और कहानियाँ सुनकर हम लोगों को हँसाया करते थे। दास के बाद शिव वर्मा बीमार पड़े और उसके बाद औरों की बारी आई। शीघ्र ही सारा अस्पताल भर गया। अदालत की कार्रवाई स्थगित कर दी गई। इसके बाद, कौन पहले मरेगा, इसकी हम लोगों में होड़ शुरू हो गई।' ('क्रान्ति का साक्ष्य', पृ. 232)

27 जुलाई को जेल के डॉ. पुरी ने आई.जी. प्रिजन को सूचित किया कि 'क़ैदी यतीन्द्रनाथ दास ने ज़बर्दस्ती पोषण का घोर विरोध किया और कल शाम पोषण के पश्चात् वह बेहोश हो गया। उसे ख़तरनाक रूप से बीमार की सूची में मान लेना चाहिए।'

दरअसल यतीन्द्र के फेफड़ों में दूध भर जाने से उनमें संक्रमण हो गया था जिस वजह से ही उन्हें निमोनिया हो गया, जो उन दिनों एक लाइलाज तथा जानलेवा बीमारी थी।

28 जुलाई को यह ख़बर आम हो गई कि भूख हड़ताल पर बैठे यतीन्द्रनाथ दास की अवस्था शोचनीय हो गई है। देश भर में सरकार के इस बेरहम बर्ताव के ख़िलाफ़ आन्दोलन शुरू हो गया। जुलूस और जलसों में स्त्रियों ने भी इस बार बढ़-चढ़कर हिस्सा लिया। इन्हीं दिनों अमृतसर कांग्रेस कमेटी और नौजवान भारत सभा के संयुक्त तत्त्वावधान में 'भगतसिंह-दत्त दिवस' मनाया गया जिस दौरान हज़ारों की तादाद में पर्चे बाँटे गए जिन पर सबसे ऊपर लिखा था

देश की आन के लिए भूखों मर रहे।

नीचे भगतसिंह और बटुकेश्वर दत्त के फ़ोटो थे अगल-बग़ल और नीचे 12 जून को सेशन अदालत में उनके द्वारा दिये गए बयान में से ये पंक्तियाँ उद्धृत थीं।

"भारतीय मानवता के प्रकटतः अचल सागर के नीचे से वस्तुतः एक तूफ़ान फूट पड़ने को है। हमने साफ़ और पर्याप्त रूप से बुलन्द चेतावनी दी है।"

"दो तुच्छ इकाइयों को कुचलकर राष्ट्र को नहीं कुचला जा सकता।"

5 अगस्त को जेल के डॉक्टर ने अपनी रिपोर्ट में लिखा : 'जतिन की हालत और भी ख़राब। पल्स 52, बेहद कमज़ोर, हाथ-पैर ठंडे, पैरों में चेतना का अभाव, हालत चिन्ताजनक।'

6 अगस्त को पंजाब सरकार ने क़ैदियों को दी जानेवाली सुविधाओं के विषय में एक 'कम्यूनिके' जारी किया, जिसके स्पष्टीकरण में 9 अगस्त को एक और 'कम्यूनिके' जारी हुआ। इसमें क़ैदियों के लिए बेहतर ख़ुराक का विवरण था। जब इस बेहतर ख़ुराक की माँग तीन क़ैदियों ने रखी तो जेल कर्मचारियों ने ताना मारा, "यह जेल है नीडू का होटल नहीं।" ('प्रोफाइल ऑफ़ अ मार्टिर जतिन दास', पृ. 47, 49) प्राण नेविल के अनुसार लाहौर जू के सामने स्थित यह होटल उन दिनों बहुत प्रसिद्ध था। ('लाहौर: ए सेंटीमेंटल जर्नी', पृ. 17) इसी नाम से एक ठाठदार होटल अभी गुलमर्ग कश्मीर में भी है।

शनिवार 10 अगस्त, 1929 को ट्रिब्यून ने छापा : 'पंडित जवाहरलाल ने भूख-हड़तालियों का साक्षात्कार लिया।' ख़बर का शीर्षक था :

'महान त्याग फलीभूत होगा'

'गत कई दिनों इन सभी भूख-हड़तालियों को ज़बर्दस्ती खिलाने की कोशिशें की गईं। कुछ के लिए ज़बर्दस्ती खिलाने के नतीजे इतने नुकसानदेह कि बड़े नुकसान के डर से ज़बर्दस्ती खिलाना सभी का बन्द करना पड़ा। वे दिन-ब-दिन धीरे-धीरे मर रहे हैं। मि. यतिन्द्रदास की स्थिति विशेष रूप से नाज़ुक है।

इन असाधारण रूप से बहादुर नौजवानों से मिलना और उनकी प्रत्यक्ष पीड़ा को देखना मेरे लिए बेहद दुखदायी था।'

अजय घोष बताते हैं : 'इसी बीच में, दूसरी जेलों में राजनीतिक बन्दियों ने सहानुभूति में भूख हड़तालें शुरू कर दीं। देश में हमारी माँगों का समर्थन करने के लिए एक ज़बर्दस्त आन्दोलन उठ खड़ा हुआ। हर स्थान पर आम सभाएँ और प्रदर्शन होने लगे। कुछ दिनों के बाद मेरठ षड्यंत्र केस के राजबन्दियों ने भी भूख-हड़ताल शुरू कर दी। समुद्र पार तक यह ख़बरें फ़ैल गईं। इंग्लैंड में भी हलचल पैदा हो गई। भारतीय जेलों की हालत पर सारे संसार का ध्यान गया।' ('क्रान्ति का साक्ष्य', पृ. 233) वीरेन्द्र सिन्धु लिखती हैं : 'नगर-नगर में जुलूसों-जलसों का ताँता बँध गया था। भगतसिंह अपने लक्ष्य में सफलता पा रहे थे। जनता जाग उठी थी।' ('युगद्रष्टा', पृ. 199)

लाहौर षड्यंत्र मुक़दमे के अभियुक्त बिजोय कुमार सिन्हा अब तक गिरफ़्तारी से बचे हुए थे। फ़रारी के दौरान यू.पी. में बरेली के निकट गाँव बुधौली में एक डिप्टी कलेक्टर ज़मींदार के घर में रहकर उसके बच्चों को वे पढ़ाया करते थे। 10 अगस्त को बरेली स्थित क्राउन थिएट्रिकल कम्पनी में जब वे सिनेमा देख रहे थे, पुलिस को ख़बर हो गई। इंटरवल में जैसे ही वे कुछ खाने-पीने के लिए अँधेरे हाल से बाहर निकले, उन्हें गिरफ़्तार कर लिया गया। ('बिजोय कुमार सिन्हा : ए रेवोल्यूशनरी'स क्वेस्ट फॉर सैक्रिफाइस', लेखिका श्रीराज्यम सिन्हा; प्रकाशक भारतीय विद्या भवन, बम्बई, संस्करण वर्ष 1993, पृ. 35-6) उन्हें भी लाहौर ले आया गया और वे भी इस भूख हड़ताल में शामिल हो गए।

16 अगस्त के अख़बार में ख़बर थी :

सरदार भगतसिंह ने पानी तक लेने से इनकार किया।

उसकी हालत चिन्ताजनक हुई।

दरअसल जेल अधिकारियों ने भूख हड़ताल तुड़वाने का नया नुस्ख़ा निकाला था। अजय घोष बताते हैं : 'हमें हराने के लिए जेल के अधिकारियों ने घड़ों में पानी के स्थान पर दूध भर दिया। एक दिन के बाद प्यास बरदाश्त से बाहर होने लगी। मालूम होने लगा कि हम लोग पागल हो जाएँगे। मैंने सन्तरी को बुलाया और थोड़ा पानी माँगा। संतरी बोला, "पानी देने का हुक्म नहीं है।" मैं पागल हो गया और घड़े को उठाकर दरवाजे पर दे मारा। ठीक यही घटना किशोरीलाल तथा अन्य साथियों के साथ हुई। आख़िर हमारी कोठरियों में पानी लाया गया।' ('सरदार भगतसिंह व उनके साथी', पृ. 30-31)

और ये सब अलग-अलग कोठरी में बन्द थे, न कि किसी बड़ी-सी खुली और हवादार बैरक में जैसा कि भगतसिंह पर बनी फ़िल्मों में दिखाया गया है। और ये कोठरियाँ क्या थीं? सीलन-भरे अँधेरे दड़बे जिनमें बमुश्किल पैर फैलाकर लेटने

भर की जगह थी। दिन तो जेल के अहाते में गुजर जाता मगर शाम को सूरज डूबने के घंटा भर पहले उनकी गिनती कर सबको अलग-अलग इन दड़बों में धकेल दिया जाता। फिर लोहे की मोटी-मोटी सलाखोंवाला दरवाज़ा उनके मुँह पर धड़ाम से बन्द कर ताला जड़ने के बाद जेल का जमादार चिल्लाता : "क़ैदी ... ताले ... जँगले सब बराबर हैं सा आ आ आ हब।" कोठरी में न लालटेन, न दीया। सारी रात अकेले, अँधेरे में! वास्तव में यह भी एक तरीक़ा था जेल अधिकारियों का क़ैदियों के मनोबल को तोड़ने का।

ऐसी ही एक कोठरी में बन्द रहे काकोरी षड्यंत्र मुक़दमे में सज़ा पाए हुए क्रान्तिकारी मन्मथनाथ गुप्त बताते हैं कि 'कोठरी में रहते समय मैंने गाना शुरू किया। कोठरी में बन्द प्रत्येक क़ैदी ऐसा करता है। ऐसा देखा गया है कि जो लोग कभी नहीं गाते, कोठरियों में गवैये हो जाते हैं।' ('क्रान्तिकारी की आत्मकथा', पृ. 222) ऐसा ही इन भूख-हड़ताली क्रान्तिकारियों के साथ हुआ। रात को शोर मचाने की मनाही होते हुए भी गीत गूँज उठता,

सरफ़रोशी की तमन्ना अब हमारे दिल में है;
देखना है ज़ोर कितना बाजुए क़ातिल में है।

फिर किसी और कोठरी से आवाज़ आती,

वक़्त आने पर बता देंगे तुझे ऐ आसमाँ;
हम अभी से क्या बताएँ क्या हमारे दिल में है।

शिव वर्मा बताते हैं : 'केस के दौरान भगतसिंह और दत्त को लाहौर सेंट्रल जेल में रखा गया और शेष अभियुक्तों को बोर्स्टल जेल में। डिफेन्स (सफ़ाई) के लिए आपसी परामर्श के बहाने वे दोनों प्रत्येक रविवार के दिन बोर्स्टल जेल आ जाते थे।' ('संस्मृतियाँ', पृ. 34) भगतसिंह की जिजीविषा से अचम्भित शिव वर्मा बताते हैं कि, 'बातचीत के दौरान थोड़ी-थोड़ी देर के बाद उसे आरामकुर्सी पर लेटकर सुस्ताना पड़ जाता था। उस सबके बाद भी उसने बहस में हिस्सा लिया और निर्णायक भूमिका अदा की। उसका कहना था कि गिरफ़्तारी के बाद सब कुछ समाप्त नहीं हो गया है। "हमें विदेशी सरकार के इस अदालती नाटक को और न्याय के ढकोसले की बखिया उधेड़कर क्रान्तिकारियों की मानसिक शक्ति का प्रदर्शन करना चाहिए।" ('क्रान्ति का साक्ष्य', पृ. 70)

इस तथ्य की पुष्टि अजय घोष भी करते हैं : ''भूख हड़ताल के बीच में कई बार भगतसिंह हम लोगों से सलाह करने के बहाने मिले। उनके आने से हम लोगों में नया उत्साह पैदा हो जाता था और उनके आगमन का हम लोग हमेशा उत्सुकता से इन्तज़ार किया करते थे। भगतसिंह बहुत कमज़ोर थे इसलिए वे आराम से कुर्सी पर पड़े रहते थे, फिर भी उन्होंने उस बहस में ख़ास हिस्सा लिया। पहली बात जिस पर उन्होंने ज़ोर दिया वह यह थी कि हम लोग अपने दिमाग से यह बात निकाल

दें कि अब कुछ नहीं हो सकता है। मुक़दमे के ज़रिये भी अपना आन्दोलन आगे बढ़ाया जा सकता है। अदालत में सिर्फ़ बयान ही न दिया जाए बल्कि जेल में और अदालत के कमरे में हम लोग ऐसे प्रदर्शन करें जिससे लोग समझें कि सरकार कितनी नाचीज़ है और पुलिस और अदालत उसके स्वाँग हैं। इस प्रकार हम लोग हवालात में रहकर भी जनता में वह जागृति पैदा कर सकते हैं जो बाहर अपने कामों के जरिये हम लोग करना चाहते थे। इस बात से हम लोगों की हिम्मत फिर बँधी।' ('क्रान्ति का साक्ष्य', पृ. 233 व 230-1)

जयदेव कपूर भी इस तथ्य का समर्थन करते हैं : 'उन्होंने कहा था कि हम एक क्रान्तिकारी तरीके से पुरानी परिपाटी और तौर-तरीके त्यागकर चलना चाहते हैं। मुक़दमे के दौरान हमें सरकार के ख़िलाफ़ आम जनता में गुस्सा, घृणा पैदा करने का जो भी मौका मिलेगा, उसका हम पूरा-पूरा इस्तेमाल करेंगे। सरकार और इसकी ग़लत नीतियों को जनता के सामने नंगा करने की पूरी-पूरी कोशिश करेंगे। उन्होंने यह भी कहा कि केवल काग़ज़ी बयान या अख़बारों में लेख छपवाकर हम संघर्ष के उपयुक्त वातावरण नहीं बना सकेंगे। इसके लिए ज़रूरी है कि एक ज़ोरदार 'एक्शन', एक जीवन-मरण संघर्ष करें जिससे आम जनता जाने कि हाँ ये राजबन्दी हैं और संघर्ष कर रहे हैं और सरकार उनके साथ ज़्यादती कर रही है। उस ज़्यादती के ख़िलाफ़ हमारा भी कुछ फ़र्ज़ है कि हम भी अपनी आवाज़ उन बन्दियों के साथ मिला करके एक जनआन्दोलन खड़ा करें।' (नेहरू म्यूज़ियम ज़बानी इतिहास, खाता सं. 431, पृ. 164-5)

अनशन जब लम्बा खिंचता है तो शरीर ख़ुद को ही खाने लगता है, अपनी चर्बी को, अपने मांस और मांसपेशियों को। नतीजतन पूरे शरीर में टीस उठा करती है; रक्त में पोषण की सामर्थ्य न होने से फेफड़े चीखने लगते हैं; आँतें ऐंठने लगती हैं; मांसपेशियों में जकड़न होने लगती है। और रक्त में ग्लूकोज की कमी होने से कमज़ोरी तो होती ही है, चक्कर भी आने लगते हैं। कैसी आग थी उस बन्दे के भीतर कि इस दशा में भी अपने लक्ष्य को वह भूला नहीं! और सिर्फ़ इतना ही नहीं, अपने साथियों को भी उनका लक्ष्य वह याद दिला रहा था और उसे हासिल करने का तरीक़ा भी वह उन्हें बता रहा था। भगतसिंह सिर्फ़ क्रान्तिकारी नहीं था, वह तो क्रान्तिधर्मा था!

जयदेव कपूर बताते हैं : 'भगतसिंह हड्डियों का ढाँचा जैसा रह गए थे। चेहरा भी उनका पीला पड़ गया था। शरीर से भी वे कमज़ोर हो गए थे। लेकिन हिम्मत और दिलेरी पहले जैसी ही थी। वे खड़े होकर ही सबसे मिला करते थे। वे हरेक आदमी से मिले। वहाँ भगतसिंह ने यही बताया हमारी लड़ाई ख़तम नहीं हुई है, लड़ाई का एक चरण ख़तम हो गया। अब हम लोग अन्दर आ गए हैं। अन्दर आकर भी हम अपने तरीक़े से लड़ाई को जारी रख सकते हैं और रखनी चाहिए।' (नेहरू म्यूज़ियम ज़बानी इतिहास, जयदेव कपूर खाता सं. 431, पृ. 161-2)

भगतसिंह के बचपन के मित्र जयदेव गुप्ता ने बताया : 'उसका दृढ़ निश्चय, लगन, आशावादिता और बहादुरी रवीन्द्रनाथ टैगोर की इस कविता से आँकी जा सकती है जिसे वह गुनगुनाया करता था, जिसका शब्दानुवाद इस तरह है।' (नेहरू म्यूज़ियम ज़बानी इतिहास, जयदेव गुप्ता खाता सं. 346, पृ. 90)

तेरी आवाज़ पर कोई न आए तो, तो फिर चल अकेला रे,
चल अकेला चल अकेला चल अकेला रे
तेरी आवाज़ पर कोई न आए
यदि कोई भी न बोले ओरे ओ अभागे
यदि सभी मुख मोड़ लें
चल अकेला चल अकेला चल अकेला रे।

17 अगस्त, 1929 को 'अभ्युदय' में लोगों ने पढ़ा :

आन पर मर जाएँगे !
अनशन व्रतियों की भीषण प्रतिज्ञा
हालत दिन-दिन बदतर !

'लाहौर केस के अभियुक्तों से मिलकर आए हुए उनके सम्बन्धियों का कहना है कि अनशनव्रतकारियों की अवस्था बद से बदतर होती जा रही है। भगतसिंह को अस्पताल में दाखिल कर दिया गया है। उनके सम्बन्धियों ने अख़बारवालों से कहा है कि अभियुक्त नहीं चाहते कि पैरोकार कमेटी उनकी सफाई के लिए पैरोकारी करे। वे अपनी साधना के लिए जीवनोत्सर्ग कर देने का निश्चय कर चुके हैं।' ('क्रान्तिवीर भगतसिंह', पृ. 157)

मन्मथनाथ गुप्त लिखते हैं : 'पंजाब के गवर्नर साहब भी परेशान थे। क्या करें, उनकी अक्ल काम नहीं देती थी। वे शिमला शैल से उतरकर लाहौर की यथार्थता से तपती हुई समतल भूमि में आए। लोगों ने समझा जिस प्रकार गवर्नर बहादुर ऊपर से नीचे उतरे, सरकार भी कुछ नीचे उतरेगी, किन्तु यह आशा व्यर्थ हुई। सरकार तो ख़ून की प्यासी थी, वह दो-चार की बलि चाहती थी।' ('भारत में सशस्त्र क्रान्ति चेष्टा का रोमांचकारी इतिहास', लेखक मन्मथनाथ गुप्त; प्रकाशक सरयू प्रसाद पांडेय, प्रयाग; संस्करण वर्ष 1946, पृ. 272)

भगतसिंह और साथियों की जान पर आ पड़े इस ख़तरे से व्यथित 'चन्द्रशेखर आज़ाद ने [लाहौर के क़ैदियों को] ख़बर भेजी कि तुम लोग निश्चिन्त होकर अनशन तोड़ दो। यदि इन्होंने तुम्हें विशेष व्यवहार नहीं दिया तो हम प्रतिज्ञा करते हैं कि दो-चार जेल के बड़े अफ़सरों को समाप्त कर देंगें।' ('भारत में सशस्त्र क्रान्ति चेष्टा का रोमांचकारी इतिहास', पृ. 278)

मन्मथनाथ गुप्त अपने संस्मरण में लिखते हैं कि 'इसमें सन्देह नहीं कि उन दिनों चन्द्रशेखर आज़ाद के नाम से सरकारी अफ़सर थर-थर काँपते थे।

जब सत्याग्रह शुरू हुआ [1930 में] और स्त्रियाँ धड़ाधड़ जेल जा रही थीं और जेलों में उनके साथ दुर्व्यवहार हो रहा था उन दिनों अमानतुल्ला कानपुर जेल के जेलर थे। अमानतुल्ला ने यह हुक्म जारी किया कि स्त्रियों को सिन्दूर लगाने तथा चूड़ियाँ पहनने की सुविधा नहीं दी जाएगी। इस हुक्म को कार्यरूप में परिणत करने के लिए उन्होंने स्त्रियों पर बल प्रयोग भी किया। इस घटना की ख़बर सुनते ही चन्द्रशेखर का ख़ून खौल उठा और उन्होंने अमानतुल्ला को यह लिखकर भेज दिया कि यदि वे इस प्रकार अत्याचार करेंगे तो उन्हें गोली से उड़ा दिया जाएगा। कहा जाता है कि इसका वांछित परिणाम हुआ। इसी प्रकार जिन दिनों छोटी-छोटी बातों के लिए सत्याग्रही क़ैदियों के लिए जेल में बेंत की सज़ा दी जा रही थी, उन दिनों उन्होंने कर्नल पामर [जेलों के आई.जी.] को एक धमकी का पत्र लिख भेजा था। मुझे यह बताया गया है कि इसका भी वांछित परिणाम हुआ और बेंतों की सज़ा रोक दी गई।' ('क्रान्तिकारी की आत्मकथा', पृ. 320)

ब्रिटिश सरकार पर अब चौतरफ़ा दबाव पड़ने लगा। अख़बारों में रोज़ उसकी फ़जीहत हो रही थी। पंडित मोतीलाल नेहरू ने अख़बारों में वक्तव्य देते हुए कहा [गणेश शंकर] विद्यार्थी जी ने अपनी आँखों से लाहौर षड्यंत्र के अभियुक्तों के शरीर पर चोटों के निशान देखे हैं जो उन्हें बलात्पान कराते समय आए हैं। पंडित मोतीलाल स्वयं तो न जा सके, किन्तु पं. जवाहरलाल उनकी जगह पर भूख-हड़ताली क्रान्तिकारियों से मिले। अख़बारों को बयान देते हुए उन्होंने कहा, "इन बहादुर नौजवान की तकलीफ़ों को देखकर बड़ा कष्ट हुआ। वे, मालूम होता है, अपने प्राणों की बाजी लगाकर लड़ाई में शामिल हैं। वे चाहते हैं राजनैतिक क़ैदियों के साथ राजनैतिक क़ैदियों सरीखा बर्ताव हो। मुझे पूरी उम्मीद है कि उनकी यह तपस्या सफलता से मंडित होकर ही रहेगी।" ('भारत में सशस्त्र क्रान्ति चेष्टा का रोमांचकारी इतिहास', पृ. 270-2)

दूसरी तरफ़ विधान सभा में राष्ट्रीय नेता सवाल पर सवाल उठा रहे थे कि इन क़ैदियों की जायज़ माँगों को स्वीकार करने में सरकार आनाकानी क्यों कर रही है? और तीसरी तरफ़ जनता थी जिसने जुलूस पर जुलूस, जलसे पर जलसा करके क़ानून एवं व्यवस्था के लिए ज़िम्मेदार स्थानीय प्रशासन की नाक में दम कर रखा। लिहाज़ा अब प्रशासन और पुलिस की ओर से भी सरकार को सन्देश भेजे जा रहे थे कि वह शीघ्र ही इस गले पड़ी आफ़त का कुछ समाधान करे। वीरेन्द्र सिन्धु लिखती हैं : 'असल में भूख-हड़ताल उन दिनों स्वयं एक देशव्यापी मुक़दमा बन गई थी और भगतसिंह की रणनीति रंग दिखा रही थी।' ('युगद्रष्टा', पृ. 201)

नतीजतन अंग्रेज़ सरकार ने इस समय अपनी अकड़ ढीली कर देने में ही अपनी भलाई समझी। जेल इन्क्वायरी कमेटी के सदस्य बोर्स्टल जेल आए। भूख हड़ताल पर बैठे सभी क्रान्तिकारियों के साथ लम्बी चर्चा करने के बाद उन्हें उन्होंने

आश्वासन दिया कि उनकी सभी माँगों पर सहानुभूतिपूर्वक विचार किया जाएगा और यतीन्द्रनाथ को, जिसने अपनी भूख हड़ताल खत्म करने से मना कर दिया है, फ़ौरन तथा बिना किसी शर्त के रिहाई दे दी जाएगी। इस पर 2 सितम्बर को यतीन्द्रनाथ के अलावा 13 भूख-हड़तालियों ने अनशन तोड़ दिया जिनमें भगतसिंह और दत्त भी शामिल थे। लेकिन यतीन्द्रनाथ को बिना शर्त रिहा करने के वादे से सरकार मुकर गई। पता चला कि सरकार ने किसी जगदीश चन्द्र द्वारा जमानत दिलवाने की व्यवस्था कर ली है। शिव वर्मा बताते हैं :

'उनकी हालत ख़राब होते देख पहले तो सरकार ने उन्हें मेयो अस्पताल ले जाना चाहा। लेकिन दास द्वारा अस्पताल जाने से इनकार कर देने पर उसने उन्हें ज़मानत पर रिहा करने का निश्चय कर लिया। ज़मानतदार के रूप में उसे बाहर कोई फ़र्ज़ी सेठ मिल गया था। अचानक अपनी रिहाई का समाचार सुनकर उन्होंने [यतीन्द्रनाथ ने] हम सबको अपने चारों ओर जमा कर लिया। "यह सब जाल है" उन्होंने कहा। "सरकार जानती है कि मैं बचूँगा नहीं। वह मेरी मृत्यु का उत्तरदायित्व अपने कन्धों पर लेना नहीं चाहती। वह मुझे जेल के फाटक से बाहर निकालकर मुझसे मुक्ति पाना चाहती है। मैं ऐसा नहीं होने दूँगा।" ('संस्मृतियाँ', पृ. 127)

यतीन्द्रनाथ की बिना किसी शर्त के रिहाई के वादे से सरकार के मुकर जाने से क्षुभित हो, जबकि वह देख रही थी कि यतीन्द्र हर पल मौत की तरफ़ बढ़ रहा है, 4 सितम्बर से फिर सब के सब भूख हड़ताल पर बैठ गए। पूरे देश में क्रोध और आक्रोश का लावा फूट पड़ा। जुलूस फिर निकलने लगे। सभाएँ फिर होने लगीं। अख़बारों ने भी सरकार को पानी पी-पीकर कोसा मगर सरकार के कान पर जूँ नहीं रेंगी।

6 सितम्बर से यतीन्द्रनाथ ने पानी लेना भी छोड़ दिया।

10 सितम्बर को अख़बारों में छपा, यतीन्द्रनाथ निर्जीव-से पड़े हुए। दिमाग की रक्ताल्पता के कारण उसकी बोलने और देखने की ताक़त जाती रही। यतीन्द्रनाथ के भाई किरण दास और बिजोय कुमार सिन्हा ने यतीन्द्रनाथ की मृत्यु शय्या पर उसे गुरुदेव रवीन्द्रनाथ टैगोर की रचना 'एकला चालोहे' गाकर उसे सुनाई तो उसके चेहरे पर मुस्कान आ गई थी।

इस भूख हड़ताल के कारण अदालती कार्रवाई भी नहीं चल पा रही थी क्योंकि अभियुक्त इस हालत में ही नहीं थे कि अदालत लाए जा सकें। इसका तोड़ सरकार ने निकाला 'हंगर-स्ट्राइक' बिल के रूप में। 12 सितम्बर, 1929 को केन्द्रीय विधान सभा में यह बिल पेश किया गया, जिसका आशय यह था कि यदि मुक़दमा चलते समय अभियुक्त इच्छापूर्वक कोई ऐसा काम करे जिससे अदालत जाने में वह असमर्थ हो जाए तो उसकी अनुपस्थिति में भी मुक़दमा चलाया जा सके। इस बिल का कड़ा विरोध किया गया। 'कोड ऑफ़ क्रिमिनल प्रोसीजर' में प्रस्तावित

इस संशोधन विधेयक पर बहस के दौरान कांग्रेसी सदस्य दीवान चमनलाल ने 'द ट्रिब्यून' में प्रकाशित भगतसिंह और बटुकेश्वर दत्त के 24 जून के पत्र को पूरा पढ़ा जिसमें यूरोपीय क़ैदियों के स्तर की ख़ुराक; प्रत्येक जेल में राजनीतिक क़ैदियों के लिए यूरोपियनों के जैसी सुविधाओं वाला विशेष वार्ड माँगा गया था।

इस पर सरकार की तरफ़ से विधान सभा में 'यूरोपियन और भारतीय क़ैदियों में प्रजातीय आधार पर फ़र्क' की बात कही गई। भारतीय राष्ट्रीय कांग्रेस की टिकट पर बंगाल से चुनाव जीतकर केन्द्रीय विधान सभा के सदस्य बने कैलाश चन्द्र नियोगी ने तब सरकार से पूछा कि शब्द 'यूरोपियन' की परिभाषा क्या है? नये-नये होम सेक्रेटरी बने मि. एमर्सन ने इसके जवाब में कहा कि जेल मैनुअल के अनुसार यूरोपियन वह है 'जिसने यूरोपियन जीवन-शैली अपना ली है।' इसके जवाब में मोहम्मद अली जिन्ना की टिप्पणी थी : "यदि कोई व्यक्ति टोपी पहनता है तो जेल के नियमों में वह यूरोपियन है। तो जेल में बर्ताव करने के उद्‌देश्य से भगतसिंह और दत्त के साथ आपको यूरोपियन की तरह व्यवहार क्यों नहीं करना चाहिए जो टोपियाँ और यूरोपियन पोशाक पहनते हैं?"

साम्राज्यवादी ताक़तों को उनके विरुद्ध युद्ध छेड़े जाने की आशंका हर पल सताती है। अंग्रेज़ सरकार ने भगतसिंह और बटुकेश्वर पर भी यह आरोप लगाया था कि वे उनके 'सम्राट के विरुद्ध युद्ध छेड़' रहे हैं। इस आरोप पर सरकार की खिंचाई करते हुए जिन्ना ने कहा : "'क्या मैं पूछ सकता हूँ कि आपका युद्ध किसके साथ है? इन चन्द नौजवानों के पास क्या संसाधन हैं? आप यह अच्छी तरह जानते हैं कि ये व्यक्ति मरने के लिए कटिबद्ध हैं। यह मज़ाक नहीं है। माननीय विधि सदस्य से मैं निवेदन करता हूँ कि वे यह समझें, ख़ुद को भूखा रखकर मर जाना हरेक नहीं कर सकता। जो शख़्स भूख-हड़ताल पर जाता है उसका एक ज़मीर है। उस ज़मीर से वह संचालित होता है और अपने उद्‌देश्य के औचित्य पर वह विश्वास करता है; वह कोई मामूली अपराधी नहीं है जो नृशंस, घृणित, क्रूर अपराध का दोषी हो। सख़्त रवैये के साथ चलने की कोशिश और अपनी ही प्रजा के ख़िलाफ़ दमन की नीति अपनाने की बजाय क्या आपको नहीं लगता कि बेहतर होगा अगर जनता की नाराज़गी और चलाए जा रहे संघर्ष के मूल कारणों को आप समझें।"

अपनी बात को और भी साफ़ करने के लिए जिन्ना ने एक कहानी सुनाई : "श्रीमान, इससे मुझे एक कहानी याद आती है, एक पुरानी फ़ारसी कहानी। एक व्यक्ति को पेट दर्द हो गया क्योंकि उसने कोई बहुत सड़ी हुई रोटी खा ली थी। लिहाज़ा वह डॉक्टर के पास गया। डॉक्टर ने कहा ठीक है और फ़ौरन उसकी आँखों का इलाज शुरू कर दिया। तो उस व्यक्ति ने कहा, "मेरी शिकायत से आँखों का क्या लेना-देना है?" तब उस डॉक्टर ने कहा, "तुम्हारी आँखें अगर होतीं,

कभी तुम्हें पेट दर्द नहीं होता क्योंकि तुमने सड़ी हुई रोटी नहीं खाई होती।" इसी प्रकार मैं माननीय होम मेम्बर से कहूँगा, "क्या आपके पास आँखें हैं? यदि होतीं तो यह पेट दर्द आपको नहीं होता। क्या आप अब अपनी आँखें खोलेंगे?" ('द ट्रायल ऑफ भगतसिंह पॉलिटिक्स ऑफ जस्टिस', पृ. 81-88)

जिस समय शिमला में यह बहस चल रही थी, लाहौर में यतीन्द्रनाथ दास की अर्थी उठ रही थी। भूख हड़ताल के 62वें दिन 12 सितम्बर को रात 1 बजे यतीन्द्रनाथ के प्राण पखेरू उड़ गए थे। जतीन्द्रनाथ सान्याल बताते हैं : 'हम सब लोग उसकी चारपाई को घेरे हुए थे। मौत की घड़ी करीब थी। आख़िर यतीन्द्रनाथ चल बसे। कठोर दिलवाले जेल अधिकारियों की आँखें भी छलछला आईं। बाहर लाखों आदमी लाश लेने के लिए खड़े थे। लाश जब जेल के फाटक से बाहर निकाली गई तो लाहौर के सुपरिंटेंडेंट पुलिस हैमिल्टन हार्डिंग ने भी अपना टोप उतारकर उस वीर के सामने सर झुकाया। देश की जनता का ध्यान जेलों की बुरी अवस्था की ओर खींचा जा चुका था और सरकार के झूठे प्रचार का पर्दाफाश हो चुका था।' ('सरदार भगतसिंह व उनके साथी', पृ. 34 तथा 'क्रान्ति का साक्ष्य', पृ. 234)

'शिव वर्मा बताते हैं : 'दास की हालत ख़राब है यह समाचार प्रातःकाल से ही लाहौर में आँधी की तरह फैलता जा रहा था और जेल के फाटक पर शव के अन्तिम दर्शनों के लिए सारा शहर उमड़कर जमा हो गया था।' ('संस्मृतियाँ', पृ. 129) ट्रिब्यून ने मुखपृष्ठ पर यतीन्द्रदास का मृत्यु के बाद का दिल को चीरकर रख देनेवाला फ़ोटो छापा। ऊपर शीर्षक था :

यतीन्द्रनाथ दास चले गए
शवयात्रा में हज़ारों लोग शामिल
लोगों ने फूलों और सिक्कों की बौछार की

'बोर्स्टल जेल शहर से काफ़ी दूर है। फिर भी लोगों को वहाँ इकट्ठा होने में समय नहीं लगा। वहाँ भारी भीड़ थी—नंगे-सिर, गम्भीर। इत्र डाले हुए पानी से भीगा हुआ यतीन्द्रनाथ का शरीर फूलों के ढेर में दबा हुआ था। ऊँचे तकिए पर टिका हुआ सिर मात्र एक खोपड़ी था। धँसे हुए गालों के साथ रक्तहीन चेहरा और कोटरों में गहरे नीचे पुतलियाँ मृत्यु यंत्रणा के निशान लिये हुए थे। यह देख पाना आसान था कि वह इंच-इंच करके खत्म हुआ था।'

डॉ. भवान सिंह राणा बताते हैं कि 'दास की मृत्यु पर सबसे अधिक दुःख भगतसिंह को हुआ था, क्योंकि वही उसे कलकत्ता से पंजाब लाए थे। उन्होंने जतिन दास की मृत्यु पर एक कविता भी लिखी थी, जिसे वह अपने अन्य साथियों को सुनाया करते थे।' ('शहीद भगतसिंह', प्रकाशक डायमंड पॉकेट बुक्स, नई दिल्ली, संस्करण वर्ष अज्ञात, पृ. 74)

उस रोज़ लाहौर के सभी बाज़ारों में सन्नाटा पसरा हुआ था, यहाँ तक कि अनारकली बाज़ार में भी, उच्च वर्ग के हिन्दुस्तानियों और सरकारी अफ़सरों की पत्नियाँ जहाँ हर शाम एक-से-एक नये फ़ैशन के क़ीमती परिधानों में सजी-धजी अपने बदन पर छिड़के हुए विदेशी इत्रों की ख़ुशबू से महकती हुई फिरा करती थीं।

अपने हिन्दुस्तानी वफ़ादारों को भी बाँटे रखने के लिए अंग्रेज़ सरकार हिन्दुओं को 'राय साहब' या 'राय बहादुर' की पदवी से नवाज़ती तो मुसलमानों को 'ख़ान साहब' और 'ख़ान बहादुर' का तमग़ा पहनाती तथा वफ़ादार सिख को 'सरदार बहादुर' का ख़िताब दे देती। प्राण नेविल बताते हैं कि पुराने लाहौर शहर से दूर नई-नई बसी 'मॉडल टाउन' कॉलोनी में ज़्यादातर सरकारी नौकरी से अवकाश-प्राप्त ऐसे ही 'बहादुरों' के मकान थे। ('लाहौर: ए सेंटीमेंटल जर्नी', पृ. xix।) खरीदारी के लिए या यूँ ही समय बिताने के लिए 'अनारकली बाज़ार' चले आना इनकी औरतों का शगल था। लेकिन आज यहाँ उल्लू बोल रहे हैं। बाक़ी लाहौर की तरह यह बाज़ार भी ग़मज़दा था। न तो कोई दुकान खुली थी और न ही कोई तफ़री करनेवाला वहाँ मौजूद था।

लाहौर षड्यंत्र मुक़दमे के भूख-हड़तालियों के प्रति सरकार के निन्दनीय रवैये पर, जिसकी वजह से यतीन्द्रनाथ दास की जान गई, 'केन्द्रीय एसेम्बली में 'काम रोको प्रस्ताव' पेश करते हुए 14 सितम्बर, 1929 को पंडित मोतीलाल नेहरू ने कहा : 'श्रीमान जी! कहा जाता है कि जब रोम जल रहा था तो नीरो वायलिन बजा रहा था। हमारी दयावान सरकार, नीरो से एक क़दम आगे निकल गई है। वह इन युवकों की मृत्यु शय्या पर बैठकर वायलिन बजा रही है।' ('संस्मृतियाँ', पृ. 129-30)

इस प्रस्ताव पर बहस के दौरान पंडित मोतीलाल नेहरू ने आगे कहा : "श्रीमान, यह धारा या प्रक्रिया या वास्तविक या विशेष क़ानून का सवाल नहीं है। श्रीमान, यह मानवता का सवाल है, मानव ज़िन्दगी की रक्षा के सरकार के प्राथमिक कर्तव्य का सवाल है, सिर्फ़ उन लोगों की रक्षा का नहीं जो सुरक्षा की माँग इससे करते हैं, बल्कि उन लोगों की भी जो ख़ुद अपनी ज़िन्दगी को नष्ट करने पर तुले हुए हैं।"

यह 'काम रोको प्रस्ताव' केन्द्रीय एसेम्बली में बहुमत से पारित हो गया।

यतीन्द्रनाथ की मृत्यु के लिए ब्रिटिश सरकार को ज़िम्मेदार ठहराते हुए केन्द्रीय एसेम्बली के एक अन्य सदस्य अमरनाथ दत्त ने अंग्रेज़ों का नाश हो जाने की घोषणा करते हुए अपना भाषण रवीन्द्रनाथ टैगोर की इन पंक्तियों के साथ समाप्त किया।

"बोझा तोर भारी होल, डूब तारी खान।"

अर्थात् तेरे पाप का बोझ अधिक भारी होने पर, तेरा जहाज डूब जाएगा। ('शहीद भगतसिंह', लेखक डॉ. भवान सिंह राणा, पृ. 74-5)

डॉ. मुहम्मद आलम और डॉ गोपीचन्द भार्गव ने पंजाब विधान सभा से इस्तीफ़ा दे दिया।

विशेष रेलगाड़ी द्वारा यतीन्द्रनाथ के शव को ताबूत में रखकर कलकत्ता ले जाया गया। शहीद के अन्तिम दर्शन के लिए लाहौर छावनी स्टेशन पर सुबह से भीड़ जमा हो गई थी। शिव वर्मा लिखते हैं : 'लाहौर में, लाहौर से कलकत्ते ले जाते समय मार्ग के स्टेशनों पर, और फिर कलकत्ते में दास के शव को जो सम्मान मिला वह देश के इतिहास में आज भी अद्वितीय है। मृत्यु के बाद सी.आर. दास, भगतसिंह, गाँधी जी, रवीन्द्रनाथ टैगोर और पंडित नेहरू को छोड़कर शायद ही किसी दूसरे व्यक्ति को जनता का इतना आदर और सम्मान मिला हो।' ('संस्मृतियाँ', पृ. 129)

रास्ते में भटिंडा, दिल्ली, मथुरा, आगरा, टुंडला, कानपुर, इलाहाबाद, मुग़ल सराय, गया : हर स्टेशन पर हज़ारों लोगों ने यतीन्द्रनाथ की जय-जयकार के नारे लगाए। कलकत्ता में करीब छह लाख लोग हावड़ा स्टेशन के प्लेटफ़ॉर्म पर और बाहर इंतज़ार कर रहे थे। जुलूस की सूचना लन्दन में बैठे भारत सचिव को देते हुए वाइसराय ने टेलीग्राम भेजा : 'कलकत्ता का जुलूस रिकार्ड स्तर का था, जिसमें पाँच लाख लोग शामिल हुए होंगे। भीड़ बेशक़ बेहिसाब थी।' ('द ट्रायल ऑफ भगतसिंह पॉलिटिक्स ऑफ जस्टिस', पृ. 47) इस जुलूस का नेतृत्व सुभाषचन्द्र बोस कर रहे थे।

यतीन्द्रनाथ को श्रद्धांजलि देने के लिए इस अवसर पर गुरुदेव रबीन्द्रनाथ टैगोर ने लिखा :

मृत्युरे करिबे तुच्च प्रणेरा उत्साहा।
दुखेरो मन्थनबेगे उठिबे अमृता।
(जीवन के उत्साह से मृत्यु को तुच्छ हो जाने दो,
दु:ख की गहराइयों को मथने से ही अमृत प्राप्त होगा।)

जून, 1929 में 'ब्रिटिश मूवीटोन न्यूज़' ने बोलती न्यूज़रील बनाना शुरू की जिसे फ़िल्म शुरू होने के पहले सिनेमाघर में दिखाया जाता। इसका इस्तेमाल कम्पनियों ने भी किया : 'साम्राज्य का उत्पादन खरीदें', 'ज़्यादा चाय पियें', 'रेलवे का इस्तेमाल कर देश को जानें'। गाँधी को एक मुज़रिम और जनता को भ्रष्ट करनेवाला समझा जाता था लिहाज़ा न्यूज़रील में उनको जगह नहीं दी जाती थी। लेकिन साइमन कमीशन के कार्य और कांग्रेस की प्रतिक्रिया को बहुत फुटेज मिला। कलकत्ता में हुई यतीन्द्रनाथ की शवयात्रा को भी दिखाया गया। लाखों लोगों का रेला, सभी सफ़ेद कपड़े पहने हुए अर्थी के पीछे-पीछे चल रहे हैं। रास्ते में जगह-जगह अर्थी पर और इन लोगों पर भी इत्र का छिड़काव किया जा रहा है। पीछे से आवाज़ आती है : "साम्राज्य की सबसे बड़ी समस्या!

जुनूनी हुजूम यतीन्द्रनाथ दास को—आन्दोलनकारी जो 61 दिन की भूख हड़ताल के बाद मर गया—शहादत का जामा पहनाने में मुब्तिला है।"

24 सितम्बर, 1929 को लाहौर षड्यंत्र मुक़दमे की सुनवाई जब दुबारा शुरू हुई तो सरकारी वकील कार्डेन नोड ने अपनी कुर्सी से उठकर यतीन्द्रनाथ दास को श्रद्धांजलि अर्पित करते हुए कहा : "कुछ ऐसे गुण होते हैं जो प्रशंसा करने के लिए सभी मनुष्यों को समान रूप से मजबूर कर देते हैं, और उनमें सबसे ख़ास है साहस और एक आदर्श के अनुसरण में निष्ठा का गुण। जिन आदर्शों का उन्होंने अनुगमन किया उन्हें हालाँकि हम साझा नहीं करते, लेकिन जो अविचल सहन-शक्ति और उद्देश्य की दृढ़ता उन्होंने दिखाई, उसकी सराहना किये बिना हम नहीं रह सकते।"

यतीन्द्रनाथ की मौत के बाद से इन भूख-हड़ताली क्रान्तिकारियों की ब्रिटिश सरकार के साथ युद्धाकांक्षा और भी बलवती हो उठी। अब हर पल उन्हें यतीन्द्रनाथ के ये शब्द याद रहते : 'भूख हड़ताल शुरू करने के बाद अपनी माँगों के स्वीकार कर लिये जाने के पहले हम वापस नहीं लौट सकते। फिर तो विजय या मृत्यु—यही हम लोगों की नियति होगी।'

भूख-हड़ताल लिहाज़ा अब आर-पार की जंग थी और यह जंग पूरी शिद्दत के साथ लड़ी गई। जनता और अख़बार, दोनों ही अब तक इन जंगबाज़ों के समर्थन में और भी ज़ोरशोर से आ गए थे। जो कुछ भी जेल में इन लोगों के साथ होता, उसकी पूरी ख़बर राई-रत्ती बाहर पहुँच जाती और मोटे-मोटे शीर्षकों के साथ हर अख़बार में वह छप जाता। लोग भी सुबह से इन अख़बारों के आने का बेसब्री से इन्तज़ार करते और भूख-हड़ताल पर बैठे क्रान्तिकारियों के बारे में बड़ी उत्सुकता से पढ़ते। इन ख़बरों को पढ़कर उन्हें ऐसा महसूस होता जैसे कि अंग्रेज़ों के क़िले को उन्होंने भेद दिया हो। कितनी मज़बूत और ऊँची-ऊँची दीवारें जेल के चारों तरफ़ अंग्रेज़ों ने खड़ी कर रखी थीं। ये ख़बरें उन दीवारों को पार करके आ रही हैं, अंग्रेज़ों की सारी पुलिस और उनकी पूरी सुरक्षा व्यवस्था को धता बताते हुए। इन ख़बरों को पढ़ने में इसलिए 'एडवेंचर' का मज़ा भी था।

वीरेन्द्र सिन्धु बताती हैं कि 'भगतसिंह ने एक निवेदन पत्र सरकार को भेजने के लिए जेल सुपरिंटेंडेंट मिस्टर ब्रिग्स को दिया। ब्रिग्स ने कहा, "इसमें कुछ लाइनें आपत्तिजनक हैं, इन्हें आप निकाल दें तो मैं इसे ऊपर भेज दूँगा।" भगतसिंह तैयार नहीं हुए और उन्होंने आग्रह किया कि इसे ज्यों-का-त्यों भेज दिया जाए, पर इसके लिए मिस्टर ब्रिग्स तैयार नहीं हुए। दूसरे दिन सुबह-ही-सुबह दैनिक 'ट्रिब्यून' का जो अंक प्रकाशित होकर आया, उसमें सब छपा था। यह भगतसिंह के प्रचारतंत्र का ही एक चमत्कार था।' ('युगद्रष्टा', पृ. 201-2)

ज़ाहिर था कि जेल कर्मचारियों की सहानुभूति भी भूख-हड़तालियों के साथ हो गई थी, जिनकी मार्फ़त ही ये सारी ख़बरें जेल के बाहर पहुँचती थीं।

यह बोध अब सरकार को हो चला कि ये भूख-हड़ताली क्रान्तिकारी साधारण मिट्टी के नहीं बने हैं। और यह भी वह जान गई कि भूख हड़ताल के अब और अधिक खिंचने पर उसकी और भी फ़ज़ीहत होनेवाली है। ये 'दीवाने' तो कफ़न लपेटे बैठे हैं। अब और किसी भूख-हड़ताली की मृत्यु हो जाए, यतीन्द्रनाथ की मृत्यु पर जनता की प्रतिक्रिया देखते हुए यह ख़तरा अब वह मोल नहीं लेना चाहती थी। हंसराज रहबर बताते हैं कि 'इस स्थिति में जाँच उप-समिति ने अपनी सिफ़ारिशें सरकार के पास भेजीं। माँगें अब भी विचाराधीन थीं। लेकिन उन्हें राजनीतिक क़ैदी मान लिया गया और लिखने-पढ़ने तथा भोजन इत्यादि सम्बन्धी काफ़ी सुविधाएँ फ़ौरी तौर पर मिल गईं।' ('भगतसिंह एक ज्वलन्त इतिहास', पृ. 158)

इन्हीं दिनों भगतसिंह को सुखदेव की एक चिट्ठी मिली। इसे पढ़कर भगतसिंह ने इसे बार-बार पढ़ा। सुखदेव को वह बरसों से जानता था, ऐसा पत्र उसने कैसे और क्यों लिखा? वह समझ नहीं सका। काफ़ी सोच-विचार करने के बाद वह उस पत्र का उत्तर लिखने बैठा।

'प्रिय भाई,

मैंने आपके पत्र को कई बार ध्यानपूर्वक पढ़ा। मैं अनुभव करता हूँ कि बदली हुई परिस्थितियों ने हम पर अलग-अलग प्रभाव डाला है। जिन बातों से जेल के बाहर घृणा करते थे, वे आपके लिए अब अनिवार्य हो चुकी हैं। इसी प्रकार मैं जेल से बाहर जिन बातों का विशेष रूप से समर्थन करता था, वे अब मेरे लिए विशेष महत्त्व नहीं रखतीं। उदाहरणार्थ, मैं व्यक्तिगत प्रेम को विशेष रूप से माननेवाला था, परन्तु अब इस भावना का मेरे हृदय एवं मस्तिष्क में कोई विशेष स्थान नहीं रहा। बाहर आप इसके कड़े विरोधी थे, परन्तु इस सम्बन्ध में अब आपके विचारों में भारी परिवर्तन एवं क्रान्ति आ चुकी है। आप इसे मानव-जीवन का एक अत्यन्त आवश्यक एवं अनिवार्य अंग अनुभव करते हैं और इस अनुभूति से आपको एक प्रकार का आनन्द भी प्राप्त हुआ है।

आपको याद होगा कि एक दिन मैंने आत्महत्या के विषय में आपसे चर्चा की थी। तब मैंने आपको बताया था, कई परिस्थितियों में आत्महत्या उचित हो सकती है, परन्तु आपने मेरे इस दृष्टिकोण का विरोध किया था। परन्तु इस विषय पर भी मैं देखता हूँ कि आपकी राय बिलकुल बदल चुकी है।

बन्दी होने के समय हमारी संस्था के राजनीतिक बन्दियों की दशा अत्यन्त दयनीय थी। हमने उसे सुधारने का प्रयास प्रारम्भ कर दिया। मैं आपको पूरी गम्भीरता से बताता हूँ कि हमें यह विश्वास था कि हम बहुत कम समय के भीतर ही मर जाएँगे। हमें उपवास की स्थिति में कृत्रिम रीति से भोजन दिये जाने का न तो ज्ञान ही था, न हमें यह विचार सूझता ही था। हम तो मृत्यु के लिए तैयार थे।

मैं आपको बताना चाहता हूँ कि विपत्तियाँ व्यक्ति को पूर्ण बनानेवाली होती हैं। मैं और आप, वरन मैं कहूँगा, हममें से किसी ने भी किंचित कष्ट सहन नहीं किया है। हमारे जीवन का यह भाग तो अभी आरम्भ होता है।

मुझे अपने लिए मृत्युदंड सुनाए जाने का अटल विश्वास है। मुझे किसी प्रकार की पूर्ण क्षमा या नम्र व्यवहार की तनिक भी आशा नहीं है। मेरी अभिलाषा यह है कि जब यह आन्दोलन अपनी चरम सीमा पर पहुँचे, तो हमें फाँसी दे दी जाए। मेरी यह इच्छा है कि यदि कोई सम्मानपूर्ण और उचित समझौता होना कभी सम्भव हो जाए, तो हमारे जैसे व्यक्तियों का मामला उसके मार्ग में कोई रुकावट या कठिनाई उत्पन्न करने का कारण न बने। जब देश के भाग्य का निर्णय हो रहा हो तो व्यक्तियों के भाग्य को पूर्णतया भुला देना चाहिए।'

6 अक्टूबर, 1929 के अख़बारों में ख़बर आई कि जेल इन्क्वायरी कमेटी द्वारा की गई अनुशंसाओं के मद्देनज़र तथा कांग्रेस द्वारा पारित प्रस्ताव और सरदार किशनसिंह के अनुरोध पर 112 दिन की भूख हड़ताल के बाद भगतसिंह और उसके साथियों ने अन्ततः 5 अक्टूबर को अपना अनशन ख़त्म कर दिया। मगर कुछ उत्साही लड़के, जो बोर्स्टल जेल के आसपास ही मँडराते रहते थे, इस उम्मीद में कि अपने हीरो की झलक भर देखने को उन्हें मिल जाए और इस मक़सद से जेल के पहरेदार सिपाहियों के साथ दोस्ती भी उन्होंने गाँठ रखी थी, 5 अक्टूबर की शाम ही यह ख़बर ले आए थे। सारी रात शहर भर में जश्न का माहौल रहा, लेकिन यतीन्द्रनाथ की मौत का साया भी इस जश्न पर मँडराता ही रहा।

आमि विद्रोही चिर अशान्त

भगतसिंह के मित्र और साथी जयदेव कपूर कानपुर में साथ-साथ गुज़ारे हुए दिनों को याद करते हुए कहते हैं : 'इतनी बड़ी शक्तिशाली अंग्रेज़ी सरकार, उसकी फ़ौज, उसकी पुलिस, उसकी जेलें और अदालतें, उसकी दमन की सम्पूर्ण मशीनरी। और मुकाबले में खड़े थे हम मुट्ठी भर नौजवान, सब प्रकार से साधनविहीन। राजनीति के पुराने पंडे कहते थे—यह सनकी आदर्शवाद है। दुनियादार कहते थे—यह पागलपन है। सब कहते थे—शान्त होकर बैठ जाओ। लेकिन हम जो थे और हमारा सरदार—हम दुनिया के उत्तर में कवि नज़रुल इस्लाम की यह पंक्तियाँ दुहरा देते थे।'

आमि विद्रोही चिर अशान्त।

वर्ष 1924 में भगतसिंह जब तीन महीने शादीपुर के स्कूल में हेडमास्टर रहकर सितम्बर माह में कानपुर लौटा तो गंगा नदी में आई बाढ़ से पीड़ित लोगों की सहायता करने के काम में बटुकेश्वर दत्त के साथ लग गया। लालटेन लिये रात-रात भर वे दोनों नदी-किनारे घूमते रहते कि नदी में अगर कोई बहता हुआ दिख जाए तो उसका वे बचाव कर सकें। उन्हीं दिनों में वे दोनों ऐसे जिगरी दोस्त बने कि एक-दूसरे को अपना भाई ही समझने लगे। कानपुर में भगतसिंह को 'बटुक' ने न सिर्फ़ बँग्ला भाषा ही सिखाई, बल्कि उसने उसके प्रिय कवि नज़रुल इस्लाम की रचनाओं से भगतसिंह का परिचय भी कराया। बंगाल के इस क्रान्तिकारी नज़रिये वाले कवि की कविता 'विद्रोही' तो भगतसिंह को कंठस्थ ही हो गई थी, इतनी बार उसने वह कविता पढ़ी-सुनी थी। नज़रुल इस्लाम इन क्रान्तिकारियों के समकालीन कवि थे जिनकी रचनाओं में मानव के उत्पीड़न और अन्याय के ख़िलाफ़ आग भरी होती थी। वर्ष 1922 में प्रकाशित उनकी कविता 'विद्रोही' अपने बाग़ी तेवरों के कारण अंग्रेज़ी राज का विरोध कर रहे क्रान्तिकारियों का प्रेरक गीत बन गई और नज़रुल इस्लाम जनता के बीच 'विद्रोही कवि' के नाम से मशहूर हो गए।

उनकी एक और बेहद लोकप्रिय कविता थी वर्ष 1923 में प्रकाशित 'कारार ओई लौह कपाट', जिसमें कारागार के लौह-कपाट तोड़ देने के लिए जनता को

प्रेरित किया गया था। कहा जाता है कि असहयोग आन्दोलन के दौरान देशबन्धु चित्तरंजन दास को क़ैद किये जाने से व्यथित हो यह कविता उन्होंने कही थी। इस कविता के प्रकाशन के फ़ौरन बाद उन्हें राजद्रोह के आरोप में गिरफ़्तार कर लिया गया था। नज़रुल इस्लाम की रचना 'आमि विद्रोही चिर अशान्त, शेई दिन हबो शान्त; जे दिन उत्पीड़ितेर क्रन्दन रोल, आकाशे बताशे ध्वनिबेना।' का हिन्दी अनुवाद—मूल भाषा बँग्ला से हिन्दी में कबीर चौधरी द्वारा किये गए अनुवाद में बेहद मामूली बदलाव के बाद—कुछ इस तरह होगा :

मैं प्रचंड चिर-अधीर,
बोलो वीर, बोलो चिर उन्नत मेरा शीश।
महाविद्रोही मैं अक्लान्त, होऊँगा उस दिन शान्त;
उत्पीड़ितों का जब क्रन्दन-शोक, आकाश-वायु में नहीं गूँजेगा;
अत्याचारी का खड्ग जब, रक्त से निरीह के नहीं रँजेगा;
मैं विद्रोही रणक्लान्त, उस दिन मैं होऊँगा शान्त।
तब तक मैं विद्रोही वीर, पीकर जगत का विष;
बनकर विजय-ध्वजा, खड़ा रहूँगा अकेला;
चिर उन्नत शीश।

और भगतसिंह का शीश चिर उन्नत ही रहा। उसके हौसले कभी भी पस्त नहीं हुए। शिव वर्मा याद करते हैं कि दिल्ली में सितम्बर 1928 की मीटिंग के बाद फणीन्द्रनाथ घोष के साथ चले एक लम्बे वाद-विवाद के दौरान फणीन्द्र के व्यंग्य से तिलमिलाए हुए भगतसिंह ने अपना संयम न खोकर मुस्कुराते हुए उससे कहा था : "फनी दा, हो सकता है मेरी ज़िन्दगी चार ही दिन की हो। लेकिन मेरे हौसले आख़िरी साँस तक मेरा साथ नहीं छोड़ेंगे इसका मुझे विश्वास है। और कल यदि मैं न भी रहा, तो भी मेरे हौसले देश के हौसले बनकर साम्राज्यवादी शोषकों का पीछा अन्त तक करते रहेंगे।" ('क्रान्ति का साक्ष्य', पृ. 69)

यह सिर्फ़ लफ़्फ़ाज़ी नहीं थी। उसके इन हौसलों के सबूत उस नोटबुक में भी बन्द है जिसे उसकी 'जेल डायरी' के नाम से जाना जाता है। जेल में भगतसिंह को 12 सितम्बर, 1929 को, यतीन्द्रनाथ की मृत्यु के एक दिन पहले, यह लाल आवरणवाली 17.50×21 सेंटीमीटर आकार की कॉपी जारी हुई थी।

जिस समय यह नोटबुक जारी हुई, भूख हड़ताल करते हुए भगतसिंह को नब्बे दिन हो चुके थे। उसका शरीर कंकाल हो चुका था। ताक़त शरीर से पूरी तरह निचुड़ चुकी थी। ऊपर से 'जबरन-पोषण' के विरोध में आए दिन उसे जेल के जमादारों और उनके साथ आए क़ैदियों से जूझना पड़ रहा था। इसके बावजूद जब जेल नोटबुक में उसने लिखना शुरू किया तो उर्दू लिपि में अपनी ख़ूबसूरत लिखावट में सबसे पहले उसने अपने हौसलों को ज़ाहिर करते हुए एक

शेर लिखा जो सम्भवत: उसका अपना कहा हुआ शेर है, क्योंकि इसके शायर का नाम बहुत खोजने पर भी मुझे न मिल सका। 'भगतसिंह जेल नोटबुक सन्दर्भ और प्रासंगिकता' में इस शेर का स्त्रोत अज्ञात लिखा है।

कुर्रा-ए-ख़ाक है, गर्दिश में तपिश से मेरी;
मैं वो मजनूँ हूँ जो ज़िंदान में भी आजाद रहा।

'इसका अनुवाद पुस्तक में दिया है : 'धूल का प्रत्येक कण मेरी गरमी से आन्दोलित है'। rekhtadictionary.com के अनुसार कुर्रा-ए-खाक़ का अर्थ हैं पृथ्वी का गोला अथवा धरती। तो सही अनुवाद होगा :

धरती है भ्रमण में मनस्ताप से मेरी,
मैं वो दीवाना हूँ जो क़ैद में भी आज़ाद रहा।

भूख हड़ताल खत्म होने बाद मुक़दमे की सुनवाई फिर शुरू हुई तो उसके इन हौसलों ने लड़ाई का दूसरा मोर्चा खोल दिया।

पहले तो उस रणनीति पर अमल शुरू हुआ जो कि पूर्व में ही तय की जा चुकी थी कि 'जेल में और अदालत के कमरे में हम लोग ऐसे प्रदर्शन करें जिनसे लोग समझें कि सरकार कितनी नाचीज़ है और पुलिस और अदालत उसके स्वाँग हैं।' लिहाज़ा अदालत में इन दीवानों की टोली इस तरह आती जैसे कि दंगल के लिए पहलवान अखाड़े में उतरे हों—गर्वीली दृष्टि चारों तरफ़ फेंकते हुए और अपनी विजयी मुस्कान से सरकारी वकील और अदालत में मौजूद पुलिस अधिकारियों को भी अचम्भित करते हुए। फिर जमकर नारेबाज़ी होती। बुलन्द आवाज़ में। 'इनक़लाब ज़िन्दाबाद!' 'साम्राज्यवाद का नाश हो!' आदि नारे लगाए जाते, बँधी हुई मुट्ठियों को जोशीले अन्दाज़ में लहराते हुए। फिर 'वन्देमातरम्' गाया जाता या कोई और देशभक्तिपूर्ण गीत।

इसके बाद जब अदालती कार्रवाई शुरू हुई तो अंग्रेज़ सरकार और उसकी अदालत के ख़िलाफ़ पहला एलान-ए-जंग हुआ दर्शकों को जेल के अन्दर आने की इजाज़त न दिये जाने को लेकर। मुक़दमे की पेशी लाहौर सेंट्रल जेल की चहारदीवारी के भीतर होती थी और दर्शकों के अन्दर आने पर इतनी बन्दिशें लगा दी गई थीं कि बहुत ही कम लोग अन्दर आ सकते थे। वीरेन्द्र सिन्धु लिखती हैं : 'यह अदालत उन दिनों लाहौर की सबसे दिलचस्प जगह थी। अदालत का मुख्य द्वार बिलकुल सड़क पर था। कॉलेजों-स्कूलों के विद्यार्थी छुट्टी होते ही दौड़कर वहाँ आ जाते और इस तरह अदालत के बाहर भी अच्छी-खासी भीड़ जुड़ जाती थी। भगतसिंह ख़ूब ज़ोर से बोलते थे कि आवाज़ बाहर तक पहुँचे। जब अभियुक्त भीतर कमरे में गाते थे, तो बाहर खड़े लोग भी गाने लगते थे। शहीदों के शहीद कवि ओमप्रकाश की ये पंक्तियाँ उन दिनों घर-घर गई जाती थीं।' ('युगद्रष्टा', पृ. 208)

कभी वो दिन भी आएगा कि जब आज़ाद होंगे हम,
ये अपनी ही ज़मीं होगी, यह अपना आसमाँ होगा!
शहीदों की चिताओं पर जुड़ेंगे हर बरस मेले,
वतन पर मरनेवालों का यही बाक़ी निशाँ होगा!!

एसेम्बली हाल में उसने स्वेच्छा से गिरफ़्तारी दी थी, इस तथ्य ने भगतसिंह को आम जनता की नज़र में बहुत ऊँचा उठा दिया था। उसकी बहादुरी के क़िस्से घर-घर कहे जाते। इन क़िस्सों को सुनानेवाले इनमें अपने रचना-कौशल और कल्पनाशीलता का भरपूर इस्तेमाल करते। धीरे-धीरे भगतसिंह जन-नायक बन गया। स्कूल, कॉलेज के विद्यार्थी उस पर ख़ास तौर से फ़िदा थे। अदालत के बाहर वे इस उम्मीद में रोज़ इकट्ठा हो जाते थे कि अदालत की कार्रवाई को देखने का मौका शायद उन्हें मिल जाए या फिर अपने 'हीरो' की एक झलक ही देखने को उन्हें मिल जाए।

मजिस्ट्रेट श्रीकिशन से भगतसिंह ने मौखिक निवेदन किया कि इन विद्यार्थियों को अदालत में आने दिया जाए। फिर लिखित में उसने दरख्वास्त की। फिर मजिस्ट्रेट के साथ बहस की। फिर उसकी अदालत का बहिष्कार करने की उसे धमकी दी। फिर यह दिखाने के लिए कि उसे न अदालत की परवाह है और न ही अदालती कार्रवाई की, कटघरे में बैठे अपने साथियों के साथ तेज आवाज़ में हँसी-मज़ाक करता या फिर कोई किताब पढ़कर उन्हें बुलन्द आवाज़ में सुनाता। मजिस्ट्रेट गुस्सा होता तो पेशी पर हाज़िर न होने की धमकी दे देता और फिर इस धमकी को कार्यरूप भी दे देता।

बिजय कुमार सिन्हा ने अदालत से कहा : "हमें पता चला है कि बाहर कई कॉलेज के विद्यार्थी इन्तज़ार कर रहे हैं और उनके आवेदन पुलिस ने फाड़ दिये हैं। कई विद्यार्थियों को इसलिए अन्दर आने की अनुमति इस आधार पर नहीं दी गई कि कॉलेज के प्रधानाचार्य द्वारा अदालत में आने की अनुमति उनके पास नहीं है।"

मजिस्ट्रेट बोला, "लड़के अपनी पढ़ाई की उपेक्षा कर यहाँ आते हैं। मैं इसे प्रोत्साहित नहीं कर सकता।"

"उनकी पढ़ाई की चिन्ता करना क्या अदालत का काम है?" भगतसिंह के यह कहते ही अदालत में बैठे दर्शकों का सम्मिलित ठहाका गूँज उठा और मजिस्ट्रेट अपने चेहरे पर उलझन के भाव लिये हुए चुप बैठा रहा।' ('बिजोय कुमार सिन्हा - ए रेवोल्यूशनरी'स क्वेस्ट फॉर सैक्रिफाइस', लेखिका श्रीराज्यम सिन्हा; भारतीय विद्या भवन, बम्बई, 1993, पृ. 42)

मजिस्ट्रेट के प्रति शालीनता बरतते हुए भगतसिंह जब भी उसे सम्बोधित करता तो 'माय लॉर्ड' से अपनी बात शुरू करता। एक दिन महावीर सिंह को

गुस्सा आ गया और भगतसिंह की ओर देखकर वह बोल उठा : "माई लॉर्ड गधे हैं। माई लॉर्ड कहना बन्द करो।" (नेहरू म्यूज़ियम ज़बानी इतिहास, जयदेव कपूर खाता सं. 431, पृ. 202)

ये सारी ख़बरें बाहर पहुँचकर जनता पर वही असर डाल रही थीं जो भगतसिंह और उसके साथी चाहते थे। मन्मथनाथ गुप्त लिखते हैं : 'सबसे बड़ी बात जो अख़बारों में बराबर छपती रही, वह यह थी कि क्रान्तिकारी जेल या अदालत की कुछ भी परवाह नहीं करते। वे अदालत में इस तरह से बरताव करते मानो कोई तमाशा हो रहा हो।' ('क्रान्तिकारी आन्दोलन का वैचारिक इतिहास', पृ. 116)

नेहरू म्यूज़ियम एंड मेमोरियल लाइब्रेरी की ओर से साक्षात्कार ले रहे श्री मनचन्दा को कु. लज्जावती ने, जो भगतसिंह के साथ निरन्तर सम्पर्क में थीं और जेल में उसके लिए उसकी पसन्द का खाना तथा किताबें ले जाया करती थीं, बताया कि 'लाहौर जेल में मुलाक़ात के वक़्त 'उसने [भगतसिंह ने] हिस्ट्री ऑफ़ द वर्ल्ड मँगाई थी। मैंने पूछा क्या देख रहे थे, भाई। तो उसने कहा, मैं देख रहा था कि अगले जन्म में क्रान्ति कहाँ करनी है। उधर मजिस्ट्रेट कुछ कह रहा था और इधर वह हज़रत कोई किताब लेकर हँस रहे थे, कोई मजाक कर रहा था। उन्होंने कभी उसको गम्भीरता से नहीं लिया।' (नेहरू म्यूज़ियम ज़बानी इतिहास; खाता सं. 471, पृ. 123)

राजाराम शास्त्री बताते हैं : "मैंने अदालत में एक दिन ऐसा दृश्य देखा जिसे मैं कभी भुला नहीं सकता। उन दिनों की बात है जब अदालत में भी अभियुक्तों को हथकड़ियाँ डालकर बैठना होता था। एक दिन किसी बात पर भगतसिंह को अपने साथियों के साथ बात करते हुए हँसी आ गई। मजिस्ट्रेट ने बड़े ज़ोर से कहा, "भगतसिंह, क्यों हँस रहे हो? मुझे यह पसन्द नहीं!" उसका इतना कहना था कि भगतसिंह अपनी हथकड़ियाँ खनखनाकर खड़े हो गए और बहुत ही शान के साथ उन्होंने मजिस्ट्रेट से सिंह के समान गरजते हुए कहा, "मजिस्ट्रेट महोदय, इस समय आपको मेरा हँसना अच्छा नहीं लगता! पर उस दिन आप क्या करेंगे जिस दिन फाँसी के तख़्ते पर भी हँसूँगा और 'इनक़लाब ज़िन्दाबाद!' चिल्लाऊँगा?" भगतसिंह की इस सिंह-गर्जना के सामने मजिस्ट्रेट के चेहरे का रंग फीका पड़ गया और वह चुप हो गया। उस घटना को घटित हुए इतना जमाना व्यतीत हो चुका है फिर भी भगतसिंह का अदालत के सामने गरजते हुए उस मजिस्ट्रेट को फटकारना और हथकड़ियों को झनकारते हुए सीना तानकर खड़े होना मुझे आज भी भूला नहीं है।" ('क्रान्ति का साक्ष्य', पृ. 108)

कैसी आतुरता और कितना अदम्य विश्वास कि मुझे तो फाँसी के तख़्ते पर चढ़ना ही है—हँसते-हँसते! जैसे कि बब्बर अकाली चढ़े थे। जैसे कि ग़दर पार्टी

के क्रान्तिकारी चढ़े थे। देश की ख़ातिर मरने की उसकी तैयारी तो तब से ही थी जब आगरा में बम बनाए जा रहे थे और अपने क्रान्तिकारी साथी भगवानदास माहौर को उसने समझाया था : "हम सब यहाँ मरने के लिए इकठ्ठा हुए हैं; सो इस आशा से नहीं कि कल हम ही अपने हाथों से ब्रिटिश शासन को उखाड़ फेंकेंगे। अपने जैसे न जाने कितने उसके पहले मर-खप जाएँगे।" ('क्रान्ति का साक्ष्य', पृ. 42)

आख़िरकार एक महीने चले इस नाटक के बाद, जतीन्द्रनाथ सान्याल लिखते हैं : 'ये बन्दिशें हटा ली गईं और दर्शकों को मुक़दमे में उपस्थित रहने की आज्ञा मिल गई। हज़ारों दर्शक, जिसमें नवयुवकों और नवयुवतियों की ही संख्या अधिक थी, उसे देखने को टूट पड़े।' ('सरदार भगतसिंह व उनके साथी', पृ. 55-6)

अब भगतसिंह ने सुनवाई में हिस्सा लेना शुरू किया। शिव वर्मा बताते हैं : वह [भगतसिंह] अदालत को क्रान्तिकारी आदर्श के प्रचार के साधन के रूप में इस्तेमाल करने का पक्षपाती था। साथ ही वह यह भी चाहता था कि हम लोग अदालत में तथा जेलों में राजनैतिक बन्दियों के अधिकारों के लिए अनवरत संघर्ष करें, सरकार, उसकी अदालत तथा उसकी नीतियों के प्रति अपने घृणा के भाव को अपने कामों द्वारा हर उपयुक्त अवसर पर प्रदर्शित करें, और अन्त में यदि वक्तव्य देने का अवसर मिले तो एक राजनैतिक वक्तव्य द्वारा पूरी व्यवस्था पर गहरा प्रहार करें।' ('संस्मृतियाँ', पृ. 32)

इस सुनवाई में अपनाई गई रणनीति का बयान शिव वर्मा इस तरह करते हैं : 'सरकार ने 400 से ज़्यादा अभियोग पक्ष के गवाहों की सूची प्रस्तुत की थी। लिहाज़ा हमने अनुमान लगाया कि इन सब गवाहों का अगर हमने बख़ूबी प्रति-परीक्षण किया तो निचली अदालत में ही इस मुक़दमे को हम कम-से-कम तीन साल जारी रख सकते हैं। उसके बाद बचाव पक्ष के गवाहों की बारी आएगी। यही प्रक्रिया सेशन्स अदालत में भी जारी रहेगी। इस तरह कम-से-कम छह सालों तक मुक़दमे को हम खींच सकते हैं और अदालत को अपना मंच बनाकर अपने विचारों का हम प्रेस के माध्यम से जनता में प्रचार कर सकते हैं। इस रणनीति के अनुसार ख़ुद को हमने तीन टोलियों में बाँट लिया।' (नेहरू म्यूज़ियम ज़बानी इतिहास; खाता सं. 502, पृ. 160)

'पहली टोली में वे थे जो अदालत में सबसे अधिक मुखर थे। इनका काम था सरकारी गवाहों से जिरह करना, मुख़बिरों तथा गवाहों के मुँह से अपनी बात कहलवाना। इनका कोई प्रतिनिधि नहीं, अपने मुक़दमे को ख़ुद लड़ते हुए, गवाहों का प्रति-परीक्षण ख़ुद करते हुए और प्रचार करते हुए लोग। इस टोली में भगतसिंह, बिजोय कुमार सिन्हा, जयदेव कपूर, राजगुरु और मैं मुख्य थे।' (उपर्युक्त, पृ. 161)

'दूसरी टोली में शामिल थे महावीर सिंह, बटुकेश्वर दत्त, डॉ. गयाप्रसाद, कुन्दनलाल और जतीन्द्रनाथ सान्याल जो यह रुख़ अपनाएँगे कि हम इस अदालत और इस सिस्टम को मान्यता नहीं देते। इस अदालत से किसी प्रकार के न्याय की आशा नहीं रखते। इनका काम था—हर उपयुक्त अवसर पर अदालती अभिनय के ढकोसले पर सैद्धान्तिक प्रहार करना। इन साथियों ने ट्रिब्यूनल के सामने पहले ही दिन जो बयान दिया उसके बारे में अदालत के जजों ने लिखा था कि वह "ब्रिटिश सरकार पर हिंसात्मक राजनैतिक हमला था। चूँकि खुली अदालत में इस भाषण का, जो कि राजद्रोहात्मक प्रचार के अतिरिक्त और कुछ भी न था, पढ़ा जाना बहुत ही अनुचित था इसलिए ट्रिब्यूनल ने उसका पढ़ा जाना रोक दिया।" बयान के अन्त में कहा गया था "इन कारणों से हम इस हास्यास्पद अभिनय का अंग बनने से इनकार करते हैं और आगे से हम इस अदालत की कार्यवाही में किसी प्रकार का हिस्सा नहीं लेंगे।" ('संस्मृतियाँ', पृ. 32-3)

'तीसरी टोली में वे थे, क़ानूनी सलाहकार जिनका प्रतिनिधित्व करते थे, और उनके माध्यम से, निश्चित ही, क़ानूनी सलाह हम भी हासिल करते थे। इस टोली में वे शामिल थे जिनके ख़िलाफ़ अधिक प्रमाण नहीं थे और हम उम्मीद करते थे कि वे रिहा हो जाएँगे।' (नेहरू म्यूज़ियम ज़बानी इतिहास, खाता सं. 502, पृ. 161)

इसके अलावा 'जिन्होंने भूख-हड़ताल नहीं की उनका काम था जेल में नारे लगाना, अदालत जाना और वहाँ नारे लगाना और अख़बारवालों को बयान देना।' (उपर्युक्त, पृ. 160)

पहली टोलीवाले मुख़बिरों के साथ तो ख़ास तौर पर लम्बी जिरह करते। अजय घोषाल बताते हैं कि 'इसमें उनका उद्देश्य मुख़बिरों के बयान की झूठी असम्बद्ध बातों पर प्रकाश डालना नहीं था, वरन वे इसके द्वारा अपनी पार्टी के सिद्धान्तों, ख़ास-ख़ास कामों को करने का उद्देश्य एवं साहस, उसकी कार्यप्रणाली को जनता तक पहुँचाना चाहते थे।' ('सरदार भगतसिंह व उनके साथी', पृ. 56) वीरेन्द्र सिन्धु बताती हैं : 'जब सरकारी गवाह फणीन्द्रनाथ घोष कटघरे में आए और दल के रहस्य खोलने लगे, तो शिव वर्मा ने उनके साथ जिरह करने में कमाल कर दिया। उन्होंने इस तरह प्रश्न पूछे कि फणीन्द्र घोष धीरे-धीरे यह बताने के लिए विवश हो गए कि बम कैसे बनता है। अदालत की कार्यवाही तब प्रतिदिन पत्रों में छपा करती। इस प्रकार नई पीढ़ी के क्रान्तिकारियों को शिव वर्मा की कारीगरी से बम बनाने की तरक़ीब प्राप्त हो गई।' ('युगद्रष्टा', पृ. 206)

शिव वर्मा लिखते हैं कि 'अदालत के मंच को प्रचार के साधन के रूप में इस्तेमाल करने की हमारी यह योजना बहुत सफल रही।' ('संस्मृतियाँ', पृ. 33)

वे यह भी बताते हैं कि 'जिन दिनों हमारा केस चल रहा था उन दिनों प्राय: हर दूसरे-तीसरे दिन पुलिसवालों से या जेल अधिकारियों से झगड़ा और मारपीट चलती रहती थी। उन झगड़ों में मुझ जैसे दुबले-पतले लोग थोड़ी मार खाकर ही बच जाते थे। लात-घूँसों और डंडों की अधिकांश चोट बेचारे पाँच-छह व्यक्तियों के हिस्से में ही पड़ती थी। राजनीतिक समस्याओं पर वाद-विवाद में ही नहीं वरन मार खानेवाले साथियों में भी भगतसिंह सबसे आगे था।' ('क्रान्ति का साक्ष्य', पृ. 72)

जितेन्द्रनाथ सान्याल ने अपने संस्मरण में याद किया कि भगतसिंह 'प्रदर्शन के किसी भी अवसर को हाथ से नहीं जाने देते थे, इसीलिए 'काकोरी दिवस', 'लेनिन दिवस', 'पहली मई दिवस', लाजपतराय दिवस' तथा इसी प्रकार के अन्य अवसरों पर, जैसे श्यामजी कृष्ण वर्मा तथा हंगरी में भूख-हड़ताल करते हुए एक राजनीतिक क़ैदी की मृत्यु पर उन्होंने खुली अदालत में प्रदर्शन किये। इन अवसरों पर वे सदा जनता को कोई न कोई सन्देश देते। अदालत ने इन सन्देशों को मुक़दमे की कार्यवाही में दर्ज हो जाने दिया। क्योंकि उसका ख़्याल था कि वह उन क़ैदियों को फँसाने में ही सहायक होंगे। इस प्रकार वे उन सन्देशों द्वारा उन क़ैदियों के ख़िलाफ़ ही 'प्रमाण' जुटाना चाहते थे। इधर क़ैदियों को इन 'प्रमाणों' व गवाहियों की कोई परवाह न थी, अत: वे ऐसे मौकों पर लाभ उठाने से कभी नहीं चूकते थे।' ('अमर शहीद सरदार भगतसिंह', पृ. 56)

ऐसे मौकों को भगतसिंह की नज़र जेल के बाहर भी ढूँढ़ती रहती थी।

वर्ष 1929 के दिसम्बर के अन्तिम सप्ताह में कांग्रेस का वार्षिक अधिवेशन लाहौर में होनेवाला था। ज़ोर शोर से उसकी तैयारी शुरू हो गई। इस अधिवेशन की ख़ास अहमियत थी क्योंकि पिछले साल कलकत्ता में हुए अधिवेशन में ब्रिटिश सरकार को चेतावनी दी गई थी कि अगर एक साल के भीतर उन्होंने भारत को 'डोमिनियन स्टेटस' नहीं दिया तो पूर्ण स्वतंत्रता के लिए लड़ाई छेड़ दी जाएगी। इसी तैयारी के सिलसिले में 19 अक्टूबर को दूसरा अखिल-पंजाब विद्यार्थी सम्मेलन होनेवाला था जिसकी अध्यक्षता सुभाषचन्द्र बोस करनेवाले थे। आज़ादी हासिल करने के लिए अपनी जान देने को तुले बैठे इन 'फ़ौजियों' से मिलने के लिए बोस अदालत पहुँच गए। जैसे ही वे अदालत में दाखिल हुए, कटघरे में बेंचों पर बैठे ये सभी 'फ़ौजी' खड़े हो गए और अदालत को अपने नारों से गुँजा दिया : 'इनक़लाब ज़िन्दाबाद!', 'सर्वहारा ज़िन्दाबाद!', 'साम्राज्यवाद का नाश हो!'। 'बोस ने अपने दोनों हाथ जोड़कर उनका यह अभिवादन स्वीकार किया। तीन घंटे तक वे अदालत की कार्रवाई देखते रहे लेकिन आरोपियों से कटघरे में मुलाक़ात की इजाज़त अदालत ने उन्हें नहीं दी।' ('द ट्रायल ऑफ भगतसिंह पॉलिटिक्स ऑफ जस्टिस', पृ. 104) लेकिन भगतसिंह और बटुकेश्वर दत्त का

अंग्रेज़ी में लिखा यह सन्देश उन्हें मिल गया, जिसे उन्होंने ब्रेडलॉ हाल में पंजाब भर से इकठ्ठा हुए विद्यार्थियों के सामने पढ़ा और जो 22 अक्टूबर के ट्रिब्यून में प्रकाशित भी हुआ :

"इस समय हम नौजवानों से यह नहीं कह सकते कि वे बम और पिस्तौल उठाएँ। आज विद्यार्थियों के सामने इससे भी अधिक महत्त्वपूर्ण कार्य है। आनेवाले लाहौर अधिवेशन में कांग्रेस देश की आज़ादी के लिए ज़बर्दस्त लड़ाई की उद्घोषणा करनेवाली है। राष्ट्रीय इतिहास के इन कठिन क्षणों में नौजवानों के कन्धों पर बहुत बड़ी ज़िम्मेदारी आ पड़ेगी। नौजवानों को क्रान्ति का यह सन्देश देश के कोने-कोने तक पहुँचाना है, फैक्टरी-कारख़ानों के क्षेत्रों में, गन्दी बस्तियों और गाँवों की जर्जर झोंपड़ियों में रहनेवाले करोड़ों लोगों में इस क्रान्ति की अलख जगानी है जिससे आज़ादी आएगी और तब एक मनुष्य द्वारा दूसरे मनुष्य का शोषण असम्भव हो जाएगा।"

इसके दो या तीन वर्ष पहले भगतसिंह के साथ हुई उनकी बातचीत के हवाले से सोहनसिंह जोश ने कहा था : 'भगतसिंह सोए हुए छात्रों तथा नौजवानों को राजनीतिक रूप से जगाने के के लिए, जो मातृभूमि के प्रति अपने कर्तव्य को भूल गए थे, बमों तथा पिस्तौल के इस्तेमाल के जरिये जल्दी ही कुछ करना चाहते थे—एक ऐसी चमत्कारिक चीज जो उन्हें बिलकुल जाग्रत कर देगी।' ('क्रान्ति का साक्ष्य', पृ. 212) लेकिन अब भगतसिंह नौजवानों से कह रहा था कि बजाय बम और पिस्तौल का इस्तेमाल करने के वे 'गन्दी बस्तियों और गाँवों की जर्जर झोंपड़ियों में रहनेवाले करोड़ों लोगों' के बीच जाएँ, उनमें जागृति उत्पन्न करने के लिए। तो क्या भगतसिंह यह मानकर चल रहा था कि देश के नौजवानों में इतनी जागृति आ गई है कि उनसे इस तरह की उम्मीद की जा सकती है? इसका जवाब शायद 'हाँ' ही है, जैसा कि फाँसी की सज़ा पाने के बाद दिये गए उसके बयानों से आगे चलकर ज़ाहिर होगा।

अदालत से बोस जब जाने लगे तो 'इनक़लाब ज़िन्दाबाद!' और 'साम्राज्यवाद का नाश हो!' के बुलन्द नारों से ही उन्हें विदाई दी गई।

इसके दो ही दिन बाद सरकार के साथ लड़ाई का एक और मौक़ा भगतसिंह ने हासिल कर लिया।

इस घटना को याद करते हुए बिजोय कुमार सिन्हा बताते हैं : '21 अक्टूबर, 1929 को जब मुखबिर जयगोपाल अदालत में गवाही देने आया, हम सब लोगों ने 'शर्म-शर्म' के नारे लगाए। उसके ऊपर हमारे सबसे कम उम्र के साथी प्रेमदत्त ने चप्पल भी फेंककर मारी। 22 अक्टूबर के दिन अदालत में हमारी हथकड़ियाँ निकाले जाने की बात थी लेकिन एक ही हाथ की हथकड़ी खोली गई। लंच के बाद पुनः दोनों हाथों में हथकड़ियाँ पहनाई जाने लगीं। भगतसिंह ने इसका विरोध किया।

इसके बाद आठ तगड़े पठान बुला लिये गए जिन्होंने हमें बूटों से मारना शुरू कर दिया। एक यूरोपियन अधिकारी मि. राबर्ट ने भगतसिंह की ओर संकेत करते हुए कहा कि यही वह आदमी है, इसे और मारो। इसके बाद भगतसिंह को जमीन पर लट्ठों की भाँति गिराकर घसीटा गया और फिर बेंचों पर फेंक दिया गया। यह ठीक न्यायालय परिसर में उपस्थित अनेक व्यक्तियों की आँखों के सामने घटित हुआ। मजिस्ट्रेट भी इस घटना को देख रहा था।' ('क्रान्ति का साक्ष्य', पृ. 180)

नूरानी इस घटना को और भी विस्तार से बताते हैं : 'जेल सुपरिंटेंडेंट ने प्रेमदत्त को तीन महीने तनहाई की सज़ा दी। अदालत का हुक्म हुआ था कि अगले दिन 22 अक्टूबर को सभी अभियुक्तों के दोनों हाथों में हथकड़ियाँ लगाकर उन्हें अदालत लाया जाएगा। अब तक एक ही हाथ में हथकड़ी लगाई जाती थी बोर्स्टल जेल से अदालत लाते हुए। और कटघरे में उनके घुसते ही खोल दी जातीं थीं। भगतसिंह और दत्त, जो सेंट्रल जेल में थे, बिना हथकड़ी के जेल से लाए जाते थे। 22 तारीख को पुलिस ने उन दोनों के हाथों में सेंट्रल जेल के दरवाज़े पर, जो अदालत के कमरे के सामने था, हथकड़ी बेड़ियाँ लगानी चाहीं तो दोनों ने अदालत जाने से ही इनकार कर दिया। बोर्स्टल जेल के क़ैदियों ने भी अदालत का नया आदेश मानने से मना कर दिया।' मगर बोर्स्टल इन्स्टिट्यूट के दरवाज़े पर लाकर पुलिस ने उनके हाथों में ज़बर्दस्ती हथकड़ियाँ पहनाकर उन्हें लारी में घुसाने की कोशिश की तो वे बिफर गए। घमासान युद्ध शुरू हो गया। जमादार, वार्डन, पुलिस के सिपाही सब के सब जेलर के हुक्म से इन लोगों पर टूट पड़े और एक-एक को ज़बर्दस्ती उठाकर लारी में फेंकने लगे। 'पुलिसवाले उन पर डंडा चलाते तो वे भी उन्हें घूँसे जड़ देते। देर तक चली इस जंग के बाद बमुश्किल आज्ञाराम, अजय घोष, डॉ. गयाप्रसाद, शिव वर्मा और कमलनाथ तिवारी लारी में धकेले जा सके।' ('द ट्रायल ऑफ भगतसिंह पॉलिटिक्स ऑफ जस्टिस', पृ. 109-10)

थक-हारकर जेलर साहब से कह दिया गया कि बाक़ी बचे हुए क़ैदियों को लारी में लाद पाना मुमकिन न होगा। लारी जब लाहौर सेंट्रल जेल पहुँची तो पुलिसवालों के पसीने निकल गए मगर इन पाँच में से किसी को भी वे नीचे न उतार सके। आपस में वे इस तरह गुँथ गए कि लारी के दरवाज़े से उन्हें बाहर निकालना सम्भव ही नहीं था। लिहाज़ा अदालत उस दिन मुल्तवी कर दी गई। वापस जब इन लोगों को ले जाया जा रहा था तो सेंट्रल जेल के दरवाज़े पर मौजूद लोगों को, जिनमें पत्रकार भी थे, कमलनाथ तिवारी ने चिल्लाकर यह बता दिया कि उनके साथ क्या बर्ताव हुआ है। उन्हें लाठियों से मारा गया है और उन्हें बुरी-बुरी गालियाँ दी गई हैं। कुछ घायल भी हुए हैं। (उपर्युक्त, पृ. 110)

अगले दिन 23 अक्टूबर को दोपहर के भोजनावकाश के बाद अभियुक्तों को उनके दोनों हाथों में हथकड़ियाँ ज़बर्दस्ती पहनाकर वापस अदालत के कमरे में लाया गया और उन्हें वस्तुत: घसीटते हुए लाकर किसी लट्ठे या गेहूँ के बोरे की तरह उठाकर कटघरे की रेलिंग के ऊपर से उसके अन्दर फेंक दिया गया। शिव वर्मा और अजय घोष, जो पहले ही कमज़ोर हो चुके थे, बेहोश हो गए। धूल-धूसरित कपड़ों में भगतसिंह और दत्त जब लाए गए तो वे हाँफ रहे थे। अदालत में तनाव का माहौल छा गया। बाक़ी अभियुक्तों ने नारे लगाना शुरू कर दिया। 'इनक़लाब ज़िन्दाबाद!' 'सर्वहारा ज़िन्दाबाद!' 'साम्राज्यवाद का नाश हो!' अदालत में ख़ामोश बैठे हुए मजिस्ट्रेट से भगतसिंह ने ग़ुस्से से पूछा : "लातों से हमें मारने का हुक्म आपने दिया है? पुलिस पर आप नियंत्रण नहीं कर सकते?" कुछ अभियुक्तों ने "शर्म! शर्म!" चिल्लाना शुरू कर दिया। "हम 'निष्क्रिय प्रतिरोध' कर रहे थे और वे हमें पैरों से मार रहे थे। कई आदमी हमारे ऊपर बैठे हुए थे और हमारे शरीर के सभी अंगों पर लातें मारी जा रही थीं।" बटुकेश्वर दत्त ने उस दिन अदालत में पहली बार अपना मुँह खोला और पुलिस द्वारा बेहद बुरा बर्ताव किये जाने की शिकायत की। "मेरी छाती पर कठोर आघात हुए हैं।" (उपर्युक्त)

बिजोय कुमार सिन्हा ने लगभग चीखते हुए मजिस्ट्रेट से कहा : 'जेल के अहाते में 300 से ज़्यादा पुलिसवाले और जेल वार्डर थे, ज़्यादातर लाठी लिये हुए। मि. हार्डिंग ने पुलिसवालों को हुक्म दिया कि किसी भी तरह हमें हथकड़ियाँ लगा दी जाएँ। हममें से हरेक के ऊपर 20-25 पुलिसवाले टूट पड़े। हम पर जो हमला हुआ वह अत्यन्त अमानवीय था। हमारी गुदा में उँगलियाँ घुसाई गईं और अंडकोष पर ठोकरें लगाई गईं।'

भगतसिंह ने माँग की कि उनके एक हाथ की हथकड़ी खोल दी जाए लेकिन मजिस्ट्रेट ने यह माँग ठुकरा दी।

ये सारी ख़बरें बाहर पहुँच ही रही थीं और अख़बारों की सुर्ख़ियों में ये 'मस्ताने' छाए हुए थे। अंग्रेज़ सरकार के पिट्ठुओं के ज़ुल्म और ज़्यादती के ख़िलाफ़ सम्पादकीय आग उगल रहे थे। इन ख़बरों को पढ़कर लोगों के सब्र का बाँध टूटने लगा। शहर भर में जुलूस निकलने लगे। जगह-जगह सभाएँ होने लगीं। अब तक तो पूरा देश ही 'भगतसिंहमय' हो चला था। एक तरफ़ तो उसके और उसके साथियों की जीवट देशवासियों को अभिभूत कर रही थी और दूसरी तरफ़ अदालत में उन लोगों का रवैया और उनके बयान उन्हें आश्चर्य में डाल रहे थे तथा इन मतवालों के प्रति श्रद्धा से उन्हें ओतप्रोत कर रहे थे। राजाराम शास्त्री बताते हैं : 'उन्होंने अपने मुक़दमों में जो बयान दिये थे उससे देशभक्ति की एक अजीब सी लहर पैदा हो गई थी। नौजवान कुछ कर गुजरने के लिए व्याकुल हो रहे थे।' (नेहरू म्यूज़ियम ज़बानी इतिहास, राजाराम शास्त्री खाता सं. 434, पृ. 108)

इन क्रान्तिकारियों के साथ हुए इस नृशंस एवं वहशियाना व्यवहार की घटना के दूसरे दिन यानी 24 अक्टूबर को भगतसिंह और उसके साथियों से वादा किया गया कि अदालत पहुँचकर उनकी हथकड़ियाँ खोल दी जाएँगी। लिहाज़ा वे सब लारी में बैठ गए। पर अदालत पहुँचकर पुलिसवाले अपने वादे से मुकर गए। दोपहर के भोजन के लिए उनके एक हाथ की हथकड़ी खोल दी गई और अदालत के बाहर अहाते में लगे एक शामियाने में उन्हें ले जाया गया। दोपहर का भोजन इन लोगों के लिए इनके 'शैदाई' अदालत ले आया करते थे, जिनमें सुशीला दीदी और कु. लज्जावती भी थीं। वीरेन्द्र सिन्धु बताती हैं कि पुलिसवालों से 'लंच के समय भगतसिंह ने हँसकर कहा—"यारो, खाना तो खा लेने दो।" हथकड़ियाँ खोल दी गईं, पर लंच के बाद अभियुक्तों ने हथकड़ी लगवाने से इनकार कर दिया। मजिस्ट्रेट इसके लिए तैयार ही था। उसने पहले से तैयार पठानों को शिकारी कुत्तों की तरह अभियुक्तों पर छोड़ दिया। भयंकर और क्रूरतम पिटाई हुई।' ('युगद्रष्टा', पृ. 208)

इस घटना के समय कई अख़बारों के संवाददाता अदालत में मौजूद थे और कुछ महिलाएँ भी। भगतसिंह को यूँ पिटता देख उनमें से कई की चीख निकल गई। उसकी हालत देखकर महिलाएँ तो रो पड़ीं। बम्बई के अख़बार 'यंग लिबरेटर' में छपा : 'आधिकारिक बर्बरता और निरंकुशता सभी सीमाएँ लाँघ चुकी है। लाहौर के क़ैदियों के साथ किया जानेवाला बर्ताव शायद मध्ययुग की बर्बर और असभ्य कही जानेवाली जंगली जातियों में भी न देखा गया होगा।' ('सरफ़रोशी की तमन्ना', पृ. 102)

'पर इसे काफ़ी नहीं समझा गया। पुलिस और पठान जेल पहुँचे और वहाँ पर भी अभियुक्त पीटे गए। यहाँ भी मुख्य निशाना भगतसिंह पर ही था।' ('युगद्रष्टा', पृ. 208) 'आख़िर मारते-मारते पुलिस और जेलवाले थक गए। उन्होंने सम्मिलित रूप से यह रिपोर्ट दी कि यदि हुक्म दिया जाए तो मारते-मारते इन अभियुक्तों की जान ली जा सकती है; लेकिन यह सम्भव नहीं कि इनसे इनकी इच्छा के विरुद्ध कोई काम कराया जा सके।' ('भगतसिंह एक ज्वलन्त इतिहास', पृ. 160)

फिरंगी सरकार का एक हथियार 'जेल' तो अपना असर खो ही चुका था, अब दूसरे हथियार 'पिटाई' की धार भी इन मस्तानों के शरीरों के लिए भोथरी हो चुकी थी। और 'सरफ़रोशी की तमन्ना' जब-तब गाते रहनेवाले ये दीवाने मरने के लिए तैयार तो हरदम ही थे! अब कौन-सा शस्त्र बाक़ी रहा था अंग्रेज़ सरकार के 'आयुधागार' में आज़ादी के इन दीवानों से निपटने के लिए?

सुबह पाँच बजे उजाला होते से ही लाहौर के अन्दरुन शहर की गलियों में रखी हुई गुमटियाँ और खोमचे महकने लगे हैं—जलेबी, समोसे, कचौड़ी व भटूरों और छोलों की मुँह में पानी ले आती खुशबू से। छह बजते न बजते नाश्ते के तलबगारों

की भीड़ इन पर जुट चुकी है और बड़ी ही बेताबी से ये सभी अख़बार बेचनेवाले की पुकार का इन्तजार कर रहे हैं। तभी गली के नुक्कड़ से आवाज़ आई,

"आज की ताज़ा ख़बर।"

"भगतसिंह ने कहा गवाहियों से रसगुल्ले ज़्यादा ज़रूरी।"

अख़बार बेचनेवाला लड़का गली में घुसा और हर खोमचे और गुमटी पर दो-दो, तीन-तीन अख़बार उसके बिकते चले गए। लाहौर से निकलनेवाले ट्रिब्यून अख़बार के 9 अप्रैल, 1930 के अंक में मुखपृष्ठ पर छपी ख़बर को अंग्रेज़ी भाषा के जानकार व्यक्ति द्वारा अनुवाद करते हुए बुलन्द आवाज़ में हर खोमचे और गुमटी पर पढ़ा जाने लगा।

"गवाहियों की अपेक्षा रसगुल्ले ज़्यादा ज़रूरी हैं।"

'आज अदालत में भगतसिंह ने शिकायत की है कि जब बचाव समिति के एक सदस्य दोपहर में भोजन के लिए कुछ वस्तुएँ ला रहे थे तब खाने योग्य वस्तुएँ अदालत में नहीं लाने दी गईं। दोपहर में भोजन के बाद कथित अपराधी जतिन सान्याल ने मजिस्ट्रेट से शिकायत की कि उनके लिए बंगाल से रसगुल्ले का पार्सल आया था, लेकिन जेल-अधिकारियों ने वह इस तरह कुचल डाला कि वे खाने योग्य न रहे।'

सरदार भगतसिंह (मजिस्ट्रेट से) : "रसगुल्ले बाहर पड़े हैं। क्या आप उनका मुआयना करने का कष्ट करेंगे? आहा! एक ख़ूबसूरत दृश्य है! बस ज़रा अवलोकन कर लें! इन गवाहियों की अपेक्षा रसगुल्ले हमारे लिए ज़्यादा ज़रूरी हैं।"

इसी घटना को वीरेन्द्र सिन्धु इस तरह बताती हैं : 'रसगुल्ला उन्हें बेहद प्रिय था। लाहौर षड्यंत्र मुक़दमे के दिनों की बात है— जतीन्द्र सान्याल ने अदालत में दरख्वास्त की कि रसगुल्लों का एक पार्सल बंगाल से आया है, पर जेल के अधिकारियों ने हमें यह कहकर उसे नहीं लेने दिया कि यह लेने लायक़ चीज़ नहीं है। रसगुल्ले का नाम सुनते ही भगतसिंह का रोम-रोम खिल उठा। वे न्यायाधीश की ओर मुखातिब हुए और बोले, "द रसगुल्लाज आर लाइंग आउट साइड, विल यू टेक द ट्रबल ऑफ़ एक्जामिनिंग दैम? इट इज ए ब्यूटीफुल सीन। यू मे जस्ट लुक एट दैम। रसगुल्लाज आर फार मोर इम्पोर्टेंट फॉर अस दैन दीज विटनेसेस।" रसगुल्लों की बात और भगतसिंह का बात कहने का अभिनयपूर्ण सरस ढंग। सब इतने ज़ोर से हँसे कि फाँसी और क़ैद का भय सकुचाकर अपने में सिमट गया।' ('युगद्रष्टा', पृ. 313)

यही हँसी अब लाहौर की गलियों में हर गुमटी व खोमचे पर गूँज रही है। गली के घरों में से आती औरतों के हँसने की आवाज़ें भी इस गूँज में अपना योगदान दे रही थीं। रोज सुबह इस समय तक वे भी तो खिड़कियों पर आ बैठती हैं! भगतसिंह की ख़बरों का इन्तज़ार उन्हें भी तो रहता है!

हँसी और क़हक़हे जब कुछ थमे तो श्रद्धाभाव से उस अख़बार का वाचन पुनः आरम्भ हुआ।

जतिन सान्याल : "सभी चीज़ें बहुत बेहूदा हाल में हैं। क्या आप इसे तर्कसंगत कहते हैं?"

सरदार भगतसिंह : "यह बिलकुल तर्कविहीन है।"

[भगतसिंह का इशारा मजिस्ट्रेट श्रीकिशन की तरफ़ था।]

जतिन सान्याल : "यह हम किसे वापस करें, आपको या जेल-अधिकारियों को?"

मजिस्ट्रेट : "जेल-अधिकारियों को।"

सरदार भगतसिंह : "लेकिन इसकी क़ीमत कौन देगा? हमारे दोस्त ने काफ़ी रकम ख़र्च की है इस पर।"

क़हक़हों और न थम पानेवाली हँसी से गली फिर गूँज उठी।

छह महीने पहले 23 अक्टूबर को इसी समय इस गली में सिसकियाँ सुनाई दे रही थीं और रोने की आवाज़ें भी। उस रोज़ भी अख़बार बेचनेवाला लड़का इसी तरह गली में घुसा था और हर खोमचे और गुमटी पर दो-दो, तीन-तीन अख़बार उसके बिकते चले गए थे और सामूहिक वाचन शुरू हो गया था।

'पुलिस के जवान विजय सिन्हा को घसीटते हुए अदालत में लाए। इसके बाद भगतसिंह को भी इसी तरह लाया गया। दो-चार मिनट बाद चार-चार या पाँच-पाँच पुलिसवाले एक-एक अभियुक्त को घसीट-घसीटकर लाते और बेंच पर अनाज के बोरे की तरह फेंकते गए। सभी के दोनों हाथों में हथकड़ियाँ पड़ी हुई थीं। भगतसिंह ने बेंच से उठते हुए मजिस्ट्रेट को सम्बोधित करके कहा—"मैं आपको बधाई देना चाहता हूँ, क्या आप देखते हैं कि क्या हो रहा है?"

भगतसिंह के बाद एक-एक अभियुक्त को लाकर पुलिसवाले कटघरे के दरवाजे पर बोरी की तरह फेंकते गए और थोड़ी देर में अभियुक्तों का ढेर गल्ले की बोरियों के ढेर जैसा मालूम पड़ने लगा।'

उसके अगले दिन ट्रिब्यून अख़बार के 24 अक्टूबर, 1929 के अंक में भी मुखपृष्ठ पर भगतसिंह की ही ख़बर थी, जिसे सुनने रावी नदी में मुँहअँधेरे स्नान कर लौट रहे ब्राह्मण और नमाज पढ़कर मस्जिद से बाहर निकल रहे मुसलमान खोमचे और गुमटी पर आकर खड़े हो गए।

"भगतसिंह को पुलिस ने ठोकरें मारीं।"

"उठाकर कटघरे में पटका।"

उस दिन का अख़बार तो जैसे सबको ख़ून के आँसू रुला गया था, जब यह पढ़ा कि किस बेरहमी से बलूची पठानों ने भगतसिंह पर डंडे बरसाए हैं और अपने भारी-भरकम बूटों से उसे कैसी बुरी तरह कुचला है। वाक़या कुछ चश्मदीद

लोगों की ज़बानी सुनने में तो 23 अक्टूबर की शाम को ही आ गया था लेकिन लाहौरवासियों को भरोसा नहीं हुआ था। क्या इतनी बेरहम और वहशी भी हो सकती है अंग्रेज़ सरकार? जलियाँवाला बाग़ को ग्यारह बरस बीत गए थे। इस वाक़ये को सुनकर उस त्रासदी की यादें पूरी शिद्दत के साथ फिर उभर आई थीं। लेकिन अख़बार में पूरा किस्सा तफ़सील से जब पढ़ा और सुना तो यक़ीन करना ही पड़ा।

"किस मिट्टी के बने हैं ये लोग?" एक ने पूछा। "न सज़ा का खौफ़, न मार खाने का डर!"

"वाक़ई ग़ज़ब है!" दूसरे ने अपनी राय दी। "तीन महीने से भूख हड़ताल किये बैठे हैं। 'जबरन पोषण' की यंत्रणा भी झेल रहे हैं। लातों और लाठियों से पीटे भी जा रहे हैं। फिर भी इनक़लाब ज़िन्दाबाद चिल्लाना ये बन्दे नहीं छोड़ते।"

हक़ीक़त में अपना मुक़दमा ये 'सरफ़रोश' जनता की अदालत में ले गए थे। प्रकटतः अंग्रेज़ सरकार की अदालत में उनके द्वारा दिये जा रहे बयान, प्रस्तुत की जा रही याचिकाएँ और दरख्वास्त अख़बारों के माध्यम से वास्तव में जनता की अदालत में पेश हो रही थीं। अपने स्वाभिमान और आत्मसम्मान की ख़ातिर संघर्ष में और अपने वाजिब हक़ों के लिए लड़ाई में कोई यातना, कोई यंत्रणा उन्हें झुका नहीं पाएगी, जनता को उन्होंने बता दिया था। और विपक्षी, जेल के अधिकारी जेल में और पुलिसवाले अदालत में, बेरहमी से उनकी पिटाई कर वास्तव में वही कर रहे थे जो भगतसिंह चाहता था। उसकी शतरंजी चालों ने इन लोगों को झल्लाहट से भरकर बावला बना दिया था। उनके द्वारा इन क्रान्तिकारियों पर किये जा रहे अत्याचार की ये सारी ख़बरें ब्रिटिश सरकार के चेहरे पर पड़ा नक़ाब उतारकर जनता को दिखा रही थीं कि न्यायप्रिय होने का अंग्रेज़ी सरकार का दावा कितना खोखला है।

नौजवान भारत सभा ने भगतसिंह और दत्त के फ़ोटोवाले जो पर्चे बाँटे थे, लोगों ने उन्हें सँभालकर रख छोड़ा था। लेकिन वे काफ़ी नहीं थे। पहले भूख-हड़ताल और अब अदालत में उनके ऊपर अत्याचार—लोग इन 'दिलजलों' की फ़ोटो देखने और उनको अपने पास रखने के लिए बेताब होने लगे। कुछ 'उद्यमियों' ने स्थानीय कलाकारों से उनके चित्र बनवाए और उसके पोस्टर छाप दिये। इन चित्रों में भगतसिंह का चेहरा-मोहरा तो बदल गया था मगर अपने 'हैट' से वह पहचान लिया जाता था। कामा मक्लेन बताती हैं कि भगतसिंह के फ़ोटो की दूर-दराज़ तक के गाँवों में माँग उठने लगी और हर मेले में उसके फ़ोटो बिकने लगे। स्थानीय कलाकारों द्वारा बनाई गई पेंटिंग पोस्टर की तरह छप गई। उसके हैट और उसकी मूँछ ने काम आसान कर दिया था। ('ए रिवोल्यूशनरी हिस्टरी ऑफ़ इंटरवार इंडिया', पृ. 61)

लहर खाती किनारवाला हैट, तनिक तिरछे, बाँकी अदा से सिर पर रखा हुआ, भगतसिंह की मोहिनी सूरत को और भी मोहक बना रहा था। नौजवान भारत सभा के सदस्यों ने इस फ़ोटो को गाँव-गाँव पहुँचा दिया। एक सजीले, सुन्दर और गोरे-चिट्टे नौजवान के हैट लगाए हुए फ़ोटो ने जनमानस में उसे अंग्रेज़ों की बराबरी पर ला खड़ा किया। मनोरमा दीवान बताती हैं कि 'भगतसिंह बहुत ही हँसमुख नौजवान था। उसका व्यक्तित्व भी बहुत आकर्षक था। वह पश्चिमी लिबास में बहुत ही सजीला दिखाई देता था।' ('इनकलाबी यात्रा', पृ. 119) हम हिन्दुस्तानी अंग्रेज़ों से दुखी थे मगर साथ ही उनके व्यक्तित्व व उनकी वेशभूषा से प्रभावित भी रहते थे। अंग्रेज़ों की जीवन-शैली, उनका शारीरिक गठन और उनके गोरे रंग के साथ ही उनकी फर्र-फर्र अंग्रेज़ी बोलने की क़ाबिलियत भी—जो कि आर्थिक और सामाजिक स्तर उठाने के लिए उस समय, और शायद आज भी, अलादीन का वह चिराग़ थी जिसे ज़रा-सा रगड़ते ही महल खड़े हो जाया करते थे—आम आदमी के मन में ईर्ष्या का भाव जगाती थी।

विश्व-इतिहास गवाह है कि उत्पीड़ित लोग अपने उद्धार का रास्ता प्रथमतः उत्पीड़कों का रहन-सहन और उनकी जीवन-शैली की नक़ल करने में खोजते हैं। लेकिन ऐसा करने के बावजूद जब उत्पीड़क उन्हें अपने से दूर रखता है और उन्हें हीन समझता है, तब उनमें क्रोध उपजता है। अपनी स्थिति को सुधारने का तब एक ही रास्ता उन्हें नज़र आता है - उत्पीड़कों के चंगुल से मुक्ति। भारत की जनता भी इसकी अपवाद नहीं थी। इस हक़ीक़त को बेबाक़ी से यशपाल ने स्वीकारा भी है : 'उनकी [अंग्रेज़ों की] शक्ति और प्रभुता को देखकर अपनी हीनता और उन जैसा बन सकने की इच्छा अनुभव होती थी। अपने लिए वैसा अवसर न होने और अंग्रेज़ों का आतंक और प्रभुता अपने ऊपर अनुभव करने से यह घृणा और द्वेष जातीय रूप में अनुभव होते गए। अंग्रेज़ों के प्रति इस घृणा ने ही पनपकर राष्ट्रीय आत्मसम्मान की भावना का रूप ले लिया और यह भावना शनैः-शनैः सशस्त्र क्रान्ति द्वारा राष्ट्रीय मुक्ति के प्रयत्नों में परिणत होती गई।' ('सिंहावलोकन', पृ. 24)

हक़ीक़त में अंग्रेज़ों के अहंकार और उनके अपनी श्रेष्ठता के दम्भ ने ही बंगाल के युवकों को बम और पिस्तौल के रास्ते पर धकेला। नील की खेती, व्यापार, खानों तथा उद्योग-धन्धों में और चाय के बागानों में अंग्रेज़ों ने कल्पनातीत धन कमाया था। वर्ष 1757 में प्लासी और वर्ष 1764 में बक्सर युद्ध के पश्चात् वास्तविक शासक बंगाल के, जिसमें उस समय बिहार और उड़ीसा भी शामिल था, अंग्रेज़ हो गए। इसके बाद से तो उनका अहंकार चरम पर था। भारतीय अब अपमान तथा घृणा के पात्र थे। और गोरे अंग्रेज़ ही नहीं, भारतीय स्त्रियों के साथ उनके संसर्ग से पैदा हुए अधगोरे एंग्लो-इंडियन भी, ट्रेन में, ट्राम में,

पार्क में तथा अन्य सार्वजनिक स्थानों पर प्राथमिकता पाना अपना जन्मसिद्ध अधिकार समझने लगे। सरलादेवी चौधरानी ने अपनी आत्मकथा 'जीवनेर झरा पत्ता' में बताया है कि यदि कोई भारतीय उनका विरोध करता तो उसे वे बुरी तरह मारते-पीटते और अपमानित करते। न पुलिस में उनके ख़िलाफ़ रिपोर्ट दर्ज होती थे और न ही अदालत में निष्पक्ष सुनवाई क्योंकि उस समय सारे ही जज गोरे हुआ करते थे। इस अन्याय का प्रतिकार करने के लिए ही बंगाल में गुप्त समितियाँ बनीं जिनमें वर्ष 1902 में गठित हुई 'अनुशीलन समिति' मुख्य थी। इसके ही कुछ उत्साही सदस्यों ने पहले-पहल कलकत्ता के मानिकतला बाग में गुप्त रूप से बम बनाना शुरू किया था।

यह तो रिकॉर्ड में नहीं है कि भगतसिंह की फ़ोटो के साथ 'आख्यान' क्या गया। लेकिन जैसी कि हमारे देश की परम्परा रही है और जैसा कि कई ग्रामीण आन्दोलनों में उस समय होता भी रहा, इस कथा में दैवीय तत्त्व शामिल हुए ही होंगे। लिहाज़ा वह फ़ोटो पूजाघर में पहुँच गई या दीवार पर देवताओं की फोटुओं के साथ टँग गई। साथ ही, अंग्रेज़ सरकार को छकाकर, हज़ारों पुलिसवालों को चकमा देकर लाहौर से निकल भागने की कहानी भी उन तक पहुँची ही होगी, उन तक जो पुलिस की ज़्यादतियों के शिकार रात-दिन ही हुआ करते थे। पुलिस की इस छीछालेदर से कितनी ख़ुशी उन लोगों को हुई होगी इसका अनुमान लगाना कठिन नहीं है क्योंकि आज भी कमोबेश वही स्थिति है।

"कैसा उल्लू बनाया साले अंग्रेज़ों को! सारे सिपहिया टापते रह गए और ये नेक बंदा साफ़ उनकी नाक के नीचे से निकल भागा।"

"अरे वह तो अगर ख़ुद अपनी गिरफ़्तारी न देता तो क्या मजाल थी कि हमारे भगतसिंह को कोई हाथ भी लगा देता?"

भगतसिंह अब हमारा हो गया था।

बटुकेश्वर दत्त के पोस्टर ज़्यादा नहीं छपे। इसकी दो वजह ख़ास थीं—हैट और मूँछ। मूँछ दत्त भी रखता था मगर भगतसिंह सरीखी 'तावदार' नहीं, जो कि मर्दानगी का प्रतीक आज भी समझी जाती है और किसी को चुनौती देते हुए उसे अब भी उमेठा जाता है। इसके अलावा दत्त का जो फ़ोटो उपलब्ध था उसमें वह बग़ल में देख रहा है, जबकि भगतसिंह देखनेवाले की आँख में झाँक रहा है—आत्मविश्वास से लबरेज़ एक चुनौती देती हुई निगाह, मगर सौम्य। भगतसिंह घर का लाड़ला बेटा था और दत्त अपने घर से तिरस्कृत। शायद यह वजह भी रही कि भगतसिंह जहाँ आत्मविश्वास से लबरेज़ इस फ़ोटो में दीखता है तो दत्त के मुख पर ऐसे भाव हैं मानो वह ख़ुद के प्रति सशंकित हो।

अंग्रेज़ सरकार ने तो भगतसिंह को पागल, वहशी, हत्यारा साबित करने में कोई कसर नहीं रख छोड़ी थी। लेकिन इन पोस्टरों में भगतसिंह की भोली सूरत

देख कोई यह मानने को तैयार नहीं था कि वह हत्या कर सकता है। नतीजतन सांडर्स की हत्या को लेकर ऐसी कई कहानियाँ ईज़ाद हो गईं जिनसे यह साबित होता था कि 'बेचारा' भगतसिंह तो ज़बर्दस्ती फँसाया गया है। असली हत्यारा तो कोई और है, जिसको ये पुलिसवाले बचाना चाहते हैं।

गली, मोहल्लों और गाँवों में जनता भी अब 'अपनी अदालत' लगाने लगी। इनमें से जो 'न्यायाधीश' यह मानने को किसी तरह राज़ी हो भी गए कि भगतसिंह ने 'उस पुलिसवाले' की हत्या की थी, वे भी उसे अपराधी मानने को तैयार नहीं थे। मक्लेन कामा बताती हैं कि 'ब्रिटिश आरोप का, कि वह एक क्रूर हत्यारा है, खण्डन करने में और इन अफवाहों को भड़काने में कि वह बेगुनाह है, भगतसिंह की सौम्य निगाह सहायक हुई। जो उसके अपराध को जानते थे वे कहने लगे कि इसके लिए ब्रिटिश सरकार ने उसे मजबूर किया। लाला जी की मौत पर जाँच क्यों नहीं बैठाई?' ('ए रिवोल्यूशनरी हिस्टरी ऑफ़ इंटरवार इंडिया', पृ. 51)

हक़ीक़त यह है कि आम आदमी, अनपढ़ और गाँव के सीधे-सादे लोग वह सब न तो जानते थे और न ही समझते थे जो कुछ भगतसिंह ने एसेम्बली में फेंके गए पर्चों में लिखा या दिल्ली की सेशन अदालत में कहा; या जो कुछ वह आगे हाईकोर्ट में कहनेवाला था। अंग्रेज़ी की ढेर सारी किताबें पढ़कर भगतसिंह को जो समझ आया था और जिस आधार पर उसने यह सब लिखा-कहा था, उसे वे कैसे समझ पाते? आज़ादी का मतलब ही उन्हें ठीक से मालूम नहीं था, क्रान्ति की बात तो वे क्या समझते! न तो इनक़लाब शब्द के उनके लिए कोई मायने थे और न ही साम्राज्यवाद शब्द के, जो शब्द नारों में उन्हें सुनाई देते थे। मगर कष्ट, भूख और त्याग की बात यक़ीनन उन्हें समझ आती थी।

भूख से तो उनका वास्ता दिन-रात पड़ता था। इसलिए उनके दिल इन नौजवानों की भूख हड़ताल के साथ जुड़ गए। भूख हड़ताल की ख़बरों में छुपी यातना को वे महसूस कर पाते थे। उन 'जिद्दी नौजवानों' की अन्तड़ियों में भूख के मारे कैसी ऐंठन होती होगी, इसको वे बख़ूबी जानते थे। पुलिस की लाल पगड़ी उन्हें आतंकित करती थी। उनका अत्याचार वे झेलने को मजबूर थे। इसलिए जब ये 'हठधर्मी लड़के' पुलिस से जूझते थे और उनसे मार खाते थे, तो उनके कष्टों में वे अपना कष्ट देख पाते थे।

इसके अलावा जो बात उन्हें समझ आई वह थी इन क्रान्तिकारियों का त्याग—कि अपना घरबार छोड़कर, यहाँ तक कि शादी भी किये बिना ये ख़ासे पढ़े-लिखे लोग चले आए हैं अंग्रेज़ों से टक्कर लेने के लिए, अपनी जान हथेली पर लेकर। शादी न करना उनकी नज़रों में बहुत बड़ा त्याग था क्योंकि शादी न करने का अर्थ उनके लिए था ब्रह्मचर्य का पालन, जिसकी महिमा हज़ारों 'कथावाचक' गाँव-गाँव में प्राचीन काल से ही इस देश में सुनाते आए हैं।

जब एक बेहद सुन्दर गोरे युवक की तसवीर उन्होंने देखी और उन्हें यह मालूम हुआ कि देश को आज़ादी दिलाने के लिए उसने अपना सब कुछ क़ुर्बान कर दिया है, अपना घर-बार, माता-पिता, भाई-बहन सबको छोड़ दिया है; यहाँ तक कि उसने शादी भी नहीं की है—तो उसके प्रति अतीव श्रद्धा का भाव उनके दिलों में उमड़ पड़ा और उसका स्थान इस वजह से उनकी नज़रों में बहुत ऊँचा हो गया।

उन दिनों दिल्ली के 'हिन्दुस्तान टाइम्स' अख़बार में बतौर सम्पादक काम कर रहे जे.एन. साहनी लिखते हैं : 'भगतसिंह और उसके सहयोगी अब तक आम आदमी की नज़र में दन्तकथात्मक रूप ले चुके थे। उनका साहस, अदालत में उनके निर्भीक उद्‌गार, जेल में उनका विद्रोही रवैया, असीम यंत्रणाओं को बर्दाश्त करने की प्रचुर सामर्थ्य ने उन्हें तरुण भारत का आराध्य बना दिया।' ('द लिड ऑफ', जे.एन. साहनी, अलाइड पब्लिशर्स बम्बई, संस्करण का वर्ष अनुपलब्ध; पृ. 85-6)

अदालत के बाहर अब सैकड़ों लोग रोज़ इकट्ठा हो जाते और 'इनक़लाब ज़िन्दाबाद !' व 'साम्राज्यवाद का नाश हो !' के बुलन्द नारों से आकाश को गुँजाते रहते। पुलिस की चेतावनी के बाद भी वे वहाँ से न हटते। गिरफ़्तार होना उन्हें मंज़ूर था। 27 नवम्बर के ट्रिब्यून में छपा : '25 नवम्बर को तीस व्यक्ति, ज़्यादातर विद्यार्थी, गिरफ़्तार किये गए और पुलिस एक्ट की धारा 34 के अन्तर्गत मज़ंग पुलिस चौकी पर मजिस्ट्रेट द्वारा उनकी सुनवाई की गई।' इन सबको कुछ हफ़्तों से लेकर तीन महीने की सज़ा सुनाई जाती। अदालत के बाहर नारे लगानेवाले इन दीवानों की संख्या में मगर कोई कमी न आने पाई और रोज़ ही वे गिरफ़्तारियाँ देते रहे।

अब तक पुलिस के चंगुल में फँसने से बचे रहे कुन्दनलाल 14 नवम्बर को गिरफ़्तार हो गए। अदालत में 29 नवम्बर को उन्हें पेश किया गया तो मजिस्ट्रेट राय साहब पंडित श्रीकिशन के सामने ही उसका स्वागत 'इनक़लाब ज़िन्दाबाद!' के नारों से हुआ, जैसा कि सितम्बर के महीने में राजगुरु का भी हुआ था। शिव वर्मा बताते हैं कि पहले काशी और फिर पूना जाकर अपने कारनामे का बखान राजगुरु ने मित्रों, सहपाठियों से किया, यहाँ तक कि पूना में एक बम विशेषज्ञ बापट से भी जो 1909 के कोल्हापुर षड्यंत्र केस में सरकार की तरफ़ से काम कर रहा था। फिर पूना में ही एक व्यायामशाला महाराष्ट्र मंडल में जाकर बताने लगे कि क्रान्तिकारियों को काम कैसे करना चाहिए और अपनी विश्वसनीयता बढ़ाने के लिए यह भी कह दिया कि "हम भी सांडर्स वध जैसा काम कर चुके हैं।" सी.आई.डी. के आदमी केसकर ने राजगुरु से मेलजोल बढ़ाया और अपनी कई योजनाओं का ज़िक्र राजगुरु ने उससे कर दिया। 'उसे फाँसी होगी यह

राजगुरु भी जानता था, फिर भी जिस दिन पहले-पहल अदालत में हम लोगों के बीच उसे लाया गया, तो पहले तो उसने ख़ूब ऊँचे स्वर में नारे लगाए, फिर "अपने आशिक़ को ढूँढने निकले।" कहता एक-एक के गले से चिपटकर ऐसे मिला, मानो बरसों की जुदाई के बाद मिल रहा हो। उसकी ख़ुशी का ठिकाना न था।' ('संस्मृतियाँ', पृ. 81-84)

मजिस्ट्रेट श्रीकिशन हैरान था और अदालत में मौजूद सरकारी वकील कार्डेन नोड व पुलिस अधिकारी भी कि इन बावले लोगों को रत्ती भर भी फ़िक्र नहीं कि उन्हें कालेपानी की या मौत की सज़ा भी इस अदालत में सुनाई जा सकती है।

उन दिनों एक मासिक पत्रिका कलकत्ता से प्रकाशित हुआ करती थी 'मॉडर्न रिव्यु', जिसके प्रकाशक रामानन्द चटर्जी उस समय के प्रतिष्ठित राष्ट्रवादी पत्रकार थे। उस समय की प्रामाणिक जानकारी जुटाने के लिए आज भी इतिहासकार इस पत्रिका के पुराने अंकों का इस्तेमाल किया करते हैं। इस पत्रिका के दिसम्बर महीने के अंक में रामानन्द चटर्जी ने अपने सम्पादकीय में 'इनक़लाब ज़िन्दाबाद' के नारे पर नकारात्मक टिप्पणी की थी, जो भगतसिंह के पढ़ने में भी आई। भगतसिंह भला यह कैसे सहन कर सकता था? उसी महीने की 22 तारीख को उसने रामानन्द चटर्जी को अंग्रेज़ी में यह पत्र लिख भेजा :

'अपने सम्मानित पत्र के दिसम्बर, 1929 के अंक में आपने एक टिप्पणी 'इनक़लाब ज़िन्दाबाद' शीर्षक के अन्तर्गत लिखी है और इस उक्ति की निरर्थकता की तरफ़ इशारा किया है। क्रान्तिकारियों के लिए यह एक पवित्र उक्ति है। एसेम्बली बम कांड में हमारे मुक़दमे की कार्रवाई में सेशन जज, दिल्ली के सामने दिये गए बयान में हमने यह साफ़ करने की कोशिश की थी कि 'इनक़लाब' शब्द से हमारा क्या तात्पर्य है। उसमें हमने कहा था कि इनक़लाब में ज़रूरी नहीं कि ख़ूनी संघर्ष हो। यह बम और पिस्तौल का पन्थ नहीं। इसे [इनक़लाब को] हासिल करने के लिए कभी-कभी ये सिर्फ़ साधन हो सकते हैं। विद्रोह इनक़लाब नहीं है। उस परिणाम तक यह अन्ततः पहुँचा सकता है। उस उक्ति में 'इनक़लाब' शब्द जिस तात्पर्य से इस्तेमाल हुआ है, बेहतरी के लिए बदलाव की भावना, उत्कंठा के लिए हुआ है। इसी तात्पर्य से हम "इनक़लाब ज़िन्दाबाद" का नारा बुलन्द करते हैं।'

अगली रात यानी 23 दिसम्बर की रात को वाइसराय इरविन की स्पेशल ट्रेन को बम से उड़ाने का प्रयास किया गया, जो भगवतीचरण वोहरा और यशपाल का कारनामा था। ट्रेन के दिल्ली पहुँचने के पहले निज़ामुद्दीन पर यह बम-विस्फोट 'पैंट्री' के नीचे हुआ न कि उस डिब्बे के नीचे जिसमें इरविन बैठा था। विस्फोट के झटके से वह अपनी बर्थ से नीचे गिर गया लेकिन मामूली चोट

लगने के अलावा उसका कोई नुकसान नहीं हुआ। पटरियों के नीचे दबाया गया बम बिजली के तारों द्वारा एक बैटरी के साथ इन लोगों ने जोड़ रखा था। रात का अन्तिम प्रहर था और घने कुहासे की वजह से साफ़ कुछ नज़र नहीं आ रहा था। लिहाज़ा दूर से आती हुई ट्रेन इन लोगों को नहीं दिखी और बैटरी के साथ जुड़े बटन को दबाने में एक सेकंड के सौवें हिस्से की देरी हो गई। इस घटना की ख़बर फैलते ही 'यह बात चारों ओर फ़ैल गई कि क्रान्तिकारियों की पहुँच इतनी बढ़ गई है कि वे सरकार में किसी पर भी निशाना साध सकते हैं।' ('भगतसिंह की फाँसी का सच', पृ. 134)

लाहौर षड्यंत्र मुक़दमे के आरोपी शिव वर्मा ने एक साक्षात्कार में बताया था : 'वाइसराय के बच निकलने पर उन्हें बधाई देने के लिए हमने एक सन्देश तैयार किया। उसमें हमने स्पष्ट किया कि इस 'एक्शन' की योजना क्यों बनी थी। हमारा इरादा किसी व्यक्ति-विशेष को मारने का नहीं था बल्कि उस 'सिस्टम' के ख़िलाफ़ था जिसका कि वाइसराय प्रतिनिधित्व करते थे। साम्राज्यवाद के ख़िलाफ़ था, एक राष्ट्र द्वारा दूसरे राष्ट्र को ग़ुलाम बनाने के 'सिस्टम' के ख़िलाफ़ था।'

भगतसिंह ने इस पत्र का प्रारूप तैयार किया था जिसे तीन फुलस्केप आकार के काग़ज़ों पर उतारा गया। मजिस्ट्रेट ने इस पत्र को भेजने से मना कर दिया लेकिन, शिव वर्मा के अनुसार, 'इस पत्र के कुछ अंश अख़बारों में छप गए और यह भी कि इस बधाई-पत्र को अदालत ने रोक लिया है।' (नेहरू म्यूज़ियम ज़बानी इतिहास; खाता सं. 502, पृ. 125)

दिल्ली स्टेशन पर इरविन जब उतरा तो 'पैंट्री' का हाल देखकर यीशू को उसने धन्यवाद दिया। 'पैंट्री' के परखचे उड़ गए थे और उसमें मौजूद एक हिन्दुस्तानी मुलाज़िम अपनी जान से हाथ धो बैठा था। वहाँ से सीधा वह नये बने 'वाइसराय भवन' पहुँचा, जो अब राष्ट्रपति भवन है, जिसका उसी दिन उद्घाटन होना था। 330 एकड़ भूमि पर निर्मित यह भवन 5 एकड़ भूमि में फैला हुआ है जिसमें 340 शानदार कमरे हैं। इन्हें जोड़नेवाले कॉरिडोर की लम्बाई है 2.5 मील!

हिन्दुस्तान टाइम्स ने उसी दिन इन क्रान्तिकारियों के साथ अदालत में पंडित मोतीलाल नेहरू की मुलाक़ात की ख़बर छापी और यह भी कि वे इन आरोपियों के साथ कटघरे में आधे घंटे तक बैठकर बातें करते रहे। चलते समय उन्होंने सबसे हाथ मिलाया और हाथ जोड़कर नमस्ते भी की। ('ए रिवोल्यूशनरी हिस्टरी ऑफ़ इंटरवार इंडिया', पृ. 130) इस मुलाक़ात में भगतसिंह ने मोतीलाल नेहरू को आश्वस्त किया कि कांग्रेस अगर अपना लक्ष्य 'पूर्ण स्वराज' घोषित कर देती है तो नौजवान उसके साथ हो जाएँगे।

इस समय तक रावी नदी के किनारे हज़ारों खेमे गाड़े जा चुके थे और एक अस्थाई नगर ही बस गया था। 29 दिसम्बर से कांग्रेस का अधिवेशन शुरू हो गया।

31 दिसम्बर की रात को बारह बजे कांग्रेस के नये अध्यक्ष जवाहरलाल नेहरू ने तिरंगा फहराया और घोषणा की कि कांग्रेस का लक्ष्य पूर्ण स्वाधीनता है। यही तो भगतसिंह और दूसरे क्रान्तिकारी बरसों से चाहते रहे थे। यह भी घोषणा हो गई कि 26 जनवरी, 1930 रविवार का दिन 'स्वाधीनता दिवस' के रूप में पूरे भारत में मनाया जाएगा। इस दौरान रह-रहकर 'इनक़लाब ज़िन्दाबाद!' के नारे गूँजते रहे, इसलिए भी कि पिछले दिनों कई विद्यार्थियों को यह नारा लगाने के 'अपराध' में गिरफ़्तार किया गया था। ('ए रिवोल्यूशनरी हिस्टरी ऑफ़ इंटरवार इंडिया', पृ. 137)

इस मौक़े पर दुर्गा भाभी और दूसरे क्रान्तिकारी साथियों ने एक पर्चा बाँटा जिसका शीर्षक था 'हिन्दुस्तान सोशलिस्ट रिपब्लिकन एसोसिएशन का घोषणापत्र'। इसे भगवतीचरण वोहरा ने लिखा था और कहा जाता है कि दुर्गा भाभी ने जेल में इसे ले जाकर भगतसिंह को पढ़वाया था और उससे 'अप्रूव' करा लिया था।

"भोजन जिस पर स्वाधीनता का कोमल पौधा पनपता है, वह है शहीदों का रक्त।" इस वाक्य से यह घोषणापत्र आरम्भ होता है और फिर यह ऐलान करता है कि 'विदेशी वर्चस्व से संगठित सशस्त्र विद्रोह के माध्यम से मुक्त कराने के उद्देश्य से यह एसोसिएशन भारत में क्रान्ति का समर्थन करती है। क्रान्ति निराशा का दर्शन या आतताइयों का पन्थ नहीं।'

इस घोषणापत्र में आगे यह भी कहा गया कि 'महात्मा गाँधी महान हैं और उनके प्रति अनादर हमारा उद्देश्य नहीं, अगर देश की मुक्ति के लिए उनके द्वारा समर्थित तरीक़ों के लिए हम ज़ोरदार नापसन्दगी ज़ाहिर करते हैं। हम उनके प्रति अकृतज्ञ होंगे यदि उस अपरिमित जागृति के लिए उन्हें हम सलाम न करें जो उनका असहयोग आन्दोलन देश में लेकर आया है। लेकिन हमारे लिए महात्मा एक असाध्य स्वप्नदर्शी हैं। अहिंसा श्रेष्ठ आदर्श हो सकता है, लेकिन यह आगे की बात है। जिस स्थिति में हम हैं, सिर्फ़ अहिंसा द्वारा आज़ादी हासिल करने की उम्मीद नहीं कर सकते।'

हिन्दुस्तान की सोई हुई जनता में जागृति लाने के लिए लगभग सभी महत्त्वपूर्ण क्रान्तिकारियों ने गाँधी जी को श्रेय दिया है। शचीन्द्रनाथ सान्याल ने अपने संस्मरण में लिखा है : 'समग्र देश मानो उपयुक्त नेता की अपेक्षा कर रहा था। महात्मा जी जैसे महान नेता यदि कार्यक्षेत्र में अवतीर्ण न होते तो शायद ही भारत में आज जैसी जागृति होती। उपयुक्त नेतृत्व के कारण भारत की जन-शक्ति का परिचय मिला।' ('बन्दी जीवन', पृ. 231) इसी प्रकार मन्मथनाथ गुप्त भी कहते हैं : 'महात्मा गाँधी सफलता की उफनती तरंगों पर सवार होकर हमारे सामने आए। क्रान्तिकारी मैदान में थे, पर उनका मार्ग कुछ थोड़े-से व्यक्तियों का ही मार्ग था।

उसमें जनता का सीधा स्थान नहीं था। पर गाँधी जी ने एक ऐसा कार्यक्रम रखा जिसमें कोई भी व्यक्ति भाग ले सकता था। यही उसकी बड़ाई थी।' ('अग्निपुंज', पृ. 216)

होशंगाबाद जिले के छोटे-से गाँव बाबई में एक शिक्षक के घर जन्म लेनेवाले माखनलाल चतुर्वेदी ऐसे ही एक साधारण व्यक्ति थे। पहले शिक्षक, फिर पत्रकार बने माखनलाल जी ने भी असहयोग आन्दोलन में गिरफ़्तारी दी और जेल गए, जहाँ रहते हुए उन्होंने 'पुष्प की अभिलाषा' शीर्षक से वह कविता लिखी जो आज़ादी के योद्धाओं के लिए प्रेरणा बन गई।

चाह नहीं, मैं सुरबाला के गहनों में गूँथा जाऊँ।
चाह नहीं, प्रेमी-माला में बिंध प्यारी को ललचाऊँ।
चाह नहीं, सम्राटों के शव पर, हे हरि, डाला जाऊँ।
चाह नहीं, देवों के सिर पर चढ़ूँ, भाग्य पर इठलाऊँ।
मुझे तोड़ लेना वनमाली, उस पथ में देना तुम फेंक;
मातृ-भूमि पर शीश चढ़ाने, जिस पथ जावें वीर अनेक।

चन्द्रशेखर आज़ाद भी जीवन भर गाँधी जी के प्रबल समर्थक रहे। उनसे उनका मतभेद केवल आज़ादी को हासिल करने के तरीक़े तक ही सीमित रहा। रामकृष्ण खत्री बताते हैं कि वर्ष 1922 की फ़रवरी में हुए चौरीचौरा काण्ड के नतीजे में गाँधी जी द्वारा असहयोग आन्दोलन वापस ले लेने के बाद 'कांग्रेस कार्यकर्ताओं व नेताओं का एक वर्ग ही बिगड़ उठा और उनमें सबसे आगे थे नागपुर के डॉक्टर मुंजे, जिन्होंने इसी के बाद अखिल भारतीय कांग्रेस कमेटी की पहली बैठक में गाँधी जी के विरुद्ध न केवल अविश्वास का प्रस्ताव रखा था बल्कि एक प्रकार से उन्हें 'लिन्च' तक कर देने के लिए कहा था।' लेकिन चन्द्रशेखर आज़ाद 'बहस में बहुत ज़ोरों के साथ गाँधी जी का पक्ष लेकर वकालत करते।' ('शहीदों की छाया में', पृ. 59 तथा पृ. 62)

भगवतीचरण वोहरा ने इस घोषणापत्र में आगे लिखा : 'हिंसा में हम विश्वास रखते हैं, अपनेआप में एक साध्य की तरह नहीं बल्कि एक उच्च उद्देश्य के लिए साधन की तरह। आतंकवाद क्रान्तिकारियों का उद्देश्य कभी नहीं है, न ही वे यह विश्वास करते हैं कि सिर्फ़ आतंकवाद आज़ादी ला सकता है। ब्रिटिश सरकार क़ायम है क्योंकि ब्रिटिश लोग पूरे भारत को आतंकित करने में सफल रहे हैं। क्रान्तिकारियों की ओर से प्रति-आतंकवाद ही केवल नौकरशाही की इस गुंडागर्दी को प्रभावी रूप से शिकस्त दे सकता है।'

इस समय तक पूरे उत्तर भारत में कड़ाके की ठंड पड़नी शुरू हो चुकी थी। और लाहौर की ठंड! रात में तो हड्डियाँ ही गला दे। जेल में क़ैदियों को लेकिन सिर्फ़ दो कम्बल मिलते थे, एक उस 2' x 5' के डेढ़ फुट ऊँचे सीमेंट के चबूतरे

पर बिछाने के लिए जो कि उनका 'पलँग' था, और एक ओढ़ने के लिए। सर्दियों में बहुत हुआ तो एक कम्बल और मिल गया। लेकिन बरसों के इस्तेमाल से घिसे हुए कम्बल जिनमें कहीं-कहीं छेद भी हुआ करते थे, भला कितनी गर्माहट देते? पेट में घुटने घुसाए हुए वे सारी रात ठिठुरा करते। ऐसी ही किसी रात के बाद अपनी 'जेल डायरी' में भगतसिंह ने 'क्राई फॉर जस्टिस' पुस्तक में से उन्नीसवीं शताब्दी के अमरीकी पत्रकार और राजनीतिज्ञ होरेस ग्रीले के ये शब्द उतारे होंगे : 'उसके लिए नैतिकता व धर्म शब्द मात्र हैं जो ज़िन्दा रहने के लिए गटर में से मछली पकड़ता है और सर्द रातों की चीरती हवाओं से बचाव के लिए गलियों में पीपों के पीछे दुबका रहता है।' (जेल नोट बुक, पृ. 18)

लाहौर के हाईकोर्ट में दिल्ली के सेशन जज के फ़ैसले के ख़िलाफ़ जो अपील दायर की हुई थी, उसकी सुनवाई भी 8 जनवरी, 1930 को शुरू हो गई। 12 जनवरी को भगतसिंह ने हाईकोर्ट में अपना बयान दिया। इस बयान के बारे में मन्मथनाथ गुप्त लिखते हैं : 'इससे पहले किसी भी क्रान्तिकारी ने अदालत में खड़े होकर इतना विद्धत्तापूर्ण बयान नहीं दिया था।' ('भारत में सशस्त्र क्रान्ति चेष्टा का रोमांचकारी इतिहास', पृ. 248)

अपने बयान में भगतसिंह ने कहा : "सेशन्स अदालत में एक लिखित बयान हमने दिया था। वह बयान हमारे उद्देश्य को स्पष्ट करता था और, इस तरह, हमारी मंशा को भी स्पष्ट करता था। लेकिन विद्वान जज ने कलम के एक प्रहार से इसे ख़ारिज कर दिया, यह कहते हुए कि 'कैसे और क्यों कोई अपराध किया गया इससे क़ानून का कार्य-व्यापार सामान्यत: प्रभावित नहीं होता।"

"आशय की अगर हम उपेक्षा कर दें, दुनिया का सबसे बड़ा सेनापति मामूली हत्यारों सरीखा नज़र आएगा; राजस्व अधिकारी चोर और धोखेबाज़ जैसे मालूम होंगें। यहाँ तक कि जज भी हत्या के आरोपी हो जाएँगे। इस तरह पूरी सामाजिक व्यवस्था और सभ्यता हत्याओं, चोरियों और धोखाधड़ियों में सिमटकर रह जाएगी। अगर हम नीयत को नज़रअन्दाज़ कर दें, सरकार को कोई अधिकार नहीं होगा कि अपनी जनता और अपने अधिकारियों से बलिदान की वह उम्मीद रखे। इरादे की अनदेखी कर दें तो हरेक धर्मोपदेशक पर मिथ्यावादिता के प्रचारक का आरोप लगा दिया जाएगा, हरेक पैग़म्बर पर करोड़ों सीधे और भोले लोगों को बरगलाने का इलज़ाम लगा दिया जाएगा। मंशा को अगर हम दरकिनार कर दें, तो जीसस क्राइस्ट ऐसे व्यक्ति प्रतीत होंगें जो उत्पात मचाने, शान्ति भंग करने और बग़ावत का उपदेश देने के लिए उत्तरदायी हैं, और क़ानून की भाषा में 'ख़तरनाक व्यक्तित्व' माने जाएँगे। लेकिन उनकी हम इबादत करते हैं।"

"हम ग़लत हो सकते हैं। हमारी विचार-प्रक्रिया और विद्वान जज की विचार-प्रक्रिया भिन्न हो सकती है, लेकिन इसका यह अर्थ नहीं कि अपने विचारों

को व्यक्त करने से हमें वंचित कर दिया जाए, और ग़लत बातों को हमारे नाम से प्रसारित किया जाए।"

"अपने बयान में विस्तार से हमने स्पष्ट किया था कि 'इनक़लाब ज़िन्दाबाद' और 'साम्राज्यवाद का नाश हो' से हमारा क्या तात्पर्य है। हमारे विचारों का वह मर्म है। उस हिस्से को हमारे बयान में से निकाल दिया गया। इनक़लाब शब्द पर सामान्यत: ग़लत अर्थ आरोपित किया जाता है। हमारी समझ में वैसा नहीं है। बम और पिस्तौल से इनक़लाब नहीं होते। इनक़लाब की शमशीर विचारों की सान पर पैनी की जाती है। इस पर ही हम ज़ोर देना चाह रहे थे। इनक़लाब से हमारा अभिप्राय है पूँजीवादी युद्धों की विपदाओं की समाप्ति।"

अन्त में भगतसिंह ने यह भी साफ़ कर दिया कि "आपके समक्ष हम अपनी सज़ाओं को कम कराने नहीं आए हैं। अपनी स्थिति को साफ़ करने के लिए हम आए हैं।"

ग्रीक दार्शनिक सुकरात के खिलाफ़ अभियोग था कि एथेन्स के नवयुवकों को वह भड़का रहा है और उन्हें बिगाड़ रहा है। हक़ीक़त यह थी कि वह उन्हें सोचना सिखा रहा था। मुक़दमे के दौरान सुकरात अभियोग पक्ष का मज़ाक उड़ाता रहा, उनकी गलतियों को सुधारता रहा, व्यंग्य करता रहा और मौत की सज़ा से बचने की कोई कोशिश उसने नहीं की, जैसा कि भगतसिंह ने भी किया। सुकरात ने कहा कि जो लोग मौत से खौफ़ खाते हैं, वे अपनी अज्ञानता ही ज़ाहिर कर रहे हैं क्योंकि मौत एक अच्छी चीज़ हो सकती है। उसने भविष्यवाणी की कि उसकी मौत नौजवानों को उसकी जगह लेने के लिए आगे लाएगी और एथेन्स के नागरिकों को नैतिक व्यवहार अपनाने के लिए प्रोत्साहित करेगी।

13 जनवरी, 1930 को हाई कोर्ट ने इस अपील को ख़ारिज कर दिया। कुछ ही दिनों बाद भगतसिंह ने 'जनता की अदालत' में एक और याचिका लगा दी। गत वर्ष की भूख हड़ताल के बाद अंग्रेज़ सरकार ने जो आश्वासन दिये थे, उन पर अमल करने को लेकर वह अब अपने पैर पीछे खींचती नज़र आई। इस मसले को लेकर पुन: भूख हड़ताल पर जाने के 28 जनवरी के नोटिस में यह आपत्ति दर्ज की गई कि सरकार ने 'वर्गीकरण के मापदंड में [अपराध के] मूल मन्तव्य को बिलकुल निकाल दिया है। क्या एक सामान्य हत्यारे और एक राजनीतिक कार्यकर्ता में कोई अन्तर नहीं? भले ही राजनीतिक कार्यकर्ता हिंसा भी अपना ले। हमारी मान्यता है कि वर्गीकरण के मापदंड में मन्तव्य को सबसे मुख्य पक्ष की तरह लिया जाना चाहिए।'

मन्मथनाथ गुप्त, जिन्हें एकाधिक लम्बी भूख-हड़तालों का अनुभव था, लिखते हैं : 'अनशन तो धैर्य की लड़ाई है। यदि समय किसी तरह कट जाए, तब तो विजय निश्चित है। ('क्रान्तिकारी की आत्मकथा', पृ. 314) शिव वर्मा

लिखते हैं कि इस दफ़ा भूख हड़ताल के दौरान 'जेल में किताबों की सुविधा थी और आरम्भ से ही पढ़ने-लिखने का वातावरण बन गया था। आपस में सैद्धान्तिक एवं राजनैतिक समस्याओं पर बहस आदि भी होती थी लेकिन भगतसिंह के आ जाने पर उस सब में एक नई जान सी आ जाती। उस दिन शायद ही कोई विषय अछूता रहता हो—सप्ताह की पढ़ी हुई पुस्तकें, मार्क्सवाद, सोवियत संघ की उन्नति, अफगानिस्तान के उलटफेर, चीन और जापान की तनातनी, लीग आफ नेशन्स का निकम्मापन, मेरठ केस, भारतीय पूँजीपति वर्ग की भूमिका, कांग्रेस की गतिविधि, लाहौर-कांग्रेस में ध्येय परिवर्तन का प्रश्न आदि सभी विषयों पर चर्चा रहती।' ('संस्मृतियाँ', पृ. 34)

इस भूख हड़ताल के दौरान फिर एक बार साबित हो गया कि ये 'पगले लोग' अपनी जान पर खेल जाने के लिए किस तरह आतुर थे। शिव वर्मा याद करते हैं : 'जेल में जब हम लोगों ने पहली बार भूख हड़ताल आरम्भ की, तो उस समय वह [राजगुरु] पकड़ा नहीं गया था। लेकिन जनवरी, 1930 में जब दुबारा भूख हड़ताल हुई तो वह आ चुका था। किसी के मरे बग़ैर सरकार हमारी माँगों पर ध्यान नहीं देगी, यह हम जानते थे। भूख हड़ताल की सफलता-असफलता के साथ क्रान्तिकारियों की प्रतिष्ठा तथा सम्मान का प्रश्न जुड़ा था। अस्तु, हममें से कुछ साथी ऐसे अवसरों पर प्राणों की बाजी लगाकर संघर्ष को जल्द-से-जल्द समाप्त करने की कोशिश करते थे। पहली भूख हड़ताल में जतीन्द्रनाथ दास ने यह समझकर मृत्यु का वरण किया था कि उसके बग़ैर सरकार क्रान्तिकारियों से बात करने तक के लिए भी राजी नहीं होगी।'

'दूसरी भूख हड़ताल आरम्भ हुए तेरह दिन हो चुके थे। साथियों की हालतें तेजी से गिरती जा रही थीं। तेरहवें दिन डॉक्टरों ने हममें से कमज़ोर साथियों को चुना और उन्हें ज़बर्दस्ती दूध पिलाने के ख़्याल से अस्पताल ले गए। इनमें राजगुरु भी था। उसके साथ भी वही हुआ जो पहली भूख हड़ताल में यतीन्द्रनाथ दास के और मेरे साथ हो चुका था। डॉक्टरों ने जल्दबाजी में रबड़ की नली पेट में डालने के बजाय उसके फेफड़ों में डाल दी और कीप से उनमें पूरी खुराक दूध उँड़ेलकर चले गए। उसके दोनों फेफड़े जकड़ गए और उसे निमोनिया हो गया।'

'फेफड़ों में दूध भर जाने और निमोनिया हो जाने से कितनी यंत्रणा होती है, इसे पहली हड़ताल में मैं स्वयं अनुभव कर चुका था। लेकिन राजगुरु को उस यंत्रणा से अधिक इस बात की ख़ुशी थी कि अब भूख हड़ताल शीघ्र समाप्त हो जाएगी और सरकार को माँगें मानने के लिए मजबूर होना पड़ेगा। निमोनिया की हालत में भी उसने एक कागज़ के पर्चे पर मुझे लिखकर भेजा, "सफलता"। उसकी हालत संगीन हो गई और डॉक्टरों की रिपोर्ट तथा बाहर के आन्दोलन से घबड़ाकर सरकार ने हमारी माँगें मान लीं।' ('संस्मृतियाँ', पृ. 84)

मन्मथनाथ गुप्त बताते हैं कि '19 फरवरी को भारत सरकार ने एक विज्ञप्ति प्रकाशित की। इस विज्ञप्ति के अनुसार सरकार ने क़ैदियों में तीन वर्गों की सृष्टि की—ए. बी. और सी. क़ैदियों के साथ व्यवहार में गोरे-काले का भेद खत्म कर दिया गया। अवश्य ही जेल के नियमों में यह एक बहुत ही भारी क्रान्ति थी, किन्तु फिर भी यह उन माँगों की पूर्ति नहीं करती थी, जिन्हें काकोरीवालों ने अपने अनशनों में रखा था और इसके बाद यतीन्द्रनाथ, भगतसिंह आदि ने रखा। तो भी नियमों में यह जो परिवर्तन हुआ, यह बहुत यथेष्ट था, इसलिए लाहौर के क़ैदियों ने, जिनमें सरदार भगतसिंह भी थे, 19 फरवरी को या उसके एक दिन बाद अनशन भंग कर दिया।' ('क्रान्तिकारी की आत्मकथा', पृ. 310)

इसी बीच वाइसराय की ट्रेन के नीचे हुए बम विस्फोट की भर्त्सना करते हुए गाँधी जी ने यंग इंडिया में 'बम का पन्थ' शीर्षक से अपना ही लिखा हुआ एक लेख प्रकाशित किया जिसके जवाब में हिन्दुस्तान सोशलिस्ट रिपब्लिकन एसोसिएशन की ओर से भगवतीचरण वोहरा ने 'बम का दर्शन' लेख छपवाकर 26 जनवरी, 1930 को, लाहौर कांग्रेस में लिए गए निर्णय के अनुसार पूरे भारत में जिस दिन 'स्वतंत्रता दिवस' मनाया जा रहा था, देशभर में बँटवा दिया। श्री जगमोहन सिंह तथा प्रोफ़ेसर चमनलाल द्वारा सम्पादित 'भगतसिंह और उनके साथियों के दस्तावेज़' के अनुसार 'भगतसिंह ने जेल में इसे अन्तिम रूप दिया' था। (पृ. 329) लेकिन यशपाल का दावा है कि 'बम का दर्शन' भगवतीचरण ने और उसने आज़ाद की स्वीकृति से प्रकाशित करवाया था। ('सिंहावलोकन', पृ. 249-50)

'बम का दर्शन' पर्चे में कहा गया कि 'क्रान्तिकारियों का विश्वास है कि देश को क्रान्ति से ही स्वतंत्रता मिलेगी। वे जिस क्रान्ति के लिए प्रयत्नशील हैं और जिस क्रान्ति का रूप उनके सामने स्पष्ट है उसका अर्थ केवल यह नहीं है कि विदेशी शासकों तथा उनके पिट्ठुओं से क्रान्तिकारियों का सशस्त्र संघर्ष हो, बल्कि इस सशस्त्र संघर्ष के साथ-साथ नवीन सामाजिक व्यवस्था के द्वार देश के लिए खुल जाएँ। आतंकवाद सम्पूर्ण क्रान्ति नहीं और क्रान्ति भी आतंकवाद के बिना पूर्ण नहीं। यह तो क्रान्ति का एक आवश्यक और अवश्यम्भावी अंग है।'

'गाँधी जी का विचार है कि असहयोग आन्दोलन के समय जो जन-जागृति हुई है वह अहिंसा के उपदेश का ही परिणाम था। परन्तु यह धारणा ग़लत है और यह श्रेय अहिंसा को देना भी भूल है, क्योंकि जहाँ भी अत्यधिक जन-जागृति उत्पन्न हुई वह सीधे मोर्चे की कार्रवाई से हुई। उदाहरणार्थ रूस में शक्तिशाली जन-आन्दोलन से ही वहाँ किसान और मज़दूरों में जागृति उत्पन्न हुई। उन्हें तो किसी ने अहिंसा का उपदेश नहीं दिया था। गाँधी जी ने जीवनभर जन-जीवन

का अनुभव किया है, पर यह बड़े दुख की बात है कि वे भी क्रान्तिकारियों का मनोविज्ञान न तो समझते हैं और न समझना ही चाहते हैं।'

'कायरों को पीठ दिखाकर समझौता और शान्ति की आशा से चिपके रहने दीजिए। हम किसी से भी दया की भिक्षा नहीं माँगते हैं और हम भी किसी को क्षमा नहीं करेंगे। हमारा युद्ध विजय या मृत्यु के निर्णय तक चलता ही रहेगा।'

'इनक़लाब जिन्दाबाद!'

अदालत का फ़ैसला आना अभी दूर था मगर फिर भी भगतसिंह को फाँसी-कोठरी में रखा गया। कोठरी नं. 103 से उसने अपने बचपन के दोस्त जयदेव गुप्ता को, जो गाँव की प्राथमिक शाला से लेकर लाहौर के डी.ए.वी. स्कूल में न सिर्फ़ उसका सहपाठी था बल्कि दोनों एक ही बेंच पर बैठा करते थे और साथ-साथ ही स्कूल जाते और वहाँ से लौटते थे, अंग्रेज़ी में यह पत्र लिखा :

'मुझे उम्मीद है कि तुमने 16 दिन के बाद हमारी भूख हड़ताल छोड़ देने की बात सुन ली होगी और तुम अन्दाज़ा लगा सकते हो कि इस मौक़े पर तुम्हारी मदद की हमें कितनी ज़रूरत है। कल हमें कुछ सन्तरे मिले, लेकिन कोई मुलाक़ात नहीं हुई। हमारा मुक़दमा एक पखवाड़े के लिए मुल्तवी कर दिया गया है। इसलिए कृपा कर एक टिन 'क्रेवन-सिगरेट्स - ए' और एक टिन घी फ़ौरन भेजने की व्यवस्था करो। कुछ रसगुल्लों के साथ कुछ सन्तरों का भी स्वागत है। सिगरेट के बिना दत्त की हालत ख़राब है। अब तुम हमारी ज़रूरतों की अत्यावश्यक प्रकृति को समझ सकते हो।'

उत्तम गुणवत्ता की यह सिगरेट उन दिनों टीन के पतले डिब्बे में आती थी, जिस डिब्बे को ये क्रान्तिकारी हलके क़िस्म के बम बनाने में भी इस्तेलाल कर लेते थे।

इस पत्र से ज़ाहिर है कि भगतसिंह और उनके साथियों को अब जेल में काफ़ी सहूलियतें मिल रही थीं और माहौल भी बेहतर हो गया था। यही वे दिन रहे होंगे जब भगतसिंह उमर ख़य्याम की रुबाइयों को पढ़ने का लुत्फ़ ले रहा था। जेल नोटबुक में उसने शायद तभी यह उद्धरण लिखा :

दरख़्त की शाख़ के नीचे, साथ में एक पावरोटी
सुराही मय की, किताब एक नज़्मों की—और तुम
वीराने में गाती हुई मेरे बग़ल में—और वीराना है जन्नत अब।

इस नोटबुक के जारी होने के पहले भगतसिंह ने कुछ खुले पन्नों का इस्तेमाल किया था। इन पन्नों में सबसे पहले पन्ने पर शीर्षक है, 'विभिन्न उद्धरण' और फिर दो उद्धरण लिखे हैं, दोनों ही प्रेम के विषय में। पहला है चार्ल्स डिकन्स की 'पिकविक पेपर्स' से : 'सर्वाधिक दिलचस्प और क्षम्य मानवीय कमज़ोरी—प्रेम।' दूसरा उद्धरण उसके प्रिय लेखक अप्टन सिंक्लेयर

की पुस्तक से है : 'पुरुष और स्त्री सिर्फ़ शरीर नहीं हैं। पुरुष और स्त्री मस्तिष्क हैं, और विचारों में सामंजस्य होना ही होगा। एक-दूसरे के विचारों से उकता जाने पर भी क्या वे उतना ही प्रेम कर सकते हैं?'

यक़ीनन इस 'चिर अशान्त विद्रोही' के दिल में कोमल भावनाएँ भी धड़कती ही थीं। शिव वर्मा बताते हैं : 'भगतसिंह को सौन्दर्य, संगीत तथा कला से भी बेहद प्यार था।' सौन्दर्य के प्रति भगतसिंह के प्रेम की गवाही तो राजाराम शास्त्री भी देते हैं। इस सिलसिले में एक दिलचस्प वाक़िया भी वे सुनाते हैं : 'एक दिन किसी पत्रिका का बहुत ही सुन्दर वार्षिक अंक आया। एक पृष्ठ पर इतना सुन्दर चित्र! रात का समय है। चन्द्रमा का प्रकाश। नदी या झरने के किनारे दो युवक-युवती आपस में प्रेम-विभोर होकर बातें कर रहे हैं। युवक युवती की जाँघ पर सिर रखे लेटा है। युवती उसके बालों में हाथ फेर रही है। बहुत ही प्रेममय दृष्टि से वे एक-दूसरे को देख रहे हैं। मैंने देखा कि जब भगतसिंह की नजर उस चित्र पर पड़ी तब वह रुक गए। इधर-उधर देखकर और सबकी नजर बचाकर वे फिर उसी चित्र को देखने लगे।'

राजाराम, जिन्हें भगतसिंह मस्तराम कहकर पुकारता था, बताते हैं कि 'दूसरे दिन भगतसिंह फिर आए और एकान्त में जाकर वही पत्रिका पलटते हुए उनसे रहा नहीं गया और 'उन्होंने एक आलपिन की मदद से उस चित्र को उसमें से फाड़ लिया और अपनी पुस्तक में उसे छिपा लिया।' अगली बार भगतसिंह जब लाइब्रेरी पहुँचा तो राजाराम ने उसे बताया कि वह चित्र फाड़ते हुए उसने उसे देख लिया था और ताकीद की कि 'अब भविष्य में ऐसा मत करना।' इस प्रकार ताकीद कर देने के बाद राजाराम ने भगतसिंह की चुटकी लेते हुए कहा, "तुम्हें तो प्रेम कभी सताता ही नहीं, फिर यह चित्र इतना ज़्यादा क्यों पसन्द आ गया कि तुमने उसे फाड़ ही लिया।" उन्होंने कहा, "भाई, किसी के प्रेमजाल में फँसना एक बात है और कलाकार की कला को पसन्द करना दूसरी बात है।" ('क्रान्ति का साक्ष्य', पृ. 95-6)

जुलाई, 1929 में मुक़दमा शुरू हुआ था और अप्रैल, 1930 तक दस महीनों में अब तक सिर्फ़ डेढ़ सौ लोगों की गवाही हुई थी, जबकि अभियोजन ने छह सौ गवाहों की सूची अदालत में पेश की हुई थी। सरकार को चिन्ता हुई कि अगर इस गति से मुक़दमा चला तो कई साल लग जाएँगे फ़ैसला होने में। हाईकोर्ट में दरख़्वास्त लगाई गई कि बाक़ी गवाहों को सुने बिना मुक़दमे का फ़ैसला करने की अनुमति दी जाए। दरख़्वास्त नामंज़ूर हो गई।

इस बीच महात्मा गाँधी 'दांडी-यात्रा' कर चुके थे और 6 अप्रैल को नमक क़ानून तोड़ चुके थे। पूरे देश में 'नमक-सत्याग्रह' ज़ोर-शोर से जारी था। रोज़ हज़ारों 'सत्याग्रही' नमक क़ानून को तोड़कर गिरफ़्तारियाँ दे रहे थे। नौजवान भारत सभा के

कई सदस्यों ने और एच.एस.आर.ए. के कुछ सदस्यों ने भी नमक सत्याग्रह में भाग लिया। ('ए रिवोल्यूशनरी हिस्टरी ऑफ़ इंटरवार इंडिया', पृ. 141)

गाँधी जी को जेल भेजने में तो ब्रिटिश सरकार हिचकिचा रही थी लेकिन जवाहरलाल नेहरू को इलाहाबाद में 'अवैध' रूप से निर्मित नमक बेचने के जुर्म में गिरफ़्तार कर लिया गया। 18 अप्रैल के 'टाइम्स ऑफ़ इंडिया' में ख़बर छपी : 'नौजवान भारत सभा : नौ सदस्य गिरफ़्तार।' ये लोग नेहरू जी की गिरफ़्तारी का विरोध जताने के लिए गुरदासपुर और अमृतसर में 'ज़बर्दस्ती' हड़ताल करवाने की कोशिश कर रहे थे। (उपर्युक्त)

सैकड़ों सत्याग्रही हर दिन लाहौर की जेलों में भी ठूँसे जा रहे थे। अहिंसक आन्दोलन के इन आन्दोलनकारियों में से अधिकांश की यह इच्छा थी कि एक बार भगतसिंह के 'दर्शन' उन्हें हो जाएँ। लेकिन इन क्रान्तिकारियों की कोठरियाँ, सेंट्रल जेल में और बोर्स्टल जेल में भी, अलग अहाते में थीं और बाक़ी क़ैदियों को उसमें प्रवेश मिलना नामुमकिन था। लेकिन "भगतसिंह ज़िन्दाबाद!" तो वे चिल्ला ही सकते थे। यही उन्होंने किया भी।

चन्द हफ़्तों पहले अपनी जेल नोटबुक में ब्रिटिश कवि अलफ्रेड टेनीसन की मशहूर कविता 'चार्ज ऑफ़ द लाइट ब्रिगेड' छोटे-छोटे मगर ख़ूबसूरत अक्षरों में भगतसिंह ने पूरी की पूरी ही उतारी थी, लगभग दो पृष्ठों में। अभ्यस्त व सधे हुए हाथों से एक सीध में व पास-पास लिखी गई पंक्तियों में शब्द बहते हुए से चलते हैं, समान गति से। और हर पंक्ति का प्रथम अक्षर लहर लेता हुआ शुरू होता है—T, W व F ऊपर से लहर खाकर नीचे आते हैं तो A और H नीचे से लहराते हुए ऊपर आते हैं।

> *Their's not to reason why,*
> *Their's but to do and die.*
> *(उनके लिए नहीं है विचार करना क्यों,*
> *उनके लिए है बस करना और मरना।)*

यह कविता उन सैनिकों की वीरता का बखान करते हुए लिखी गई थी जो अपने कमांडर के आदेश पर जानते-बूझते हुए भी निश्चित मौत के मुँह में बेख़ौफ़ घुस जाते हैं। ऐसा ही कुछ इस समय भारत की जनता भी तो कर रही है! महात्मा गाँधी के आह्वान पर पिछले छह माह से भी अधिक समय से पूरे देश में नमक बनाया जा रहा है, इस विश्वास के साथ कि अंग्रेज़ों द्वारा बनाया गया नमक-क़ानून तोड़कर उन्हें इस देश से भगाने में वे कामयाब हो जाएंगे—क्योंकि महात्मा जी ने ऐसा कहा है। और नमक-क़ानून तोड़नेवाले ये सत्याग्रही बेख़ौफ़ लाठियाँ खा रहे हैं और जेल जा रहे हैं। कुछ मौत के मुँह में भी जा पहुँचे हैं। आश्चर्य नहीं कि इन सत्याग्रहियों के झुंड के झुंड जेल में आते देख ही इस उद्धरण को उतारने का विचार भगतसिंह के मन में उपजा हो।

मन्मथनाथ गुप्त के छोटे भ्राता मनमोहन गुप्त भी क्रान्तिकारी गतिविधियों में संलग्न रहे थे और इस समय गुजरात की साबरमती जेल में सरकार के मेहमान बने हुए थे। अपने संस्मरण में उन्होंने लिखा है : '[जेल में] वल्लभभाई के आने के कुछ ही दिनों बाद महात्मा गांधी ने ऐतिहासिक दांडी-यात्रा की। ज़ोरों से धर-पकड़ आरम्भ हुई। साधारण क़ैदी भी जो आता था वह कहता था कि इस बार वारा-न्यारा होकर ही रहेगा। मालूम होता था कि जेल के बाहर पेड़ की पत्तियाँ भी 'स्वराज्य-स्वराज्य' चिल्ला रही हैं। नित्य ही दल-के-दल पकड़-पकड़कर आने लगे। यह सब देखकर क़ैदियों के हृदयों में भी स्वतंत्रता की आग भड़क उठी।' ('एक क्रान्तिकारी के संस्मरण', पृ. 117)

इस बीच 18 अप्रैल, 1930 को बंगाल के समुद्रतट पर बसे चटगाँव में अंग्रेज़ों के सशस्त्र बलों के शस्त्रागार पर मास्टर सूर्यसेन के नेतृत्व में लगभग 40 क्रान्तिकारियों ने धावा बोल दिया। ये सब 'इंडियन रिपब्लिकन आर्मी' चटगाँव शाखा के सदस्य थे। स्थानीय स्कूल में शिक्षक होने के कारण 'मास्टर दा' के नाम से स्थानीय लोगों में विख्यात सुर्ज्या सेन या सूर्यसेन कलकत्ता के 'दक्षिणेश्वर बम' केस में आरोपी रहे थे। वर्ष 1926 में उन्हें गिरफ़्तार कर लिया गया और वर्ष 1928 के अन्त तक वे जेल में ही रहे। उनकी योजना यह थी कि डबलिन इंग्लैंड में वर्ष 1916 में हुए 'ईस्टर विद्रोह' की तर्ज पर चटगाँव के सभी प्रमुख स्थानों पर क़ब्ज़ा कर लिया जाए तथा पुलिस एवं सेना के शस्त्रागार पर धावा बोल उनके सारे हथियार लूटकर उन्हें आम जनता में बाँट दिया जाए इसके साथ ही चटगाँव को स्वतंत्र गणतंत्र घोषित कर 'फेयरी हिल' पर स्थित जिलाधीश कार्यालय को मुख्यालय बना ब्रिटिश सरकार द्वारा चटगाँव पर वापस क़ब्ज़ा करने की कोशिशों का मुक़ाबला किया जाए और वहाँ एक अविस्मरणीय 'अन्तिम युद्ध' हो जो देशवासियों के लिए एक मिसाल बने और उनके लिए एक 'मशाल' का काम करे।

इन क्रान्तिकारियों में कई तो निरे बालक थे। सुबोध रॉय ने, जो उस समय मात्र 13 वर्ष का था, कालापानी की सज़ा भुगत लेने के बाद अपने संस्मरण में लिखा : 'हमारे पास एक दर्ज़न छोटे हथियार भी नहीं थे (रिवाल्वर, पिस्तौलें वगैरह)। लिहाज़ा [छापे में] भाग लेनेवालों से कहा गया कि अपने घर से लाइसेन्सशुदा हथियार लेकर आएँ। ऐसे हथियार कुछ लाए भी।' (चित्तागोंग आर्मरी रैड : ए मेमोयर बाई सुबोध रॉय; प्रकाशक लेफ्टवर्ल्ड नई दिल्ली, संस्करण वर्ष 2015, पृ. 17)

कल्पना दत्ता 'इंडियन रिपब्लिकन आर्मी' की मई, 1931 में सदस्य बनी और चटगाँव के यूरोपियन क्लब पर हमला करने की योजना बनाने के लिए सूर्यसेन के निर्देश पर क्लब के आसपास टोह लेती हुई गिरफ़्तार हो गई।

अपने संस्मरण में उन्होंने लिखा है : '18 अप्रैल को सशस्त्र क्रान्तिकारियों के एक दल ने चटगाँव शस्त्रागार पर धावा बोल दिया, पुलिस लाइन्स को जला दिया, तारघर को बेकार कर दिया, रेलवे लाइन से पटरियाँ उखाड़ दीं। (चित्तागोंग आर्मरी रैडर्स रेमिनिसेन्सेस बाई कल्पना दत्ता; प्रकाशक पीपुल्स पब्लिशिंग हाउस बम्बई, संस्करण वर्ष 1945, पृ. 23)

शस्त्रागार पर धावे में कई अत्याधुनिक बन्दूकें इन क्रान्तिकारियों के हाथ लग गईं किन्तु उनकी गोलियाँ कहाँ रखी हैं, यह खोज पाने में नाकामयाब रहने से चटगाँव पर कम से कम एक हफ़्ता क़ब्ज़ा जमाए रखने की इनकी योजना कार्यान्वित न हो सकी। लिहाज़ा ये क्रान्तिकारी जलालाबाद की पहाड़ियों में बिखर गए, छापामारी की रणनीति अपनाकर अपने आन्दोलन को भूमिगत रूप से जारी रखने के उद्देश्य से। तब तक ब्रिटिश सरकार की 'ईस्टर्न राइफल्स' और 'सुरमा वैली लाइट हॉर्स' की सैन्य टुकड़ियाँ चटगाँव पहुँच चुकी थीं। उन्होंने जलालाबाद पहाड़ी को चारों ओर से घेर लिया। 22 अप्रैल, 1930 को शाम 5 बजे से लेकर 8 बजे तक लेविस बन्दूकों और विकर्स मशीन गनों से लैस ब्रिटिश फ़ौजी दस्तों के साथ इन 40 क्रान्तिकारियों ने अभूतपूर्व बहादुरी के साथ मोर्चा लिया और जानमाल का भारी नुकसान पहुँचाकर एकबारगी तो उन्हें खदेड़ ही दिया। गोलीबारी में 80 से ज़्यादा ब्रिटिश सैनिक मारे गए और 12 क्रान्तिकारी नौजवान शहीद हुए।

अख़बारों में तो इन क्रान्तिकारियों के इस कारनामे के बारे में ज़्यादा कुछ नहीं छप सका क्योंकि सरकार ने इस 'गुरिल्ला छापामारी' की विस्तृत जानकारी बाहर नहीं आने दी। लेकिन जिस घटना को लेकर पूरा भारत उत्तेजित था उसके विवरण भला किस प्रकार छिपाए जा सकते थे? उन दिनों के बारे में ख्यातनाम इतिहासकार विश्वनाथ दत्ता लिखते हैं : 'हर घर में लोग चटगाँव शस्त्रागार कांड, काकोरी डकैती मुक़दमा, और भगतसिंह, आज़ाद और शेरजंग के बारे में बाते करते थे। कॉलेज के सूचना-पटल पर तक़रीबन हर रोज़ कोई क्रान्तिकारी पोस्टर चिपका जाता; और कई दफ़ा ये पोस्टर दैनिक समाचार-पत्र के पन्नों में रखे हुए आते।' ('गाँधी एंड भगतसिंह', लेखक विश्वनाथ दत्ता; प्रकाशक रूपा प्रकाशन नई दिल्ली, संस्करण वर्ष 2019, पृ. 51)

हिमाचल का शेर कहे जानेवाले चौधरी शेरजंग की बहन का विवाह नेशनल कॉलेज में संस्कृत के प्राध्यापक उदयवीर शास्त्री के साथ हुआ था जिनकी मार्फ़त वह भगतसिंह और भगवतीचरण वोहरा के सम्पर्क में आकर क्रान्तिकारियों के साथ जुड़े और फिर एच. एस. आर. ए. के सदस्य भी बने। हथियारों के लिए धन की व्यवस्था करने के उद्देश्य से उन्होंने अक्टूबर, 1929 में अपने साथी क्रान्तिकारियों के साथ मिलकर सरकारी खज़ाना ले जा रही ट्रेन को लुधियाना

के निकट अहमदगढ़ पर लूटने की नाकामयाब कोशिश की और गिरफ़्तारी के बाद 14 साल क़ैद भोगी।

वर्ष 1930 के अप्रैल माह के अन्तिम सप्ताह में जब नमक सत्याग्रह पूरे उफ़ान पर था, पेशावर के क़िस्साख़्वानी बाज़ार में ब्रिटिश फौज़ की गढ़वाल राइफल्स के जवानों ने हवलदार मेजर चन्द्रसिंह गढ़वाली के कहने पर अब्दुल गफ़्फ़ार ख़ान के ख़ुदाई ख़िदमतगारों पर गोली चलाने के अपने अंग्रेज़ अफ़सर के हुक्म को मानने से यह कहकर इनकार कर दिया कि नि:शस्त्र लोगों को मारने के लिए वे फ़ौज में भरती नहीं हुए थे।

महात्मा गाँधी की गिरफ़्तारी के अगले दिन 6 मई, 1930 को महाराष्ट्र के औद्योगिक शहर शोलापुर में हड़ताल हो गई और उसके अगले दिन हड़ताल को तुड़वाने आए पुलिस के सिपाहियों को पत्थर मार-मारकर भगा दिया गया। 8 मई को जिला मजिस्ट्रेट और पुलिस सुपरिंटेंडेंट हथियारबंद सिपाहियों को लेकर आए। नौ लागों को पकड़कर पुलिस लारी से ले जाने लगी तो 5000 की भीड़ ने उसे रोक लिया। पुलिस ने गोलियाँ चला दीं और किसी तरह वहाँ से निकल पाने में कामयाब हो गए। भीड़ अब और भी ज़्यादा बड़ी हो गई जिसने मंगलवार पेठ पुलिस थाने पर हमला कर दिया और दो सिपाहियों को मार डाला। सरकारी भवनों पर हमले होने लगे, रेलवे की पटरियाँ उखाड़ दी गईं और पुलिस के साथ मुठभेड़ें इतनी बढ़ीं कि ब्रिटिश प्रशासन शोलापुर को छोड़कर चले जाने के लिए मजबूर हो गया। स्थानीय नेताओं ने शोलापुर की स्वतंत्रता की घोषणा कर दी। हर सरकारी भवन पर से यूनियन जैक उतारकर उसकी जगह तिरंगा फहरा दिया गया। 9 से 11 मई तक यह आज़ादी क़ायम रही जब तक कि ब्रिटिश फ़ौज़ ने आकर मार्शल लॉ लागू नहीं कर दिया।

सरकार की कोशिश थी कि ये ख़बरें अख़बारों में न छपें और छप भी जाएँ तो ऐसे अख़बार जेल के अन्दर न पहुँचे। लेकिन मुलाक़ाती इन ख़बरों को जेल में ले आते जिन्हें सुनकर लाहौर जेल में बन्द इन क्रान्तिकारियों के हौसले और भी बुलन्द होते जाते।

इस बीच 1 मई, 1930 को लॉर्ड इरविन ने एक अध्यादेश जारी कर दिया जिसके तहत उच्च न्यायालय के तीन न्यायाधीशों का 'स्पेशल ट्रिब्यूनल' बिठाया गया, ताकि अदालती कार्रवाई में तेजी लाई जा सके। इस ट्रिब्यूनल को अधिकार था कि वकील, गवाह और अभियुक्तों की भी अनुपस्थिति में सुनवाई कर सके और बाक़ी गवाहों को सुने बिना भी मुक़दमे की कार्रवाई को आगे बढ़ा सके। सज़ा-ए-मौत का फ़ैसला सुनाने का अधिकार भी इसे था और इसके फ़ैसले की अपील सिर्फ़ लन्दन की प्रिवी कौन्सिल में ही हो सकती थी। अध्यादेश जारी करने के जो अधिकार वाइसराय को हासिल थे, उनके तहत इस ट्रिब्यूनल की अवधि छह माह बाद स्वत: समाप्त हो जानेवाली थी।

अगले ही दिन भगतसिंह ने वाइसराय को पत्र लिखा : 'अध्यादेश से हमारी भावनाओं को दबाया नहीं जा सकता। इस अध्यादेश को हम अपनी जीत समझते हैं। हम तो शुरू से ही कहते आ रहे थे कि मौजूदा क़ानून एक ढोंग है। यह न्याय नहीं दे सकता। हम तो चाहते ही थे कि सरकार अपना मुखौटा निकाल फेंके। आपको और आपकी सरकार को इस साफ़गोई के लिए हम बधाई देते हैं और इस अध्यादेश का स्वागत करते हैं।'

5 मई, 1930 को महात्मा गाँधी गिरफ़्तार कर यरवदा जेल भेजे गए और उसी दिन लाहौर की मुल्तान रोड पर स्थित आलीशान मकान 'पुंछ भवन' में ट्रिब्यूनल बैठा। तन-मन को झुलसाती गर्मी में पसीने से नहाए होने के बावजूद ये क्रान्तिकारी पहले की ही तरह पहलवानों की मुद्रा में नारे लगाते हुए आए। ट्रिब्यूनल के तीन सदस्य थे—जस्टिस कोल्डस्ट्रीम, जस्टिस आगा हैदर और जस्टिस हिल्टन। अदालत में दाखिल होते ही ऊँची छतवाले बड़े-से कमरे को इन अठारह अभियुक्तों ने "इनक़लाब जिन्दाबाद !" के नारों से गुंजायमान कर दिया।

वीरेन्द्र सिन्धु बताती हैं कि 'अदालत बैठी तो भगतसिंह ने अपने मीठे और कूक-भरे स्वर में क्रान्ति-कवि ओमप्रकाश की पंक्तियाँ गाईं—

वतन की आबरू का पास देखें कौन करता है,
सुना है आज मक़तल में हमारा इम्तिहाँ होगा !
इलाही वह दिन भी होगा सब अपना राज देखेंगे,
जब अपनी ही ज़मीं होगी और अपना आसमाँ होगा!

कुछ समय ख़ामोश बैठे रहने के बाद कोल्डस्ट्रीम ने अपना धैर्य खो दिया। अभियुक्तों का यह रवैया उसे बेहद नागवार गुज़रा था। सरकारी वकील को उसने निर्देश दिया कि अदालत के रिकॉर्ड हेतु इस गीत का अनुवाद पेश किया जाए और हिदायत दी कि जो भी नारेबाज़ी होनी है, जो भी गीत गाए जाने हैं, जजों के अदालत में दाखिल होने के पहले ही निपटा लिए जाएँ। अभियुक्तों की सहूलियत के मद्देनज़र उन्होंने तय समय के पाँच-सात मिनट बाद अदालत में दाखिल होने का फ़ैसला किया।

सुनवाई को शुरू हुए एक हफ़्ता भी नहीं हुआ था कि 12 मई को इन लोगों की हथकड़ियाँ पुलिसवाले खोल ही रहे थे जब तीनों जज अदालत में दाखिल हो गए। उस समय ये लोग देर तक नारे लगाने के बाद समवेत स्वर में गा रहे थे :

सरफ़रोशी की तमन्ना अब हमारे दिल में है,
देखना है ज़ोर कितना बाज़ुए क़ातिल में है।

उनके स्वर में अदालत में मौजूद कई दर्शक भी अपना स्वर मिलाने लगे थे और अपने पैरों की थाप से ताल भी दे रहे थे। यह गाते हुए वे लोग ऊँचे मंच पर बैठे उन तीनों जजों को ही देख रहे थे—अवहेलना भरी मुसकराहट अपने होंठों

पर लिये हुए। कोल्डस्ट्रीम भड़क उठा और उसने हुक्म दिया कि इन लोगों को हथकड़ियाँ लगाकर वापस जेल ले जाया जाए।

अजय घोष बताते हैं कि 'विशेष न्यायालय में एक पखवारे ही मुक़दमा चला होगा कि जिस लड़ाई की हम उम्मीद करते थे वह लड़ाई आ गई। न्यायालय के मुखिया ने हुक्म दिया कि कोर्ट में दाखिल होते समय नारे लगाने के कारण हम सबको हथकड़ियाँ पहनाई जाएँ। पुलिस को बल प्रयोग की आज्ञा दी गई। तभी बहुत से वकीलों और दर्शकों की उपस्थिति में दर्जनों पुलिसवाले लाठी और डंडे लेकर हम पर टूट पड़े। हमने घूँसों से उनका मुक़ाबला किया। जमीन पर पटककर हमें लातें मारी गईं और डंडों से पीटा गया। ख़ून से हम लथपथ हो गए।' ('क्रान्ति का साक्ष्य', पृ. 236)

अगले दिन ट्रिब्यून ने ख़बर दी : '15 से ज़्यादा सिपाही हर आरोपी पर झूम गए और ताक़त का इस्तेमाल कर उन्हें हथकड़ियाँ पहना दीं। इस झूमा-झटकी में प्रेमदत्त, अजय घोष और कुन्दनलाल बेहोश हो गए और उन्हें क़ैदियों के कटघरे में उसकी रेलिंग के ऊपर से फेंक दिया गया। भगतसिंह ने चिल्लाकर जजों को 'कायर और भाड़े का टट्टू' बताया। उस दिन के लिए अदालत मुल्तवी कर दी गई। उस दिन से आरोपियों ने ट्रिब्यूनल के सामने पेश होने से साफ़ इनकार कर दिया।' ('इंडिया'ज रेवोल्यूशनरी इनहेरिटेन्स', पृ. 105)

14 मई बुधवार को ट्रिब्यूनल ने खाली कटघरे के सामने सुनवाई की। इसके बाद अभियुक्तों की ग़ैरमौजूदगी में ही इक़बाली गवाहों के बयान होते रहे। वीरेन्द्र सिन्धु बताती हैं : 'यह सबसे गन्दा और लज्जाजनक केस था, क्योंकि पच्चीस अभियुक्तों में से सात सरकारी गवाह बन गए थे—जयगोपाल, हंसराज वोहरा, ललित कुमार मुकर्जी, फणीन्द्रनाथ घोष, मनमोहन मुकर्जी, रामशरण दास और ब्रह्मदत्त। अन्त के दो बाद में बदल गए थे और उन्होंने रहस्य नहीं खोले, थोड़ा-बहुत बताकर ही रह गए। इस केस की दूसरी घटिया बात यह थी कि यह (चार दिन को छोड़कर) अभियुक्तों और उनके वकीलों की ग़ैरहाज़िरी में ही सुना गया।' ('युगद्रष्टा', पृ. 216)

ब्रिटिश प्रशासन और पुलिस के वरिष्ठ, अनुभवी तथा अक्लमन्द अधिकारी इस पूरे घटनाक्रम में इन बीस-पच्चीस साल के लड़कों के हाथों में खेलते नजर आते हैं। वे लोग वही कर रहे थे जो ये 'जाँबाज़' नौजवान चाहते थे। और भगतसिंह बार-बार उन्हें बता रहा था, 'आमि विद्रोही चिर अशान्त'।

28 मई को उसने अपने मित्र जयदेव गुप्ता को पत्र लिखा, अंग्रेज़ी में ही।

'आज फिर से यह पत्र तुम्हें कुछ तकलीफ़ देने के लिए लिख रहा हूँ, जिसका मुझे उम्मीद है कि तुम ख़्याल नहीं करोगे। कृपया देखो यदि तुम मेरे लिए एक फ्लीट जूता भेजने का प्रबन्ध कर सको। मेरे विचार से नं. 9-10 का चल जाएगा।

चप्पलें अत्यधिक असुविधाजनक हैं। इसे शुक्रवार या शनिवार को कुलबीर के मार्फ़त भेज दो जब वह मुलाक़ात के लिए आएगा। वास्तव में यह दुखद है कि अब तक मुझे तुम्हारे साथ मुलाक़ात की इजाज़त नहीं दी गई है। उम्मीद करता हूँ कि जूते तुम अवश्य और अविलम्ब भेज दोगे। इन दिनों मेरे पास सिर्फ़ एक किताब है—एक बेहद शुष्क किताब। कृपया देखो अगर तुम दो-एक हालिया दिलचस्प उपन्यास भेज सको। सभी दोस्तों को मेरी याद दिलाना।'

बाहर रह गए क्रान्तिकारियों जैसे भगवतीचरण, यशपाल, सुखदेवराज, धन्वन्तरि और वैशम्पायन ने इस बीच लाहौर में बहावलपुर कोठी में अपना अड्डा कर लिया था, जहाँ ये लोग बम भी बना रहे थे। दुर्गा भाभी और सुशीला दीदी भी वहीं रह रहे थे।

भगतसिंह को जेल से भगा लाने की योजना बनी। इसी सिलसिले में रावी नदी के किनारे जंगल में एक बम का परीक्षण करते हुए 28 मई, 1930 को भगवतीचरण वोहरा की मौत हो गई। उस समय उनके साथ धन्वन्तरी और वैशम्पायन थे जिन्होंने बताया कि बम का ट्रिगर ढीला था, यह बात उस बम को हाथ में लेते ही मालूम हो गई थी। लेकिन उनके मना करने के बावजूद भगवती भाई नहीं माने और बम को वे फेंकने ही जा रहे थे कि उनके हाथ में ही वह बम फट गया। दोनों ही ने यशपाल पर दोषारोपण किया कि उसे पता था कि एक बम का ट्रिगर ढीला है मगर किसी को भी उसने इस बात की जानकारी नहीं दी। जब ये लोग परीक्षण के लिए बम लेकर गए तब यशपाल मौजूद नहीं था। उस पर यह आरोप भी लगा कि लौटकर जैसे ही उसे पता चला कि ढीले ट्रिगर वाला बम हम लोग परीक्षण के लिए ले गए हैं, तो वह फ़ौरन आया क्यों नहीं उस बम का परीक्षण रोकने के लिए। यह शक़ भी ज़ाहिर किया गया कि वह चाहता था कि भगवतीचरण की मृत्यु हो जाए इसलिए यह दुर्घटना वास्तव में एक योजना का हिस्सा थी।

भगतसिंह को जेल से छुड़ाने की योजना पर अमल करने की कोशिश फिर भी हुई। विश्वनाथ वैशम्पायन बताते हैं : '[1 जून को] आज़ाद के नेतृत्व में धन्वन्तरी, मैं, यशपाल, मदनगोपाल तथा ड्राइवर टहल सिंह बोर्स्टल जेल के लिए रवाना हुए। भगत-दत्त को लेकर जब लॉरी निकली तो संकेत के लिए मैंने बाँसुरी बजाई पर उधर से संकेत न मिलने के कारण हमारी कार वैसे ही खड़ी रह गई। निराश हो हमें वापस लौटना पड़ा। बाद में पता चला कि भगवतीचरण की शहादत से भगतसिंह को अत्यधिक सदमा हुआ है। इस घटना के बाद उन्होंने बाहर निकलने का विचार छोड़ दिया और शहीद हो जाने का निश्चय किया।' ('अमर शहीद चन्द्रशेखर आज़ाद', पृ. 225-6)

बहावलपुर कोठी में 2 जून, 1930 को दो बम रखे-रखे ही फट गए और गिरफ़्तारियों का एक नया दौर शुरू हो गया।

21 जून, 1930 को देश भर में भगतसिंह दिवस मनाया गया।

30 जून को भगतसिंह ने जयदेव को फिर पत्र लिखा : 'विक्टरी' फ्लीट और सफ़ेद पॉलिश की शीशी भेजने के लिए कृपया मेरा बहुत शुक्रिया क़बूल करो। कतिपय दूसरी चीज़ें माँगने के लिए मैं पुनः लिख रहा हूँ। कृपया देखो अगर एक और जोड़ी फ्लीट जूते मि. दत्त के लिए (आकार संख्या 7) भेजने की व्यवस्था कर सको। एक सफ़ेद कमीज़ भी भेज दो, छाती 34, शेक्सपियरियन कॉलर वाली आधी आस्तीन की। यह भी मि. दत्त के लिए है। ये जरूरतें हैं विलास-साधन नहीं। स्नान और व्यायाम के लिए दो लँगोट। किसी मुलायम कपड़े से बनी हुईं, कपड़े धोने के लिए साबुन की कुछ टिकियाएँ, कुछ बादाम भी और एक स्वान स्याही की शीशी। दोस्तों को मेरी याद दिलाना। प्रसंगवश, उर्दू अनुवाद समेत एक 'फ़ारसी प्रवेशिका' क्या तुम भेज सकते हो?'

'फ़ारसी प्रवेशिका'? मौत के इतने क़रीब होकर भी क्या भगतसिंह फ़ारसी की वर्णमाला सीखना शुरू करना चाह रहा था?

24 जुलाई को फिर एक पत्र में भगतसिंह ने जयदेव से कुछ वस्तुओं की माँग की। इस बार ये वस्तुएँ सिर्फ़ किताबें थीं।

'द्वारकादास लाइब्रेरी से कृपया ये क़िताबें मेरे नाम से ले लो और रविवार को कुलबीर के हाथों भेज दो।'

इसके बाद पत्र में किताबों की सूची है जिसमें है, चमनलाल द्वारा सम्पादित दस्तावेज़ तथा राहुल फाउंडेशन द्वारा प्रकाशित सम्पूर्ण दस्तावेज़ के अनुसार 'कार्ल लीबनेख्त की मैटीरियलिज्म्' (क्रमशः पृ. 295 व पृ. 412) और चमनलाल द्वारा सम्पादित 'भगतसिंह रीडर' के अनुसार 'मिलिटरिज्म'। इस पुस्तक का नाम वास्तव में है 'मिलिटरिज्म् एंड एंटी-मिलिटरिज्म' जो वर्ष 1917 में प्रथम प्रकाशित हुई थी। इसका लेखके कार्ल लीबनेख्त जर्मनी की संसद राइकस्टाग का सदस्य था जिसे प्रथम विश्व युद्ध के दौरान सैन्यवाद विरोधी विचारों तथा युद्ध-विरोधी लेखन तथा प्रदर्शन के 'अपराध' में गिरफ़्तार किया गया। जेल से रिहा होते ही उसका उसके विरोधियों के हाथों क़त्ल हो गया। इस किताब के अनुसार युद्ध पूँजीवादी वर्गों के मुनाफे के लिए होता है, और सेना का रख-रखाव उनकी ताकत को क़ायम रखना सुनिश्चित करता है। दूसरी किताबें जो उसने मँगवाईं वे थीं प्रथम विश्व युद्ध में हुए महाविनाश की प्रतिक्रिया स्वरूप बर्ट्रेंड रसेल द्वारा लिखी गई पुस्तक 'व्हाई मैन फाइट'; लेनिन की लिखी हुई 'सोवियत्स एट वर्क', 'कोलैप्स ऑफ़ द सेकंड इंटरनेशनल' और 'लेफ्ट-विंग कम्यूनिज्म'; क्रोपोत्किन की 'म्यूचुअल ऐड' और उसकी ही लिखी हुई 'फील्ड्स, फैक्ट्रीज एंड वर्कशॉप्स'; मार्क्स की 'सिविल वॉर इन फ्रांस'; अप्टन सिंग्क्लेयर की 'स्पाई'।

'कृपया पंजाब पब्लिक लाइब्रेरी से एक और किताब बुखारिन की 'हिस्टोरिकल मटीरियलिज्म' भेज दो। लाइब्रेरियन से कृपया मालूम करो अगर कुछ किताबें बोर्स्टल जेल भेजी गई हैं। किताबों की वे लोग भयंकर कमी का सामना कर रहे हैं। सुखदेव के भाई जयदेव के मार्फ़त उन लोगों ने किताबों की एक फ़ेहरिस्त भेजी थी। अब तक उन्हें कोई किताब नहीं मिली है।'

अदालत में हाज़िर न रहने से जो फ़ुर्सत मिली थी, उसका भगतसिंह न सिर्फ़ स्वयं सदुपयोग कर रहा था बल्कि यह भी सुनिश्चित कर रहा था कि जेल में बन्द बाक़ी क्रान्तिकारी साथी भी समय का उपयोग किताबें पढ़ने में ही करें।

आगे उसने लिखा : 'आशा है इस तकलीफ़ के लिए तुम मुझे माफ़ करोगे। वादा करता हूँ आगे से तुम्हें तकलीफ़ नहीं दूँगा। सभी दोस्तों को कृपया मेरी याद दिलाना और लज्जावती को मेरा अभिवादन पहुँचाना। दत्त की बहन अगर आई तो निश्चय ही वह मुझसे मुलाक़ात करना नहीं भूलेगी।'

12 जुलाई को भगतसिंह ने अपनी जेल नोटबुक पर बटुकेश्वर दत्त के दस्तख़त लिए, जिसे अब जल्द ही किसी और जेल में भेज दिया जानेवाला था, क्योंकि उसके ख़िलाफ़ कार्रवाई सबूतों के अभाव में वापस ले ली गई थी। सांडर्स की हत्या के साथ उसका कोई सम्बन्ध स्थापित न हो सका था।

17 जुलाई को उसने दत्त की बहन प्रोमिला को एक पोस्टकार्ड में लिखा, अंग्रेज़ी में ही, 'बत्तू को कल रात किसी अन्य जेल में भेज दिया गया है। उसका विछोह मेरे लिए भी असहनीय है। एक दोस्त जो मुझे अपने भाइयों से भी ज़्यादा अज़ीज़ था उससे बिछड़ना वाक़ई बहुत मुश्किल है।'

अभियुक्तों की अनुपस्थिति में ही 7 इक़बाली गवाहों के बयान हुए। अभियोग पक्ष का पूरा मुक़दमा जयगोपाल, हंसराज वोहरा और फणीन्द्र की गवाहियों पर ही आधारित था। यह मुक़दमा लम्बा खिंचा—5 मई से 10 सितम्बर, 1930 तक। गवाहियाँ हो चुकने के बाद 26 अगस्त को अभियुक्तों को जेल में सन्देश भेजा गया कि यदि वे अपना पक्ष अदालत के सामने रखना चाहते हों तो हाज़िर हो जाएँ। सबने एक स्वर में इनकार कर दिया। 18 में से 15 अभियुक्तों के ख़िलाफ़ अदालत ने आरोप तय किये।

25 सितम्बर को भगतसिंह ने अपने छोटे भाइयों कुलबीर सिंह और कुलतार सिंह को चिट्ठियाँ लिखीं, उर्दू में।

उम्र में बड़े कुलबीर को उसने लिखा :

'ब्रादर अज़ीज़ कुलबीर जी, सत श्री अकाल'

सत श्री अकाल अभिवादन का उपयोग सामान्यत: सिक्खों द्वारा किया जाता है। उनके दसवें गुरु गुरु गोविन्द सिंह ने 'बोले सो निहाल, सत श्री अकाल' का जयकारा दिया था। इसका अर्थ है कि जो व्यक्ति बोलेगा 'सत श्री अकाल'

अर्थात् यह कहेगा कि ईश्वर ही अन्तिम सत्य है; वह निहाल हो जाएगा यानी सफल-मनोरथ, तृप्त एवं प्रसन्न हो रहेगा। इस समय तक भगतसिंह ने ख़ुद को, जैसा कि उसने अपने लेख 'क्यों हूँ मैं नास्तिक?' में स्वीकार किया है, नास्तिक घोषित कर दिया था। अपने भाई का अभिवादन करने के लिए इस अभिव्यक्ति का इस्तेमाल सम्भवतः उसने अपनी आदत के चलते किया होगा।

'आपको मालूम ही होगा कि बमूजिब अहकाम अफ़सराना वाला (उच्च अधिकारियों के आदेशानुसार) मेरी मुलाक़ातें बन्द कर दी गई हैं। अन्दरीन हालात फ़िलहाल मुलाक़ात न हो सकेगी और मेरा ख़्याल है अनक़रीब ही फ़ैसला सुना दिया जाएगा। इसके चन्द रोज़ किसी दूसरी जेल को चालान हो जाएगा। इसलिए किसी दिन जेल में आकर मेरी कुतुब (किताबें) व पारचात (काग़ज़ात) व दीगर चीज़ें ले जाना। मैं बर्तन, कपड़े, कुतुब, दीगर काग़जात जेल के डिप्टी सुपरिंटेंडेंट के दफ़्तर में भेज दूँगा, आकर ले जाना। न मालूम मुझे बार-बार यह ख़्याल क्यों आ रहा है कि इसी हफ़्ता के अन्दर-अन्दर या ज़्यादा से ज़्यादा इसी माह में फ़ैसला और चालान हो जाएगा। इन हालात में अब तो किसी दूसरी जेल में मुलाक़ात हो-तो-हो, यहाँ तो उम्मीद नहीं है।

वकील को भेज सको तो भेजना। मैं प्रिवी कौन्सिल के सिलसिले में एक ज़रूरी बात दरयाफ़त करना चाहता हूँ। वालिदा साहिबा को तसल्ली देना, घबराएँ नहीं।'

'प्रिवी कौन्सिल के सिलसिले में एक ज़रूरी बात दरयाफ़्त करना चाहता हूँ।' यानी प्रिवी कौन्सिल में याचिका लगाने के बारे में भगतसिंह का विचार ट्रिब्यूनल का फ़ैसला आने के पहले सितम्बर, 1930 में ही बन चुका था।

उसी दिन सबसे छोटे भाई कुलतार को, जो उस समय पाँचवीं में पढ़ रहा था, उर्दू में ही उसने लिखा :

'ब्रादर अज़ीज़ कुलबीर सिंह जी, सत श्री अकाल

मुझे यह मालूम करके कि एक दिन आप वाल्दा को साथ लेकर आए और मुलाक़ात की इजाज़त न मिलने पर मायूस लौट गए। बड़ा अफ़सोस हुआ। आख़िर तुम्हें तो मालूम हो चुका था कि जेलवाले मुलाक़ात की इजाज़त नहीं देते। फिर वाल्दा को क्यों साथ लाए। वो इस वक़्त सख़्त घबराई हुई हैं, मगर इस घबराहट और परेशानी का क्या फ़ायदा। नुक़सान ज़रूर है, क्योंकि जब से मुझे मालूम हुआ कि वे बहुत रो रही हैं, मुझे ख़ुद भी बेचैनी हो रही है। घबराने की कोई बात नहीं और इससे कुछ हासिल भी नहीं। सब हौसला से हालात का मुक़ाबिला करें। आख़िर दुनिया में दूसरे लोग भी तो हज़ारों मुसीबतों में फँसे हुए हैं और फिर अगर लगातार एक साल मुलाक़ातें कर तबीयत सैर (तृप्त) नहीं हुई, तो दो-चार मजीद और मुलाक़ातों से भी तसल्ली न हो सकेगी।

मेरा ख़याल है कि फ़ैसला और चालान के बाद मुलाक़ातें खुल जाएँगी, लेकिन अगर फर्ज़ किया जाए कि फिर भी मुलाक़ात की इजाज़त न मिले तो घबराने का क्या फ़ायदा?' (दोनों पत्र 'युगद्रष्टा' में पृ. 219 पर।)

जेल के बाहर नमक सत्याग्रह ज़ोरशोर से जारी था। बाहर बचे क्रान्तिकारी न सिर्फ़ सत्याग्रह में शरीक थे बल्कि कांग्रेसी सत्याग्रहियों की मदद भी कर रहे थे, मगर अपने तरीक़े से।

चन्द्रशेखर आज़ाद के निकटतम सहयोगी विश्वनाथ वैशम्पायन बताते हैं कि '1930 में जब कांग्रेस आन्दोलन चल रहा था, कुछ नेता इस पक्ष में थे कि कांग्रेस के आन्दोलन के साथ-साथ क्रान्तिकारी आन्दोलन भी चलता रहे। विशेष रूप से क्रान्तिकारी उन सब अत्याचारों का बदला लें जो कांग्रेस सत्याग्रहियों पर किये जाते हैं। इस विषय में चर्चा हेतु पं. मोतीलाल जी ने आज़ाद को आनन्द भवन में बुलवाया था।'

वैशम्पायन उस समय आज़ाद के साथ थे और आज़ाद जब आनन्द भवन के अन्दर गए, वे बाहर लॉन में बैठे रहे। एक घंटे बाद आज़ाद जब बाहर आए तो वैशम्पायन ने देखा कि आज़ाद बहुत खुश थे 'घर पहुँचने पर उन्होंने बताया कि मोतीलाल जी ने क्रान्तिकारियों को आर्थिक सहायता का वचन दिया है और हमें अपने कार्य की गति तीव्र करनी होगी। विशेष रूप से हमें कांग्रेस सत्याग्रहियों पर अत्याचार करनेवालों से बदला लेना होगा। इस प्रकार की हमारी कार्रवाइयों का पता मोतीलाल जी को चल चुका था। कानपुर में शराब के ठेके पर धरना देनेवाले सत्याग्रहियों के साथ जो लोग दुर्व्यवहार करते थे, क्रान्तिकारियों द्वारा उन्हें पकड़कर जूतों से पीटा जाता तथा उनका मुँह नालियों में घुसेड़ा जाता। ऐसे ही इलाहाबाद के एक मजिस्ट्रेट को भी मारने की योजना बनाई जा रही थी, ये महाशय सत्याग्रहियों को और उनमें भी स्त्रियों को बड़ी कड़ी सज़ाएँ देते थे।' ('अमर शहीद चन्द्रशेखर आज़ाद', पृ. 172-4)

अक्टूबर आते-आते लगने लगा कि ट्रिब्यूनल अब जल्द ही इन 15 अभियुक्तों को दी जानेवाली सज़ा पर अपना फ़ैसला सुना देगा। तभी 3 अक्टूबर, 1930 को 'अभ्युदय' में छपा :

"स. भगतसिंह के पिता की वाइसराय को अर्ज़ी"

"सांडर्स के क़त्ल के दिन भगतसिंह कलकत्ते में था।"

'कई प्रतिष्ठित सज्जन इसके सुबूत में हलफिया शहादत देने को तैयार हैं।'

यह ख़बर ट्रिब्यून में भी छपी। इसे पढ़कर भगतसिंह सन्न रह गया। अपने पिता के प्रति बेहद ग़ुस्से से भरकर अगले ही दिन यह चिट्ठी उसने उनके नाम लिख डाली।

'यह ख़बर इतनी यातनामय थी कि मैं इसे ख़ामोशी से बरदाश्त नहीं कर सका। आपका पुत्र होने के नाते मैं आपकी पैतृक भावनाओं और इच्छाओं

का पूरा सम्मान करता हूँ लेकिन इसके बावजूद मैं समझता हूँ कि आपको मेरे साथ सलाह-मशवरा किये बिना ऐसे आवेदन देने का कोई अधिकार नहीं था। आप जानते हैं कि हम एक निश्चित नीति के अनुसार मुक़दमा लड़ रहे हैं। इस पूरे मुक़दमे में मेरे सामने एक ही विचार था और वह यह कि हमारे विरुद्ध जो संगीन आरोप लगाए गए हैं, बावजूद उनके हम पूर्णतया इस सम्बन्ध में अवहेलना का व्यवहार करें। इस पूरे मुक़दमे के दौरान हमारी योजना इसी सिद्धान्त के अनुरूप रही है।'

'मेरी ज़िन्दगी इतनी क़ीमती नहीं जितनी कि आप सोचते हैं। कम से कम मेरे लिए तो इस जीवन की इतनी क़ीमत नहीं कि इसे सिद्धान्तों को क़ुर्बान करके बचाया जाए। मेरे अलावा मेरे और साथी भी हैं जिनके मुक़दमे इतने ही संगीन हैं जितना कि मेरा मुक़दमा। हमने एक संयुक्त योजना अपनाई है और इस योजना पर हम अन्तिम समय तक डटे रहेंगे। हमें इस बात की कोई परवाह नहीं कि हमें व्यक्तिगत रूप में इस बात के लिए कितना मूल्य चुकाना पड़ेगा।'

'पिता जी, मैं बहुत दुख का अनुभव कर रहा हूँ। मुझे भय है, आप पर दोषारोपण करते हुए या इससे बढ़कर आपके इस काम की निन्दा करते हुए मैं कहीं सभ्यता की सीमाएँ न लाँघ जाऊँ और मेरे शब्द ज़्यादा सख़्त न हो जायें। लेकिन मैं स्पष्ट शब्दों में अपनी बात अवश्य कहूँगा। यदि कोई अन्य व्यक्ति मुझसे ऐसा व्यवहार करता तो मैं इसे ग़द्दारी से कम न मानता, लेकिन आपके सन्दर्भ में मैं इतना ही कहूँगा कि यह एक कमज़ोरी है—निचले स्तर की कमज़ोरी।'

'बोर्स्टल जेल में बन्दी मेरे साथी इस बात को मेरी ओर से ग़द्दारी और विश्वासघात ही समझ रहे होंगे। मैं आपसे प्रार्थना करता हूँ कि आप जल्द से जल्द यह चिट्ठी प्रकाशित कर दें।'

सरदार किशनसिंह ने इस चिट्ठी की प्रतियाँ लाहौर के सभी अख़बारों में पहुँचा दी और ट्रिब्यून ने पूरी चिट्ठी अपने मुखपृष्ठ पर ही छाप दी।

'अभ्युदय' ने अपने 5 अक्टूबर के अंक में प्रकाशित किया :

'पिता की कमज़ोरी' पर भगतसिंह

"आदर्श के आगे जीवन का कोई मूल्य नहीं"

'उनका कहना है कि मेरे पिता की यह परले सिरे की कमज़ोरी ही नहीं बल्कि देशद्रोह से कम यह बात नहीं है।'

उसकी मियाद खत्म होने के तीन सप्ताह पहले ही 7 अक्टूबर को ट्रिब्यूनल ने अपना फ़ैसला सुना दिया। भगतसिंह, सुखदेव और राजगुरु को फाँसी। जयदेव कपूर, शिव वर्मा, बिजोय कुमार सिन्हा, कमलनाथ तिवारी, डॉ. गयाप्रसाद, किशोरीलाल और महावीर सिंह को आजीवन देश-निकाला यानी कालापानी।

जतीन्द्रनाथ सान्याल, अजय घोष, सुरेन्द्रनाथ पांडे, मास्टर आज्ञाराम और देशराज को रिहाई दे दी गई। फ़ैसले में यह भी लिखा गया कि साक्ष्यों के आधार पर सांडर्स की हत्या में भगतसिंह का हाथ होना पूरी तरह साबित होता है।

वामपन्थी विचारधारा वाले लेखक हंसराज रहबर बताते हैं कि 'अभियुक्तों ने अदालत का बहिष्कार रखा था, इसलिए फ़ैसला सेंट्रल जेल लाहौर में सुनाया गया। भय था कि कहीं लोग जेल पर धावा न बोल दें, इसलिए ज़बर्दस्त पहरा था। फ़ैसला ट्रिब्यूनल के विशेष दूत—सरकारी वकील ने हर एक अभियुक्त को उसके सेल में अलग-अलग सुनाया। सरकारी वकील कुछ क्षण चुप खड़ा भगतसिंह की ओर देखता रहा, फिर बोला : "सरदार भगतसिंह, बड़े दुःख की बात है कि अदालत ने आपको मौत की सज़ा दी है।" भगतसिंह ने उत्तर दिया—"इसमें दुखी होने की कोई बात नहीं, मुझे यह ख़बर पहले ही मिल गई थी।"

सरकारी वकील भर्राए स्वर में बोला—"भगतसिंह आप वीर हैं। मैं आपकी वीरता की प्रशंसा करता हूँ। पर इस भरी जवानी में फाँसी लगे, उचित नहीं। आप किसी दिन देश के महान नेता बनते।"

भगतसिंह ने फिर उत्तर दिया—"यह तो और भी अच्छी बात है कि इस उम्र में फाँसी लगे। हमारे पुरखे कबीर का यह पद दोहराया करते थे :

जिस मरन ते जग डरे, मेरे मन आनन्द,
मरने ते ही पाइये पूरन परमानन्द।"

('भगतसिंह एक ज्वलन्त इतिहास', पृ. 167)

'संस्कृति के चार अध्याय' (पृ. 321) के अनुसार उपर्युक्त दोहा वास्तव में इस प्रकार है :

जिस मरनै थैं जग डरै, सो मेरे आनन्द,
कब मरिहूँ कब देखिहूँ, पूरण परमानन्द।

(जिस मरण से संसार डरता है, वह मेरे लिए आनन्द है। कब मरूँगा और कब पूर्ण परमानन्द स्वरूप ईश्वर का दर्शन करूँगा। यानी मरने के बाद ही पूर्ण परमानन्द यानी ईश्वर प्राप्त होगा।)

डॉ. भवान सिंह राणा भी अपनी पुस्तक में यह वाक़िया बयान करते हैं। ('शहीद भगतसिंह', पृ. 92-3) यह घटना यदि सही है तो भगतसिंह की नास्तिकता पर एक बार फिर प्रश्नचिह्न लग जाता है।

ट्रिब्यूनल के फ़ैसले की ख़बर पंख लगाकर उड़ चली और बात की बात में लाहौर के हर घर, दुकान और दफ़्तर में पहुँच गई। सुनकर ऐसा मातम छा गया जैसे उनका अपना बच्चा या अज़ीज़ फाँसी पर चढ़ने जा रहा हो। जतीन्द्रनाथ सान्याल लिखते हैं : 'जैसे ही सज़ा-ए-मौत के फैसलों की घोषणा हुई, सारे शहर [लाहौर]

में दावानल की भाँति यह ख़बर फ़ैल गई। तुरन्त दफा 144 लागू कर दी गई, पर फिर भी बिना किसी प्रयास और सूचना के शहर के दरवाजे के बाहर नगरपालिका मैदान में एक बड़ी सभा जुट गई। समाचार पत्रों के विशेष संस्करण प्रकाशित हुए। अधिकांश शिक्षा संस्थाएँ बन्द हो गईं और जो नहीं की गईं उन पर धरना दिया गया। शाम को एक बड़ा जुलूस निकाला गया। उसी शाम कांग्रेस द्वारा मोरी गेट के बाहर नगरपालिका मैदान में एक सभा आयोजित की गई जिसमें बारह हज़ार लोग जमा हुए थे। इस सभा की अध्यक्षता स्व. लाला लाजपत राय की सुपुत्री श्रीमती पार्वती देवी द्वारा की गई। बक्सा कैम्प में, जहाँ बंगाल के कई प्रमुख क्रान्तिकारी बन्दी थे, एक प्रस्ताव पारित हुआ जिसमें वाइसराय से भगतसिंह, राजगुरु और सुखदेव की फाँसी की सज़ा को रद्द करने की उत्कट प्रार्थना करने और उसके विफल होने पर बदला लेने की बात थी। चटगाँव शस्त्रागार छापा कांड में विचाराधीन क़ैदियों ने भी [यह छापा 18 अप्रैल, 1930 को पड़ा था।] इसी प्रकार की एक अपील महात्मा गाँधी को भेजी थी जिसमें उनसे हस्तक्षेप करने और फाँसी की सज़ा को रद्द करवाने की प्रार्थना की गई थी।' ('क्रान्ति का साक्ष्य', पृ. 256-7)

'अभ्युदय' ने छापा : 'साजिश' केस के फ़ैसले के प्रतिवाद में लाहौर में 8 तारीख को ज़बर्दस्त हड़ताल रही। प्रायः सभी कॉलेज और स्कूल लड़कों के न जाने के कारण बन्द हो गए थे। 3000 महिलाओं का एक जुलूस निकला और मोरी दरवाज़े पर इन्होंने सभा की। शाम को एक जुलूस निकला, जिसमें स्त्री-पुरुष सभी नंगे सर चल रहे थे। समारोही भगतसिंह तथा अन्य क़ैदियों के चित्र लिए हुए 'भगतसिंह ज़िन्दाबाद', 'इनक़लाब ज़िन्दाबाद' आदि के नारे लगाते हुए जा रहे थे। ब्रेडला हाल पर जाकर एक सभा हुई, जिसमें लाहौर केस से छूटे हुए देशराज, अजयकुमार घोष और यतीन्द्रनाथ सान्याल ने आपबीती सुनाई।'

'अमृतसर में 8 तारीख की शाम को एक मातमी जुलूस निकला। समस्त समारोही नंगे सिर थे और भगतसिंह, राजगुरु, सुखदेव ज़िन्दाबाद वगैरह नारे लगा रहे थे। दिल्ली की ख़बर है कि 8 तारीख को यहाँ हड़ताल रही, मुसलमानों की दुकानें खुली थीं। 11 बजे के करीब कुछ विद्यार्थियों ने मीटिंग करने के बाद सेंट-स्टीफन्स कॉलेज के धुर ऊपर जाकर झंडा लगा दिया। बम्बई में 8 तारीख को हड़ताल रही। शाम को बाजार मैदान में सभा हुई। प्रयाग में दिन में हड़ताल रहने के बाद शाम को पाँच बजे खद्दर भंडार से एक जुलूस उठा, जो शहर के मुख्य-मुख्य बाजारों से घूमता हुआ पुरुषोत्तमदास पार्क पर जाकर समाप्त हुआ। श्री गोविन्द मालवीय [कांग्रेस नेता] का भाषण सारपूर्ण और प्रभावशाली था। उन्होंने कहा कि यद्यपि भगतसिंह का मार्ग हमारे से अलग है, लेकिन हम दोनों एक ही राह के राही हैं। वह एक महान आत्मा है, अगर आज वह स्वतंत्र भारत में होता तो राष्ट्र का सेनापति होता।'

‘कानपुर, लखनऊ, कलकत्ता में भी इन सज़ाओं के ख़िलाफ़ हड़ताल और समारोह सभाएँ की गईं। कानपुर में 8 तारीख को हड़ताल के साथ जुलूस और सभा भी हुई। सभा में 15000 की भीड़ थी।’

अजय घोष ने लिखा : ‘देश के लिए भगतसिंह शब्द का क्या अर्थ था, यह मुझे [अक्टूबर 1930 में] बाहर आकर मालूम हुआ। जहाँ कहीं भी कोई मीटिंग हुई वहाँ ‘भगतसिंह ज़िन्दाबाद’ के नारों से आसमान गूँज उठा। करोड़ों ज़बानों पर उनका नाम था और हर जवान के हृदय में उनकी तसवीर थी।’ (‘क्रान्ति का साक्ष्य’, पृ. 237)

मैं प्रचंड वीर अधीर

जेल के बाहर लग रहे "इनक़लाब ज़िन्दाबाद!" के नारे भगतसिंह के कानों में भी सुबह-शाम पड़ ही रहे थे। इनक़लाब ज़िन्दाबाद के नारों की गूँज उसे यक़ीनन ख़ुशी दे रही होगी कि बहरी सरकार ने भले न सुना हो देश की जनता ने न सिर्फ़ सुन लिया है बल्कि वह जागृत भी हो गई है, जैसा कि उसने चाहा था। यही तो उसका सपना था—इनक़लाब ज़िन्दाबाद के नारे को घर-घर पहुँचा देना। उसे यह सोचकर बेहद खुश होती कि अपने उद्देश्य में वह अन्ततः सफ़ल हो गया है। जनता में जो जागृति वह लाना चाहता था, आ गई है। लिहाज़ा न तो देश की आज़ादी अब दूर है और न ही वह क्रान्ति जो भारत में समाजवादी और शोषणरहित व्यवस्था का सूत्रपात करेगी।

लेकिन साथ ही उसे अपने 'गद्दार' साथियों के बारे में सोचकर अफसोस होता और यह सन्देह भी कि उस आनेवाली क्रान्ति का मार्ग भी ऐसे ही गद्दारों की वजह से अवरुद्ध तो नहीं हो जाएगा? जब जयगोपाल ने बग़ैर शर्मो लिहाज़ के क्रान्तिकारी दल के सारे भेद बताने शुरू कर दिये तो उसे बेहद अचरज हुआ और दुःख भी। उसे वह अपने दल का 'रत्न' कहा करता था। उसके ख़िलाफ़ सांडर्स की हत्या का मुक़दमा उसकी गवाही पर ही मज़बूत हो पाया क्योंकि उस हत्याकांड में वह बराबरी से शामिल था और एकमात्र चश्मदीद गवाह था। हंसराज वोहरा इस हत्याकांड में तो शामिल नहीं था मगर योजना बनते समय और हत्या हो जाने की रात भी वह मज़ंग भवन में था। उसकी गवाही से जयगोपाल के कई बयानों की पुष्टि हो गई।

हंसराज भी भगतसिंह को बहुत प्रिय था। उसकी पत्नी सुखदेव की भतीजी थी और सुखदेव ने ही उसे दल में भर्ती किया था। राजाराम शास्त्री बताते हैं कि हंसराज वोहरा 'बहुत सुन्दर और स्वस्थ तथा अच्छे डीलडौल का ख़ूबसूरत नवयुवक था। भगतसिंह उसे बहुत प्यार करते थे और वह भी भगतसिंह को बहुत आदर और सम्मान देता था। उसके सरकारी गवाह बन जाने से भगतसिंह बेहद दुखी हुए थे।' ('क्रान्ति का साक्ष्य', पृ. 106) हंसराज की गवाही के समय भगतसिंह की आँखें नम हो गई थीं; और हंसराज रो पड़ा था, जब उन दोनों की नज़रें मिली थीं।

कल तक जो अपने साथी थे, साथ जीने-मरने की कसमें जिन्होंने खाई थीं, अब अपने ही साथियों के ख़िलाफ़ 'दुश्मन' के हाथों का खिलौना बन गए थे। कितना भरोसा था उसे अपने इन साथियों पर। सांडर्स की हत्या के बाद जब वह कलकत्ता में था तो बंगाल के वरिष्ठ क्रान्तिकारी त्रैलोक्यनाथ चक्रवर्ती के साथ मुलाक़ात में उसने दावा किया था : "हमारे पास ऐसे-ऐसे युवक हैं, जिनके टुकड़े-टुकड़े भी कर दिये जाएँ, वे आह तक नहीं करेंगे। आप मेरे साथ चलें। उन्हें आजमाकर देखें।" ('जेल में तीस वर्ष और भारत का क्रान्तिकारी संग्राम', पृ. 137)

वही अब अदालत में उसके ख़िलाफ़ बयान दे रहे थे और दल के सारे भेद खोले दे रहे थे। अजय घोषाल बताते हैं : 'जयगोपाल ने पुलिस के सामने पार्टी का सारा भेद खोल दिया। हंसराज वोहरा भी मुखबिर बन गया। फिर तो चारों तरफ़ धरपकड़ होने लगी। और कई आदमी सरकारी गवाह बन गए। हम लोगों की सारी तैयारी धूल में मिल गई। सारी उम्मीदों पर पानी फिर गया। सबसे अधिक निराशाजनक बात यह थी कि पुलिस के अत्याचारों को न सहने के कारण सात आदमी, जिसमें से दो हमारी केन्द्रीय कमेटी के सदस्य थे, मुखबिर हो गए।' ('क्रान्ति का साक्ष्य', पृ. 230)

कोई भी जंजीर उतनी ही मज़बूत है जितनी कि उसकी सबसे कमज़ोर कड़ी। और यहाँ तो एक नहीं सात कड़ियाँ कमज़ोर निकलीं। उन्हीं दिनों शायद उसने पैट्रिक हेनरी की पुस्तक 'गिव मी लिबर्टी ऑर गिव मी डेथ' में से यह उद्धरण जेल नोटबुक में लिखा होगा : "क्या ज़िन्दगी इतनी प्यारी और चैन इतना मीठा है कि बेड़ियों और दासता की क़ीमत पर उन्हें ख़रीदा जाए। क्षमा करो, सर्वशक्तिमान प्रभु! मैं नहीं जानता कि वे क्या रास्ता अपनाएँगे, मुझे तो बस 'स्वतंत्रता दो या मौत'।"

दल के जो सदस्य मुख़बिर बने थे, कुछ समय पूर्व तक पूरे समर्पण के साथ वे दल का काम कर रहे थे। लेकिन मुसीबत में फँसने पर जिस तरह की दृढ़ता और परिपक्वता रूस के क्रान्तिकारियों ने दिखाई, जो इन लोगों के लिए आदर्श थे और जिनका अनुकरण ये लोग करना चाह रहे थे, वह ये लोग नहीं दिखा पाए। वजह शायद यह रही कि रूस के क्रान्तिकारी 'ideological indoctrination' की जिस प्रक्रिया से गुजरे थे, ये क्रान्तिकारी नहीं गुजरे। सालों से वहाँ पुश्किन और चर्नेशेस्की, तुर्गनेव और दोस्तोवस्की, बुखानिन और टॉलस्टॉय और क्रोपोत्किन का रचा हुआ साहित्य पढ़ा जा रहा था और उन्नीसवीं शताब्दी से ही क्रान्तिकारी गाँवों में जाकर किसानों के साथ बरसों रहकर क्रान्ति की अलख जगाने में अपना जीवन होम कर रहे थे, जैसा कि भगतसिंह ने दो साल पहले अपने लेख 'रूस के युगान्तकारी नाशवादी' में बताया था :

'युवक अपने कॉलेज, अपने स्कूल, अपनी प्लाटून और कुर्सियों को छोड़ आए और किसान-लोहार के काम सीखकर गाँवों की ओर चल पड़े। बड़े-बड़े समृद्ध परिवारों की पली बहुत नाज़ुक युवतियाँ कारख़ानों में मज़दूरी करने के लिए चल पड़ीं। बस, एक ही लगन। एक ही धुन में मस्त। उन ग़रीब मज़दूरों को उनके बुरे हालात का ज्ञान कराना और इसका इलाज बताना है। रूस में नौजवान युवक-युवतियाँ घरों से भाग जाते और इन्हीं कार्यों में ज़िन्दगी बिता देते थे।'

लेकिन यहाँ क्या हुआ? मुख़बिर बने इन 'क्रान्तिकारी' साथियों को दल में भर्ती के पहले कुछ किताबें पढ़ने को दी गईं और उनको पढ़कर इनकी क्या प्रतिक्रिया हुई, मात्र इसी आधार पर इन्हें दल में शामिल कर लिया गया। मुख़बिर जयगोपाल ने 25 अक्टूबर को अपने बयान में कहा कि 'सन 1926 में मैं राष्ट्रीय स्कूल में पढ़ता था। सुखदेव ने मुझसे कहा कि तुम राष्ट्रीय स्कूल के विद्यार्थी हो, मैट्रिक पास करने के बाद तुम देश की सेवा करना। सुखदेव ने मुझे 'बन्दी-जीवन', 'रूसी विप्लव', 'मैजिनी का जीवन-चरित्र', गोर्की लिखित 'क्रान्ति', 'आयरिश स्वातंत्र्य संग्राम' नामक पुस्तकें ला दीं। इन किताबों को पढ़ने से मेरे मन में मातृभूमि की सेवा के भाव जगे और माता-पिता आदि को छोड़ने के पक्ष में प्रेरणा हुई।'

मगर किताबों की दुनिया से असली दुनिया कहीं ज़्यादा बेरहम और कठोर है। और जब इस बेरहम दुनिया से सामना हुआ, तो ये 'किताबी' आदर्श ढह गए। राजाराम शास्त्री बताते हैं : 'एक बार दोपहर के [अवकाश के] समय मुझे भी भगतसिंह से मिलने का मौक़ा मिल गया। [मुक़दमे के दौरान] अपने साथियों के बयान दे देने और मुखबिर बन जाने से वह बहुत दुखी थे। उन्होंने कहा, "जेब में पिस्तौल डालकर घूमना और यह समझना कि वह क्रान्तिकारी है—सर्वथा सत्य नहीं होता। वस्तुतः दुश्मन की गिरफ़्त में पड़कर ज़ुल्म और ज्यादती बर्दाश्त कर क्रान्तिपथ पर अडिग बने रहना ही सच्चे क्रान्तिकारी का लक्षण है। एक क्रान्तिकारी के लिए निडर होना और दृढ़ चरित्रवान अत्यन्त आवश्यक है।" ('क्रान्ति का साक्ष्य', पृ. 107)

भारत में क्रान्तिकारी आन्दोलन का इतिहास अब तक ऐसा ही रहा था कि गद्दारी और विश्वासघात ने सैकड़ों देशभक्त नौजवानों के बलिदान पर पानी फेर दिया। सशस्त्र विद्रोह के सफल होने की सबसे अधिक सम्भावना कभी थी तो वह प्रथम विश्व-युद्ध के दौरान थी। उस समय पैसा और हथियार दोनों ही खुले हाथ से और बड़ी मात्रा में भारत के क्रान्तिकारियों को जर्मनी दे रहा था। लेकिन यह अवसर भी हाथ से निकल गया क्योंकि 'जर्मनी से रुपया लेकर जो देश में आए उनमें से प्रायः सभी ने वह रुपया हजम कर लिया।' ('बन्दी जीवन', पृ. 146) ग़दर आन्दोलन में भी आज़ादी के दीवानों के पास जोश तो बहुत था मगर न तो पर्याप्त

हथियार थे और न ही धन। नतीजतन डकैतियाँ डाली गईं। 'फरवरी, 1915 में चब्बा गाँव की डकैती में कई ग़दरी मारे गए और जब इस डकैती में शामिल काला सिंह लुहार पुलिस की गिरफ़्त में आया तो उसने सब कुछ उगल दिया।' ('ग़दर पार्टी नायक कर्तार सिंह सराभा' लेखक चमनलाल राष्ट्रीय पुस्तक न्यास नई दिल्ली, संस्करण वर्ष 2014, पृ. 24-25) फिर जब और गिरफ्तारियों का दौर चला तो 'पकड़े जानेवाले लोग आगे दो-दो, चार-चार नाम और ले देते।' (उपर्युक्त, पृ. 27) ग़दर आन्दोलन के नेता कर्तार सिंह सराभा और रासबिहारी बोस तो अपनी मंज़िल के बेहद क़रीब पहुँच चुके थे लेकिन एक गद्दार किरपाल सिंह ने भाँडा फोड़ दिया। रासबिहारी तो जापान पलायन कर गए और सराभा को फाँसी पर लटका दिया गया। अपने आदर्श, अपने गुरु का यह गीत भगतसिंह तो हमेशा ही गाया करता था :

सेवा देश दी जिन्दड़िए बड़ी औखी,
गल्लाँ करनीआँ ढेर सुखल्लीयाँ ने।
जिन्नाँ देशसेवा विच पैर पाया,
उन्नाँ लक्ख मुसीबतां झल्लियाँ ने।

(देश सेवा करनी बहुत मुश्किल है, जबकि बातें करना ख़ूब आसान है।
जिन्होंने देशसेवा के रास्ते पर क़दम उठा लिया, वे लाख मुसीबतें झेलते हैं।)

इस बीच एच.एस.आर.ए. के कुछ सदस्यों ने 'आतिशी चक्कर' के नाम से अपना एक अलग संगठन बनाया और 19 जुलाई, 1930 को पंजाब में छह स्थानों—लाहौर, अमृतसर, रावलपिंडी, शेखपुरा, गुज़राँवाला और लायलपुर में बम विस्फोट कर दिये। यशपाल बताते हैं : 'आतिशबाजी में काम आनेवाले मसालों से सिगरेट के डिब्बों में यह बम बना लिए थे। मोमबत्ती की जड़ में आग पकड़नेवाले मसाले में सनी रस्सी चिपकाकर बम में लगा दी गई थी। पाँच-छह घंटे में मोमबत्ती समाप्त होने पर मसाला लगी रस्सी ने आग पकड़ ली और बमों में विस्फोट हो गया। इन बमों के धड़ाके से जब पुलिस ने जाकर ऐसे घटनास्थल पर तलाशी ली तो वहाँ रखी चीज़ों में छिपे हुए बम हिलने पर फट गए।' ('सिंहावलोकन', पृ. 319) इन लोगों ने 'हिन्दुस्तान सोशलिस्ट रिपब्लिकन एसोसिएशन' के नाम से उर्दू में एक परचा छपवाकर भी बाँट दिया। 'भारत माता की इज्जत के रखनेवाले, आज़ादी के अलमबरदार [झंडावाहक] पंजाबियो ! तुम ज़िन्दगी की बाज़ी लगाकर लगाकर मैदाने जंग में उतर आए हो। जो तुम्हारे इस पाक इरादे में दख़लअन्दाज़ होता है, वह गद्दार और काफ़िर है।' (उपर्युक्त, पृ. 320)

इस घटना से एक हिन्दुस्तानी सब-इन्स्पेक्टर और दो हिन्दुस्तानी सिपाही मारे गए। भगवानदास माहौर और शिव वर्मा के संस्मरण बताते हैं कई हिन्दुस्तानी

पुलिसवाले क्रान्तिकारियों के प्रति सहानुभूति व समर्थन का भाव रखते थे। अपनी इस मजबूरी पर वे खेद भी जताते थे कि हज़ारों दूसरे हिन्दुस्तानियों की तरह वे भी अपने बीबी-बच्चों का पेट पालने के लिए ही सरकार का हुकुम बजा लाते हैं। यक़ीनन यह बेमतलब की हिंसा थी जिसमें इस बात से कोई सरोकार नहीं था कि हिंसा किसके ख़िलाफ़ की जा रही है और कौन अपनी जान से हाथ धो रहा है। यह तो क्रान्तिकारियों की नीति नहीं थी! हत्या अवश्य की जाती थी, मगर यह मालूम रहता था कि किसकी हत्या की जा रही है, और किस विशेष कारण से हत्या की जा रही है। सुखदेव के भाई मथरा दास थापर की राय में भी 'सुखदेव आदि के जेल चले जाने के बाद कार्य-कलाप बहुत ही व्यर्थ और हानिकारक साबित हुए। अकारण ही जगह-जगह बम-विस्फोट किये गए। पंजाब में बेकार के बम-विस्फ़ोटों का जो ताँता बँध गया था, उसके ज़िम्मेदार बाहर छूटे हुए अधकचरे क्रान्तिकारी थे जो आज़ाद जैसे दल के नेता की भी अवहेलना कर देते थे।' ('मेरे भाई शहीद सुखदेव', पृ. 77)

वास्तविकता यह थी कि 'हिन्दुस्तान सोशलिस्ट रिपब्लिकन एसोसिएशन' के नाम पर इस समय तक कई लोग, जिनका इस संगठन से कतई कुछ लेना-देना नहीं था, अपना उल्लू सीधा करने में लग गए थे। इस मसले पर कई सालों बाद दुर्गा भाभी ने कहा था : 'उस समय [28 मई, 1930 को भगवतीचरण की मृत्यु के बाद] साधारण वातावरण धीरे-धीरे दूषित होने लगा था। क्रान्तिकारियों की संख्या बढ़ गई थी। हर तरह के व्यक्ति इसमें आने लगे थे और झगड़े भी कुछ बढ़ रहे थे। संगठन संख्या में बढ़ रहा था किन्तु आदर्शों में गिर रहा था।' ('अग्निपुंज', पृ. 104)

'भगतसिंह एंड रेवोल्यूशनरी मूवमेंट' में नीरजा राव भी लिखती हैं: 'आज़ाद को गोली मार दी गई। एचएसआरए ध्वस्त हो गई। संगठन के सदस्य मुख़बिर बन गए। व्यक्तिगत झगड़े, आरोप और प्रत्यारोप ने माहौल को दूषित कर दिया। पुलिस के जासूस और भ्रष्ट तत्त्वों ने, जो चोरी-छिपे अन्दर घुसने में सफल हो गए थे, इस स्थिति का पूरा फ़ायदा उठाया।'

इसके अलावा हर आन्दोलन में कुछ सतही और कमज़ोर लोग तो होते ही हैं जो अपने निजी एजेंडे के तहत जुड़ते हैं। जैसे कि वह बंगाली युवक ललित मुखर्जी जो 'एक्शन' के लिए हरदम बेताब नज़र आता था और भगतसिंह वगैरह को कोसता था कि वे कुछ कर क्यों नहीं रहे। मगर जब आगरा की बम फैक्टरी उसने देखी तो उसकी फूँक सरक गई और तबीयत ख़राब हो जाने की वजह बताकर उसने चाहा कि उसे कलकत्ता वापस चले जाने दिया जाए। यतीन्द्रनाथ दास ने भगतसिंह से कहा भी कि यह कमज़ोर इनसान पुलिस की एक घुड़की से ही उनका राज़ खोल देगा लिहाज़ा उसे यमुना किनारे ले जाकर गोली मार दी

जाए और लाश नदी में बहा दी जाए। लेकिन भगतसिंह का दिल नहीं माना और उसने उसे जाने दिया। ललित की गिरफ़्तारी के बाद वही हुआ जिसकी यतीन्द्र को आशंका थी। 'चार अध्याय' में बिमल मित्र लिखते हैं कि युवती पूछती है "तुमि की कोरबे?" युवक जवाब देता है "आमि क्रान्तिकारी।" और बंगाली बाला फ़िदा! सबसे अमोघ अस्त्र युवतियों के हृदय को भेदने का। ललित मुखर्जी भी शायद ऐसा ही 'क्रान्तिकारी' था। डींगें हाँकता था; 'एक्शन' के लिए बेसब्री और बेताबी दिखाता था; मगर जब आगरा में उसने 'बम का कारोबार' साक्षात देखा तो उसके हाथ-पैर फूल गए। तबीयत ख़राब हो गई।

इधर वर्ष 1930 के अक्टूबर महीने के अन्त में कैलाशपति भी गिरफ़्तार हो गया था, जो न सिर्फ़ केन्द्रीय समिति का सदस्य था बल्कि दल की दिल्ली इकाई का सर्वेसर्वा भी था। गिरफ़्तार होते ही पुलिस का इक़बाली गवाह बन जाने में उसने 24 घंटे भी नहीं लगाए। अभी चार-पाँच महीने पहले 6 जून, 1930 को ही चन्द्रशेखर आज़ाद ने चाँदनी चौक दिल्ली के गड़ोदिया स्टोर में धन्वन्तरी, विद्याभूषण, काशीराम, भवानी सहाय तथा लेखराम के साथ मिलकर दिन-दहाड़े डाका डाला था जिसमें लगभग 13000 रुपये हासिल हुए थे। इसमें से 6000 रुपये वीरभद्र को कानपुर में बम के खोल ढालने का कारखाना लगाने के लिए और 4000 रु कैलाशपति को दिल्ली में बम फैक्टरी खोलने के लिए दिये गए थे। विमल प्रसाद जैन ने, जो दिल्ली के ही निवासी थे, झंडेवालान में दुमंजिले पर एक बड़ा-सा मकान किराये पर ले लिया था और उस पर 'हिमालयन टॉयलेट्स' का साइनबोर्ड लगाकर काम भी शुरू कर दिया गया था। इस फैक्टरी में बम बनाने का सामान, रसायन और बम के खोल वगैरह लाने की ज़िम्मेदारी कैलाशपति को ही सौंपी गई थी और रूपया भी उसके हाथ में ही रहता था।

जैसे ही कैलाशपति पुलिस के हत्थे चढ़ा, दल के बाक़ी बचे सदस्य क्रान्तिकारियों की धड़ाधड़ धर-पकड़ शुरू हो गई। पहले धन्वन्तरी गिरफ़्तार हुआ। फिर डॉ. निगम धर लिये गए। सालिगराम को पकड़ने जब पुलिसवाले आए तो अपनी पिस्तौल लेकर वह पुलिस के सिपाहियों पर टूट पड़ा। मगर दर्ज़नों बन्दूकों के सामने यह बहादुरी कैसे कामयाब होती? बात की बात में उसका शरीर गोलियों से छलनी कर दिया गया। पार्टी का महत्त्वपूर्ण सदस्य विश्वेश्वर 4 नवम्बर को पुलिस के घेरे में आ गया। उस समय मात्र एक चाकू उसके पास था। हथियारों की कमी की वजह से पार्टी द्वारा उसे पिस्तौल या रिवाल्वर नहीं दिया जा सका था। 'चाकू लेकर ही वह पुलिस पर झपट पड़ा तो धाँय से एक गोली पुलिस की ओर से आई और उसके पेट में जा घुसी। वहीं उसका पार्थिव शरीर ढहकर ढेर हो गया।' ('जब ज्योति जगी', पृ. 182)

यह वही कैलाशपति था जिसने यशपाल के ख़िलाफ़ चन्द्रशेखर आज़ाद के कान भरे थे। और इसी साल जुलाई के महीने में केन्द्रीय समिति की जिस बैठक में यशपाल को प्राणदंड देने का निर्णय हुआ, उसमें वह मौजूद था और इस फ़ैसले में उसका भी एक वोट था। विश्वनाथ वैशम्पायन बताते हैं : 'केन्द्रीय समिति में जब कोई प्रस्ताव आते थे तो वे सर्वसम्मति से पास होते थे। उस बैठक में श्री आज़ाद, वीरभद्र, सद्गुरुदयाल, धन्वन्तरी तथा कैलाशपति थे। बैठक में सारी बातों पर स्पष्ट रूप से विचार हुआ और तब मृत्युदंड का निर्णय लिया गया था। उस समय किसी ने इसका विरोध नहीं किया।' ('अमर शहीद चन्द्रशेखर आज़ाद', पृ. 174-5)

इन सदस्यों में से वीरभद्र व सद्गुरुदयाल को भी बाद में विश्वासघात के आरोप में चन्द्रशेखर आज़ाद ने मृत्युदंड देने का निर्णय लिया।

भगतसिंह के साथी क्रान्तिकारियों के बीच दरअसल विश्वास का संकट पैदा हो चुका था। राजाराम शास्त्री ने इस विषय में अपने संस्मरण में कहा भी था : 'गुप्त संगठनों की यह एक बहुत बड़ी बीमारी होती है कि ज़रा भी किसी न किसी के विरुद्ध कुछ कह दिया और सन्देह पैदा कर दिया तो एकाएक सारी स्थिति बदल जाती है। पक्के-से-पक्के मित्र भी एक-दूसरे को सन्देह की दृष्टि से देखने लगते हैं। इस विषय पर भी कई बार मेरी भगतसिंह से बातचीत हुई। उनका कहना था कि किया क्या जाए। भगतसिंह गुप्त संगठन पर जब कभी विचार करते तो दो बातों पर अकसर जिक्र करते थे—एक तो जहाँ कोई बात किसी के ख़िलाफ़ उड़ी कि फौरन सन्देह पैदा हो जाता है। दूसरे पक्के से पक्का साथी डगमगा जाता है। वह इक़बाली गवाह बन जाता है और अपने ही मुँह से सारी बात कहकर अपने साथियों से विश्वासघात कर जाता है। ये दोनों ही बातें ऐसी हैं जिनसे गुप्त आन्दोलन को धक्का लगता है।'

ऐसे वक़्त में क्या अपने आदर्श डान ब्रीन की आत्मकथा में दी गई, जिसका लगभग 20000 शब्दों में अनुवाद भगतसिंह ने ही कानपुर में 'दैनिक प्रताप' में काम करते हुए किया था और जो 100 पृष्ठों में 'प्रताप' प्रेस से ही छपी थी, यह स्वीकारोक्ति उसे याद न हो आई होगी?

'हमारे पास कमी केवल शस्त्रों की थी। उसके लिए हमारे कार्यकर्ताओं ने उन लोगों की सूची तैयार कर ली जिनके पास शस्त्र रहते थे। हम रात्रि में उन लोगों के घरों में चले जाते, और वे चुपचाप अपने शस्त्र हमारे सुपुर्द कर देते। कुछ एक ने तो हमें निमंत्रण देकर बुला भेजा। हमें इस कार्य में किसी भी विशेष रुकावट व बाधा का सामना नहीं करना पड़ा। आयरलैंड वासियों में सहस्रों दोष होंगे, परन्तु उनमें देशद्रोही बहुत कम होते हैं।'

यक़ीनन बटुक, शिव, जयदेव कपूर और डॉ. गयाप्रसाद जैसे मज़बूत, दृढ़प्रतिज्ञ सहयोगी भी भगतसिंह के साथ थे जिन्होंने हर यंत्रणा को झेला था; हर तरह की यातना का सामना बेमिसाल बहादुरी के साथ किया था। 10 जुलाई, 1929 के ट्रिब्यून में डॉ. किचलू का साक्षात्कार छपा था तो उसमें उन्होंने साफ़ कहा था कि जेल के अन्दर बटुकेश्वर दत्त के साथ मारपीट की गई है और उन्होंने स्वयं उनके शरीर पर चोट के निशान देखे हैं। और यह कहानी कमोबेश सभी की थी। लेकिन चन्द गद्दारों की वजह से न सिर्फ़ इन सब लोगों का बलिदान व्यर्थ जा रहा था बल्कि इनका क्रान्ति का सपना भी ख़तरे में पड़ता दिखाई दे रहा था।

उधर हिन्दुस्तान भर के राष्ट्रवादी नेता और वकील उस अध्यादेश में ख़ामियाँ ढूँढ़ रहे थे जिसके द्वारा इरविन ने ट्रिब्यूनल बिठाया था। संविधान के अनुसार वाइसराय इस तरह का अध्यादेश तभी जारी कर सकता है जब देश में आपात्कालीन स्थिति की घोषणा की जा चुकी हो, और ऐसा नहीं हुआ था। इसलिए वह अध्यादेश और वह ट्रिब्यूनल दोनों अवैध हैं, वकीलों ने राय दी, लिहाज़ा ट्रिब्यूनल का फ़ैसला भी निष्प्रभावी है।

भगतसिंह पर उसके पिता सरदार किशनसिंह के साथ ही उसके वकील आसफ़ अली, अन्य शुभचिन्तक वकीलों तथा समर्थकों का भी दबाव पड़ रहा था कि मौत की सज़ा के ख़िलाफ़ लन्दन की प्रिवी कौन्सिल में अपील की जाए। बिजय कुमार सिन्हा ने कई सालों बाद एक पत्रिका में छपे लेख में बताया कि मोतीलाल नेहरू ने, जो उस समय बीमारी की वजह से बिस्तर पर पड़े हुए थे, क्रान्तिकारियों को सन्देश भेजा कि सज़ा के ख़िलाफ़ उन्हें अपील करनी चाहिए। ('ए रेवोल्यूशनरी हिस्टरी ऑफ इंटरवार इंडिया', पृ. 142) कु. लज्जावती बताती हैं कि मोतीलाल नेहरू ने उससे फ़ैसले की और विशेष ट्रिब्यूनल नियुक्त किये जाने के लिए जारी अध्यादेश की प्रति मँगवाई और उन्हें पूरा पढ़ने के बाद अनुशंसा की कि इस केस को वे प्रिवी कौन्सिल ले जाएँ। (उपर्युक्त) इसी दौरान मोतीलाल नेहरू द्वारा भेजा गया एक टेलीग्राम सरकारी 'सेन्सर' के हाथ में पड़ गया। इसमें उन्होंने भगतसिंह आदि को दी गई सज़ा पर विरोध जताने के लिए हड़ताल करने की बात कही थी और तीनों ख़ुद का बचाव पर्याप्त रूप से कर सकें यह सुनिश्चित करने में असफल रहने के लिए सरकार की आलोचना भी की थी। यह टेलीग्राम 14 अक्टूबर, 1930 के ट्रिब्यून में छप गया। (उपर्युक्त)

लाहौर षड्यंत्र केस की डिफेन्स कमेटी, जिसमें लाला दुनीचन्द, डॉ. गोपीचन्द भार्गव, कु. लज्जावती इत्यादि सदस्य थे, ट्रिब्यूनल के फ़ैसले के विरुद्ध प्रिवी कौन्सिल (लन्दन स्थित उस समय का सर्वोच्च भारतीय न्यायालय) में अपील करने की तैयारी कर रही थी। 'पर भगतसिंह इसके विरुद्ध थे।' वीरेन्द्र सिन्धु बताती हैं कि 'अपनी काल-कोठरी में इसी विषय पर सलाह के लिए

आए अपने साथी विजयकुमार सिन्हा से उन्होंने कहा था—"भाई ऐसा न हो कि फाँसी रुक जाए। हम मरकर ही क्रान्ति की सेवा कर सकते हैं।"' ('युगद्रष्टा', पृ. 223)

प्राणनाथ मेहता ने अपनी वकालत एक तरह से भगतसिंह का मुक़दमा लड़ने के साथ ही शुरू की थी। भगतसिंह के हमउम्र इस वकील ने पारिश्रमिक की चिंता किये बग़ैर जी-जान लड़ा दी थी भगतसिंह को बरी करवाने में। दोनों अब तक दोस्त बन चुके थे जिसका आधार कोई स्वार्थ न होकर परस्पर सम्मान और विश्वास मात्र था। प्राणनाथ मेहता ने भी भगतसिंह से आग्रह किया कि प्रिवी कौन्सिल में अपील तो उसे अवश्य करनी चाहिए। इस पर भगतसिंह तैयार तो हो गया अपील करने के लिए, लेकिन इस शर्त पर कि 'ब्रिटिश क़ानूनों की लचक का फ़ायदा उठाकर हमारी सज़ाओं में कमी कराने की कोशिश न की जाए और न ही बचाव के लिए यह कहा जाए कि हम क्रान्तिकारी नहीं हैं।' ('युगद्रष्टा', पृ. 224) 'वे सोचते थे—प्रिवी कौन्सिल में अपील करने में विश्व-भर में क्रान्ति के उद्‌देश्यों को प्रचारित करने का अवसर मिलेगा।' (उपर्युक्त)

जयदेव कपूर ने भी एक साक्षात्कार में बताया कि 'वह (भगतसिंह) लन्दन प्रिवी कौन्सिल में मुक़दमा ले जाने के लिए राजी हो गया, इस वजह से कि इससे उनका मुक़दमा अंतर्राष्ट्रीय स्तर पर ख्याति प्राप्त कर लेगा और निष्पक्षता तथा क़ानून के शासन के लिए ब्रिटिश साख को खोखला कर देगा।' ('ए रेवोल्यूशनरी हिस्टरी ऑफ इंटरवार इंडिया', पृ. 142) 'प्रोपेगंडा' के किसी भी मौक़े को भगतसिंह खोना नहीं चाहता था।'

तय हुआ कि अपील में अदालत की कार्यवाइयों की कमियों या त्रुटियों को चुनौती नहीं दी जाएगी। सिर्फ़ उस अध्यादेश को चुनौती दी जाएगी जिसके द्वारा इरविन ने विशेष ट्रिब्यूनल नियुक्त किया था।

लाहौर केन्द्रीय जेल में उस समय वर्ष 1915 के ग़दर आन्दोलन में हिस्सा लेनेवाले क्रान्तिकारी बाबा रणधीर सिंह भी बन्द थे। ग़दर आन्दोलनकारियों के प्रति भगतसिंह के दिल में कितनी श्रद्धा थी यह 'चाँद' पत्रिका के 'फाँसी अंक' में छपे उसके लेखों से बख़ूबी ज़ाहिर होता है। 4 अक्टूबर को उसने उनके साथ मुलाक़ात की और 5-6 अक्टूबर को 6000 शब्दों से भी अधिक लम्बा लेख अंग्रेज़ी में उसने लिखा, जिसका शीर्षक था 'क्यों हूँ मैं नास्तिक?'

इस लेख के लिखे जाने की पृष्ठभूमि श्री डी. पी. गुप्ता द्वारा सम्पादित और राष्ट्रीय पुस्तक न्यास नई दिल्ली द्वारा प्रकाशित 'भगतसिंह सेलेक्ट स्पीचेस एंड राइटिंग्स', जो प्रथम बार वर्ष 2007 में प्रकाशित हुई थी और जिसकी प्रस्तावना प्रोफ़ेसर बिपिनचन्द्र ने लिखी थी, उसके संस्करण वर्ष 2010 के पृष्ठ 50 पर इस प्रकार दी गई है :

'एक वृद्ध क़ैदी द्वारा धर्म की शरण में जाने के लिए जब कहा गया और ऐसा करने के लिए उसके द्वारा इनकार करने पर उसने ताने कसे कि जब उसका अन्त नज़दीक होगा वह ऐसा करेगा, धर्म पर अपने विचार काग़ज़ पर उतार देने का भगतसिंह ने निर्णय लिया।'

डॉ. जगमोहन सिंह और प्रोफ़ेसर चमनलाल द्वारा सम्पादित और राजकमल पेपरबैक्स द्वारा प्रकाशित 'भगतसिंह और उनके साथियों के दस्तावेज़' के संस्करण वर्ष 2022 में इस लेख के लिखे जाने का कारण पृष्ठ 363 पर यह बताया गया है :

'भगतसिंह जब लाहौर जेल में थे, तब ग़दर पार्टी से सम्पर्क रखने के अपराध में भाईसाहब भाई रणधीर सिंह भी क़ैद भुगत रहे थे। भाई रणधीर सिंह की—अपनी रिहाई से कुछ दिन पहले—भगतसिंह से भेंट हुई। गदरी बाबों—बाबा हरनाम सिंह कालासन्धिया व तेजा सिंह चूहड़काना ने यह भेंट करवाने में महत्त्वपूर्ण भूमिका निभाई। भाई रणधीर सिंह ने एक बार यह कहकर कि भगतसिंह ने केश कटा दिये हैं, उनसे मिलने से इनकार कर दिया था। इसके उत्तर में एक पत्र लिखकर भगतसिंह ने कहा था, "मैं सिख धर्म की अंग-अंग कटवाने की परम्परा का कायल हूँ। अभी तो मैंने एक ही अंग (केश) कटवाया है—यह भी पेट के लिए नहीं, देश के लिए—जल्दी ही गर्दन भी कटवाऊँगा। लेकिन एक सिख की तंगनज़री व तंगदिली का गिला जरूर रहेगा।" इसके बाद भाईसाहब मुलाक़ात के लिए आए।'

सिखों के लिए जो कर्म निषिद्ध हैं, उनका उल्लेख उनके पवित्र ग्रन्थ रहतनामा में मिलता है। रहतनामे में केश-कर्तन को महान अपराध माना गया है।' ('संस्कृति के चार अध्याय', पृ. 295)

लेकिन बाबा रणधीर सिंह की पंजाबी में लिखी गई आत्मकथा के डॉ. त्रिलोचन सिंह द्वारा अंग्रेज़ी में किये गए अनुवाद में तो कुछ और ही वाक़या बयाँ हुआ है :

'आख़िरकार वह दिन आ गया। यह 4 अक्टूबर शाम 6 बजे की बात है। मेरी रिहाई की ख़बर सुनाई गई और हरेक ख़ुश था। भगतसिंह जेल के अहाते में अपनी रोज़ाना की चहलक़दमी कर रहा था। मुझे देखते ही वह मेरी तरफ़ दौड़ा आया। मैं अहाते के बाड़े की दूसरी तरफ़ खड़ा था। वह बाड़े के नज़दीक आया और बड़े प्रेम और स्नेह से आदर के साथ झुकते हुए गर्मजोशी के साथ मेरा अभिवादन किया।'

बाबा रणधीर सिंह के अनुसार 'भगतसिंह इतना अभिभूत था कि उसकी आँखों से आँसू बह निकले। उसके बाद भगतसिंह ने कहा कि उनके साथ "मुलाक़ात के लिए पहले जब सन्देश भेजा था तो आपका दैवीय आदेश प्राप्त

हुआ कि मैं सिक्खों के प्रतीक केश और दाढ़ी रखूँ। आपका आदेश मानने के लिए मैं तैयार हूँ। परिस्थितिवश तथा दोस्तों के कहने पर मैंने ऐसा किया था।"

रणधीर सिंह : "बेहतर होता कि मौत की सज़ा का सामना करने के पहले तुम्हारी नास्तिकता ख़त्म हो जाती। यद्यपि तुम नास्तिक हो लेकिन एक बात याद रखो कि तुम मरोगे नहीं। तुम फिर जन्म लोगे। तुम्हारी आत्मा अमर और अजर है—यह कभी नष्ट नहीं होगी।"

भगतसिंह : "दिल की गहराई से अब मैं विश्वास करता हूँ कि मैं मरूँगा नहीं। मैं वह आत्मा हूँ जिसे मौत नष्ट नहीं करेगी। अपना शरीर त्यागने के बाद मैं फिर जन्म लूँगा। आपके शब्द मेरे अन्दर चमत्कारिक परिवर्तन ले आए हैं। आपको यह जानकर अतीव प्रसन्नता होगी कि आपका प्रिय भगतसिंह अब ईश्वर में विश्वास रखता है और सिख धर्म में पूर्ण आत्मिक विश्वास के साथ वह मरेगा।"

बाबा रणधीर सिंह के उपदेश पर भगतसिंह की इस प्रतिक्रिया को वीरेन्द्र सिन्धु इस तरह देखती हैं : 'सन्त जी की बात सुनकर भगतसिंह ने ऐसा भाव प्रदर्शित किया कि जैसे वे उनके धार्मिक विचारों से एकदम प्रभावित हो गए हों। उन्होंने सन्त जी से कहा कि मेरे मन का एक बहुत बड़ा अँधेरा आज दूर हो गया। मैं अब तक यह सोचता था कि फाँसी लगने के बाद मैं खत्म हो जाऊँगा। इस बात से मेरा मन बहुत दुखी रहता था, पर अब आपकी बातों से मेरा मन ख़ुशी से भर गया है कि मैं खत्म नहीं हूँगा।' ('युगद्रष्टा', पृ. 270) लेखिका की राय में 'भगतसिंह के लिए यह सब एक मज़ाक था, जिसमें एक भोले बुजुर्ग का मन रखने की शिष्टता समाई हुई थी।' (उपर्युक्त, पृ. 271)

मेरे विचार में लेकिन भगतसिंह मज़ाक नहीं कर रहा था। बल्कि वह 'सत्यम ब्रूयात, प्रियम ब्रूयात; न ब्रूयात सत्यमप्रियम' के सदुपदेश का पालन कर रहा था। ग़दर आन्दोलनकारियों के प्रति मन में असीम श्रद्धा, बाबा रणधीर सिंह की वृद्धावस्था तथा यह विचार कि उनके साथ बहस में पड़कर वह उनके दिल को तो चोट पहुँचाएगा ही, इस कारण बाद में उसका अपना जी भी दुखेगा : इन सब सोचे-समझे कारणों से भगतसिंह ने ऐसा कहा हो सकता है जैसा कि बाबा रणधीर सिंह ने अपनी आत्मकथा में कहा है।

भगतसिंह के चिन्तन में आत्म-विश्लेषण और आत्मालोचना सदैव ही मौजूद रहे थे। बाबा रणधीर सिंह के साथ हुई लम्बी बातचीत ने उसके दिलोदिमाग में हलचल यक़ीनन पैदा की होगी। सम्भवतः इस चर्चा के दौरान या उसके बाद उसे बर्ट्रेंड रसेल का निबन्ध 'हैज रिलीजन मेड यूजफुल कंट्रीब्यूशन टू सिविलाइज़ेशन' याद हो आया जो कुछ ही महीने पहले उसने पढ़ा था। उस लम्बे निबन्ध में संस्थागत ईसाई धर्म की कटु आलोचना करते हुए रसेल ने लिखा था :

'धर्म पर मेरा अपना नज़रिया लूक्रीशस का है। इसे मैं भय से उत्पन्न बीमारी और मानव जाति के लिए असीम विपदाओं का कारण समझता हूँ।' (जेल नोटबुक, पृ. 12)

लूक्रीशस पहली शताब्दी ईसापूर्व के रोम में प्रख्यात कवि और दार्शनिक था जिसने यह सिद्धान्त प्रतिपादित किया कि युगों तक प्रयोग करके प्रकृति ने वर्तमान दुनिया को विकसित किया और इस दुनिया का संचालन भौतिक नियमों के अनुसार होता है, न कि किसी दैवीय हस्तक्षेप से। उसका यह भी कहना था कि आत्मा भौतिक अणुओं के संयोग से अस्तित्व में आती है।

'क्यों हूँ मैं नास्तिक?' लेख की शुरुआत भगतसिंह ने इस तरह की : 'एक नया सवाल उठ खड़ा हुआ है। क्या यह अहम्मन्यता की वजह से है कि मैं सर्वशक्तिमान, सर्वव्यापी और सर्वज्ञ ईश्वर में विश्वास नहीं रखता?'

'इन मानवीय गुणों से नितान्त ऊपर होने की शेख़ी मैं नहीं बघारता। मैं एक मनुष्य हूँ और इससे अधिक कुछ नहीं। अहम्मन्यता निश्चित ही मेरे स्वभाव का हिस्सा है। मेरे साथियों में मुझे तानाशाह कहा जाता था। यहाँ तक कि मेरे मित्र मि. बी.के. दत्त भी कभी-कभी मुझे ऐसा ही कहते थे। कुछ मित्र शिकायत करते हैं, और निहायत संजीदगी से भी, कि अनजाने ही अपनी राय मैं दूसरों पर थोप देता हूँ और अपनी बात मनवा लेता हूँ। एक सीमा तक यह सही है, मैं इनकार नहीं करता।'

यह शिकायत कि भगतसिंह 'अपनी बातें ज़बरन मनवा लेता' है, वास्तव में उसकी तार्किक प्रकृति के ख़िलाफ़ शिकायत थी; और इस बात की शिकायत भी कि तर्क में हमेशा उसका ही पलड़ा क्यों भारी पड़ता था? उसकी तर्क-क्षमता को सिद्ध करते हुए भगवानदास माहौर चन्द्रशेखर आज़ाद से सम्बन्धित एक दिलचस्प क़िस्सा सुनाते हैं।

चन्द्रशेखर आज़ाद ने अपनी फ़रारी का काफ़ी समय झाँसी में बिताया था और झाँसी उन्हें रास भी आ गया था। सदाशिव मलकापुरकर, विश्वनाथ वैशम्पायन और भगवानदास माहौर झाँसी में ही आज़ाद के सम्पर्क में आए और अडिग क्रान्तिकारी साबित हुए। माहौर बताते हैं : 'खान-पान के सम्बन्ध में भी आज़ाद अपने व्यक्तिगत संस्कारों से एक शाकाहारी ब्राह्मण ही थे। शिकार वे ख़ूब खेलते थे मगर स्वयं मांस नहीं खाते थे।'

चन्द्रशेखर आज़ाद का नाम वास्तव में था चन्द्रशेखर तिवारी। आज़ाद उपनाम उन्हें तब मिला जब वे काशी विद्यापीठ में संस्कृत पढ़ रहे थे। गाँधी जी के असहयोग आन्दोलन में भाग लेने के जुर्म में उन्हें गिरफ़्तार कर मजिस्ट्रेट के सामने पेश किया गया। शिव वर्मा के अनुसार उनसे जब उनका नाम पूछा गया तो वे बोल पड़े, "आज़ाद"। "पिता का नाम? " "स्वाधीनता"। "घर?"

"जेलखाना"। 'इन उत्तरों से चिढ़कर मजिस्ट्रेट ने उन्हें पन्द्रह बेंतों की सज़ा दी।' ('अग्निपुंज', पृ. 52) चन्द्रशेखर को जेल भेजा भी नहीं जा सकता था क्योंकि उस समय वे मात्र 15 वर्ष के थे, लिहाज़ा नाबालिग थे। शायद इसलिए भी उन्हें यह सज़ा मिली होगी। शिव वर्मा बताते हैं कि आज़ाद ने हर बेंत पर 'महात्मा गाँधी की जय' का नारा लगाया। लेकिन अगर आज़ाद के निकट सहयोगी रामकृष्ण खत्री की मानें तो आज़ाद ने हर बेंत के साथ 'भारतमाता की जय' का नारा लगाया। ('अग्निपुंज', पृ. 72)

इस घटना के बाद घर से भागकर आज़ाद ने बम्बई में मज़दूरी की और एक खोली में 10-15 मज़दूरों के साथ रहे थे। उन मज़दूरों ने भोजन बनाकर उन्हें खाने के लिए बुलाया तो, वैशम्पायन के शब्दों में, 'ये थे कट्टर ब्राह्मण पिता के पुत्र। उनके साथ कैसे खाते, जिनकी न जात का पता था न धर्म का।' ('अमर शहीद चन्द्रशेखर आज़ाद', पृ. 44) खान-पान की यह कट्टरता तो आज़ाद ने क्रान्तिकारी दल में आने के बाद त्याग दी लेकिन शाकाहार नहीं छोड़ा और जनेऊ पहनना तो अन्तिम समय तक नहीं छोड़ा।

भगवानदास माहौर, दल में जिन्हें कैलाश के नाम से ही जाना जाता था, आगे बताते हैं : 'भगतसिंह उन्हें क्षत्रियों और क्षत्रियों जैसे काम करनेवालों के लिए मांस खाने की अभीष्टता, उपयोगिता, नीतिमत्ता पर लेक्चर झाड़कर अक्सर चिढ़ाया करते थे। सांडर्स वध के समय जब आज़ाद ने मुझे लाहौर बुलाया तो मुझे यह देखकर विस्मय हुआ कि आज़ाद पर भगतसिंह का जादू चल गया और पंडित जी अब कच्चा अंडा सीधा मुँह पर तोड़कर ही गटक रहे हैं। मैंने हैरत से पूछा, "पंडित जी! यह क्या!!" आज़ाद बोले, "अंडे में कोई हर्ज नहीं है, वैज्ञानिकों ने तो उसे फल जैसा ही बताया है।" यह तर्क भगतसिंह का ही था जिसे आज़ाद दुहरा रहे थे। मैंने बड़ी सूचकता से कहा : "बिलकुल ठीक पंडित जी! अंडा फल है तो मुर्गी पेड़ के सिवा और कुछ नहीं हो सकती। मैं भला अब उसे छोड़ूँगा?" भगतसिंह खिलखिलाकर हँस पड़े—"वास्तव में कैलाश! तुम अच्छे तर्कशास्त्री हो सकते हो। भला पंडित जी को देखिए ..." आज़ाद बीच में ही बिगड़कर बोले : "चल बे, एक तो हमें अंडा खिला रहा है, ऊपर से बातें बना रहा है।" ('यश की धरोहर', पृ. 80-1)

'क्यों हूँ मैं नास्तिक?' लेख में भगतसिंह आगे लिखता है : 'पहले मैं यह साफ़ कर दूँ कि अहंभाव और अहम्मन्यता दो जुदा बातें हैं। इन मित्रों के अनुसार मुक़दमों—दिल्ली बम और लाहौर षड्यंत्र दोनों मुक़दमों के दौरान हासिल हुई अनावश्यक लोकप्रियता की वजह से शायद मैं मिथ्याभिमानी हो गया हूँ। मेरी नास्तिकता की शुरुआत कोई अभी की नहीं है। ईश्वर में विश्वास करना मैंने तब छोड़ दिया था जब मैं एक गुमनाम नौजवान था, जिसकी मौजूदगी से मेरे

उपर्युक्त दोस्त अवगत भी नहीं थे। बल्कि मैं एक अत्यन्त संकोची प्रकृति का लड़का था, अपने आगामी जीवन को लेकर जो कुछ निराशात्मक मनोवृत्ति रखता था।'

फिर भगतसिंह उस संकट के बारे में बताता है जो काकोरी डकैती मुक़दमे के बाद पहली पंक्ति के सभी क्रान्तिकारियों के परिदृश्य से लुप्त हो जाने के बाद पैदा हुआ और जब क्रान्तिकारियों का लोग मज़ाक़ उड़ाने लगे जिसकी वजह से उसके अपने मन में भी सन्देह उपजा कि जो रास्ता उसने चुना है, वह क्या सही है? अपने दिमाग़ के जाले साफ़ करने लिए उसने गहन और विस्तृत अध्ययन शुरू किया और उसने पाया कि जिन लोगों ने अपने देशों में सफलतापूर्वक क्रान्ति की—बाकुनिन, लेनिन, ट्राट्स्की, और कम्युनिज़्म का जनक मार्क्स भी—सभी नास्तिक थे।

'1926 के अन्त तक मैं एक सर्वशक्तिमान परमसत्ता का, जिसने ब्रह्मांड की सृष्टि की, उसका संचालन करता है और नियंत्रण करता है, सिद्धान्त निराधार होने के प्रति विश्वस्त हो चुका था। अपने इस अविश्वास को मैंने ज़ाहिर किया। अपने दोस्तों के साथ इस विषय पर मैंने वाद-विवाद शुरू कर दिया। मैं घोषित रूप से नास्तिक बन चुका था।'

इसके बाद भगतसिंह ने बताया कि मई, 1927 में अपनी गिरफ़्तारी के बाद सारी तकलीफ़ों, मुसीबतों को झेलते हुए भी किस तरह उसने राहत पाने के लिए ईश्वर से प्रार्थना नहीं की और इस तरह ख़ुद को यह सबूत उसने दे दिया कि उसकी नास्तिकता प्रामाणिक है, क्योंकि संकट के क्षणों में भी यह बदस्तूर क़ायम रही। ब-क़ौल दुष्यन्त कुमार त्यागी,

हमने तमाम उम्र अकेले सफ़र किया,
हम पर किसी ख़ुदा की इनायत नहीं रही।

इस लेख में आगे उसने लिखा : 'ईश्वर में विश्वास रखनेवाला एक हिन्दू अपने दुखभोग और बलिदान के पुरस्कारस्वरूप एक राजा के रूप में पुनर्जन्म लेने की आशा रख सकता है, मुस्लिम या क्रिश्चियन जन्नत में विलासिताओं के भोग की। लेकिन मैं क्या आशा रखूँ? यहाँ अथवा यहाँ के बाद पुरस्कृत होने के किसी स्वार्थपरक अभिप्राय या चाहत के बिना मैंने अपना जीवन आज़ादी के निमित्त समर्पित किया है, क्योंकि अन्यथा मैं कर ही नहीं सकता था।'

'मैं जानता हूँ कि मौजूदा हालात में ईश्वर में श्रद्धा मेरी ज़िन्दगी को आसान बना सकती है। मैं एक यथार्थवादी हूँ। विवेक-बुद्धि की सहायता से मैं अपने अन्दर की इस सहज-वृत्ति पर क़ाबू पाने की कोशिश कर रहा हूँ। इस उद्देश्य को प्राप्त करने में मैं हमेशा कामयाब नहीं रहा हूँ। लेकिन मनुष्य का कर्तव्य है प्रयास करना और उद्यम करना।'

'अगर, जैसा कि आपका यक़ीन है, एक सर्वशक्तिमान, सर्वव्यापी, सर्वज्ञ और सर्वशक्तिशाली ईश्वर है जिसने धरती या दुनिया को उत्पन्न किया, कृपया मुझे यह बताएँ कि उसने क्यों इसे उत्पन्न किया। सन्ताप और क्लेश की यह दुनिया, वास्तव में अगणित त्रासदियों का चिरकालिक संयोजन।' और फिर भगतसिंह चुनौती देता है : 'यह सब देखने दो उसे और कहने दो : "सब ठीक है।"'

और ईश्वर अगर वाक़ई सर्वशक्तिमान है, भगतसिंह पूछता है, तो 'वह अंग्रेज़ों के मन में ऐसी भावना क्यों नहीं पैदा कर देता कि हिन्दुस्तान को वे आज़ाद कर दें? वह तमाम पूँजीपतियों के दिलों में परोपकार का ऐसा जज़्बा क्यों नहीं भर देता कि उत्पादन के साधनों पर वे अपने निजी स्वामित्व के अधिकार को त्याग दें और इस प्रकार सारे मेहनतकश वर्ग को ही नहीं बल्कि सम्पूर्ण मानव समाज को पूँजीवाद के बन्धन से मुक्त कर दें? आप समाजवाद के सिद्धान्त की व्यावहारिकता पर बहस करना चाहते हैं। चलिए, मैं यह ज़िम्मेदारी आपके सर्वशक्तिमान पर ही डालता हूँ कि वह उसे व्यावहारिक बना दे।'

'मेरे दोस्तो, यह अहम्मन्यता नहीं है। यह मेरे सोचने का तरीक़ा है, जिसने मुझे नास्तिक बनाया है। सभी मुसीबतों का हिम्मत के साथ सामना करनेवाले नास्तिकों के बारे में मैंने पढ़ा है, लिहाज़ा मेरी कोशिश है कि सिर को ऊँचा किये अन्त तक मैं खड़ा रहूँ—एक मर्द की तरह, फाँसी के तख़्ते पर भी।'

अन्त में भगतसिंह ने लिखा : 'देखते हैं मैं किस तरह यह करता हूँ : एक मित्र ने मुझसे प्रार्थना करने के लिए कहा। उन्हें जब पता चला कि मैं नास्तिक हूँ, तो उन्होंने कहा, "अपने अन्तिम दिनों में तुम [ईश्वर पर] विश्वास करने लगोगे।" मैंने कहा, "नहीं, प्रिय महोदय, यह नहीं होगा। स्वार्थी मंशा से प्रार्थना मैं नहीं करूँगा।" पाठको और मित्रो, क्या यह अहम्मन्यता है? अगर है, तो इसका मैं हामी हूँ।'

यह लेख भगतसिंह की आत्म-विश्लेषण प्रवृत्ति का निहायत ही ख़ूबसूरत नमूना है और अपने विचारों को सिलसिलेवार और प्रभावी भाषा में रख पाने की उसकी क़ाबिलियत की मिसाल भी। उसके ज्ञान का विस्तार और भाषा पर उसकी पकड़ भी इस लेख में हर क़दम पर झलकती है। लेकिन यह लेख क़ाबिले तारीफ़ सिर्फ़ इस वजह से ही नहीं है, बल्कि इस वजह से भी है कि लगभग 8000 शब्दों का यह लेख किसी आरामदायक स्थान पर कुर्सी मेज पर बैठकर नहीं लिखा गया, बल्कि अँधेरी कोठरी में नंगी ज़मीन पर बैठकर और कृत्रिम रोशनी की सुविधा के बिना इसे लिखा गया।

भगतसिंह ने लेकिन जिस ईश्वर को नकार दिया था, पूरे भारत में उससे ही घर-घर यह प्रार्थना की जा रही थी कि वह उसे फाँसी से बचा ले।

हज़ारों चिट्ठियाँ गाँधी जी को भेजी गईं फाँसी की सज़ा को रद्द कराने के लिए। लोगों को यह विश्वास था कि गाँधी जी जो चाहें कर सकते हैं। बाज़ारों में लोग बातें करते थे :

"महात्मा जी एक बार कह भर दें, फिर कोई कितना ही लाट साहब हो, इरविन लाट ही क्यों न हो, मजाल है किसी की जो उनकी बात को न माने?"

"ठीक कहते हो भाई। महात्मा जी तो चमत्कारी पुरुष हैं। उनके लिए कौन काम मुश्किल है।"

सुखदेव के भाई मथरादास थापर की राय में 'गाँधी जी ने इन शहीदों के लिए विशेष प्रयत्न नहीं किये। अन्यथा उस समय वे शक्तिपुंज थे। यदि चाहते, तो क्या नहीं कर सकते थे?' (मेरे भाई शहीद सुखदेव, पृ. 194)

नमक सत्याग्रह के दौरान श्रीमती उर्मिला शास्त्री मेरठ जेल में कुछ महीने क़ैद रहीं। जेल के अपने अनुभवों को उन्होंने 'कारागार' पुस्तिका में कलमबद्ध किया था। जेल-वार्ड की जमादारिन और आम अपराध के लिए क़ैद एक औरत के साथ हुई बातचीत को इसमें वे इस तरह दर्ज करती हैं :

वार्ड की जमादारिन ने एक क़ैदिन को ख़बर दी कि जेल के सुपरिंटेंडेंट से उर्मिला शास्त्री ने कह दिया है कि सज़ा के ख़िलाफ़ उन्हें अपील नहीं करनी। इस पर उस औरत ने कहा—"अजी इनका क्या है जब चाहेंगी छूट सकती हैं। इन पर तो गाँधी महाराज का हाथ है। वह इन्हें एक़दम छुड़ा लेंगे।"

उर्मिला शास्त्री ने पूछा—"कैसे? वह तो ख़ुद जेल में हैं!"

क़ैदिन—"अजी कहने को जेल में हैं उनको कौन बन्द कर सकता है? हमने तो सुना है—एक बार उन्हें सात तालों में बन्द किया गया था, ताले बाहर पड़े ही रहे, और गाँधी महाराज अपनी शक्ति से जेल से बाहर आ गए।"

('कारागार', साहित्य अकादमी द्वारा वर्ष 1998 में प्रकाशित, पुनर्मुद्रण वर्ष 2019, पृ. 33-4)

कुछ चिट्ठियों में उनके लिए लेकिन अपशब्द भी थे और किसी-किसी में धमकी भी कि भगतसिंह और उसके साथियों को उन्होंने अगर फाँसी से न बचाया तो अंजाम अच्छा नहीं होगा।

नौजवान भारत सभा को सरकार ने प्रतिबन्धित संगठन घोषित कर दिया था। उसके सदस्य 'भगतसिंह बचाव समिति' के सदस्य बनकर 'दया-याचिका' पर लोगों के दस्तख़त लेते हुए गाँव-गाँव घूमने लगे। कांग्रेसी भी पूरे हिन्दुस्तान में 'दया-याचिका' पर लोगों के दस्तख़त ले रहे थे। लाखों दस्तख़तवाली 'दया-याचिकाएँ' और दया की गुहार लगाते हुए लाखों तार भी वाइसराय इरविन को पहुँच गए। लेकिन जिसके लिए यह दया-याचना की जा रही थी, न तो दस्तख़त इकट्ठे करते समय उससे पूछा गया कि भाई तेरी फाँसी रुकवाने

के लिए 'दया-याचिका' तैयार करें क्या; और न ही इन दया-याचिकाओं को 'अंग्रेज़ी दरबार' में पेश करने के पूर्व उससे सहमति ली गई थी। अंग्रेज़ शासकों से और भगतसिंह दया की गुहार करे? शेर भले ही पिंजड़े में बन्द हो, रहेगा तो वह शेर ही न!

और इन 'दया-याचिकाओं' को देने में निहित मन्तव्य यह नहीं था कि सरकार भगतसिंह को आज़ाद कर दे, क्योंकि यह साफ़ था कि एक अंग्रेज़ पुलिस अधिकारी की हत्या के अपराधी को माफ़ कर देने का अधिकार वाइसराय को नहीं था। वाइसराय ने ख़ुद स्वीकार किया कि प्रिवी कौन्सिल के निर्णय के बाद उनके द्वारा सज़ा को बदल देने का कोई सवाल ही नहीं है। ('भगतसिंह रिविजिटेड', पृ. 228) और अगर अधिकार होता भी तो ऐसा करने पर लन्दन तक बावेला मच जाता। क्योंकि एक तरफ़ तो हिन्दुस्तान में मौजूद अंग्रेज़ों के साथ ही सरकार का वफ़ादार एंग्लो-इंडियन समुदाय भी इस मक़सद से लामबन्द हो रहा था कि एक 'राजद्रोही हत्यारे' को फाँसी लगनी ही चाहिए। और दूसरी तरफ़ पुलिस के उच्चाधिकारी इस बात को लेकर बेहद फ़िक्रमन्द थे कि उनके साथी की निष्ठुर हत्या करनेवाला अपराधी अगर मौत की सज़ा से बच गया तो पूरे पुलिस-बल का मनोबल ही टूट जाएगा, और वह भी ऐसे समय में जब उस 'बुड्ढे गाँधी के चेलों' ने नाक में दम कर रखा है। जहाँ देखो वहाँ क़ानून हाथ में लिया जा रहा है और घेराव कर-करके दुकानदारों का ईमानदारी से व्यापार करना सफ़ेद टोपीवालों ने मुश्किल कर रखा है। इन 'उपद्रवों' में औरतों के शिरकत करने से पुलिस की जान और भी ज़्यादा साँसत में है। गिरफ़्तार करो तो उनको बचाने के लिए जनता पुलिसवालों पर टूट पड़ती है और गिरफ़्तार न करो तो ऊपर से उन पर डंडा पड़ता है।

भगतसिंह के साथी क्रान्तिकारी जितेन्द्रनाथ सान्याल ने बताया भी कि लाहौर स्थित 'फ्री प्रेस' की विशेष संवाददाता ने समाचार पत्रों में प्रकाशित होने के लिए भेजे गए तार में लिखा था : 'विश्वस्त सूत्रों से इस बात का पता चला है कि यद्यपि लॉर्ड इरविन सरदार भगतसिंह आदि को फाँसी देने के पक्ष में स्वयं नहीं थे किन्तु पंजाब गवर्नमेंट के लगभग सभी अंग्रेज़ अफ़सरों ने लॉर्ड इरविन को इस बात की धमकी दी थी कि यदि उन्होंने फाँसी की इस सज़ा को रद्द कर दिया तो वे एक साथ अपने पदों से इस्तीफा दे देंगे।' ('क्रान्ति का साक्ष्य', पृ. 322) जितेन्द्रनाथ सान्याल के हवाले से ही चन्दरपाल सिंह यह भी बताते हैं कि 'ताक़त का भारत में किला, यूरोपियन आई.सी.एस. कैडर, सज़ा को कम करने के भयंकर ख़िलाफ़ था।' ('भगतसिंह रिविजिटेड', पृ. 236)

इसमें भी शक़ की कोई गुंजाइश नहीं कि फाँसी की सज़ा की बजाय उसे आजीवन कारावास दे दिया जाए, भगतसिंह तो इसके लिए हरगिज़-हरगिज़ राजी नहीं हो सकता था। फाँसी के तख़्ते पर 'हँसते-हँसते' चढ़ने के एक रोज़ पहले

यानी 22 मार्च, 1931 को अपने क्रान्तिकारी साथियों के नाम उसने एक पत्र में लिखा भी था :

'साथियो,

स्वाभाविक है कि जीने की इच्छा मुझमें भी होनी चाहिए, मैं इसे छिपाना नहीं चाहता। लेकिन मैं एक शर्त पर ज़िन्दा रह सकता हूँ, कि मैं क़ैद होकर या पाबन्द होकर जीना नहीं चाहता। आजकल मुझे स्वयं पर बहुत गर्व है। अब तो बड़ी बेताबी से अन्तिम परीक्षा का इन्तज़ार है। कामना है कि यह और नज़दीक हो जाए।'

हक़ीक़त यह है कि शहादत उसका जुनून था। कुमारी लज्जावती ने एक साक्षात्कार में बताया था कि उसने जब भगतसिंह से कहा कि 'देश विप्लव के लिए अभी तैयार नहीं है। तो उसने कहा अगर तैयार नहीं है तो मैं अपनी आहुति इसलिए देना चाहता हूँ कि वह तैयार हो जाए।' (नेहरू म्यूज़ियम ज़बानी इतिहास; खाता सं. 471, पृ. 97)

हिन्दुस्तान का हर उदीयमान कवि अब भगतसिंह को लेकर अपनी क़लम चला रहा था और जुलूस बनाकर उसकी रचनाओं को गाते हुए लोग "इनक़लाब ज़िन्दाबाद !" के नारे से आकाश को छलनी किये दे रहे थे। हर मेले और हाट-बाज़ार में भगतसिंह की 'फोटू' की माँग बढ़ती जाती थी। काँच के सुन्दर फ्रेम में जड़वाकर घरों में ये 'फोटू' उस दीवार पर टँग गईं जिस पर देवी-देवताओं की फ़ोटो लटकी हुई थी। सुबह-शाम जब उन देवी-देवताओं को अगरबत्ती दिखाई जाती तो भगतसिंह के जीवन के लिए उन देवी-देवताओं से प्रार्थना करते हुए वह अगरबत्ती उसके चित्र पर भी घुमा दी जाती। और अब किसी चाय की गुमटी पर या किसी पान की दुकान पर भगतसिंह का फ़ोटो प्रमुखता से सामने न चिपका हुआ हो या फ्रेम में न लटक रहा हो, ऐसा हो नहीं सकता था।

सुधीर विद्यार्थी ने 'समकालीन तीसरी दुनिया' में मार्च, 2012 में छपे एक आलेख में कहा था : 'मुझे ख़ूब याद पड़ता है कि अपनी किशोरावस्था में गाँवों में मेलों और हाटों में पान की दुकानों पर आईने के दोनों तरफ और ट्रकों के दरवाजों पर भगतसिंह की हैटवाली तथा चन्द्रशेखर आजाद की मूँछ पर हाथ रखे [या ताव देते हुए?] फोटुएँ हुआ करती थीं।'

भगतसिंह लेकिन जेल में बेहद अकेलापन महसूस कर रहा है। उसका बटुक जो उसके साथ नहीं है! उसे वह अपने भाइयों से भी ज़्यादा प्यार करता था। जुलाई के महीने में बटुकेश्वर को मुल्तान जेल भेज दिया गया था। तब उसकी बहन प्रोमिला को उसने लिखा था : 'बटुक की जुदाई आज मेरे लिए असह्य हो रही है। इस बिछोह से मैं एक़दम स्तब्ध-सा हो गया हूँ। एक-एक पल मेरे लिए असह्य भार बन गया है।' ('क्रान्ति का साक्ष्य', पृ. 29) उसके साथ कानपुर

में बिताया वह ख़ूबसूरत समय अब भी उसे याद हैं। शहर के नज़दीक स्थित कनालफाल दोनों चले जाते और गंगा के तट पर बैठ उसकी सुषमा को अनवरत निरखते रहते। बीच-बीच में किसी विषय, किसी बात या योजना पर परस्पर विचार-विमर्श भी चलता रहता। अपने लेख 'युवक' में जो लिखा था भगतसिंह ने, अपना ही अनुभव शायद लिखा था : 'ईश्वरीय रचना-कौशल का एक उत्कृष्ट नमूना है युवक। सन्ध्या समय वह नदी के तट पर घंटों बैठा रहता है। क्षितिज की ओर बढ़ते जानेवाले रक्त-रश्मि सूर्यदेव को आकृष्ट नेत्रों से देखता रह जाता है। उस पार से आती हुई संगीत-लहरी के मन्द प्रवाह में तल्लीन हो जाता है।'

भगतसिंह को मालूम हुआ कि बटुकेश्वर को मुल्तान जेल से अब सलेम (मद्रास) जेल भेजा जा रहा है, उससे और भी दूर, तब नवम्बर के महीने में किसी दिन यह पत्र उसने लिखा।

'प्रिय बटुक,

न्यायाधीशों ने सज़ाएँ घोषित कर दी हैं। मुझे फाँसी की सज़ा मिली है। इन फाँसी की कोठरियों में कुल पैंतालीस मृत्युदंड प्राप्त बन्दी हैं। वे अभागे बन्दी फाँसी के फन्दे से छूट पाने के लिए दिन-रात भगवान से प्रार्थना कर रहे हैं। इन अभागे बन्दियों के बीच मैं ही एक ऐसा व्यक्ति हूँ, भगवान के बदले अपने आदर्शों में ही जिसकी अविचल आस्था है एवं जिस आस्था के लिए मैं मृत्यु का आलिंगन करने जा रहा हूँ। मैं फाँसी के तख़्ते पर अपना प्राण विसर्जित कर दुनिया को दिखाऊँगा कि क्रान्तिकारी उद्‌देश्यों की पूर्ति के लिए ख़ुशी-ख़ुशी आत्म-बलिदान कर सकते हैं।' ('क्रान्ति का साक्ष्य' में बटुकेश्वर दत्त, पृ. 29)

जेल नोटबुक तो अब उसके पास नहीं है। लेकिन शायद यही ख़्याल उसके दिल में रहे होंगे जब उर्दू के ख़ूबसूरत अक्षरों में उसने यह शेर उसमें लिखा था। (जेल नोटबुक, पृ. 30)

तुझे ज़िबह करने की ख़ुशी, मुझे मरने का शौक़;
मेरी भी मर्ज़ी वही है, जो मेरे सैयाद की है।

दिसम्बर, 1930 में फाँसी की सज़ा पानेवाले सरदार भगतसिंह, सुखदेव व राजगुरु के अतिरिक्त शेष सभी को अलग-अलग जेलों में स्थानान्तरित कर दिया गया। विदाई की उस वेला को अपने संस्मरण में शिव वर्मा ने अत्यन्त भावप्रवण शब्दों में चित्रित किया है :

'अन्त में फ़ैसले का दिन आ गया। भगतसिंह को फाँसी की सज़ा होगी, इसके लिए हम पहले से तैयार थे। फिर भी सुनकर मेरे सर में चक्कर-सा आ गया। कल तक जो अनुमान था, वह अब यथार्थ बनकर सामने आ रहा था।

सज़ा के बाद हमें बोर्स्टल जेल से हटाकर केन्द्रीय कारागार में कर दिया गया। वहाँ के नये और पुराने दोनों फाँसी के अहाते एक-दूसरे से सटे हुए थे। भगतसिंह, सुखदेव और राजगुरु नये अहाते में थे। और हम लोग पुराने में। एक रात अचानक हमारी कोठरियों के ताले खुले और हमसे चलने के लिए कहा गया। हमारे साथियों को फाँसी देने से पहले ही सरकार हमें किसी दूसरी जगह भेज देना चाहती थी।

जेल का बड़ा दारोगा अपने पूरे दलबल के साथ हमें लेकर फाटक की ओर चला। कुछ दूर चलकर उसने पूछा, "अपने साथियों से मिलोगे?" उदारता के लिए धन्यवाद पाकर उसने नये अहाते का फाटक खुलवाया और हमें भगतसिंह, सुखदेव और राजगुरु की कोठरियों के सामने ले जाकर खड़ा कर दिया।

ज़िन्दगी में दुबारा ये साथी देखने को नहीं मिलेंगे, इस विचार से सबके चेहरे उदास थे। उनसे अन्तिम विदाई लेकर जब हम लोग चलने लगे, तो हममें से एक (जयदेव कपूर) ने भगतसिंह से पूछा, "सरदार! तुम मरने जा रहे हो। मैं जानना चाहता हूँ कि तुम्हें इसका अफ़सोस तो नहीं है।"

प्रश्न सुनकर सरदार पहले तो ठहाका मारकर हँसा; फिर गम्भीर होकर बोला, "क्रान्ति के मार्ग पर क़दम रखते समय मैंने सोचा था कि यदि मैं अपना जीवन देकर देश के कोने-कोने तक 'इनक़लाब ज़िन्दाबाद' का नारा पहुँचा सका तो मैं समझूँगा कि मुझे अपने जीवन का मूल्य मिल गया। आज फाँसी की इस कोठरी में लोहे के सींखचों के पीछे बैठकर करोड़ों देशवासियों के कंठों से उठती हुई उस नारे की हुंकार सुन सकता हूँ। मुझे विश्वास है कि मेरा यह नारा स्वाधीनता संग्राम की चालक शक्ति के रूप में साम्राज्यवादियों पर अन्त तक प्रहार करता रहेगा।" फिर कुछ रुककर अपनी स्वाभाविक मुसकराहट के बीच उसने आहिस्ता से कहा, "और इतनी छोटी ज़िन्दगी का इससे अधिक मूल्य हो भी क्या सकता है?"

मैं सबसे पीछे था। विदाई लेते समय मेरी आँखों में आँसू आ गए। मुझे रोते देखकर उसने कहा, "भावुक बनने का समय अभी नहीं आया है प्रभात! मैं तो कुछ ही दिनों में सारे झंझटों से छुटकारा पा जाऊँगा। लेकिन तुम लोगों को लम्बा सफ़र पार करना पड़ेगा। मुझे विश्वास है, उत्तरदायित्व के भारी बोझ के बावजूद इस लम्बे अभियान में तुम थकोगे नहीं, पस्त नहीं होगे और हार मानकर रास्ते में बैठ नहीं जाओगे।" यह कहकर उसने सीखचों के अन्दर से हाथ बढ़ाकर मेरा हाथ पकड़ लिया।' ('संस्मृतियाँ', पृ. 35-6)

भगतसिंह के साथ उसकी आख़िरी मुलाक़ात का शिव वर्मा का यह संस्मरण मुझे हरिवंशराय बच्चन के ये शब्द बरबस याद दिला देता है, रगों में बह रहे ख़ून को जो आज भी दौड़ा देते हैं।

तू न थकेगा कभी,
तू न रुकेगा कभी,
तू न मुड़ेगा कभी,
कर शपथ, कर शपथ, कर शपथ,
अग्निपथ अग्निपथ अग्निपथ।

23 दिसम्बर को लाहौर में पंजाब विश्वविद्यालत के दीक्षान्त समारोह के दौरान पंजाब के गवर्नर को हरिकिशन नाम के नौजवान क्रान्तिकारी ने गोली से उड़ाने की कोशिश की। लाहौर की अदालत में ही उस पर मुक़दमा चला। भगतसिंह को जब मालूम हुआ कि उसके वकीलों ने उसे सलाह दी है कि अपने बयान में वह यह कहे कि गवर्नर को मारने का उसका कोई इरादा नहीं था और बतौर चेतावनी उसे वह सिर्फ़ घायल करना चाहता था, तो अपने को वह रोक नहीं पाया। ऐसा करने से तो उस उद्देश्य की पूर्ति नहीं होती जिस उद्देश्य से क्रान्तिकारी अपनी जान पर खेलकर ऐसे कारनामों को अंजाम देते हैं! इसके अलावा ऐसा बयान देना क्रान्तिकारियों की प्रतिष्ठा के अनुरूप भी नहीं और यह उसे रत्ती भर भी सहन नहीं था कि क्रान्तिकारी दल की प्रतिष्ठा पर तनिक भी आँच आए। सींखचों के अन्दर है वह तो क्या हुआ? ज़िन्दगी का उसकी कोई भरोसा नहीं तो क्या हुआ? है तो वह प्रचंड वीर अधीर!

फ़ौरन अपने एक साथी को पत्र लिखकर उसने बताया कि इस मुक़दमे में क्या किया जाना उचित होगा।

'इस तरह का बयान क्या हास्यास्पद नहीं है? मेरा यह तात्पर्य नहीं है कि बचाव नहीं किया जाना चाहिए। क्रान्तिकारी आन्दोलन का उद्देश्य है कि जनता को यह दिखाया जाए कि ब्रिटिश राज यहाँ सिर्फ़ फौज़ की ताक़त पर टिका हुआ है, लिहाज़ा इस सरकार को राजनीतिक कार्रवाई के मार्फ़त उखाड़ फेंकना चाहिए। वह यह भी जोड़ सकता है कि उत्पीड़ित जनता को मुक्त करने के लिए व्यक्तियों के नुकसान से ज़्यादा फ़र्क नहीं पड़ता। क़ुर्बानी जब देनी ही है, तो उच्चतम उद्देश्य के लिए इसका पूरा इस्तेमाल किया जाना चाहिए।'

अगले ही महीने इस सिलसिले में उसने दूसरा पत्र भेजा।

'क्रान्तिकारी दल के द्वारा सरकार को बहुत समय पहले चेतावनी दी जा चुकी। वाइसराय की गाड़ी पर बम फेंकने का कार्य एक चेतावनी नहीं था; भले ही वह असफल रहा। चिटगाँव की घटनाएँ न चेतावनी थीं और न केवल विरोध-प्रदर्शन। इसी तरह हरिकृष्ण का एक्शन अपने-आप में क्रान्तिकारी संघर्ष का एक हिस्सा था, चेतावनी बिलकुल नहीं। व्यक्तिगत रूप में किसी को मारने से कोई लाभ भी नहीं। इन कार्यों का राजनीतिक महत्त्व होता है, ये वह वातावरण और सोचने का ढंग बनाने में मदद करते हैं जो कि आख़िरी संघर्ष

के लिए बहुत ज़रूरी है। इस विचार की रोशनी में क्रान्तिकारी मुक़दमों की पैरवी होनी चाहिए।'

इस बीच 'आतिशी चक्कर' का मुख्य संगठनकर्ता इन्द्रपाल गिरफ़्तार हो गया और एक नया लाहौर षड्यंत्र मुक़दमा शुरू हो गया। उसके साथ-साथ दिल्ली में 'हिमालयन टॉयलेट्स' की आड़ में स्थापित बम फैक्टरी से जुड़े एच.एस.आर.ए. के सदस्यों विमलप्रसाद जैन, डॉ. नन्दकिशोर निगम, धन्वन्तरी, यशपाल, प्रकाशवती और सुखदेवराज व मशहूर लेखक सच्चिदानन्द वात्स्यायन आदि को मिलाकर कुल 26 अभियुक्तों के ख़िलाफ़ यह मुक़दमा चला। इस मुक़दमे में भी ख़ुद हीरानन्द इन्द्रपाल, कैलाशपति व 'हिमालयन टॉयलेट्स' के नाटक में नौकर का किरदार निभानेवाले गिरिवरसिंह को मिलाकर पाँच या छह मुख़बिर सरकारी गवाह थे। इन्द्रपाल ने हालाँकि अदालत में यह साबित कर दिया कि उसे प्रताड़ित कर पुलिस ने झूठा बयान उससे दिलवाया था।

लाहौर केन्द्रीय जेल में लाला रामसरन दास भी बन्द थे जो भगतसिंह के ख़िलाफ़ चलाए गए मुक़दमे में सह-अभियुक्त थे। ग़दर आन्दोलन में हिस्सा लेने के जुर्म में वर्ष 1915 में चले प्रथम लाहौर षड्यंत्र मुक़दमे में उन्हें 14 साल क़ैद की सज़ा मिली थी। वर्ष 1922 की आम माफ़ी में शचीन्द्रनाथ सान्याल के साथ वे भी रिहा हो गए। अपनी जीवट के चलते शचीन्द्रनाथ सान्याल के क़दमों पर चलते हुए वे क्रान्तिकारी आन्दोलन से फिर जुड़ गए और एच.एस.आर.ए. के सदस्य भी बन गए। इस दूसरे लाहौर षड्यंत्र मुक़दमे की शुरुआत में उन्होंने कुछ कमज़ोरी दिखाई और सरकारी गवाह बन गए। मगर फिर शायद उनके ज़मीर ने उन्हें कचोटा और अपना बयान उन्होंने वापस ले लिया। इस 'जुर्म' के लिए उन्हें दो साल क़ैद की सज़ा मिली।

प्रथम लाहौर षड्यंत्र मुक़दमे में मिली सज़ा के दौरान वे मद्रास की सलेम जेल में भी रहे जहाँ रहते हुए एक ख़ासी लम्बी अंग्रेज़ी कविता उन्होंने लिख डाली थी, जिसे 'ड्रीमलैंड' शीर्षक से एक पुस्तिका के रूप में प्रकाशित करवाने का इरादा वे रखते थे। भगतसिंह से उन्होंने निवेदन किया कि उस पुस्तक के लिए वह भूमिका लिख दे। 15 जनवरी, 1931 को भगतसिंह ने यह कवायद पूरी की। तक़रीबन 3000 शब्दों की इस ज्ञानप्रद और प्रभावशाली भूमिका में उसने लिखा :

'अपनी सारी कोशिशों के बावजूद मैं ऐसी क्रान्तिकारी पार्टी नहीं खोज सका, किसलिए वह लड़ रही है इसकी स्पष्ट समझ उसे हो, सिवाय ग़दर पार्टी के। बाक़ी सभी पार्टियों में ऐसे व्यक्ति शामिल थे जिनका सिर्फ़ एक विचार था, यानी विदेशी शासकों के ख़िलाफ़ लड़ना। यह विचार काफ़ी प्रशंसनीय है लेकिन इसे क्रान्तिकारी विचार नहीं कहा जा सकता। क्रान्ति से तात्पर्य है मौजूदा

हालात (यानी राज्य-पद्धति) को आवश्यक रूप से पूर्णतः नष्ट कर समाज के सुनियोजित पुनर्निर्माण का कार्यक्रम।

1915 में लाला रामसरन दास को मौत की सज़ा हुई जिसे बाद में आजीवन देशनिकाला में बदल दिया गया। आज, फाँसी की कोठरी में बैठे हुए, पाठकों को मैं साधिकार बता सकता हूँ कि मौत की सज़ा से आजीवन कारावास तुलनात्मक रूप से कहीं ज़्यादा कठोर है।

लिखने का निर्णय करने के पहले कुछ अवसादजनक मनोदशा से वह [लेखक] जूझ रहा था। उस अवसाद की मनोदशा से लड़ने के लिए उसने प्रार्थना का सहारा लिया। ईश्वर में विश्वास रहस्यवाद का परिणाम है जो अवसाद का स्वाभाविक नतीजा है। लेकिन लेखक का रहस्यवाद किसी भी प्रकार हेय या निन्दनीय नहीं है। इसकी अपनी ख़ूबसूरती और आकर्षण है। कल्पनाएँ आशाप्रद हैं। ज़रा देखिए :

बनो पत्थर नींव की बुनियाद के अज्ञात
और करो सहन खुशी से सीने पर अपने
निर्माण बृहत और विशाल
पाओ कष्टों में सच्चा आश्रय
मत करो ईर्ष्या चोटी पर जड़े पत्थर से
लुटाई जाती है जिस पर दुनियावी तारीफ़ सारी।

लगभग पाँच साल पहले शिव वर्मा से कुछ ऐसी ही बात कानपुर में 18 साल के भगतसिंह ने कही थी, गद्य में। उस रोज़ के वाक़ये को याद करते हुए शिव वर्मा, जिनका नाम क्रान्तिकारी दल में प्रभात था, कहते हैं : 'जयदेव आरम्भ से ही मुझसे तगड़ा था। जोख़िम से भिड़ने की उसकी आदत थी और मारपीट में उसका हाथ हमेशा से खुला था। उसके इन्हीं सब गुणों से प्रभावित होकर भगतसिंह ने उसे बिस्मिल वाले ऐक्शन में ले जाने का फ़ैसला कर लिया। एक दिन दोपहर के समय जब उसने अपना उक्त निर्णय मुझसे बतलाया तो मुझे अपने दुबले-पतले शरीर पर बड़ी झुँझलाहट महसूस हुई। मैं पार्टी के काम के योग्य नहीं समझा गया इस विचार से मुझे गहरा आघात लगा और कुछ देर बैठे रहने के बाद नींद का बहाना लेकर मैं एक तरफ़ लेट गया।'

इसके आगे शिव वर्मा बताते हैं कि उसकी परेशानी को भगतसिंह ने भाँप लिया और उसे समझाया, "हीरे इमारत की ख़ुबसूरती बढ़ा सकते हैं, देखनेवालों को चकाचौंध कर सकते हैं, लेकिन इमारत की बुनियाद नहीं बन सकते, उसे लम्बी उम्र नहीं दे सकते, सदियों तक अपने मज़बूत कन्धों पर उसके बोझ को उठाकर उसे सीधा खड़ा नहीं रख सकते। अभी तक हमारे आन्दोलन ने हीरे कमाए हैं, बुनियाद के पत्थर नहीं बटोरे। इसीलिए इतनी क़ुर्बानी देने के बाद

भी हम अभी तक इमारत क्या उसका ढाँचा भी खड़ा नहीं कर पाए। आज हमें बुनियाद के पत्थरों की जरूरत है।"

फिर कुछ रुककर बोला, "और त्याग तथा क़ुर्बानी के भी दो रूप हैं। एक है गोली खाकर या फाँसी पर लटककर मरना। इसमें चमक अधिक है लेकिन तकलीफ़ कम। दूसरा है पीछे रहकर सारी जिन्दगी इमारत का बोझ ढोते फिरना। आन्दोलन के चढ़ाव-उतार के बीच प्रतिकूल वातावरण में कभी ऐसे भी क्षण आते हैं जब एक-एक कर सभी हमराही छूट जाते हैं। उस समय मनुष्य सान्त्वना के दो शब्दों के लिए भी तरस उठता है। ऐसे क्षणों में भी विचलित न होकर जो लोग अपनी राह नहीं छोड़ते, इमारत के बोझ से जिनके पैर नहीं लड़खड़ाते, कन्धे नहीं झुकते, जो तिल-तिलकर अपने-आपको इसलिए गलाते रहते हैं, इसलिए जलाते रहते हैं कि दीये की जोत मद्धम न पड़ जाए, सुनसान डगर पर अँधेरा न छा जाए, ऐसे लोगों की क़ुर्बानी और त्याग पहलेवालों के मुक़ाबले क्या अधिक नहीं हैं?" ('संस्मृतियाँ', पृ. 4-5)

ऐसे भी क्षण आते हैं जब एक-एक कर सभी हमराही छूट जाते हैं। उस समय मनुष्य सान्त्वना के दो शब्दों के लिए भी तरस उठता है—यह बात भगतसिंह निश्चित ही अपने अनुभव से कह रहा था जब वर्ष 1925 में एच.एस.आर.ए. के उसके साथी सब गिरफ्तार हो गए थे और वह नितान्त अकेला पड़ गया था, जब तक कि वर्ष 1926 में शिव वर्मा तथा जयदेव कपूर से उसका परिचय नहीं हुआ।

इस पुस्तक की भूमिका में भगतसिंह आगे लिखता है : 'निर्माण हेतु विनाश न केवल अनिवार्य है बल्कि अपरिहार्य है।'

छह साल पहले अपने लेख 'विश्वप्रेम' में उस दुनिया की कल्पना करते हुए भी जिसमें न युद्ध होंगे, न पाप, यही विचार तो भगतसिंह ने रखा था : 'उस कल्पित शान्ति के लिए हमें अशान्ति फैलानी होगी। घोर अराजकता फैलानी होगी। अशान्ति फैलती है तो फैलने दो, परतंत्रता भी तो न होगी। अराजकता फैलती है तो फैलने दो, पराधीनता का भी तो सर्वनाश हो जाएगा।'

भगतसिंह की राय में "द ड्रीमलैंड" वास्तव में आदर्शलोक है। मगर साथ ही वह लिखता है : 'लेकिन सामाजिक प्रगति में आदर्शलोकों की अत्यन्त महत्त्वपूर्ण भूमिका है। सैंट साइमन, फूरिये और रॉबर्ट ओवेन और उनके सिद्धान्तों के बिना कोई वैज्ञानिक मार्क्सवादी समाजवाद न होता।'

हेनरी डि सैंट साइमन अठारहवीं सदी के फ्रांस में समाजवादी दार्शनिक व्यापारी था जिसका यह आग्रह था कि बड़े लोग यदि थोड़े से त्याग और दूरदर्शिता से काम लें तो इस धरती को ही स्वर्ग समान बनाया जा सकता है। न केवल वर्गहीन और समानता पर आधारित समाज का सपना उसने देखा,

बल्कि इस सपने को मूर्त रूप देने हेतु सफल प्रयोग भी उसने किये। चार्ल्स फूरिये भी अठारहवीं सदी के फ्रांस में ही समाजवादी दार्शनिक था जिसने सहयोग पर आधारित समाज की कल्पना की और ऐसा 'आदर्शलोक' भी बनाया जिसमें अमीर और गरीब एक साथ रहते थे और अपनी पसन्द का काम करते थे। रॉबर्ट ओवेन अठारहवीं सदी के इंग्लैंड का मानवतावादी था जिसने अमेरिका जाकर आदर्शलोक की तैयारी करने के उद्‌देश्य से समाजवादी सिद्धान्त पर आधारित सहयोगात्मक समुदाय का गठन किया।

विभिन्न पहलुओं से पुस्तक का विश्लेषण करते हुए भगतसिंह आगे लिखता है : 'नागरिक सेना के बारे लिखते हुए वह [लेखक] युद्ध पर भी विचार करता है। [भविष्य में] मेरी राय में युद्ध सामग्री संग्रहालयों की दीर्घाओं को सजाएँगी क्योंकि कोई परस्पर विरोधी और भिन्न सरोकार ही न होंगे जो युद्ध का कारण बनते हैं। दूसरे प्रदेशों को क्रान्तिकारी सेनाएँ कूच करेंगी, शासन करने या लोगों को लूटने के लिए नहीं बल्कि परजीवी शासकों को उनके सिंहासन से नीचे लाने और रक्त निचोड़ लेने वाला उनका शोषण रोकने के लिए और इस प्रकार मेहनतकश जनता को मुक्ति दिलाने के लिए।'

'किसी भी अन्य व्यक्ति से क्रान्तिकारी यह बेहतर जानते हैं कि समाजवादी व्यवस्था हिंसक साधनों से अस्तित्व में नहीं लाई जा सकती, बल्कि इसे भीतर से ही प्रस्फुटित और विकसित होना होगा। शासन का कब्ज़ा हम क्रान्तिकारी अपने हाथ में लेने के लिए और क्रान्तिकारी सरकार गठित करने के लिए प्रयासरत हैं, जो अपने सारे संसाधनों को जनशिक्षा में इस्तेमाल करेगी जैसा कि आज रूस में हो रहा है। शासन पर कब्ज़ा हासिल कर लेने के पश्चात् रचनात्मक कार्य के लिए शान्तिपूर्ण साधनों का इस्तेमाल किया जाएगा; ताक़त का इस्तेमाल अवरोधों को कुचलने में किया जाएगा।'

अन्त में भगतसिंह ने लिखा, 'इस पुस्तक की मैं ज़ोरदार अनुशंसा ख़ास तौर पर नौजवानों के लिए करता हूँ, लेकिन एक चेतावनी के साथ। इसे कृपया अन्धानुकरण करने और जो इसमें लिखा है उसे ही स्वीकार कर लेने के लिए न पढ़ें। इसको पढ़ें, इसकी आलोचना करें, इस पर सोचें, इसकी मदद से ख़ुद अपने विचार सूत्रबद्ध करने का प्रयास करें।'

लाहौर से निकलने वाले अख़बार 'सिविल एंड मिलिटरी गज़ट' में ख़बर छपी कि लाहौर छावनी में एक अंग्रेज़ स्त्री और उसकी दो बेटियों पर 13 जनवरी [1931] को एक सिक्ख ने अपनी तलवार से जानलेवा हमला किया। तीनों को फ़ौरन अस्पताल पहुँचाया गया जहाँ उस स्त्री की तो मौत हो गई लेकिन अपने 'सोला' हैट की वजह से दोनों लड़कियाँ बच गईं।

इस हत्यारे ने अपना नाम सज्जन सिंह बताया जिसे सेना से बर्खास्त किया गया था। अपनी बर्खास्तगी के लिए वह उस स्त्री के पति कैप्टेन कर्टिस को ज़िम्मेदार मानता था। अदालत में अपने बयान में उसने कहा कि हत्या तो वह उसी की करने आया था लेकिन जब पाया कि वह लाहौर से बाहर गया हुआ है, उसके परिवार को ही खत्म कर देने का उसने निश्चय किया। अपने इस निन्दनीय कार्य के लिए सफ़ाई उसने यह दी कि उसे ख़्याल आया जलियाँवाला बाग़ जिसमें अंग्रेज़ों ने उसके कई भाइयों की हत्या की थी। लिहाज़ा उसने सोचा कि खाली हाथ उसे नहीं लौटना चाहिए। अपने बयान में उसने यह भी कहा कि वह कांग्रेस का सदस्य है। साथ ही, 'भगतसिंह' बनने की कोशिश में उसने कहा कि वह 'ब्रिटिश सरकार को वह चेतावनी देने आया था कि गाँवों में क्रान्ति शुरू हो चुकी है और आग दहकाने के लिए सिर्फ़ एक माचिस की ज़रूरत है।' इस हत्या की ज़िम्मेदारी लेते हुए उसने यह घोषणा भी की कि अगर ज़िन्दा रहा तो ऐसे ही कार्य वह फिर करेगा। अपना बचाव वह नहीं करना चाहता और उसने आग्रह किया कि अविलम्ब उसे फाँसी पर लटका दिया जाए।' 7 फरवरी को उसे मौत की सज़ा सुना दी गई। ('ए रेवोल्यूशनरी हिस्टरी ऑफ इंटरवार इंडिया', पृ. 155-7)

एक ब्रिटिश महिला और उसके बच्चों पर हुए इस हमले से विदेशी गोरों में आतंक एक नये स्तर पर पहुँच गया। रविवार को चर्च जाते समय ब्रिटिश अपनी भरी हुए पिस्तौल या रिवाल्वर साथ ले जाने लगे। औरतों और बच्चों की ख़ास तौर पर हिफ़ाज़त के मक़सद से एक आरक्षित रेजीमेंट 'पंजाब लाइट हॉर्स' का पुनर्गठन किया गया। एक महिला ने अपनी बेटी को लिखे पत्र में बताया कि लाहौर छावनी मियाँ मीर की महिलाएँ रिवाल्वर से गोली चलाना सीखने लगी हैं। 18 जनवरी के 'सिविल एंड मिलिटरी गज़ट' में यह पत्र 'सम्पादक के नाम' प्रकाशित हुआ : 'इस देश के नागरिक और करदाता की हैसियत से, हज़ारों दूसरे लोगों के साथ मैं पूछता हूँ: क्या हमारी औरतों और छोटे बच्चों को एक ग़ैरक़ानूनी संगठन की ओर से इस तरह की वीभत्सताओं के लिए असुरक्षित छोड़ दिया जाएगा?' 19 जनवरी को इस अख़बार ने बताया कि लाहौर की 'यूरोपियन एसोसिएशन' ने सरकार पर अक्षमता का तथा स्थिति की गम्भीरता को समझने में असफल रहने का आरोप लगाया है।'

26 जनवरी, 1931 को गाँधी जी यरवदा जेल से रिहा कर दिये गए। अगले हफ़्ते 2 फरवरी को भगतसिंह के क़लम से नौजवान राजनीतिक कार्यकर्ताओं के लिए अंग्रेज़ी में एक सन्देश निकला।

'वर्तमान आन्दोलन का अन्त किसी-न-किसी तरह के समझौते के रूप में होना अवश्यम्भावी है। और समझौता ऐसी हेय और निन्दनीय चीज नहीं जैसा कि हम सामान्यतः समझते हैं। बल्कि राजनीतिक रणनीति में यह अपरिहार्य घटक है।'

इसके बाद भगतसिंह रूस की नवम्बर क्रान्ति के बाद हुई ब्रेस्ट-लिटोस्क सन्धि की चर्चा करता है और बताता है कि इस सन्धि का औचित्य सिद्ध करते हुए लेनिन ने कहा था : "शान्ति! शान्ति! और पुनः शान्ति! किसी भी कीमत पर शान्ति" क्योंकि जर्मनी के हमले का सामना करने की स्थिति में बोल्शेविक नहीं थे।'

'जिस बात की तरफ़ मैं इशारा करना चाहता हूँ वह यह है कि समझौता एक ज़रूरी हथियार है, जिसे जब-तब इस्तेमाल करना होता है जैसे-जैसे संघर्ष आगे बढ़ता है। तिलक की नीति, आदर्शों से अलग यानी उनकी रणनीति, सबसे बढ़िया थी। अपने शत्रु से आप सोलह आना पाने के लिए लड़ रहे थे। आपको एक आना मिलता है, उसे जेब में डालिए और बाक़ी के लिए संघर्ष जारी रखिए।'

'यह संघर्ष मध्यवर्गीय दुकानदारों और चन्द पूँजीपतियों पर निर्भर है। असली क्रान्तिकारी सेनाएँ तो गाँवों में और फैक्टरियों में हैं, किसान और मज़दूर। लेकिन उनसे निपटने की हमारे बुर्जुवा नेताओं में हिम्मत नहीं और हिम्मत कर भी नहीं सकते। सोया हुआ शेर एक बार अपनी नींद से जाग गया तो रोके न रुकेगा, हमारे नेता जो चाहते हैं उसे पा लेने के बाद भी।'

'नौजवान कार्यकर्ता, जो पूरी ईमानदारी से 'इनक़लाब ज़िन्दाबाद' का नारा लगाते हैं, इस आन्दोलन को ख़ुद चलाने के लिए सुसंगठित और पर्याप्त शक्तिशाली नहीं हैं। इनक़लाब का अर्थ है वर्तमान सामाजिक व्यवस्था को समूचा उखाड़ फेंकना और उसकी जगह समाजवादी व्यवस्था को लाना। इस उद्देश्य से हमारा तात्कालिक ध्येय है सत्ता हासिल करना। इसे हम छीनना चाहते हैं और अपने आदर्श की परिपूर्ति के लिए इसका उपयोग करना चाहते हैं, यानी सामाजिक पुनर्निर्माण नये, यानी मार्क्सवादी आधार पर।'

इसके बाद भगतसिंह जो लिखता है, वह आज़ादी की लड़ाई में गाँधी जी की रणनीति का अनुमोदन करता हुआ प्रतीत होता है।

'समझौता हमारे लिए घुटने टेकना नहीं है बल्कि एक क़दम बढ़ाना और फिर कुछ आराम। बस यही और कुछ नहीं।'

'हम समाजवादी क्रान्ति चाहते हैं, जिसका अपरिहार्य आरम्भिक दौर है राजनीतिक क्रान्ति। राजनीतिक क्रान्ति का अर्थ राज्य (या अपरिष्कृत रूप से, सत्ता) का ब्रिटिश हाथों से भारतीय हाथों में हस्तान्तरण नहीं, बल्कि उन हाथों में जो अन्तिम लक्ष्य को लेकर हमसे एकमत हैं, या और भी सटीक होने के लिए, जनता के समर्थन द्वारा सत्ता का हस्तान्तरण क्रान्तिकारी दल को होना।'

ज़मीनी हक़ीक़त लेकिन यह थी कि सामान्य जनता का—उन आम लोगों का जो अपने परिवार, अपने बीबी-बच्चों और बूढ़े माँ-बाप का भरण-पोषण करने में अपना जीवन खपा रहे थे और अपनी रोज़ी को लेकर किसी भी क़िस्म का

कोई ख़तरा उठाने को तैयार न थे; जो खेतों में काम करके और दीगर मज़दूरी करके दो वक़्त की रोटी जुगाड़ने के आगे ज़्यादा कुछ सोच पाने के क़ाबिल नहीं थे—उनका समर्थन ज़्यादातर गाँधी जी को हासिल था, क्रान्तिकारी पार्टी को नहीं या बनिस्बतन बहुत कम। यह बात भगतसिंह बख़ूबी जानता था, लिहाज़ा वह यह भी बताता है कि इस उद्देश्य की प्राप्ति के लिए नौजवान कार्यकर्ताओं को क्या करना होगा।

'खैर, हम चर्चा कर रहे थे शक्तियों की जिन पर हम क्रान्ति के लिए निर्भर हो सकते हैं। लेकिन अगर आप कहते हैं कि किसानों और मज़दूरों तक आप पहुँचेगे उनका सक्रिय समर्थन हासिल करने के लिए, तो आपको मैं बता दूँ कि किसी भावुकतापूर्ण चर्चा से वे बेवकूफ़ नहीं बननेवाले। वे बिलकुल खुलकर पूछेंगे : उस क्रान्ति से उन्हें क्या हासिल होगा जिसके लिए आप उनसे बलिदान चाहेंगे, क्या फ़र्क उन्हें पड़ेगा कि लॉर्ड रीडिंग भारत सरकार के मुखिया हैं या सर पुरुषोत्तमदास ठाकोरदास? किसान के लिए क्या फ़र्क यदि लॉर्ड इरविन के स्थानापन्न सर तेज बहादुर सप्रू हो जाएँ! उसकी राष्ट्रीय भावनाओं की गुहार लगाना व्यर्थ होगा। तुम उसे अपने उद्देश्य के लिए "इस्तेमाल" नहीं कर सकते; गम्भीरतापूर्वक यह अभिप्राय तुम्हें रखना होगा और उसे समझाना होगा कि क्रान्ति उसकी होगी और उसके भले के लिए होगी। सर्वहारा की क्रान्ति और सर्वहारा के लिए।'

लॉर्ड इरविन के पहले लॉर्ड रीडिंग ब्रिटिश इंडिया के गवर्नर जनरल और वाइसराय थे, तथा पुरुषोत्तमदास ठाकुरदास बम्बई के प्रमुख उद्योगपति।

'हक़ीक़त का सामना करने के लिए तैयार रहो। क्रान्ति एक बहुत मुश्किल काम है। क्रान्ति करना किसी भी आदमी के बस के बाहर की बात है। न ही यह किसी निश्चित तारीख़ तक लाई जा सकती है। ख़ास माहौल, सामाजिक एवं आर्थिक, इसे लाता है। एक संगठित दल का काम है ऐसी परिस्थितियों द्वारा प्रदत्त अवसर का उपयोग करना। और क्रान्ति के लिए जनता को तैयार करना तथा शक्तियों को संगठित करना बहुत कठिन कार्य है। और क्रान्तिकारी कार्यकर्ताओं से यह बड़े त्याग की माँग करता है।'

यह वही भगतसिंह था, 'propaganda by deed' यानी 'कृत्य द्वारा प्रचार' की वकालत करते हुए जिसने दिसम्बर, 1928 में सोहन सिंह जोश से कलकत्ता में कहा था : 'विद्रोह में एक आदमी मशाल या डायनामाइट के साथ विश्व को आदेश देने में समर्थ है।' ('क्रान्ति का साक्ष्य', पृ. 212) ये वास्तव में प्रिन्स क्रोपोत्किन के शब्द थे जिन्हें भगतसिंह दोहरा रहा था।

नौजवानों कार्यकर्ताओं के लिए इस सन्देश में भगतसिंह आगे कहता है : 'हमें चाहिए—लेनिन को इतनी प्रिय शब्दावली का प्रयोग करते हुए—'पेशेवर' क्रान्तिकारी। पूर्णकालिक काम करनेवाले जिनकी कोई महत्त्वाकांक्षा या जीवन-कार्य

नहीं सिवा क्रान्ति के। दल में संगठित ऐसे काम करनेवालों की संख्या जितनी ज़्यादा होगी, उतनी ही ज़्यादा सम्भावना तुम्हारी सफलता की रहेगी।'

'पार्टी को अपना काम जनता में प्रचार से शुरू करना चाहिए। यह बहुत सारभूत है। अत्यन्त आवश्यक है। ग़दर पार्टी (1914-15) के असफल होने के मूलभूत कारणों में से एक था जनता की अज्ञानता, उदासीनता और कभी-कभी सक्रिय विरोध। पार्टी का नाम बल्कि, * एक कम्युनिस्ट पार्टी।'

चमनलाल द्वारा सम्पादित 'द भगतसिंह रीडर' में बताया है कि इस निशान * के बाद शब्द गुम हैं जबकि चमनलाल तथा जगमोहन सिंह द्वारा सम्पादित 'दस्तावेज़' में लिखा है : 'पार्टी का नाम कम्युनिस्ट पार्टी हो।'

'इसके अतिरिक्त सैनिक विभाग भी अवश्य ही संगठित करना होगा। यह बहुत महत्त्वपूर्ण है। कई बार इसकी बुरी तरह ज़रूरत होती है। इस विषय पर मेरे विचारों को गलत रंग दिये जाने की बहुत अधिक सम्भावना है। ऊपरी तौर पर मैंने एक आतंकवादी की तरह काम किया है। लेकिन मैं आतंकवादी नहीं हूँ। मैं एक क्रान्तिकारी हूँ, एक लम्बे कार्यक्रम पर जिसके ऐसे निश्चित विचार हैं जिन पर यहाँ चर्चा की जा रही है। अपनी पूरी ताक़त से यह ऐलान मुझे करने दिया जाए कि मैं एक आतंकवादी नहीं हूँ और न ही कभी था, सिवा शायद अपने क्रान्तिकारी जीवन की शुरुआत में। और मैं विश्वस्त हूँ कि उन तरीक़ों से हम कुछ हासिल नहीं कर सकते। हिन्दुस्तान सोशलिस्ट रिपब्लिकन एसोसिएशन के इतिहास से कोई भी यह आसानी से तय कर सकता है। किसी ने यदि मुझे ग़लत समझ लिया है तो उसके विचारों को मुझे सुधारने दिया जाए। मेरा यह तात्पर्य नहीं कि बम और पिस्तौल अनुपयोगी हैं, बल्कि उलटा है। लेकिन यह मैं कहना चाहता हूँ कि केवल बम फेंकना न सिर्फ़ बेकार है बल्कि कभी-कभी नुकसानदेह भी है।'

नौजवान राजनीतिक कार्यकर्ताओं के लिए सन्देश के इस मोड़ पर मैं कहना चाहूँगा कि भगतसिंह के काफ़ी नज़दीक रहे राजाराम की राय सच्चाई के काफ़ी क़रीब प्रतीत होती है। उन्होंने कहा था कि अध्ययन के साथ 'भगतसिंह के विचारों का विकास होता गया। उन्होंने रूस की राज्य-क्रान्ति का तथा समाजवादी साहित्य का काफ़ी अध्ययन किया। तब वह चाहने लगे किसानों और मज़दूरों को स्वतंत्रता संग्राम में आगे बढ़कर हिस्सा लेने के लिए प्रेरित किया जाए। यह सब होते हुए भी मेरी राय में भगतसिंह के अन्दर से आतंकवादी भावना सर्वथा निर्मूल नहीं हो पा रही थी। उनका विश्वास था कि "क्रान्ति के मार्ग में कुछ-न-कुछ रक्तपात का होना अनिवार्य है। भगतसिंह की कार्यपद्धति से मुझे कुछ-कुछ ऐसा आभास हुआ करता था कि भगतसिंह देश में क्रान्तिकारी वातावरण पैदा करने और क्रान्ति को निकट लाने लिए विशेष रूप से उतावले हो गए थे।' ('क्रान्ति का साक्ष्य', पृ. 104)

यहाँ अब थोड़ा रुकने की आवश्यकता है। भगतसिंह कहता है 'ऊपरी तौर पर मैंने एक आतंकवादी की तरह काम किया है। लेकिन मैं आतंकवादी नहीं हूँ। मैं एक क्रान्तिकारी हूँ।' और राजाराम शास्त्री भगतसिंह के अन्दर 'आतंकवादी भावना' की बात करते हैं। और कुछ साल पहले यह प्रश्न उठा था कि इन क्रान्तिकारियों को आतंकवादी पुकारना क्या सही है? और तब से इन्हें मिलिटेंट कहा जाने लगा। फादर कामिल बुल्के के अँगरेजी-हिन्दी कोष में militant का अर्थ दिया है युयुत्सु या युद्धप्रिय। लेकिन युद्ध से तात्पर्य तो आमने-सामने की लड़ाई से होता है, जिसमें दोनों पक्ष लगभग बराबरी से युद्ध हेतु सन्नद्ध होते हैं।

दरअसल भगतसिंह का यह पत्र और उसका सरकार के साथ पत्राचार, अदालत में बयान और एसेम्बली में फेंके गए पर्चे सब अंग्रेज़ी में थे। और प्रच्छन्न युद्ध, जो कि ये क्रान्तिकारी विदेशी सरकार के ख़िलाफ़ चला रहे थे, उसके लिए अंग्रेज़ी में जिस शब्द को इस्तेमाल किया गया—टेररिज़्म, उसका हिन्दी अनुवाद कर दिया गया आतंकवाद। पुलिस अनुसन्धान एवं विकास ब्यूरो, गृह मंत्रालय, नई दिल्ली द्वारा प्रकाशित 'आतंकवाद एवं जन साझेदारी' में लेखक विश्वेश शर्मा की राय है कि 'आतंकवाद उस प्रवृत्ति को कहा जा सकता है जिसके माध्यम से कतिपय अवांछित तत्त्व अपनी सभी प्रकार की माँगें मनवाने के लिए अनेकानेक प्रकार के घोर हिंसात्मक उपायों एवं जघन्य अमानवीय साधनों और अस्त्रों-शस्त्रों का प्रयोग करते हैं।' (प्रथम संस्करण 2012, पृ. 13) 'उद्देश्य की दृष्टि से आतंकवाद को दो श्रेणियों में विभाजित किया जा सकता है—सकारात्मक एवं नकारात्मक। सकारात्मक आतंकवाद वह है जिसके मूल में व्यापक हित साधन एवं समाज कल्याण रहता है। उदाहरण के लिए विदेशी शासन से मुक्ति पाने के लिए अपनाया जानेवाला आतंकवाद।' (उपर्युक्त, पृ. 16)

इस परिभाषा के अनुसार भगतसिंह को किसी भी लिहाज़ से आतंकवादी नहीं कहा जा सकता। हाँ, सकारात्मक आतंकवाद उसने अवश्य अपनाया। वर्धा हिन्दी शब्दकोश में आतंक से जुड़े तीन शब्द हैं : आतंकी, आतंककारी और आतंकवादी। ये तीनों आतंक फैलाते हैं और इस शब्दकोश में इनको एक-दूसरे का पर्यायवाची दिखाया है। लेकिन एक अन्तर है। आतंकवादी को आतंकवाद की विचारधारा का अनुयायी बताया है, आतंकी या आतंककारी को नहीं। सकारात्मक आतंकवाद को अपनानेवाले को बजाय आतंकवादी कहने के उसे आतंककारी कहना सत्य के अधिक निकट होता। नेहरू मेमोरियल म्यूज़ियम एवं लाइब्रेरी में संरक्षित एक साक्षात्कार में भगवानदास माहौर वर्ष 1938 के एक प्रसंग में तो यह शब्द इस्तेमाल भी करते है : 'मुझे दिख रहा था कि अब हम लोग आतंककारी गतिविधियों से बहुत ऊपर उठ गए हैं।' (खाता सं. 47, पृ. 35) और क्रान्तिकारियों की गतिविधि को आतंकवाद का नाम देने पर भी

आपत्ति जताते हैं : 'हमने तो कभी आतंकवाद शब्द को स्वीकार ही नहीं किया।' (उपर्युक्त, पृ. 43)

आज भी कई लोग हैं जो यह धारणा पालते हैं और प्रतिपादित करते हैं कि आतंकवाद का प्रश्रय लेकर भगतसिंह ने आज़ादी को पीछे ही धकेला था। यह प्रतिपादित करते हुए किन्तु वे यह स्पष्ट नहीं करते कि वे किस आतंकवाद की बात कर रहे हैं क्योंकि आतंकवाद का स्वरूप कभी स्थिर नहीं रहा, यह बदलता गया है। आतंकवाद का एक चेहरा तब सामने आया जब वर्ष 1968 में फिलिस्तीनी आतंकवादियों ने रोम से तेल अवीव जा रहे विमान को हाईजैक कर उसमें सवार यात्रियों को बन्धक बना लिया और जो 40 यंत्रणापूर्ण दिन बन्दिश में बिताने के बाद ही रिहा हो पाए। आतंकवाद का दूसरा चेहरा तब सामने आया जब वर्ष 1972 में पश्चिम जर्मनी के म्यूनिख में आयोजित ग्रीष्मकालीन ओलम्पिक के दौरान इज़राइल की ओलम्पिक टीम के ग्यारह सदस्यों को फिलिस्तीनी आतंकवादी समूह ब्लैक सितम्बर ने बन्धक बना लिया और अन्ततः उनकी हत्या कर दी। गौरतलब यह है कि उन पर हो रहे जिस अन्याय या अत्याचार का बदला लेने के लिए फिलिस्तीनियों ने यह किया उससे न तो विमान-यात्रियों का कुछ लेना-देना था और न ही उन खिलाड़ियों का जो उस ओलिम्पिक खेल में हिस्सा लेने गए थे जिसका उद्देश्य अंतर्राष्ट्रीय सद्भावना को पोषित करना और बढ़ाना रहा है।

कुलदीप नैयर लिखते हैं : 'भगतसिंह के लिए दिल की बातें महत्त्वपूर्ण थीं। एक क्रान्तिकारी मानवीय भावनाओं से वंचित नहीं हो सकता; यह भावनाएँ ही हैं जो उसे आतंकवादी से अलग बनाती हैं।' ('विदाउट फियर', पृ. 39) शिव वर्मा भी बताते हैं कि 'भगतसिंह का कहना था कि ममता के जो सूत्र अनन्त काल से मनुष्य को एक साथ बाँधकर रखते आए हैं, उनका आदर करके ही हम क्रान्तिकारी धर्म का भी सही रूप में पालन कर सकेंगे। ('संस्मृतियाँ', पृ. 17-8) सोहन सिंह जोश की राय में तो 'ब्रिटिश साम्राज्यवादियों, भारत की आजादी के दुश्मनों ने भारतीय जनता की आँखों में उन्हें बदनाम करने के लिए उन्हें 'आतंकवादी' या 'अराजकतावादी' की संज्ञा दी। वे न तो आतंकवादी और अराजकतावादी ही थे जैसा कि यह शब्द यूरोप में प्रचलित हैं, पर उन्होंने उनके कुछ राजनीतिक विचारों को ग्रहण किया। वे इस बात में विश्वास करते थे कि ब्रिटिश आतंक का देशभक्तिपूर्ण प्रत्यातंक से सामना किया जाए। वे अधीर देशभक्त थे जो प्रतीक्षा करने, देखने तथा धीरे चलने की नीति से घृणा करते थे।' ('क्रान्ति का साक्ष्य', पृ. 214-5)

नौजवान राजनीतिक कार्यकर्ताओं के लिए सन्देश के अन्त में भगतसिंह जो कहता है वह वास्तव में उसे महात्मा गाँधी के क़रीब ले आता है,

जिनके सत्याग्रह आन्दोलन के पीछे मूल भावना थी कष्ट सहकर तथा क़ुर्बानियाँ देकर अपने विरोधी का हृदय परिवर्तन।

'इस काम को पूरा होने में कम-से-कम बीस साल लगेंगे। न तो इसके लिए भावुक होने की ज़रूरत है और न ही यह सरल है। ज़रूरत है निरन्तर संघर्ष करने, कष्ट सहने और क़ुर्बानी भरा जीवन बिताने की। इंच-इंच कर आप आगे बढ़ेंगे। इसके लिए हिम्मत, दृढ़ता और बहुत मज़बूत इरादे की ज़रूरत है। कष्ट सहने और क़ुर्बानी करने के सिद्धान्त से आप सफलता हासिल करेंगे।'

'इनक़लाब ज़िन्दाबाद!'

दूसरी फरवरी, 1931

स्पष्टत: यह सन्देश यहाँ समाप्त हो जाता है। लेकिन भगतसिंह के 'सम्पूर्ण दस्तावेज़' में इतना ही लम्बा सन्देश इसके बाद भी है, प्रोफ़ेसर चमनलाल के अनुसार जो भगतसिंह की शहादत के छह महीने बाद कलकत्ता में श्रीमती प्रतिभा देवी के यहाँ तलाशी के दौरान पुलिस को मिला। सन्देश के इस हिस्से की प्रामाणिकता को लेकर काफ़ी विवाद है, लिहाज़ा इसकी चर्चा यहाँ न करके आगे के अध्याय में की जाएगी।

जेल में रहकर भगतसिंह ने 404 पृष्ठों की नोटबुक में लगभग 50 पुस्तकों में से यूनानी दार्शनिक सुकरात, प्लेटो, अरस्तू एवं फ्रांसीसी दार्शनिक व गणितज्ञ द'कार्ते तथा ब्रिटिश दार्शनिक जॉन लॉक से लेकर टॉमस पेन, ज्याँ जाक रूसो, जॉर्ज बर्नार्ड शॉ, फ्योदोर मिखाइलोविच दोस्तोयेव्स्की, मैक्सिम गोर्की, फ्रेडरिक एंगेल्स, लिओन त्रात्स्की, व्लादिमीर लेनिन इत्यादि के सैकड़ों उद्धरण उतारे हैं। उपर्युक्त सन्देश से यह स्पष्ट है कि इन पुस्तकों का उसने न सिर्फ़ अध्ययन किया, बल्कि उन पर मनन-चिन्तन भी यक़ीनन ही किया, जिसके परिणामस्वरूप उसके विचारों में और विचार-प्रक्रिया में भी उल्लेखनीय और महत्त्वपूर्ण परिवर्तन आ गया था। उसके इस सन्देश में लेनिन की यह राय भी झलकती है कि 'सर्वहारा को अगर जनता का बहुमत हासिल करना है, तो पहले इसे चाहिए कि बुर्जुवा को उखाड़ फेंके और राज्य की सत्ता पर क़ाबिज़ हो जाए।' (जेल नोटबुक, पृ. 120); फ्रेडरिक एंगेल्स का यह कथन भी प्रतिबिम्बित होता है कि, 'सर्वहारा वर्ग को राज्य की आवश्यकता पड़ती है, स्वतंत्रता की खातिर नहीं बल्कि अपने विरोधियों को कुचलने के लिए।' (जेल नोटबुक, पृ. 62); और लिओन त्रात्स्की की यह घोषणा भी गूँजती है कि, 'लेकिन यह स्पष्ट हो चुका है कि क्रान्ति सम्भव नहीं, जब तक क्रान्ति का नेतृत्व करने योग्य पार्टी न हो।' (जेल नोटबुक, पृ. 64)

6 फरवरी, 1931 को मोतीलाल नेहरू की मृत्यु हो गई। क्रान्तिकारी उन्हें अपना हितचिन्तक मानते थे और यक़ीनन वे थे भी। कु. लज्जावती के अनुसार

अन्त तक उन्हें विश्वास था कि मौत की सज़ा पाए हुए तीनों लोगों को फाँसी नहीं लगेगी। ('ए रेवोल्यूशनरी हिस्टरी ऑफ इंटरवार इंडिया', पृ. 143) इलाहाबाद में उनकी 'श्मशान-यात्रा में सागर की भाँति उमड़े हुए नरमुंडों के विराट समूह में चन्द्रशेखर आज़ाद भी उदास मन चल रहे थे। वह दिन भर बिना खाना खाए-पिए खामोश रहे।' ('अग्निपुंज', पृ. 92-3)

चन्द्रशेखर आज़ाद का रक्षा-कवच बना हुआ उनका सबसे विश्वसनीय साथी विश्वनाथ वैशम्पायन 11 फरवरी को कानपुर में गिरफ़्तार हो गया।

12 फरवरी को ख़बर मिली कि प्रिवी कौन्सिल ने अपील निरस्त कर दी, इस तकनीकी मुद्दे पर कि आपातकालीन स्थिति है या नहीं यह निर्णय करने का अधिकार सिर्फ़ गवर्नर जनरल यानी वाइसराय लॉर्ड इरविन को है।

'ख़बर सुनते ही विरोध का तूफ़ान उठ खड़ा हुआ। कश्मीर से कन्याकुमारी तक और बर्मा से बम्बई तक देश का कोना-कोना 'फाँसी की सज़ा रद्द करो - रद्द करो', 'भगतसिंह, सुखदेव, राजगुरु ज़िन्दाबाद-ज़िन्दाबाद' और 'ब्रिटिश साम्राज्यवाद मुर्दाबाद-मुर्दाबाद' के नारों से गूँज उठा। ट्रिब्यून (लाहौर) के अनुसार आन्दोलन ज़बर्दस्त था। न सिर्फ़ पंजाब में बल्कि दूसरे प्रान्तों में भी इसमें हज़ारों-हज़ारों लोगों ने भाग लिया। वाइसराय और ब्रिटिश सरकार को जो विरोध-पत्र भेजा गया उस पर लाखों आदमियों के हस्ताक्षर थे। समाचार पत्रों के पृष्ठ रिहाई की माँग से भरे रहते थे। भारत मंत्री और वाइसराय को लाखों तार भेजे गए।' ('भगतसिंह एक ज्वलन्त इतिहास', पृ. 172) भारत मंत्री से यहाँ तात्पर्य है 'सेक्रेटरी ऑफ़ स्टेट फॉर इंडिया' जो लन्दन में बैठता था।

हंसराज रहबर यह भी बताते हैं कि 'प्रिवी कौन्सिल द्वारा अपील रद्द हो जाने से पंजाब के नौजवान विशेष रूप से उत्तेजित हुए। इन नौजवानों ने कई पोस्टर निकाले, जिनमें लोगों को इस राष्ट्रीय अपमान का बदला लेने का आह्वान किया गया। अमृतसर, जालन्धर, लुधियाना इत्यादि शहरों में उर्दू ज़बान में छपा एक परचा बाँटा गया जिसका शीर्षक था 'पंजाब की इन्तक़ामी पार्टी बदला लेगी'। 'भारत के निडर नौजवानों' को सम्बोधित कर इसमें कहा गया था : 'तुम्हारे लिए चुल्लू भर पानी में डूब मरने की बात नहीं कि तुम्हारे तीन भाइयों को फाँसी दी जा रही है और तुम बदला लेने के लिए मैदान में नहीं आ रहे? तुम्हारा फ़र्ज था कि भगतसिंह और उनके साथियों को फाँसी के हुक्म की ख़बर सुनते ही देश के कोने-कोने में इनक़लाब की आग भड़का देते और सिर्फ़ एक नहीं बीसियों गवर्नरों को गोली का निशाना बनाते।' ('भगतसिंह एक ज्वलन्त इतिहास', पृ. 172-3)

'एक नहीं बीसियों गवर्नरों' का संदर्भ यक़ीनन हरिकिशन द्वारा दो माह पूर्व दिसम्बर, 1930 में पंजाब के गवर्नर की हत्या का प्रयास था।

14 फरवरी को पंडित मदनमोहन मालवीय ने वाइसराय को तार भेजा कि भगतसिंह को सज़ा में राहत दे दी जाए। उसी दिन महादेव देसाई ने अपनी डायरी में दर्ज किया, "गाँधी जी ने मुझसे शास्त्री के पास जाने को कहा और भगतसिंह के बारे में उनसे बात करने को कहा यह पता करने के लिए कि क्या वे (एम.आर. जयकर, तेज बहादुर सप्रू, और श्रीनिवास शास्त्री) भगतसिंह की फाँसी रुकवा सकते हैं।" महादेव देसाई वी. श्रीनिवास शास्त्री से मिले और अपनी डायरी में दर्ज किया, "शास्त्री ने कहा कि पहले वे नैतिक आधार का मुद्दा उठाएँगे क्योंकि मौत की सज़ा को ही ख़त्म कर देने की जरूरत पर वे ज़ोर देंगे।" मौत की सज़ा को बदल देने के सवाल पर वाइसरॉय से बात करने के लिए तेजबहादुर सप्रू भी राजी हो गए।' ('भगतसिंह रिविजिटेड', पृ. 226; सन्दर्भ महादेव देसाई की डायरी जिल्द 14, 1974; पृ. 43-4; अनिल नौरिया के लेख 'एक्जीक्यूशन ऑफ़ भगतसिंह : सम क्लैरीफिकेशन ऑन नूरानी'ज नरेटिव' से उद्धृत जो 'मेनस्ट्रीम' में 6 अप्रैल, 1996 को छपा।) वी. श्रीनिवास शास्त्री, एम. आर. जयकर तथा तेज बहादुर सप्रू उस समय अत्यन्त प्रभावशाली नेता और केन्द्रीय विधानसभा के सदस्य थे, मगर नरम दल के।

17 फरवरी को गाँधी जी और लॉर्ड इरविन की सन्धि वार्ता शुरू हुई और उसी दिन देश भर में 'भगतसिंह दिवस' मनाया गया। जुलूस निकलने लगे, शहरों में हड़तालें होने लगीं, आमसभाओं में चेतावनी दी जाती कि भगतसिंह को अगर फाँसी दी गई तो भविष्य में शान्ति बने रहने की कोई गुंजाइश नहीं बचेगी। ('एटर्नल रिबेल', पृ. 257)

इस समय तक भगतसिंह, कम से कम पंजाब में तो, लगभग हर स्त्री का बेटा बन चुका था; तक़रीबन हर लड़की का भाई और शायद कुछ युवतियों के लिए उनका प्रेमी-पति भी।

तेजवन्त सिंह गिल अपने लेख 'भगतसिंह इन पंजाबी पोएट्री' में बताते हैं कि एसेम्बली हाल में उसने स्वेच्छा से गिरफ़्तारी दी थी, इस तथ्य ने जनता की नज़र में भगतसिंह को निडरता की प्रतिमूर्ति बना दिया था। उसको लेकर 'लोकगीतों के ढंग पर कविताएँ प्रकाशित होने लगीं। नायक को महिमामंडित करने के इरादे से रची गई ऐसी कविताओं के प्रकाशन में उर्दू, हिन्दी और पंजाबी के दैनिक और साप्ताहिक पत्रों ने अगुआई की। उसके बाद पर्चे आए निपुण कवियों की कविताएँ लेकर। भगतसिंह को उन्होंने विलक्षण साहस और दृढ़ता के साथ ब्रिटिश राज को चुनौती देनेवाले एक सुदर्शन निर्भीक युवक के रूप में प्रस्तुत किया। सिर्फ़ शहीद की मौत ही वह दुल्हन थी जिसके साथ शादी करने पर वह तुला हुआ था। भगतसिंह के व्यक्तित्व का यह दिलेर, निडर, जोशीला,

पराक्रमी रूप था जिसने इन कवियों को मोह लिया था।' ('भगतसिंह एंड हिज लेजेंड' में तेजवन्त सिंह गिल का लेख 'भगतसिंह इन पंजाबी पोएट्री', पृ. 208)

इस सम्मोहन से पंजाब की युवतियाँ भला कैसे अछूती रहतीं? भगतसिंह के जीवन पर लिखित और अभिनीत नाटक 'गगन दमामा बाज्यो' की भूमिका में, जिसका प्रथम प्रकाशन वर्ष 2002 में हुआ था, फ़िल्म निर्देशक, लेखक और अभिनेता पीयूष मिश्र लिखते हैं कि अपने इस नाटक के लिए रिसर्च करते हुए उन्हें ज्ञात हुआ कि 'पंजाब की हर गली में भगतसिंह की विधवा को लेकर गीत गाए जाते हैं। एक ऐसी लड़की जिसने उनकी मृत्यु के बाद कभी शादी नहीं की। मालूम पड़ा कि ऐसी स्त्री पंजाब में ज़िन्दा है। उससे मिलने का मूड बना लिया था। मगर तभी किसी अख़बार के मुखपृष्ठ पर ख़बर पढ़ी कि 'भगतसिंह की विधवा' नहीं रही।' भगतसिंह के साथी क्रान्तिकारी यशपाल बताते हैं भगतसिंह की मौत पर पंजाब की एक प्रमुख कांग्रेसी महिला कह बैठी थीं : "इस [फाँसी के] समाचार से जाने देश की कितनी महत्त्वाकांक्षी कुमारियों के हृदय विधवा हो गए होंगे।"

पंजाब में परम्परा है कि शादी के समय दूल्हा कमर में तलवार लटकाए हुए मोतियों से जड़ी रंगीन पगड़ी पहन सज-धजकर जब घोड़ी चढ़ता है 'तब दूल्हे की सुन्दरता और शोभा के बारे में 'घोड़ी' गाकर बताया जाता है : उसकी बहादुरी, उसकी वीरता, उसका श्रंगार, उसके आभूषण। 'घोड़ी' को ख़ास तौर पर दूल्हे की बहन गाती है।' ('मार्टिर एज ए ब्राइडग्रूम', लेखक ईश्वर दयाल गौर; प्रकाशक आकार बुक्स, दिल्ली; संस्करण वर्ष 2016, पृ. 126-7)

पंजाबी लोककथाओं जैसे हीर-राँझा, सस्सी-पुन्नुम, मिर्ज़ा-साहिबान और सोहनी-महिवाल के सभी नायक विद्रोही-प्रेमी हैं, विवाह-योग्य आयु में जिसकी मृत्यु हो जाती है। यह विद्रोही-प्रेमी 'क़ुर्बानी पसन्द करता है; जोख़िम उठाने में मजा लेता है; ख़तरे से बेपरवाह रहता है, मौत को हिकारत से देखता है; शौर्य की भावना रखता है और श्रेष्ठ आचरण की कद्र करता है। वह मस्त और प्रफुल्लित है, ज़िन्दगी के लिए उत्साह और लालसा रखता है; 'एक्शन' में विश्वास रखता है, वैराग्य और निवृत्ति से दूर रहता है; विजय के लिए संघर्ष करता है; नैतिक मूल्यों और आदर्श की गम्भीर अनुभूति रखता है और अपनी ऊर्जा तथा साहस उनके अनुसरण की ओर लक्ष्य करता है। अन्यायपूर्ण दंडाधिकारियों व दमनकारियों के हाथों वीरोचित मृत्यु पाता है।' ('मार्टिर एज ए ब्राइडग्रूम', पृ. 39)

ईश्वर दयाल गौर यह भी बताते हैं कि 'एक क्रान्तिकारी/विद्रोही/योद्धा की विवाह-योग्य आयु का उसकी मृत्यु/शहादत के साथ संयोग दूल्हे और शहीद के बीच के फ़र्क को मिटा देता है, और आपस में मिलकर दोनों एक नई सामाजिक श्रेणी उत्पन्न करते हैं—शहीद-बन्ने की।' (उपर्युक्त, पृ. 122)

'विद्रोही-प्रेमी' की हर कसौटी पर तो भगतसिंह खरा उतर ही रहा था, साथ ही अब वह 'शहीद-बन्ना' भी हो गया था। लिहाज़ा भगतसिंह को लेकर 'घोड़ियाँ' रची और गाई जाने लगीं।

आवो नी भैणों रल गावीए घोड़ियाँ,
जँआँ ते होई ए तियार वे हाँ।
मौत कुड़ि नूँ परनावण चल्लिया,
देशभगत सरदार वे हाँ।'
(आओ बहनो मिलकर घोड़ियाँ गाएँ,
बारात तो चलने को तैयार है।
मौत-दुल्हन को ब्याहने के लिए,
देशभक्त सरदार चला है।)

भगतसिंह को लेकर 'घोड़ियाँ' पंजाब में आज भी गाई जा रही हैं। यू-ट्यूब पर भरमार है 'भगतसिंह घोड़ी' की।

इलाहाबाद से प्रकाशित होनेवाले अख़बार 'लीडर' में 1 मार्च को ख़बर छपी : '27 फरवरी को शुक्रवार सवेरे 10 बजे लगभग 20 मिनट तक गोली चलती रही। यह गोली चालन दो क्रान्तिकारी तथा उत्तर प्रदेश सी.आई.डी. के बीच हुआ। इसमें एक क्रान्तिकारी मारा गया। कहा जाता है कि डिप्टी सुपरिंटेंडेंट ठाकुर विश्वेश्वर सिंह ने एक व्यक्ति को देखा जिस पर आज़ाद होने का शक़ हुआ।' ('अमर शहीद चन्द्रशेखर आज़ाद', पृ. 253-4)

यह मुठभेड़ अलफ्रेड पार्क इलाहाबाद में हुई थी। उस समय चन्द्रशेखर आज़ाद के साथ सुखदेवराज भी था। घटनाक्रम के बारे में बताते हुए सुखदेवराज ने कहा : 'आज़ाद की परिस्थिति बहुत गम्भीर थी। साथियों का भरोसा नहीं। जिनका भरोसा था वे धीरे-धीरे पकड़े जा रहे थे। 27 फरवरी को जब मैं उनसे मिला तो उन्होंने मुझसे छूटते ही यह प्रश्न किया, "तुम बर्मा गए हो?" मैंने कहा। "हाँ।" "बर्मा के रास्ते हमारे कुछ साथी हिन्दुस्तान से सुरक्षित जा सकेंगे?" उन्होंने पूछा।' ('अमर शहीद चन्द्रशेखर आज़ाद', पृ. 313)

ये बातें हो ही रही थीं कि एक अंग्रेज़ अफ़सर के साथ कुछ सिपाही वहाँ आ पहुँचे। 'गोरे अफ़सर के हाथ में पिस्तौल थी जिसे लेकर वह आगे बढ़ा और पूछा—'तुम कौन हो और यहाँ क्या कर रहे हो?' सुनते ही आज़ाद का सीधा हाथ पिस्तौल पर गया और सुखदेवराज का भी। लेकिन गोरे अफ़सर ने पिस्तौल पहले दाग दी। गोली आज़ाद की जाँघ में लगी। आज़ाद की गोली गोरे अफ़सर के कन्धे में लगी। दोनों ओर से गोलियाँ चलने लगीं। बताते हैं कि गोरे की गोली से आज़ाद की जाँघ की हड्डी चूर-चूर हो गई। एक गोली उनकी दाहिनी भुजा पर लगती हुई फेफड़े में जा घुसी। फिर भी उन्होंने साहस नहीं छोड़ा।

उनका बायाँ हाथ ही बिजली बनकर कौंधा। इस सम्मुख युद्ध में आज़ाद ने गजब की वीरता और निशानेबाजी का परिचय दिया। उन्होंने अपनी गोली से पुलिस सुपरिंटेंडेंट नॉट बाबर की कलाई तोड़ दी जिससे उसके हाथ की पिस्तौल नीचे गिर पड़ी तथा दारोगा विश्वेश्वर सिंह का जबड़ा टूट गया।' ('क्रान्ति की इबारतें', पृ. 144)

सुरेन्द्रनाथ पांडे इस घटना को इस तरह याद करते हैं : 'उनका दाहिना हाथ भी टूट गया, बायाँ पैर भी टूटा हुआ था, तो उन्होंने बाएँ हाथ से अपनी पिस्तौल निकाली और नॉट बाबर के ऊपर फायर कर दिया। वह जिस हाथ में रिवाल्वर लिए हुए था उसकी कलाई में वह गोली लगी। एक महंदी वगैरह की बाड़ थी। तो उसके पीछे विश्वेश्वर सिंह छिपा हुआ था और वह वहाँ से गोली चला रहा था। उसने आज़ाद को कोई अपशब्द कह दिया आज़ाद ने अपने बाएँ हाथ से उसकी आवाज़ के आधार पर गोली चलाई और गोली विश्वेश्वर सिंह के जबड़े में घुस गई। पहले बचपन में पढ़ा था कि महाराज पृथ्वीराज शब्दभेदी बाण चलाते थे आज़ाद ने शब्दभेदी गोली चलाई।' (नेहरू म्यूज़ियम ज़बानी इतिहास, खाता सं. 886, पृ. 154-5)

आज़ाद के अचूक निशाने की तारीफ़ पुलिस के अफ़सरों ने भी की जिन्होंने आज़ाद की पिस्तौल से निकलती गोलियों का सामना उस मुठभेड़ में किया था। सुखदेवराज ने बताया कि आज़ाद की जाँघ गोली लगने के बाद उन्होंने उससे कहा—"मेरी जाँघ में गोली लग चुकी है। सिराज तुम निकल जाओ।" ('अमर शहीद चन्द्रशेखर आज़ाद', पृ. 314) सुखदेवराज को आज़ाद सिराज कहकर पुकारा करते थे।

आज़ाद की जाँबाज़ी की इस कहानी को इसके आगे सुरेन्द्रनाथ पांडे बढ़ाते हैं : 'इसके बाद पोस्टमार्टम की बात आती है, तो डॉक्टर ने कहा कि "दैट बुलेट ब्रोक दी राइट अपर आर्म एंड दी बुलेट गाट लोस्ट इन दी रीजन ऑफ़ हार्ट" [उस गोली ने दाईं ऊपरी भुजा तोड़ दी और वह गोली दिल के क्षेत्र में गुम हो गई।] यह बड़ा आश्चर्य है कि इसके बाद वह कैसे जीते रहे और आधे घंटे तक लड़ते रहे, क्योंकि उसके बाद जैसे ही वह गोली लगी थी, उससे तो तत्काल उनकी मृत्यु हो जानी चाहिए थी। तो आपने आल्हा सुना होगा। उसमें यह था कि क्षत्रिय लोग जब युद्ध करते थे और उनके तलवार से सिर कट जाते थे, तो जो रुंड है सर के बिना जो शरीर का हिस्सा था, वह फिर उठकर तलवार से लड़ाई करता था उठि-उठि रुंड करें तरवार।' (नेहरू म्यूज़ियम ज़बानी इतिहास, सुरेन्द्रनाथ पांडे खाता सं. 886, पृ. 153)

आल्हा की ये पंक्तियाँ वास्तव में इस प्रकार हैं :

भुजा बहादुर फड़कन लागे, नाचन लगे मुच्छ के बार;
कट कट बोटी गिरे खेत में, उठ उठ रुंड करे तकरार।
एक को मारो दुई मर जाए, तिसरो खौफ खाए मर जाए;
मरे के नीचे जिन्दा लुक गयो, ऊपर लोथ लई लटकाय।

'वह तो पहले कहते भी थे कि आज़ाद है हमेशा आज़ाद ही रहेंगे।' (उपर्युक्त, 157) आज़ाद ने एक योद्धा की ज़िन्दगी जी और एक योद्धा की शान के साथ ही उन्होंने शहादत हासिल की। साइमन कमीशन पर बम फेंकने और फिर एसेम्बली में धमाका करने के उद्‌देश्य से जिन दिनों आगरा में बम बनाने के लिए क्रान्तिकारी इकट्‌ठे हुए थे, आपस में हँसी-मज़ाक करते हुए बात चली कि कौन कैसे पकड़ा जाएगा और किसे क्या सज़ा मिलेगी। 'भगतसिंह ने विनोद करते हुए कहा—"पंडित जी, आपके लिए दो रस्सों की ज़रूरत पड़ेगी। एक आपके गले के लिए और दूसरा आपके इस भारी भरकम पेट के लिए।" आज़ाद तुरन्त हँसकर बोले—"देख, फाँसी जाने का शौक़ मुझे नहीं है। वह तुझे मुबारक हो, रस्सा-फस्सा तुम्हारे गले के लिए है। जब तक यह बमतुल बुखारा मेरे पास है, किसने माँ का दूध पिया है जो मुझे जीवित पकड़ ले जाए।" ('अग्निपुंज', पृ. 42)

अपनी माउजर पिस्तौल को प्यार से आज़ाद बमतुल बुखारा कहा करते थे।

भारत को आज़ादी दिलाने के तरीक़े को लेकर आज़ाद गाँधी जी से असहमति रखते थे। अहिंसा से अंग्रेज़ नहीं भगाए जा सकते, उन्हें पक्का यक़ीन था। लेकिन इस वजह से गाँधी जी के प्रति उनके मन में कटुता या दुर्भावना दूर-दूर तक न थी। उलटे वे गाँधी जी का बहुत सम्मान करते थे। रामकृष्ण खत्री बताते हैं कि असहयोग आन्दोलन वापस लिये जाने पर आज़ाद के साथ अकसर ही उनकी बहस हो जाया करती थी, जिसमें वे ख़ुद तो इसे 'गाँधी जी की बहुत बड़ी भूल' बताते थे मगर आज़ाद 'बहुत ज़ोरों के साथ गाँधी जी का पक्ष लेकर वकालत करते थे।' ('शहीदों की छाया में', पृ. 62) आज़ाद के निकट सहयोगी क्रान्तिकारी सुरेन्द्रनाथ पांडे बताते हैं : 'आख़िर के दिनों में चन्द्रशेखर आज़ाद और हम इलाहाबाद में थे। उन दिनों गाँधी जी वहाँ पर थे। गाँधी-इरविन पैक्ट की बातचीत चल रही थी। शाम को जहाँ हम और आज़ाद साथ-साथ घूमने जाते थे वहीं से गाँधी जी भी निकलते थे। तो एक दिन आज़ाद ने कहा कि गाँधी जी अकेले दो-चार मामूली लोगों के साथ टहलने के लिए निकलते हैं। अगर मान लीजिए कोई अंग्रेज़ों का आदमी इनको मार दे तो जो काम यह कर रहे हैं वह तो नष्ट हो जाएगा, इसलिए यह बहुत दुःख की बात है कि हम लोग इनकी सुरक्षा का इन्तज़ाम नहीं किये हुए हैं। चाहे जो कुछ हो। हमें हर तरह से इसका उपाय करना चाहिए, यह चन्द्रशेखर आज़ाद के शब्द थे, जो हमारे कमांडर-इन-चीफ़ थे।

तो गाँधी जी के प्रति हमारी और उनकी ऐसी ऊँची भावना थी।' (नेहरू म्यूज़ियम ज़बानी इतिहास, खाता सं. 886, पृ. 123) और जिन अंग्रेज़ों पर वे शक़ कर रहे थे कि कहीं वे गाँधी जी को मरवा न दें, उनके प्रति भी आज़ाद के दिल में सराहना का ही भाव था। क्रान्तिकारी गजानन्द सदाशिव पोतदार ने एक साक्षात्कार में बताया : 'एक बात वे हमसे ज़ोर देकर कहते थे कि ब्रिटिश लोगों के ख़िलाफ़ अपने दिल में घृणा हमें नहीं पालनी चाहिए। वे हमेशा हमसे कहते थे : "ब्रिटिश सबसे बढ़िया लोग हैं—दुनिया में सबसे बढ़िया लोगों में से एक। मुट्ठी भर लोग निकलते हैं और लगभग आधी दुनिया पर राज करते हैं। ऐसे लोगों से घृणा हम नहीं कर सकते। उनसे हमें सीखना चाहिए।' (कैम्ब्रिज साउथ एशियन स्टडीज' ज़बानी इतिहास; मि. शंकर द्वारा साक्षात्कार 6 अप्रैल, 1970 को।)

हिंसा का रास्ता आज़ाद ने इख़्तियार किया क्योंकि कोई दूसरा रास्ता अपने देश को आज़ादी दिलाने का उन्हें नज़र नहीं आया। लेकिन इसका यह अर्थ नहीं कि उनमें कोमल भावनाओं का लोप हो गया था। शिव वर्मा एक वाक़िया सुनाते हैं : 'एक बार रात लगभग दस बजे पुलिस के अवांछनीय लोगों की निगाह से बचने के ख़्याल से हम लोगों ने सड़क छोड़कर मूलगंज [कानपुर में] की एक गली का रास्ता पकड़ लिया। अभी हम कुछ ही क़दम आगे बढ़े होंगे कि ऊपर कोठे से किसी बाई जी ने ठुमरी की तान भरी। गानेवाली का सुरीला स्वर हवा में तैरने लगा। पन्द्रह-बीस क़दम आगे निकल जाने पर आज़ाद ने मेरा हाथ दबाया, "यार, बहुत अच्छा गा रही है, दो मिनट सुन लो।" सचमुच सन्नाटे के उस वातावरण में गाने ने एक समाँ पैदा कर दिया था। गायिका अपने जीवन की सारी वेदना उँड़ेले जा रही थी। थोड़ी देर में हमें अपनी स्थिति का ज्ञान हुआ तो इच्छा न रहते हुए भी हम वहाँ से चल दिये। गाने का स्वर दूर तक हमारा पीछा करता रहा।' ('संस्मृतियाँ', पृ. 70)

आज़ाद के शहीद होने के चार दिन बाद 3 मार्च, 1931 को भगतसिंह ने अपने दोनों छोटे भाइयों को अत्यन्त ही भावुक होकर पत्र लिखे। दोनों भाइयों में बड़ा कुलबीर था जिसकी उम्र उस समय 15 साल की रही होगी।

'प्रिय कुलबीर सिंह,

मैंने किसी के लिए कुछ न किया। तुम्हारे लिये भी कुछ न कर सका। आज तुम सबको विपदाओं में छोड़कर जा रहा हूँ। तुम्हारी ज़िन्दगी का क्या होगा? गुज़र किस तरह करोगे? यही सब सोचकर काँप जाता हूँ। लेकिन भाई हौसला रखना। विपदाओं में भी कभी न घबराना। इसके सिवाय और क्या कह सकता हूँ। हौसला रख मेरे अज़ीज़! मेरे प्यारे भाई, ज़िन्दगी बड़ी सख़्त है और दुनिया बड़ी बेरहम। लोग भी बहुत बेरहम हैं। बहुत शर्म आती है और अफ़सोस के सिवाय मैं कर भी क्या सकता हूँ। अच्छा नमस्कार अज़ीज़ भाई अलविदा...रुख़सत।'

और कुलतार को लिखा :

'प्यारे कुलतार,

आज तुम्हारी आँखों में आँसू देखकर बहुत दुख पहुँचा। आज तुम्हारी बातों में बहुत दर्द था। तुम्हारे आँसू मुझसे सहन नहीं होते। बरख़ुरदार, हिम्मत से विद्या प्राप्त करना और सेहत का खयाल रखना। हौसला रखना, और क्या कहूँ—

उसे फ़िक्र है हरदम नया तर्ज़े-जफ़ा क्या है,
हमें यह शौक़ है देखें सितम की इन्तहा क्या है।
दहर से क्यों ख़फ़ा रहे, चर्ख़ का क्यों गिला करें,
सारा जहाँ अदू सही, आओ मुक़ाबला करें।
कोई दम का मेहमाँ हूँ ऐ अहले-महफ़िल,
चरागे़-सहर हूँ बुझा चाहता हूँ।
हवा में रहेगी मेरे ख़याल की बिजली,
ये मुश्ते-ख़ाक़ है फ़ानी, रहे रहे न रहे।
अच्छा रुख़सत। ख़ुश रहो अहले-वतन;
हम तो सफ़र करते हैं।
हौसले से रहना।

(तीसरा शेर डॉ. मुहम्मद इकबाल का है और पहला, दूसरा तथा चौथा शेर राष्ट्रवादी कवि बृज नारायण चकबस्त का। यह शेर 'हवा में रहेगी मेरे ख़याल की बिजली' मूल नज़्म में इस तरह है : 'रहेगी आबो-हवा में ख़याल की बिजली'। दहर = दुनिया; चर्ख़ = आसमान या ब्रह्मांड, यहाँ अर्थ क़िस्मत से है; अदू = दुश्मन; अहले-महफ़िल = महफ़िल में मौजूद साहिबान यानी इस दुनिया के लोगों। अहले-वतन = मेरे देशवासियों। ईस्ट इंडिया कम्पनी ने अवध के नवाब वाजिद अली शाह को कलकत्ता में नज़रबन्द करने का फ़ैसला लिया। लखनऊ से नवाब जब चले तो उनकी ज़बान से निकल पड़ा : 'ख़ुश रहो अहले-वतन; हम तो सफ़र करते हैं।')

5 मार्च को गाँधी-इरविन समझौते पर दस्तख़त हुए। समझौते की शर्तों से जवाहरलाल नेहरू समेत कई कांग्रेसी नेताओं को निराशा हुई। भगतसिंह के मुरीदों को तो और भी ज़्यादा क्योंकि उसकी सज़ा में रियायत बरतने का कोई जिक्र इसमें नहीं था। अखिल भारतीय कांग्रेस के खुले अधिवेशन में इसे मंज़ूर किये जाने का प्रस्ताव रखा जाना लेकिन बाक़ी था और पार्टी के सदस्यों द्वारा मतदान कर इस पर आख़िरी ठप्पा लगाया जाना भी। यह काम सिन्ध प्रान्त के शहर कराची में 24 मार्च, 1931 से आरम्भ होनेवाले अधिवेशन में होना था। माँग उठी कि भगतसिंह की रिहाई के मुद्दे को लेकर यह समझौता निरस्त कर दिया जाए।

सुभाषचन्द्र बोस ने गाँधी जी से आग्रह किया कि समझौता निरस्त कर ब्रिटिश सरकार के ख़िलाफ़ आन्दोलन फिर आरम्भ किया जाए; बावजूद इसके कि वर्ष 1929 में अपने बेहद नज़दीकी मित्र और साथी सुखदेव को लिखे पत्र में भगतसिंह ने साफ़ तौर पर यह निर्देश दे दिया था कि, 'यदि कोई सम्मानपूर्ण और उचित समझौता होना कभी सम्भव हो जाए, तो हमारे जैसे व्यक्तियों का मामला उसके मार्ग में कोई रुकावट या कठिनाई उत्पन्न करने का कारण न बने। जब देश के भाग्य का निर्णय हो रहा हो तो व्यक्तियों के भाग्य को पूर्णतया भुला देना चाहिए।'

आधिकारिक रूप से भी भगतसिंह की रिहाई की माँग उठी, और दूर लन्दन में उठी। ब्रिटिश पार्लियामेंट के कुछ सदस्यों ने 6 मार्च को वाइसराय के नाम तार भेजा : 'हाउस ऑफ़ कॉमन्स का इंडिपेंडेंट लेबर ग्रूप आपसे सानुरोध प्रार्थना करता है कि लाहौर षड्यंत्र के क़ैदियों को रिहा कर दिया जाए।' ('भगतसिंह एक ज्वलन्त इतिहास', पृ. 172)

18 मार्च को प्राणनाथ मेहता ने भगतसिंह, राजगुरु और सुखदेव को समझाया कि उनका जीवन अब राष्ट्र की धरोहर है लिहाज़ा उन्हें दया-याचिका लगा देनी चाहिए।

शान्त स्वर में भगतसिंह ने पूछा, "किस तरह की याचिका तुम चाहते हो कि हम लगाएँ?"

प्राणनाथ ने आश्वासन दिया कि याचिका में ऐसा कुछ हम नहीं कहेंगे जिससे आप लोगों की बहादुरी पर आँच आए। "आज ही रात मैं प्रारूप तैयार कर लूँगा और सुबह आप लोगों के पास ले आऊँगा।"

अगली सुबह प्राणनाथ बड़ी ख़ुशी-ख़ुशी जेल आया और भगतसिंह को याचिका का प्रारूप दिखाया।

"लेकिन याचिका तो हमने पहले ही भेज दी है।" भगतसिंह मुस्कुराते हुए बोला और फिर अपनी याचिका की प्रति प्राणनाथ को दिखाई। ('राजगुरु : द इनविंसिबल रेवोल्यूशनरी' लेखक अनिल वर्मा, प्रकाशक भारत सरकार का सूचना एवं प्रसारण मंत्रालय का प्रकाशन विभाग, संस्करण वर्ष 2010, पृ. 152-3)

पंजाब के गवर्नर को, जिनका मुख़्यालय शिमला की ठंडी हसीन वादियों में हुआ करता था, सुखदेव, राजगुरु तथा अपनी ओर से इस 'दया-याचिका' में भगतसिंह ने लिखा था :

'बहुत ही नज़दीक भविष्य में अन्तिम युद्ध लड़ा जाएगा। यह जंग न हमसे शुरू हुई थी और न ही हमारी ज़िन्दगियों के साथ ख़त्म होगी। आपकी अदालत के फ़ैसले के मुताबिक़ हमने युद्ध छेड़ा था लिहाज़ा हम युद्धबन्दी थे। और ऐसे ही बर्ताव का हम तकाज़ा करते हैं, यानी बजाय फाँसी पर लटकाए जाने के गोली से उड़ा दिये जाने की माँग करते हैं।'

दो हज़ार से भी अधिक वर्ष पहले बजाय सन्धि का प्रस्ताव रखने के या सन्धि की चर्चा करने के, युद्ध में हारे हुए तथा बेड़ियों में जकड़े हुए हिन्दुस्तान के पुरुवंशी राजा गर्व से सिर उठाए हुए हज़ारों मील दूर यूनान से चलकर रास्ते में सभी देशों को हराते हुए आए मकदूनिया के राजा सिकन्दर से गरजती हुई आवाज़ में [बतर्ज़ और बाअन्दाज़ पृथ्वीराज कपूर] कह रहे हैं : "वैसा ही व्यवहार हमारे साथ हो, जैसा एक राजा दूसरे राजा के साथ करता है!"

उसी रोज़ यानी 18 मार्च, 1931 को होम सेक्रेटरी पंजाब ने होम डिपार्टमेंट नई दिल्ली को तार भेजा : 'आपका तार 17 तारीख का। भगतसिंह, राजगुरु और सुखदेव को 23 मार्च की शाम फाँसी दे दी जाएगी। इसकी मालूमात लाहौर को 24 मार्च की सुबह ही दी जाएगी'। (प्रोफ़ेसर चमनलाल की 'भगतसिंह रीडर' से।)

लॉर्ड इरविन के स्थान पर भारत के वाइसराय के रूप में लॉर्ड विलिंगडन की इस दौरान नियुक्ति हो चुकी थी और 15 अप्रैल को इरविन भारमुक्त होने जा रहे थे। उनकी शानदार विदाई पार्टी वाइसराय हाउस में 22 मार्च की शाम को रखी गई। उसी दिन भगतसिंह ने अपने क्रान्तिकारी साथियों को उर्दू में एक पत्र लिखा :

'मेरा नाम हिन्दुस्तानी क्रान्ति का प्रतीक बन चुका है और क्रान्तिकारी दल के आदर्शों और क़ुर्बानियों ने मुझे बहुत ऊँचा उठा दिया है – इतना ऊँचा कि जीवित रहने की स्थिति में इससे ऊँचा मैं हरगिज़ नहीं हो सकता। आज मेरी कमज़ोरियाँ जनता के सामने नहीं हैं। अगर मैं फाँसी से बच गया तो वे ज़ाहिर हो जाएँगी और क्रान्ति का प्रतीह-चिह्न मद्धिम पड़ जाएगा या सम्भवत: मिट ही जाए। लेकिन दिलेराना ढंग से हँसते-हँसते मेरे फाँसी चढ़ने की सूरत में हिन्दुस्तानी माताएँ अपने बच्चों के भगतसिंह बनने की आरज़ू किया करेंगी और देश की आज़ादी के लिए क़ुर्बानी देनेवालों की तादाद इतनी बढ़ जाएगी कि क्रान्ति को रोकना साम्राज्यवाद या तमाम शैतानी शक्तियों के बूते की बात नहीं रहेगी।'

और वास्तव में वर्ष 1942 में छिड़े 'भारत छोड़ो' आन्दोलन में ऐसा ही हुआ। 8 अगस्त को बम्बई में प्रस्ताव पारित हुआ कि सरकार ने अगर वे शर्तें नहीं मानीं जो गाँधी जी ने वाइसराय को लिखी थीं तो कांग्रेस पार्टी आन्दोलन छेड़ देगी। सरकार इस खुशफ़हमी में थी कि कांग्रेस के शीर्ष नेताओं को परिदृश्य से अगर हटा दिया जाए तो सम्भावित आन्दोलन की हवा ही निकल जाएगी। उन सभी नेताओं को रातोंरात गिरफ़्तार कर अज्ञात स्थानों पर भेज दिया गया। फिर जो आन्दोलन जनता ने खड़ा किया, जिसमें कांग्रेसी और क्रान्तिकारी कन्धे-से-कन्धा भिड़ाकर लड़े, तो सरकार को '1857' की याद आ गई। गाँव, क़स्बे, शहर, महानगर—यहाँ तक कि रजवाड़ों और रियासतों में भी—ऐसा तूफ़ान उठा कि ब्रिटिश राज के मज़बूत पाँव कई जगह से उखड़ गए और हफ़्तों तक वहाँ 'यूनियन जैक' की बजाय

'तिरंगा प्यारा' शान से लहराता रहा। इस 'जंग' में हिंसा-अहिंसा के मुद्दे को भी ज़्यादा अहमियत नहीं दी गई और अब तक हुए किसी भी आन्दोलन में दी गई क़ुर्बानियों से कई गुना ज़्यादा क़ुर्बानियाँ इस 'जंग' में दी गईं। सरकारी आँकड़ों के अनुसार, जो कि हमेशा हक़ीक़त को दबाए रखने के लिए ही जारी किये जाते हैं, 500 से ज़्यादा बार गोली चली जिसमें लगभग 1000 'योद्धा' शहीद हुए, 1500 से ज़्यादा 'आज़ादी के सिपाही' गम्भीर रूप से घायल हुए और लगभग 60000 'जंगबाज़' जेलों में ठूँस दिये गए।

उधर 'अभ्युदय' में छपा :

24 मार्च को भगतसिंह आदि को फाँसी होगी?

फाँसी अगर हुई तो बड़ा उपद्रव खड़ा हो जाएगा

'शहर में अफ़वाह उड़ रही है कि फाँसी मंगलवार को दी जाएगी। यह चर्चा भी सुनी जाती है कि पहले वाइसराय सज़ा बदलने के लिए तैयार दिखाई देते थे, पर पंजाब के कुछ बड़े-बड़े पुलिस कर्मचारियों ने इसका घोर विरोध किया। यहाँ तक कि वे इस्तीफ़े देने के वास्ते तैयार हो गए। इसलिए वाइसराय को दरख्वास्त रद्द कर देनी पड़ी।' ('क्रान्तिवीर भगतसिंह', पृ. 196-7)

महादेव देसाई की डायरी में दर्ज है कि इस दिन [सोमवार 23 मार्च को] गाँधी जी [वाइसराय को] पत्र लिखने के लिए सुबह 1 बजे उठ गए, जिसे देवदास गाँधी सुबह 8 बजे वाइसराय को देने के लिए ले गया। ('भगतसिंह रिविजिटेड', पृ. 234-5; सन्दर्भ महादेव देसाई की डायरी जिल्द 14, 1974; पृ. 171; अनिल नौरिया का लेख।)

बावजूद इसके कि भगतसिंह ने न तो प्राणदान की याचिका लगाई थी, न माफ़ी माँगी थी और न ही किसी को अधिकृत किया था उसकी सज़ा में रियायत के लिए किसी से भी निवेदन करने के लिए, लॉर्ड इरविन को 'प्रिय मित्र' से सम्बोधित करते हुए गाँधी जी ने उनसे निवेदन किया :

'आपने कहा था कि मेरे द्ववारा शनिवार को किये गए निवेदन पर आप ग़ौर करेंगे। आपको मैं यह सूचित करने में समर्थ हूँ कि क्रान्तिकारी पार्टी ने मुझे आश्वासन दिया कि, इन ज़िन्दगियों को बचा लेने की हालत में, वह पार्टी अपने को [हिंसा से] दूर रखेगी, [अतः] मेरी राय में क्रान्तिकारी हत्याओं की समाप्ति तक सज़ा को निलम्बित रखना बाध्यकारी कर्तव्य हो जाता है।'

'राजनीतिक हत्याओं को पहले भी माफ़ किया गया है। इन ज़िन्दगियों को बचाना लाभकर है यदि इससे कई दूसरी निर्दोष जानें बच सकती हैं और शायद क्रान्तिकारी अपराध भी लगभग ख़त्म हो जाएँ।' ('भगतसिंह रिविजिटेड', पृ. 235)

'क्रान्तिकारी हत्याओं की समाप्ति तक सज़ा को निलम्बित' रखने का सीधा अर्थ था सज़ा को अनिश्चित काल तक के लिए स्थगित कर देना। और यह जुमला कि 'राजनीतिक हत्याओं को पहले भी माफ़ किया गया है', साफ़-साफ़ बता रहा था कि 'अहिंसा का यह पुजारी' भगतसिंह को माफ़ी दिये जाने की याचना लॉर्ड इरविन से बिना किसी लाग-लपेट के कर रहा था।

23 मार्च, 1931. दिन सोमवार। लाहौर केन्द्रीय कारागार।

सुबह-सुबह भगतसिंह 'ट्रिब्यून' अख़बार पढ़ रहा है। पढ़ते-पढ़ते उसकी नज़र एक लेख पर टिक गई। यह हाल ही में छपी लेनिन की जीवनी की समीक्षा थी। तुरन्त उसने एक पर्ची पर प्राणनाथ मेहता के नाम एक सन्देश लिखा और जेल के वार्डर के हाथ बाहर भेज दिया : 'अन्तिम वसीयत के बहाने तुरन्त मुझसे मिलो, पर लेनिन का जीवन-चरित्र लाना न भूलना।' ('युगद्रष्टा', पृ. 244)

रूस के शोधकर्ता एल.वी. मित्रोखिन को लगभग 70 वर्षीय प्राणनाथ मेहता ने वर्ष 1977 में एक मुलाक़ात में बताया कि उस किताब को लेकर जब वह जेल पहुँचा तो बड़ी मुश्किल से इज़ाज़त उसे मिल पाई थी भगतसिंह की कोठरी तक जाने की। किताब को लेते हुए वह बेहद ख़ुश था, बोला : "आज रात को ही इसे ख़त्म कर दूँगा।"

वीरेन्द्र सिन्धु ने अपनी पुस्तक युगद्रष्टा में लिखा है कि प्राणनाथ मेहता की लाई हुई लेनिन की जीवनी भगतसिंह पढ़ रहे थे, जब उनकी कोठरी का दरवाज़ा खुला। दहलीज पर जेल का अफ़सर खड़ा था।

"सरदार जी!" उसने कहा, 'फाँसी लगाने का हुक्म आ गया है तैयार हो जाइए।"

तय तो यह था कि 24 मार्च को फाँसी दी जाएगी; और क़ायदा यह था कि फाँसी सुबह के समय ही दी जाती थी। लेकिन सरकार डरी हुई थी—भगतसिंह को उसके साथी रात में कहीं भगा न ले जाएँ; कहीं ऐसा न हो कि लाहौर की जनता उपद्रव पर उतर आए और अफ़रातफ़री का फ़ायदा उठाकर जेल में बन्द क़ैदी भगतसिंह के साथ ही सुखदेव और राजगुरु को भी लेकर फ़रार हो जाएँ; और शायद यह डर भी था कि 24 तारीख को कराची के कांग्रेस अधिवेशन में ऐसी स्थिति न पैदा हो जाए कि गाँधी-इरविन समझौते को 'मौत' से बचाने की गरज से भगतसिंह की मौत को मुल्तवी कर देने के लिए सरकार मजबूर हो जाए। लिहाज़ा 23 मार्च को ही वाइसराय का तार लाहौर जेल के सुपरिंटेंडेंट के पास पहुँच गया कि आज ही शाम को इन तीनों 'राजद्रोहियों' को फाँसी दे दी जाए।

वीरेन्द्र सिन्धु बताती हैं कि भगतसिंह के दाएँ हाथ में किताब थी, उससे नज़रें उठाए बिना ही उन्होंने बायाँ हाथ उठाकर कहा : "ठहरिए! यहाँ एक क्रान्तिकारी दूसरे क्रान्तिकारी से मिल रहा है।"

कुछ पंक्तियाँ और पढ़कर उन्होंने किताब एक तरफ़ रख दी और उठ खड़े हुए। बोले : "चलिए!"

गुलाबसिंह दूसरे नवीन षड्यंत्र मुक़दमे में अभियुक्त थे जो वर्ष 1930 में दायर हुआ और जिसमें इन्द्रपाल और यशपाल आदि भी अभियुक्त थे। वर्ष 1934 में इस मुक़दमे का फ़ैसला हुआ जिसमें इन्हें मौत की सज़ा दी गई थी जो बाद में आजीवन कालापानी में बदल दी गई और इन्हें अंडमान भेज दिया गया। वर्ष 1946 में ये रिहा हो पाए। जिस दिन भगतसिंह को फाँसी दी गई, ये लाहौर केन्द्रीय जेल में ही थे। अपने संस्मरण में ये बताते हैं कि 'उजाला रहते ही शाम को वक़्त से पहले सबको उनकी कोठरियों में बन्द कर दिया। क़ैदी समझ गए कुछ ख़ास मगर दुर्भाग्यपूर्ण घटित होनेवाला है। एक बेचैन सन्नाटा पसर गया।

डेढ़ घंटा बीत गया तब हमने सरदार भगतसिंह की आवाज़ सुनी जो अपने दो साथियों से कह रहे थे : "वे आ गए।"

तीनों तीन बार चिल्लाए, "इनक़लाब ज़िन्दाबाद!" हम लोगों ने उसे प्रतिध्वनित किया।

पाँच मिनट भी न बीते होंगे और वे फाँसी के तख़्ते पर थे। हमने सिर्फ़ तख़्ते के गिरने की धड़ाके की आवाज़ सुनी।' ('अंडर द शैडो ऑफ़ गैलोज' लेखक गुलाबसिंह, प्रकाशक रूपचन्द दिल्ली, संस्करण वर्ष 1963, पृ. 131-2)

इन पाँच मिनटों की दास्तान वीरेन्द्र सिन्धु सुनाती हैं। 'बाईं तरफ़ सुखदेव, दाईं तरफ़ राजगुरु भगतसिंह के हाथों में हाथ डाले समवेत स्वर में तीनों गाते चले,

दिल से निकलेगी न मरकर भी वतन की उल्फ़त,
मेरी मिट्टी से भी ख़ुशबू-ए-वतन आएगी!

फाँसी के तख़्ते पर चढ़कर मुसकुराते हुए भगतसिंह ने वहाँ मौजूद अंग्रेज़ मजिस्ट्रेट को धीर-गम्भीर आवाज़ में अंग्रेज़ी में सम्बोधित किया : "मजिस्ट्रेट महोदय, आप भाग्यशाली हैं कि आज आप अपनी आँखों से यह देखने का अवसर पा रहे हैं कि भारत के क्रान्तिकारी किस प्रकार प्रसन्नतापूर्वक अपने सर्वोच्च आदर्श के लिए मृत्यु का आलिंगन कर सकते हैं।"

यह सन्ध्या के 7 बजकर 33 मिनट का समय था।' ('युगद्रष्टा', पृ. 249)

23 मार्च की रात, क़त्ल की रात लाहौर का बच्चा-बच्चा 'हा भगतसिंह!' 'हा सुखदेव! 'हा राजगुरु!' चिल्लाता फिर रहा था। सारी रात शोक मनाया गया और फिर आधी रात को जुलूस निकला। उस रात कोई नहीं सोया। इस ख़बर ने देश में आँसुओं का सैलाब ला दिया। अजय घोष बताते हैं कि 'यह समाचार सुनकर लोग बच्चों की तरह रोए।'

लाहौर से 2000 हज़ार किलोमीटर से भी ज़्यादा दूरी पर मद्रास प्रान्त की सलेम जेल में क़ैद बटुकेश्वर को ख़बर मिली कि उसका सरदार नहीं रहा तो उसका दिल रो दिया और आँखों से आँसू बह निकले। यक़ीनन भगतसिंह के ये शब्द उस समय उसके कानों में गूँज उठे होंगे : "हमारा बलिदान यों ही नहीं जाएगा बटुक! यह और बात है कि आनेवाले परिणामों को देखने के लिए हम संसार में न रहें।"

'भविष्य' के 'भगतसिंह विशेषांक' में लाला दीनानाथ नाम के शायर ने शहीदे आज़म को इन शब्दों में श्रद्धांजलि दी :

वो रखते हैं दिल में गुमाँ कैसे-कैसे,
दिये हमने गो इम्तिहाँ कैसे-कैसे।
भगतसिंह को देखकर चर्ख़ बोला,
दिखाए ज़मीं ने जवाँ कैसे-कैसे।

एक बार बिदाई दे मा

अमरीका के साउथ कैरोलिना स्थित क्लेमसन विश्वविद्यालय में सहायक प्रोफ़ेसर मौ बनर्जी 'स्पेक्टर्स ऑफ सैंटली रिबेल्स' लेख में बताती हैं : 'खुदीराम ने 1908 में हालाँकि ग़लत व्यक्तियों को मारा, वह एक पौराणिक नायक बन गया जिसे एक बंगाली लोकगीत ने अमर बना दिया; बाद के क्रान्तिकारियों ने जिसे उनकी चेतना के केन्द्र में होना स्वीकार किया।' और अपने इस कथन को दोहराते हुए वे यह भी लिखती हैं कि 'किशोर क्रान्तिकारी के विषय में जनसाधारण में प्रचलित मिथक इस लोकगीत "एक बार बिदाई दे मा, घुरे आशी" के द्वारा लोक-स्मृति में अपरिमित रूप से मज़बूत हुआ।'

प्रशासनिक सुविधा की दृष्टि से बंगाल के दो हिस्से कर देने के प्रस्ताव का विरोध जताने के लिए दिसम्बर 1903 से लेकर अक्टूबर, 1905 तक कम-से-कम 3000 सभाएँ बंगाल के विभिन्न हिस्सों में हुईं, हर सभा में 5000 से लेकर 50000 लोग। फिर भी लॉर्ड कर्जन ने बंगाल का विभाजन किया। हज़ारों लोग आक्रोशित हो इस निर्णय के ख़िलाफ़ सड़कों पर उतर आए और गिरफ़्तारियाँ दीं। कलकत्ता के मजिस्ट्रेट किंग्स्फोर्ड ने इन लोगों को अनुचित रूप से क्रूर दंड दिया। उसे सज़ा देने के ख़्याल से खुदीराम और प्रफुल्ल चाकी ने किंग्स्फोर्ड के बँगले के सामने रात के अँधेरे में उसकी गाड़ी पर बम फेंका जिसमें दुर्भाग्यवश किंग्स्फोर्ड के बजाय उसकी पत्नी और बेटी थीं, अस्पताल में जिनकी मौत हो गई।

प्रफुल्ल चाकी ने तो ख़ुद को गोली मार ली मगर खुदीराम बसु पकड़ा गया। इस बम ने हालाँकि दो निरपराध महिलाओं की जान ली थी फिर भी खुदीराम बंगालियों के दिलों में नायक की तरह प्रतिष्ठित हो गया। बंग-बंग विरोधी आन्दोलन, जो वर्ष 1907 तक समाप्तप्राय हो चुका था, की असफलता की वजह से बंगाली भद्रजन का अहम घायल था, जिस पर इस घटना ने मलहम का काम किया।

सफ़ेद धोती और सफ़ेद कुरता पहननेवाला, घुँघराले घने बालोंवाला खुदीराम बसु एक मासूम और भोलाभाला नज़र आनेवाला 18 साल का दुबला-पतला

लड़का था जिसकी बोझिल पलकें और विचारमग्न आँखें उसके कोई दार्शनिक होने का अहसास दिलाती थीं। उसके मासूम चेहरे ने, उसकी निर्भीकता ने, और शक्तिशाली ब्रिटिश साम्राज्य को अकेले के दम पर ही चुनौती दे देने के उसके भाव ने देश के लगभग हर नौजवान का, ख़ास तौर पर बंगाल के, दिल जीत लिया था।

चाँद के फाँसी अंक में खुदीराम की अन्त्येष्टि और उसके बाद का दृश्य इस प्रकार वर्णित है : 'खुदीराम बोस की सुंदर चिता बनाई गई। धू-धू करके चिता जल उठी। काली बाबू [वकील, अदालत में जिन्होंने खुदीराम की पैरवी करने की 'हिम्मत' दिखाई थी।] ने ही सुगन्धित पदार्थ, काष्ठ और घृत की आहुति दी। अस्थि चूर्ण और भस्म के लिए परस्पर छीना-झपटी होने लगी। कोई सोने की डिब्बी में, कोई चाँदी के और कोई हाथी दाँत के छोटे-छोटे डिब्बों में वह पुनीत भस्म भर ले गए। एक मुट्ठी भस्म के लिए हज़ारों स्त्री-पुरुष प्रमत्त हो उठे थे।' (पृ. 197-8)

बंगाल के जुलाहे एक खास क़िस्म की धोती बुनने लगे और यह धोती नौजवानों में फ़ैशनेबल हो गई। इसकी किनारी पर पूरे में खुदीराम-खुदीराम लिखा होता था। उसकी बहादुरी पर गीत रचे गए। उसकी शहादत पर नाटक रचे गए और उनका मंचन भी हुआ। और खुदीराम पूरे देश के लिए वीर नायक हो गया। अभी वर्ष 2017 में भी हिन्दी में एक फ़िल्म बनी है—'मैं खुदीराम बोस हूँ।'

खुदीराम की बहादुरी को सलाम करते हुए तत्कालीन बंगाली कवि पीताम्बर दास ने "एक बार बिदाई दे मा, घुरे आशी" गीत रचा। कहा जाता है कि हर बंगाली बालक इस गीत को सुनते हुए ही बड़ा होता है। अब भी 15 अगस्त को यह गान बंगाल में सुनाई दे जाता है और यू-ट्यूब पर कितने ही गायकों ने अपने-अपने अन्दाज़ में इस गीत को आवाज़ दी है। और इस गीत का हरेक गान मन में वही भाव जगाता है—अपनी मातृभूमि पर मर-मिटने का भाव।

वर्ष 1966 में प्रदर्शित हुई बंगाली फ़िल्म 'सुभाषचन्द्र' में इस गाने को स्वर-साम्राज्ञी लता मंगेशक़र ने अपनी आवाज़ दी है और इस गाने को एक बार सुनने के बाद बार-बार सुनने को जी करता है। बंगाल के पारंपरिक बाउल संगीत पर रची गई धुन पर, जिसमें सिर्फ़ एक इकतारे का इस्तेमाल हुआ है, गाया हुआ यह गीत मन को सघन भावों से भर देता है—उदासी के और आशा तथा विश्वास के भी। इस फ़िल्म में दिखाया गया है कि बालक सुभाष हुगली नदी के रेतीले किनारे पर बैठा है और अपनी बेटी के कन्धे पर एक हाथ रखे हुए जीर्ण वस्त्रों में एक नेत्रहीन बूढ़ा अपने दूसरे हाथ से उसके अपने कन्धे पर रखे इकतारे का तार छेड़ता हुआ वहाँ से गुज़रता है; और वह किशोरी गा रही है,

ऐक बार बिदाई दे मा, घुरे आशी; हासी-हासी पोरबो फासी।
आमि हासी-हासी पोरबो फासी; देखबे भारतबासी।

बालक सुभाष अपलक उनकी ओर देख रहा है और इस गीत को सुनते हुए वह विचारमग्न हो जाता है। शायद किंचित उदासी से भी वह भर गया है। अपने देश के लिए कुछ कर गुज़रने की भावना भी शायद इस गीत की सरल मगर दिल को छू लेनेवाली लय तथा इसके शब्द उसके मन में जगा रहे हैं

इस गीत का अर्थ कुछ इस प्रकार है,

एक बार विदाई दे माँ, फिर आऊँगा; हँसते-हँसते चढ़ूँगा फाँसी।
हँसते-हँसते मैं चढ़ूँगा फाँसी; देखेंगे भारतवासी।

इस गीत का अगला टुकड़ा है :

बारो लक्खो तेत्रिश कोटि, रुइलो मा तोर बेटा बेटी मा गो,
तादेर नियै घोर कोरिस मा, बौदेर कोरिस दाशी।

यानी,

बारह लाख तैंतीस करोड़, हैं माँ तेरे बेटा-बेटी,
बग़ल में तेरे उनके रहते हुए तू, ज़्यादा देर अत्याचार नहीं झेलेगी।

आगे इस गीत में खुदीराम अपनी भारतमाता से वादा करता है कि,

दोश माश दोश दिन पोरे, जोन्मनीबो माशिर घोरे मा गो।
दस साल और दस दिन बाद, मौसी के घर मैं पुन: जन्म लूँगा माँ।

इसके बाद से ही सम्भवत: 'हँसते-हँसते फाँसी चढ़ना' शहादत का आदर्श हो गया और इसके बाद ही सम्भवत: यह उक्ति मुहावरा बनी। 'चाँद' के 'फाँसी अंक' में 'विप्लव-यज्ञ की आहुतियाँ' उप-शीर्षक के अन्तर्गत भगतसिंह ने जो लेख लिखे उसमें इस भावाभिव्यक्ति का उसने भरपूर इस्तेमाल किया है। उदाहरण के लिए :

[लॉरेन्स गार्डन बम विस्फोट के अभियुक्त अवधबिहारी ने] 'फाँसी के समय आपने स्वयं कूदकर रस्सी गले में डाल ली। और वन्देमातरम् के साथ हँसते-हँसते विदा हो गए।' (पृ. 415)

'भाई बालमुकन्द जी को फाँसी हो गई। उस दिन कहते हैं, उनके आनन्द की सीमा न रही थी। सिपाहियों से पंजा छुड़ाकर फाँसी के तख़्ते पर जा खड़े हुए।' (पृ. 417)

[श्री बलवन्त ने] 'भारत-स्वतंत्रता का गान गाया। हँसते-हँसते फाँसी के तख़्ते पर जा खड़े हुए।' (फाँसी अंक, पृ. 452)

'यह मस्ताना शायर [अशफ़ाक़उल्ला] भी हैरान करनेवाली ख़ुशी से फाँसी चढ़ा। [एक दिन पहले] आप ख़ूब सजे सँवरे थे। बड़े-बड़े कढ़े हुए केश ख़ूब सजते थे। बड़ा हँस-हँसकर बातें करते रहे। आपने कहा, कल मेरी शादी

होनेवाली है। दूसरे दिन सुबह छह बजे आपको फाँसी दी गई। क़ुरान शरीफ़ का बस्ता लटकाकर हाजियों की तरह वज़ीफ़ा पढ़ते हुए बड़े हौसले से चल पड़े। आगे जाकर तख़्ते पर रस्सी को चूम लिया।'

फाँसी की सज़ा हो जाने के बाद भगतसिंह ने बटुकेश्वर दत्त को जो पत्र लिखा था, उसमें भी उसने कहा था : 'मैं ख़ुशी से फाँसी के तख़्ते पर चढ़कर दुनिया को दिखा दूँगा कि क्रान्तिकारी अपने आदर्शों के लिए कितनी वीरता से क़ुर्बानी दे सकते हैं।'

राष्ट्रकवि रामधारी सिंह दिनकर लिखते हैं : 'मृत्यु भय की वस्तु नहीं, वह स्पृहणीय है, काम्य है, इस भाव का प्रचलन भारतीय साहित्य में सूफी-परम्परा के प्रभाव से बढ़ा है। आधुनिक भारत के सबसे बड़े कवि रवीन्द्रनाथ ने मृत्यु की मोहकता का वर्णन किया है तथा उसे आराध्य के समान आकर्षक और सुन्दर बताया है। ('संस्कृति के चार अध्याय', पृ. 321)

मरण रे तुहुँ मम श्याम समान।
मेघवरण तुझ, मेघ जटाजुट,
रक्त-कमल-कर, रक्त-अधर-पुट,
ताप-विमोचन करुण कोर तव,
मृत्यु-अमृत करे दान।

इस गीत का मुखड़ा वर्ष 1939 में प्रदर्शित फ़िल्म 'कंगना' में इस्तेमाल किया गया था। यह गीत भी बंगाली क्रान्तिकारी युवकों के मन में मृत्यु-अभिलाषा जगाता था। वर्ष 1925 में हुई काकोरी डकैती के पहले भी इस गीत को क्रान्तिकारी गुनगुनाया करते थे, जैसा कि अपनी आत्मकथात्मक पुस्तक 'दे लिव्ड डेंजरसली' में मन्मथनाथ गुप्त बताते हैं। उस समय वे बनारस में रहते थे। धन की व्यवस्था हेतु 'हिन्दुस्तान रिपब्लिकन आर्मी' द्वारा डाली जानेवाली 'डकैती' की मुहिम या 'FC' यानी 'फोर्स्ड कांट्रिब्यूशन' की मुहिम पर जाने के लिए पहली बार चुने जाते समय उन्हें कैसा महसूस हुआ, इसका वर्णन करते हुए वे लिखते हैं :

'वाराणसी से हम दो लोगों को [लेखक और उनका साथी रबीन्द्र] पहले 'जबरन वसूली' दल के साथ जुड़ने का सौभाग्य प्राप्त हुआ। जैसे ही इस बाबत हमें बताया गया, हम रोमांचित थे क्योंकि हमें महसूस हुआ कि एक्शन अब शुरू होने जा रहा है। हमें लगा कि जैसे कि मरण हेतु हमें चुन लिया गया है।'

'मृत्यु का विचार हमारे दिमाग में कैसे घुसा यह पता लगाना मुश्किल नहीं है। हमें चेतावनी दी गई थी कि 'जबरन वसूली' के दौरान हमें गोली लग सकती है। विचारों की यह श्रृंखला इसने आरम्भ की। इसने हमें भयभीत नहीं किया, उलटे इसने उल्लास का अहसास हमें दिया। रबीन्द्र ज़्यादा ही खुश था।

पूरी तरह से वह मगन प्रतीत हुआ और ऐसे प्रसन्न था जैसे अपनी दुल्हन से मिलने वह जा रहा हो। टैगोर का यह गीत उसने गाया—"मरन रे तुहुँ मम श्याम समान"। (यानी हे मृत्यु तुम मेरे लिए वैसे ही हो जैसे मेरे प्रियतम कृष्ण।) कैसा करुण गीत! लेकिन हमारी मनोदशा को यह ख़ूबसूरती से प्रतिबिम्बित करता था। हमने कल्पना की कि सर्वोच्च त्याग की घड़ी आ गई है। तब हमने सोचा कि एक क्रान्तिकारी के लिए इससे ज़्यादा अभीष्ट कुछ नहीं हो सकता।' ('दे लिव्ड डेंजरसली', पृ. 110)

उपर्युक्त पंक्तियों के आगे यह गीत इस प्रकार है :

आकुल राधा-रिझ अति जरजर,
झरई नयन दऊ अनुखन झरझर,
तुहुँ मम माधब, तुहुँ मम दोसर,
तुहुँ मम ताप गुछाव,
मरन तू आओ रे आओ।
तुहुँ नहीं बिसरबी, तुहुँ नहीं छोड़बी,
राधा हृदय तू कबहुँ न तोड़बी,
तुहुँ मम प्रियतम,
मृत्यु-अमृत करे दान।

राधा को छोड़कर कान्हा जब वृन्दावन से मथुरा चले गए, तब मृत्यु का स्वागत करते हुए व्याकुल राधा उससे कहती है : 'मृत्यु रे तुम मेरे श्याम के समान हो।' फिर मृत्यु की तुलना वह कृष्ण के रूप के साथ करती है : 'कृष्ण की तरह वह श्यामवर्ण है। उसके स्वामी की तरह उसके केश भी काले हैं; और हथेलियाँ ललाई लिये हुए हैं; और प्रियतम कृष्ण के ही सरीखे उसके लाल होंठ हैं।' मृत्यु से वह यह भी कह रही है कि वह 'तापविमोचन' है यानी वह उसकी पीड़ा हर लेगा क्योंकि उसकी गोद शान्तिमय (करुण कोर) है। मृत्यु को बुलाते हुए आकुल राधा पुकार उठती है कि 'तू उसे बिसराएगा नहीं, उसे तू छोड़ेगा नहीं, राधा का हृदय तू कभी तोड़ेगा नहीं। तू प्रियतम है मेरा।' और फिर अमृत-तुल्य मृत्यु उससे माँगती है, 'मृत्यु-अमृत करे दान।'

इस गीत की धुन भी गुरुदेव रवीन्द्रनाथ टैगोर ने ही रची थी और आज भी उसी धुन पर यह गीत गाया जाता है। कई गायिकाओं द्वारा दी गई इस गीत की सुन्दर प्रस्तुतियाँ इसी धुन पर यूट्यूब में मौजूद है। स्वागतलक्ष्मी द्वारा दी गई प्रस्तुति मुझे सबसे अधिक सुन्दर प्रतीत हुई। इसे सुनकर समझ में आता है कि क्यों यह गीत मन्मथनाथ और उसके साथी क्रान्तिकारी रबीन्द्र के दिल में मृत्यु के प्रति स्वागत का भाव जगा रहा था।

पंजाब, और शेष उत्तर भारत के लिए भी, यही बात इस गीत के लिए कही जा सकती है :

सरफ़रोशी की तमन्ना अब हमारे दिल में है,
देखना है ज़ोर कितना बाजुए-क़ातिल में है!

यह कलाम बिस्मिल अज़ीमाबादी का है जिसे मशहूर क्रान्तिकारी और शहीद पंडित रामप्रसाद बिस्मिल ने काकोरी षड्यंत्र मुक़दमे के दौरान अपने साथियों सहित गाकर अमर बना दिया। 'किरती' में मई, 1927 में छपे 'काकोरी के वीरों से परिचय' लेख में भगतसिंह ने लिखा था : '6 अप्रैल को फ़ैसला सुनाया गया, उस दिन सभी वीर गाते आए थे—

सरफ़रोशी की तमन्ना, अब हमारे दिल में है,
देखना है ज़ोर कितना बाज़ु-ए-क़ातिल में है!

सज़ाएँ लापरवाही से सुनीं और हँस दिये।' ('सम्पूर्ण दस्तावेज़, राहुल फाउंडेशन', पृ. 111)

मन्मथनाथ गुप्त बताते हैं : [फ़ैसले के दिन लखनऊ में] 'जब हमारी लारियाँ सिनेमा हाल के हाते में पहुँच गईं (भाड़े के सिनेमा हाल में हमारा मुक़दमा होता था।) बाहर एक बहुत बड़ी भीड़ एकत्र थी। रोज़ की तरह हम जल्दी से अदालत के कमरे की तरफ़ नहीं बढ़े, बल्कि वहीं पर जमकर एक गाना गाने लगे जो तब से हर व्यक्ति की ज़बान पर बैठ चुका है :

सरफ़रोशी की तमन्ना, अब हमारे दिल में है,
देखना है ज़ोर कितना बाज़ु-ए-क़ातिल में है!

('क्रान्तिकारी की आत्मकथा' पृ. 264-5)

इस गीत को वर्ष 1965 में प्रदर्शित फ़िल्म शहीद में जिस अन्दाज़ में मोहम्मद रफ़ी, मन्ना डे और राजेन्द्र मेहता ने गाया है, दिल को बेपनाह दर्द से भर देता है। लेकिन साथ ही एक क़िस्म का जोश भी जहन में उतार देता है। ख़ास तौर पर यह शेर :

वक़्त आने दे बता देंगे तुझे ऐ आसमाँ!
हम अभी से क्यूँ बताएँ क्या हमारे दिल में है!

और यह भी :

खेंच कर लाई है सबको क़त्ल होने की उम्मीद,
आशिक़ों का आज जमघट कूचा-ए-क़ातिल में है।

यह आख़िरी शेर बिस्मिल अज़ीमाबादी का नहीं है। पंडित रामप्रसाद बिस्मिल ने सम्भवतः इसे जोड़ा है।

'सरफ़रोश' का शब्दशः अर्थ होगा 'सिर का व्यापार करनेवाला।' लेकिन भावार्थ है 'जान की बाज़ी लगा देने वाला।' और जिसने भी प्रतिबद्धता के साथ और पूरी गम्भीरता से क्रान्तिकारी जीवन को अपनाया, हक़ीक़त में वह अपनी जान की बाज़ी लगाने ही आया।

जयदेव कपूर ने एक साक्षात्कार में यह अफ़सोस ज़ाहिर किया था कि 'सरदार, राजगुरु और सुखदेव को देशभक्ति का सर्वोच्च पुरस्कार दिया गया। मुझे इसके क़ाबिल नहीं समझा गया। सरदार दूसरी बार मुझे मात दे गया।' ('क्रान्ति का साक्ष्य', पृ. 136) एक मौक़े पर सुधीर विद्यार्थी के साथ 'भगतसिंह पर चर्चा करते-करते दो बार जयदेव दा की आँखें पनीली हुईं। कहने लगे—केन्द्रीय एसेम्बली में बम फेंकने मैं ही जानेवाला था। रास्ता देख लिया था और गिरफ़्तारी के बाद दिये जानेवाला स्टेटमेंट भी तैयार हो चुका था। तभी एकाएक सुखदेव पंजाब से आ गया। सरदार (भगतसिंह) से उसने पूछा—एसेम्बली में बम फेंकने का क्या रहा? उसने कहा—सब ठीक है। जयदेव डेवलपमेंट वाच कर रहा है, उसने आने-जाने का रास्ता बना लिया है। स्टेटमेंट भी लिखा जा चुका है। सुखदेव को जब यह पता लगा कि सरदार इस एक्शन में नहीं जा रहा, तब उसने उससे नाराज़गी व्यक्त करते हुए कहा कि तुमसे ज़्यादा प्यारा मेरा कोई दोस्त नहीं है। लेकिन प्रश्न व्यक्तिगत नहीं है। मैं जानता हूँ कि पार्टी के मन्तव्य को तुम ही ठीक से अदालत के मंच पर रख सकते हो। क्या तुम डर गए हो? मैं नहीं चाहता हूँ कि तुम्हारे बारे में भी वही लिखा जाए जैसा कि भाई परमानन्द के लिए जज ने अपने फ़ैसले में दर्ज किया था कि यह व्यक्ति क्रान्तिकारी आन्दोलन का मस्तिष्क है, लेकिन भीतर से कायर और डरपोक है। यह ख़ुद पीछे रहकर अपने जूनियर को फायरिंग लाइन में भेज देता है। सरदार को सुखदेव की यह बात चुभ गई। उसने ज़िद पकड़ ली कि अब एसेम्बली में बम फेंकने वही जाएगा। उसने कहा कि उसे बम फेंकने जाने की अनुमति दी जाए। वरना वह पागल हो जाएगा या आत्मघात कर लेगा। वह बोला कि जब मेरा नज़दीक का दोस्त यह कह सकता है, तो जनता क्या कहेगी? पार्टी को उसे इजाज़त देनी पड़ी। इस तरह मुझे पीछे छोड़कर सरदार बाज़ी मार ले गया। यह सब सोचकर मुझे एक शेर याद आ जाता है—मैंने ही बरसों सज़ाया मयक़दा, मेरी ही क़िस्मत में पैमाने नहीं। इसके बाद लाहौर षड्यंत्र केस का जब फ़ैसला आया तो सरदार को फाँसी का पुरस्कार और मुझे सिर्फ़ कालापानी की सज़ा। इस तरह सरदार ने मुझे दो बार शिकस्त दी।' ('क्रान्ति की विरासत', पृ. 190)

शहीद होने का गौरव कोई भी क्रान्तिकारी नहीं खोना चाहता था। काकोरी में जो शहीद हुए सबको याद थे, उनकी गौरवगाथा कही-सुनी जाती थी। बाक़ी किसको याद थे? हर क्रान्तिकारी चाहता था शहादत। भगतसिंह की सज़ा अगर कालापानी में बदल गई होती तो क्या वह 'शहीद-ए-आज़म' होता? और क्या उस पर यह पुस्तक मैं लिख रहा होता?

शहादत के लिए जुनून की शुरुआत हालाँकि सबके लिए अलग वजह से हो सकती थी। चन्द्रशेखर आज़ाद के लिए वह दर्द था जो बालकावस्था में

अंग्रेज़ मजिस्ट्रेट के हुक्म से उन्हें लगाए गए कोड़ों से उपजा था और जिसे वह ताज़िन्दगी नहीं भूल पाए। काकोरी के शहीद अशफ़ाक़उल्ला के लिए बचपन में सुने अपने दोस्तों के ताने वजह बन गए। अपने बचपन की यादों को कुरेदते हुए अशफ़ाक़उल्ला ने लिखा था : 'नानिहाल यानी माँ के ख़ानदान के हालात अच्छे हैं। ग़दर 1857 ई. से लेकर इस वक़्त तक सरकारी ओहदों पर चले आते हैं और ग़दर के बाद से तो सरकार की नाक के बाल हो गए हैं। मेरी माँ के दादा और उनके भाई सब जज और डिप्टी कलेक्टर थे। जबकि ग़दर शुरू हुआ तो उन्होंने मुल्क का साथ न दिया। न नवाब साहब का साथ दिया बल्कि जासूसी का काम किया... मुझे ज़मानए तालिबेइल्मी [विद्यार्थी जीवन के दिनों से] अपने चन्द दोस्तों से हमेशा ज़िल्लत उठानी पड़ी, जब वह कहते थे कि तुम ख़ायनीने वतन [देश के गद्दार] की औलाद हो...ख़ैर मैंने अपनी क़ुर्बानी से इस धब्बे को जो 1857 ई. से मेरे नानिहाल के बुजुर्गों ने अस्मते वतन [वतन की आबरू] पर लगाए थे, अपने ख़ून से और नौजवान व मासूम ख़ून से धो डाले। क्या इस ख़ानदान का इसको कफ़्फ़ारा [प्रायश्चित्त] समझा जा सकता है। ख़्वाह [चाहे] यह हो या न हो मेरी आनेवाली नस्ल पर यह एतराज़ न होगा कि यह उस ख़ानदान से ताल्लुक़ रखते हैं, जो ख़ाएन [द्रोही] था। बल्कि मेरी क़ुर्बानी से लोग रहम करेंगे और उनको अशफ़ाक़ के ख़ानदान का एक मेम्बर ख़याल करके बुजुर्गों की ग़लतियाँ फिर अजसरे नौ [नये सिरे से] याद न करेंगे।' ('अमर शहीद अशफाक उल्ला खाँ', सम्पादक बनारसीदास चतुर्वेदी, राजकमल प्रकाशन, नई दिल्ली, संस्करण वर्ष 2018; पृ. 63)

शहादत की ख़्वाहिश भगतसिंह के जहन में भी सम्भवत: उसके बालपन में ही जाग गई थी। चाचा स्वर्णसिंह की मौत के हालात; चाचा अजीतसिंह का ख़ुद को देशनिकाला देना क्योंकि उनको फाँसी पर लटका देने की मंशा से ब्रिटिश सरकार ने उनके ख़िलाफ़ 22 आरोपपत्र अदालत में दाख़िल कर दिये थे; अंग्रेज़ों की पुलिस द्वारा उसके पिता पर जेल में किये गए अमानुषिक अत्याचार; अपने ख़ाविन्दों को खोकर उनकी याद में उसकी चाचियों का जब-तब रोते रहना और आँसू बहाना; मार्शल लॉ प्रशासन के समय उजागर हुआ अंग्रेज़ों का वहशीपन और लाहौर के बाशिन्दों की बेइज़्ज़ती का नज़ारा; जलियाँवाला बाग़ में हुआ नरसंहार जिसमें कई छोटे बच्चे भी फ़ौत हो गए जो उस बाग़ में आते वक़्त अपने वालिद के साथ हो लिये थे; आम जनता और नेताओं द्वारा भारी विरोध के बावजूद रामप्रसाद बिस्मिल को दी गई फाँसी : उसके पास तो कई वजह थीं शहादत के लिए जुनूनी होने की।

नेहरू मेमोरियल म्यूज़ियम लाइब्रेरी में सरंक्षित जयदेव गुप्त के साक्षात्कार के हवाले से कामा मक्लेन बताती हैं : 'शहादत भगतसिंह के दिमाग़ में निश्चय ही थी; उसने संकल्प कर लिया था कि ब्रिटिश साम्राज्यवाद के विरुद्ध उसका

संघर्ष उसकी शीघ्र मृत्यु के साथ समाप्त होगा। अपने पीछे विधवा छोड़ जाने के लिए अनिच्छुक, शादी करने से उसने मना कर दिया और एक निकट मित्र जयदेव गुप्त से यह पक्का वादा ले लिया कि उसकी अनुपस्थिति में परिवार के सदस्यों का वह ख़्याल रखेगा।' ('ए रिवोल्यूशनरी हिस्टरी ऑफ़ इंटरवार इंडिया', पृ. 54)

टूटे-फूटे हथियारों के साथ और गोलियों की कमी झेलते हुए इन मुट्ठी भर क्रान्तिकारियों ने जब शक्तिशाली ब्रिटिश साम्राज्य को चुनौती देने की ठानी थी तो उन्हें यक़ीन था कि इस ग़ैर-बराबरी की लड़ाई में उन्हें अपनी जान गँवानी ही होगी, और इसके लिए तैयार होकर ही वे इस जंग में शरीक हुए थे। देशहित में मृत्यु का वरण करने के लिए राष्ट्रवादी लेखक भी उन्हें प्रोत्साहित किया करते थे। 'चाँद' पत्रिका के फाँसी अंक की शुरुआत में आचार्य चतुरसेन 'विनयांजलि' शीर्षक से अपने लेख में आह्वान करते हैं :

'प्यारी बहिनो, माताओ, भाइयो और बुजुर्गो! 'फाँसी-अंक' को दिवाली की अमावस्या समझिए! देखिए, इसमें बीसवीं शताब्दी के हुतात्मा के दीये कैसे टिमटिमा रहे हैं, और देखिए, स्थान-स्थान पर कैसी ज्वलन्त अग्नि धायँ-धायँ जल रही है; और सब के बीच में जाग्रत-ज्योति—मृत्यु-सुन्दरी—कैसा श्रृंगार किये छमाछम नाच रही है! पूजो! भाग्यहीन भारत के राज्य-पाट, अधिकार-सत्ता और शक्तिहीन नर-नारियों, यही तुम्हारी गृहलक्ष्मी है। यही मृत्यु-सुन्दरी, यही अक्षय-यौवना, यही महिमामयी महामाया! तुम इसे प्यार करो, इससे परिचय प्राप्त करो, इसे वरो। तब तुम देखोगे कि ज्योंही यह तुम्हारे गले का फन्दा होने के स्थान पर हृदय का लाल तारा बनेगी, तुम्हारी सहस्त्रों वर्ष की ग़ुलामी दूर हो जाएगी।'

नेहरू मेमोरियल म्यूज़ियम लाइब्रेरी की ओर से श्री मनचन्दा द्वारा कुमारी लज्जावती से लिये गए साक्षात्कार में श्री मनचन्दा पूछते हैं : "भगतसिंह को इस बात का अहसास था कि उसको फाँसी मिलनी है, तो उनकी क्या प्रतिक्रिया थी?" और लज्जावती जवाब देती हैं : "कुछ नहीं, एक दिन मैं उससे मिली तो कहने लगा कि मेरी शादी पर आओगी? तो मैं बड़ी हैरान हुई। तो वह बोला : "वाह, तुसी ऐ नहीं समझे कि मेरी शादी की ए! यानी जब मुझे फाँसी लगेगी। वह तो इस तरह का था : हुन ख़तम होंवागे ते कित्थे जन्म लेणा, अग्गे नू कित्थे क्रान्ति करनी ए। उसको तो दुनिया का कुछ था ही नहीं।" (नेहरू म्यूज़ियम ज़बानी इतिहास; खाता सं. 471, पृ. 126-7)

'आज़ादी की दुल्हन' को ब्याह लाने के लिए बेसब्र भगतसिंह पर पंजाब की लोककथाओं जैसे हीर-राँझा, सस्सी-पुन्नुम, मिर्ज़ा-साहिबान और सोहनी-महिवाल का असर भी यक़ीनन ही रहा होगा। बेहद लोकप्रिय ये सभी लोककथाएँ दुखान्त प्रेमकथाएँ हैं। और दुखान्त प्रेमकथाएँ अकसर ही कहीं गहरे जाकर दिल के तारों

को झनझना देती हैं। यह मात्र संयोग नहीं हो सकता कि प्रतिदान-रहित उत्कृष्टतम प्रेम की सर्वोत्कृष्ट कथा 'उसने कहा था' भी, जो सन 1915 में चन्द्रधर शर्मा गुलेरी द्वारा लिखी गई थी, दुखान्त प्रेमकथा है। प्रथम विश्वयुद्ध के दौरान यूरोप में किसी मोर्चे पर नं 77 सिख राइफ़ल्स जमादार लहनासिंह अपनी जान पर सिर्फ़ इसलिए खेल जाता है कि 'उसने कहा था'—उसने जिससे लहनासिंह ने बचपन में एकतरफ़ा प्यार किया था और उनका मिलन कभी हो ही नहीं सका था। क्या यह सम्भव है कि नायक की शहादत के साथ अन्त होनेवाली इन लोककथाओं से उपजी झनकार ने भगतसिंह जैसे संवेदनशील युवक के दिल को न छुआ हो?

भगतसिंह के जीवन पर लिखी अपनी पुस्तक में वरिष्ठ पत्रकार और राजनयिक कुलदीप नैयर कहते हैं : 'मौत से यह मुहब्बत एक अजीब-सी मुहब्बत थी, जो भगतसिंह के दिल में धीमे-धीमे सुलग रही थी। वे अकसर एक क्रान्तिकारी की तुलना अपनी महबूबा के लिए किसी प्रेमी के इश्क से करते थे। किसी प्रेमी की तरह क्रान्तिकारी भी मौत की बाँहों की आरजू करता था।' ('सरफ़रोशी की तमन्ना', पृ. 152)

'क्रान्तिकारी आन्दोलन का वैचारिक इतिहास' लेख में शिव वर्मा बताते हैं : 'वह जुलाई, 1930 का अन्तिम रविवार [27 तारीख़] था। भगतसिंह लाहौर सेंट्रल जेल से हमें मिलने के लिए बोर्स्टल जेल आए थे। मज़ाक-मज़ाक में हम एक-दूसरे के ख़िलाफ़ फ़ैसले सुनाने लगे, सिर्फ़ राजगुरु और भगतसिंह को इन फ़ैसलों से बरी रखा गया। हम जानते थे कि उन्हें फाँसी पर लटकाया जाएगा।

"और राजगुरु और मेरा फ़ैसला? क्या आप लोग हमें बरी कर रहे हैं?", मुसकुराते हुए भगतसिंह ने पूछा।

किसी ने कोई जवाब नहीं दिया।

"असलियत को स्वीकार करते डर लगता है?" धीमे स्वर में उन्होंने पूछा। चुप्पी छाई रही।

हमारी चुप्पी पर उन्होंने ठहाका लगाया और बोले, "हमें गरदन से फाँसी के फन्दे से तब तक लटकाया जाए जब तक कि हम मर न जाएँ। यह है असलियत। मैं इसे जानता हूँ। तुम भी जानते हो। फिर इसकी तरफ़ से आँखें क्यों बन्द करते हो?"

अब तक भगतसिंह अपने रंग में आ चुके थे। वे बहुत धीमे स्वर में बोल रहे थे। यही उनका तरीक़ा था। वे अपने स्वाभाविक अन्दाज़ में बोलते रहे, "देशभक्ति के लिए यह सर्वोच्च पुरस्कार है, और मुझे गर्व है कि मैं यह पुरस्कार पाने जा रहा हूँ। वे सोचते हैं कि मेरे पार्थिव शरीर को नष्ट करके वे इस देश में सुरक्षित रह जाएँगे। यह उनकी भूल है। वे मुझे मार सकते हैं, लेकिन मेरे विचारों को नहीं मार सकते। वे मेरे शरीर को कुचल सकते हैं, लेकिन मेरी भावनाओं को नहीं कुचल सकेंगे। ब्रिटिश हुकूमत के सिर पर मेरे विचार उस समय तक

एक अभिशाप की तरह मँडराते रहेंगे जब तक वे यहाँ से भागने के लिए मजबूर न हो जाएँ।"

वे बोलते जा रहे थे : "लेकिन यह तसवीर का सिर्फ़ एक पहलू है। दूसरा पहलू भी उतना ही उज्ज्वल है। ब्रिटिश हुकूमत के लिए मरा हुआ भगतसिंह जीवित भगतसिंह से ज़्यादा ख़तरनाक होगा। मुझे फाँसी हो जाने के बाद मेरे क्रान्तिकारी विचारों की सुगन्ध हमारे इस मनोहर देश के वातावरण में व्याप्त हो जाएगी। वह नौजवानों को मदहोश करेगी और वे आज़ादी और क्रान्ति के लिए पागल हो उठेंगे। नौजवानों का यह पागलपन ही ब्रिटिश साम्राज्यवादियों को विनाश के कगार पर पहुँचा देगा। यह मेरा दृढ़ विश्वास है। मैं बेसब्री के साथ उस दिन का इन्तज़ार कर रहा हूँ जब मुझे देश के लिए मेरी सेवाओं और जनता के लिए मेरे प्रेम का सर्वोच्च पुरस्कार मिलेगा।" ('दस्तावेज़' चमनलाल, पृ. 46-7)

अप्रैल, 1929 में एसेम्बली में बम फेंकने के ठीक पहले सुखदेव को लिखे पत्र में भी तो भगतसिंह ने इशारा दे दिया था कि शहादत की मंज़िल का उसका सफ़र आरम्भ हो चुका है। उसने लिखा था : 'प्रिय भाई, आजकल मैं बहुत प्रसन्नचित्त अपने आख़िरी सफ़र के लिए तैयार हूँ। इस प्रकार के संघर्ष में मरना एक आदर्श मृत्यु है।'

फाँसी की सज़ा हो जाने के बाद 15 अक्टूबर, 1930 के अभ्युदय में छपा था :

लाहौर केस के फाँसी के अभियुक्त
अपील करने से इनकार कर रहे हैं

'इन्होंने (भगतसिंह ने) कहा कि अपील के इन्तज़ार में एड़ियाँ रगड़ने की अपेक्षा फाँसी पाने में ख़ास लुत्फ़ आता है।' ('क्रान्तिवीर भगतसिंह', पृ. 187)

उन्हीं दिनों अपने सर्वाधिक प्रिय दोस्त व साथी बटुकेश्वर दत्त को भी भगतसिंह ने लिखा : 'बड़ी बेसब्री से उस दिन का इन्तज़ार कर रहा हूँ जब मुझे अपने आदर्श के लिए फाँसी के तख़्ते पर चढ़ने का सौभाग्य मिलेगा।'

दुर्गा भाभी बताती हैं : 'जब जेल में मुलाक़ात के लिए जाती थी। कहता था—क्या मुँह बना रखा है, यह उदासी किसलिए। अरे, इस तरह क्यों न सोचो कि बुढ़ापे में मरेंगे तो यों-यों (सिर हिलाकर) सिर हिलता रहेगा, अभी जाएँगे तो वाह क्या ठाठ हैं।' ('क्रान्ति का साक्ष्य', पृ. 75)

भगतसिंह की भतीजी वीरेन्द्र सिन्धु लिखती हैं कि, 'उनकी आत्मा की, अन्तःकरण की माँग थी—मृत्यु, बलिदान, आहुति; और वे इसके विरुद्ध कुछ भी कहने-सुनने को तैयार न थे।' ('युगद्रष्टा', पृ. 223)

'मेनस्ट्रीम' पत्रिका के 21 मार्च, 1964 के अंक में छपे बिजय कुमार सिन्हा के लेख 'ही मार्चड टू डैथ' के हवाले से चन्दरपाल सिंह ने लिखा है : 'बिजय कुमार सिन्हा जेल में उससे मिले और अपील करने के बारे में बात की

तो भगतसिंह की प्रतिक्रिया थी : "भाई ऐसा न हो कि फाँसी रुक जाए।" उसे डर था कि आरोपी पक्ष की गवाहियाँ कमज़ोर थीं और मुक़दमा एकपक्षीय चला था इस वजह से कहीं मौत की सज़ा निरस्त हो गई तो मृत्यु का वरण कर क्रान्ति के उद्देश्य आगे बढ़ाने का अवसर उसके हाथ से निकल जाएगा। बिजय कुमार सिन्हा के शब्दों में "मौत के लिए वह लगभग तड़प रहा था। और अपनी फाँसी की कोठरी में आशंकित था कि उसकी एकमात्र तमन्ना को, जो उसके दिल के इतनी क़रीब थी, पूरी होने देने में जनता के आन्दोलन आड़े न आ जाएँ।"

इसी बात को 29 मार्च, 1931 के 'यंग इंडिया' अख़बार में गाँधी जी ने बेलाग कह दिया : 'भगतसिंह जीना नहीं चाहता था। क्षमायाचना करने से उसने इनक़ार कर दिया, यहाँ तक कि अपील करने से भी।'

चन्दरपाल सिंह की राय में तो 'तुझे जिबह करने की ख़ुशी, मुझे मरने का शौक़...' जेल नोटबुक में दर्ज उर्दू का यह शेर देशहित में मृत्यु के लिए भगतसिंह के दहकते हुए आवेग को उच्च स्वर में अभिव्यक्त करता है। अपने छोटे भाई कुलतार के लिए आख़िरी ख़त में भी भगतसिंह इसी तरह की भावनाओं को व्यक्त करता है : 'उसे यह फ़िक्र हरदम नया तर्ज़-ए-जफ़ा क्या है, हमें यह शौक़ है देखें कि इन्तिहा क्या है।' उसी समय से जब वह क्रान्तिकारी दल के साथ जुड़ा, शहादत के आदर्श का आलिंगन करने के लिए भगतसिंह बेताब था।' ('भगतसिंह रिविजिटेड', पृ. 211) उनके अनुसार तो अराजकतावाद ने भगतसिंह को आकृष्ट इसीलिए किया क्योंकि आत्म-बलिदान द्वारा अपने विचारों को प्रसारित करने में अराजकतावादी यक़ीन रखते थे। लिहाज़ा अराजकतावाद शहादत के आदर्श के क़रीब नहीं था। (उपर्युक्त, पृ. 207)

विष्णु प्रभाकर की मानें तो वर्ष 1926 में भी भगतसिंह को यक़ीन था कि ब्रिटिश साम्राज्य के साथ टक्कर में उसकी मौत निश्चित है और यह भी उसने तय कर रखा था कि अपनी मौत की पूरी क़ीमत वह वसूलेगा। अपने संस्मरण में वे लिखते हैं : 'सन 1926 की बात है। उनके मित्र जयदेव गुप्त ड्रेन ब्रीन की पुस्तक 'आयरलैंड की स्वतंत्रता के लिए मेरा संघर्ष' पढ़ रहे थे। उसमें लिखा था, 'अगर हमने गवर्नर जनरल की गाड़ी पर बम फेंका और हम पास के गाँव में जा छिपे तो वहाँ का बच्चा-बच्चा कट जाएगा, पर हमारा पता नहीं देगा।' तभी भगतसिंह आ गए। जयदेव बोले, "वहाँ की जनता ऐसी है, पर यहाँ तो गैरों की बात छोड़ो तुम्हारा कोई साथ का ही पुलिस को सारा भेद बता देगा और तुम गाजर-मूली की तरह कट जाओगे।"

सुनकर बहुत गम्भीर हो गए भगतसिंह। कुछ देर बाद बोले, "जैसे पुराना कपड़ा उतारकर नया बदला जाता है वैसे ही मृत्यु है। मैं उससे डरूँगा नहीं, भागूँगा भी नहीं। कोशिश करूँगा कि पकड़ा जाऊँ, पर यों ही नहीं कि पुलिस आई और पकड़कर ले गई। मेरे पास एक तरीक़ा है कि कैसे पकड़ा जाऊँ।

मौत आएगी, आएगी ही, पर मैं अपनी मौत को इतनी महँगी और भारी बना दूँगा कि ब्रिटिश सरकार रेत के ढेर की तरह उसके बोझ से ढक जाए।" ('अमर शहीद भगतसिंह', पृ. 159-60)

लेकिन इसका अर्थ यह नहीं लगाना चाहिए कि भगतसिंह अपनी ज़िन्दगी से बेज़ार था। उलटे ज़िन्दगी से वह प्यार करता था, उसे वह ख़ूबसूरत समझता था, जैसा कि वीरेन्द्र सिन्धु का कहा हुआ यह वाक़या बताता है :

एसेम्बली में बम फेंकने का पार्टी का फ़ैसला हो चुका था और यह भी कि भगतसिंह अपनी गिरफ़्तारी देंगे। भागेंगे नहीं। घटना के पाँच-छह दिन पहले बिजय कुमार सिन्हा के साथ 'भगतसिंह दिल्ली के एक पार्क में खड़े थे। घास के लॉन पर लड़के-लड़कियाँ खेल रहे थे। भगतसिंह बहुत देर तक उन्हें देखते रहे। तब एक गहरी साँस लेकर बोले—"यह कितने दुःख की बात है कि जिन्हें ज़िन्दगी की क़ीमतें मालूम हैं, वे मरने पर मजबूर हैं, और जिन्हें वे मालूम नहीं, वे जीते हैं।" एक जगह उन्होंने लिखा था—"ज़िन्दगी बहुत ख़ूबसूरत है, पर उसे और भी ख़ूबसूरत बनाया जाना चाहिए।" ('युगद्रष्टा', पृ. 275-6)

वर्ष 1928 में सांडर्स की हत्या के पूर्व कभी राजाराम शास्त्री की भगतसिंह के साथ प्रेम और विवाह को लेकर लम्बी चर्चा हुई थी। उस चर्चा को याद करते हुए राजाराम शास्त्री भगतसिंह के ये शब्द दोहराते हैं : "हम गुलाम मुल्क के युवक हैं। हमारे सामने सबसे बड़ा और सबसे प्रमुख सवाल तो मातृभूमि की बेड़ियाँ काटने के उत्तरदायित्व का है। इस जन्म में तो हमें देश के लिए अपना बलिदान करना ही है। फाँसी का फन्दा भी चूमना पड़ सकता है। इस वातावरण और मनःस्थिति में हम प्रेम की ओर कैसे जा सकता हैं? इस जन्म में तो हमें फाँसी पर झूलना है।" ('क्रान्ति का साक्ष्य', पृ. 94-5)

वीरेन्द्र सिन्धु की राय में 'वे अपने क्रान्तिकारी जीवन के आरम्भ से ही इस बात पर तुले हुए थे कि मुझे मरना है, पर इस तरह मरना है कि समाज हमारे मरने का उद्देश्य जान ले और अँगरेजों के विरुद्ध दल की बगावत एक ऐसी क्रान्ति का रूप ले ले, जिसके साथ जनता खड़ी हो।' ('युगद्रष्टा', पृ. 284) राजाराम शास्त्री भी इस बात से इत्तफ़ाक़ रखते हैं : 'रूस के क्रान्तिकारियों का एक ग्रूप था जो आत्म बलिदान द्वारा अपने विचारों का प्रचार करता था। उसमें जितने लोग थे वे यह विश्वास करते थे कि भाषण देने से कुछ नहीं होगा। अपनी जान न्योछावर करने से जो प्रचार होगा वह भाषणों से ज़्यादा प्रभावित करेगा। इसने भगतसिंह को सबसे ज़्यादा प्रभावित किया था और भगतसिंह विश्वास करने लगा था कि जब तक हम अपनी जान को न्योछावर नहीं करेंगे तब तक देश आज़ाद नहीं हो सकता। जब उसने यह बात ठान ली तो उतावला-सा रहता था।' (नेहरू म्यूज़ियम ज़बानी इतिहास, खाता सं. 434, पृ. 218)

दुर्गादेवी के जीवन की काव्यात्मक प्रस्तुति 'दुर्गा भाभी' के लेखक राजेन्द्र राजा के शब्दों में (साक्षी प्रकाशन दिल्ली, संस्करण वर्ष 2016) :

मुझको यह अपना गीत यहाँ, अपने ही ढंग से गाने दो;
मैं विष पीने ही आया हूँ, मुझको शंकर बन जाने दो।

फाँसी पर झूलना है क्योंकि मातृभूमि की बेड़ियाँ काटनी हैं। मरना है ताकि क्रान्ति हो सके। 'लेकिन हाँ, एक विचार आज भी मेरे मन में आता है,' फाँसी के एक रोज़ पहले भगतसिंह ने अपने साथियों को लिखा, 'कि देश और मानवता के लिए जो कुछ करने की हसरतें मेरे दिल में थीं, उनका हज़ारवाँ भाग भी पूरा नहीं कर सका। अगर आज़ाद, ज़िन्दा रह सकता तब शायद इन्हें पूरा करने का अवसर मिलता और मैं अपनी हसरतें पूरी कर सकता।'

कुलदीप नैयर लिखते हैं : 'भगतसिंह के पिता जी ने उन्हें बताया कि महात्मा गाँधी ने कहा है कि अगर इन तीनों को फाँसी दी जाए तो कराची में होनेवाले आल इंडिया कांग्रेस सेशन से पहले दी जाए। भगतसिंह ने पूछा कराची सेशन कब है? उनके पिता जी ने जवाब दिया, "इस महीने (मार्च) के आख़िर में" सुनते ही भगतसिंह बोले "यह तो बहुत ख़ुशी की बात है। गर्मियाँ आ रही हैं और इस कोठरी में सड़ने से अच्छा तो मर जाना ही है। लोगों का कहना है कि आदमी को मौत के बाद एक बेहतर ज़िन्दगी मिलती है। मुझे दुबारा हिन्दुस्तान में ही पैदा होना चाहिए। शायद मैं दुबारा अंग्रेज़ का सामना कर सकूँ। मेरे देश को आज़ादी जीतनी ही है।" ('भगतसिंह क्रान्ति में एक प्रयोग', पृ. 20)

23 मार्च को लेनिन की जीवनी उसे थमाते हुए प्राणनाथ मेहता ने जब यह पूछा कि 'क्या वे कुछ और चाहते हैं? तो उन्होंने कहा, "हाँ, मैं इसी देश में फिर जन्म लेना चाहता हूँ, ताकि मैं फिर से इसकी सेवा कर सकूँ।"' ('भगतसिंह की फाँसी का सच', पृ. 24)

"एक बार बिदाई दे मा, घुरे आशी।"

विरासत की जंग

पंजाब सरकार की योजना थी कि भगतसिंह, सुखदेव और राजगुरु को फाँसी दे दी गई है, यह घोषणा 24 मार्च को की जाएगी। लेकिन 23 मार्च की शाम को फाँसी लगने के पहले ही लाहौरवासियों को यह अनुमान हो गया कि इन तीनों को आज ही फाँसी लगाई जा रही है। जेल की ऊँची-ऊँची दीवारें नज़रों के लिए रुकावट थीं मगर उन आवाज़ों के लिए नहीं जो शाम के सात बजे से जेल के अन्दर गूँजने लगी थीं, और देर तक गूँजती रही थीं।

"भगतसिंह ज़िन्दाबाद!" "राजगुरु ज़िन्दाबाद!" "सुखदेव ज़िन्दाबाद!" "इनक़लाब ज़िन्दाबाद!"

इसका मतलब साफ़ ज़ाहिर था।

'भविष्य' में ख़बर छपी :

पंजाब के तीनों विप्लववादी फाँसी पर लटका दिये गए

लाहौर में सनसनी

शहर भर में पुलिस, फ़ौज और हवाई जहाज़ों का पहरा

50 हज़ार स्त्री-पुरुष का रोमांचकारी करुण क्रन्दन

लाहौर का 23वीं मार्च का समाचार है कि सन्ध्या के साढ़े 7 बजे लाहौर सेंट्रल जेल में सरदार भगतसिंह, श्री राजगुरु और श्री सुखदेव फाँसी पर लटका दिये गए। सेंट्रल जेल के भीतर क़ैदियों द्वारा लगभग 7 बजे बड़ी देर तक 'इन्कलाब ज़िन्दाबाद' के नारे लगते रहे।

'अभ्युदय' ने छापा :

भगतसिंह आदि को फाँसी दे दी गई

लाशें नहीं दी जाएँगी : जेल में ही जलाई जाएँगी

फाँसी के तख़्ते पर लटका दिये गए !

लाहौर, 23 मार्च—सरदार भगतसिंह, राजगुरु और सुखदेव को आज शाम को 7 बजे सेंट्रल जेल में फाँसी दे दी गई। ख़बर है कि लाशें नहीं दी जाएँगी और सेंट्रल जेल के अन्दर ही उनका दाह-संस्कार किया जाएगा।

लेकिन इन शहीदों का दाह-संस्कार जेल के अन्दर नहीं हुआ। बल्कि यह कहना ज़्यादा सही होगा कि देश के इन सपूतों का दाह-संस्कार हुआ ही नहीं। भगतसिंह की भतीजी वीरेन्द्र सिन्धु बताती हैं : 'उनकी तथा उनके साथियों की लाशों को काटकर टुकड़े-टुकड़े कर दिया। ये टुकड़े बोरियों में भरे गए। इन बोरियों को [जेल के] पीछे के छोटे दरवाज़े से अपने ट्रक तक ले गए और उन्हें ट्रक में लादकर इस तरह भागे, जैसे कोई चोर हड़बड़ाया हुआ भाग रहा हो। ट्रक तेजी से कसूर पहुँचा और पहले से की हुई व्यवस्था के अनुसार वहाँ से एक सिख ग्रन्थी और एक हिन्दू पंडित को लेकर फिरोज़पुर के पास सतलुज के किनारे जा पहुँचा। ट्रक से लाशों के बोरे उतरे और मिट्टी के तेल के डब्बे भी। लाशें जलने लगीं। तेज आँधी की तरह यह ख़बर लाहौर से फिरोज़पुर पहुँच गई। हज़ारों लोग मशालें लिये इधर-उधर चल पड़े। फौजी लोग रोशनी को अपने ओर आते देख घबराए। उन्होंने बेलचों के सहारे लाशों के अधजले टुकड़े सतलुज में फेंक दिये। दूसरे दिन प्रातःकाल लोगों ने ज़मीन की गर्मी से उस जगह को खोज लिया और ख़ून से सने पत्थर और लाशों के बचे टुकड़े उठा लिये।' ('युगद्रष्टा', पृ. 250)

प्रोफ़ेसर चमनलाल बताते हैं : 'पीछा करते-करते लोग, जिनमें भगतसिंह की छोटी बहन बीबी अमर कौर भी शामिल थी, जब गंडा सिंह वाला गाँव के वीरान इलाके में पहुँचे तो गीली व हलकी गर्म मिट्टी में उन्हें केरोसीन की गन्ध व हाथ से मिट्टी खोदने में हड्डियाँ व अधजले मांस के टुकड़े मिले।' ('भगतसिंह के राजनीतिक दस्तावेज' सम्पादक चमनलाल; प्रकाशक राष्ट्रीय पुस्तक न्यास, संस्करण वर्ष 2020, भूमिका पृ. 8)

पूरे लाहौर शहर में सारी रात तनाव रहा। जगह-जगह लोग जमा होकर ऊँची, क्रोध-भरी आवाज़ में अंग्रेज़ों की इस पाशविक करतूत पर अपना रोष ज़ाहिर कर रहे थे। सरकार को चिन्ता हुई। अगली सुबह जगह-जगह पोस्टर चिपके थे जिन पर एक ग्रंथी और एक पंडित के बयान थे कि तीनों मृतकों का अन्तिम संस्कार पूरे विधि-विधान से उन्होंने स्वयं कराया है।

लाहौर जेल के सुपरिंटेंडेंट ने प्रमाणित किया था कि भगतसिंह को गर्दन से तब तक लटकाए रखा गया जब तक कि उसकी मृत्यु नहीं हो गई। शव को पूरे एक घंटे तक लटकाए रखा गया और तब तक नीचे नहीं उतारा गया जब तक कि मेडिकल ऑफ़िसर ने सुनिश्चित नहीं कर लिया कि जीवन समाप्त हो गया है। लेकिन कुलवन्त सिंह कूनर और गुरप्रीत सिंह सिन्धरा ने अपनी पुस्तक 'सम हिडन फैक्ट्स मार्टिरडम ऑफ़ शहीद भगतसिंह' (प्रकाशक यूनीस्टार चंडीगढ़, संस्करण वर्ष 2013) में यह सनसनीखेज रहस्योद्घाटन किया कि फाँसी तो दी गई, मगर उनकी मृत्यु फाँसी के फन्दे पर लटक कर नहीं हुई। नीम-बेहोशी की हालत में फन्दे से उतार कर उन्हें लाहौर की फ़ौजी छावनी ले जाया गया जहाँ

सांडर्स का परिवार इंतज़ार कर रहा था—तीनों 'हत्यारों' को गोलियों से छलनी कर बदले की अपनी प्यास बुझाने के लिए। सांडर्स के ससुर ने भगतसिंह और उसके साथियों के सिर और छाती में दनादन कई गोलियाँ दाग़ी। लाशें गोलियों से छलनी थीं लिहाज़ा न तो उनको पोस्टमार्टम के लिए भेजा गया और न ही मृतकों के रिश्तेदारों को वे लाशें सौंपी गईं। यह सुनिश्चित करने के लिए कि इस राज़ पर से पर्दा कभी न उठने पाए, उस जल्लाद को भी क़त्ल कर दिया गया जिसने इन तीनों को फाँसी पर लटकाया था। और इन तीन लाशों के साथ ही उसकी लाश भी जला दी गई।

यह सब उन्हें बताया अंग्रेज़ सरकार के एक पुलिस कान्स्टेबल के बेटे दिलीप सिंह इलाहाबादी नामक व्यक्ति ने जो उसके स्वयं के कथनानुसार ब्रिटिश सीक्रेट सर्विस में वर्ष 1925 से वर्ष 1936 तक सिपाही नियुक्त रहा था। इस ख़ुफ़ियागिरी के दौरान वह 2-3 साल इलाहाबाद में नेहरू परिवार के निवास-स्थल आनन्द-भवन का माली रह चुका था, 'नेहरूओं' पर नज़र रखने के लिए। वहाँ रहते हुए वह लालबहादुर शास्त्री के परिवार के निकट आ गया था। लिहाज़ा 'ऑपरेशन ट्रोजन हॉर्स', भगतसिंह और साथियों को फाँसी से न मरने देकर उन्हें गोलियों से भूनने की योजना, के सारे काग़ज़ात उसने उन्हें सौंप दिये।

इन काग़जात में यह रहस्य भी बन्द था कि इस योजना 'ऑपरेशन ट्रोजन हॉर्स' के पीछे पंजाब के गवर्नर के निजी सचिव बी.जी. एंड्रूज और सांडर्स के ससुर का दिमाग़ काम कर रहा था। और यह रहस्य भी कि इस गुप्त योजना को लेकर कुछ अफ़सर लॉर्ड इरविन से मिले थे और उन पर दबाव डालकर इस योजना के कार्यान्वयन की मौन सहमति भी उनसे ले ली गई थी। दिलीप इलाहाबादी को यह सब उस गुप्त फाइल से पता चला जो ख़ुफ़िया विभाग के अफ़सर एम. एल. रॉबर्टसन की पत्नी श्रीमती मार्गरिट ने उसे दी थी।

दिलीप सिंह 6 फुट 2 इंच ऊँचा गोरा-चिट्टा 27-28 साल का हट्टा-कट्टा पंजाबी नौजवान था। श्रीमती मार्गरिट उसके इश्क़ में गिरफ़्तार हो गईं और उन्होंने ही उसे वह गुप्त फाइल मुहैया करवाई जिसमें यह सारी ख़ुफ़िया जानकारी थी। रॉबर्टसन की डायरी भी दिलीप के हाथ लग गई जिससे उसे यह बेहद आश्चर्यजनक जानकारी हासिल हुई कि पंजाब का गवर्नर लौंडेबाजी का शौक़ रखता था और एक ख़ूबसूरत नौजवान को, जिसे वह अपनी अनारकली कहता था, अपना शौक़ पूरा करने के लिए उसने लाहौर में रख छोड़ा था।

25 मार्च को कनाडा से प्रकाशित अख़बार 'एडमंटन जर्नल' ने समाचार दिया :

ब्रिटिश सेना को लामबन्द किया गया

कराची, इंडिया, मार्च, 24

"भारत को जानेवाले और वहाँ से आनेवाले साम्राज्य के हवाई मार्गों के लिए प्रसिद्ध कराची

मंगलवार को फौजी छावनी सरीखा—तीन हिन्दुस्तानियों की लाहौर में फाँसी के बाद।"

'भारतीय उग्रवादियों द्वारा सम्भावित गड़बड़ी की प्रत्याशा में ब्रिटिश अधिकारियों ने सेना की कुमुक यहाँ केन्द्रित की है, एक बल-प्रदर्शन, जो विश्वास किया जाता है कि क्रान्तिकारियों अथवा विद्रोही तत्वों को भयभीत कर उन्हें कार्रवाई से रोकेगा, जो किसी दुखद घटना का कारण बन सकती है। सेना की मशीनगन रेजीमेंट्स, आर्मर्ड टैंक कौप्स, एयर स्क्वाड्रन्स, मोटर ट्रान्सपोर्ट कम्पनीज तथा सैन्य संगठन की अन्य शाखाएँ यहाँ भारतीय राष्ट्रीय कांग्रेस की समाप्ति तक रहेंगी। समस्त ब्रिटिश सेना को उनकी बैरक्स में ख़ुद को किसी भी सम्भाव्यता के लिए तैयार रहने का हुक्म दिया गया है।'

भगतसिंह, राजगुरु और सुखदेव के जो भी अवशेष बाक़ी थे कराची लाए गए और उन्हें श्रद्धांजलि देने के लिए किशनसिंह के टेंट के बाहर भीड़ जमा हो गई। 'टाइम्स ऑफ़ इंडिया' ने अपने 6 और 7 अप्रैल, 1931 के अंक में दर्ज किया कि 'जली हुई अस्थियाँ और मांस' चाँदी की डिबिया में रखकर बम्बई लाए गए और एस्पलेनैड मैदान में मंच पर प्रदर्शित किये गए।' ('इंडिया'ज रेवोल्यूशनरी इनहेरिटेन्स', पृ. 126) कांग्रेस के साथ ही नौजवान भारत सभा का वार्षिक सम्मेलन भी कराची में आयोजित था। सभा के 400 सदस्यों ने भगतसिंह और साथियों के अवशेष लेकर कराची में जुलूस निकाला। ('ए रेवोल्यूशनरी हिस्टरी ऑफ इंटरवार इंडिया', पृ. 163)

फाँसी की ख़बर गाँधी जी को कराची के रास्ते में ट्रेन में मिली। 24 मार्च को एहतियातन उन्हें कराची के एक स्टेशन पहले मालिर में उतार लिया गया। लेकिन नौजवान भारत सभा के स्वयंसेवक काले कपड़े के फूलों की मालाएँ लिये वहाँ पहले से मौजूद थे। (उपर्युक्त, पृ. 161) सुशीला नायर द्वारा लिखित 'बापू की कारावास कहानी' के सन्दर्भ से गाँधी जी के निज सचिव प्यारेलाल लिखते हैं—'गाँधी जी ने याद किया कि 1931 में भगतसिंह को फाँसी दिये जाने के बाद कांग्रेस अधिवेशन में शामिल होने के लिए जब वे दिल्ली से कराची की यात्रा कर रहे थे, हर स्टेशन पर भीड़ जमा थी जो चिल्ला रही थी : "कहाँ है भगतसिंह? भगतसिंह लाकर दो हमें!" ('महात्मा गाँधी : द अर्ली फेज' जिल्द संख्या 8, पृ. 399-400)

यहाँ उल्लेखनीय है कि 'जब [काकोरी केस के] क्रान्तिकारी गिरफ़्तार हुए तो उनको क़ानूनी सहायता देने के लिए देश की ओर से एक बड़ी कमेटी बनी, जिसमें मोतीलाल नेहरू, जवाहरलाल नेहरू आदि का भी सहयोग था।' ('क्रान्तिकारी आन्दोलन का वैचारिक इतिहास', लेखक मन्मथनाथ गुप्त; प्रकाशक गुप निधि प्रकाशन दिल्ली, संस्करण वर्ष 1980, पृ. 115) देश भर में इस फ़ैसले के ख़िलाफ़ कई प्रदर्शन हुए। अपनी सज़ा पूरी करने के बाद रामकृष्ण खत्री वर्ष 1935 में पं. मदनमोहन मालवीय से मिले तो आँखों में आँसू भरकर उन्होंने बताया : "भाई खत्री, मैंने तुम्हारे नौजवान साथियों को छुड़ाने के लिए कोई कोशिश बाक़ी नहीं रखी थी। वाइसराय से मैंने कम से कम तीन बार मिलकर उन पर ज़ोर डाला था कि उनकी फाँसी की सज़ा को आजीवन कारावास में परिवर्तित कर दें। प्रिवी कौन्सिल में भी बड़ी कोशिश हुई। ब्रिटिश पार्लियामेंट में ऐसे कुछ सदस्य मेरे मित्र थे जिनका काफ़ी प्रभाव अपनी सरकार व वहाँ के बादशाह पर था। उनसे भी मैंने निजी अनुरोध किया था कि वे अपने प्रभाव का इस्तेमाल करके इन चार साथियों के प्राण बचा लें। किन्तु सब प्रयत्न विफल हुए। इसका मुझे सदा ही दुःख रहा है।" ('शहीदों की छाया में', पृ. 158) इसके अलावा मालवीय जी ने केन्द्रीय विधान सभा के 78 सदस्यों के दस्तखत करवाकर लॉर्ड इरविन को काकोरी मुक़दमे में मौत की सज़ा-प्राप्त अभियुक्तों की दया-याचिका भी भेजी थी। फिर भी दिसम्बर, 1927 में पंडित रामप्रसाद बिस्मिल, राजेन्द्रनाथ लाहिड़ी, ठाकुर रोशन सिंह और अशफ़ाक़उल्ला ख़ान को फाँसी पर लटका दिया गया।

लेखिका गीतांजलि पांडे की पुस्तक 'बिट्वीन टू वर्ल्ड्स : एन इंटेलेक्चुअल बायोग्राफी ऑफ़ प्रेमचन्द' के हवाले से विश्वनाथ दत्ता बताते हैं कि हिन्दी कहानियों तथा उपन्यासों के लेखक मुन्शी प्रेमचन्द ने कराची में गाँधी के रास्ते में आनेवाली मुश्किलों का पूर्वानुमान कर लिया था और अपने मित्र 'नया ज़माना' के दयानारायण निगम को लिखे पत्र में अपनी बेचैनी का उन्होंने बयान भी किया : 'विचार तो कराची जाने का था लेकिन भगतसिंह की फाँसी ने मुझे तोड़ दिया है। किस उम्मीद के साथ अब मैं जा सकता हूँ? गाँधी की वहाँ खिल्ली उड़ेगी, ग़ैरज़िम्मेदार, उपद्रवी, बग़ावती, भीड़ को उकसानेवाले दलों के हाथों में कांग्रेस चली जाएगी। वहाँ हमारे लिये कोई जगह नहीं है—भविष्य निपट अन्धकारमय प्रतीत होता है।' ('गाँधी एंड भगतसिंह', पृ. 82)

भगतसिंह और साथियों को फाँसी दिये जाने के विरोध में देश भर में हड़तालें हुईं। कानपुर में कुछ अति उत्साही नौजवानों ने 24 मार्च, 1931 को ज़बर्दस्ती दुकानें बन्द करानी चाहीं तो वहाँ हिन्दू-मुस्लिम दंगा हो गया। बीच-बचाव करने और दूसरों की जान बचाने की कोशिश में गणेश शंकर विद्यार्थी ख़ुद

अपनी जान ही गवाँ बैठे। ख़बर मिलते ही कांग्रेस अधिवेशन में मातम छा गया। पहले क्रान्तिकारियों और फिर कांग्रेस तथा गाँधी जी के साथ जुड़े रहे पंडित सुन्दरलाल बताते हैं : 'कांग्रेस के बाद ही कानपुर पहुँचकर हम लोगों ने दंगे के कारणों इत्यादि के बारे में तहक़ीक़ात शुरू की। लगभग पाँच महीने रहकर कई सौ गवाहियाँ लीं। मुहल्ले-मुहल्ले जाकर मौक़ों को देखा। चार महीने बनारस में रहकर हमने अपनी रिपोर्ट तैयार की। मालूम हुआ कि शुरू में झगड़ा साफ़ उस समय की पुलिस का कराया हुआ था। कानपुर के अंग्रेज़ डिस्ट्रिक्ट मजिस्ट्रेट का भी उसमें साफ़ हाथ था।' ('कद्दावर की दास्तान', पृ. 116)

हिन्दुस्तान सोशलिस्ट रिपब्लिकन पार्टी के सदस्य क्रान्तिकारी काशीराम उन दिनों भगतसिंह के सम्पर्क में आए थे जब वे दिल्ली में 'अर्जुन' दैनिक में काम कर रहे थे। कानपुर में हुए हिन्दू-मुस्लिम दंगे की वजह वे कुछ और ही बताते हैं : 'भगतसिंह को फाँसी दी जानेवाली थी। साथियों के अन्दर इस ख़बर से काफ़ी क्षोभ था। भगतसिंह की फाँसी का बदला इन अंग्रेज़ों से कैसे लिया जाए, इस विषय पर काफ़ी विचार होता रहा। साथियों ने तय किया कि कानपुर में अंग्रेज़ों की दुकानें लूट ली जाएँ। अंग्रेज़ अफ़सरों पर प्रहार की बात भी कुछ साथियों के दिमाग में काम कर रही थी। 1857 की पुनरावृत्ति करने का निश्चय साथियों ने किया था। साथियों की चहल-पहल अथवा और किसी कारण से पुलिस को इस विद्रोह की सुनगुन लग गई थी। अतः पुलिस ने अपना जाल रचा। कानपुर में साम्प्रदायिक दंगा करा दिया गया। क्या सोचा था, क्या हो गया। बगावत अंग्रेज़ों के ख़िलाफ़ होने के स्थान पर अपने देशवासियों के ख़ून से कानपुर की सड़कें लाल हो उठीं।' ('क्रान्ति का साक्ष्य', पृ. 193-4)

कामा मक्लेन बताती हैं कि मृत्यु के बाद के महीनों में भगतसिंह पहले कभी से भी ज़्यादा लोकप्रिय था, भाषणों का विषय, पूजा की वस्तु, जिसके नाम पर उपवास रखे गए और हड़तालें हुईं। उसकी मौत पर कई लोगों ने 'चौथा' रखा। कई नाटकों, कविताओं और गीतों का वह मुख्य चरित्र बना। 'द लाइफ़ एंड आइडियाज ऑफ़ शहीद भगतसिंह' में डॉ. रामस्वरूप ढेंगुला लिखते हैं कि 'भगतसिंह की शहादत के बाद पूरे उत्तर भारत में उबाल आ गया था, युवाओं का आक्रोश जुलूस-आन्दोलनों के जरिये सामने प्रकट हो रहा था। भगतसिंह के विषय में अनेक कविताएँ लिखी गईं और लोग उन्हें गा-गाकर जनसमूहों, राजनीतिक सम्मेलनों और धार्मिक मेलों में सुनाकर जनजागृति करने लगे। अवधी, बुन्देली और भोजपुरी के लोकगीतों का नायक भी वह बना। (पृ. 197) ऐसे ही एक प्रचलित भोजपुरी लोकगीत की बानगी भी वे देते हैं :

देसवा के करनवाँ, झूलते फाँसी पर झुलनवाँ, मोर भगतसिंह ललना।
दिहलें देसवा खातिर जनवाँ, मोरे भगतसिंह ललना।

'भगतसिंह और उनके साथियों के दस्तावेज़' की भूमिका में यह सवाल उठाया गया है कि 'वे कौन-से सिद्धान्त थे, कौन-से तरीक़े थे और कौन-से गुण थे, जिनसे भगतसिंह आत्म-बलिदान करनेवालों में सबसे ऊँचे स्थान के अधिकारी बने? वे कौन-सी परिस्थितियाँ थीं, जिन्होंने भगतसिंह को भारतीय चेतना का ऐसा अंश बनाया कि तमिलनाडु में उन पर कविताएँ लिखी जाती हैं। तो दूसरी और भोजपुर में होली के गीत में भगतसिंह की याद से अँचरिया भींग जाती है।' ('दस्तावेज़' चमनलाल, पृ. 12)

इसका जवाब मन्मथनाथ गुप्त देते हैं। वे लिखते हैं कि 'भगतसिंह ने कोई जादू नहीं किया था। भगतसिंह ने क्रान्तिकारी दल को जनता के साथ जोड़ दिया, बस यही उनका जादू था।' ('अगस्त क्रान्ति और प्रतिक्रान्ति' लेखक मन्मथनाथ गुप्त; प्रकाशक सोमेश्वर प्रसाद गुप्त प्रयाग, संस्करण वर्ष 1946, पृ. 24) भगतसिंह के इस आँकलन से यशपाल भी सहमत नज़र आते हैं : 'उस समय देश की जो हालत थी और देश की जनता के दिलों में जो बातें हिलोरें ले रही थीं, भगतसिंह उन जनभावनाओं को व्यक्त करने के लिए एक निमित्त मात्र बन गए थे, प्रतीक हो गए थे। उन्होंने देश की धड़कन और नब्ज को ठीक तौर पर समझ लिया था ...' ('क्रान्ति का साक्ष्य', पृ. 110)

जितेन्द्र नाथ के विचार में 'भगतसिंह धूमकेतु की तरह राजनीतिक आकाश पर चमके और जाते-जाते करोड़ों आँखों का तारा बन गए। मौत के सामने भी निर्भीक, साम्राज्यवादी शासन को चकनाचूर करने के लिए अटल और उसके खँडहर पर स्वतंत्र जन-राज्य की स्थापना करने के लिए दृढ़ प्रतिज्ञ भगतसिंह, नवीन भारत की आकांक्षाओं और भावनाओं के प्रतीक बन गए।' ('क्रान्ति का साक्ष्य', पृ. 238 ; 'सरदार भगतसिंह व उनके साथी', पृ. 41 पर भी।)

जिस साल काकोरी के क्रान्तिकारियों को फाँसियाँ दी गईं, उस साल यानी वर्ष 1927 में कांग्रेस का सालाना अधिवेशन मद्रास में हुआ जो 26 दिसम्बर को बिस्मिल को फाँसी दिये जाने के मात्र 7 दिन बाद शुरू हुआ और तीन दिन चला। इस अधिवेशन में जवाहरलाल नेहरू ने प्रस्ताव रखा कि कांग्रेस का उद्‌देश्य पूर्ण स्वतंत्रता पाना है। पहली बार इस तरह का प्रस्ताव रखा गया था और यह पारित भी हो गया। इसी अधिवेशन में साइमन कमीशन का बायकाट करने का प्रस्ताव भी रखा गया और वह भी पारित हो गया। मगर काकोरी के शहीदों की कोई चर्चा नहीं थी, कोई प्रस्ताव रखा जाना तो दूर की बात है।

लेकिन कराची में हो रहे इस कांग्रेस अधिवेशन में 29 मार्च, 1931 को गाँधी जी ने भगतसिंह की शहादत पर प्रस्ताव पेश किया। इस प्रस्ताव पर अपने उद्‌गार व्यक्त करते हुए जवाहरलाल नेहरू ने कहा : "भगतसिंह की फाँसी से मुल्क में एक अजीब लहर फैल गई है। क्या वजह है कि भगतसिंह का नाम सबकी

ज़ुबान पर चढ़ा हुआ है? भगतसिंह क्या था? वह एक नौजवान लड़का था। उसके अन्दर मुल्क के लिए आग भरी थी, चन्द महीनों के अन्दर जो मुल्क में एक कोने से दूसरे कोने तक फ़ैल गई। भगतसिंह एक ख़ास राह पर चलनेवाला था। उसका अपना प्रोग्राम अलहदा था। मुल्क के लिए बहुत लोगों ने क़ुर्बानियाँ की हैं और कर रहे हैं, फिर भगतसिंह का नाम आज सबकी ज़बान पर इतना क्यों है? इसका सबब है। साहब, बात तो यह है कि वह मैदान में साफ़ लड़नेवाला था। वह दुश्मन के सामने खुले मैदान में आया। उसकी बहादुरी इसीलिए और भी बढ़ जाती है। आज हम देखते हैं कि भगतसिंह की तसवीर घर-घर लगी है। लोग उनकी तसवीर पोशाक में पहनते हैं। बटनों में उनकी तसवीर लगी है। मतलब यह है कि आज भगतसिंह की सब जगत में पूजा हो रही है। लेकिन हम उनके अमल के तरीक़े से अलहदा रहते हैं। गोलीबारी से हम अपने मुल्क को आज़ाद नहीं करा सकते।" ('नेहरू मिथक और सत्य', लेखक पीयूष बबेले; संवाद प्रकाशन, मेरठ, संस्करण जनवरी, 2021, पृ. 329-30)

अधिवेशन में प्रस्ताव पास हुआ: 'राजनीतिक हिंसा से अपने को असम्बद्ध करते हुए तथा किसी भी रूप या रीति में उसे अस्वीकार करते हुए कांग्रेस सरदार भगतसिंह और उनके साथियों की बहादुरी और त्याग के लिए सराहना दर्ज करती है।'

इसके बाद सरदार किशनसिंह आधे घंटे से ज़्यादा बोले और नौजवानों से धैर्य और विवेक रखने की अपील करते हुए भगतसिंह की ज़िन्दगी के कई किस्से सुनाए। जवाब में भगतसिंह ज़िन्दाबाद के नारे थे और आँसू भी। ('ए रेवोल्यूशनरी हिस्टरी ऑफ इंटरवार इंडिया', पृ. 165) सरदार किशनसिंह ने बताया : "भगतसिंह ने मुझसे कहा चिन्ता न करें। मुझे फाँसी लग जाने दें। लेकिन उसने एक जोशीली अपील की। आपको अपने सेनापति को समर्थन देना चाहिए। सभी कांग्रेस नेताओं को आप समर्थन दें तभी आप देश की आज़ादी हासिल करने के क़ाबिल हो पाएँगे।"

लेकिन नौजवान भारत सभा के सदस्यों को धैर्य कहाँ! भगतसिंह और साथियों की मृत्यु के लिए महात्मा गाँधी को ज़िम्मेदार ठहराते हुए यह आरोप उन पर लगाया गया कि यदि महात्मा गाँधी ने भगतसिंह और साथियों की सज़ा माफ़ किये जाने को शान्ति की शर्तों में शामिल कर लिया होता तो फाँसी नहीं लगती। ('टू मेक द डेफ हीयर', पृ. 70) कामा मक्लेन बताती हैं कि कराची में 'नौजवान भारत सभा के 7 कार्यकर्ताओं ने, एक को छोड़ सभी पंजाबी, कांग्रेस कैम्प पर धावा बोल दिया और गाँधी को शारीरिक हमले से जवाहरलाल को बचाना पड़ा।' ('ए रेवोल्यूशनरी हिस्टरी ऑफ इंटरवार इंडिया', पृ. 163)

दरअसल नौजवान भारत सभा में सभी तरह के लोग थे और कोई ऐसा केन्द्रीय नेतृत्व न था जो सबको एक नीति, एक विचारधारा का अनुसरण करने

को बाध्य करता। क्रान्तिकारी गजानन पोतदार बताते हैं : 'पार्टी में हिन्दू महासभा के तरीक़े से सोचनेवाले लोग थे। कुछ ऐसे थे जो कम्युनिस्ट लाइन पर सोचते थे। इसमें समाजवादी लोग थे। कई दूसरे तरह के लोग थे। लेकिन यह हमारी एकता के आड़े नहीं आया। हमारा एक स्पष्ट लक्ष्य था—भारत को आज़ाद होना है। स्वराज का स्वरूप और अन्तर्वस्तु बाद में जनता ख़ुद तय करेगी। पहले हम आज़ाद हो लें।' (कैम्ब्रिज साउथ एशियन स्टडीज' ज़बानी इतिहास; मि. शंकर द्वारा साक्षात्कार 6 अप्रैल, 1970 को।)

कराची कांग्रेस के समय नौजवान भारत सभा के अध्यक्ष रहे कॉमरेड रामचन्द्र बताते हैं : 'समाजवाद में यक़ीन रखते हुए और किरती समूह से वित्तीय सहायता की उम्मीद रखते हुए हम किरती किसान पार्टी के साथ सहयोग कर रहे थे। लेकिन यह चोरी-छिपे [नौजवान भारत] सभा पर कब्ज़ा ज़माने की कोशिश में लगी थी, हमारे कार्यकर्ताओं को प्रभावित कर और कम्युनिस्ट इंटरनेशनल का प्रतिनिधित्व करने का दावा करके। गाँधी जी के वहाँ पहुँचने पर काले फूल भेंट करने के लिए कराची में इसने नौजवान भारत सभा के कई कार्यकर्ताओं को उकसाया।'

कॉमरेड रामचन्द्र आगे लिखते हैं : 'कॉमरेड रामकिशन नौजवान भारत सभा के खुले आन्दोलन को हर प्रकार से छोड़ चुके थे और किरती पार्टी के साथ भूमिगत कार्य कर रहे थे। लेकिन कराची के अखिल भारतीय सम्मेलन में अचानक वह आए और मुझसे हाथ मिलाया और कहा कि उसने कराची में वितरण के लिए एक घोषणापत्र लिखा है। बिना कोई सन्देह किये मैंने कहा कि नौजवान सभा के कार्यकर्ता इसे वितरित कर देंगे। घोषणापत्र वितरित हो गया। लेकिन जब उसे मैंने पढ़ा तो निराश हुआ, राष्ट्रीय नेताओं के ख़िलाफ़ खेदजनक, असंयमित भाषा के इस्तेमाल से, और उसकी मैंने निन्दा की। इससे किरती के सभी लोग नाख़ुश हो गए।'

कॉमरेड रामचन्द्र यह भी बताते हैं कि 'उन दिनों पंजाब में हरेक शख़्स यह कहने में गर्व अनुभव करता था कि उसका नौजवान भारत सभा के साथ सम्बन्ध है। लिहाज़ा एक जानी-मानी साहसी पंजाबी महिला [पंडित मदनमोहन] मालवीय जी के पास आई और उनसे निवेदन किया कि नौजवान सम्मेलन को वे सम्बोधित करें। अत्यधिक दबाव देने पर मालवीय जी राज़ी हो गए और उसके साथ सम्मेलन जा पहुँचे। लेकिन मैं जानता था कि नौजवान सभा के कट्टर कम्युनिस्ट जो विदेशी धन का इस्तेमाल कर रहे थे, बड़ी संख्या में आए हैं और उन्हें क़तई बोलने नहीं देंगे। मेरे निवेदन को ख़ारिज करते हुए वे बोलने के लिए खड़े हुए। तत्काल कम्युनिस्ट उठ खड़े हुए और "मालवीय जी बैठ जाओ" चिल्लाने लगे। पन्द्रह मिनट से भी ज़्यादा समय तक यह चलता रहा। श्रोताओं को यह पसन्द

नहीं आया और सभा बिखर गई।' ('नौजवान भारत सभा एवं एचएसआरए' लेखक कॉमरेड रामचन्द्र, संस्करण वर्ष 1986, पृ. 170-2)

कॉमरेड रामचन्द्र की बात की पुष्टि चन्दर पाल सिंह भी करते हैं : 'इस अवसर [कराची कांग्रेस अधिवेशन] को किरती समूह ने कार्रवाई के दौरान हंगामा खड़ा करने तथा कांग्रेस के नेतृत्व की भर्त्सना करने के लिए उपयोग किया। [नौजवान भारत] सभा के कई सदस्यों को कराची में गाँधी जी को काले फूल भेंट करने के लिए उकसाया। सभा की ओर से वे एक घोषणापत्र प्रसारित करने में भी, प्रच्छन्न तरीक़ों से, कामयाब हो गए जिसने राष्ट्रीय नेताओं के ख़िलाफ़ असंयमित भाषा का प्रयोग किया था। एनजेबीएस की ओर से निमंत्रित मदनमोहन मालवीय को भी किरती तत्वों ने बोलने नहीं दिया। सुभाष बोस ने, जो सभा की अध्यक्षता कर रहे थे, इस द्वेषपूर्ण घटना की निन्दा की और एलान किया कि विदेशी उपद्रवी तत्वों ने सभा को भंग कर दिया है।' ('भगतसिंह रिविजिटेड', पृ. 144)

किरती समूह और नौजवान भारत सभा के परस्पर सहयोग का इतिहास डॉ. चन्दर पाल सिंह इस तरह बयाँ करते हैं : 'किरती समूह का उद्गम मृत हो चुकी यूएसए की ग़दर पार्टी में था। रूसी क्रान्ति ने बचे हुए नेताओं की आशाओं को पुनर्जीवित कर दिया। कम्युनिस्ट इंटरनेशनल की सक्रिय सहायता से संतोख सिंह, भाग सिंह कैनेडियन, करन सिंह चीमा और रत्तन सिंह ने किरती किसान पार्टी की नींव रखी। फरवरी, 1926 में पार्टी के मुखपत्र के रूप में पंजाबी में 'किरती' शुरू की। आरम्भ में किरती समूह नौजवान आन्दोलन में हिस्सा लेना चाहता था। लेकिन उनके पास ज़रूरी कार्यक्रम, कार्यकर्ता और अनुभव नहीं था। दूसरी तरफ़ एनबीएस के पास निश्चित लक्ष्य, उद्देश्य और राजनीतिक अनुभव था। इसके पास अनुभवी और समर्पित नेतृत्व था। लिहाज़ा एनबीएस ने एक तैयार मंच उपलब्ध कराया। किरती के साथ जुड़ना सभा को भी भाया क्योंकि इसके पास धन की कमी थी और मुखपत्र भी नहीं था। कम्युनिस्ट इंटरनेशनल और ग़दर पार्टी की वजह से किरती के पास धन की भरमार थी। नतीजतन एनबीएस और किरती साथ आ गए।' ('द लाइफ एंड आइडियाज ऑफ़ भगतसिंह' में लेख 'हिस्टरी ऑफ नौजवान भारत सभा : सम मिसकन्सेप्शन्स', पृ. 60)

डॉ. चन्दरपाल सिंह यह भी बताते हैं कि 'किरती समूह के गैरज़िम्मेदाराना व्यवहार के पीछे वजह थी कम्युनिस्ट इंटरनेशनल से प्राप्त निर्देश। कम्युनिस्ट इंटरनेशनल की छठवीं कांग्रेस ने फ़ैसला लिया था कि स्वतंत्रता संघर्ष में बुर्जुआ पार्टी के साथ संयुक्त मोर्चा नहीं बनाया जाएगा, क्योंकि इसमें सम्भावना थी कि निर्णायक घड़ी में विश्वासघात हो जाए। कम्युनिस्ट इंटरनेशनल के इन प्रस्तावों

से मार्गदर्शन पा भारतीय कम्युनिस्टों ने एलान किया कि इंडियन नेशनल कांग्रेस बुर्जुआ वर्ग की पार्टी है और इससे सारे सम्बन्ध विच्छेद कर लिये। कराची में किरती समूह ने सभा के कई सदस्यों को प्रोत्साहित किया कि गाँधी जी को वे काले फूल भेंट करें।' (उपर्युक्त, पृ. 62)

दरअसल हिंसक वर्ग-संघर्ष की अपरिहार्यता को लेकर कम्युनिस्ट उतने ही कट्टर थे और हैं, जितना कि किसी धर्म पर बेपनाह श्रद्धा रखनेवाला अन्धभक्त इस यक़ीन को लेकर होता है कि उसका धर्म ही एकमात्र सच्चा धर्म है। कम्युनिस्टों की कट्टरता के विषय में शचीन्द्रनाथ सान्याल यह लिख गए हैं : 'कम्युनिस्ट तो विचारों की स्वतंत्रता देते ही नहीं। जिस व्यक्तित्व की मर्यादा के लिए मैं सर्वस्व त्याग कर सकता हूँ, कम्युनिस्ट समाज में उस व्यक्तित्व के विकास का कोई अवसर नहीं है, बल्कि उलटा कम्युनिस्ट समाज में ऐसे व्यक्तियों का जीता रहना ही कठिन है। नास्तिकों के साथ भी मैं सहयोग कर सकता हूँ यदि वे अपने साथियों को विचार स्वातंत्र्य दें।' ('विचार-विनिमय', पृ. 6) लिहाज़ा अहिंसा के पुजारी के साथ उनका वैमनस्य होना तो अवश्यम्भावी ही था।

इस तरह भगतसिंह की विरासत के लिए जंग उसकी शहादत के एक सप्ताह के भीतर ही शुरू हो चुकी थी।

इस जंग में एक बेहद कारगर हथियार साबित हुआ भगतसिंह द्वारा 2 फरवरी, 1931 को अंग्रेज़ी में लिखा गया नौजवान राजनीतिक कार्यकर्ताओं के लिए वह सन्देश जिसकी चर्चा हमने 'मैं प्रचंड वीर अधीर' में करते हुए इस सन्देश के दूसरे हिस्से की प्रामाणिकता पर विवाद होने की बात कही थी।

जगमोहन सिंह तथा चमनलाल द्वारा सम्पादित 'भगतसिंह और उनके साथियों के दस्तावेज़' के, जो सर्वप्रथम वर्ष 1986 में राजकमल प्रकाशन से प्रकाशित हुआ था, पेपरबैक्स संस्करण वर्ष 2022 में पृष्ठ 347 पर यह सम्पादकीय टिप्पणी दर्ज है :

'क्रान्तिकारी कार्यक्रम की योजना के दो हिस्से हैं। एक, छापकर बाँटने के लिए जो एक पत्र की तरह लिखा गया है और दूसरा, एक लेख के रूप में क्रान्तिकारी साथियों में विचार, बहस व काम में दिग्दर्शन के लिए है। इसका पहला हिस्सा 'नौजवान राजनीतिक कार्यकर्ताओं के नाम' शीर्षक से उस समय के विभिन्न समाचारपत्रों में काट-छाँटकर छपा था। लाहौर के 'द पीपुल' में 29 जुलाई, 1931 और इलाहाबाद के 'अभ्युदय' में 8 मई, 1931 के अंक में इसके कुछ अंश प्रकाशित हुए थे।'

'यह दस्तावेज़ अपने समग्र रूप में हाल ही में अंग्रेज़ सरकार की एक गुप्त पुस्तक में से मिला है। यह पुस्तक सी.आई.डी. अधिकारी सी.ई.एस. फेयरवेदर

ने 1936 में 'बंगाल में संयुक्त मोर्चा-आन्दोलन की प्रगति पर नोट' शीर्षक से लिखी थी। उसके अनुसार यह मसौदा भगतसिंह ने लिखा था और 3 अक्टूबर, 1931 को श्रीमती विमला प्रभा देवी के घर से तलाशी में हासिल हुआ था।'

इस 'नई खोज' में पहले तो गाँधीवाद को कोसा गया है जो कि वास्तव में आज़ादी नहीं चाहता बल्कि 'सहभागिता' के पक्ष में है। फिर इसमें बताया गया है कि आयरलैंड के स्वाधीनता संघर्ष में पूरा देश शामिल था लिहाज़ा उसका उदाहरण हमारे प्रकरण में लागू नहीं होता। यह भी लिखा है कि 'आतंकवाद के शैतान को दाद देने की ज़रूरत नहीं, हालाँकि इसने काफ़ी कर लिया और हमें बहुत सिखा दिया। आदर्श अब उद्‌देश्य के लिए मरना न होकर उसके लिए जीना होना चाहिए।'

फिर यह 'समग्र दस्तावेज़' गुप्त सैनिक संगठन की वकालत करता है और क्रान्ति के लिए एक कार्यक्रम भी सुझाता है जिसकी 'रूपरेखा विस्तार से नीचे दी जा रही है और उसके प्रत्येक अनुभाग सम्बन्धी सुझाव अनुसूची 'क' व 'ख' में हैं।' इस रूपरेखा में है : 1. कांग्रेस के मंच का लाभ उठाना। 2. ट्रेड यूनियनों पर कब्जा करना और नई ट्रेड यूनियनों व संगठनों को जुझारू रूप में स्थापित करना।

इसके अलावा यह दस्तावेज़ क्रान्ति के लिए कार्यक्रम के तहत यह भी निर्देशित करता है कि दस्तकारों की समितियाँ, मज़दूरों और बौद्धिक काम करनेवालों की यूनियनें हर जगह स्थापित की जाएँ। 'इन्हीं क्रान्तिकारी बुद्धिजीवियों—जो बुर्जुआ व पेटी बूर्जुआ से आते हैं—से क्रान्तिकारी पार्टी बनेगी ...' (पृ. 361)

आगे इस मसौदे में निर्देश दिया गया है कि 'जहाँ तक सम्भव हो, पार्टी को गुप्त नहीं होना चाहिए। इससे सन्देह नहीं रहेंगे और पार्टी को शक्ति व प्रतिष्ठा मिलेगी।'

अविभाजित कम्युनिस्ट पार्टी के महासचिव रहे कॉमरेड रणदिवे इस निर्देश पर आश्चर्य व्यक्त करते हैं : 'वह [भगतसिंह] सोचता है कि ऐसी पार्टी ब्रिटिश राज के तहत गुप्त रह सकती थी।' ('सिलेक्टेड राइटिंग्स ऑफ़ शहीद भगतसिंह, शिव वर्मा द्वारा सम्पादित, समाजवादी साहित्य सदन कानपुर द्वारा प्रकाशित संस्करण मार्च, 1996; प्रस्तावना बी. टी. रणदिवे द्वारा)

इन निर्देशों में आगे बताया है कि 'सुविधा की दृष्टि से पार्टी को कुछ समितियों में बाँटा जा सकता है। ...प्रत्येक क्षेत्र में क्रान्तिकारी पार्टी इस तरह हो—(क) सामान्य समिति : भरती करना, सेना में प्रचार, ... (परिशिष्ट क)। (ख) वित्त समिति—धन के स्रोत प्राथमिकता के अनुसार हों—स्वैच्छिक चन्दा, जबरी चन्दा (सरकारी धन), विदेशी पूँजीपति या बैंक, ... ग़ैरक़ानूनी तरीक़े, जैसे गबन। (ग) कारवाई समिति : इसका रूप—साबोताज (sabotage), हथियार संग्रह और विद्रोह का प्रशिक्षण देने के लिए एक गुप्त समिति।

'क्रान्ति या आज़ादी के लिए कोई छोटा रास्ता नहीं है। यह किसी सुन्दरी की तरह सुबह-सुबह हमें दिखाई नहीं देगी और यदि ऐसा हुआ तो वह बड़ा मनहूस दिन होगा। बिना किसी बुनियादी काम के, बग़ैर जुझारू जनता के और बिना किसी पार्टी के ...'

जगमोहन सिंह तथा चमनलाल द्वारा सम्पादित 'भगतसिंह और उनके साथियों के दस्तावेज़' में यह पत्र यहाँ खत्म हो जाता है, बिना अनुसूची 'क' व 'ख' के विषय में कुछ कहे जिनमें 'प्रत्येक अनुभाग सम्बन्धी सुझाव हैं।' लेकिन चमनलाल द्वारा सम्पादित अंग्रेज़ी भाषा के 'भगतसिंह रीडर' में इनके विषय में बताया है। यहाँ पर यह उल्लेख समीचीन होगा कि भगतसिंह का यह पत्र मूलतः अंग्रेज़ी भाषा में ही है।

अपेंडिक्स ए में सामान्य समिति के कर्तव्य बताए हैं जिनमें हैं 'समूहों की भर्ती ... स्कूल, कॉलेज, जिमनाजियम, क्लब, लाइब्रेरी।'। साथ ही 'प्रचार सरल ढंग से लिखी सस्ती पत्रिकाओं, पुस्तकों और पर्चों के मार्फ़त' ... 'सेना के 27% पंजाबी मुसलमानों से साँठ-गाँठ उनके पंजाबी स्वजन करेंगे।' इसके अलावा 'क्रान्तिकारी हमले और सत्ता पर क़ब्ज़ा ज़माने यूनियनों को प्रशिक्षण।'

अपेंडिक्स बी में कार्रवाई समिति के कर्तव्य हैं 'इसकी सदस्यता बड़ी नहीं होगी। यह 'क्रान्तिकारी 'लाल' फ़ौज के लिए नेतृत्व मुहैया करवाएगी जिसका अस्तित्व और कार्यकलाप साधारण सदस्यों से गुप्त रखे जाएँगे।'

कनिष्ठ सदस्यों और स्त्रियों को कार्रवाई समिति में ये काम दिये जाने की अनुशंसा की गई है : जासूसी, हथियार इकट्ठे करना, शस्त्रों जैसे लुइस और विकर्स गन का इस्तेमाल सीखने के उद्देश्य से वे पश्चिमी देशों में भेजे जाएँ। कार्रवाई—इलाक़े का सर्वेक्षण—रास्ते, नहरें, सदस्यों के सम्भावित आश्रय-स्थल के लिए सरकारी नक्शे चिह्नित किये जाएँ। इसका नमूना "फील्ड नोट्स, अफगानिस्तान, 1914" में से नीचे बताया है।

अध्याय 1. भौगोलिक रूपरेखा, सीमाएँ, नदियाँ, बाढ़ के मौसम, पुल, क़िले ... अध्याय 2. रहवासी, भाषा, क़बीले, जातियाँ ... अध्याय 3. आपूर्ति, चारा, जलाऊ लकड़ी, अनाज-परिवहन खच्चर बैल गधे घोड़े ऊँट मोटर बस... इलाक़े में सम्भावित लड़ाकू लोग, बरसात में कठिनाई ...'

'फील्ड नोट्स, अफगानिस्तान, 1914' को गूगल पर खोजकर मैंने डाउनलोड किया तो पहले ही पृष्ठ पर लिखा था : 'हर मेजेस्टी' के स्टेशनरी कार्यालय लन्दन द्वारा मुद्रित गुप्त आधिकारिक उद्देश्य से।

इन फील्ड नोट्स में अफगानिस्तान का भूगोल है : नदियाँ घाटी पहाड़; खच्चर ऊँट और भेड़ों के प्रकार और परिवहन के लिए उनमें से क्या कहाँ उपयुक्त रहेगा; मौसम और फसलें और स्थानीय शब्दावली भी। एक बानगी देखें :

'पूरा दक्षिणी हिस्सा बेहतरीन बसा हुआ, उपजाऊ तथा अच्छी तरह जुताई किया हुआ है। इन्फेंट्री और केवेलरी की दो बटालियन के लिए छह महीने की आपूर्ति यहाँ आसानी से इकट्ठी की जा सकती है। घास तो ज़्यादा नहीं है लेकिन भूसा बहुतायत से उपलब्ध है।'

'नौजवान राजनीतिक कार्यकर्ताओं के नाम पत्र' में आगे लिखा है : 'फील्ड सर्विस रेगुलेशन जिल्द 1 और जिल्द 2 का सम्पूर्ण अध्ययन फायदेमन्द रहेगा। यह जानकारी परमावश्यक है।'

'फील्ड सर्विस रेगुलेशन', जिसे 'एफएसआर' कहा जाता था, लगभग तीन-सौ पृष्ठों की किताब है जो वास्तव में ब्रिटिश आर्मी कौन्सिल द्वारा जारी की गई नियमावली है : सेना का जमावड़ा कैसे करना है; घेरा डालते समय क्या सावधानियाँ ज़रूरी हैं; आक्रमण करते समय किन बातों का ध्यान रखना चाहिए; मुठभेड़ हो जाए तो रणनीति क्या होनी चाहिए; रात में आक्रमण करते समय क्या एहतियात बरतनी चाहिए और कैसे दुश्मन पर धावा बोलना चाहिए; परिवहन सुचारु रूप से किस प्रकार हो और आपूर्ति कैसे सुनिश्चित हो। इस पुस्तक की दूसरी जिल्द में सेना के संगठन और प्रशासन के विषय में निर्देश हैं। सेना के सभी अंगों को इस नियमावली के अनुसार ही काम करना था। प्रथम विश्वयुद्ध इसी नियमावली के अनुसार लड़ा गया और कतिपय संशोधनों के साथ दूसरा विश्व युद्ध भी।

जेल में भगतसिंह को किताबें द्वारकादास लाइब्रेरी से हासिल होती थीं, या बचपन के मित्र जयदेव गुप्त से और कभी-कभी मुलाक़ातियों के मार्फ़त। ये अत्यन्त गुप्त दस्तावेज़ "फील्ड नोट्स, अफगानिस्तान, 1914" तथा 'फील्ड सर्विस रेगुलेशन' किस प्रकार इन लोगों को और फिर भगतसिंह को हासिल हुए होंगे? इसके अलावा नौजवान राजनीतिक कार्यकर्ताओं को भगतसिंह इस पत्र में यह सलाह दे रहा है कि वे एक आर-पार की सशस्त्र हिंसक जंग की तैयारी कर लें। लेकिन मात्र पाँच महीने पहले अक्टूबर, 1930 में भगतसिंह 'क्यों हूँ मैं नास्तिक' शीर्षक से लेख में लिख रहा था : 'मैंने अध्ययन करना शुरू किया। मेरी पूर्ववर्ती आस्थाओं और मान्यताओं का उल्लेखनीय रूपान्तरण हुआ। केवल हिंसात्मक उपायों का रूमानीपन, जो हमारे पूर्ववर्तियों में इतना प्रतिष्ठित था, उसका स्थान गम्भीर विचारों ने ले लिया। शक्ति का प्रयोग औचित्यपूर्ण जब भीषण आवश्यकता होने पर उसका आश्रय लिया जाए: अहिंसा अनिवार्य नीति तमाम जन-आन्दोलनों के लिए।'

चन्दर पाल सिंह यह सवाल भी उठाते हैं कि यह दस्तावेज़ इतनी दूर पहुँचा कैसे और फिर बिमला प्रतिभा देवी [प्रोफ़ेसर चमनलाल के अनुसार विमला प्रभा देवी] के घर बरामद हुआ, तुलनात्मक रूप से एक अनजाना नाम,

जबकि भगतसिंह के निकट सहयोगी इससे पूरी तरह अनभिज्ञ थे। रिहाई के बाद भी (1937 में) न तो बिमला प्रतिभा देवी ने और न ही बंगाल के किसी और क्रान्तिकारी ने इस दस्तावेज़ के अस्तित्व के बारे में ज़िक्र किया। ('भगतसिंह रिविजिटेड', पृ. 67) चन्दर पाल सिंह ने तो इसे बाद में जोड़ा गया बताया है। फरवरी, 1931 का पत्र सुभाषचन्द्र बोस को उन्होंने दिया था, कॉमरेड रामचन्द्र यह तो स्वीकारते हैं, जो कि बाद में खो गया। ('नौजवान भारत सभा एंड एचएसआरए', पृ. 173) मगर इससे भी यह बात साफ़ नहीं होती कि उस पत्र में यह विवादित हिस्सा था अथवा नहीं।

इसके अलावा जगमोहन सिंह तथा चमनलाल द्वारा सम्पादित 'भगतसिंह और उनके साथियों के दस्तावेज़' में दिये गए इस पत्र के पूर्ववर्ती हिस्से में कहा गया है, जो कि इस पुस्तक के पिछले अध्याय में उद्धृत है, 'पार्टी अपना काम प्रचार से शुरू करेगी। ... पार्टी का नाम कम्युनिस्ट पार्टी हो।' लेकिन कम्युनिस्ट पार्टी तो सोहन सिंह जोश के अनुसार वर्ष 1925 के दिसम्बर माह के अन्तिम सप्ताह में गठित हो चुकी थी जिसका नाम 'कम्युनिस्ट पार्टी ऑफ़ इंडिया' रखा गया था। ('मेरठ कान्स्पीरेसी केस द ग्रेट अटैक' लेखक सोहन सिंह जोश, प्रकाशक यूनीस्टार चंडीगढ़, संस्करण वर्ष 2009, पृ. 35-6) फिर यह नई कम्युनिस्ट पार्टी क्यों? इसके अतिरिक्त चमनलाल द्वारा सम्पादित 'भगतसिंह रीडर' में मूल अंग्रेज़ी दस्तावेज़ का यह हिस्सा इस तरह उद्धृत है : 'The name of party or rather,*(words missing) a Communist party.' यानी : 'पार्टी का नाम, बल्कि (इसके बाद शब्द गायब हैं) कम्युनिस्ट पार्टी।' किन्तु जगमोहन सिंह तथा चमनलाल द्वारा इसे 'पार्टी का नाम कम्युनिस्ट पार्टी हो।' कर दिया गया है। इसी 'भगतसिंह रीडर' में यह सम्पादकीय टिप्पणी भी है कि 'उस समय की स्थितियों का विश्लेषण करने के बाद अन्ततः भगतसिंह ने नौजवानों को मार्क्सवाद एक विचारधारा की तरह अपनाने की सलाह दी और आज़ादी हासिल करने तथा शोषणकारी व्यवस्था से निजात पाने के लिए कम्युनिस्ट पार्टी बनाने की भी।'

जगमोहन सिंह तथा चमनलाल द्वारा सम्पादित 'भगतसिंह और उनके साथियों के दस्तावेज़' पर चन्दर पाल सिंह यह आपत्ति भी उठाते हैं कि 'बटुकेश्वर दत्त के लेख 'क्रान्तिकारी जीवन-दर्शन' को इस वजह से संग्रह में नहीं लिया गया कि 'यह दस्तावेज़ 1925-31 के क्रान्तिकारी आन्दोलन के वैचारिक विकास का प्रतिनिधित्व नहीं करता'। ('भगतसिंह रिविजिटेड', पृ. 49) लेकिन कई लेख मात्र इस वजह से सम्मिलित कर लिए गए कि 'कम्युनिस्ट समर्थक अख़बार होने की वजह से 'किरती' के ज़्यादातर लेख उनके विचार प्रतिबिम्बित करते थे।' (उपर्युक्त, पृ. 56)

लेकिन इस सारे मसले को एक और नज़र से भी देखे जाने की ज़रूरत है।

श्री जगमोहन सिंह तथा श्री चमनलाल दोनों ही प्रख्यात विद्वान हैं, भगतसिंह पर बेहद महत्त्वपूर्ण तथा अभूतपूर्व काम को सरंजाम देने में जिन्होंने अपना जीवन लगा दिया है। उनको तो किसी भी हालत में यह इलज़ाम नहीं दिया जा सकता कि उन्होंने दिशाभ्रम उत्पन्न करने की कोशिश की या गलतबयानी की। लेकिन सी.आई.डी. अधिकारी सी.ई.एस. फेयरवेदर तो कोई दूध का धुला शख़्स नहीं था! वह तो अँगरेज़ सरकार का वफ़ादार मुलाज़िम था और अपने 'मालिक' के हित में किसी भी हद तक जाने को उसका तैयार रहना कोई अनहोनी या आश्चर्य की बात नहीं, जैसी कि अँगरेज़ सी.आई.डी. अधिकारियों से ब्रिटिश सरकार को उम्मीद रहती ही होगी और जिस उम्मीद पर खरा उतरने की पूरी कोशिश वे अधिकारी किया करते ही होंगे। उनकी पदोन्नति का दारोमदार भी तो उनके इस तरह के बर्ताव पर ही रहता होगा!

भगतसिंह को फाँसी दिये जाने के बाद से ही यह चर्चा आम थी और ब्रिटिश शासकों पर इलज़ाम भी था कि वर्ष 1929 के लाहौर षड्यंत्र मुक़दमे में क़ानून को पूरी तरह दरकिनार कर फ़ैसला दिया गया; और न सिर्फ़ भगतसिंह और उसके साथियों की बल्कि न्याय की भी हत्या इस प्रकरण में हुई है। इस इलज़ाम को नावाजिब और ग़लत ठहराने का इससे बेहतर तरीक़ा क्या हो सकता था कि भगतसिंह को साम्राज्य-विरोधी यानी कि राजद्रोही साबित करने का कोई दस्तावेज़ी सबूत जनता के सामने लाया जाए? और ब्रिटिश सरकार ही नहीं यूरोप के बाक़ी शासकों तथा अमेरिका के लिए भी कम्युनिस्ट और मार्क्सवादी होने का सीधा अर्थ था देशद्रोही होना। वास्तव में कम्युनिज़्म और राजद्रोह या देशद्रोह पर्यायवाची शब्द उन दिनों समझे जाते थे और इस 'तथ्य' को भरपूर प्रचारित भी किया जाता था। लिहाज़ा भगतसिंह का कम्युनिस्ट होना तथा उसका मार्क्सवाद का हामी होना अगर साबित कर दिया जाए तो न सिर्फ़ पक्का राजद्रोही बल्कि देशद्रोही भी आम राय से उसे मान लिया जाएगा, और आसानी से मान लिया जाएगा। लिहाज़ा श्री फेयरवेदर ने अपनी रिपोर्ट में भगतसिंह द्वारा 'क्रान्तिकारी 'लाल' फ़ौज के सत्ता पर क़ब्ज़ा किये जाने की बात का ज़िक्र कर दिया जिसके लिए 'सेना के 27% पंजाबी मुसलमानों से साँठ-गाँठ उनके पंजाबी स्वजन करेंगे।' अत्यन्त गुप्त सरकारी दस्तावेज़ "फील्ड नोट्स, अफगानिस्तान, 1914" तक भगतसिंह की पहुँच होना भी दर्शा दिया, भारत सरकार के ख़िलाफ़ जंग की तैयारी के मद्देनज़र जिसके आधार पर 'रास्ते, नहरें, सदस्यों के सम्भावित आश्रय स्थल के लिए सरकारी नक्शे चिह्नित किये जाएँ'। इतना ही नहीं तो श्री फेयरवेदर ने अपने रिपोर्ट में यह भी साबित कर दिया कि ब्रिटिश आर्मी कौन्सिल द्वारा फ़ौज के लिए जारी अति गोपनीय नियमावली 'फील्ड सर्विस रेगुलेशन जिल्द 1 और जिल्द 2' न सिर्फ़ भगतसिंह के पास पहुँच गई, सो भी जेल में रहते हुए,

बल्कि लगभग तीन-सौ पृष्ठों की उस नियमावली का उसने बारीक़ी से और सम्पूर्ण अध्ययन किया। साथ ही, इसे पूरा पढ़ने की अपने साथी 'राजद्रोहियों' से अनुशंसा भी उसने की ताकि वे जान लें कि 'मुठभेड़ हो जाए तो रणनीति क्या होनी चाहिए; रात में आक्रमण करते समय क्या एहतियात बरतनी चाहिए और कैसे दुश्मन पर धावा बोलना चाहिए'।

यहाँ पर यह भी उल्लेखनीय है कि कम्युनिस्ट पार्टी के मुखपत्र के रूप में बम्बई से प्रकाशित साप्ताहिक 'वर्कर्स वीकली' ने 13 नवम्बर, 1930 को, यानी मौत की सज़ा सुनाए जाने के बाद, भगतसिंह और उसके साथियों को व्यक्तिवादी, पेटी बुर्जुआ और 'मात्र षड्यंत्रकारी' कहकर खारिज कर दिया था। 'उन्होंने दावा किया था कि एक सामजिक आधार हासिल करने और वर्ग संघर्ष की यथार्थवादी पकड़ विकसित करने में एचएसआरए नाकामयाब रही है।' ('इंडिया'ज रेवोल्यूशनरी इनहेरिटेन्स', पृ. 152)

लेकिन इसमें कोई दो राय नहीं हो सकती कि समाजवाद से तथा समाजवादी सिद्धान्तों में निहित सामाजिक तथा आर्थिक पुनर्निर्माण की सम्भावनाओं से भगतसिंह बेहद प्रभावित था। उस समय की हवा में भी समाजवाद तैर रहा था और रूस में चल रहे अभूतपूर्व प्रयोग को देखकर लौटे नेतागण समाजवाद की हवा को और भी हवा दे रहे थे।

कार्ल मार्क्स की पुण्यतिथि 14 मार्च, 1927 को पड़ी। कलकत्ता के डॉ. भूपेन्द्रनाथ दत्त सोवियत रूस जाकर आए थे। उन्होंने बताया कि वहाँ 21 साल के हर वयस्क को मताधिकार है और गृहयुद्ध के बावजूद साक्षरता 82 प्रतिशत पहुँच चुकी है। 1930 में रूस कोई निरक्षर नहीं रहेगा। जबकि भारत में सिर्फ़ 5 प्रतिशत साक्षर हैं। ('मेरठ कान्स्पीरेसी केस द ग्रेट अटैक', पृ. 50-1) अक्टूबर क्रान्ति की दसवीं वर्षगाँठ पर अपने पिता के साथ जवाहरलाल नेहरू भी मास्को जा पहुँचे और वहाँ से लौटकर अपने अनुभव उन्होंने कई लेखों में और एक किताब में भी साझा किये। उन्होंने बताया कि रूस में ग़रीबी के साथ विलासिता नहीं देखी जा सकती। सोवियत रूस के अध्यक्ष मिखाईल कलीनिन को किसानों की पोशाक पहने हुए और अपने मातहतों के बराबर ही तनख्वाह पाते हुए देखकर उन्हें बेहद आश्चर्य हुआ। और वे भी समाजवाद के पैरोकार हो गए। कराची कांग्रेस में मूलभूत अधिकारों पर प्रस्ताव पेश किया जाना इसी का नतीजा था।

उस समय की युवा पीढ़ी की सोच के बारे में जवाहरलाल नेहरू ने अपनी आत्मकथा में लिखा है : 'बुद्धिजीवियों, यहाँ तक कि सरकारी अफ़सरों में भी, साम्यवाद और समाजवाद के अस्पष्ट विचार फैल चुके थे। कांग्रेस के नौजवान पुरुष और महिलाएँ, जो पहले 'ब्राइस ऑन डेमोक्रेसी', मार्ले और कीथ और मैज़िनी को पढ़ा करते थे, अब जब भी उन्हें उपलब्ध होतीं तो समाजवाद,

कम्युनिज़्म और रूस पर किताबें वे पढ़ते थे। इन नये विचारों की तरफ़ लोगों का रुझान पैदा करने में मेरठ षड्यंत्र केस ने काफ़ी सहायता पहुँचाई थी। विश्व-आर्थिक संकट ने भी लोगों को इस तरफ़ ध्यान देने के लिए मजबूर कर दिया था। चारों तरफ़ जिज्ञासा की एक नई भावना स्पष्ट दिखलाई पड़ रही थी—मौजूदा संस्थाओं के प्रति एक प्रश्नवाचक और चुनौती भरी जिज्ञासा। उस मानसिक तूफ़ान का आम रुख़ स्पष्ट था। लेकिन वह अभी एक हलकी बयार थी—स्वयं अपने से अनभिज्ञ।' ('दस्तावेज़' चमनलाल, पृ. 38. शिव वर्मा के लेख 'क्रान्तिकारी आन्दोलन का वैचारिक विकास (चापेकर बन्धुओं से भगतसिंह तक)' से।)

सोहन सिंह जोश भी पुष्टि करते हैं कि 'राजनीतिक रूप से जागरूक भारतीयों पर रूसी क्रान्ति का असर इतना अधिक था कि इसके बारे में बातचीत करने और इसके कार्यक्रम पर चर्चा करने से, कि भारतीय परिस्थितियों में यह किस हद तक लागू हो सकता है, अपने को वे रोक नहीं पाते थे।' ('मेरठ कान्स्पीरेसी केस द ग्रेट अटैक', पृ. 24) 'पेशावर षड्यंत्र मुक़दमे, कानपुर कम्युनिस्ट षड्यंत्र मुक़दमा, और ब्रिटिश शासकों द्वारा किये गए बोल्शेविक विरोधी प्रचार ने युवकों और प्रबुद्ध लोगों में अत्यन्त दिलचस्पी पैदा कर दी और वे जानना चाहते थे कि बोल्शेविज़्म या कम्युनिज़्म से क्या तात्पर्य है, जिसके लिए ब्रिटिश शासक इतना बखेड़ा खड़ा कर रहे हैं।' (उपर्युक्त, पृ. 37-8)

समाजवाद की इस बयार से कोई अछूता न रहा था, न भगतसिंह और न ही आज़ाद। कम्युनिस्ट पार्टी के सक्रिय सदस्य रहे क्रान्तिकारी शिव वर्मा चन्द्रशेखर आज़ाद के बारे में बताते हैं : 'शोषण का अन्त, मानव मात्र की समानता की बात और श्रेणी रहित समाज की कल्पना आदि समाजवाद की बातों ने उन्हें [आज़ाद को] मुग्ध-सा कर लिया था। वैज्ञानिक समाजवाद की बारीकियों को समझे बग़ैर भी वे अपने आपको समाजवादी कहने में गौरव अनुभव करने लगे थे। यह बात आज़ाद ही नहीं, उस समय हम सब पर लागू थी। समाजवादी सिद्धान्त को पूरे तौर पर वे भी [भगतसिंह और सुखदेव भी] नहीं समझ पाए थे।' ('अग्निपुंज', पृ. 64)

समाजवाद के प्रति आकर्षण की वजह बताते हुए शचीन्द्रनाथ सान्याल लिखते हैं : 'असल बात यह है कि रूस के क्रान्तिकारी आन्दोलन की सफलता ने हमारे देश के कितने ही त्यागी और साहसी नवजवानों को अपनी तरफ़ खींच लिया है। दूसरी बात यह है कि रूसी क्रान्ति आन्दोलन के मूल में ऐसे भारी मानवता का एक आदर्श है जिसके कारण संसार भर के श्रेष्ठ पुरुषगण अनिवार्य रूप से उस आदर्श के प्रति आकृष्ट हो जाते हैं।' ('विचार-विनिमय', पृ. 114)

रूस में हुई क्रान्ति के बाद वहाँ रची जा रही नये ढंग की अर्थव्यवस्था में सारी दुनिया के विचारशील और न्यायप्रिय लोगों को उनका 'आदर्शलोक'

का सपना सच होता नज़र आ रहा था। बिजय कुमार सिन्हा के अनुसार 'रूस को एक प्रयोगशाला की दृष्टि से निरखा और परखा जाने लगा था जहाँ भविष्य में विश्व में क़ायम होनेवाली शासन-पद्धति और व्यवस्था पर काम हो रहा था।'

रूस में हुई इस बोल्शेविक क्रान्ति के बाद ये दो शब्द तो मानो जादुई मंत्र बन गए थे—क्रान्ति और समाजवाद—अपने-अपने स्वार्थों के लिए जिनका उस दौर में भी इस्तेमाल किया जा रहा था। मनमोहन गुप्त की राय में 'उस ज़माने में एक हवा ही ऐसी चल पड़ी थी। बड़ी-बड़ी किताबी बातों को दोहराने; मार्क्स, एंगेल्स तथा लेनिन का नाम बार-बार उच्चारण करने और अपने को कम्युनिस्ट कहकर प्रचार करने में नवयुवक अपनी शान समझते थे।' (एक क्रान्तिकारी के संस्मरण, पृ. 189)

जिस पार्टी का मुखिया बनकर हिटलर ने जर्मनी पर अपना 'क़ब्ज़ा' जमाया उस नाज़ी पार्टी का पूरा नाम था 'नेशनल सोशलिस्ट जर्मन वर्कर्स पार्टी'। लेकिन न तो सोशलिज़्म से इसका दूर-दूर तक कोई वास्ता था और न ही कामगारों से। इस पार्टी का इस्तेमाल हिटलर ने अपनी महत्त्वाकांक्षाओं को पूरा करने के लिए बख़ूबी किया। ट्रकों में भरकर पहुँचे हथियारबन्द स्टॉर्म ट्रूपर्स, जो हक़ीक़त में नाज़ी पार्टी के लिए काम करनेवाले 'दबंग थे, के साथ हिटलर तूफ़ान की तरह 8 नवम्बर, 1923 को म्युनिक के बियरहाल में घुसा, मौजूद लोगों को आतंकित कर शांत करने के लिए उसने एक गोली दागी, और घोषणा कर दी : "राष्ट्रीय क्रान्ति जारी है। राइक सरकार अपदस्थ कर दी गई है।" फिर नई सरकार का गठन कर उसने अपनी पिस्तौल के ही दम पर उसके लिए समर्थन भी प्राप्त कर लिया।

तथाकथित 'क्रान्ति' का यह प्रयास अन्तत: तो असफल हो गया लेकिन परिस्थितियों ने ऐसा मोड़ लिया—जिसमें 1929 की वैश्विक महामन्दी, जर्मनी में अनियंत्रित रफ़्तार से दौड़ती मुद्रास्फीति और हताशाजनक बेरोजगारी की वजह से युवकों में उपजे व्यवस्था के प्रति क्रोध व असन्तोष की अहम भूमिका थी—कि वर्ष 1933 में वह जर्मनी का चान्सलर यानी प्रधानमंत्री बन बैठा।

इसके फ़ौरन बाद जर्मनी की संसद राइकस्टाग ने, जिस पर नाज़ियों का नियंत्रण था, 21 मार्च, 1933 को एक नया क़ानून बनाया। सरकार और उसके नेताओं की आलोचना करना अपराध घोषित कर दिया गया। 'मैलीशस प्रैक्टिसेज एक्ट' नाम के इस क़ानून के मुताबिक़ सरकार के पदाधिकारियों का मजाक उड़ाना भी अपराध था और इस जुर्म में गिरफ़्तार मुज़रिमों को 'कन्संट्रेशन कैम्प' भी भेजा जा सकता था। ऐसे कैम्प में कोई भी मुलाक़ाती प्रवेश नहीं पा सकता था। फिर 23 मार्च, 1933 को 'एनेब्लिंग एक्ट' बना। अब जर्मनी का चान्सलर जिसे भी 'राज्य का शत्रु' समझे उसे वह दंड दे सकता था। इस एक्ट के तहत जर्मनी के

संविधान की अवहेलना करके भी सरकार क़ानून बना सकती थी। इन नये क़ानूनों का इस्तेमाल जर्मन लोगों को भयभीत कर उन्हें अपना असन्तोष ज़ाहिर न करने देने के लिए मजबूर कर देने के लिए किया गया। प्रजातंत्र को समाप्त करने के लिए क़ानूनी प्रक्रिया का सहारा लिया गया और क़दम-दर-क़दम प्रजातान्त्रिक संस्थाओं तथा व्यवस्थाओं को हिटलर छीजता चला गया और आख़िर में प्रजातंत्र का सिर्फ़ एक खोखला मुखौटा बाक़ी रह गया।

'द डायरी ऑफ़ ए यंग गर्ल' में ऐनी फ्रैंक, एक 13-14 साल की यहूदी लड़की जो नाज़ियों द्वारा चलाए जा रहे 'प्रोग्रोम' से बचने के लिए लगभग तीन साल बाद अपनी मौत होने तक एक सीलन भरे तहख़ाने में छुपी रहती है, अपनी एक काल्पनिक सहेली किट्टी को डायरी में पत्र लिखकर बताती है कि कैसे नाज़ी पार्टी के उत्साही सदस्य घरों से किताबें इकट्ठे करके उनकी होली जलाते हैं क्योंकि पढ़ने लायक किताब तो सिर्फ़ 'मीन कैम्प्फ़' है। इस आत्मकथात्मक पुस्तक में हिटलर ने अपने बचपन व युवावस्था के विषय में तो लिखा ही था, अपने भविष्य के कार्यक्रम की मोटी रूपरेखा भी दे दी थी। यह किताब स्कूलों में अनिवार्य पाठ्यपुस्तक हो गई और इतिहास वह पढ़ाया जाने लगा जिसका 'आविष्कार' हिटलर ने और उसकी नाज़ी पार्टी के 'विद्वानों' ने किया था। वर्ष 1933 में 'मीन कैम्प्फ़' की दस लाख प्रतियाँ जर्मनी में बिकीं।

इस सबके बावजूद जर्मनी के नागरिकों ने हिटलर को समर्थन दिया तो इस वजह से कि नाज़ी पार्टी मज़बूती और स्थायित्व का अहसास देती थी। इस छवि को प्रचारित करने के लिए सिगरेट के पैकेटों के साथ हिटलर के फ़ोटो बाँटे जाते जिसमें वह सेना की पोशाक और लम्बे बूट्स पहने हुए अपना एक हाथ ऊपर ताने 'कठोर मुद्रा' में तेज क़दमों से चलाता हुआ दिखाया जाता। उसकी छवि ऐसे मज़बूत और शक्तिशाली राजनेता के रूप में उभारी गई जो जनता को एक पार्टी के सुशासन के अन्तर्गत लाकर राजनीतिक अराजकता से उन्हें निजात दिलाना चाहता था। 'गद्दार' यहूदियों और ट्रेड यूनियनों के ख़िलाफ़ मुहिम को न्यायोचित ठहराने के लिए अपने जोशीले भाषणों में वह कहा करता था कि विघटनकारी ज़हरीले तत्वों का वह सफ़ाया करना चाहता है जो जर्मनी को और उसकी जनता को क्षति पहुँचाना चाहते हैं।

7 नवम्बर, 1938 सोमवार को एक नाज़ी राजनयिक की एक यहूदी ने हत्या कर दी। अगले दिन यहूदियों पर नाज़ी पार्टी का क़हर टूट पड़ा। विदेशी अख़बारों में जब इस कृत्य की आलोचना हुई तो 9 नवम्बर को नाज़ी पार्टी के कार्यकर्ताओं की मीटिंग में हिटलर के दाएँ हाथ उसके प्रचार-मंत्री जोज़फ़ गबल्ज़ ने कहा "फ्यूहरर ने निर्णय लिया है कि प्रदर्शनों को पार्टी न करवाए लेकिन अगर वे स्वतः फूट पड़ें तो उनमें बाधा भी न पहुँचाई जाए।"

यह थी वह क्रान्ति और यह था वह समाजवाद जो हिटलर लेकर आया, जो अन्ततः द्वितीय विश्वयुद्ध के कारक बने और पूरे यूरोप में महाविध्वंस और जर्मनी में बरबादी लेकर आए।

ऐसा ही कुछ अराजकतावाद के साथ भी था। 18वीं और उन्नीसवीं शताब्दी में अराजकतावाद बुद्धिजीवियों में बेहद लोकप्रिय था। अराजकतावादियों का विश्वास था कि मनुष्य स्वभावतः अच्छा है। किसी भी तरह की सरकार अवांछनीय है क्योंकि मनुष्य मूलतः विवेकशील, निष्कपट और न्यायप्रिय प्राणी है। किन्तु हिंसा पर आश्रित राज्य तथा उसकी अन्य संस्थाएँ उसे भ्रष्ट कर देती हैं। मानव-समाज बिना किसी बाहरी हस्तक्षेप के शान्ति और सहकार के साथ रहने में और स्व-शासन करने में सक्षम है।

भगतसिंह द्वारा लिखे गए लेखों से यह हम जान ही गए हैं कि अराजकतावाद से वह भी प्रभावित था। एसेम्बली में बम फेंकने का भगतसिंह ने जब निर्णय लिया तो उस निर्णय में वेलाँ द्वारा फ्रांस की सरकार के प्रतिनिधियों पर बम फेंकने और फिर निर्भीक होकर अदालत में अपना बयान दिये जाने की घटना का भी योगदान था। और वेलाँ भी एक अराजकतावादी था। वर्ष 1894 में उसने जब चैम्बर ऑफ डेपुटीज में बम फेंका था, फ्रांस पर राज किसी दूसरे देश का नहीं था और प्रजातान्त्रिक पद्धति से चुनाव द्वारा देश की सरकार बनती थी। उसकी शिकायत सिर्फ़ इतनी थी, जैसा कि उसके बयान से प्रतीत होता है, कि निर्धन देशवासी बेरोजगारी और भुखमरी से परेशान हैं और सरकार कुछ नहीं कर रही। इस स्थिति की पृष्ठभूमि यह है कि उन्नीसवीं शताब्दी के उत्तरकालीन अर्धांश में फ्रांस ने कई उपनिवेश अर्जित कर लिये थे। नये बाज़ार मिलने से पूँजीवादी व्यवस्था को बढ़ावा मिला। बड़े-बड़े स्टोर खुल गए थे जिन पर फ्रांस के सुविधा-सम्पन्न लोग गर्व करते थे। विज्ञापनों के द्वारा उपभोक्ता को चकाचौंध कर उपभोक्तावाद को बढ़ावा दिया जाने लगा। फ़ैशन पर खर्च बढ़ने के साथ ही सिनेमा व ग्रामोफ़ोन जैसी आधुनिक तकनीकों का बाज़ार भी बढ़ रहा था। माल बेचने के लिए नये-नये लुभावने तरीके इस्तेमाल किये जाने लगे थे, जैसे कि बड़ी-बड़ी दुकानों में एक्सरे मशीन का इस्तेमाल जूतों की नाप लेने में होने लगा था।

लेकिन घरेलू सकल उत्पाद में वर्ष 1860 से 1882 तक लगातार गिरावट दर्ज हो रही थी। और उसके बाद भी वर्ष 1896 तक, यानी जिस समय वेलाँ ने बम फेंका, अर्थव्यवस्था में कोई सुधार नहीं था। जन-कल्याणकारी कार्यों जैसे सार्वजनिक स्वास्थ्य, बेरोजगारी बीमा, वृद्धावस्था पेंशन में इंग्लैंड और जर्मनी के मुक़ाबले फ्रांस बहुत पिछड़ा हुआ था। वर्ष 1902 में जाकर जन-कल्याण के कार्यों हेतु वित्तीय प्रावधान किया गया, वह भी तब जब कि सरकार को लगा कि

बीमारियों की वजह से सेना में भरती कमज़ोर हो रही है और जनसंख्या बढ़ने की दर भी घट रही है जिससे राष्ट्रीय सुरक्षा पर खतरा मंडराने लगा है।

लेकिन चैम्बर ऑफ डेपुटीज में वेलाँ द्वारा बम फेंके जाने से हासिल क्या हुआ? सिर्फ़ यह कि फ्रांस के राष्ट्रपति कार्नो की हत्या कर दी गई, वेलाँ को गिलोटिन पर चढ़ाने के लिए जिसे ज़िम्मेदार ठहराया गया था। फिर उस हत्यारे को भी गिलोटिन पर चढ़ा दिया गया। मगर न तो शासन-व्यवस्था बदली और न ही अर्थ-व्यवस्था; और न ही कोई जन-आन्दोलन उठ खड़ा हुआ। लेकिन भगतसिंह सफल हुआ जन-आन्दोलन खड़ा करने में और जन-जागृति लाने में। महात्मा गाँधी के नमक सत्याग्रह में अगर जनता ने अभूतपूर्व उत्साह के साथ भाग लिया तो यक़ीनन इसमें भगतसिंह द्वारा लाई गई और फैलाई गई जन-जागृति का भी महत्त्वपूर्ण हाथ था। गुजरात के धरसाणा में अगर सत्याग्रहियों ने अपने सिर फुड़वाए, जिनमें पंजाब से आए सिक्ख भी शामिल थे, तो इस निर्भीकता को जगाने में भगतसिंह और उसके साथियों द्वारा बेमिसाल बहादुरी के साथ जेल में सहे जा रहे भीषण अत्याचारों के अख़बारों में छप रहे समाचारों का भी हाथ था। महीनों चली भूख हड़ताल, अदालत में दिये जा रहे निर्भीक बयान, भरी अदालत में बलूची पठानों द्वारा बेरहम धुनाई—उस जनता की आँखों के सामने जो दिन-ब-दिन उसकी मुरीद होती जा रही थी—इस सबने लोगों को मज़बूर कर दिया ब्रिटिश सरकार की न्यायप्रियता और नेकनीयती पर सवाल उठाने के लिए और फिर उस सरकार के ख़िलाफ़ आवाज़ उठाने के लिए।

'द बंगाल रेवोल्यूशनरीज एंड फ्रीडम मूवमेंट' में डॉ. डालिया रे भी कहती हैं : 'क्रान्तिकारी गतिविधियों ने प्रबल ब्रिटिश-विरोधी भावना लोगों में पैदा कर दी, यह कोई छोटी उपलब्धि नहीं थी। क्रान्तिकारियों ने राष्ट्र की राजनीतिक चेतना को जिस तरह से जगाया, और कुछ नहीं कर सकता था। आज़ादी के लिए राष्ट्रीय अभिलाषा की वृद्धि में क्रान्तिकारियों ने बहुत अंशदान किया।'

अराजकतावाद के साथ भगतसिंह का 'प्रेम-प्रसंग' तो अधिक दूर नहीं जा पाया, परन्तु समाजवाद के प्रति उसकी प्रतिबद्धता अन्त तक क़ायम रही। किन्तु यह अवश्य विचारणीय है कि भगतसिंह की नज़र में समाजवाद वास्तव में था क्या?

अपने लेख 'क्रान्तिकारी आन्दोलन का वैचारिक विकास' में शिव वर्मा कहते हैं : 'इस समय (1925-26 में) लाहौर के साथी, ख़ासकर भगतसिह और सुखदेव, रूसी अराजकतावादी बाकुनिन से प्रभावित थे। 1928 के आरम्भ में उन्होंने अराजकतावाद को छोड़कर समाजवाद को ध्येय के रूप में स्वीकार कर लिया। इसका यह मतलब नहीं कि उन्होंने मार्क्सवाद को पूरी तरह से समझ लिया था। अतीत के प्रभाव से अभी पूरी तरह छुटकारा नहीं मिल पाया था।

कानपुर के साथियों का झुकाव भी समाजवाद की तरफ़ हो गया था। लेकिन यह झुकाव बुद्धिसंगत होने के बजाय भावात्मक अधिक था। 1928 के आते-आते हम लोगों ने समाजवाद को सिद्धान्त के रूप में स्वीकार कर लिया था, लेकिन अमल में हम पर अतीत का साया अब भी हावी था।'

भगतसिंह और उनके साथियों द्वारा दल के नाम के साथ समाजवादी शब्द जोड़ देने को लेकर हंसराज रहबर भी दो-टूक अपनी राय देते हैं : 'यह सब लिखने को तो लिख दिया लेकिन सिर्फ़ लिख देने से तो बात नहीं बनती।' ('भगतसिंह एक ज्वलन्त इतिहास', पृ. 151) अपने उक्त लेख 'क्रान्तिकारी आन्दोलन का वैचारिक विकास' में शिव वर्मा भी यह स्वीकारते हैं कि 'व्यक्तिगत कामों का दायरा बहुत सीमित है यह समझने में हमें तीन साल लग गए। हम क़दम-ब-क़दम समाजवाद की तरफ़ बढ़ रहे थे। गिरफ़्तारी के बाद जेल में काफ़ी समय मिला, पढ़ने के लिए काफ़ी सामग्री मिली, आपस में बहस करने और अपने अतीत पर संजीदगी से सोचने का काफ़ी मौक़ा मिला और तब कहीं जाकर हम सही नतीजे पर पहुँच पाए।'

नेहरू मेमोरियल म्यूज़ियम एंड लाइब्रेरी में संरक्षित साक्षात्कार में भगवानदास माहौर बताते हैं कि समाजवाद को वे क्या समझते थे : 'हाँ, यह था कि समाजवाद बहुत अच्छी बात है, इससे अच्छी बात और क्या हो सकती है। ठीक है, सब बराबर हों तो बहुत अच्छी बात है।' और जयदेव थापर कहते हैं : 'हम सोशलिज़्म का मतलब समझते थे कि गरीबों को, चाहे वे कहीं हों, कोई हों, उनको ऊँचा उठाना है, उनकी सेवा करनी है, यही सोशलिज़्म है, और कोई सोशलिज़्म नहीं है।'

यक़ीनन ही सोशलिज़्म या समाजवाद इससे अधिक तो कुछ हो सकता है, मगर इससे बेहतर नहीं।

मन्मथनाथ गुप्त ने सुधीर विद्यार्थी से कहा था : 'समाजवाद एक वाक्य में शचीन्द्रनाथ सान्याल ने एचआरए के संविधान में स्पष्ट किया था, वह यह कि क्रान्तिकारी दल एचआरए ऐसे समाज की स्थापना करना चाहता है, जिसमें मनुष्य के द्वारा मनुष्य का शोषण असम्भव हो। क्या कोई कह सकता है कि नहीं हमें तो ऐसा समाज चाहिए जिसमें मनुष्य के द्वारा मनुष्य का शोषण निहित हो?' ('क्रान्ति की विरासत', पृ. 98) और कम्युनिज़्म के विषय में सान्याल ने यह मत व्यक्त किया कि 'कम्युनिज़्म ऐसे सिद्धान्तों की प्रतिष्ठा करना चाहता है जिसमें लाभ के ख़्याल को छोड़कर मानव सेवा की भावना को ही चरम स्थान दिया जा सके। संसार में ऐसा कौन न्यायशील व्यक्ति होगा जो इस सिद्धान्त को स्वीकार न करेगा।' ('विचार-विनिमय', पृ. 3)

इस परिभाषा के अनुसार तो संन्यासी विद्रोह की पृष्ठभूमि पर बंकिमचन्द्र चट्टोपाध्याय द्वारा लिखित उपन्यास 'आनन्द मठ' से प्रेरणा ग्रहण करनेवाला

तथा भगवद्गीता पर हाथ रखकर अपने सदस्यों को शपथ दिलानेवाला बंगाल का क्रान्तिकारी दल 'अनुशीलन समिति' भी समाजवादी थी। अनुशीलन समिति के घोषणापत्र में, जो 1902 में उसके गठन के समय जारी हुआ था, जिस समाज का सपना अनुशीलन समिति द्वारा देखा गया 'उसमें न तो कोई अनपढ़ होगा, न ही ग़रीब। न कायर न दुष्ट; ख़राब स्वास्थ्यवाला कोई नहीं होगा।' साथ ही इस घोषणापत्र में अनुशीलन समिति ने अपना यह निश्चय भी ज़ाहिर किया कि 'सम्पत्ति की असमानता, सामाजिक असमानता, सामुदायिक असमानता, क्षेत्रीय असमानता का उन्मूलन कर हमें समस्त मानवों में समानता लानी होगी।' ('सिलेक्टेड राइटिंग्स ऑफ़ शहीद भगतसिंह', शिव वर्मा द्वारा सम्पादित, समाजवादी साहित्य सदन कानपुर द्वारा प्रकाशित संस्करण मार्च 1996; भूमिका शिव वर्मा द्वारा)

शोषण-विहीन समाज का सपना देखनेवाला अगर मार्क्सवादी ही हो सकता है, तो यकीनन भगतसिंह मार्क्सवादी था। हालाँकि कुमारी लज्जावती ने एक साक्षात्कार में भगतसिंह के विचारों के विषय में बात करते हुए यह स्पष्ट किया था कि 'वह साम्यवाद के पक्ष में नहीं था। सोशलिज़्म को मानता था। वह कहता था पूँजीवाद नहीं चाहिए।' (नेहरू मेमोरियल म्यूज़ियम लाइब्रेरी नई दिल्ली, ज़बानी इतिहास, खाता सं. 471, पृ. 96) अजय घोष का विचार भी कुछ ऐसा ही है : 'यह कहना कि वे (भगतसिंह) मार्क्सवादी हो गए थे, शायद अत्युक्ति होगी। लेकिन समाजवादी साहित्य को पढ़ने से, हम लोगों की आपसे बहसों से और देश की दूसरी घटनाओं [शोलापुर-विद्रोह हुआ और पेशावर में गढ़वाली सिपाहियों द्वारा गोली चलाने से इनकार] से वह अधिकाधिक इस बात पर ज़ोर देने लगे थे कि सशस्त्र विप्लवियों को जन आन्दोलन का एक अंग बनकर कार्य करना चाहिए।' ('क्रान्ति का साक्ष्य, पृ. 235; 'सरदार भगतसिंह व उनके साथी', पृ. 36)

भगतसिंह की विरासत की जो वाक़ई हक़दार थी, हिन्दुस्तान सोशलिस्ट रिपब्लिकन पार्टी, वह किन्तु अपने अन्तिम दिन गिन रही थी।

हिन्दुस्तान सोशलिस्ट रिपब्लिकन पार्टी के सदस्य क्रान्तिकारी सुखदेवराज लिखते हैं : 'जहाँ तक मैं समझ सका हूँ क्रान्तिकारियों के इतिहास में यह एक बहुत बड़ा अभिशाप रहा है कि छोटी-छोटी बातों को लेकर बतंगड़ खड़े किये जाते रहे, छोटे-छोटे निर्मूल सन्देहों को भयंकर विद्वेष का रूप दे दिया गया और एक दूसरे की छीछालेदर शुरू कर दी गई। यह बात मैं विशेष रूप से इसलिए लिख रहा हूँ क्योंकि यही बात आगे चलकर हि.स.प्र.स. (हिन्दुस्तानी समाजवादी प्रजातंत्र संघ) और अन्ततः क्रान्तिकारी आन्दोलन के विनाश का कारण बनी।' ('जब ज्योति जगी', पृ. 57) हिन्दुस्तान सोशलिस्ट रिपब्लिकन पार्टी का हिन्दी

अनुवाद बजाय हिन्दुस्तान समाजवादी गणतान्त्रिक दल के सभी क्रान्तिकारियों ने हिन्दुस्तानी समाजवादी प्रजातंत्र संघ ही किया है।

अजय कुमार घोष बताते हैं : 'हमारी पार्टी सरकारी दमन ही की वजह से ख़त्म नहीं हुई। मूल बात कुछ और थी। आज़ाद एक ऐसे व्यक्ति थे, जिन पर सब लोग विश्वास और श्रद्धा करते थे, इसलिए तमाम असफलताओं और अन्दरूनी मतभेदों के बावजूद पार्टी का गठन टूटता नहीं था—एकता बनी ही रहती थी। उनकी मृत्यु के बाद पस्तहिम्मती बढ़ गई। कैलाशपति जैसे प्रमुख आतंकवादियों की गद्दारी से हमारे साथी पहले से क्षुब्ध थे। इस पर पता चला कि आज़ाद की मृत्यु का कारण भी आतंकवादी पार्टी के एक दूसरे नेता की गद्दारी थी। कोई नहीं जानता था कि आगे कौन गद्दारी करेगा; न जाने कौन आदमी पुलिस का जासूस निकल आए। सन्देह से कोई भी व्यक्ति बचा नहीं था। आपसी विश्वास का अन्त हो चुका था। व्यक्तिगत हमले, परस्पर दोषारोपण ने वातावरण को और अधिक जहरीला बना दिया था। पैसे का दुरुपयोग करना, व्यक्तिगत स्वार्थ के लिए डाके डालना , नैतिक अनाचार, यह सब बहुत अधिक बढ़ गया था।' ('सरदार भगतसिंह व उनके साथी', पृ. 69) 'इन सब बातों से ऊबकर, अधिकांश लोग राजनीतिक रूप से निष्क्रिय हो चले थे। आतंकवाद पर से अपने साथियों से और यहाँ तक कि स्वतंत्रता की लड़ाई तक से उनका विश्वास डिग गया था। उन्हें ऐसा लगता था कि इस देश में कुछ हो ही नहीं सकता—यहाँ सब गद्दार और कायर लोग ही रहते नहीं हैं।' (उपर्युक्त, पृ. 70)

वैशम्पायन की राय में 'भगवतीचरण की शहादत के बाद तो लोगों ने ऐसी उलझनें पैदा कीं जिससे दुखी हो आज़ाद को केन्द्रीय समिति तक का विघटन करना पड़ा। वे ऐसे लोगों से छुटकारा पाना चाहते थे जो विश्वासपात्र नहीं रहे थे। उन्होंने इसलिए कुछ लोगों को साथ ले दक्षिण भारत जाकर वहाँ नये सिरे से कार्य करने का निश्चय किया था।' ('अग्निपुंज', पृ. 196) भगवानदास माहौर इस हक़ीक़त को लेकिन दूसरी ही नज़र से देखते हैं : 'एक प्रकार से 'आज़ाद' की शहादत के साथ ही सशस्त्र क्रान्तिकारी दल का आतंकवादी रूप ही विघटित और समाप्त हो गया। भाई विजयकुमार सिन्हा ने अपनी पुस्तक 'इन अंडमान्स, दी इंडियन बास्तील' की भूमिका में तथा भाई यशपाल ने अपने 'सिंहावलोकन' में दल के आतंकवादी रूप की विघटना के प्रश्न पर ऐतिहासिक रीति से प्रकाश डाला है। गुप्त षड्यंत्रात्मक आतंकवादी प्रवृत्ति अपना ऐतिहासिक कार्य पूरा कर चुकी थी और वह समाजवादोन्मुख होकर विस्तृत जनता और जन-संघटनों की ओर देखने लगी थी।' ('यश की धरोहर', पृ. 81)

अपने लेख 'द बंगाल रेवोल्यूशनरीज एंड फ्रीडम मूवमेंट' में डॉ. डालिया रे भी इस बात की पुष्टि करती हैं : 'एक पीढ़ी के संघर्ष के बाद क्रान्तिकारियों के

तरीक़े अगर तज दिये गए तो इस वजह से नहीं कि वे अनुपयोगी पाए गए, बल्कि इस वजह से कि भारत की जनता तब तक उनके इस्तेमाल से ऊपर उठ चुकी थी और राजनीतिक आन्दोलन के भिन्न तरीक़े के लिए तैयार थी।' इसी बात को मन्मथनाथ गुप्त इस तरह रखते हैं : 'जिस समय जनता में कोई दम नहीं था, उस समय आतंकवाद किसी हद तक उनकी शिथिलता को दूर कर सकता हो, किन्तु अब जनता आत्मसंवृत्त तथा प्रबुद्ध हो गई है—अब आतंकवाद उसकी शक्ति का अपव्यय ही नहीं उसके लिए अपमानजनक तथा हानिकर भी है।' (भारत में सशस्त्र क्रान्ति चेष्टा का रोमांचकारी इतिहास', पृ. 329)

एक साक्षात्कार में मन्मथनाथ गुप्त ने यह भी कहा कि 'फाँसी ने उसका और उसके दल का नाम गौरवान्वित किया लेकिन फिर जैसे ही केन्द्र (यानी पहले चन्द्रशेखर आज़ाद और फिर भगतसिंह) गायब हुआ, हर चीज धीरे-धीरे नष्ट हो गई। ऐसा कुछ नहीं रहा जो एकजुट होने का ठोस बिन्दु बन सकती।' (नेहरू म्यूज़ियम ज़बानी इतिहास, खाता सं. 174, पृ. 53) इसी बात को वैशम्पायन अपने तरीक़े से कहते हैं : 'आज़ाद ने दावा किया था कि एसेम्बली में बम फेंकने के पश्चात वे उन्हें सुरक्षित ले आएँगे। परन्तु बहुमत इस पक्ष में नहीं था। विशेष रूप से, सरदार भगतसिंह इस बात पर बल दे रहे थे कि वहाँ क्रान्तिकारियों को आत्मसमर्पण करना ही चाहिए, जिसे वे 'प्रोपैगंडा बाई डीड' (प्रचार का सक्रिय तरीक़ा) कहा करते थे। इस कार्य में जहाँ समस्त विश्व में दल का प्रचार हुआ, वहाँ दल के संगठन की दृष्टि से भारी हानि भी हुई। आगे सम्भवत: जो हुआ वह दल की भूलों का ही परिणाम नहीं था।' ('अमर शहीद चन्द्रशेखर आज़ाद', पृ. 159-60)

इसी सन्दर्भ में बिजय कुमार सिन्हा अपने संस्मरण 'मेमोयर्स ऑफ़ ए रेवोल्यूशनरी' में लिखते हैं : 'हम लोग अपनी भूलों को महसूस कर रहे थे, लेकिन काफ़ी दर्द और कष्ट के बग़ैर नहीं। कभी-कभी जब हम अपनी चर्चा समाप्त कर देते, हममें से कोई अलग जाकर दूर कोने में बैठ जाता और सोचने लगता। क्या यह सब बेकार ही था जो हमारे कई साथी लड़े और फाँसी के तख़्ते पर ख़त्म हो गए? अगले ही पल वह जवाब देता, 'नहीं, शहादत कभी व्यर्थ नहीं जाती। उन्होंने ब्रिटिश साम्राज्यवाद को चुनौती दी और इसके आतंक का दौर-दौरा तोड़ा। उन्होंने अपने देशवासियों में जागृति पैदा की और उनके दिलों में आत्मविश्वास जगाया और दृढ़ प्रतिरोध की भावना भी।' ('ए रेवोल्यूशनरी हिस्टरी ऑफ इंटरवार इंडिया', पृ. 182)

भगतसिंह की विरासत के लिए जंग में शीघ्र ही एक नया दावेदार 'भगतसिंह विचार मंच' भी प्रकट हुआ, दिल्ली में। अंग्रज़ों के लिए ख़ुफ़िया पुलिस में काम

करनेवाला धर्मेन्द्र गौड़ इस मंच की नज़र में 'महान राष्ट्रवादी गुप्तचर' था। इस मंच ने धर्मेन्द्र गौड़ की पुस्तक 'क्रान्तिवीर चन्द्रशेखर आजाद और उनके दो गद्दार साथी' में 'दीमक लगी सीक्रेट और टॉप सीक्रेट' दस्तावेज़ों में से दो अत्यन्त गोपनीय दस्तावेज़ों की फ़ोटोस्टेट प्रतियों के फ़ोटो प्रकाशित किये। इन गोपनीय पत्रों में से एक सितम्बर, 1941 का है जिसमें 'दो-सितारा सन्दिग्ध' यशपाल पर से निगरानी उठा लेने लेकिन उसके पत्रों को सेन्सर करते रहने का निर्देश है। और नीचे लिखा है कि क्योंकि कबूतर को जीत लिया गया है लिहाज़ा कम्युनिस्ट दुस्साहसियों और भूमिगत आन्दोलनकारियों को गिरफ़्तार कर पाना मुश्किल न होगा। दूसरा पत्र मार्च 1947 का है। यशपाल का संक्षिप्त इतिहास बताते हुए जो कि 'डेलिकेट सोर्स' है, इसमें लिखा है कि 1930-31 में उसने महत्त्वपूर्ण सूचनाएँ विभाग को यूँ ही दे दी थीं।

अदालत में भी गवाह की विश्वसनीयता और उसके चरित्र व उसके पूर्वाग्रहों का मुद्दा उठता है। मगर सोशल मीडिया पर ऐसे सर्वज्ञ, सर्वव्यापी ज्ञानीजनों की बाढ़ आई हुई है जो सनसनी पैदा करने को व्याकुल हैं—उन्होंने और उन लोगों ने भी जो कुछ सनसनीखेज की तलाश में पागल हो चौबीस घंटे ट्विटर और व्हाट्सएप पर व्यस्त रहते हैं—बिना किसी छानबीन के, बिना किसी सुनवाई के और बिना इस मामले की गहराई में जाए, अंग्रेज़ों के जासूस को एक देशभक्त क्रान्तिकारी के मुक़ाबले अधिक विश्वसनीय जाना। इस मसले पर विस्तार से चर्चा हम आगे 'सूली पर यशपाल' अध्याय में करेंगे।

'नवराष्ट्रवादी' संगठन जो अपनी देशभक्ति का परचम हरेक मंच से ही लहराया करते हैं और जो गत दो दशकों में आक्रामक रूप से मुखर हो चले हैं, भगतसिंह को भारत माता का ऐसा सपूत घोषित करते हैं जिसने भारत को 1947 के कई बरस पहले आज़ादी दिला दी होती अगर गाँधी न होते या गाँधी ने उसके काम में, उसकी राह में रोड़ा न अटकाया होता। यही रुख़ मार्क्सवादी विचारधारा रखनेवाले अधिकांश कम्युनिस्टों का है जो इस अफ़सोस में मुब्तिला रहा करते हैं कि काश गाँधी न होता तो भारत में वर्ग-संघर्ष, और सो भी हिंसक वर्ग-संघर्ष की स्थिति बरसों पहले बन गई होती—जो कि उनके अनुसार व्यवस्था-परिवर्तन के लिए अनिवार्य और अपरिहार्य है। हंसराज रहबर की राय में भी 'हक़ीक़त यह है कि युद्ध की परिस्थितियों से देश की जनता में क्रान्तिकारी उभार आया था। गाँधी ने आन्दोलन शुरू करके उसकी फूँक निकाली और जनता के क्रान्तिकारी अमल को आधे में रोककर देशी-विदेशी निहित स्वार्थों की सेवा की।' ('भगतसिंह एक ज्वलन्त इतिहास', पृ. 57)

भगतसिंह को अपना अस्त्र बनाकर ये सभी तत्व गाँधी जी पर वार करते ही रहे हैं—अनवरत। जे.एस. ग्रेवाल द्वारा सम्पादित 'भगतसिंह एंड हिज लिजेंड'

में एक लेख है 'भगतसिंह इन हिन्दी लिटरेचर'। इसमें बताया है कि 'सी.डी. सिद्धु ने एक त्रयी (ट्रिलोजी) लिखी है "भगतसिंह शहीद" (2002)। इसमें 'गाँधी के ख़िलाफ़ 'मरियल', 'बुज़दिल', 'खचरा' [यानी दोगला अथवा पाजी] , 'दगाबाज़', 'बुद्धू' और ऐसे ही शब्द भगतसिंह के मुँह से कहलवाए गए हैं। नाटक में गाँधी-विरोधी रुख एक प्रवृत्ति का प्रतिनिधित्व करता है। कई नाटक-रचनाओं में गाँधी को नकारात्मक दृष्टि से चित्रित किया गया है।' ('भगतसिंह एंड हिज लिजेंड' जे. एस. ग्रेवाल द्वारा सम्पादित प्रकाशक 'वर्ल्ड पंजाबी सेंटर, पटियाला, संस्करण 2008 में प्रेम सिंह का लेख 'भगतसिंह इन हिन्दी लिटरेचर', पृ. 180-1)

मार्च, 2023 में पंजाब की यात्रा के दौरान फिरोज़पुर पंजाब में मुझे यह सुनने को मिला कि "गाँधी डर गया था कि भगतसिंह ज़िन्दा रहा तो उससे भी बड़ा नेता बन जाएगा और महानता में उसको पीछे छोड़ देगा।" फिर जलन्धर जाते समय ट्रेन में सुल्तानपुर लोधी से एक 30 साल का युवक रोहित चढ़ा जिसने यह रहस्य उजागर किया कि "गाँधी ने उसे जान-बूझकर मरवाया। उसके पास इतनी ताक़त थी कि तख़्ता पलट सकता था और भगतसिंह को इसलिए मरवा दिया कि उसके सामने वह छोटा पड़ रहा था।" खटकड़कलाँ में एक ही ढंग का ढाबा था, जिसके मालिक चरनजीत ने अपनी कनपटी पर स्टेनगन का टैटू बनवा रखा है। उसने बताया कि चंडीगढ़ से अमृतसर के बेहद व्यस्त रास्ते पर होने पर भी सरकार ने इस स्थान को टूरिस्ट स्पॉट बनाने के लिए कुछ नहीं किया। 23 मार्च को पिछले साल तक सिर्फ़ शहीद भगतसिंह नगर या नवाशहर जिले में [जिस जिले में खटकड़कलाँ है।] छुट्टी रहती थी। भगवन्त मान ने अब पूरे [पंजाब] राज्य में इस दिन की छुट्टी कर दी है। मगर अभी भी ज़्यादा टूरिस्ट यहाँ नहीं आता। भोजन के लिए जब यहाँ लोग रुकते हैं तो मुझसे यह सुनकर उन्हें आश्चर्य होता है कि भगतसिंह यहाँ पैदा हुआ था। कुछ लोग चले जाते हैं उसका पुश्तैनी घर और म्यूज़ियम देखने, मगर अधिकतर नहीं जाते क्योंकि जल्दी में रहते हैं। और भगतसिंह में उन्हें कोई इंटरेस्ट भी नहीं होता।" चरनजीत का यह भी कहना रहा कि "भगतसिंह को मरवाने में गाँधी का ही हाथ था। उसके सामने वो छोटा पड़ रहा था।"

भगतसिंह पर प्रकाशित कुछ पुस्तकों के लेखकों का भी यही विचार है कि कि भगतसिंह वह अकेला शख़्स था उस वक़्त के सियासी माहौल में, भारतीय राजनीति पर क़ायम महात्मा गाँधी के एकछत्र राज को जो चुनौती दे सका। लिहाज़ा भगतसिंह को जीवित रखने में गाँधी जी की कोई रुचि नहीं थी। भगतसिंह को बचाना अगर गाँधी जी वाक़ई चाहते तो अपने सत्याग्रह के ज़ोर पर वे ब्रिटिश सरकार पर पर्याप्त दबाव बना सकते थे ताकि वह मजबूर हो

जाए फाँसी की सज़ा को लम्बी क़ैद में तब्दील कर देने पर। और यह भी कि गाँधी जी ने अपना अहिंसा का राग न गाया होता तो क्रान्तिकारी अपने मक़सद में कामयाब हो जाते। काकोरी षड्यंत्र मुक़दमे में आरोपी रहे क्रान्तिकारी मन्मथनाथ गुप्त की राय हालाँकि यह है कि 'भारतीय क्रान्तिकारी लोग इसलिए असफल रहे कि उनका संगठन जितना जरूरी था। उसके मुताबिक तगड़ा नहीं रहा और वे जनता का जोश उस शिखर तक नहीं पहुँचा सके, जिससे सफलता निश्चित होती।' ('क्रान्तिकारी की आत्मकथा', पृ.129)

वर्ष 2022 में भगवन्त मान ने मुख्यमंत्री पद की शपथ खटकड़कलाँ में ही ली। वर्ष 2023 में इस दिन यानी 23 मार्च को वे भारी पुलिस फोर्स के साये में यहाँ पहुँचे। सौ से ज़्यादा पुलिसवाले पहले ही यहाँ थे। दो घंटे यहाँ रहे, भाषण दिया, स्थानीय नेताओं के साथ चर्चा की। फिर चले गए। इसके बाद अपने-अपने झंडे लेकर एक-एक समूह भगतसिंह की मूर्ति को घेरकर एक-दो मिनट नारे लगाता और फ़ोटो खिंचवाता। भारत किसान यूनियन, भीम दल, समाजवादी, साम्यवादी, कांग्रेसी और स्कूली बच्चे भी। कम्युनिस्ट पार्टी का तो बड़ा-सा पंडाल लगा हुआ था बाहर और लाल झंडे बहुतायत से लहरा रहे थे। एक समूह के लोगों ने नारे लगाए "पत्रकारिता बचाओ ! प्रजातंत्र बचाओ !"

इस बारे में क्रिस मोफात अपना अनुभव इस तरह साझा करते हैं : 'मार्च में भगतसिंह का जन्म-दिवस मनाया जाता है—शिरोमणि अकाली दल, भारतीय जनता पार्टी, कांग्रेस, कम्युनिस्ट पार्टी ऑफ़ इंडिया - मार्क्सवादी, कम्युनिस्ट पार्टी ऑफ़ इंडिया मार्क्स-लेनिनवादी सभी के झंडे भगतसिंह की मूर्ति के साथ; सबके पंडाल जहाँ मुफ्त भोजन और गायकों को बुलवाकर लुभाया जाता है। मेला भर जाता है। अपनी विरोधी पार्टी को कोसते हुए कि शहीद-ए-आज़म भगतसिंह के सपनों को उसने चकनाचूर कर दिया, सब यह वादा करते हैं कि भगतसिंह के सपनों का भारत बनाने में वे जी-जान लगा देंगे। भगतसिंह की और भी बड़ी मूर्तियाँ देश भर में स्थापित करने का वादा भी किया जाता है।' ('इंडिया'ज रेवोल्यूशनरी इनहेरिटेन्स', पृ. 220-1)

भारतीय राष्ट्रीय न्यास की पत्रिका 'पुस्तक संस्कृति' का माह मार्च-अप्रैल, 2020 का अंक क्रान्तिकारी विशेषांक के रूप में प्रकाशित हुआ था। इस अंक में कमलेश भारतीय का एक लेख है, 'शहीदों का तीर्थ खटकड़कलाँ' शीर्षक से। इसमें वे लिखते हैं: 'पहले पहल शहीद स्मारक के पास तीन दिवसीय मेला लगता था और रंगकर्मी गुरशरण सिंह रात को नाटक खेलते थे। पुस्तकों की प्रदर्शनी भी लगती थी। बड़ी संख्या में शहीद भगतसिंह व अन्य क्रान्तिकारियों की पुस्तकें हाथों-हाथ बिक जाती थीं। अब मेले का स्वरूप बदल गया है।'

श्री सुधीर विद्यार्थी ने 'समकालीन तीसरी दुनिया' में मार्च, 2012 में छपे एक आलेख में कहा था : 'सब भगतसिंह को अपने-अपने रंग में रँगने का प्रयास कर रहे हैं। मैं यहाँ निस्संकोच यह भी बताना चाहता हूँ कि दूसरे राजनीतिक दल भी बहुत निर्लज्ज तरीक़े से इस शहीद के हाथों में अपनी पार्टी का झण्डा पकड़ाने का काम करते रहे जो कामयाब नहीं हुआ।'

वर्ष 2002 में तीन हिन्दी फ़िल्में भगतसिंह के जीवन पर प्रदर्शित हुईं। भगतसिंह का किरदार एक फ़िल्म में अजय देवगन ने निभाया, एक में सोनू सूद ने और एक में बॉबी देओल ने। अजय देवगन वाली फ़िल्म 'द लीजेंड ऑफ़ भगतसिंह' में गाँधी के किरदार को कमज़ोर और मजबूर इनसान बताया है और एक दृश्य में उन्हें जनेऊ पहने हुए भी दिखाया है। सोनू सूदवाली फ़िल्म में भगतसिंह अकसर ही गेरुआ कुरता और उसी रंग की पगड़ी पहने हुए नज़र आता है। बॉबी देओल वाली फ़िल्म में भगतसिंह अपनी माँ से कहता है : "मैं फिर आऊँगा माँ! मेरे जाने के बाद भी जो कुर्सियों पर बैठेंगे वो मुल्क को बहुत तकलीफ़ पहुँचाएँगे। मुझे अपनी भारत माँ को बचाने के लिए दुबारा जन्म लेना होगा। मैं वापस आऊँगा माँ!" माँ पूछती है : "लेकिन मैं तुझे कैसे पहचानूँगी?" भगतसिंह कहता है : "तेरे बेटे के गले पर एक निशान होगा माँ। तू पहचान लेगी।"

वर्ष 2007 में सरकारी और ग़ैर-सरकारी भगतसिंह जन्म-शताब्दी समारोह कई जगह मनाए गए। 'जन्म-शताब्दी समारोहों की सबसे प्रमुख विशिष्टता यह थी कि हर समूह या राजनीतिक दल (दक्षिण, वाम, केन्द्र वगैरह) शहीद की विरासत में गर्व अनुभव कर रहा था। ('भगतसिंह एंड हिज लिजेंड' में पी. एस. वर्मा का लेख 'द कंटेम्परेरी इमेज ऑफ़ भगतसिंह', पृ. 139) और इसी साल भगतसिंह के नाम पर कई संगठन अचानक अख़बारों की सुर्ख़ियों में आ गए। वामपन्थी दलों के साथ दक्षिणपन्थी और 'कट्टरपन्थी' दल भी भगतसिंह की विरासत पर दावा जताने की जुगाड़ में लग गए।

नवम्बर, 2011 में 'भगतसिंह क्रान्ति सेना' की ओर से हरविन्दर सिंह को रु. 11000 का इनाम दिया गया उसके 'बहादुरी के कारनामे' के लिए। कारनामा यह था कि तत्कालीन केन्द्रीय कृषि मंत्री शरद पवार को दिल्ली नगर निगम के दफ़्तर के सामने उसने थप्पड़ जड़ दिया था। अदालत में हरविन्दर ने नारा लगाया "भगतसिंह ज़िन्दाबाद!", "राजगुरु ज़िन्दाबाद!"। ('इंडिया'ज रेवोल्यूशनरी इनहेरिटेन्स', पृ. 196) अख़बारों में जनवरी 2013 में ख़बर थी कि कश्मीर पर दिये गए बयान को लेकर आम आदमी पार्टी के नेता प्रशान्त भूषण के साथ 'भगतसिंह क्रान्ति सेना' के प्रधान तेजिन्दर सिंह बग्गा ने मारपीट की। 7 अप्रैल, 2016 को 'आज तक' पर ख़बर थी : 'भगतसिंह क्रान्ति सेना'

ने पोस्टर्स लगाकर आम आदमी पार्टी पर हमला बोला है। पोस्टर्स में मुख्यमंत्री अरविन्द केजरीवाल की तुलना हिटलर से की गई है।'

तेलंगाना में एक 'भगतसिंह युवासेना' है जिसके अध्यक्ष हैं भारतीय जनता युवा मोर्चा हैदराबाद के प्रभारी लड्डू यादव। ट्रैफिक पुलिस की आपत्ति के बावजूद उन्होंने एक व्यस्त पुल के बीचोबीच भगतसिंह की विशाल मूर्ति स्थापित कर दी और दूध से उस मूर्ति का अभिषेक भी किया। ट्रैफिक पुलिस ने उस मूर्ति को हटाने का प्रयास किया तो लड्डू यादव ने आन्दोलन छेड़ देने की धमकी दी। वह मूर्ति उस पुल पर अभी भी क़ायम है।

हरजिन्दर सिंह 'ज़िन्दा' और सुखदेव सिंह 'सुक्खा' ने, अमृतसर के स्वर्ण मन्दिर पर 'ऑपरेशन ब्लू स्टार' के तहत हमला करने के 'गुनाहगार' जनरल ए.एस. वैद्य की हत्या करने के ज़ुर्म में जिन्हें मौत की सज़ा मिली थी, भारत के राष्ट्रपति को एक 'खुला' पत्र भेजा था। चड़ीगढ़ से प्रकाशित अख़बार ट्रिब्यून ने इस पत्र को 28 जुलाई, 1990 के अंक में प्रकाशित किया जो किसी 'पन्थिक समिति' ने अग्रेषित किया था। इस पत्र में जनरल वैद्य की हत्या को उसी युद्ध नीति का हिस्सा बताया था जिसे 'कभी हमारे वीर शहीदों मदनलाल ढींगरा, भगतसिंह, करतारसिंह सराभा ने इस्तेमाल किया था।' (उपर्युक्त, पृ. 192-3)

कुलदीप नैयर बताते हैं : 'मुझे हरजिन्दर सिंह और सुखजिन्दर सिंह की एक चिट्ठी मिली, ये दोनों जनरल ए.एस. वैद्य हत्याकांड में पूना जेल में अपनी फाँसी का इन्तज़ार कर रहे थे। "किस आधार पर उन्हें आतंकवादी और भगतसिंह को क्रान्तिकारी कहा गया।" उन्होंने अपने कृत्य को भी उपयुक्त बताते हुए कहा—भगतसिंह ने शेर-ए-पंजाब लाला लाजपत राय की अंग्रेज़ों द्वारा नृशंस हत्या का बदला लिया था और उन्होंने जनरल वैद्य द्वारा सन 1984 में स्वर्ण मन्दिर पर की गई कार्यवाही की भूमिका तैयार करने का बदला लिया।' ('भगतसिंह क्रान्ति में एक प्रयोग' की भूमिका से।)

क्रिस मोफात लिखते हैं : '2012 में [भगतसिंह के भतीजे] जगमोहन ने मुझे बताया कि जरनैल सिंह भिंडरांवाले और उसके लोगों की नज़र में भगतसिंह जैसा बनने के लिए बस यह करना था कि एक बन्दूक हाथ में ले ली जाए, एक मोटर साइकिल दौड़ाई जाए या एक बैंक में डकैती डाल दी जाए।' ('इंडिया'ज रेवोल्यूशनरी इनहेरिटेन्स', पृ. 137 ।)

भारत से अलग खालिस्तान देश बनाने के आन्दोलन के प्रमुख भिंडरांवाले ने पंजाब में आतंकवाद का क़हर ढा रखा था। दिन-दहाड़े किसी भी बस या वाहन को रोककर उसमें बैठे ग़ैर-सिख—निरीह और निर्दोष बच्चे, बूढ़े, महिलाएँ और पुरुष—बेरहमी से क़त्ल कर दिये जाते। सैकड़ों इस तरह बेवजह मारे गए। पुलिस ने उस पर लगाम कसनी चाही तो उससे बचने के लिए अमृतसर के

स्वर्ण मन्दिर 'हरमिन्दर साहिब' में अपने सैकड़ों हथियारबन्द सिख समर्थकों के साथ उसने अपना डेरा डाल दिया तथा बम व स्टेनगनों का भंडारण भी उसमें कर लिया। सन 1984 के जून माह में तत्कालीन प्रधानमंत्री इन्दिरा गाँधी ने 'ऑपरेशन ब्लू स्टार' को स्वीकृति दी जिसके तहत जनरल वैद्य के नेतृत्व में भारतीय सेना द्वारा स्वर्ण मन्दिर के भीतर गोलाबारी की गई। यह कार्यवाही मूलतः भिंडरांवाले के ख़िलाफ़ ही थी। सिक्खों के लिए सर्वाधिक पवित्र और पूज्य गुरुद्वारे को दूषित करने का बदला लेने के लिए उसी वर्ष अक्टूबर में प्रधानमंत्री इन्दिरा गाँधी की गोली मारकर हत्या उनके अपने दो अंगरक्षकों ने कर दी। दोनों अंगरक्षक सिख थे। इसका बदला तुरन्त बाद हज़ारों सिख पुरुष, स्त्री और बच्चों की नृशंस हत्या करके लिया गया।

वर्ष 2013 में जारी हुए 'बाग़ी' शीर्षक से म्यूजिक विडियो में वान्कूवर कनाडा निवासी जसविन्दर सिह बैंस उर्फ़ 'जैज़ी बी' हाथ में पिस्तौल लिए हुए, अपनी मज़बूत मांसपेशियों का प्रदर्शन करते हुए तथा मज़बूत इरादों और आक्रोश की मुद्राएँ बनाते हुए गाता है :

गुरु दशमेश बागी, नलवा वीर बागी;
ऊधमसिंह बागी, भगतसिंह बागी;
भिंडरांवाला बागी ...

इस वीडियो की आधिकारक क्लिप की पृष्ठभूमि में भिंडरांवाले और उसके सहयोगी बन्दूकें लिये हुए साफ़ नज़र आते हैं।

संसद पर वर्ष 2001 में हुए हमले के आरोपी अफज़ल गुरु को 9 फरवरी, 2013 को फाँसी पर लटकाया गया था। उस दिन उसके समर्थकों ने ट्रिब्यून अख़बार के 25 मार्च, 1931 के अंक में छपी तसवीर बाँटी जिसमें भगतसिंह को फाँसी पर लटकाए जाने की ख़बर थी। अफज़ल गुरु के शव को उन्हें लौटा दिये जाने की माँग करते हुए प्रदर्शनकारियों के हाथों में तख्तियाँ थीं जिन पर लिखा था : 'भगतसिंह यदि आपका शहीद हैं, तो अफ़ज़ल गुरु हमारा है।' ('इंडिया'ज रेवोल्यूशनरी इनहेरिटेन्स', पृ. 198)

शिरोमणि अकाली दल के प्रमुख और संगरूर के सांसद सिमरनजीत सिंह मान कभी संसद नहीं गए क्योंकि संसद में कृपाण ले जाने की मनाही है और बिना कृपाण अपनी कमर में बाँधे वे संसद जाएँगे नहीं। अपने पास कृपाण वे हमेशा रखते हैं। जुलाई, 2022 में उन्होंने बयान दिया कि भगतसिंह आतंकवादी था क्योंकि एक अंग्रेज़ पुलिस अफ़सर के अलावा उसने अमृतधारी सिख चनन सिंह को भी मार दिया था। इतिहास हालाँकि यह कहता है कि चनन सिंह पर भगतसिंह ने तो गोली चलाई ही नहीं थी। चनन सिंह तो चन्द्रशेखर आज़ाद की गोली से मारा गया था। उसी महीने सिमरनजीत सिंह मान ने शिरोमणि गुरुद्वारा

प्रबन्धक समिति से यह माँग की कि स्वर्ण मन्दिर के सिख संग्रहालय में से भगतसिंह की फ़ोटो हटा दी जाए। 'हरमिन्दर साहिब एक धार्मिक स्थल और आध्यात्मिक केन्द्र है और एक नास्तिक की फ़ोटो इस पवित्र स्थल पर नहीं रह सकती।'

सिमरनजीत के इस बयान के एक दिन बाद एक स्थानीय नेता मनदीप सिंह मन्ना ने शहर भर में साइनबोर्ड लगवा दिये जिनमें भगतसिंह की तसवीर के साथ उसकी बहादुरी की तारीफ़ में हिन्दी कविताएँ लिखी हुई थीं। मनदीप सिंह की फ़ोटो भी उस पर प्रमुखता से दिखाई दे रही थी। सिमरनजीत के इस बयान पर पंजाब के मुख्यमंत्री भगवन्त सिंह मान किन्तु मौन धारण किये हुए हैं, जिन्होंने नवम्बर, 2022 में करतार सिंह सराभा के गाँव में उसकी शहादत के अवसर पर आयोजित सरकारी कार्यक्रम में भारत सरकार से यह माँग की थी कि भगतसिंह, करतार सिंह सराभा, राजगुरु, सुखदेव, लाला लाजपत राय और अन्य शहीदों को 'भारतरत्न' की उपाधि से नवाजा जाए। मोहाली हवाई अड्डे का नाम भगतसिंह के नाम पर रखने का वादा भी उन्होंने किया। आप पार्टी के, भगवन्त सिंह मान के और आप पार्टी के प्रमुख तथा दिल्ली के मुख्यमंत्री अरविन्द केजरीवाल के दफ़्तरों में डॉ. अम्बेडकर के अलावा भगतसिंह की फ़ोटो भी टँगी रहती है।

26 मार्च, 2023 रविवार को मैं राजघाट दिल्ली में था। समाधिस्थल के द्ववार पर ताला जड़ा था और दूर नारे लग रहे थे "जो हिटलर की चाल चलेगा, वह हिटलर की मौत मरेगा।" राहुल गाँधी की संसद-सदस्यता समाप्त किये जाने के विरोध में कांग्रेस पार्टी का 'संकल्प सत्याग्रह' चल रहा था और जगह-जगह यह पोस्टर लगा था : 'डरो मत—संविधान अभी जिन्दा है।' पोस्टर की बाईं तरफ़ डॉ. अम्बेडकर का फ़ोटो है। ज़ोरदार तरीके से ये नारे भी लग रहे थे "ना डरेंगे, ना झुकेंगे। लड़ेंगे।" यह नारा कई पोस्टर्स पर भी लिखा हुआ था। हर न्यूज़ चैनल की वैन खड़ी थी। एक पोस्टर में राहुल गाँधी के फ़ोटो के दाएँ इन्दिरा गाँधी का फ़ोटो था और बाएँ भगतसिंह का।

अब 'पॉप कल्चर' में भी भगतसिंह छाते जा रहे हैं। यो यो हनी सिंह बड़े गर्व से 'पर्दाफाश' समाचार चैनल को बताता है : 'आपको पता है, भगतसिंह के बारे में एक गीत मैंने गाया है?'('इंडिया'ज रेवोल्यूशनरी इनहेरिटेन्स', पृ. 196) इस गीत के बोल हैं :

तेरी फ़ोटो क्यों नी भगतसिंह लगदी नोटा ते
गड्डी पीछे फ़ोटो लाके गल नइयो बननी।

2013 में दिलजीत दोसाँझ का एक संगीत वीडियो जारी हुआ—"मैं फैन भगतसिंह दा'। पंजाब में सलमान खान और अक्षय कुमार नहीं, दिलजीत

दोसाँझ ही हीरो है। कोकाकोला के विज्ञापनों में दोसाँझ ही कोला गटकते हुए नज़र आते हैं। कभी आक्रोश के भाव चेहरे पर लाकर तो कभी क्रोध की मुद्रा में वे इस म्यूजिक वीडियो में पीली पगड़ी पहने हुए दिखाई देते हैं। सामने कई फन्दे लटके हुए फाँसी के और वे गा रहे हैं :

वेख हाल मुलक दा हाय
मैनूँ तेरी याद सतावे
मुड़ के आजा वीरिये वे
अरदास अही नित करदा।

खटकड़कलाँ में एक घर की छत पर नीली जीन्स पहने भगतसिंह की मूर्ति मुझे नज़र आई थी, आजकल के फ़ैशन के हिसाब से कमर पर काफ़ी नीचे बँधी हुई। ऐसी ही 'लो वैस्ट' नीली जीन्स और आसमानी रंग की कमीज़ में भगतसिंह की मूर्ति लुधियाना के शहीद भगतसिंह नगर में भी है, जिसके दाएँ हाथ का अँगूठा इस 'स्किन टाइट' जीन्स के आगे की जेब में ठुँसा हुआ है। सिर पर लेकिन सभी के पीली पगड़ी है, जैसी कि अमृतसर में नीली जीन्स पहने मूर्ति के सिर पर भी है। इस भगतसिंह की दाढ़ी भी है, जैसी कि लुधियाना और आसनसोल में भी है जहाँ खाकी रंग की पूरी आस्तीन की कमीज़ पहने मूर्ति के गले से लटक रही लम्बी-लम्बी घुटनों तक आती तीन असली रुद्राक्ष मालाएँ भी हैं।

देश के प्रधानमंत्री ने एक आमसभा में अफ़सोस जताया कि भगतसिंह, बी.के. दत्त और विनायक दामोदर सावरकर से जेल में मिलने कोई कांग्रेस नेता नहीं गया था। हालाँकि लाहौर षड्यंत्र मुक़दमे में भगतसिंह के सह-अभियुक्त जितेन्द्रनाथ सान्याल इस हक़ीक़त के चश्मदीद गवाह हैं कि 'मोतीलाल जी दो बार उनसे (भगतसिंह से) मिलने गए। दूसरी बार तो उन्होंने अभियुक्तों के कटघरे में घुसकर लगभग एक घंटे का वक़्त उनके साथ बिताया। पंडित जी ने भगतसिंह को हमारी मातृभूमि को स्वतंत्र करने की तीव्र गति से बढ़ती शक्ति और स्वतंत्रता-प्राप्ति में देर न होने के प्रति आश्वस्त किया। भगतसिंह ने पंडित जी से लाहौर कांड का पूर्णरूप उपयोग करने का आग्रह किया और क्रान्तिकारी दल द्वारा देश में और भी कई ठोस कार्य किये जाने का आश्वासन दिया।' ('क्रान्ति का साक्ष्य', पृ. 252) इतना ही नहीं, 'चन्द्रशेखर आज़ाद के सुझाव पर सांडर्स की हत्या करने के बाद भगतसिंह, पंडित मोतीलाल नेहरू से कुछ आर्थिक सहायता हेतु मिले। पं. मोतीलाल नेहरू ने आवश्यक साख के अभाव में यह माँग अस्वीकार की थी किन्तु दूसरे ऐसे अवसर पर उन्होंने भगतसिंह को धन दिया था।' (उपर्युक्त, पृ. 256)

नेहरू मेमोरियल म्यूज़ियम एंड लाइब्रेरी की ओर से श्री श्यामलाल मनचन्दा द्वारा दिनांक 03.10.1974 को लिए गए साक्षात्कार में श्री जयदेव कपूर ने

बताया : "भूख-हड़ताल के दौरान जवाहरलाल जी भी मुलाक़ात करने के लिए आए थे। वह पुरानी बैरक में भी गए जहाँ हम लोग बंद थे। जवाहरलाल नेहरू जी बोर्स्टल [लाहौर] जेल के उन सब अहातों में गए जहाँ हमारे भूख हड़ताली साथी अलग-अलग कोठरियों में बन्द थे। वे अस्पताल की उस बैरक में भी आए थे जहाँ भूख हड़ताली क़ैदियों की हालत ज़्यादा गम्भीर थी। नेहरू जी सेंट्रल जेल [लाहौर] में भी गए, भगतसिंह और बी.के. दत्त से मिलने के लिए। सरकार ने उनको पहले ही इजाज़त दे दी थी। वे बड़े भावुक आदमी थे। भूख हड़ताली के पास जाकर उसका हाथ पकड़ते थे और उनकी आँखों में आँसू भर आते थे, गला जैसे रुन्ध जाता था। बड़े भावुकता भरे लहजे में वे कहते थे कि मुल्क में तुम्हारे जैसे नौजवानों को जिन्दा रहने की जरूरत है। तुम्हारा मुल्क यही चाहता है और हम सब लोग भी यही चाहते हैं कि तुम सब लोग किसी तरीके से जिन्दा रहो। इस देश में अभी बहुत काम करना है।" (नेहरू म्यूज़ियम ज़बानी इतिहास; खाता सं. 431, पृ. 178)

लेकिन जिन लोगों ने 'इस देश में अभी बहुत काम करना है।' के सन्देश को गम्भीरता से ले लिया उनका क्या हश्र हुआ यह भीमा-कोरेगाँव प्रकरण में बख़ूबी ज़ाहिर है। एफआईआर में पुलिस ने दर्ज किया कि 'एलगार परिषद हिंसा' के लिए मनोहर भिड़े और मिलिन्द एकबोटे ज़िम्मेदार हैं। कुछ ही दिन बाद दूसरी एफआईआर लिखी गई कि माओवाद सन्बन्धित वामपन्थी तत्व इस हिंसा के लिए ज़िम्मेदार हैं। इसके बाद दलितों व आदिवासियों के हित में काम कर रहे लोगों को इस आरोप में गिरफ़्तार कर लिया गया कि वे 'राष्ट्र के ख़िलाफ़ युद्ध छेड़ने' के अपराधी हैं। भगतसिंह के समय से फ़र्क सिर्फ़ इतना आया है कि उसे 'महामहिम सम्राट के ख़िलाफ़ युद्ध छेड़ने' का आरोपी बनाया गया था। इसके बाद इन अभियुक्तों पर प्रधानमंत्री नरेन्द्र मोदी की हत्या का षड्यंत्र रचने का आरोप भी लग गया। भगतसिंह और उसके साथियों पर भरत में ब्रिटिश सरकार का तख़्ता पलटने का षड्यंत्र रचने का आरोप लगा था।

इस बात को पाँच वर्ष से अधिक हो चुके हैं। अभियुक्तों में वृद्ध हैं और बीमार भी। एक अभियुक्त की जेल में मृत्यु हो चुकी है। लेकिन भीमा-कोरेगाँव हिंसा की जाँच के लिए नियुक्त आयोग अभी तक किसी नतीजे पर नहीं पहुँच पाया है। 18 अगस्त, 1922 को भारत के मुख्य न्यायाधीश ने निर्देश दिये कि तीन महीने के भीतर अभियुक्तों के ख़िलाफ़ आरोप तय कर दिये जाएँ। लेकिन राष्ट्रीय अन्वेषण अभिकरण, जो आतंकवाद का मुक़ाबला करने के लिए जाँच एजेन्सी है, के विशेष न्यायाधीश आर.जे. कटारिया ने बयान दिया कि यह निर्णय करने में ही अभी एक और साल लगनेवाला है कि इस प्रकरण में आरोप तय करने की ज़रूरत है क्या?

ये सभी अभियुक्त उच्च शिक्षा प्राप्त और राजनीतिक रूप से जागरूक व्यक्ति हैं। इन पर जो इलज़ाम लगे उनमें यह इलज़ाम भी गम्भीर समझा गया कि उनके पास मार्क्सवादी साहित्य मिला और नक्सलवाद से सम्बन्धित साहित्य भी। 1970 के दशक में अपने कॉलेज के दिनों में इस बात से मैं हैरान होता था कि ये अच्छे- ख़ासे घरों के उच्च शिक्षा प्राप्त लड़के-लड़कियाँ क्यों नक्सलवाद से इतना प्रभावित हुए कि शहरों में आराम की ज़िन्दगी और सुनहरे भविष्य को लात मारकर जंगलों में जा बसे, जहाँ ग़रीबों से भी ग़रीब की ज़िन्दगी बिताने का विकल्प उन्होंने चुना। अपनी जिज्ञासा शान्त करने के लिए तब नक्सलवाद पर कुछ किताबें खरीदकर मैंने पढ़ी थीं। आज मैं आशंकित हूँ कि ये किताबें रखने के 'ज़ुर्म' में क्या मुझे भी जेल भेजा जा सकता है?

विद्यार्थी और राजनीति शीर्षक से भी एक लेख छपा था किरती में जुलाई, 1928 के अंक में जिसके बारे में राहुल फाउंडेशन द्वारा प्रकाशित 'भगतसिंह और उनके साथियों के सम्पूर्ण दस्तावेज़' में सम्पादकीय टिप्पणी है : 'यह लेख सम्पादकीय विचारों में छपा था, और सम्भवतः भगतसिंह का लिखा हुआ है। (पृ. 271) जगमोहन और चमनलाल द्वारा सम्पादित 'भगतसिंह और उनके साथियों के दस्तावेज़' में भी यही टिप्पणी है। (पृ. 203) चमनलाल द्वारा सम्पादित 'भगतसिंह के राजनीतिक दस्तावेज़' में यह लेख बिना किसी टिप्पणी के प्रकाशित हुआ। (राष्ट्रीय पुस्तक न्यास, वर्ष 2020, पृ. 29) वहीं प्रोफ़ेसर चमनलाल द्वारा ही सम्पादित अंग्रेज़ी की 'भगतसिंह रीडर' में यह दावा किया गया है कि 'किरती में यह लेख पंजाबी में भगतसिंह ने लिखा था।'

तत्कालीन शिक्षा-व्यवस्था की हक़ीक़त उजागर करने के लिए इसमें एक वाक़या बयान किया गया है जो आज की स्थिति में भी सटीक बैठता है : 'एक दिन एक एक विद्यार्थी एक पुस्तक 'Appeal to the Young' प्रिन्स क्रोपोटकिन की पढ़ रहा था। एक प्रोफ़ेसर साहब कहने लगे, यह कौन-सी पुस्तक है? यह तो किसी बंगाली का नाम जान पड़ता है। लड़का बोल पड़ा—प्रिन्स क्रोपोटकिन का नाम बड़ा प्रसिद्ध है। ये रूसी सज्जन थे। बस! 'रूसी' कहर टूट पड़ा। प्रोफ़ेसर ने कहा कि "तुम बोल्शेविक हो, क्योंकि तुम पोलिटिकल पुस्तकें पढ़ते हो।"

हाल ही में उद्घाटित हुए लगभग 1000 करोड़ रुपये की लागत से बने नये और आलीशान संसद भवन में 13 दिसम्बर, 2023 को दो युवक दर्शक दीर्घा से नीचे कूदे और पूरे हाल में 'तानाशाही' के ख़िलाफ़ नारे लगाते हुए 'स्मोक कैन' से निकलते पीले हानिरहित धुएँ से हाल को धुआँ-धुआँ कर दिया। इस घटना की योजना बनाने और इसे सरंजाम देनेवाले पढ़े-लिखे युवक हैं और एक अत्यन्त उच्च शिक्षा प्राप्त युवती भी उनके साथ है। तथाकथित रूप से ये सब

'भगतसिंह फैंस क्लब' के सदस्य हैं, जो कि सुना है बेरोजगारी से परेशान थे। 'डाटा सेंटर फॉर मोनिटरिंग इंडियन इकॉनमी' के मुताबिक़ 15 से 29 साल के उम्र के नौजवानों में बेरोजगारी बढ़ती जा रही है; एवं ताज़ा आईएलओ और आईएचडी के संयुक्त नये अध्ययन की रिपोर्ट के अनुसार भारत में सेकंडरी स्तर तक शिक्षा पाए युवकों में बेरोजगारी बढ़कर 18.4 प्रतिशत और डिग्री धारकों में 29.1 प्रतिशत हो गई है।

आरोपियों पर आतंकरोधी क़ानून 'अनलॉफुल एक्टिविटीज प्रिवेंशन एक्ट' के तहत प्रकरण दर्ज हुआ है जिसमें उन्हें उम्र क़ैद या फाँसी की भी सज़ा हो सकती है। एसेम्बली में बम फेंकने के सम्बन्ध में हाईकोर्ट में दिये गए अपने बयान में भगतसिंह ने कहा था : "मुद्दा यह है कि हमारी नीयत क्या थी और किस हद तक हम अपराधी है। जिस तरीक़े से उपयुक्त समझा हमने चेतावनी दी। हम ग़लत हो सकते हैं। लेकिन इसका अर्थ यह नहीं कि अपने विचारों को व्यक्त करने से हमें वंचित कर दिया जाए।"

शचीन्द्रनाथ सान्याल ने लिखा था, 'बढ़ता हुआ सेन्सेक्स भूखे लोगों की भूख नहीं मिटा सकता।' ('बन्दी जीवन', पृ. 365) और वैशम्पायन बताते हैं कि आज़ाद भारत का उनका सपना चन्द्रशेखर आज़ाद इस तरह गाकर सुनाया करते थे :

"जेहि दिन होइहैं सुरजवा, अरहर के दलिया धान के भतुआ;
ख़ूब कचरके खैबेना, अरे जेहि दिन होइहैं सुरजवा।"

हाल ही की ख़बर है कि यूएनओ के खाद्य एवं कृषि संगठन की रिपोर्ट के मुताबिक़ वर्ष 2021 तक भारत के 74% लोगों को 'पोषक भोजन' मुहैया नहीं था और 16.6% लोग कुपोषण के शिकार थे। ख़बर यह भी है कि वर्ष 2022 में दक्षिण एशिया के 40 करोड़ लोग भुखमरी के शिकार थे और 5 साल से कम उम्र के 2 करोड़ से ज़्यादा बच्चे भारत में कुपोषण का सामना कर रहे थे। भूटान में इस तरह के मामले नहीं पाए गए।

और ख़बर यह भी है कि नये संसद भवन के साथ कई और सरकारी दफ़्तरों के लिए नये निर्माण की योजना है जिस पर भारत सरकार अगले तीन सालों में 20000 करोड़ रुपये खर्च करनेवाली है। पुराना संसद भवन 83 लाख रुपये में बना था, जिस फ़िज़ूलख़र्ची के लिए ब्रिटिश सरकार को गाँधी जी समेत लगभग सभी राष्ट्रवादी नेताओं की कटु आलोचना का शिकार होना पड़ा था।

ख़बर यह भी है कि चार में से एक ग्रामीण परिवार के घर अभी भी नल से पानी उपलब्ध नहीं और ऐसी कई ख़बरें भी अख़बारों में पढ़ने में आती ही रहती हैं कि सैकड़ों गाँवों में कुओं या तालाबों से भी पीने का साफ़ पानी अभी उपलब्ध नहीं लिहाज़ा सैकड़ों ही गाँवों की हज़ारों महिलाएँ कई-कई

किलोमीटर पैदल चलकर पानी लेने के लिए दूर कुओं पर रोज़ जाती हैं और भारी बरतन सिर पर लादे हुए घंटों बाद ही वापस अपने घर पहुँच पाती हैं। और ख़बर यह भी है कि बुलेट ट्रेन परियोजना पर भारत सरकार वर्ष 2027 तक दो लाख करोड़ खर्च करने जा रही है तथा वर्ष 2035 तक 12000 से 15000 करोड़ रुपये की लागत से भारत अपना 'इंटरनेशनल स्पेस स्टेशन' बना लेगा जिसके रख-रखाव पर भी हज़ारों करोड़ सालाना खर्च होंगे।

ब-क़लम ख़लीलुर्रहमान आज़मी :

अभी वही है निज़ामे कोहना (पुराना), अभी तो जुल्मोसितम वही है;
अभी मैं किस तरह मुसकुराऊँ, अभी रंजो अलम (दुःख और कष्ट) वही है।
अभी वही हैं उदास राहें, वही हैं तरसी हुई निगाहें;
सहर के पैग़म्बरों से कह दो, यहाँ अभी शामे-ग़म वही है।

व्यथा दुर्गा भाभी की

एसेम्बली में बम फेंकने जाने के पहले सुखदेव को जो पत्र भगतसिंह ने लिखा, जिसका ज़िक्र 'इनक़लाब ज़िन्दाबाद' अध्याय में हुआ है, वह पूरा पत्र इस प्रकार था :

प्रिय भाई,

जब तक तुम्हें यह ख़त मिलेगा, मैं दूर मंज़िल की ओर जा चुका होऊँगा। मेरा यक़ीन कर, आजकल मैं बहुत प्रसन्नचित्त अपने आख़िरी सफ़र के लिए तैयार हूँ। अपनी ज़िन्दगी की सारी ख़ुशियों और मधुर यादों के बावजूद मेरे दिल में एक बात आज तक चुभती रही। वह यह कि मुझे भाई ने ग़लत समझा और मुझ पर कमज़ोरी का बहुत ही गम्भीर आरोप लगाया। आज मैं पहले से कहीं ज़्यादा पूरी तरह से सन्तुष्ट हूँ। मैं आज भी महसूस करता हूँ कि वह बात कुछ भी नहीं, बस ग़लतफ़हमी थी। ग़लत शक़ था। मेरे खुले व्यवहार के कारण मुझे बातूनी समझा गया और मेरे द्वारा सबकुछ स्वीकार कर लेने को कमज़ोरी माना गया। लेकिन आज मैं महसूस कर रहा हूँ कि कोई ग़लतफ़हमी नहीं, मैं कमज़ोर नहीं, अपनों में से किसी से भी कमज़ोर नहीं।

भाई मेरे, मैं साफ़ दिल से विदा लूँगा और तुम्हारी शंका भी दूर करूँगा। इसमें तुम्हारी बहुत कृपालुता होगी। ध्यान रहे, तुम्हें जल्दबाज़ी से कोई क़दम नहीं उठाना चाहिए। सोच-समझकर और शान्ति से काम को आगे बढ़ाना। अवसर पा लेने की जल्दबाज़ी न करना। जनता के प्रति जो तुम्हारा फ़र्ज़ है उसे निभाते हुए काम को सावधानीपूर्वक करते रहना। सलाह के तौर पर मैं कहना चाहता हूँ कि शास्त्री [राजाराम] मुझे पहले से अधिक अच्छा लग रहा है। मैं उसे सामने लाने की कोशिश करता, बशर्ते कि वह साफ़गोई से अपने आपको एक अँधेरे भविष्य के लिए अर्पित करने के लिए सहमत हो। उसे साथियों के नज़दीक आने दो ताकि वह उनके आचार-विचार का अध्ययन कर सके। यदि वह अर्पित भाव से काम करेगा तो काफ़ी लाभदायक और मूल्यवान सिद्ध होगा।

लेकिन जल्दबाज़ी न करना। तुम स्वयं अच्छे पारखी हो। जिस तरह जँचे, देख लेना। आ मेरे भाई, अब हम ख़ुशियाँ मना लें।

ख़ैर, मैं कह सकता हूँ कि बहस के मामले में मुझसे अपने पक्ष पेश किये बिना नहीं रहा जाता। मैं पुरज़ोर कहता हूँ कि मैं आशाओं और आकांक्षाओं से भरपूर जीवन की समस्त रंगीनियों से ओतप्रोत हूँ, लेकिन वक़्त आने पर मैं सबकुछ क़ुर्बान कर दूँगा। सही अर्थों में यही बलिदान है। ये वस्तुएँ मनुष्य की राह में कभी भी अवरोध नहीं बन सकतीं, बशर्ते कि वह इनसान हो। जल्द ही तुम्हें इसका प्रमाण मिल जाएगा। किसी के चरित्र के सन्दर्भ में विचार करते समय एक बात विचारणीय होनी चाहिए कि क्या प्यार किसी इनसान के लिए मददगार साबित हुआ है? इसका जवाब मैं आज देता हूँ—हाँ वह मेजिनी था, तुमने अवश्य पढ़ा होगा कि अपने पहले नाकाम विद्रोह, मन को कुचल डालनेवाली हार का दुख और दिवंगत साथियों की याद—यह सब वह बर्दाश्त नहीं कर सकता था। वह पागल हो जाता या ख़ुदकशी कर लेता। लेकिन प्रेमिका [मार्गरिट फुलर] के एक पत्र से वह दूसरों जितना ही नहीं, बल्कि सबसे अधिक मज़बूत हो गया।

जहाँ तक प्यार के नैतिक स्तर का सम्बन्ध है, मैं यह कह सकता हूँ कि यह अपने में एक भावना से अधिक कुछ भी नहीं और यह पशुवृत्ति नहीं बल्कि मधुर मानवीय भावना है। प्यार सदैव मानव चरित्र को ऊँचा करता है, कभी भी नीचा नहीं दिखाता बशर्ते कि प्यार प्यार हो। इन लड़कियों (प्रेमिकाओं) को कभी भी पागल नहीं कहा जा सकता है जैसा कि हम फ़िल्मों में देखते हैं—वे सदैव पाशविक वृत्ति के हाथों में खेलती हैं। सच्चा प्यार कभी भी सृजित नहीं किया जा सकता। यह अपने ही आप आता है—कब, कोई कह नहीं सकता?

मैं यह कह सकता हूँ कि नौजवान युवक-युवती आपस में प्यार कर सकते हैं और वे अपने प्यार के सहारे अपने आवेगों से ऊपर उठ सकते हैं। अपनी पवित्रता क़ायम रखे रह सकते हैं। मैं यहाँ स्पष्ट कर देना चाहता हूँ कि जब मैंने प्यार को मानवीय कमज़ोरी कहा था तो यह किसी सामान्य व्यक्ति को लेकर नहीं कहा था, जहाँ तक कि बौद्धिक स्तर पर सामान्य व्यक्ति होते हैं पर वह सबसे उच्च आदर्श स्थिति होगी जब मनुष्य प्यार, घृणा और अन्य सभी भावनाओं पर नियंत्रण पा लेगा। जब मनुष्य कर्म के आधार पर अपना पक्ष अपनाएगा। एक व्यक्ति की दूसरे व्यक्ति से प्यार की मैंने निन्दा की है, वह भी एक आदर्श स्थिति होने पर। मनुष्य के पास प्यार की एक गहरी भावना होनी चाहिए जिसे वह एक व्यक्ति-विशेष तक सीमित न करके सर्वव्यापी बना दे।

मेरे विचार से मैंने अपने पक्ष को काफ़ी स्पष्ट कर दिया है। हाँ, एक बात मैं तुम्हें ख़ासतौर पर बताना चाहता हूँ कि बावजूद क्रान्तिकारी विचारों के हम

नैतिकता सम्बन्धी सभी सामाजिक धारणाओं को नहीं अपना सके। क्रान्तिकारी बातें करके इस कमज़ोरी को बहुत सरलता से छिपाया जा सकता है, लेकिन वास्तविक जीवन में हम तुरन्त ही थर-थर काँपना शुरू कर देते हैं।

मैं तुमसे अर्ज़ करूँगा कि यह कमज़ोरी त्याग दो। अपने मन में बिना कोई ग़लत भावना लाये अत्यन्त नम्रतापूर्वक क्या मैं तुमसे आग्रह कर सकता हूँ कि तुममें जो अति आदर्शवाद है उसे थोड़ा-सा कम कर दो। जो पीछे रहेंगे और मेरी जैसी बीमारी का शिकार होंगे, उनसे बेरुख़ी का व्यवहार न करना, झिड़ककर उनके दुख-दर्दों को न बढ़ाना, क्योंकि उनको तुम्हारी हमदर्दी की ज़रूरत है। क्या मैं यह आशा रखूँ कि तुम किसी विशेष व्यक्ति के प्रति खुन्दक रखने के बजाय उनसे हमदर्दी रखोगे, उनको इसकी बहुत ज़रूरत है। तुम तब तक इन बातों को नहीं समझ सकते जब तक कि स्वयं इस चीज़ का शिकार न बनो। लेकिन मैं यह सबकुछ क्यों लिख रहा हूँ? दरअसल मैं अपनी बातें स्पष्ट तौर पर कहना चाहता हूँ। मैंने अपना दिल खोल दिया है।

तुम्हारी सफलताओं और जीवन के लिए शुभकामनाओं के साथ।

तुम्हारा,
भगतसिंह'

'भगतसिंह और उनके साथियों के दस्तावेज़' सम्पादक जगमोहन सिंह और चमनलाल, प्रकाशक राजकमल पेपरबैक्स, नई दिल्ली; संस्करण वर्ष 2022 में यह पत्र पृष्ठ 316 से पृष्ठ 318 पर है। 'भगतसिंह और उनके साथियों के सम्पूर्ण उपलब्ध दस्तावेज़', सम्पादक सत्यम, प्रकाशक राहुल फाउंडेशन लखनऊ, संस्करण वर्ष 2017 में पृष्ठ 397 से पृष्ठ 399 पर है। तथा वीरेन्द्र सिन्धु के सम्पादन में प्रकाशित 'सरदार भगतसिंह पत्र और दस्तावेज़' संस्करण वर्ष 2018 में पृष्ठ 25 से 27 पर है। तीनों ही पुस्तकों में यह पत्र अक्षरशः यही है। प्रथम दोनों पुस्तकों के सम्पादकीय में लिखा है :

'भगतसिंह ने सुझाव दिया कि एसेम्बली हाल में बम का धमाका किया जाए और क्रान्तिकारी पार्टी के विचारों से जनता को शिक्षित किया जाए। इसके लिए दो साथियों – शिव वर्मा और जयदेव कपूर को चुना गया। सुखदेव उस मीटिंग में नहीं थे। जब उन्हें इस फ़ैसले की जानकारी हुई तो उन्होंने भगतसिह से कुछ ऐसे सवाल किये कि पार्टी की मीटिंग दोबारा बुलाई गई। इस मीटिंग में भगतसिह और बटुकेश्वर दत्त को एसेम्बली हाल में बम का धमाका करने के लिए चुना गया। 8 अप्रैल, 1929 को हाल में बम का धमाका किया गया।

सुखदेव और भगतसिह में काफ़ी घनिष्ठता थी और बमकांड में जानेवाले व्यक्ति को लेकर दोनों में कुछ ग़लतफ़हमी भी हुई। उसी ग़लतफ़हमी को दूर

करने के लिए भगतसिंह ने सुखदेव को एक पत्र लिखा। नीचे उद्धृत (यानी उपरोक्त) यह पत्र 11 अप्रैल, 1929 को सुखदेव की गिरफ़्तारी के समय उनसे बरामद हुआ और मुक़दमे की कार्रवाई का हिस्सा बन गया।'

यह ग़लतफ़हमी क्या थी?

राजपाल एंड संस दिल्ली द्वारा वर्ष 2018 में प्रकाशित तथा वीरेन्द्र सिन्धु द्वारा सम्पादित 'सरदार भगतसिंह पत्र और दस्तावेज़' में पृष्ठ 25 पर टिप्पणी है कि 'एक दिन पार्टी की मीटिंग में एक क्रान्तिकारिणी महिला आईं। भगतसिंह उन्हें देखकर मुसकुराए, वे भगतसिंह को देखकर मुसकुराईं। सुखदेव ने इसका गलत अर्थ लगाया।' और गुस्से में भरकर भगतसिंह से उसने कहा कि 'तुम उस औरत के प्यार की वजह से ही [बम फेंकने जाने से] बच रहे हो।' ये 'क्रान्तिकारिणी महिला' सिवा दुर्गा भाभी के और कोई महिला नहीं हो सकतीं क्योंकि वे ही अकेली महिला थीं जो पार्टी की मीटिंग में शरीक हुआ करती थीं।

इस विषय में इन क्रान्तिकारियों के कनिष्ठ सहयोगी प्रसिद्ध साहित्यकार यशपाल लोकभारती पेपरबैक्स, इलाहाबाद द्वारा प्रकाशित अपनी आत्मकथात्मक पुस्तक 'सिंहावलोकन' (संस्करण, वर्ष 2017) में पृष्ठ 125 से पृष्ठ 126 पर लिखते हैं :

'हि.स.प्र.स. की केन्द्रीय समिति की जिस बैठक में विधानसभा में बम फेंकने के लिए भगतसिंह को न भेजकर दूसरे दो साथियों को भेजने का निश्चय किया गया था उस बैठक में सुखदेव न पहुँच सका था। इस निश्चय की सूचना सुखदेव को भी तुरन्त भेज दी गई थी। सूचना मिलते ही सुखदेव सीधा दिल्ली पहुँचा। अगली बात कहने से पहले यह कह दूँ कि भगतसिंह और सुखदेव में बहुत ही गहरी घनिष्ठता थी। वे एक-दूसरे के लिए जान दे सकते थे। सुखदेव ने भगतसिंह को एकान्त में ले जाकर बात की। "विधानसभा में बम फेंकने के लिए तो तुम्हें जाना चाहिए था, दूसरे साथियों को भेजने का निश्चय कैसे हो गया?" सम्भवतः भगतसिंह ने उत्तर दिया कि समिति का निर्णय है कि संगठन के भविष्य के लिए उसे पीछे रखने की जरूरत है।

सुखदेव ने अपने रूखे और कड़े ढंग से विरोध किया, "यह सब बकवास है। तुम्हारे व्यक्तिगत मित्र की हैसियत से मैं देख रहा हूँ कि तुम अपने पाँव पर किस रास्ते पर चल रहे हो? तुम्हारा अहंकार बहुत बढ़ गया है। तुम अपने आपको दल का एकमात्र सहारा समझने लगे हो। तुम सान्याल दादा और जयचन्द्र बनते जा रहे हो। जानते हो, तुम्हारा क्या अन्त होगा? तुम एक रोज परमानन्द बन जाओगे।" सुखदेव ने 1914-15 के लाहौर षड्यंत्र मुक़दमे में दिया गया हाईकोर्ट के जज का निर्णय बताया। जज ने भाई परमानन्द के लिए कहा था, "भाई परमानन्द इस क्रान्तिकारी संगठन का मस्तिष्क और सूत्रधार है,

परन्तु व्यक्तिगत रूप से यह आदमी कायर है। यह संकट के काम में दूसरे को आगे झोंककर अपने प्राण बचाने की चेष्टा करता रहा है।"

सुखदेव ने कहा, "तुम सदा तो यों बच नहीं सकते। एक दिन तुम्हें भी अदालत के सामने आना ही पड़ेगा। उस दिन तुम्हारे लिए भी वैसा फ़ैसला लिखा जाएगा जैसा भाई परमानन्द के लिए लिखा गया था।" सुखदेव ने यहीं बस नहीं की। वह और आगे बढ़ा, "तुम कहना चाहते हो कि तुम संगठन के हित के लिए शहीद बनने के सम्मान को बलिदान कर रहे हो। ईमानदारी से अपने गिरेबान में झाँककर देखो। इस समय तुम मौत का सामना नहीं करना चाहते क्योंकि तुम्हें जिन्दगी इस समय बहुत लुभावनी लग रही है। तुम 'उस औरत' (जिन्दगी) के स्नेह की आँच सेंकना चाहते हो और इसे दल के प्रति उत्तरदायित्व का बहाना बना रहे हो। तुम दूसरों से चाहे जो कहो, लेकिन मैं तुमसे और तुम मुझसे नहीं छिप सकते। तुम फिसल रहे हो।"

भगतसिंह बहुत देर तक कुछ बोल न सका। केवल सुखदेव की ओर घूरता रह गया जैसे पिंजरे में बन्द शेर चोट करनेवाले की ओर देखता रह जाए; फिर बोला, "एसेम्बली में बम फेंकने मैं ही जाऊँगा। केन्द्रीय समिति को मेरी बात माननी पड़ेगी। तुमने मेरा जो अपमान किया है उसका उत्तर मैं न दूँगा। इसके बाद अब तुम मुझसे कभी बात न करना।" सुखदेव ने रूखे ही स्वर में उत्तर दिया, "I have done my duty towards my friend." (मैंने अपने मित्र के प्रति अपना कर्तव्य पूरा कर दिया।) इस बातचीत के बाद दोनों अलग-अलग दल के केन्द्रीय स्थान पर पहुँचे।'

इस क़िस्से को यशपाल यहीं ख़त्म करते हैं लेकिन 'तुम्हें जिन्दगी इस समय बहुत लुभावनी लग रही है। तुम 'उस औरत' (जिन्दगी) के स्नेह की आँच सेंकना चाहते हो...' वाक्यांश में 'उस औरत' को जिन्दगी के साथ समीकृत कर उन्होंने जो रहस्य पैदा किया, उस पर से पर्दा उन्होंने नहीं उठाया। इस रहस्य पर से तथाकथित रूप से पर्दा उठाते हैं सुखदेवराज जो भगवतीचरण वोहरा के सम्पर्क में आकर क्रान्तिकारी आन्दोलन के साथ वर्ष 1926 में जुड़े। श्री सुधीर विद्यार्थी द्वारा सम्पादित सुखदेवराज के संस्मरण 'जब ज्योति जगी' के संस्करण वर्ष 2009 के पृष्ठ 61 पर भगवतीचरण वोहरा की धर्मपत्नी दुर्गावती देवी, इन क्रान्तिकारियों के लिए दुर्गा भाभी, जो अत्यन्त साहसी और जुझारू क्रान्तिकारी महिला थीं, के विषय में ये उद्गार दर्ज हैं :

'उनकी पत्नी दुर्गा भाभी निस्सन्देह आकर्षक थीं। इन कुँआरों की मंडली में दुर्गा भाभी को नजरअंदाज करना सम्भव नहीं था।' ('जब ज्योति जगी', पृ. 61)

कुँआरों की यह मंडली थी उन क्रान्तिकारी नौजवानों की जो दुर्गा भाभी से हर तरह की मदद पाते थे और इस वजह से अकसर ही ग्वालमंडी लाहौर स्थित उनके निवास पर जमे रहते थे।

यशपाल भी बताते हैं : 'घर पर जमा भीड़ और जेल में बन्द सभी साथी उसके भाई और देवर बन गए थे। उन सबके लिए बढ़िया-बढ़िया खाने बनाकर जेल भिजवाते रहना उन्होंने क्रान्तिकारी कर्तव्य मान लिया था।' ('सिंहावलोकन', पृ. 156)

मात्र 13 या 14 वर्ष की उम्र में ब्याही गई आठवीं पास दुर्गावती देवी ने विवाह के पश्चात न सिर्फ़ 'प्रभाकर' की डिग्री हासिल की, जिसे हासिल करना उस समय उच्च शिक्षा प्राप्त करना समझा जाता था, बल्कि पिस्तौल चलाना भी सीखा। कहा जाता है कि वर्ष 1928 में लाला लाजपत राय की मौत का बदला लेने के लिए लाहौर में बुलाई गई बैठक की अध्यक्षता दुर्गावती देवी ने ही की थी और अंग्रेज़ पुलिस अधीक्षक जे.ए. स्कॉट को मारने का जिम्मा वे ख़ुद लेना चाहती थीं, पर संगठन ने उन्हें यह ज़िम्मेदारी नहीं दी।

भगवतीचरण और दुर्गावती, दोनों ही समृद्ध परिवारों से थे और दोनों ही इन क्रान्तिकारी नौजवानों की जरूरतों को पूरा करने के लिए खुले हाथ से खर्च किया करते थे। वैशम्पायन बताते हैं कि 'पंजाब में क्रान्तिकारियों को आर्थिक सहायता मिलने में कठिनाई नहीं होती थी और जब पैसा कहीं नहीं मिलता तो दुर्गा भाभी का अन्नपूर्णा का भंडार तो खुला ही था, केवल भगवतीचरण के आदेश की आवश्यकता होती थी और कभी-कभी वह भी नहीं।' ('अमर शहीद चन्द्रशेखर आज़ाद', पृ. 47)

सुखदेवराज बताते हैं : 'गिरफ़्तार क्रान्तिकारियों के जितने भी सम्बन्धी लाहौर में मिलने के लिए बाहर से आते थे वे सभी भगवतीचरण के मकान पर भाभी के पास ही ठहरते थे और वे यथासम्भव सभी के लिए समुचित प्रबन्ध करती थीं। उनके लिए रसोई का काम तो वे आम तौर पर रात के 3 बजे से ही शुरू कर देती थीं क्योंकि एक अच्छी खासी बरात के भोजन कराने का प्रबन्ध नित्यप्रति उन्हें करना पड़ता था। इसके अतिरिक्त [भगतसिंह] डिफेन्स कमेटी का दफ़्तर भी भाभी के घर ही आ गया था। जेल में बन्द क्रान्तिकारियों और भगवतीचरण के बीच सम्पर्क का माध्यम भी भाभी ही बनी हुई थीं और वकीलों को भी मुक़दमे के सम्बन्ध में जो परामर्श करना होता था वह सब भी वे भाभी से ही करते थे क्योंकि वस्तुस्थिति का जितना व्यापक ज्ञान भाभी को था उस समय किसी और को नहीं था। यह वह समय था जब कि भाभी के इर्द-गिर्द ही सम्पूर्ण क्रान्तिकारी आन्दोलन की गतिविधियाँ केन्द्रित थीं।' ('जब ज्योति जगी', पृ. 108)

इतना ही नहीं तो 'गुप्त सामान' और पत्र आदि एक जगह से दूसरी जगह पहुँचाने में भी दुर्गावती देवी कभी पीछे नहीं हटीं, बावजूद इस खतरे के कि पुलिस को ज़रा भी भनक यदि पड़ जाती तो उनकी ज़िन्दगी ब्रिटिश राज की

नरक-तुल्य जेलों में सड़ जाती। इस सिलसिले में बिना यह परवाह किये कि क्या समय है, अपनी साइकिल लेकर अकेले ही या इन नौजवान क्रान्तिकारियों के साथ वह निकल जातीं और कई दफ़ा रात को देर से वापस घर आतीं। भगवतीचरण को तो अपनी पत्नी पर अथाह विश्वास था, मगर आस-पड़ोस के लोगों के पेट में खलबली मच जाती थी।

यशपाल लिखते हैं : 'इस समय दुर्गा भाभी की परिस्थिति भी बहुत उलझन की थी। एक ओर तो ख़फ़िया पुलिस छाया की तरह उनका पीछा किये रहती थी। हम लोगों से मिलना-जुलना तक कठिन हो रहा था। दूसरी ओर लाहौर में जयचन्द्र जी के दुष्प्रचार के कारण भी वे संकट में थीं। दुर्गा भाभी को ख़ुफ़िया पुलिस के आदमी की स्त्री समझनेवाले लोग और उस प्रचार से प्रभावित पड़ोसी भी इनके इधर-उधर जाने पर नज़र रखना चाहते थे। कुछ लोगों ने ख़ुफ़िया पुलिस के आदमी की बीवी को परेशान करना और चिढ़ाना भी देशभक्ति का कर्तव्य समझ लिया। भाभी हम लोगों से मिलने या हमारे सन्देश आवश्यक स्थानों पर पहुँचाने के लिये प्रायः घर से गायब रहतीं। समय-असमय, बल्कि अधिकांश में रात के समय पड़ोसियों के लिये अपरिचित लोग भी उन के यहाँ आते रहते। यह बात भाभी को ख़ुफ़िया पुलिसवाले की बीवी विश्वास करनेवाले लोगों की दृष्टि में उनके उच्छृंखल और आवारागर्द होने के लक्षण थे। इन लक्षणों का ज़बर्दस्त प्रमाण यह था कि पति के घर से लापता होने पर भी वे कभी दुखी और रोती-कलपती नहीं दिखाई दीं। ऐसी धारणाओं के कारण लोग उनकी सहायता करने के बजाय उन्हें परेशान करने में ही सन्तोष पाते थे। ऐसे व्यवहार की शिकायत भी किससे की जाती? पास पड़ोस के लोगों की दृष्टि में वे देशभक्तों की शत्रु और पुलिस की दृष्टि में सरकार की शत्रु थीं।' ('सिंहावलोकन', पृ. 280-1)

यशपाल आगे बताते हैं कि जो लोग भगवती भाई को ख़ुफ़िया पुलिस का आदमी नहीं समझते थे, उन्हें भी आने-जाने के स्थान, प्रयोजन या मिलनेवालों के नाम और दूसरे रहस्य नहीं बताए जा सकते थे। इसलिए ऐसे लोग भी उन्हें उच्छृंखल समझ बैठते थे। उन्हें भाभी पर दूसरे ढंग से क्रोध आता था, अर्थात भगवती बेचारा तो देश के लिए घरबार छोड़कर मारा-मारा फिर रहा है, इस औरत को पति का ज़रा गम नहीं। मजे में नये-नये मित्रों के साथ रँगरेलियाँ मना रही है। इन्द्रपाल 1929 के सितम्बर मास में जब पहले पहल दिल्ली आया था, भाभी से बहुत कम परिचित था। लाहौर में उसने उनके सम्बन्ध में इतनी अफवाहें सुनी थीं कि उसका माथा गरम हो रहा था। उसने भगवती भाई के सामने स्पष्टवादिता से काम लिया—"एक क्रान्तिकारी की स्त्री को ऐसा व्यवहार नहीं करना चाहिए कि सभी लोग निन्दा करने लगें।" ('सिंहावलोकन', पृ. 281)

इस तथ्य की पुष्टि सुखदेवराज भी करते हैं : 'परीक्षा की इस वेला में कुछ घड़ियाँ ऐसी भी आईं कि भाभी के लिए पैसे की समस्या खड़ी हो गई या किसी साथी के पास सन्देश भेजने के लिए कोई आदमी उन्हें नहीं मिला तो वे स्वयं ही निकल पड़ीं और कभी धन्वन्तरि के या कभी किसी और साथी के यहाँ जा पहुँचीं। कुछ क्षण ऐसे भी आए जब कुछ साथियों के साथ साइकिल पर सवार होकर उन्हें कार्यवश इधर-उधर आना-जाना भी पड़ा। इस बात को लेकर भगवतीचरण के विरोधियों ने बुरी तरह कीचड़ उछाला और भाभी के निर्मल चरित्र पर तरह-तरह के मनगढ़न्त लांछन लगाने आरम्भ कर दिये। मैंने स्वयं भगवतीचरण से कहा कि भाभी को लोग इस प्रकार बदनाम कर रहे हैं। भगवतीचरण बोले, "अपनी पत्नी पर मुझे पूर्ण विश्वास है—मेरी ओर से यही बात तुम और लोगों से भी कह सकते हो।" ('जब ज्योति जगी', पृ. 109-10)

आगे सुखदेवराज बताते हैं : 'एक बार भाभी से मैंने पूछा था, "भाभी तुम्हारे पति इतने अच्छे हैं फिर भी क्या कारण है भगतसिंह के प्रति तुम्हारे स्नेह को लेकर लोग तरह-तरह की बातें करते हैं।" "मेरे पति मनुष्य नहीं देवता हैं।" भाभी ने कहा। "देश के लिए अपना सम्पूर्ण जीवन उन्होंने होम कर रखा है और काम में वे इतने व्यस्त हैं कि उन्हें मेरी ओर देखने का समय ही नहीं मिलता। इसके विपरीत भगतसिंह हाड़मांस का एक पुतला है और जो स्नेह अपने पति से नहीं मिल पाता वह भगतसिंह से मुझे मिलता है। स्नेह के अभाव में नारी जी नहीं सकती यही उसकी सबसे बड़ी दुर्बलता है परन्तु सत्य यह है कि भगतसिंह को स्नेह करने के बावजूद पूजा मैं भगवतीचरण की ही करती हूँ, वही मेरे इष्ट हैं वही मेरे आराध्य हैं।" इसमें कोई सन्देह नहीं कि भगवतीचरण के प्रति निष्ठा में भाभी ने कभी भी कोई कमी नहीं की।' ('जब ज्योति जगी', पृ. 109)

वह समय वाक़ई ऐसा था कि 'घर की शोभा' बनने के सिवाय और किसी काम की महिलाओं को सामान्यत: इजाजत नहीं थी। उन दिनों रात-बिरात अकेली घर से निकलने तक की हिम्मत महिलाएँ नहीं कर सकती थीं। ग़ैर-पुरुषों के साथ मिलना-जुलना तो दूर रहा, ग़ैर-पुरुषों के साथ बातचीत करना भी भद्र महिलाओं के लिए अशोभनीय समझा जाता था। लेकिन समाज की परवाह किये बग़ैर दुर्गा भाभी ने पुरुष क्रान्तिकारियों के साथ कन्धे से कन्धा कन्धा मिलाकर काम किया। लोग क्या कहेंगे इसकी चिन्ता किये बग़ैर भगतसिंह की पत्नी बनने का नाटक तक किया। ट्रेन के डिब्बे में सारी रात एक 'पराये मर्द' के साथ भी वह रही। लज्जावती कहती हैं : 'दुर्गा का तो एक ही उद्देश्य था कि जो काम मेरे पति का है, वही मेरा है। कभी फर्नीचर घर का चला गया, कभी कुछ हुआ, लेकिन उसने यह समझा कि यह मेरा घर नहीं, मेरा पैसा नहीं, मेरा कपड़ा नहीं, कुछ नहीं है। जैसे भगवतीचरण कहेगा मैं वैसा करूँगी।' (नेहरू म्यूज़ियम ज़बानी इतिहास, लज्जावती खाता सं. 471. पृ. 136-7)

इन्हीं दुर्गावती देवी के बारे में, जो क्रान्तिकारी आन्दोलन से जुड़े हुए नौजवान कुँआरों के लिए 'दुर्गा भाभी' थीं, सुखदेवराज अपने संस्मरण में यह भी कहते हैं : 'कलकत्ता प्रवास के दौरान [दिसम्बर, 1928] भगतसिंह ने भगवतीचरण का परिचय विभिन्न क्रान्तिकारियों से कराया परन्तु इस बीच भगवतीचरण के विरोधियों ने जिनमें जयचन्द्र विद्यालंकार और सुखदेव (ये दोनों भी उन दिनों वहीं थे) के नाम उल्लेखनीय हैं एक और प्रचार करना आरम्भ कर दिया जिसमें भगतसिंह और दुर्गा भाभी के बीच प्रणय सम्बन्धों की चर्चा कर उन दोनों पर कीचड़ उछाला गया। प्रचार का आधार अन्य बातों के अतिरिक्त लाहौर से कलकत्ता तक भगतसिंह और दुर्गा भाभी का पति-पत्नी के रूप में यात्रा करने को लेकर भी गढ़ा गया था। इस शरारतपूर्ण बात से भाभी को तो दु:ख हुआ ही, स्वयं भगतसिंह भी बड़े दुखी हुए और निस्सन्देह इसी प्रचार के कारण सुखदेव से उनका मन बड़ा खिन्न-सा हो गया। परन्तु इस घटना से एक बात अच्छी हुई कि भगवतीचरण के प्रति भगतसिंह की सभी शंकाएँ दूर हो गईं। जिस ढंग से भाभी ने भगतसिंह की रक्षा का कार्य किया और जिस उदारता से भगवतीचरण ने प्लेटफ़ॉर्म पर भाभी के साहस की सराहना की उसने भी भगतसिंह के सन्देहों को धोया। भगतसिंह के बार-बार आग्रह करने भी सुखदेव ऐसा कोई प्रमाण नहीं दे सका कि भगवतीचरण सी.आई.डी. का आदमी है। अब तो सुखदेव स्वयं भगतसिंह पर भी कीचड़ उछालने लगा था।' ('जब ज्योति जगी', पृ. 66-7)

सुखदेवराज के अनुसार 'कलकत्ता के प्रवास में अपने और भाभी के सम्बन्धों को लेकर जो अनेक कहानियाँ रह-रहकर भगतसिंह के कानों में आ रही थीं उन्हें सुन-सुनकर उनके दिल और दिमाग पर बोझ निरन्तर बढ़ता ही जा रहा था। सांडर्स-वध की घटना पर मत व्यक्त करते हुए एक बयान में दीवान चमनलाल ने कहा कि यह सुनकर कि एक हत्यारे ने सांडर्स की हत्या कर डाली हमारा सिर शर्म से झुक जाता है। यह बयान जब अख़बारों में छपा और भगतसिंह तथा भगवतीचरण ने पढ़ा तो उनकी भावनाओं को ज़बर्दस्त चोट लगी। दीवान चमनलाल के बयान से भगतसिंह के मन का बोझ दुगना हो गया।' (उपर्युक्त, पृ. 68-9)

'अन्ततः दिल और दिमाग पर एक बोझ लिये हुए ही भगतसिंह लाहौर लौट आए। कुछ कर गुजरने और फिर साहसपूर्वक गिरफ़्तार होकर अपने विचार जनता तक पहुँचाने की बात दिन-प्रतिदिन भगतसिंह के मन में जमती चली जा रही थी। इसी बीच उन्हें सुखदेव का एक पत्र मिला जिसका आशय यह था कि एक स्त्री के चक्कर में फँसकर क्रान्ति के पथ से तुम भटक गए हो। देश के लिए कुछ कर सकना अब तुम्हारे बस का नहीं रहा। ऐसे ही अनेक व्यंग्यवाण उस पत्र में सुखदेव

ने भगतसिंह पर छोड़े थे। यह पत्र पाकर भगतसिंह हतप्रभ-से रह गए। उन्होंने पत्र लिया और सीधे भगवतीचरण के घर जा पहुँचे।' (उपर्युक्त, पृ. 69-70)

'दुर्गा भाभी का कहना है कि जब भगतसिंह उनके पास पहुँचे तो उनकी आँखें डबडबा रही थीं और गला भरा हुआ था। सुखदेव का पत्र मेरे हाथों में थमा स्वयं को सम्हालते हुए बोले—

"देख लो, मेरे और तुम्हारे सम्बन्धों को लेकर ऐसी-ऐसी वाहियात बातें ये लोग कर रहे हैं।"

बातों ही बातों में उन्होंने यह भी कहा कि इस प्रकार के लांछनपूर्ण जीवन से तो मर जाना ही अच्छा है। उसी समय उन्होंने अपने मन में संकल्प कर लिया। मैं स्वयं एसेम्बली में बम फेंकूँगा और साहस के साथ गिरफ़्तार हो जाऊँगा—इस तरह मेरे बलिदान से एक तो राष्ट्र के प्रति मेरी निष्ठा में कमी का आरोप निराधार सिद्ध हो जाएगा, दूसरे क्रान्तिकारियों का सन्देश जनता तक पहुँचेगा और तीसरे भाभी और मेरे सम्बन्ध में जो शरारतपूर्ण बातें आए दिन गढ़ी जा रही हैं, वे गढ़ी जानी बन्द हो जाएँगी।' (उपर्युक्त, पृ. 70)

इसके बाद सुखदेवराज स्वयं ही भगतसिंह पर यह आक्षेप लगाते प्रतीत होते हैं कि दुर्गा भाभी के साथ उसके 'रोमांटिक' सम्बन्ध थे। उक्त पुस्तक के पृष्ठ 134 पर वे लिखते हैं : 'भाभी और भगतसिंह की निकटता का अनुमान उस पत्र से भी लगाया जा सकता है जो भाभी के नाम शहादत से पूर्व भगतसिंह ने पेन्सिल से लिखा था। पत्र कुछ इस प्रकार है—"मेरे मरने के बाद तुम रोना नहीं परन्तु ऐसा लिखते ही मेरी क़लम रुकती है क्योंकि यह विचार मुझे सहन नहीं हो पाता कि मेरे मरने के बाद तुम रोओगी नहीं। मैंने जब तुम्हें देखा तो मेरे हृदय का चौखटा खाली पड़ा था, तुम्हारे दर्शन हुए तो मैंने तुम्हें उसमें बैठा लिया। जिस समाज में हम रहते हैं वह मेरे और तुम्हारे सम्बन्धों को समझ नहीं पाएगा क्योंकि तुम मेरे मित्र की पत्नी भी हो।'

तथाकथित रूप से पेन्सिल से लिखे इस पत्र में भगतसिंह फिर यह शेर लिखते हैं :

अरमान मेरे दिल ख़ाक हुए!
और मौत के तालिब जीते हैं!!

साथ ही सुखदेवराज यह भी लिखते हैं : 'भगतसिंह भाभी के कितने निकट आ चुका था इसका अनुमान भाभी के उस लेख की पंक्तियों से लगाया जा सकता है जो 'भगतसिंह की स्मृति में' शीर्षक से गत दिनों पांचजन्य में प्रकाशित हुआ था। भाभी ने लिखा है—

"भगतसिंह जो कभी मेरे अत्यन्त घनिष्ठ आत्मीय बन चुके थे और जिन्हें मैं कठिनाई से भूल सकी थो, आज उन्हीं के सम्बन्ध में कुछ लिखना है।'

"वह भावुक हृदय था; सफल लेखक था और प्रभावशाली वक्ता। उसके व्यक्तित्व, व्यवहार दोनों में अनोखा आकर्षण था। वास्तव में वह एक ऐसा योगी था जो जीवन में डूबकर तैरना जानता था।" ('जब ज्योति जगी', पृ. 133-34)

दुर्गा भाभी ने एक साक्षात्कार में सुखदेव के प्रति उनके मन में कटुता का इजहार करते हुए कहा है: 'सुखदेव जो था उसकी कोशिश यह होती थी कि जहाँ तक हो सके इस आदमी [उनके पति भगवतीचरण वोहरा] का फायदा उठाया जाय क्योंकि इसके पास पैसा है लेकिन इसका विश्वास नहीं करो। मगर उन्होंने यह भी नहीं किया कि हमारा बहिष्कार कर देते, हमारा पिंड छोड़ देते। वे अपने फायदे के लिए हमारे पीछे लगे रहे। वे हमसे पैसा भी लेते थे, हर तरह का आराम, हमारा फायदा उठाते थे। हमारे घर का इस्तेमाल भी करते थे और हमारे ऊपर शक़ भी करते थे।' (नेहरू म्यूज़ियम ज़बानी इतिहास, खाता सं. पृ. 7-8)

उल्लेखनीय है कि जिस दौरान भगवतीचरण अपने ही साथियों द्वारा किये जा रहे शक़ के दायरे में थे उन्हीं दिनों एकान्त में पढ़ने-लिखने, कविता करने और सितार 'टुनटुनाने' के लिए एक मकान लाहौर में उन्होंने किराए पर ले लिया था। उस मकान में सुखदेव साधिकार न सिर्फ़ ठहरता था बल्कि उस मकान में उसने बिना भगवतीचरण से पूछे या उन्हें पूर्व-सूचना दिये बम बनाने का कारखाना स्थापित कर दिया। बाद में जब इस कारखाने पर पुलिस का छापा पड़ा तो भगवतीचरण ख़्वामख़्वाह ही लपेटे में आ गए और उसके बाद से वे फ़रार ही रहे।

दुर्गा भाभी के नाम शहादत से पूर्व भगतसिंह ने पेन्सिल से जो तथाकथित पत्र लिखा, वह सुखदेवराज के हाथ कैसे आया, और फिर उस पत्र का क्या हुआ, इसका कोई भी ज़िक्र उनके संस्मरण में नहीं है। न ही इस तरह के किसी पत्र की चर्चा दुर्गा भाभी ने कहीं की है। हाँ, यह उन्होंने ज़रूर बताया है कि जेल से एक पत्र में भगतसिंह ने उन्हें लिखा था : 'एक दिन जेल में छिपाकर एक चिट्ठी मेरे नाम लिखी भगतसिंह ने। वह मुझे मिल गई थी। भगतसिंह चिट्ठी लिखते-लिखते जरूर रोया होगा क्योंकि कई जगह अक्षर बिगड़ गए थे। मिट गए थे भगतसिंह के आँसुओं से। चिट्ठी में लिखा था—"भाभी, भगवती भाई के साथ हम लोगों ने बड़ा अन्याय किया है।"' ('क्रान्ति का साक्ष्य', पृ. 82)

किसी अन्य क्रान्तिकारी ने भी अपने संस्मरण में यह ज़िक्र कहीं भी, कभी भी नहीं नहीं किया कि दुर्गा भाभी के नाम शहादत से पूर्व भगतसिंह ने पेन्सिल से कोई पत्र लिखा था।

भगतसिंह के समकालीन विष्णु प्रभाकर बताते हैं कि क्रान्तिकारी दल के 'सदस्यों में परस्पर ईर्ष्या-द्वेष का भाव काफ़ी प्रबल था। चरित्रहीनता के आरोप भी लगाए जाते थे। भगतसिंह पर भी ऐसे आरोप लगाए जा रहे थे।

और वे बहुत दुखी हो उठे थे। इसलिए और भी दुखी थे कि ये आरोप उनके और दुर्गा भाभी के सम्बन्धों को लेकर लगाए जा रहे थे।' ('अमर शहीद भगतसिंह' पृ. 70-1)

इसके बाद विष्णु प्रभाकर भी वही सब दोहरा रहे हैं जो सुखदेवराज ने लिखा और 'जब ज्योति जगी' का सन्दर्भ देते हुए ही दोहरा रहे हैं। भगतसिंह की जीवनी के साथ हमारे समय के कई प्रतिष्ठित लेखकों ने भी यही किया है।

सुखदेवराज को ग़लतबयानी का आरोपी ठहराते हुए शहीद सुखदेव के भाई मथरादास थापर सफ़ाई देते हैं : 'सुखदेवराज ने अपनी पुस्तक 'जब जोत जगी' में सुखदेव को दुर्गा भाभी के बारे में अनर्गल प्रचार करनेवाला बताया है। यशपाल और सुखदेवराज वैसे भी एसेम्बली बम-कांड के पूरे प्रसंग में किसी छोटी-सी भूमिका में भी नहीं थे, फिर किस तरह उन्हें ज्ञात हुआ कि सुखदेव [दुर्गा भाभी पर] कीचड़ उछालने का कार्य कर रहे थे। एक जगह सुखदेवराज भगतसिंह द्वारा दुर्गा भाभी के नाम, फाँसी से पहले पेन्सिल से लिखे किसी पत्र को इस प्रकार उद्धृत करते हैं—"मेरे मरने के बाद तुम रोना नहीं, तुम मेरे मित्र की पत्नी हो।"

'अपने किसी भी पत्र में भगतसिंह ने इतनी सतही भाषा-शैली का प्रयोग नहीं किया है। सच तो यह है कि सुखदेवराज एक सन्दिग्ध चरित्र के व्यक्ति रहे थे। सुखदेवराज लिखते हैं, "इसी बीच उन्हें (भगतसिंह को) सुखदेव का एक पत्र मिला जिसका आशय यह था कि अब एक स्त्री (दुर्गा भाभी) के चक्कर में फँसकर क्रान्ति के पथ से भटक गए हो।" सुखदेव ने भगतसिंह को ऐसा कोई पत्र लिखा था, इसका कहीं प्रमाण नहीं मिलता। शिव वर्मा से इस सिलसिले में मेरी प्रत्यक्ष बातचीत हुई थी। शिव वर्मा ने तो स्पष्ट रूप से कहा था कि सुखदेवराज के लिखे हुए को प्रमाण मानना सरासर गलत होगा, क्योंकि दुर्गा भाभी के सम्बन्धों के विषय में सुखदेवराज को कोई जानकारी नहीं थी। इसी प्रकार की गलतियाँ यशपाल कर बैठे हैं।' ('मेरे भाई शहीद सुखदेव', पृ. 109-14)

जयदेव कपूर ने यह कहानी बिलकुल जुदा तरीक़े से बयाँ की है। उनके अनुसार, 'एक दिन सरदार अमृतसर गया खर्चे के लिए पैसा लेने [जिसकी व्यवस्था सुखदेव के जिम्मे थी।] शायद दूधवाले का कुछ कर्ज हो गया था। सरदार के बहुत करीब था सुखदेव। सरदार के [दिल्ली से] अमृतसर पहुँचने पर सुखदेव ने पूछा, "एसेम्बली में बम मारने का क्या रहा?"

"सब ठीक है।" सरदार ने कहा, "किसी दिन भी हो सकता है।"

सुखदेव थोड़ी देर तक चुप रहा। फिर बोला, "भगतसिंह तुमसे ज़्यादा मेरा कोई प्यारा दोस्त नहीं है लेकिन प्रश्न व्यक्तिगत नहीं है। मैं नहीं चाहता कि बाद को तेरे बारे में कहें कि तूने अपने जूनियर को फायरिंग लाइन में भेज दिया और ख़ुद पीछे रहा।"

सुखदेव की बात सरदार को चुभ गई। उसने दिल्ली आकर जिद पकड़ ली कि बम फेंकने की अनुमति उसे दी जाए वरना वह पागल हो जाएगा या आत्महत्या कर लेगा। भरे हुए गले से बोला, "जब मेरा नजदीक का दोस्त (सुखदेव) यह कह सकता है तो जनता मेरे बारे में क्या कहेगी।"

जयदेव कपूर भगतसिंह के सर्वाधिक निकट क्रान्तिकारियों में से एक था। एसेम्बली में बम-विस्फोट की जब योजना बन रही थी, जयदेव कपूर और भगतसिंह दिल्ली में सीताराम बाज़ार में साथ-साथ रह रहे थे। सुखदेव के साथ हुई इस चर्चा के बाद वापस आकर पूरा किस्सा भगतसिंह ने स्वाभाविक रूप से अपने जिगरी दोस्त के साथ बाँटा होगा—भरे हुए गले से। लिहाज़ा जयदेव कपूर ही वह व्यक्ति हो सकता था जिसे सीधे इस चर्चा की जानकारी हो सकती थी। क्योंकि यशपाल और सुखदेवराज न तो आगरा में मौजूद थे और न ही दिल्ली में। और जो शख़्स दोनों जगह मौजूद था उसका बयान एक सन्तुलित बयान है, न कि विवाद पैदा करनेवाला—जैसा करना एक आम मानवीय दुर्बलता है।

ऐसा ही कुछ शिव वर्मा ने भी कहा है, जो आगरा और दिल्ली में जयदेव कपूर और भगतसिंह के साथ मौजूद थे : 'एसेम्बली में बम फेंकने के काम को भी भगतसिंह स्वयं ही करना चाहता था। उसका अनुमान था कि उक्त काम के राजनैतिक महत्त्व को अदालत के मंच पर जितनी भी स्पष्टता के साथ देश के सामने वह स्वयं रख सकेगा, उतनी स्पष्टता के साथ दूसरा कोई साथी नहीं रख सकेगा। भगतसिंह का अनुमान सही भी था। लेकिन हम जानते हैं कि पकड़े जाने पर भगतसिंह को निश्चित रूप से मौत की सज़ा दी जाएगी। अस्तु, उसके अनुमान से सहमत होते हुए भी उसे जाने देने के लिए हममें से कोई भी राजी न हुआ। काफ़ी तर्क के बाद वह केन्द्रीय समिति से अपनी बात न मनवा सका, तो उसने बहुमत के सामने सिर झुका दिया और समिति ने दो अन्य साथियों के नाम तय कर दिये।'

उल्लेखनीय है कि केन्द्रीय समिति की यह बैठक आगरा में हो रही थी जहाँ इन क्रान्तिकारियों ने बम बनाने की फैक्टरी डाली हुई थी।

शिव वर्मा आगे लिखते हैं : 'इस फ़ैसले के दो-तीन बाद ही पंजाब से सुखदेव आ गया। उसे जब हमारे फ़ैसले का पता चला तो वह बहुत बिगड़ा। उसका कहना था कि जिस उद्देश्य से हम यह काम करने जा रहे हैं, उसे भगतसिंह के अतिरिक्त और कोई साथी पूरा नहीं कर सकेगा। व्यर्थ में दो साथियों की कुर्बानी भी दी जाए और काम भी न बने। इसके वह पक्ष में न था। उसकी माँग पर केन्द्रीय समिति की बैठक दुबारा बुलाई गई। इस बार भगतसिंह ने जिद पकड़ ली और अन्त में बाध्य होकर हमें उसकी बात मान लेनी पड़ी। समिति ने भगतसिंह और बटुकेश्वर दत्त के नामों की अनुमति दे दी। इस एक्शन के बाद हम भगतसिंह को हमेशा के लिए

खो देंगे, इस विचार ने हमारे बीच एक उदासी का वातावरण पैदा कर दिया।' (संस्मृतियाँ, पृ. 25)

यहाँ भी एक संतुलित बयान है, न कि विवाद पैदा करनेवाला।

फाँसी की सज़ा पाए अपने दोनों साथियों सुखदेव व राजगुरु तथा अपनी ओर से भी पंजाब के गवर्नर को भेजी गई जिस 'दया-याचिका' में भगतसिंह गोली से उड़ा दिये जाने की माँग करते हैं, उसमें उन वीरांगनाओं का ज़िक्र भी करते हैं 'जिन्होंने बेहिचक कुर्बानी की है अपने पतियों, भाइयों और ख़ुद की भी जिन्हें आपकी सरकार ने मुज़रिम घोषित किया हुआ है और जिनके निष्कलंक चरित्र के ख़िलाफ़ निराधार मिथ्यारोप' गढ़े जाते हैं।' यह लिखते हुए भगतसिंह के दिमाग़ में यक़ीनन दुर्गा भाभी ही रही होंगीं, जो उस समय फ़रार थीं।

दरअसल भगतसिंह को फाँसी की सज़ा हुई है यह जानकर दुर्गा भाभी इतनी अधिक विचलित हुईं कि 'हृदयहीन' सरकार को यह जताने पर वह तुल गईं कि भगतसिंह अकेला नहीं। उसे मारकर क्रान्तिकारी आन्दोलन को नहीं मारा जा सकता। ग़दर आन्दोलन में सक्रिय रहे बाबा पृथ्वी सिंह आज़ाद, जो चलती रेलगाड़ी से कूदकर पुलिस की गिरफ़्त से बच निकले थे और उन दिनों गुजरात में अज्ञातवास कर रहे थे, तथा सुखदेवराज के साथ वे बम्बई के गवर्नर को गोली मार देने के लिए चल पड़ीं—बिना यह सोचे कि गवर्नर हाउस की कड़ी सुरक्षा व्यवस्था से वे कैसे निपटेंगी और बिना यह जाने कि गवर्नर हाउस में प्रवेश करने के लिए उन्हें अनुमति दरकार होगी। इस 'असफलता' से क्षुब्ध होकर उन्होंने लैमिंगटन रोड पर थाने के सामने एक कार से उतर रहे अंग्रेज़ पुरुष और स्त्री पर गोली चला दी और फ़रार हो गईं। ('ए बायोग्राफी ऑफ़ भगवतीचरण वोहरा एंड दुर्गा भाभी', पृ. 164)

सूली पर यशपाल

दिल्ली स्थित 'भगतसिंह विचार मंच' की राय में अंग्रजों के लिए ख़ुफ़िया पुलिस में काम करनेवाला धर्मेन्द्र गौड़ 'महान राष्ट्रवादी गुप्तचर' था जिसने 20 दिसम्बर, 1938 को अंग्रेज़ों के 'गुप्तचर विभाग की राजनीतिक शाखा में...चार वर्षों में ही उन्होंने में वे-वे जौहर दिखाए कि सन 1943 में ब्रिटेन की विशिष्ट सैनिक गुप्तचर संस्था 'फोर्स वन-थ्री-सिक्स' में नियुक्त' हो गए। यह जानकारी 'साक्षी प्रकाशन' दिल्ली द्वारा वर्ष 2012 में प्रकाशित उस पुस्तक के पृष्ठ-आवरण पर है, जिस पुस्तक के शीर्षक में गौड़ ने गर्व के साथ घोषणा की है कि 'मैं अंग्रेज़ों का जासूस था'। जिन चार वर्षों में गौड़ ने 'ये जौहर' दिखाए वे वर्ष थे दिसम्बर, 1938 से 1943. अर्थात जबकि पूरा भारत 'भारत छोड़ो आन्दोलन' में अंग्रेज़ों के ख़िलाफ़ 'युद्धरत' था और अंग्रेज़ों की पुलिस के स्वातंत्र्य योद्धाओं पर हो रहे अत्याचार चरम पर थे तब धर्मेन्द्र गौड़ अपने अंग्रेज़ आकाओं की हाज़िरी बजा रहे थे।

इस पुस्तक को गौड़ ने समर्पित किया है अंग्रेज़ों द्वारा द्वितीय विश्व युद्ध के दौरान गठित जासूसी इकाई 'फोर्स वन-थ्री-सिक्स' के उन अनेक ज्ञात और अज्ञात गुप्तचरों को, जिनके साहस और शौर्य की सराहना करनेवाला कोई न था।' और इस पुस्तक के प्रस्तुतकर्ता का नाम दिया हुआ है 'भगतसिंह विचार मंच' दिल्ली।

इस पुस्तक में गौड़ स्वयं बताते हैं कि 'फ़ोर्स वन-थ्री-सिक्स' के कलकत्ता केन्द्र की अनेक शाखाएँ थीं जिनमें जालसाज़ी और चोरी सिखाई जाती थी। इनमें से एक थी चित्रों द्वारा जालसाज़ी। (पृ. 24)

दक्षिणेश्वर मन्दिर के निकट एक बँगला लिया गया जिसमें 'छायाचित्रों (फ़ोटोग्राफ्स) सम्बन्धी हर तरह की जालसाज़ी सिखाने के लिए शाखा स्थापित की गई। 'माइक्रोफ़िल्म' और 'माइन्यूट फ़ोटोग्राफ़ी' की बारीकियाँ और कलाकारी यहीं सिखाई जाती थी। (पृ. 29)

विशेष कुशलता के साथ जासूसी करने के लिए लोगों को उनके बीवी-बच्चों सहित पूरे परिवार को ट्रेनिंग दी जाती थी। ऐसे कुछ एजेंटों ने नेताजी सुभाषचन्द्र बोस

की आज़ाद हिन्द फ़ौज में भी घुसपैठ कर ली थी। वे वहीं से उनकी गतिविधि से 'फ़ोर्स वन-थ्री-सिक्स' को अवगत कराते रहते थे। (पृ. 29-30)

'हार्परकॉलिन्स' नोयडा द्वारा वर्ष 2015 में प्रकाशित सागरी छाबड़ा की पुस्तक 'इन सर्च ऑफ़ फ्रीडम' में पृष्ठ 47 पर इंडियन नेशनल आर्मी अथवा आज़ाद हिन्द फ़ौज की कर्नल लक्ष्मी सहगल अपने अनुभव लेखिका के साथ साझा करती हैं कि इम्फाल की हार के बाद बर्मा के जंगलों में घायल जवानों को स्ट्रेचर पर लिये हुए जब वे कोई ठिकाना करने के लिए रानी झाँसी रेजिमेंट के साथ घूम रही थीं, तब ब्रिटिश सरकार की एक गुरिल्ला टुकड़ी ने उन लोगों को घेर लिया। 'यह गुरिल्ला टुकड़ी टास्क फोर्स 136 थी। गिरफ़्तार करने में उनकी अरुचि होती है, वे तो हत्या करते हैं।'

अपनी पुस्तक के पृष्ठ 49 पर गौड़ बताते हैं 'फोर्स वन-थ्री-सिक्स' का जाल निम्न स्थानों में फैला हुआ था—'वाल्टेयर, विज़गापट्टम (नेताजी सुभाषचन्द्र बोस की इंडियन नेशनल आर्मी के जासूसों को पकड़ने के लिए)।' यहाँ पर यह उल्लेखनीय है कि इतिहास में यह तथ्य मोटे-मोटे अक्षरों में दर्ज है कि इंडियन नेशनल आर्मी के जो जासूस गिरफ़्त में आ जाते थे, इंडियन नेशनल आर्मी के भेद उनसे उगलवाने के लिए अंग्रेज़ सरकार के जासूसों द्वारा भयंकर अमानवीय यातनाएँ उन्हें दी जाती थीं और फिर उनकी हत्या कर दी जाती थी। अंग्रेज़ों की नज़र में ये लोग राजद्रोही और गद्दार थे, जिन्होंने हमलावर दुश्मन के साथ हाथ मिला लिया था। फ़ौजी कानून के तहत लिहाज़ा इनकी सज़ा सिर्फ़ मौत थी।

धर्मेन्द्र गौड़ एवं पं. सत्यनारायण शर्मा द्वारा लिखित एक पुस्तक 'क्रान्तिवीर चन्द्रशेखर आज़ाद और उनके दो गद्दार साथी' वर्ष 2019 में प्रकाशित हुई जिसके प्रस्तुतकर्ता का नाम इसमें 'भगतसिंह विचार मंच' है और वितरक का नाम दिया है 'साक्षी प्रकाशन'। इस पुस्तक के पृष्ठ-आवरण पर लिखा है : 'श्री धर्मेन्द्र गौड़ ब्रिटिश शासनकाल में विशेष गुप्तचर सेवा में क्रान्तिकारियों की सभी प्रकार की गतिविधियों पर नजर रखने के लिए नियुक्त पदाधिकारी रहे। अंग्रेज़ शासकों ने इनके कर्मठ कार्यों को देखते हुए इन्हें विशेष सम्मानों से नवाज़ा था। लेकिन भारतीय स्वतंत्रता के जाबाज़ जवानों के लिए इनके दिल में अथाह प्रेम था।'

विशेष गुप्तचर सेवा में क्रान्तिकारियों की सभी प्रकार की गतिविधियों पर नजर रखने के लिए नियुक्त यह पदाधिकारी किस तरह के 'कर्मठ कार्यों' के लिए अंग्रेज़ शासकों द्वारा विशेष सम्मानों से नवाज़ा गया होगा और क्रान्तिकारियों की जासूसी करते हुए क्या-क्या जौहर इनके द्वारा दिखाए गए होंगे, 'मैं अंग्रेज़ों का जासूस था' पुस्तक में इस पर एक शब्द नहीं है। पूरी पुस्तक जापानियों द्वारा विजित बर्मा में उनके द्वारा तथा जिस 'फ़ोर्स वन-थ्री-सिक्स' के वह हिस्सा थे, उसके द्वारा अंजाम दिये गए कारनामों तक ही सीमित है। इसकी वजह बताने

की, मैं समझता हूँ, आवश्यकता नहीं। हाँ, देशभक्तिपूर्ण जुमले इस किताब में ज़रूर बीच-बीच में मिलते हैं।

'क्रान्तिवीर चन्द्रशेखर आजाद और उनके दो गद्दार साथी' पुस्तक में गौड़ ने बताया है कि अन्तिम मुठभेड़ के समय आज़ाद किस पिस्तौल को लिये हुए थे, इसको लेकर वर्ष 1972 में यशपाल के साथ अख़बारों/पत्रिकाओं के मार्फ़त उसका विवाद हो गया। इस विषय में गौड़ का कहना है : 'मेरे कथन पर किसी ने आपत्ति की तो केवल यशपाल ने। उलटे-सीधे तर्क देकर मेरे ख़िलाफ़ काफ़ी ज़हर उगला।' (पृ. 183) 'यशपाल एक बार मेरा लेख चश्मे का नम्बर बदलवाकर फिर देख लें।...मुझे यशपाल की बुद्धि पर तरस आता है।' (पृ. 189) 'मैं कहता हूँ 'माउजर'... 'वेब्ली स्कॉट' को कहाँ बीच में लाकर घुसेड़ दिया यशपाल ने!' (पृ. 190) 'तीस वर्ष तक ब्रिटिश तथा भारतीय गुप्तचर विभाग की सभी राजनैतिक शाखाओं में रहकर मैंने घास नहीं छीली।' (पृ. 192) 'गूढ़ रहस्य जानने के लिए ऊँचा पद लाजमी नहीं। आवश्यक है प्रखर बुद्धि और साहस।' (पृ. 198)

यशपाल ने वर्ष 1972 में अपने लेख में लिखा था : 'बारह-चौदह वर्ष पूर्व नरेशचन्द्र मिश्र इन्स्पेक्टर जनरल के पद तक पहुँचकर रिटायर हो चुके हैं। उन्होंने याद करके बताया कि स्पेशल ब्रांच का दफ़्तर 1932 में लखनऊ आ गया था। इस ब्रांच में धर्मेन्द्र गौड़ नाम का व्यक्ति था, लेकिन वह शायद दफ़्तर आने के बाद सी.आई.डी. कान्स्टेबिल भरती हुआ था और हेड-कान्स्टेबिल के रूप में रिटायर हुआ। इस पद से इतनी जानकारी?' ('दो गद्दार', पृ. 200) इसका जवाब गौड़ ने अपनी पुस्तक में दिया : 'कान्स्टेबिल होना कोई गुनाह तो नहीं है? पद का छोटा होना बुरा नहीं, आमाल छोटे न होने चाहिए।' ('दो गद्दार', पृ. 201) 'मेरे 20-20 रुपये के मुखबिर आज एम. एल. ए. हैं, एम. पी. हैं। कइयों को सरकारी खिताब देकर सम्मानित भी किया जा चुका है।' (उपर्युक्त, पृ. 202)

कानपुर के साप्ताहिक 'एलगा' के 4 अगस्त, 73 के अंक में प्रकाशित धर्मेन्द्र गौड़ के लेख के जवाब में यशपाल ने लिखा था : 'वह आजाद की शहादत के बहुत [बाद] सी.आई.डी. में कान्स्टेबिल भरती हुआ था और हेडकान्स्टेबली से रिटायर हो गया था। वह सी.आई.डी. का वरिष्ठ अफ़सर नहीं था।' तमतमाकर गौड़ ने जवाब में लिखा : 'यशपाल ने मेरे पत्रकारिता का जीवन आरम्भ करते ही मुझ पर निन्दनीय आघात किया है। वह भी याद रखेगा कि उसे किससे पाला पड़ा है।' ('यशपाल कुछ संस्मरण', सम्पादक कमल किशोर गोयनका; प्रकाशक यश पब्लिकेशन्स, नई दिल्ली; संस्करण वर्ष 2018, पृ. 140)

लिहाज़ा यशपाल पर खुला हमला बोलते हुए गौड़ ने वह 'गहरा रहस्य'—अब तक अपने पेट में जिसे उसने पिछले तीस सालों से दबा रखा था—अब उजागर कर दिया : 'सेनापति आज़ाद मारे गए यशपाल और वीरभद्र की गद्दारी के कारण। दोनों ही ब्रिटिश गुप्तचर विभाग के मुखबिर थे। यशपाल की तसल्ली के लिए दो अत्यन्त गोपनीय दस्तावेज़ों की निम्न फ़ोटोस्टेट प्रतियाँ मुझे मजबूरन उनकी खिदमत में पेश करनी पड़ रही हैं।' (दो गद्दार, पृ. 192) 'मेरी जानकारी का आधार बनीं वह दीमक लगी 'सीक्रेट' और 'टॉप सीक्रेट' फाइलें, जिन्हें देखने का सौभाग्य वर्षों पूर्व मुझे सी.आई.डी. हेडक्वार्टर्स, नम्बर 1, रेडिची रोड (वर्तमान गोखले मार्ग) लखनऊ में प्राप्त हुआ था।' (दो गद्दार पृ. 182)

यह रहस्योद्घाटन गौड़ ने किया वर्ष 1974 में। मगर अगस्त, 1982 में गौड़ को याद आया कि 'दो अत्यन्त गोपनीय दस्तावेजों की' फ़ोटोस्टेट नहीं बल्कि फ़ोटो उसने अपनी पुस्तक 'दो गद्दार साथी' में प्रकाशित करवाई थीं। लिहाज़ा 'यशपाल कुछ संस्मरण' के सम्पादक कमल किशोर गोयनका के साथ हुए पत्र-व्यवहार में स्पष्ट किया कि 'जिस फ़ोटोग्राफर ने मूल दस्तावेज़ों के फ़ोटो उतारे थे वह गोरखपुर का ही एक फ़ोटोग्राफर है। उससे कभी भी मिलकर शंका का समाधान किया जा सकता है।' ('यशपाल कुछ संस्मरण', पृ. 203) शायद उसे यह ख़्याल हुआ कि 70 के दशक के पूर्वार्ध में फ़ोटोस्टेट मशीनें प्रचलन में नहीं आई थीं।

यहाँ पर मन में यह सवाल भी उठता है कि 'दीमक लगी सीक्रेट और टॉप सीक्रेट फाइलें' एक कान्स्टेबिल के हाथ कैसे लगीं? और गोरखपुर के एक फ़ोटोग्राफर की कैसे उन 'सीक्रेट और टॉप सीक्रेट' फाइलों में रखे मूल दस्तावेजों तक पहुँच हो पाई? गौड़ यह तो लिखते हैं कि गोरखपुर के उस फ़ोटोग्राफर से कभी भी मिलकर शंका का समाधान किया जा सकता है। लेकिन उस फ़ोटोग्राफर की पहचान वे उजागर नहीं करते। साथ ही, इन दस्तावेज़ों के फ़ोटो देखकर, और बारीक़ी से देखकर, यह सवाल भी उठता है कि उन दीमकों ने इन दो दस्तावेज़ों पर क्यों इतना रहम किया कि न तो उनके बीच में और न ही उनके किनारों पर कहीं भी कोई ज़रा-सा बारीक बिन्दु जितना निशान भी नहीं जो यह दर्शाए कि कभी उनको 'अपने नाश्ते के लिए' इस्तेमाल उन्होंने किया था।

इन गोपनीय पत्रों में से एक सितम्बर, 1941 का है जिसमें 'दो-सितारा सन्दिग्ध' यशपाल पर से निगरानी उठा लेने लेकिन उसके पत्रों को सेन्सर करते रहने का निर्देश है। और नीचे लिखा है कि क्योंकि कबूतर को जीत लिया गया है लिहाज़ा कम्युनिस्ट दुस्साहसियों और भूमिगत आन्दोलनकारियों को गिरफ़्तार कर पाना मुश्किल न होगा। 22 जून, 1941 को हिटलर ने रूस पर हमला बोल दिया। तब विश्वयुद्ध कम्युनिस्टों के लिए 'पीपल्स वार' हो गया था

और ब्रिटिश सरकार के साथ खुलेआम सहयोग वे लोग करने लगे थे। लिहाज़ा ब्रिटिश सरकार उन कम्युनिस्टों को भी रिहा कर रही थी जो जेल में बन्द थे। फिर कम्युनिस्ट दुस्साहसियों को ब्रिटिश सरकार भला क्यों उस समय गिरफ़्तार करती?

दूसरा पत्र मार्च 1947 का है। यशपाल का संक्षिप्त इतिहास बताते हुए जो कि 'डेलिकेट सोर्स' है, इसमें लिखा है कि 1930-31 में उसने महत्त्वपूर्ण सूचनाएँ विभाग को यूँ ही दे दी थीं। फिर लखनऊ के डिप्टी सुपरिंटेंडेंट पुलिस को निर्देश है कि यशपाल को वह लखनऊ में पदस्थ ख़ुफ़िया विभाग के उच्चाधिकारी मि. वाल्श की सुपुर्दगी में दे दे—लखनऊ के बाहर। ('दो गद्दार', पृ. 195)। यह सुपुर्द करने की बात भी समझ में न आने लायक हैं क्योंकि यशपाल उस समय जेल में या पुलिस की अभिरक्षा में नहीं थे। वे तो उस समय स्वतंत्र रहकर लखनऊ में प्रेस चला रहे थे और एक हिन्दी पत्रिका का प्रकाशन कर रहे थे, अपनी पत्नी प्रकाशवती के सक्रिय सहयोग से। यहाँ यह सवाल उठाना भी मुनासिब है कि वर्ष 1932 में गिरफ़्तारी के बाद यशपाल को जो चौदह वर्ष जेल की सज़ा दी गई थी, वह सज़ा क्या पुलिस को उपयोगी सूचनाएँ देने के लिए दी गई थी?

लाहौर षड्यंत्र मुक़दमा जो इन्द्रपाल, यशपाल आदि पर चला था और जिसमें कैलाशपति ने बतौर मुखबिर अपना बयान दिया था, उसकी कार्रवाई 'भविष्य' के 7 मई, 1931 के अंक में छपी थी। इसमें तत्कालीन इन्स्पेक्टर काशीनाथ की गवाही भी छपी : "मैंने फ़रार अभियुक्त यशपाल और मुसम्मात प्रकाशो के सम्बन्ध में अमृतसर, लाहौर, दिल्ली और बनारस तक खोज की है और अब भी मैं उनकी खोज में हूँ।" ('क्रान्तिवीर भगतसिंह', पृ. 362)

फिर इस मुक़दमे में लाहौर के ख़ुफ़िया विभाग के हेड कांस्टेबल रामसरन दास की गवाही हुई। भविष्य के 14 मई, 1931 में उसका बयान छपा जिसमें उसने कहा कि "मैं यशपाल को खोजने के लिए नियुक्त किया गया था। मैं अभी तक उसकी खोज में हूँ। उसका पता लगाना कठिन है। वह लाहौर षड्यंत्र का भी अभियुक्त है।" (उपर्युक्त, पृ. 368)

सुखदेवराज बताते हैं कि जनवरी, 1932 में यशपाल जब पकड़ा गया, उन दिनों 'यशपाल की गिरफ़्तारी के लिए 3,000 का पुरस्कार घोषित था।' ('जब ज्योति जगी', पृ. 242) आज की तारीख में इस 3000 रुपये की क़ीमत कई लाख बैठगी। वैशम्पायन बताते हैं कि 'उन दिनों सर्विस रिवाल्वर 150 रुप्ये से लेकर दो सौ रुपये तक मिल जाता था।' एक सहयोग करनेवाले व्यक्ति को पकड़ने के लिए कई लाख खर्च करना कोई भी सरकार कैसे मंज़ूर कर सकती है? और फिर अचानक ही ब्रिटिश पुलिस के साथ सहयोग करनेवाला व्यक्ति

यू.पी. के गवर्नर को वर्ष 1937 में इतना 'हिंसक और ख़तरनाक व्यक्ति' कैसे प्रतीत होता है कि गम्भीर रूप से उसके बीमार होने का प्रमाण मिलने के बावजूद वह आदेश देता है कि उसे रिहा नहीं किया जाना चाहिए।

इस सम्बन्ध में यशपाल की धर्मपत्नी प्रकाशवती पाल अपने संस्मरण में लिखती हैं : 'कांग्रेस सरकार बनते ही काफ़ी राजनीतिक बन्दी 1937 में रिहा हो चुके थे। दिल्ली में मुझे यशपाल जी के नैनी जेल में बीमार होने की उड़ती-उड़ती ख़बर मिली। जेल में यशपाल से मिलकर 'बीमारी की उनकी हालत मुझसे देखी न जाती थी। बिस्तर पर लगता था कि कोई हलके हरे रंग का व्यक्ति लेटा है। बदन से ख़ून निचुड़ चुका था। मेजर भंडारी से सुना कि एक बार खाँसने पर ही ढेरों ख़ून मुँह से बहने लगता।' ('लाहौर से लखनऊ तक', पृ. 90-1)

'यशपाल जी की बीमारी के सम्बन्ध में मेडिकल बोर्ड बैठा। सारे राजनीतिक बन्दी रिहा हो चुके थे। भंडारी ने बताया कि गवर्नर ने पत्र लिखा है—He is violent and dangerous person, therefore, should not be released. मेजर भंडारी से यह सब सुनकर और गवर्नर का गोपनीय पत्र पढ़कर मैं और [लालबहादुर] शास्त्री जी काटजू साहब से मिले। रफ़ी अहमद किदवई को तो मैं रोज़ फ़ोन करती थी। कांग्रेस शासन में कैलाशनाथ काटजू क़ानून के मंत्री थे और किदवई साहब गृह विभाग देखते थे। किदवई साहब ने गवर्नर पर बहुत ज़ोर डाला। इस मामले को लेकर शासन के इस्तीफे देने की नौबत आ सकती थी क्योंकि कांग्रेस शासन ने सब राजनीतिक क़ैदियों की बिना शर्त रिहाई का वायदा किया था। आख़िर 2 मार्च, 1938 की सन्ध्या किदवई साहब स्वयं यशपाल जी को लखनऊ जेल से रिहा करा आचार्य जुगलकिशोर के मकान पर ले आए।' ('लाहौर से लखनऊ तक', पृ. 91-2)

गौड़ के दुष्प्रचार से व्यथित हो यशपाल ने तत्कालीन मुख्यमंत्री हेमवतीनन्दन बहुगुणा को लिखा : 'इधर एक वर्ष से धर्मेन्द्र गौड़ मेरे विरुद्ध पत्रों में प्रचार कर रहा है। अपनी बातों के प्रमाणस्वरूप उसने तथाकथित सी.आई.डी. की गुप्त फाइलों से प्राप्त पत्रों के दो फ़ोटो भी, जो मेरे विश्वास से जाली हैं, प्रकाशित करवाए हैं। मेरी प्रार्थना है कि मुझे उत्तर प्रदेश सी.आई.डी. कार्यालय में मुझसे सम्बन्धित फाइलें देखने का अवसर शीघ्रातिशीघ्र दिया जाए।' ('लाहौर से लखनऊ तक', पृ. 190-1)

मुख्यमंत्री बहुगुणा का उत्तर था : 'मुझे इस सन्दर्भ में यह कहना है कि अभिसूचना विभाग में कोई भी ऐसा अभिलेख आपके विषय में नहीं है जिससे धर्मेन्द्र गौड़ के लेखों में उल्लिखित कथन की पुष्टि हो।' (उपर्युक्त, पृ. 192)

गौड़ के पास इसका भी जवाब था : 'आई.जी. इंटेलिजेन्स, गोखले मार्ग, लखनऊ के कब्जे में हैं आजाद की गोपनीय फाइलें, किन्तु इस ग़ुलामी पसन्द

देश में आपको देखने को भी नहीं मिल सकेंगी।' ('यशपाल कुछ संस्मरण', पृ. 204-5)

इलाहाबाद में जनवरी, 1932 में यशपाल जब गिरफ़्तार हुए, नरेशचन्द्र मिश्र उस समय स्पेशल सी.आई.डी. पुलिस के सुपरिंटेंडेंट थे। 1947 में वे यू.पी.सी.आई.डी. के डी.आई.जी. थे। आज़ादी के बाद वे इन्स्पेक्टर जनरल बने। (उपर्युक्त, पृ. 141) यशपाल बताते हैं कि 'मैंने 'एलगा' में [गौड़ द्वारा] प्रकाशित पत्रों के फ़ोटो नरेशचन्द्र मिश्र को दिखाकर उनकी राय ली थी। मिश्र का कहना है, ऐसे पत्र सी.आई.डी. में कभी लिखे ही नहीं जाते। स्टॉकवेल [जिसने मार्च, 1947 का पत्र लिखा था] '47 से पहले ही यू. पी. से जा चुका था। पत्र में प्रति नासिर ख़ाँ को भेजने का ज़िक्र है। 1947 में नासिर ख़ाँ का सी.आई.डी. से कोई सम्पर्क न था। मिश्र जी ने यह भी बताया कि धर्मेन्द्र गौड़ अच्छा फ़ोटोग्राफर है और दो फ़ोटों को एक में मिला देने के जाल-बट्टे ख़ूब जानता है। तीन बरस वह अंग्रेज़ों का जासूस था—भारतीय दृष्टि से देशहित को बेचनेवाला गद्दार।' (उपर्युक्त, पृ. 142-3)

यहाँ पर उल्लेखनीय है कि एक जासूस के द्वारा पालन की जानेवाली आचार-संहिता और नैतिकता के उसके मापदंड जिनसे उसका व्यवहार परिचालित होता है, अन्य सामान्य पेशों में काम करनेवालों से बहुत अलग होते हैं। जासूसी के पेशे में धोखाधड़ी, झूठ, चोरी, विश्वासघात, जालसाज़ी, हत्या सब जायज है। और यह उल्लेख करना भी यहाँ उपयुक्त होगा कि गूगल की सर्वव्यापी निगाह के लिए धर्मेन्द्र गौड़ अदृश्य बना हुआ है। इन्टरनेट पर दुनिया भर के लोगों की जानकारी आज के समय में उपलब्ध है, मगर धर्मेन्द्र गौड़ ब्रिटिश जासूस पर एक पंक्ति भी कहीं मुझे खोजने पर भी नहीं मिली। जो भी जानकारी उसके बारे में उपलब्ध है वह केवल गौड़ द्वारा लिखी गई पुस्तकों के आवरण पर ही है जो 'भगतसिंह विचार मंच' द्वारा प्रकाशित और प्रस्तुत की गई हैं।

बहरहाल, ख़ुद को गद्दार बताया जाना गौड़ से सहन न हुआ। कमल किशोर गोयनका के साथ हुए पत्र-व्यवहार में उसने बतर्ज़ 'It's business, nothing personal' बताया :'मैं ही क्या, ब्रिटिश-काल में सैकड़ों, हज़ारों थे अंग्रेज़ों के जासूस। आज भी हैं हज़ारों लाखों भारत सरकार के जासूस। यह तो पेशे का सवाल है। कोई किसी विभाग में नौकरी करता है, कोई किसी में।' (उपर्युक्त, पृ. 203) गौड़ ने बिलकुल सही कहा कि जासूस होना तो पेशे का सवाल है और भारत सरकार के भी लाखों नहीं तो हज़ारों जासूस तो होंगे ही। मगर एक फ़र्क है, बहुत बड़ा फ़र्क। भारत सरकार के जासूस अपने देश के लिए यह काम कर रहे हैं जबकि गौड़ अंग्रेज़ों का जासूस था—विदेशी शोषणकर्ताओं का 'हथियार' तथा राष्ट्रवादियों और क्रान्तिकारियों के विरुद्ध

स्थापित हिंसक तंत्र का हिस्सा। अपने इस 'बेपरवाह' बयान से अगर वह अपने इस देशद्रोहितापूर्ण कृत्य को जायज ठहराना चाहता है, तो वह अपने पाठकों की बुद्धिमानी को यक़ीनन ही बहुत कम आँक रहा है।

राष्ट्रवादी लेखक विष्णु प्रभाकर की राय में 'यशपाल का व्यक्तित्व कितना ही विवादास्पद रहा हो, इसमें सन्देह नहीं कि एक देशभक्त क्रान्तिकारी और एक सशक़्त कृतिकार के रूप में देश उन्हें कभी नहीं भुला सकेगा।' (उपर्युक्त, पृ. 158)

अब कुछ चर्चा उस विवाद को लेकर भी कर ली जाए जो आज़ाद की शहादत के साथ उत्पन्न हुए। किसने उनकी मुखबिरी की, इसको लेकर कई और लोगों के साथ यशपाल पर भी उँगली उठी।

अपने क्रान्तिकारी जीवन के संस्मरण यशपाल ने सबसे पहले प्रकाशित किये थे 'सिंहावलोकन' में। इसके पृष्ठ 495 पर उन्होंने लिखा 'सन 1932 के आरम्भ तक की घटनाओं को तीस वर्ष बाद लिपिबद्ध करना आरम्भ किया था'—यानी 1962 में। इसमें पृष्ठ 398 पर उन्होंने अपनी यह राय दी : 'एलफ्रेड पार्क में आज़ाद को अकेले छोड़कर भाग जानेवाला साथी सुखदेवराज था। मुझे और दूसरे साथियों को भी सुखदेवराज का यह काम बहुत ही निन्दनीय लगा था। राज के लिए भाग आना सम्भव इसलिए हो सका कि आज़ाद लड़ते रहे। उसने बताया था कि आज़ाद ने ही उससे कह दिया था, "मैं तो लड़ूँगा, तुम बचने की कोशिश करो।" इसलिए वह भाग आया। आज़ाद ने जरूर ऐसा कहा होगा पर 'साथी' का भी कुछ कर्तव्य होता है।'

वर्ष 1967 में वैशम्पायन ने तीन खंडों में आज़ाद की जीवनी लिखी जिसे 'क्रान्तिकारी प्रकाशन' मिर्जापुर ने प्रकाशित किया। उसमें उन्होंने यह उजागर किया कि 'धीरे-धीरे यह ख़बर भी कानपुर में फैल गई कि आज़ाद के मिलने का स्थान अलफ्रेड पार्क है तथा वे उसी के आसपास कहीं रहते हैं। इसी के बाद पुलिस मुखबिरों के साथ इस क्षेत्र में सक्रिय हो गई।' ('अमर शहीद चन्द्रशेखर आज़ाद', पृ. 210) लेकिन इसके बाद भी आज़ाद ने अपने मिलने का स्थान नहीं बदला। तब भी नहीं जब कई उनके सहयोगी अदालत में क्रान्तिकारियों के ख़िलाफ़ ज़हर उगल रहे थे और उनके सारे रहस्य बिना किसी प्रकार की लज्जा या संकोच के बेशर्मी से ज़ाहिर कर रहे थे।

ब्रिटिश सरकार की फाइलों का सन्दर्भ देते हुए कामा मक्लेन बताती हैं कि सी.आई.डी. द्वारा लगातार पीछा किया जा रहा था और कई मुठभेड़ें होते-होते रह गईं। ('ए रिवोल्यूशनरी हिस्टरी ऑफ़ इंटरवार इंडिया', पृ. 180) 'चन्द्रशेखर आज़ाद 1 दिसम्बर को कानपुर में गिरफ़्तार होने से बाल-बाल बचे जब शालिगराम के साथ मुलाक़ात को पुलिस ने अवरुद्ध किया और शुक्ला को

गोली मार दी; और दोबारा 6 दिसम्बर को जब रेलवे पुलिस के एक कान्स्टेबिल ने दिल्ली रेलवे स्टेशन पर उन्हें पहचान लिया।' (उपर्युक्त के नोट्स, पृ. 261)

वैशम्पायन आगे लिखते हैं : 'यशपाल पर यह आरोप था कि उसने प्रकाशो से विवाह करने के लिए ही उसे घर से निकाला, जिसकी पूर्व सूचना उसने दल को नहीं दी। पार्टी के नियमों के अनुसार यह अपराध था। केन्द्रीय समिति में यशपाल को प्राणदंड दिया गया।' ('अमर शहीद चन्द्रशेखर आज़ाद', पृ. 231)

यहाँ पर इस तथ्य का उल्लेख आवश्यक है कि हालाँकि दुर्गा भाभी और सुशीला दीदी जैसी स्त्रियाँ क्रान्तिकारी दल में सक्रिय थीं और उन्हें आदर की दृष्टि से देखा व सराहा जाता था, प्रकाशवती को क्रान्तिकारियों की निगाह में कभी भी सम्मानजनक स्थान नहीं मिला—बावजूद इसके कि स्कूल के दिनों से ही उसने क्रान्तिकारियों की मदद करना शुरू कर दिया था; न केवल रुपये-पैसे से बल्कि गुप्त सन्देश लाने ले-जाने तथा हथियारों को छिपाने जैसी गतिविधियों में भाग लेकर भी। बाद में उसने दिल्ली में 'हिमालयन टॉयलेट्स' की आड़ में स्थापित बम फैक्टरी में बम बनाने में भी सक्रिय भूमिका अदा की जिस वजह से ही उसे दूसरे लाहौर षड्यंत्र मुक़दमे में अभियुक्त बनाया गया और जिस वजह से ही कई साल उसने फ़रारी में काटे। आगे चलकर यशपाल की धर्मपत्नी वह बनी। जेल से निकलने के बाद उसकी मदद से ही यशपाल लखनऊ में प्रेस स्थापित कर पाए तथा अपने लेखन तथा हिन्दी पत्रिका 'विप्लव' का प्रकाशन कर अपनी आजीविका का बन्दोबस्त कर पाए। हर आड़े वक़्त में मज़बूत चट्टान की तरह वह यशपाल के साथ बनी रही।

रटलैज, न्यूयॉर्क द्वारा वर्ष 2019 में प्रकाशित पुस्तक 'रेवोल्यूशनरी डिजायर्स' में क्रान्तिकारियों की इस मनोवृत्ति के बारे में चर्चा करे हुए अनिल लूम्बा लिखते हैं: 'एक नवयुवती को वे [क्रान्तिकारी] केवल यौन-आकर्षण की वस्तु के रूप में देखते थे, जिसकी स्वयं की कोई राजनीतिक चाह नहीं। यशपाल को 14 साल की सज़ा हुई थी। जेल में उसका स्वास्थ्य ख़राब था, वह भूख हड़ताल पर था, प्रकाशवती को उसने लिखा कि [एक-दूसरे के प्रति] प्रतिबद्धता के वादे से उसे वह आज़ाद कर दे। जवाब में प्रकाशवती ने जेल अधिकारियों को पिटीशन दी कि उन्हें जेल में शादी करने दी जाए। अन्ततः [इस शादी के बाद] जेल मैन्युअल में सुधार किया गया कि ऐसे विवाह जेल में फिर न हों।'

वैशम्पायन द्वारा उसकी पुस्तक 'अमर शहीद चन्द्रशेखर आज़ाद' के प्रकाशन के बाद न जाने क्या सोचकर यशपाल ने साप्ताहिक पत्रिका 'धर्मयुग' में कुछ लेख लिखे जिनमें उसने वीरभद्र के पक्ष में, जिसके बारे में लगभग सभी क्रान्तिकारी मानते थे कि उसने ही आज़ाद की मुखबिरी की थी, सफाई दी कि आज़ाद की शहादत के लिए वह ज़िम्मेदार नहीं था। तब वैशम्पायन ने इसके

जवाब में अपनी पुस्तक के अगले संस्करण में एक लेख जोड़ा 'चन्द्रशेखर आज़ाद की शहादत के लिए ज़िम्मेदार कौन?'

वैशम्पायन बताते हैं कि 'जब यशपाल के लेख 'धर्मयुग' में प्रकाशित हुए तो डॉ. भगवानदास माहौर ने मुझको एक पत्र लिखा। पत्र 29-7-67 को मिला। 'यशपाल के लेख पढ़े हैं। समझ नहीं आता यशपाल ने क्यों ये लेख लिखना अच्छा समझा?' (उपर्युक्त, पृ. 311) 'चन्द्रशेखर आज़ाद के प्रति विश्वासघात किसने किया' यशपाल की इस लेखमाला का उत्तर देते समय वीरभद्र के विषय में अपना संशय दृढ़ करनेवाले प्रमाण एक बार दुहराना असंगत न होगा।' (उपर्युक्त, पृ. 325) 'यशपाल का आरोप है कि मैंने लोगों से सुनकर वीरभद्र पर आरोप लगाए हैं। यशपाल ने वही उगला है जो वीरभद्र ने उसे निगलवाया है।' (उपर्युक्त, पृ. 327) 'यशपाल ने 'सिंहावलोकन' के भाग तीन की प्रस्तावना में चुनौती-सी दी है कि, 'जो मुझसे अधिक सत्य जानते हों वे भी लिखें'। इसलिए जो सत्य और तथ्य मुझे मालूम हैं वे तो मैं अवश्य लिखूँगा।' (उपर्युक्त, पृ. 330)

इस सब के बाद भी वैशम्पायन ने यशपाल पर आज़ाद की मुखबिरी करने का इलज़ाम नहीं लगाया। मगर सुखदेवराज ने अवश्य यशपाल की वफ़ादारी और उसके इरादों पर प्रश्न चिह्न लगा दिया। 'भाई वैशम्पायन ने एक कटिंग धर्मयुग की भेजी है जिसमें श्री चन्द्रशेखर के प्रति किसने विश्वासघात किया? इसकी चर्चा है। लेखमाला लिखी है यशपाल ने।' (उपर्युक्त, पृ. 311-2) 'यशपाल ने जो ज़हर मेरे विरुद्ध उगला है उसका उत्तर देने के पहले एक बात स्पष्ट करना आवश्यक है। यशपाल और वीरभद्र की साझेदारी उस समय से चली आ रही है, जिस समय यशपाल को वीरभद्र ने मृत्युदंड से बचाया और उसके एवज में यशपाल ने वीरभद्र को सतर्क कर दिया। इस साझेदारी में पुलिस उस समय शामिल हुई जब कैलाशपति मुखबिर हुआ।' (उपर्युक्त, पृ. 316)

'घटनाक्रम को देखते हुए ऐसा मालूम होता है कि यह सूचना तो गुप्तचर विभाग को थी कि आज़ाद इलाहाबाद में हैं और क्रान्तिकारियों के मिलने का स्थान अलफ्रेड पार्क है। मगर अलफ्रेड पार्क में कौन समय और किस कोने में आज़ाद या उनके साथी आएँगे इसकी निश्चित सूचना नहीं थी। आज़ाद को गिरफ़्तार करवाने या मरवाने में किसको लाभ हो सकता था? किन लोगों को आज़ाद ने प्राणदंड देने की घोषणा की थी, कौन लोग उससे छिपे-छिपे घूम रहे थे और किन लोगों से वफादारी का सबूत माँगा गया था? इसका उत्तर यशपाल और वीरभद्र ही दे सकते हैं।' (उपर्युक्त, पृ. 320)

सुखदेवराज के इस आख़िरी जुमले के सन्दर्भ में आज़ाद के विश्वसतम सहयोगी सुरेन्द्रनाथ पांडे का यह बयान महत्त्वपूर्ण है : 'आज़ाद का यह विचार था कि हमारे जो अच्छे योग्य साथी हैं, वे लोग यहाँ पर बजाय इसके कि

'अब्सकांडर' के रूप में पकड़ लिये जाएँ या लड़कर मर जाएँ, इसलिए [इसके बजाय] उनको अच्छी टाप की मिलिटरी ट्रेनिंग मिलनी चाहिए। तो इसलिए उन्होंने इसके लिए रूसी सरकार से कुछ बातचीत की थी। उन्होंने हम तीन आदमियों को, यशपाल, वैशम्पायन जी और मुझे रूस भेजने का निर्णय किया।' (नेहरू म्यूज़ियम ज़बानी इतिहास, सुरेन्द्रनाथ पांडे खाता सं. 886, पृ. 169-70) 'आज़ाद ने जवाहरलाल जी से कहा तो जवाहरलाल नेहरू ने इस काम के लिए, यानी हम लोगों को रूस जाने के लिए यात्रा खर्च के लिए डेढ़ हज़ार रुपया दिया था।' (उपर्युक्त, पृ. 171) और यह बात अलफ्रेड पार्क में पुलिस के साथ मुठभेड़ के एक या दो हफ़्ते पहले वर्ष 1931 के फरवरी माह की ही है। जब यह राशि नेहरू ने दी, सोने का भाव लगभग रु. 18/- प्रति दस ग्राम था।

क्रान्तिकारियों, विशेष रूप से आज़ाद के प्रति जवाहरलाल नेहरू के मन में कितना आदर और श्रद्धा थी यह एक छोटी सी घटना से ज़ाहिर होता है। आज़ाद की शहादत के चार वर्ष बाद रामकृष्ण खत्री, जो हाल ही में दस साल की सज़ा काटकर जेल से छूटे थे, पंडित जवाहरलाल नेहरू से मिलने एक रोज़ इलाहाबाद में आनन्द भवन जा पहुँचे। अपनी आत्मकथा में वे बताते हैं : 'सुबह का वक़्त था। मुझसे पहले दस-बारह सज्जन उनसे मिलने के लिए बैठे हुए थे। मालूम नहीं उनमें से किसने मुझे पहचान लिया और पंडित जी को मेरे आने की ख़बर अन्दर भेज दी। तुरन्त पंडित जी बाहर आए और सीधे मेरी कमर में हाथ डालकर बड़े प्रेम से मुझे अन्दर ले गए। वहाँ चाय-पानी की व्यवस्था हो रही थी। बातचीत में उन्होंने पूछा क्या मेरा पहली बार इलाहाबाद आना हुआ है। मैंने उन्हें बतलाया कि यह मेरा दूसरी बार इलाहाबाद आना हुआ है। उन्होंने आगे पूछा कि क्या इलाहाबाद को अच्छी तौर से देखा था? मेरे 'नहीं' कहने पर उन्होंने कहा कि वह स्वयं मुझे इलाहाबाद दिखलाने ले जाएँगे। नाश्ते के बाद पंडित जी ने अपनी कार निकाली। गाड़ी में उन्होंने मुझसे कहा, "चलो आज मैं तुमको असली इलाहाबाद दिखलाता हूँ।" वह मुझे सीधे आनन्द भवन के पास ही स्थित अलफ्रेड पार्क में उस स्थान पर ले गए जहाँ मेरे साथी चन्द्रशेखर आज़ाद उन दिनों की शक्तिशाली अंग्रेज़ सरकार की सशस्त्र पुलिस से लड़ते हुए शहीद हुए थे। एक छोटे से गड्ढे को दिखलाते हुए नेहरू जी ने मुझे बतलाया, "इलाहाबाद का दर्शनीय स्थान यही है। यहाँ तुम्हारा साथी चन्द्रशेखर आज़ाद सशस्त्र पुलिस से लड़ते हुए बड़ी बहादुरी से शहीद हुआ था। यह जो गड्ढा देखते हो, यहाँ एक जामुन का पेड़ था। इसी की आड़ लेकर जब तक उसकी पिस्तौल में गोलियाँ रहीं, वह पुलिस से लड़ता रहा। अगर इलाहाबाद आकर जिसने यह स्थान नहीं देखा तो उसने इलाहाबाद ही नहीं देखा।" ('शहीदों की छाया में', पृ. 170-71)

वर्ष 1971 में जब सुखदेवराज के संस्मरण छपे 'जब ज्योति जगी' में, उसमें यशपाल पर यह आक्षेप उसने लगाया कि 'यशपाल का ध्यान अब पार्टी से हटकर पूर्णत: प्रकाशो में केन्द्रित हो चुका था। प्रकाशो के लिए अच्छी-अच्छी साड़ियों का प्रबन्ध करना और उसे अधिक-से-अधिक सज़ा-सँवारकर रखना यही अब यशपाल का एकमात्र काम रह गया था। कैलाशपति जैसा तपस्वी और कर्मनिष्ठ व्यक्ति [उल्लेखनीय है कि यह व्यक्ति बाद में पुलिस का मुखबिर हो गया था।] भला यह सब कब सहन कर सकता था।' ('जब ज्योति जगी', पृ. 117) 'साथियों ने मुझे यह भी बताया कि प्रकाशो के मामले पर भी भैया यशपाल से बेहद नाराज हैं। जिस प्रकार से यह उसे भगा लाया है और उसे पत्नी बनाकर रखे हुए हैं वह भैया को बिलकुल पसन्द नहीं। पार्टी में ब्रह्मचर्य के पालन पर अत्यधिक बल दिया जाता था। यशपाल का विलासी जीवन रह-रहकर भैया को खटकता था। (उपर्युक्त, पृ. 154) 'इसके अतिरिक्त यशपाल पर यह भी आरोप था कि भगवती भाई की शहादत के लिए वह भी एक बहुत बड़ी सीमा तक उत्तरदायी है। यदि बमों के अन्दर मसाला यशपाल ने अच्छी तरह से सफाई के बाद भरा होता और उनके घोड़े ठीक से फिट किये होते तो बम कदाचित भगवती भाई के हाथ में न फटता।' (उपर्युक्त, पृ. 155-6)

इसके साथ ही सुखदेवराज ने यह भी जोड़ा : 'यशपाल भी यह जानता था कि यदि पुलिस को आत्मसमर्पण करके वह पार्टी से विद्रोह भी कर दे तो उसकी अपनी जान तो शायद बच भी जाए परन्तु जीवन में जो इज्जत उसने कमाई है वह मिट्टी में मिल जाएगी। जीवन की तुलना में वह [यशपाल] ख्याति को अधिक महत्त्व देता था और यही कारण था कि वह भैया के आगे जाकर स्थिति स्पष्ट करने को तैयार हो गया परन्तु जीवन का अधिक मोह होने के कारण वह हथियार देने को तैयार नहीं हुआ।' (उपर्युक्त, पृ. 158-9)

लेकिन फिर यशपाल पर सुखदेवराज ने सन्देह का जाल भी फेंक ही दिया : 'जेल से रिहा होने के बाद वीरभद्र ने भैया [आज़ाद] या पार्टी के किसी अन्य सदस्य से मिलने की आवश्यकता नहीं समझी। वह सीधे यशपाल के पास पहुँचा और उसी से बातचीत की। अब मुझे तथा भैया को यह पक्का विश्वास हो गया था कि यशपाल, वीरभद्र और पुलिस के प्रतीक शम्भूनाथ सिंह की एक धुरी बन गई है जो आजाद और पार्टी को खत्म कर देने के लिए कृतसंकल्प है। अत: जब 27 फरवरी को पुलिस ने अलफ्रेड पार्क का घेरा डाला तो पुलिस के अतिरिक्त जो अंन्य व्यक्ति अलफ्रेड पार्क में मौजूद थे उनमें यशपाल और वीरभद्र भी शामिल थे। उस दिन [27 फरवरी, 1931 को] भैया रास्ते में निश्चित कार्यक्रम के अनुसार मुझसे मिले। उस दिन उनके साथ दो आदमी और थे। बाद में भैया ने मुझे बताया कि वे यशपाल और सुरेन्द्र पांडे थे।' (उपर्युक्त, पृ. 193-4)

इस पूरे घटनाक्रम को लेकर सुरेन्द्रनाथ पांडे ने अपने विचार एक साक्षात्कार में इस तरह रखे थे : 'यह बात भी निश्चित थी, अगर ऐसा होता [कि मुठभेड़ के वक़्त अलफ्रेड पार्क में आज़ाद के साथ वे होते] तो हम गोली चलाते, हम लड़ते-मरते इसमें कोई सन्देह की बात नहीं थी। इसमें मुझे यह सन्देह है कि सुखदेवराज भी पुलिस से मिला हुआ था और उसने जो यह मुलाक़ात की बात की, यह भी सी.आई.डी. द्वारा नियोजित थी, माने सुखदेवराज आज़ाद को एल्फ्रेड पार्क ले जाएँगे क्योंकि उसका भी पुराना कैरियर बहुत 'डाउटफुल' है।' (नेहरू म्यूज़ियम ज़बानी इतिहास, सुरेन्द्रनाथ पांडे खाता सं. 886, पृ. 148)

'असल में यह आज़ाद ने कहा होगा कि वह वीरभद्र जा रहा है। तो सुखदेवराज ने यह कहा होगा कि अरे, नहीं, नहीं, उसने देखा नहीं है। क्योंकि सुखदेवराज को यह तो मालूम था कि वीरभद्र पुलिस से मिला हुआ है। यह सुखदेवराज का ही स्टेटमेंट है, तो हमें मालूम होता है कि सुखदेवराज ने बाद में विचार करके इसको उलटा कर दिया होगा कि बजाय इसके कि वह यह कहे कि आज़ाद ने देखा और कहा कि वह वीरभद्र जा रहा है, उसने कहा कि नहीं, नहीं, वीरभद्र नहीं है। उसने इसलिए ऐसा कहा होगा ताकि आज़ाद वहाँ से चल न दें ऐसा मेरे को ख़्याल आता है।' (उपर्युक्त, पृ. 152)

'पुलिस से साँठगाँठ करके, पुलिस से मिलकर, सुखदेवराज ने आज़ाद को एल्फ्रेड पार्क बुलाया। ऐसा मुझे सन्देह होता है। जहाँ तक यशपाल की बात आती है आज़ाद के एल्फ्रेड पार्क जाने पहले ही आकर उन्होंने मुझे आज़ाद से अलग कर दिया, इस बात की सम्भावना मालूम होती है, सम्भावना से ज़्यादा तो कुछ कहा नहीं जा सकता।' (उपर्युक्त, पृ. 149) कुल मिलाकर स्थिति यह बनती है कि आज़ाद की मुखबिरी का यशपाल पर जिसने इलज़ाम लगाया, वह ख़ुद ही सन्देह के दायरे में था।

जाने-माने लेखक सच्चिदानन्द वात्स्यायन अज्ञेय भी क्रान्तिकारी रहे और दिल्ली में बम बनाने के काम में भी शामिल रहे। आज़ाद की मुखबिरी के सम्बन्ध में रघुवीर सहाय को दिये गए एक साक्षात्कार में उन्होंने स्वीकारा : 'विवाद तो कई तरह के खड़े हुए और यह गुप्त संगठनों का काम तो ऐसा होता ही है कि अन्तिम रूप से तो इस तरह के विवाद, सन्देह पर आधारित विवाद होते हैं, उनका कोई हल नहीं होता सन्देह बने ही रहते हैं। यह तो मानना पड़ता है कि पुलिस को कुछ सूचना मिल गई थी। अब यह सूचना कहाँ से मिली, इसके बारे में आरोप भी रहे हैं। कुछ ने उस व्यक्ति पर सन्देह किया जो उस समय उनके साथ थे, सुखदेवराज पर और कुछ ने एक दूसरे व्यक्ति पर जो कि केन्द्रीय समिति का सदस्य भी रहा और जो बाद के साक्ष्य से और ख़ुद उसके बयान से ऐसा जान पड़ता है कि तब भी मुखबिर था। ये सब बातें उस समय

भी ऐसी स्थिति में थीं कि कोई अन्तिम रूप से प्रमाणित उन्हें नहीं किया जा सकता, सन्देह के लिए गुंजाइश बनी रहती, अब भी वैसा ही है।' ('क्रान्तिवीर भगतसिंह', पृ. 503-4)

केन्द्रीय समिति के जिस सदस्य की अज्ञेय बात कर रहे हैं, वह वीरभद्र था।

यशपाल के स्वभाव के बारे में साहित्यकार श्रीलाल शुक्ल बताते हैं : 'वे बातचीत और बहस-मुबाहिसे में खरी बात कहने के कायल थे और 'न ब्रूयात सत्यमप्रियम' से उनका कोई खास लगाव न था। उन्हें खरी और तीखी बात कहने में हिचक नहीं थी और विरोध प्रकट करने के पहले क्षमा माँगने या मुसकराने का तरीका भी उन्होंने नहीं सीखा था। बहस-मुबाहिसे वाले मुद्दों से कतराने की उनकी प्रवृत्ति नहीं थी।' ('यशपाल कुछ संस्मरण', पृ. 176)

और यही बात सारे फ़साद की जड़ थी। सिंहावलोकन लिखकर यशपाल ने ओखली में अपना सिर दे दिया तो गौड़ के अहम् को चोट पहुँचाकर उन्होंने ज़हरीले नाग की बाँबी में ही अपना हाथ डाल दिया।

नेहरू मेमोरियल म्यूज़ियम एंड लाइब्रेरी की ओर से क्रान्तिकारियों का साक्षात्कार ले रहे श्री मनचन्दा को राजेन्द्रपाल सिंह वारियर ने बताया था : 'यू.पी. में एक धर्मेन्द्र गौड़ हैं उन्होंने उनके (यशपाल के) विरुद्ध षड्यंत्र किया। काकोरी केस के शचीन्द्रनाथ बख़्शी जो बाद में जनसंघ में हो गए थे और एक बचनेश (त्रिपाठी) हैं जो हिन्दी धर्मयुग के एडीटर हैं, वह भी आर.एस.एस. के हैं, तो इन सबने यह कोशिश की कि यशपाल को बदनाम किया जाए। इनको और कोई नहीं मिला, तो गौड़ ही मिल गए। गौड़ पहले पुलिस में कान्स्टेबल थे, फिर दारोगा हो गए और दारोगा से रिटायर हो गए, लेकिन उसकी पुलिस की जो आदत थी वह गई नहीं थी। बचनेश, बख़्शी वगैरह ने उनको कुछ पैसे दिये, तो उन्होंने यशपाल के विरुद्ध कुछ दस्तावेज़ निकाल दिये। (गौड़ ने जो कुछ छापा है) वह सब बनावटी है, सब "फैबरिकेटेड" है। उसमें कोई सत्यता नहीं है।' (नेहरू लाइब्रेरी, ज़बानी इतिहास, खाता 587, पृ. 99-100) वारियर ने यह भी स्वीकार किया कि 'चन्द्रशेखर आज़ाद के बाद यशपाल को सेनापति बनाया गया।' (उपर्युक्त, पृ. 32)

फिर इन संस्मरणों के मार्फ़त एक और विवाद भी छिड़ गया। भगवतीचरण की बम विस्फोट में हुई आकस्मिक मृत्यु के लिए चले परस्पर आरोप-प्रत्यारोप में एक ओर वैशम्पायन तथा सुखदेवराज हैं और दूसरी ओर यशपाल। इनके अलावा कोई इस विवाद में शामिल नहीं हुआ जैसा कि मलविन्दर जीत सिंह वड़ैच द्वारा लिखित भगवतीचरण वोहरा एवं दुर्गा भाभी की जीवनी से भी ज़ाहिर है, जिसके पृष्ठ 124 से पृष्ठ 133 तक में यह पूरा प्रकरण दर्ज है। ('ए बायोग्राफी ऑफ भगवतीचरण वोहरा एंड दुर्गा भाभी' लेखक मलविन्दर जीत सिंह वड़ैच; प्रकाशक यूनीस्टार बुक्स चंडीगढ़, संस्करण वर्ष 2012)

यह दुर्घटना जब हुई, वैशम्पायन तथा सुखदेवराज ही भगवतीचरण के साथ थे। यशपाल विस्फोट के बाद घटनास्थल पर पहुँचा जब घायल सुखदेवराज ने बहावलपुर कोठी पहुँचकर बम-विस्फोट में भगवतीचरण के गम्भीर रूप से घायल हो जाने की सूचना दी। यशपाल पर वैशम्पायन ने इलज़ाम लगाया है कि उसने मदद लाने में देरी की। यह बम विस्फोट एक जखीरे यानी द्वीप पर हुआ था जहाँ तक पहुँचने के लिए पहले ये लोग घने जंगल में अन्दर घुसे थे—वैशम्पायन तथा सुखदेवराज के अनुसार तब वहाँ घना जंगल था—और उस जखीरे तक ये लोग नाव से ही पहुँच पाए थे। इस सारे आरोप-प्रत्यारोप में यह स्पष्ट नहीं है कि रावी नदी स्थित उस जखीरे से नाव से वापस जाकर फिर नदी किनारे के घने जंगल को पार कर उसके घायल पैर के सहारे लँगड़ाते हुए सुखदेवराज को दुर्घटना होने के कितने समय बाद ताँगा मिला और फिर आधा मील दूर स्थित बहावलपुर कोठी पहुँचने में उसे कितना समय लगा।

यशपाल को कटघरे में खड़ा करते हुए विश्वनाथ वैशम्पायन उसके प्रति कटुता से भर गए हैं : 'बम के खोल भैया कानपुर से लाए थे। उन्हें अन्दर से रँगना बाकी था जिससे उन पर रासायनिक क्रिया का परिणाम शीघ्रता से न हो सके। यशपाल ने उसमें जापानी ब्लैक रंग लगाकर रख दिया। इसके अलावा यशपाल ने 'सिंहावलोकन' में जो लम्बा-चौड़ा भाष्य लिखा है वह कुछ नहीं हुआ। और न ही उन्होंने किसी को यह बताया कि एक बम की पिन कसना बाकी है। यशपाल ने इस विषय में जितना ज्ञात होने की बात लिखी है उतने वे इन सब बातों के ज्ञाता नहीं थे। उनका ज्ञान पिकरिक, गन काटन आदि बनाने तक ही सीमित था। इसकी अधिक जानकारी उन्हें दिल्ली के साबुन कारखाने में वात्स्यायन से हुई। उस समय यदि पिन ढीली होने की शंका भी होती तो वह बम न ले जाया जाता। यदि लौटकर उसे मालूम हो चुका था तो वह रावी के किनारे आकर सावधान कर सकता था, परन्तु उसने ऐसा नहीं किया और इसलिए लोगों ने यह आरोप किया कि भगवतीचरण की मृत्यु उसके कारण हुई। इसका [यशपाल का] यह भी आरोप था कि 'बम का रोगन सूखने के पहले ही उसे भरा गया इसलिए उसका विस्फोट हो गया। तो बाकी दो बम जो रोगन सूखने पर भरे गए थे फिर उनका अपने आप विस्फोट कैसे हुआ? इस जैसी अनेक मनगढ़न्त बातें यशपाल ने 'सिंहावलोकन' में लिखी हैं जिससे पाठकों पर उसका प्रभाव पड़े।' ('अमर शहीद चन्द्रशेखर आज़ाद', पृ. 219)

बम विस्फोट के पहले क्या हुआ, इसको लेकर वैशम्पायन तथा सुखदेवराज के बयानों में फ़र्क है। वैशम्पायन के मुताबिक़ 'पहले सुखदेवराज ने बम फेंकने को लिया, परन्तु उसने उसे देखने पर कहा कि बम की पिन ढीली है। इस पर मैंने उसे चलाने की इच्छा प्रकट की। बापू भाई ने बम हाथ में लेकर देखा और बोले,

'तुम लोग पीछे हटो मैं देखता हूँ।' हम दोनों ने बहुत मना किया पर वे न माने जिद पर अड़े रहे। पिन निकाली, फेंकने को हाथ उठा भी न पाए थे कि बम का विनाशकारी विस्फोट उनके हाथ में ही हो गया।' (उपर्युक्त, पृ. 221)

दूसरी ओर सुखदेवराज ने अपने संस्मरण में लिखा है : 'कानपुर में बनाए गए बम के खोल और दिल्ली तथा रोहतक में तैयार किया हुआ बमों का काफ़ी मसाला हमारे पास मौजूद था। बमों में मसाला भरने का काम यशपाल को सौंपा गया। यह काम बड़ी ही सावधानी से किया जाना चाहिए था क्योंकि ज़रा-सी भी असावधानी बरतने से बम-विस्फोट का खतरा बराबर बना रहता है। आख़िर जब बम भरकर तैयार हो गए तो उन्हें टेस्ट करने का फ़ैसला किया गया। 27 मई को भगवतीचरण ने मुझे बुलाया और बोले, 'कल सुबह किश्ती आदि का प्रबन्ध कर लेना। बम टेस्ट के लिए जखीरों की तरफ़ चलना है।" जखीरा एक घना जंगल है जो उस जगह से आधा मील ऊपर जाकर स्थित था। हम रावी पर जा पहुँचे। जंगल में एक सुरक्षित स्थान देखकर हम लोग रुके। भगवती भाई ने बम निकाला। देखा तो बोले, 'इसका तो ट्रिगर ढीला है। इसके बाद मैंने और वैशम्पायन ने भी बम को देखा। ट्रिगर वास्तव में ढीला था और ऐसी स्थिति में विस्फोट करना खतरे से खाली नहीं था। मैंने और वैशम्पायन ने कहा कि यह बम टेस्ट करने योग्य नहीं है, मुनासिब यही है कि वापस लौट चलें, कल दूसरा बम लाकर टेस्ट कर लेंगे परन्तु भगवती भाई ने हम लोगों की एक न सुनी, वे बोले, "1 जून को एक्शन करना है और 28 मई आज हो गई है यदि आज बम टेस्ट नहीं करेंगे तो कब करेंगे।" जब हमने देखा कि भगवती भाई किसी भी हालत में परीक्षण स्थगित करने को तैयार नहीं हैं तो हम दोनों ने उनसे कहा, "यदि आज ही बम को टेस्ट करना अत्यन्त आवश्यक है तो आप यह खतरा मोल न लीजिए, हममें से किसी एक को यह काम करने दें। आपका जीवन पार्टी के लिए बहुमूल्य है।" ('जब ज्योति जगी', पृ. 120-21)

बम-विस्फोट के समय क्या हुआ, इसके चश्मदीद गवाह सिर्फ़ वैशम्पायन और सुखदेवराज हैं तथा उस बाबत हमारी जानकारी उनके द्वारा दिये गए बयानों तक ही सीमित है। क्या यह सम्भव नहीं कि इस मामले में अपनी ज़िम्मेदारी को झटक देने के लिए ही यशपाल को मोहरा बनाया गया हो?

सुखदेवराज द्वारा वर्ष 1967 में विश्वनाथ वैशम्पायन को लिखे गए पत्र को, जिसे अपनी पुस्तक में उन्होंने शामिल किया है, यहाँ उद्धृत कर इस अध्याय को हम समाप्त करेंगे। ('अमर शहीद चन्द्रशेखर आज़ाद', पृ. 330)

'प्रिय भाई वैशम्पायन,

जो चर्चा आजकल समाचार-पत्रों में चली है वह यह प्रश्न लेकर चली है कि स्व. चन्द्रशेखर आज़ाद के प्रति विश्वासघात किसने किया? छत्तीस साल बाद यह चर्चा महत्त्व की होते हुए भी इसका दूसरा पहलू मुझे अधिक महत्त्वपूर्ण मालूम होता है। वह पहलू है कि किन परिस्थितियों में और किन कारणों से क्रान्तिकारी दल में फूट पड़ी और किन कारणों से भैया आज़ाद ने दल भंग किया। जो लोग परस्पर स्नेह से देश के लिए बलिदान होने की भावना लेकर घर से निकले थे, वे लोग ब्रिटिश साम्राज्य के साथ अपनी लड़ाई रोककर एक-दूसरे के शत्रु क्यों बन बैठे, एक-दूसरे के प्रति अविश्वास किन कारणों से पैदा हुआ और क्रान्तिकारियों ने एक-दूसरे को डरपोक, चोर, कायर और पुलिस का भेदिया बताना क्यों शुरू किया?'

सन्दर्भ-ग्रन्थ सूची

1. '1921 मूवमेंट : रेमिनिसेन्सेस; प्रकाशक भारत सरकार सूचना मंत्रालय, संस्करण वर्ष 1959
2. 'अगस्त क्रान्ति और प्रतिक्रान्ति' लेखक मन्मथनाथ गुप्त; प्रकाशक सोमेश्वर प्रसाद गुप्त प्रयाग, संस्करण वर्ष 1946
3. 'अग्निपुंज', सम्पादक सुधीर विद्यार्थी; प्रकाशक राजकमल पेपरबैक्स, नई दिल्ली; संस्करण वर्ष 2015
4. 'अंडर द शैडो ऑफ़ गैलोज', लेखक गुलाब सिंह; प्रकाशक रूपचन्द, दिल्ली; संस्करण वर्ष 1963
5. 'अंडरस्टैंडिंग भगतसिंह' लेखक चमनलाल; प्रकाशक आकार बुक्स, दिल्ली; संस्करण वर्ष 2016
6. 'अमर शहीद अशफ़ाक उल्ला खाँ', सम्पादक बनारसीदास चतुर्वेदी; प्रकाशक राजकमल प्रकाशन, नई दिल्ली, संस्करण वर्ष 2018
7. 'अमर शहीद चन्द्रशेखर आज़ाद', लेखक विश्वनाथ वैशम्पायन, सम्पादक सुधीर विद्यार्थी, प्रकाशक राजकमल पेपरबैक्स, वर्ष 2017
8. 'अमर शहीद भगतसिंह', लेखक विष्णु प्रभाकर; प्रकाशक हिन्द पॉकेट बुक्स, गुड़गाँव, संस्करण वर्ष 2019
9. 'अमर शहीद सरदार भगतसिंह', लेखक जितेन्द्रनाथ सान्याल; प्रकाशक नेशनल बुक ट्रस्ट; संस्करण वर्ष 1999
10. 'आतंकवाद एवं जन साझेदारी', लेखक विश्वेश शर्मा; प्रकाशक पुलिस अनुसन्धान एवं विकास ब्यूरो, गृह मंत्रालय, नई दिल्ली; संस्करण वर्ष 2012
11. 'इनकलाब', लेखिका मृणालिनी जोशी; प्रकाशक प्रभात प्रकाशन, दिल्ली, संस्करण वर्ष 2021.
12. 'इनकलाबी यात्रा', लेखिका मनोरमा दीवान, प्रकाशक राष्ट्रीय पुस्तक न्यास; संस्करण वर्ष 2014
13. 'इंडिया'ज रेवोल्यूशनरी इनहेरिटेन्स : पॉलिटिक्स एंड प्रॉमिस ऑफ़ भगतसिंह,' लेखक क्रिस मोफात; प्रकाशक कैम्ब्रिज यूनिवर्सिटी प्रेस, नई दिल्ली; संस्करण वर्ष 2019

14. 'इन सर्च ऑफ़ फ्रीडम', जोगेशचन्द्र चटर्जी; प्रकाशक परेशचन्द्र चटर्जी, कलकत्त; संस्करण वर्ष 1958
15. 'इन सर्च ऑफ़ फ्रीडम', लेखिका सागरी छाबड़ा; प्रकाशक हार्परकॉलिन्स, नोयडा; संस्करण वर्ष 2015
16. 'एक क्रान्तिकारी के संस्मरण', लेखक मनमोहन गुप्त; प्रकाशक इंडियन प्रेस इलाहाबाद; संस्करण वर्ष 1960
17. 'ए बायोग्राफी ऑफ़ भगवतीचरण वोहरा एंड दुर्गा भाभी', लेखक मलविन्दर जित सिंह वड़ैच; प्रकाशक यूनीस्टार बुक्स, चंडीगढ़; संस्करण वर्ष 2012
18. 'एन ऑटोबायोग्राफी' लेखक जवाहरलाल नेहरू; प्रकाशक पेंगुइन बुक्स; संस्करण वर्ष 2004
19. 'ए मार्टिर्स नोटबुक', सम्पादक भूपेन्द्र हूजा; प्रकाशक इंडियन बुक क्रॉनिकल जयपुर; संस्करण वर्ष 1994
20. 'ए रेवोल्यूशनरी हिस्टरी ऑफ इंटरवार इंडिया', लेखिका कामा मक्लेन; प्रकाशक पेंगुइन बुक्स; संस्करण वर्ष 2016
21. 'कद्दावर की दास्तान,' लेखक पं. सुन्दरलाल, सम्पादक सुधीर विद्यार्थी; प्रकाशक राजकमल प्रकाशन, नई दिल्ली; संस्करण वर्ष 2012
22. 'कामागातामारू', लेखक मलविन्दर जित सिंह वड़ैच; प्रकाशक राष्ट्रीय पुस्तक न्यास; अंग्रेज़ी संस्करण वर्ष 2013
23. 'कारागार', लेखिका उर्मिला शास्त्री; प्रकाशक साहित्य अकादमी; संस्करण वर्ष 2019
24. 'कोलोनियल लाहौर', लेखक इआन टैलबोट और ताहिर कामरान; प्रकाशक ऑक्सफ़ोर्ड यूनीवर्सिटी प्रेस; संस्करण वर्ष 2017
25. 'क्रान्तिकारी आन्दोलन का वैचारिक इतिहास', लेखक मन्मथनाथ गुप्त; प्रकाशक निधि प्रकाशन, दिल्ली; संस्करण वर्ष 1980
26. 'क्रान्तिकारी दुर्गा भाभी' लेखक सत्यनारायण शर्मा; प्रकाशक राष्ट्रीय पुस्तक न्यास, नई दिल्ली; संस्करण वर्ष 2021
27. 'क्रान्ति का साक्ष्य' सम्पादक सुधीर विद्यार्थी; प्रकाशक राजकमल प्रकाशन, नई दिल्ली; पेपरबैक संस्करण वर्ष 2017
28. 'क्रान्तिकारी की आत्मकथा', लेखक मन्मथनाथ गुप्त; प्रकाशक अनन्य प्रकाशन, दिल्ली, संस्करण वर्ष 2021
29. 'क्रान्तिकारी भगतसिंह की कथात्मक जीवनी', लेखक सुरेश श्रीवास्तव; प्रकाशक साहित्य केन्द्र प्रकाशन, दिल्ली; संस्करण वर्ष 1995
30. 'क्रान्ति की इबारतें', लेखक सुधीर विद्यार्थी, प्रकाशक राजकमल प्रकाशन, नई दिल्ली; संस्करण वर्ष 2012
31. 'क्रान्ति की विरासत', लेखक सुधीर विद्यार्थी; प्रकाशक संवाद प्रकाशन, मेरठ; संस्करण वर्ष 2018

32. 'क्रान्तिवीर चन्द्रशेखर आज़ाद और उनके दो गद्दार साथी', लेखक धर्मेन्द्र गौड़ एवं पं. सत्यनारायण शर्मा; प्रस्तुतकर्ता 'भगतसिंह विचार मंच' और वितरक 'साक्षी प्रकाशन'; संस्करण वर्ष 2019
33. 'क्रान्तिवीर भगतसिंह 'अभ्युदय' और 'भविष्य'', सम्पादक चमनलाल; प्रकाशक लोकभारती प्रकाशन, प्रयागराज; संस्करण वर्ष 2021
34. 'गगन दमामा बाज्यो', लेखक पीयूष मिश्र; प्रकाशक राजकमल पेपरबैक्स, नई दिल्ली; संस्करण वर्ष 2020
35. 'गदर पार्टी नायक कर्त्तार सिंह सराभा', लेखक चमनलाल राष्ट्रीय पुस्तक न्यास नई दिल्ली; संस्करण वर्ष 2014
36. 'गाँधी एंड भगतसिंह', लेखक वी.एन. दत्ता; प्रकाशक रूपा प्रकाशन, नई दिल्ली; संस्करण वर्ष 2019
37. 'चाँद फाँसी अंक', सम्पादक चतुरसेन शास्त्री; प्रकाशक सत्यधर्म प्रकाशन, रोहतक हरियाणा; संस्करण वर्ष 2012
38. 'चित्तागोंग आर्मरी रैड : ए मेमोयर बाई सुबोध रॉय'; प्रकाशक लेफ्टवर्ल्ड, नई दिल्ली; संस्करण वर्ष 2015
39. 'चित्तागोंग आर्मरी रैडर्स रेमिनिसेंसेस', लेखिका कल्पना दत्ता; प्रकाशक पीपुल्स पब्लिशिंग हाउस, बम्बई; संस्करण वर्ष 1945
40. 'जब ज्योति जगी' क्रान्तिकारी सुखदेवराज के संस्मरण, सम्पादक सुधीर विद्यार्थी; प्रकाशक राजकमल प्रकाशन, नई दिल्ली; संस्करण वर्ष 2009.
41. 'जलियाँवाला बाग़', लेखक वी.एन. दत्ता; प्रकाशक पेंगुइन बुक्स; संस्करण वर्ष 2021
42. 'जेल में तीस वर्ष और भारत का क्रान्तिकारी संग्राम', लेखक त्रैलोक्यनाथ चक्रवर्ती अनुवाद रतनचन्द 'रत्नेश'; प्रकाशक संवाद प्रकाशन, मेरठ; संस्करण वर्ष 2018
43. 'टू मेक द डेफ हीयर', लेखक इरफ़ान हबीब; प्रकाशक 'थ्री एसेज' गुड़गाँव; संस्करण वर्ष 2017
44. 'टेन डेज दैट शुक द वर्ल्ड', लेखक जॉन रीड, प्रकाशक पेंगुइन बुक्स; संस्करण वर्ष 1977
45. 'टेररिज़्म इन इंडिया 1917-1936' भारत सरकार के गृह विभाग के इंटेलिजेन्स ब्यूरो द्वारा संकलित और वर्ष 1937 में शिमला में गवर्नमेंट प्रेस के मेनेजर द्वारा मुद्रित।
46. 'ट्रुथ अबाउट द इंडियन प्रेस', लेखक जे. एम. साहनी; प्रकाशक अलाइड पब्लिशर्स बम्बई; प्रथम संस्करण वर्ष 1974
47. 'द ट्रायल ऑफ भगतसिंह पॉलिटिक्स ऑफ जस्टिस', लेखक ए.जी. नूरानी; प्रकाशक ऑक्सफोर्ड यूनिवर्सिटी प्रेस; संस्करण वर्ष 2001
48. 'द भगतसिंह रीडर', सम्पादक चमनलाल; प्रकाशक 'हार्परकॉलिन्स पब्लिशर्स इंडिया'
49. 'द लाइफ एंड आइडियाज ऑफ़ भगतसिंह : 'ए लैसन फॉर टुडे'; सम्पादक डॉ. वीर सिंह, प्रकाशक 'ओरिजिनल्स' दिल्ली; संस्करण वर्ष 2010

50. 'द लिड ऑफ', लेखक जे. एम. साहनी; प्रकाशक अलाइड पब्लिशर्स, बम्बई; संस्करण वर्ष अनुपलब्ध
51. 'द हैंगिंग ऑफ़ भगतसिंह कम्प्लीट जजमेंट एंड अदर डाक्यूमेंट्स', सम्पादनकर्ता प्रो. मलविन्दर सिंह वड़ैच तथा डॉ. गुरुदेव सिंह सिन्धु; प्रकाशक यूनीस्टार बुक्स चंडीगढ़; संस्करण वर्ष 2005
52. 'दुर्गादेवी के जीवन की काव्यात्मक प्रस्तुति', लेखक राजेन्द्र राजा; प्रकाशक साक्षी प्रकाशन, दिल्ली; संस्करण वर्ष 2016
53. 'दे लिव्ड डेंजरसली', लेखक मन्मथनाथ गुप्त; प्रकाशक पीपल्स पब्लिशिंग हाउस, दिल्ली; संस्करण वर्ष 1958
54. 'नेहरू मिथक और सत्य', लेखक पीयूष बबेले; प्रकाशक संवाद प्रकाशन, मेरठ; संस्करण जनवरी, 2021
55. 'नौजवान भारत सभा एंड हिन्दुस्तान सोशलिस्ट रिपब्लिकन एसोसिएशन/आर्मी (एच.एस.आर.ए.)' लेखक कॉमरेड रामचन्द्र; स्वप्रकाशित प्रथम संस्करण वर्ष 1986
56. 'प्रोफाइल ऑफ़ अ मार्टिर जतिनदास', लेखक किरणदास; सम्पादन मलविन्दर जीत सिंह वड़ैच, प्रकाशक यूनीस्टार बुक्स चंडीगढ़; संस्करण वर्ष 2015
57. 'बटुकेश्वर दत्त और क्रान्तिकारी आन्दोलन', लेखक भैरव लालदास; प्रकाशक प्रभात पेपरबैक्स; संस्करण वर्ष 2020
58. 'बन्दी जीवन', लेखक शचीन्द्रनाथ सान्याल; प्रकाशक साक्षी प्रकाशन, दिल्ली; संस्करण वर्ष 2015
59. 'बलिदान - चन्द्रशेखर आज़ाद की रोमांचकारी जीवनी', लेखक प्रोफ़ेसर नन्दकिशोर निगम, मुद्रक नया हिन्दुस्तान प्रेस, दिल्ली; मुद्रण वर्ष 1968
60. 'बायोग्राफी ऑफ भगतसिंह', लेखक एम. एम. जुनेजा; प्रकाशक मॉडर्न पब्लिशर्स हिसार हरियाणा; संस्करण वर्ष 2008
61. 'बिजय कुमार सिन्हा - ए रेवोल्यूशनरी'स क्वेस्ट फॉर सैक्रिफाइस', लेखिका श्रीराज्यम सिन्हा; प्रकाशक भारतीय विद्या भवन, बम्बई; संस्करण वर्ष 1993
62. 'भगतसिंह एक ज्वलन्त इतिहास', लेखक हंसराज रहबर; प्रस्तुतकर्ता भगतसिंह विचार मंच, दिल्ली एवं वितरक साक्षी प्रकाशन, दिल्ली; संस्करण वर्ष 2018
63. 'भगतसिंह एंड हिज लिजेंड', सम्पादक जे.एस. ग्रेवाल; प्रकाशक 'वर्ल्ड पंजाबी सेंटर, पटियाला; संस्करण वर्ष 2008
64. 'भगतसिंह और उनके साथियों के सम्पूर्ण उपलब्ध दस्तावेज़', सम्पादक सत्यम; प्रकाशक राहुल फाउंडेशन लखनऊ; संस्करण वर्ष 2017
65. 'भगतसिंह और उनके साथियों के दस्तावेज़' सम्पादनकर्ता जगमोहन सिंह व चमनलाल, प्रकाशक राजकमल प्रकाशन, नई दिल्ली; पेपरबैक संस्करण वर्ष 2022
66. 'भगतसिंह के राजनीतिक दस्तावेज़', सम्पादक चमनलाल; प्रकाशक राष्ट्रीय पुस्तक न्यास; संस्करण वर्ष 2020

67. 'भगतसिंह की फाँसी का सच', लेखक कुलदीप नैयर; प्रकाशक प्रभात पेपरबैक्स, नई दिल्ली; संस्करण वर्ष 2020
68. 'भगतसिंह जेल नोटबुक सन्दर्भ और प्रासंगिकता', सम्पादनकर्ता मलविन्दर सिंह वड़ैच एवं हरीश जैन; प्रकाशक प्रभात पेपरबैक्स, नई दिल्ली; संस्करण वर्ष 2017
69. 'भगतसिंह द एटर्नल रिबेल', लेखक मलविन्दर जित सिंह वड़ैच; प्रकाशक यूनीस्टार बुक्स चड़ीगढ़; संस्करण वर्ष 2014
70. 'भगतसिंह रिविजिटेड', लेखक चन्दर पाल सिंह; प्रकाशक 'ओरिजिनल्स' दिल्ली; संस्करण वर्ष 2011
71. 'भाई परमानन्द और उनका युग', लेखक प्रोफ़ेसर धर्मवीर, प्रकाशक हिन्द पॉकेट बुक्स, गुड़गाँव; संस्करण वर्ष 2020
72. 'भाव और भावना', लेखक गुरुदत्त; प्रकाशक शाश्वत वाणी, नई दिल्ली; संस्करण वर्ष 2000
73. 'भारत के राष्ट्रीय आन्दोलन का इतिहास', लेखक सत्यकेतु विद्यालंकार; प्रकाशक श्री सरस्वती सदन, नई दिल्ली; संस्करण वर्ष 2023
74. 'भारत में सशस्त्र क्रान्ति चेष्टा का रोमांचकारी इतिहास', लेखक मन्मथनाथ गुप्त; प्रकाशक सरयू प्रसाद पांडेय, प्रयाग; संस्करण वर्ष 1946
75. 'मार्टिर एज ए ब्राइडग्रूम', लेखक ईश्वर दयाल गौर; प्रकाशक आकार बुक्स, दिल्ली; संस्करण वर्ष 2016
76. 'मार्टिरडम टू फ्रीडम हंड्रेड इयर्स ऑफ जलियाँवाला बाग़', सम्पादक राजेश रामचन्द्रन; प्रकाशक रूपा प्रकाशन, नई दिल्ली; संस्करण वर्ष 2019
77. 'मेरठ कान्स्पीरेसी केस द ग्रेट अटैक', लेखक सोहन सिंह जोश, प्रकाशक यूनीस्टार, चंडीगढ़; संस्करण वर्ष 2009
78. 'मेरा रंग दे बसन्ती चोला', लेखक मलविन्दर जित सिंह वड़ैच; प्रकाशक प्रभात पेपरबैक्स, नई दिल्ली; संस्करण वर्ष 2022
79. 'मेरे भाई शहीद सुखदेव', लेखक मथरा दास थापर; प्रकाशक प्रवीण प्रकाशन, नई दिल्ली संस्करण वर्ष 2015
80. 'मैं अंग्रेज़ों का जासूस था', लेखक धर्मेन्द्र गौड़; प्रकाशक 'साक्षी प्रकाशन, दिल्ली; संस्करण वर्ष 2012
81. 'यश की धरोहर', लेखक भगवानदास माहौर, सदाशिव मलकापुरकर एवं शिव वर्मा; प्रकाशक राहुल फाउंडेशन लखनऊ; संस्करण वर्ष 2006
82. 'यशपाल कुछ संस्मरण', सम्पादक कमल किशोर गोयनका; प्रकाशक यश पब्लिकेशन्स, नई दिल्ली; संस्करण वर्ष 2018,
83. 'युगद्रष्टा भगतसिंह', लेखिका वीरेन्द्र सिन्धु; प्रकाशक राजपाल एंड संस, दिल्ली; संस्करण वर्ष 2022
84. 'राजगुरु : द इनविंसिबल रेवोल्यूशनरी' लेखक अनिल वर्मा, प्रकाशक भारत सरकार का सूचना एवं प्रसारण मंत्रालय, प्रकाशन विभाग; संस्करण वर्ष 2010

85. 'राज : द मेकिंग एंड अनमेकिंग ऑफ़ ब्रिटिश इंडिया', लेखक जेम्स लॉरेन्स; प्रकाशक सैंट मार्टिन्स ग्रिफिन, न्यूयॉर्क; संस्करण वर्ष 1997
86. 'रेवोल्यूशनरी डिजायर्स', लेखक अनिल लूम्बा प्रकाशक रटलैज, न्यूयॉर्क; संस्करण वर्ष 2019
87. 'लाहौर ए सेंटीमेंटल जर्नी', लेखक प्राण नेविल; प्रकाशक पेंगुइन रैंडम हाउस, गुड़गाँव; संस्करण वर्ष 2006
88. 'लाहौर से लखनऊ तक', लेखिका प्रकाशवती पाल; लोकभारती प्रकाशन प्रयागराज; संस्करण वर्ष 2019
89. 'विचार विनिमय', लेखक शचीन्द्रनाथ सान्याल; सम्पादक सुधीर विद्यार्थी; प्रकाशक राष्ट्रीय पुस्तक न्यास; संस्करण वर्ष 2019
90. 'विदाउट फियर', लेखक कुलदीप नैयर; प्रकाशक हार्पर कॉलिन्स; संस्करण वर्ष 2012
91. 'सम हिडन फैक्ट्स मार्टिरडम ऑफ़ शहीद भगतसिंह', लेखक कुलवन्त सिंह कूनर एवं गुरप्रीत सिंह सिन्धरा; प्रकाशक यूनीस्टार, चंडीगढ़; संस्करण वर्ष 2013.
92. 'सरदार भगतसिंह', लेखक सी. एस. वेणु, हिन्दी अनुवाद राजवंती मान; प्रकाशक न्यू वर्ल्ड पब्लिकेशन, नई दिल्ली; संस्करण वर्ष 2022
93. 'सरदार भगतसिंह व उनके साथी', लेखक अजय कुमार घोष; प्रकाशक नवोदय सेल्स, नई दिल्ली; संस्करण वर्ष 2005
94. 'सरफ़रोशी की तमन्ना', लेखक कुलदीप नैयर; प्रकाशक राजकमल प्रकाशन, नई दिल्ली; संस्करण वर्ष 2020
95. 'सिलेक्टेड राइटिंग्स ऑफ़ शहीद भगतसिंह', शिव वर्मा द्वारा सम्पादित; प्रकाशक समाजवादी साहित्य सदन, कानपुर; संस्करण मार्च, 1996
96. 'सिंहावलोकन', लेखक यशपाल; प्रकाशक लोकभारती प्रकाशन, इलाहाबाद; संस्करण वर्ष 2017
97. 'संस्कृति के चार अध्याय', लेखक रामधारीसिंह दिनकर; प्रकाशक लोकभारती प्रकाशन, प्रयागराज; संस्करण वर्ष 2023
98. 'संस्मृतियाँ', लेखक शिव वर्मा; प्रकाशक नेशनल बुक ट्रस्ट, इंडिया; संस्करण वर्ष 2011
99. 'शहीद भगतसिंह', लेखक भवान सिंह राणा; प्रकाशक डायमंड पॉकेट बुक्स, नई दिल्ली; संस्करण वर्ष अनुपलब्ध
100. 'शिव वर्मा', लेखक प्रो. प्रमोद कुमार; प्रकाशक राष्ट्रीय पुस्तक न्यास, नई दिल्ली; संस्करण वर्ष 2015
100. 'शहीदों की छाया में', लेखक राम कृष्ण खत्री, सम्पादक सुधीर विद्यार्थी; प्रकाशक अनन्य प्रकाशन, दिल्ली; संस्करण वर्ष 2022

प्रदीप गर्ग

प्रदीप गर्ग गणित के विद्यार्थी रहे और फिर दर्शनशास्त्र की भी पढ़ाई की, लेकिन उनका विशेष अनुराग हमेशा इतिहास के साथ ही रहा। इतिहास में वे जैसे-जैसे गहरे उतरते गए, कई अनुत्तरित प्रश्न उनके मन में उत्पन्न होते चले गए। उन प्रश्नों के उत्तर की खोज ने अकबर के जीवन पर आधारित औपन्यासिक वृत्तान्त 'A Forgotten Legacy' को जन्म दिया। इस पुस्तक का हिन्दी अनुवाद 'शहंशाह अकबर : एक अनमोल विरासत' शीर्षक से प्रकाशित है। उनकी एक और पुस्तक 'तथागत फिर नहीं आते' गौतम बुद्ध के जीवन पर आधारित है।

ई-मेल : pradeepgarg10@yahoo.in